岱山年鉴

（2023）

岱山年鉴编纂委员会 编

方志出版社
Publishing House of Local Records

图书在版编目（CIP）数据

岱山年鉴．2023 / 岱山年鉴编纂委员会编．—北京：方志出版社，2023.12

ISBN 978-7-5144-6126-8

Ⅰ．①岱… Ⅱ．①岱… Ⅲ．①岱山县－2023－年鉴 Ⅳ．①Z525.54

中国国家版本馆CIP数据核字（2023）第253022号

责任编辑：李晓晓

责任校对：张玉霞

责任印制：梅中英

出 版 者：方志出版社

地　　址：北京市朝阳区潘家园东里9号（国家方志馆4层）

邮　　编：100021

网　　址：http://www.zgfzcb.cn

发　　行：方志出版社图书营销中心（010-67110500）

印　　刷：舟山市定海佳艺印刷厂

开　　本：889毫米×1194毫米　1/16

印　　张：29.25

字　　数：847千字

版　　次：2023年12月第1版

印　　次：2023年12月第1次印刷

定　　价：298.00元

《岱山年鉴（2023）》编纂委员会
及编辑部人员名单

编纂委员会

主　　任　卢建波
副 主 任　徐　新　黄江荣
委　　员　姚　斌　褚波挺　沈海明　罗思科　王　斐　韩毅艇　黄飞跃
刘世峰　金　磊　周荣华　柴忠堂　殷　军　刘国凯　周　鑫

办公室

主　　任　沈海明
副 主 任　徐嘉和

编辑部

主　　编　卢建波
总　　纂　虞迪燕
责任编辑　虞迪燕　吴依芳　姜小金　赵悠燕　李慧慧
编　　务　陈海飞
摄　　影　何仁岳　沈　磊等

岛屿
571 个

常住人口
21.15 万人

户籍人口
16.8 万人

地区生产总值
753.60 亿元

第一产业增加值
35.50 亿元

第二产业增加值
609.80 亿元

第三产业增加值
108.30 亿元

人均地区生产总值
35.72 万元

财政总收入
28.18 亿元

一般公共预算收入
20.01 亿元

一般公共预算支出
59.07 亿元

外贸进出口总额
84.03 亿元

实际引进市外资金
77.30 亿元

规模以上工业总产值
2469.90 亿元

渔业总产值
63.55 亿元

农业总产值
2.23 亿元

水产养殖面积
613 公顷

机动渔船
1715 艘

造林面积
33 公顷

货物运输总量
6074 万吨

港口货物吞吐量
20404 万吨

金融机构本外币存款余额
361.86 亿元

居民人均可支配收入
58326 元

全社会用电量
119.42 亿千瓦时

建成区面积
8.45 平方千米

城镇化率

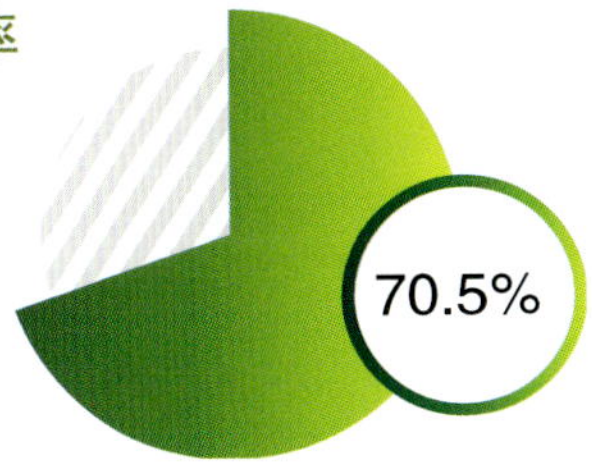

城市污水处理率

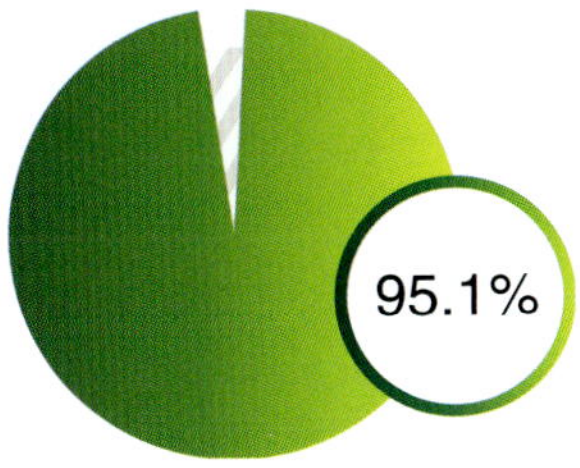

人均公园绿地面积
16.63 平方米

环境空气质量优良率

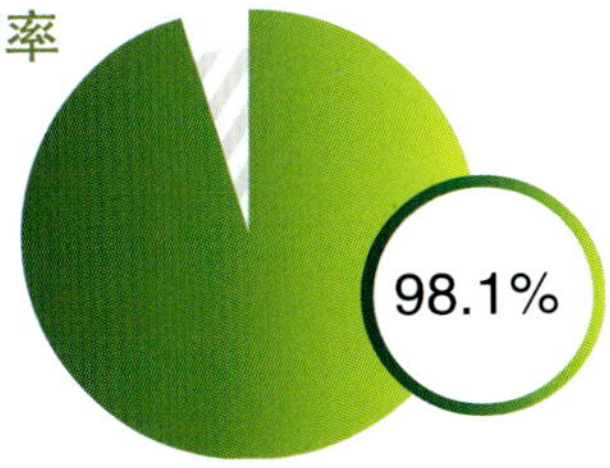

群众安全感综合满意率

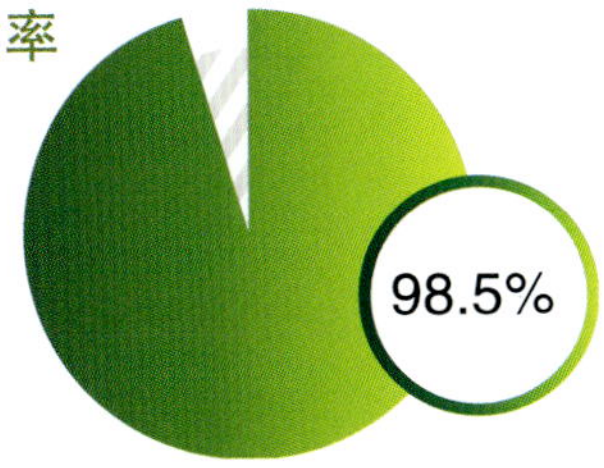

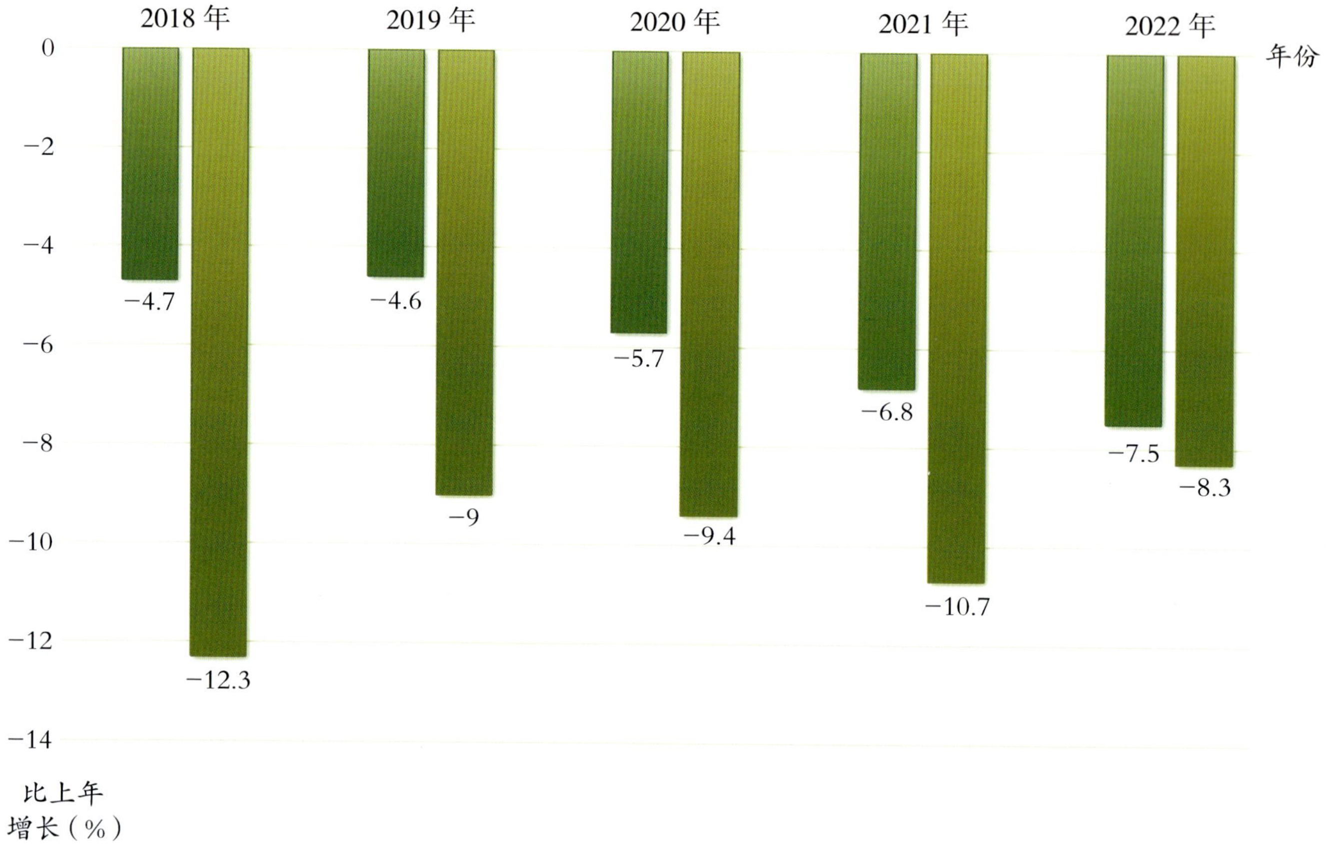

2013—2022 年岱山县人口增长情况图

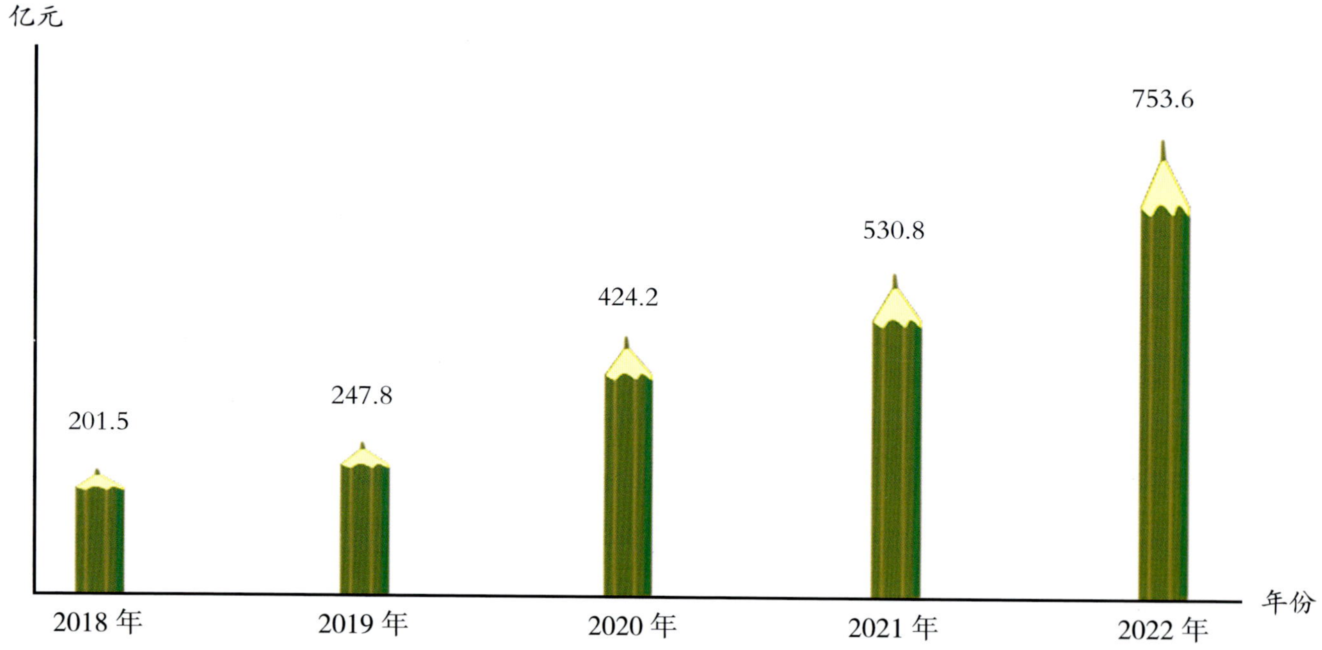

2018—2022 年岱山县地区生产总值增长速度图

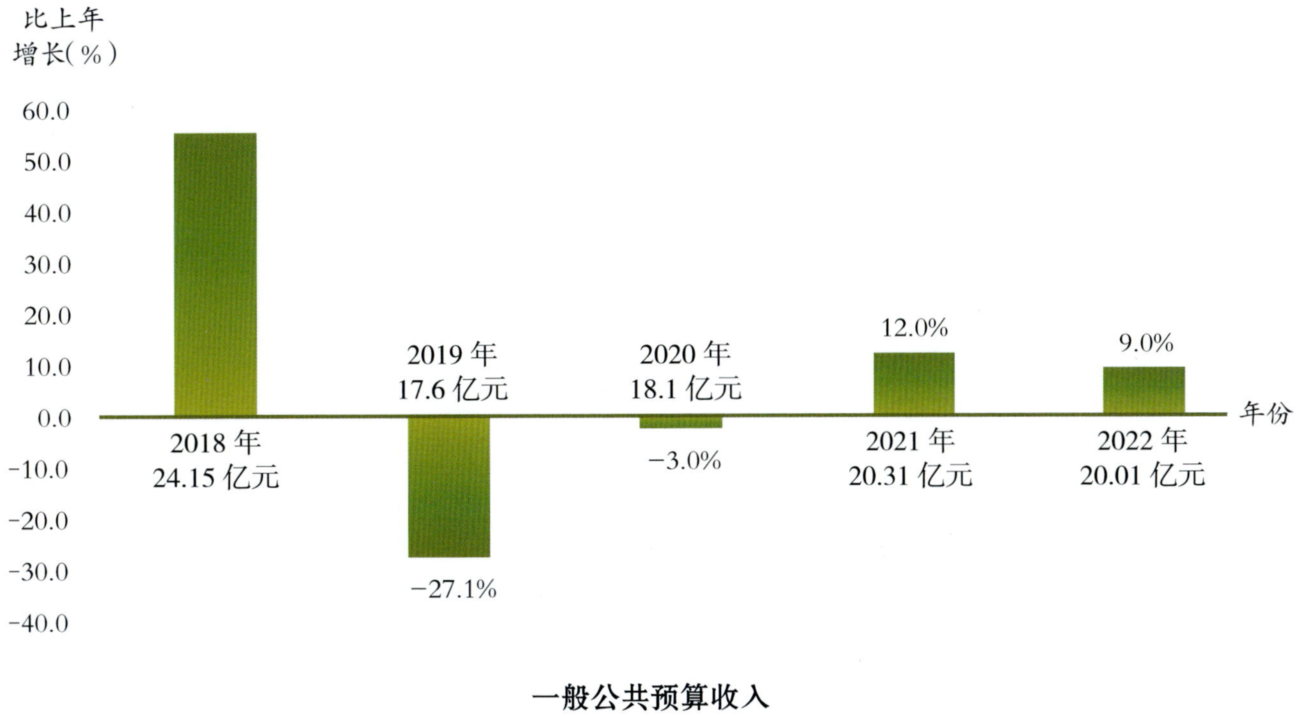

2018—2022年岱山县一般公共预算收入及其增长速度图

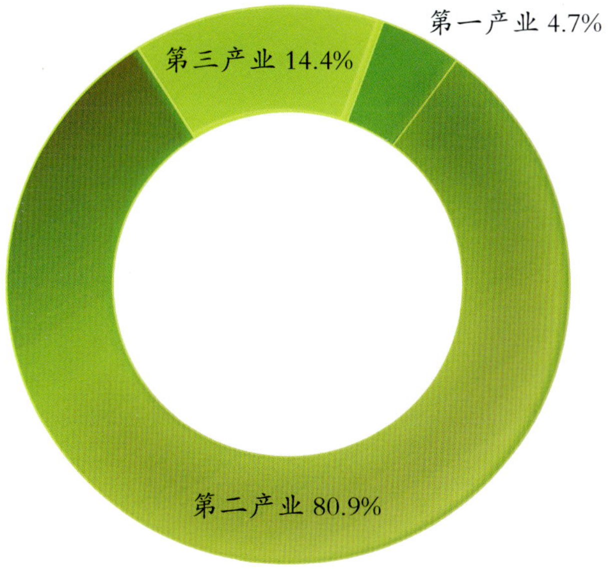

地区生产总值构成

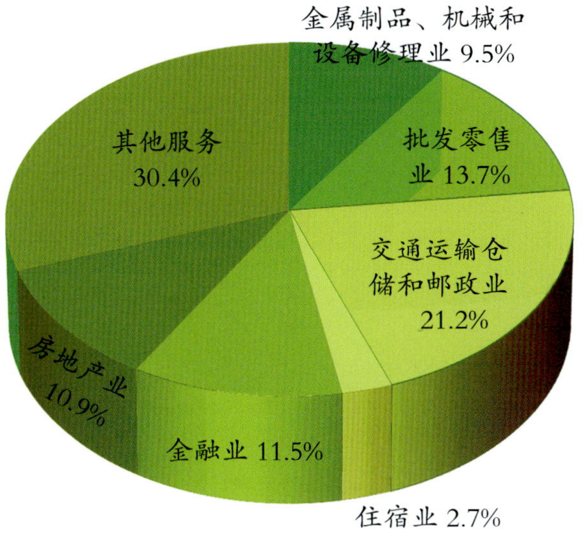

第三产业增加值构成

2022年岱山县地区生产总值及第三产业增加值构成图

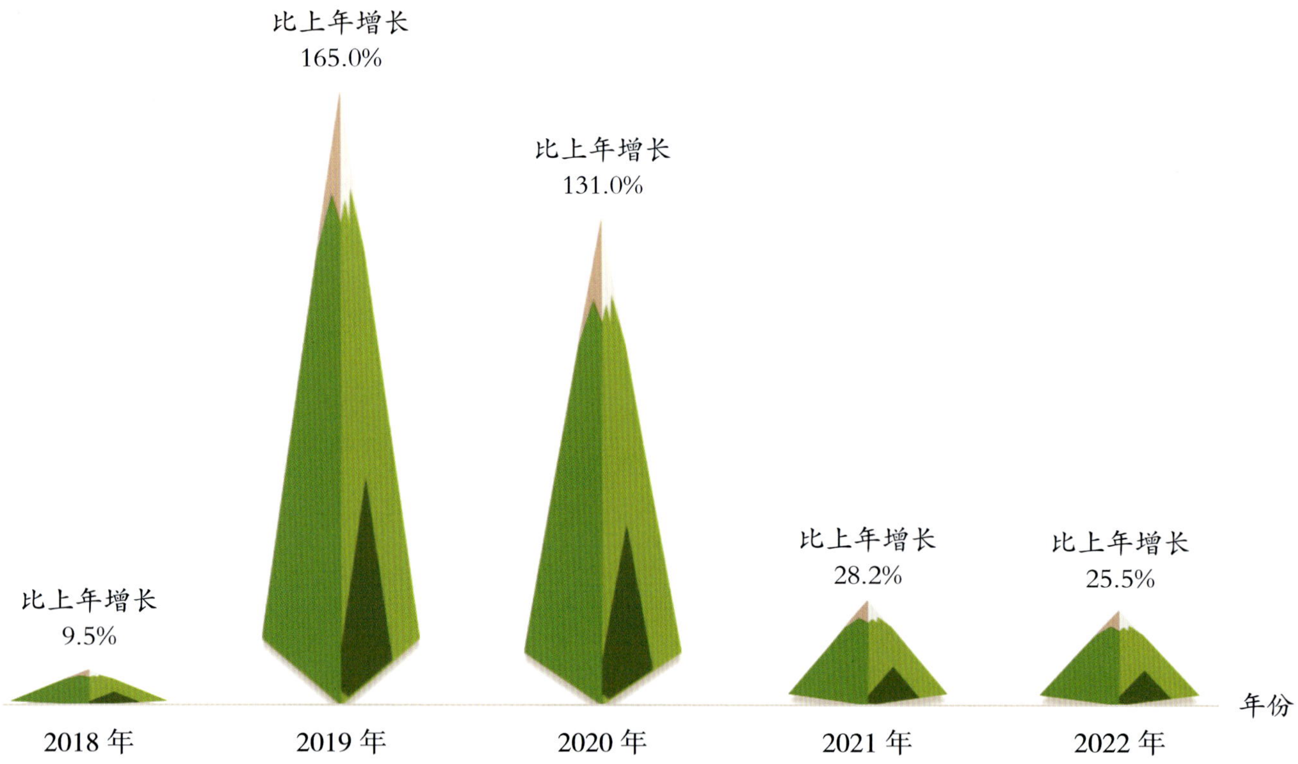

2018—2022 年岱山县规模以上工业增加值增长速度图

2018—2022 年岱山县固定资产投资增长速度图

2018—2022年岱山县社会消费品零售总额增长速度图

2018—2022年岱山县港口货物吞吐量及其增长速度图

自创建全国县级文明城市以来，岱山县集全县之力，深入开展文明创建攻坚行动，使得城市更便捷、更舒适、更美好。图为2022年9月16日，从磨星山俯瞰高亭全景（县委宣传部　供图）

2022 年 9 月 16 日，岱山竹屿新区（县委宣传部　供图）

2022 年 5 月 6 日，蓬莱仙岛（徐忠达　摄）

2022 年 4 月 17 日，东沙古镇（张信龙　摄）

2022 年 8 月 17 日，衢山镇凉峙村（县委宣传部　供图）

2022 年 7 月 29 日，官山大桥、秀山大桥附近海域（县融媒体中心　供图）

2022 年，结合“无废城市”创建，市生态环境局岱山分局率先在全市打造无废海岛——秀山岛。图为 2022 年 7 月 28 日，秀山岛蓝白小镇（市生态环境局岱山分局　供图）

2022 年 4 月 21 日，时任省委书记袁家军（前排左二）考察衢山镇的观音山、黄泽山、小衢山、双子山等岛屿，调研各功能岛规划建设情况（县委办　供图）

2022 年 4 月 7 日，省政协主席黄莉新（前排左二）考察舟山绿色石化基地（县政协办　供图））

2022 年 3 月 2 日，时任省政协副主席周国辉（前排左四）到岱山，考察舟山市银岱汽车零部件有限公司、舟山晨光电器有限公司、卓然（浙江）集成科技有限公司（县政协办　供图）

2022 年 5 月 13 日，时任省政协副主席陈铁雄（前排左一）考察秀山岛南部海域 LHD 林东大型潮流能发电站和常石集团（舟山）造船有限公司（县政协办　供图）

2022 年 5 月 18 日，全国人大华侨委员会委员，省十二届人大常委会党组书记、副主任王辉忠（前排左三）考察浙江舟山联合动能新能源开发有限公司的侨务工作（县人大办　供图）

2022 年 6 月 1 日，省委常委、组织部部长王成（前排左二）调研舟山绿色石化基地建设情况
（马金峰　摄）

2022 年 7 月 7 日，时任省委常委、省纪委书记、省监委主任许罗德（前排右二）调研衢山镇渔农村基层社会发展情况（县纪委办　供图）

2022年8月30日，中国国际贸易促进委员会副会长柯良栋（前排左二）调研舟山绿色石化基地建设情况（马金峰　摄）

2022年9月20日，时任生态环境部副部长叶民（前排右二）考察衢山岛

（市生态环境局岱山分局　供图）

2022 年 10 月 11 日，省委常委、时任统战部部长邱启文（左起第四）考察舟山绿色石化基地

（马金峰 摄）

2022 年 10 月 18 日，省人大常委会党组书记、副主任梁黎明（右一）调研秀山乡人大代表联络站全过程人民民主基层单元建设工作（县人大办 供图）

2022 年 2 月 13—15 日，岱山县第十七届人民代表大会第一次会议召开，图为开幕式场景

（县人大办　供图）

2022 年 2 月 12—15 日，政协第十届岱山县委员会第一次会议在县行政中心召开。图为开幕式场景

（县政协办　供图）

2022 年 1 月 25 日，岱山县瀛洲红帆船“浙岱渔 11492”党员船长沈华忠入选“最美浙江人·浙江骄傲”年度人物。图为沈华忠在颁奖仪式现场（县融媒体中心　供图）

2022 年 11 月 23 日，岱山学子俞思浩获浙江省运动会 15 ～ 16 岁组男子 100 米金牌。图为俞思浩（右二）在起跑线上（县融媒体中心　供图）

2022 年 3 月 5 日，创建全国县级文明城市再出发暨第二届全民清洁日活动在县文化广场举行（县融媒体中心　供图）

2022 年 3 月 18 日，疫情当前，除了冲锋一线的医护人员，还有很多舍小家为大家、逆行向前的社区社工和志愿者，他们在每一个平凡的岗位上诠释着不凡的坚守。图为志愿者开展巡逻宣传行动（县融媒体中心　供图）

2022 年 9 月 9 日，“IN 舟山 连世界”2022 舟山群岛国际传播活动在东沙古镇举办（县融媒体中心　供图）

2022 年 11 月，舟山市首届“市长杯”青少年三大球锦标赛在市青少年体校训练馆举行。岱山县排球代表队从全市 4 支队伍中脱颖而出，荣获冠军（县融媒体中心　供图）

2022 年 1 月 5 日 12 时，一艘满载着 39.02 万吨铁矿砂的矿船“明丰”轮，顺利停靠宁波舟山港衢山港区鼠浪湖矿石中转码头 1 号泊位，这是该码头是年迎来的首艘 40 万吨矿砂船（县融媒体中心　供图）

2022 年 2 月 24 日，世界最大单机容量潮流能发电机组“奋进号”在秀山岛成功下海（县委宣传部　供图）

2022 年 6 月，舟山绿色石化基地夜景（县发展和改革局　供图）

2022 年 7 月 8 日，海上风电机（县融媒体中心　供图）

2022 年 8 月 1 日，近千艘渔船结束伏季休渔期出海（林琦瀚　摄）

2022 年 11 月 28 日，全市首个渔光互补滩涂光伏发电项目在长涂岛开工（赵嘉波　摄）

2022 年 12 月 8 日，浙江友联修造船有限公司 2 台海上风电施工平台实施升级改造（县融媒体中心　供图）

2022 年 1 月 7 日，浙江瑞程石化技术有限公司（县融媒体中心　供图）

2022 年 4 月 30 日，燕窝山陆岛交通码头（县委宣传部　供图）

2022 年 12 月 7 日，城中村改造安置房——山外春澜家园（县委宣传部　供图）

2022 年 12 月 6 日，全国首个“一键响应式”海岛电力服务驿站投运（县委宣传部　供图）

2022 年 7 月 19 日，全民健身中心游泳馆对外开放（县融媒体中心　供图）

2022 年 5 月 1 日，双合石壁景区改造工程完工并对外开放（县委宣传部　供图）

2022 年 5 月 1 日，鹿栏晴沙景区配套工程绿道项目完成主线彩色沥青路面摊铺及附属工程施工，全县新增一条“依山傍海”的彩色旅游观光路线（县融媒体中心　供图）

2022 年 7 月 22 日，秀山环岛公路（海岙至九子段）工程施工现场（潘成汉　摄）

2022 年 12 月，跨越本岛 4 个乡镇、连接舟岱大桥的 526 国道岱山段改建工程加紧建设

（县融媒体中心　供图）

2022 年 1 月 6 日，县书法家协会书写百姓的“福”（县融媒体中心　供图）

2022 年 5 月 22 日，县内少数民族学生参观金维映史迹陈列室（县委宣传部　供图）

2022年6月18日，图书馆文化客厅改造完成，并重新开馆。图为市民VR体验

（县文化和广电旅游体育局　供图）

2022年7月23日，东海郊野公园举办“夏日 觅野丛林露营集市”活动（县委宣传部　供图）

2022年11月18日，岱山县原创歌曲《谁说非舟楫不相往来》获2022年浙江省第二届原创流行歌曲大赛金奖（县融媒体中心　供图）

2022年11月30日，县文化和广电旅游体育局在东沙古渔镇举办“三进四季行”活动

（县文化和广电旅游体育局　供图）

编辑说明

一、《岱山年鉴（2023）》以马克思列宁主义、毛泽东思想、邓小平理论、“三个代表”重要思想、科学发展观、习近平新时代中国特色社会主义思想为指导，坚持辩证唯物主义和历史唯物主义的立场、观点和方法，全面、系统地记述和反映全县深入贯彻落实党的十九大、二十大精神，省委、市委的重大战略部署，统筹推进疫情防控和经济社会发展各项工作，奋力建设共同富裕示范区海岛样板的生动实践和重要事件。

二、《岱山年鉴》是由中共岱山县委、岱山县人民政府主办，岱山年鉴编纂委员会组织编纂的年度性资料文献。《岱山年鉴》记录岱山县自然、政治、经济、文化、社会和生态建设等方面的基本情况，为各级领导资政决策提供依据，为社会各界了解和研究岱山提供翔实的基础资料，是集地方性、时效性、综合性于一体的资料性工具书。

三、《岱山年鉴》创刊于1988年，《岱山年鉴（2023）》是第18部；前4部分别为4年1鉴、5年1鉴、6年1鉴和2年1鉴，自2009年起，1年1鉴。《岱山年鉴（2023）》记述时限为2022年1月1日至12月31日。部分内容根据实际情况，时限略有前后延伸。凡在文中直书月、日的，均指2022年年内的日期，“上年”均指“2021年”。

四、《岱山年鉴（2023）》采用分类法编辑，根据年度特点，本卷年鉴主体框架略有调整，基本结构分为类目、分目、条目3个层次，以条目为记述主体。全书设类目33个，分目270个，条目1428个，随文照片（包括彩插51）263幅，图表59张。卷首设数字岱山、美丽岱山、领导关怀、年度聚焦、产业发展、民生福祉、乐活岱山的图文专题和岱山县政区图。卷末有主题索引、图照索引和表格索引，以便查阅。

五、《岱山年鉴（2023）》行文使用规范语体文、记述体。数字用法、标点符号用法分别采用国家标准《出版物上数字用法》（GB/T 15835—2011）、《标点符号用法》（GB/T 15834—2011），计量单位采用国家技术监督局于1993年12月发布的《量和单位》系列国家标准。

六、《岱山年鉴（2023）》所采用的稿件由各部门、单位提供并审核，少数条目由岱山年鉴编辑部撰写。本卷年鉴所载数据以统计部门提供为准，统计部门没有的以职能部门提供为准。由于统计口径等原因，有的数据与统计资料不尽相同，引用时请注意。部分数据合计数或相对数，由于单位取舍不同而产生的计算误差，本书均未做机械调整。

目录

Contents

特　载

专　记

年度聚焦

大事记

县情概览

中国共产党岱山县委员会

岱山县人民代表大会

岱山县人民政府

政协岱山县委员会

中共岱山县纪律检查委员会 岱山县监察委员会

群众团体

法　治

军 事

农 业

海洋与渔业

工　业

商贸流通

住房和城乡建设

自然资源管理和环境保护

交 通

金融业

经济管理

应急管理

教 育

科学技术

文化广电旅游体育

卫生和健康

人力资源和社会保障

社会生活

乡镇概览

统计资料

附 录

索 引

全面学习贯彻党的二十大精神
忠实践行"八八战略"坚决做到"两个维护"
在高水平建设现代海洋城市中加快海岛现代化

——在县委十四届三次全体（扩大）会议暨县委经济工作会议上的报告

2023 年 1 月 3 日

副市长、县委书记　周国岭

一、县委十四届一次全会以来的工作

2022 年是极不平凡的一年，我们在省市委的坚强领导下，坚持以习近平新时代中国特色社会主义思想为指导，深入学习贯彻党的二十大精神，坚决贯彻落实习近平总书记"疫情要防住、经济要稳住、发展要安全"的指示要求，高效统筹疫情防控和经济社会发展，统筹发展和安全，稳进提质、除险保安、塑造变革，全县经济实现高质量发展、社会大局保持平安稳定。预计全年地区生产总值增长 18%，规模以上工业增加值增长 24%，城镇和渔农村常住居民人均可支配收入分别增长 5% 和 7%，主要经济指标位居省市前列。主要抓了以下几方面的工作：

突出抓好政治建设，坚定捍卫"两个确立"，坚决做到"两个维护"。坚持把学懂弄通做实习近平新时代中国特色社会主义思想作为最大的政治任务，召开 31 次县委常委会会议、12 次县委理论中心组学习会，对总书记每一次重要讲话、作出的每一项重要指示批示，及时传达学习、对标对表、贯彻落实，在学深悟透中增强"四个意识"，坚定"四个自信"，做到"两个维护"。认真抓好党的二十大精神学习宣传贯彻，迅速掀起学习热潮，研究下发我县关于认真学习宣传贯彻党的二十大精神的通知，县委常委会带头开展专题研讨、带头到基层宣讲，全县226个党组织以“三会一课”、主题党日等形式开展学习交流，引导和推动全县广大党员干部群众准确把握党的二十大精神的核心要义、精神实质、丰富内涵、实践要求。坚决贯彻落实中央和省市决策部署，健全抓落实机制，全力推动自贸试验区建设、海洋经济、共同富裕、数字化改革、除险保安等决策部署的落地落实，交出了各项工作的高分报表。

坚持胸怀国之大者，坚决扛起使命担当，加速国家战略实施。全力服务保障舟山绿色石化基地，动态梳理任务清单76项，第三套年产140万吨乙烯获国务院批复投产，浙石化4000万吨/年炼化一体化项目安全运行，浙石化高性能树脂、鱼山战略新材料项目开工建设，全年加工原油3800万吨、实现产值2300亿元。全力保障国家大宗商品储运基地无障碍施工，启动工程加快推进，总投资250亿元的主体工程全面开工，鼠浪湖矿石中转基地实现港口货物吞吐量6800万吨、混配矿1700万吨。加快国际油品储运基地建设，黄泽山一期151万立方米常态化运营，建成二期104万立方米项目、黄泽山—鱼山原油管道，中化小衢山项目列入国储清单。加快国际海事服务基地建设，衢山临时锚地开展首单保税燃料油加注。复制推广自贸试验区改革试点经验，创制形成5项制度创新经验。

大力发展海洋经济，打好稳进提质组合拳，推动新旧动能加快转换。深化稳进提质八大攻坚行动，制定出台稳经济专项政策32条等“一揽子”政策举措，全年为企业减负降本6.90亿元。发展壮大石化产业链，高标准建设石化循环经济产业园，建成投产润和催化剂等一批制造业项目，新落地卓然20万吨年高性能树脂、高强高模碳纤维等一批新材料项目；全力稳定船舶海工产业，常石、友联、惠生等企业保持平稳发展，中集长宏、宁兴船舶积极修造高附加值船舶，和泰船舶优化型1.4万吨江海直达散货船交付运营，岱山工业稳增长和技术改造工作获省政府督查激励。发展壮大服务业，希尔顿欢朋酒店、全季酒店建成营业，竹屿新区商业综合体成功落户；新引进2家金融机构，全县本外币存贷款余额达到795.80亿元；支持江海联运船队做强做大，全县海运运力达到230万载重吨，港口货物吞吐量超过2亿吨。深化“亩均论英雄”改革，全面完成亩均税收5万元以下低效企业整治提升，规上企业亩均税收突破40万元，入选省“腾笼换鸟、凤凰涅槃”考核评价激励名单。

全面深化改革创新，以数字化改革引领系统性变革，塑造制胜未来的新优势。一体推进全面深化改革、共同富裕示范区重大改革和数字化改革，加快转入创新驱动发展模式。提升数字化改革实战实效。迭代升级“1612”体系架构，省级重大应用应通尽通，42个项目入选省级试点，“旱情预警及调度”“岱山货运船舶多跨协同共管”“宗教智巡”等应用在全省创出示范，政务服务一网通办办件率为94.8%，民生事项中有84.9%乡镇可办，基本实现掌上办、网上办、“办事不出岛”。大力实施科技新政。出台《关于深入实施创新驱动发展战略打造海洋经济强县的若干意见》等系列政策，中科院宁波材料所岱山新材料研究和试验基地首批入驻7个中试项目，汽船配产业创新服务综合体集聚26家高校院所及服务机构，世界最大单机LHD1.6兆瓦潮流能发电机组下海发电，新增省级科技型企业27家、省级高新技术企业5家、“专精特新”企业8家，全年研究与试验发展经费增长62%，成功入选第三批“科创中国”浙江省级试点县。大力实施人才新政。坚持以产引才、以才促产，出台《关于加快推进“大桥时代”人才强县工作的实施意见（试行）》，实施“岱山工匠”培育奖补、柔性人才引用奖励、回岱人才就业创业补助等政策措施，新增高技能人才1260人，新引进大学生2559名，增长34%。

推动城乡一体化发展，提升城市功能品质，加快建设岱山海岛大花园。深入实施以人为核心的新型城镇化战略和乡村振兴战略，促进城乡一体、产城融合。推进以县城为载体的新型城镇化建设。加强县城城镇化补短板强弱项工作，526国道岱山段改建、燕窝山陆岛交通码头、秀山环岛公路（海岙至九子段）等一批重大项目建成投用。全力创建全国县级文明城市，把未来社区理念贯穿到城市旧改新建、有机更新的全过程，加快星浦未来社区、蓬莱未来社区建设，改造老旧小区170幢，建成山外地块、东海地块高品质安置房，加大市容市貌、交通秩序、农贸市场等整治力度，完成8条城区道路白改黑，兰秀大道等一条条道路旧貌换新颜。全面推进乡村振兴。出台《关于推进海岛乡村振兴促进共同富裕的实施意见》，创新“飞地”抱团、强村公司等多种集体经济增收模式，所有行政村经营性收入在20万元以上，经营性收入50万元以上的村占比为77%。深化“千万工程”升级版，长涂镇倭井潭村、岱东镇涂口村列入省级第二批未来乡村试点村，创成省新时代美丽乡村示范县。加大减船转产力度，压减渔船103艘。推进全域美丽建设。谋划实施“星辰大海”计划，建成东海郊野公园一期、牛轭山公园，打造岱东北峰山、本岛南部美丽渔港等海岸示范带。深化“森林岱山”建设，全面推行“林长制”。坚决打好污染防治攻坚战，完成高亭污水处理厂、开发区污水处理厂扩建改造，全面整治入海排口，从严抓好中央和省级环保督察问题整改，入选浙江省第一批生态文明建设实践体验地。

高水平推进社会建设，切实办好民生实事，走好海岛特色共富之路。实施“小岛你好”海岛共富行动，小长涂岛入选全市首批示范岛建设。全面拓宽居民增收渠道，千方百计增加城乡居民财产性和经营性收入，家庭年收入10万～50万元群体比例提高3个百分点。构建重点人群“精准画像”，精准帮扶581名困难人员就业，新增城镇就业6442人，城镇登记失业率1.4%。完善最低生活保障制度，构建低保群众、失独家庭、残疾人、空巢老人等特殊群体帮扶解困长效机制，低保标准每年提高至12420元。推进义务教育“双减”，岱山中学与镇海中学建立合作关系，教育现代化发展水平监测结果位居全省前列，创成全国义务教育优质均衡先行创建县。加快县第一人民医院迁建工程，深化与浙二院、省立同德医院等医院合作，县第一人民医院成为全国首批“千县工程”县级医院创建单位，全县6个乡镇通过国家卫生乡镇考核验收，连续三年获得健康浙江建设考核优秀。加大“一老一小”服务供给，新增托幼一体化试点园2个，每千人拥有3岁以下婴幼儿托位3.5个，每万老年人拥有持证养老护理员31.1人。发展文化体育事业，建成全民健身中心，完成海洋博物馆改造一期，新建改造城市书房3家，新增文化礼堂7家。

统筹发展和安全，扎实推进除险保安，维护社会大局平安稳定。以“时时放心不下”的责任感，筑牢防风险、保平安、护稳定的铜墙铁壁。坚决贯彻落实党中央、国务院疫情防控政策，落实二十条优化措施和“新十条”措施，因时因势调整优化防控政策，最大程度保护人民生命安全和身体健康，最大限度减少疫情对经济社会发展的影响。深化“县乡一体、条抓块统”改革，迭代升级“141”社会治理体系，建成县社会治理中心，整合乡镇基层治理四平台及综合信息指挥室，实现指挥调度“纵向到底、横向到边、响应及时”。推进“大综合一体化”行政执法改革，探索海上综合执法，整合精简形成“1+6+1”行政执法队伍，乡镇实现“一支队伍管执法”。打好打赢“除险保安”百日攻坚战，深入推进风险隐患大排查、大整治、大清零，推进信访积案动态清零，圆满完成党的二十大维稳安保任务。加强涉海涉渔、危化品、消防等重点领域安全监管，成功抗击“轩岚诺”“梅花”等超强台风，捧得“平安金鼎”。

坚持和加强党的全面领导，纵深推进全面从严治党，营造风清气正的政治生态。坚持党建统领整体智治。建立健全以“七张问题清单”为牵引的党建统领机制，省、市、县三级清单纳入问题437个，按期整改率为100%。深入实施“红色根脉强基工程”，制定红色根脉强基指数，创新“村居融治”党建模式，加强偏远海岛党组织建设，被中组部确定为党建引领乡村治理试点县。突出政治标准和实干导向，注重在重大项目、重大改革、重要工作一线选用干部，大力培养选拔优秀年轻干部。深化清廉岱山建设。一体推进不敢腐、不能腐、不想腐，精准运用“四种形态”，严肃查处违纪违法行为，全年立案64件，处分54人。严格落实中央八项规定精神，力戒形式主义官僚主义，查处问题16起20人，其中党纪政务处分11人。开展新一轮县委巡察工作，完成12个县属单位、20个渔农村党组织巡察。发展全过程人民民主。支持和保障人大及其常委会依法履职，开展开发区人大工作试点，打造践行全过程人民民主基层单元。支持政协发挥专门协商机构作用，高质量开展专题调研、协商监督。支持法院、检察院依法履职，筑牢公平正义法治基石。巩固和发展爱国统一战线，加强新的社会阶层人士统战工作，注重发挥非公经济人士、党外代表人士作用。工商联、工会、共青团、妇联、科协、残联等群团组织工作得到新加强，国家安全、党管武装、退役军人、民族、对台、审计、老干部、老龄、关心下一代、慈善、气象、党校、史志、档案等工作取得新进展。

同志们，过去这一年的工作成绩来之不易，这些成绩的取得，最根本在于以习近平同志为核心的党中央坚强领导，在于习近平新时代中国特色社会主义思想的科学指引，是省市委坚强领导的结果，是全县上下踔厉奋发、实干争先的结果。尤其是在疫情大战大考中、在文明城市创建中、在抗击超强台风中，全县广大党员干部群众以逆行之姿彰显着责任担当、用实际行动践行着初心使命。在此，我代表中共岱山县委，向同志们、向全县人民表示衷心的感谢！

在肯定成绩的同时，我们也清醒认识到工作中存在一些薄弱环节和短板弱项：经济发展的质量效益有待提高，科技创新和人才对高质量发展的支撑还不够有力；推进共同富裕力度还需加大，教育、医疗、养老等公共服务与人民群众对美好生活的需求还有差距；基层社会治理精准性前瞻性风险识别、抵御风险的能力还需加强；干部主动力执行力还需提升；全面从严治党还有薄弱环节，党风廉政建设和反腐败斗争任务依然任重道远。对这些问题，我们必须高度重视，切实加以解决。

二、深刻领悟党的二十大精神，奋力推进中国式现代化在岱山的生动实践

党的二十大是在全党全国各族人民迈上全面建设社会主义现代化国家新征程、向第二个百年奋斗目标进军的关键时刻召开的一次十分重要的大会。党的二十大报告深刻阐释了新时代坚持和发展中国特色社会主义的一系列重大理论和实践问题，科学擘画了全面建设社会主义现代化国家、全面推进中华民族伟大复兴的宏伟蓝图，是党团结带领全国各族人民夺取新时代中国特色社会主义新胜利的政治宣言，是马克思主义的纲领性文献，为我们奋进新时代提供了根本遵循。我们要深刻领悟党的二十大精神，坚决把思想和行动统一到党中央决策部署上来。

1. **深刻领悟“两个确立”的决定性意义，坚决做到“两个维护”**。党的二十大取得的所有成果中，最重要最根本的是再次宣示“两个确立”的决定性意义，明确了最大的政治、最大的大局、最大的原则。我们要不断提高政治判断力、政治领悟力、政治执行力，坚定捍卫“两个确立”，坚定不移在思想上政治上行动上同以习近平同志为核心的党中央保持高度一致，坚定不移沿着习近平总书记指引的道路勇毅前行。

2. **深刻领悟习近平新时代中国特色社会主义思想的世界观和方法论，始终高举思想之旗**。党的二十大鲜明提出中国共产党为什么能，中国特色社会主义为什么好，归根到底是马克思主义行，是中国化时代化的马克思主

义行。"六个必须坚持"集中体现了习近平新时代中国特色社会主义思想的政治立场、理论品格、精神气质和思想方法。我们要全面把握习近平新时代中国特色社会主义思想的世界观、方法论，深刻领会党的创新理论的道理学理哲理，不断实现新的思想解放和精神主动。

3. **深刻领悟以中国式现代化全面推进中华民族伟大复兴，加快推进海岛现代化。**党的二十大明确提出了中国式现代化的中国特色、本质要求、重大原则、战略布局和战略举措，为新时代新征程的伟大探索提供了理论创新、实践创新、制度创新史无前例的宏大场景和广阔舞台。我们要自觉把岱山工作放到以中国式现代化推进中华民族伟大复兴的宏大场景中去谋划推进，走出全体人民共同富裕的现代化、物质文明和精神文明相协调的现代化、人与自然和谐共生的现代化。

4. **深刻领悟全面建设社会主义现代化国家战略布局，奋力绘就岱山发展新图景。**党的二十大把握党和国家事业发展新要求、人民群众新期待，对全面建设社会主义现代化强国两步走战略安排进行宏观展望，确定了到2035年我国发展的总体目标和未来5年的主要目标任务。我们要全面对标对表，锚定高水平实现海岛现代化的目标，强化岱山未来发展的关键变量和基础支撑，着力解决不平衡、不充分的发展问题，走出一条海岛特色现代化发展之路。

5. **深刻领悟以党的自我革命引领社会革命，持之以恒推进全面从严治党。**党的二十大对新时代党的建设和全面从严治党伟大实践作了深刻总结，对党所处历史方位、党情发展变化进行了深刻分析，并明确了坚定不移全面从严治党，深入推进党的建设新的伟大工程的形势任务。我们要落实新时代党的建设总要求，全面推进党的自我净化、自我完善、自我革新、自我提高，确保党始终成为海岛现代化建设的坚强领导核心。

6. **深刻领悟发扬斗争精神、增强斗争本领、坚持团结奋斗，凝心聚力奋进新征程。**党的二十大强调弘扬以伟大建党精神为源头的中国共产党人精神谱系，发扬斗争精神、增强斗争本领、坚持团结奋斗。党和人民取得的一切成就，是通过不断斗争取得的；全力战胜前进道路上各种困难挑战甚至惊涛骇浪，必须依靠顽强斗争、团结奋斗。我们要持续激发精神力量、保持高昂精神状态，以更加紧密的团结、更加顽强的奋斗不断创造新业绩。

党的二十大作出"发展海洋经济，保护海洋生态环境，加快建设海洋强国""实施自由贸易试验区提升战略"等战略部署，省委提出"建设国家经略海洋实践先行区""把海洋打造成为未来新增长极"等战略要求，市委提出"高水平建设现代海洋城市""争创大宗商品特色自由贸易港"等目标要求，为岱山发展提供了重大契机和重要遵循。我们要以当好"两个维护"示范引领者、"八八战略"忠实践行者、"两个先行"奋勇探路者的昂扬姿态，把党的二十大精神转化为奋进动力，以实干实绩实效奋力谱写中国式现代化岱山新篇章。

三、全力以赴干好2023年工作

2023年，是全面贯彻落实党的二十大精神的开局之年，是"八八战略"实施20周年，做好2023年工作，意义重大。当前，新一轮发展的"时与势"更利于岱山，海洋强国、"一带一路"、长江经济带、长三角一体化、舟山群岛新区、自贸试验区、江海联运服务中心等重大战略叠加交汇，岱山在国家战略布局中的地位和使命从来没有这么重要，岱山在自身发展历程中前景从来没有这么美好，岱山在实现高质量发展的道路上从来没有这么自信。我们要把握机遇、乘势而上，踔厉奋发、勇毅前行。

2023年工作的指导思想和总体要求是：坚持以习近平新时代中国特色社会主义思想为指导，全面贯彻党的二十大精神，认真落实中央经济工作会议精神，按照省委、省政府和市委、市政府部署要求，坚持稳字当头、稳中求进，完整全面准确贯彻新发展理念，忠实践行"八八战略"，奋力推进“两个先行”，努力打造“重要窗口”海岛风景，把高质量发展作为首要任务，把缩小“三大差距”作为主攻方向，把改革创新作为根本动力，把实现人民对美好生活的向往作为根本目的，更好地统筹疫情防控和经济社会发展，更好地统筹发展和安全，落实国家战略，主攻海洋经济，强化科技创新，建设海上花园城，推进海岛共富先行，攻坚克难、实干争先，奋力推动海岛现代化取得新的突破性进展和标志性成果。

县委建议，2023年我县经济社会发展的主要预期目标为：地区生产总值增长7.5%以上，一般公共预算收入增长5%以上，规模以上工业增加值增长9%以上，固定资产投资420亿元以上，城镇和渔农村常住居民人均可支配收入分别增长7%和7.5%以上，全面完成节能减排等各项约束性任务。

重点把握以下五方面要求：一是坚持项目为王。把项目攻坚作为头等大事来抓，一切围绕项目转、一切围绕项目干，深入实施“项目攻坚年”活动，紧扣项目谋划、招引、落地、开工、建设、投产等关键环节，全过程全链条推进项目，增添岱山发展新动能。二是坚持创新发展。紧紧抓住科技创新这个“牛鼻子”，大力培育新科技、新产业、新增长极，开辟发展新领域新赛道，开创岱山发展新局面。三是坚持改革攻坚。着力破解制约岱山高质量发展的资源要素瓶颈、体制机制障碍、思想理念束缚，提升改革的集成性、实效性、协同性，激发岱山发展新活力。四是坚持系统观念。加强全局性谋划、战略性布局、整体性推进，把握好政策出台和工作推进的“实、度、效”，破解碎片化、单打一、零敲碎打等问题，实现多重目标的平衡优化，塑造岱山发展新优势。五是坚持共建共享。践行以人民为中心的发展思想，全面“扩中”“提低”，提供更稳定的工作、更优质的教育、更高水平的医疗服务、更可靠的社会保障、更和谐的社会环境、更美好的生活环境，满足岱山人民的新期待。

（一）突出国家战略引领，推动高水平开放提升。聚焦聚力功能岛“首发工程”，坚持一岛一功能、多岛强功能，实施自贸试验区提升战略，打造畅通国内大循环为主体、国内国际双循环相互促进的海上战略枢纽。

加快发展油气全产业链。围绕“一中心三基地一示范区”，集中力量建设国际一流的舟山绿色石化基地，动态梳理服务工作任务清单，确保浙石化4000万吨年炼化一体化项目安全稳定运行、产能充分释放，加快高性能树脂、高端新材料项目建设，全力争取石化基地三期获批，全年实现产值2500亿元以上。加快国际油品储运基地建设，推动黄泽山一期、二期产能充分释放，开展三期地面储罐前期，保障黄泽山—鱼山原油管道常态化运营，争取地下洞库列入国储建设储备清单，落地建设中化小衢山国储项目。

全面提升大宗商品资源配置能力。聚焦保障国家能源资源安全，加快建设国家大宗商品储运基地，完成启动工程建设，加速主体工程进度，全年实现港口货物吞吐量7100万吨、混配矿1700万吨。瞄准基地溢出效应，布局铁矿石产业发展新平台，推动铁矿石储运、加工、贸易、服务全产业链发展。以制度创新为核心，对标国际先进规则，聚焦大宗商品全产业链投资便利化和贸易自由化，积极探索规则、规制、管理、标准等制度型开放，形成更多成果，争创大宗商品特色自由贸易港。

深度融入区域协调发展。全面融入长三角一体化、全省“四大”建设和甬舟一体化，把接轨大上海作为重要战略取向，深化与上海、宁波等地交流合作，参与共建宁波舟山全球海洋中心城市，配合沪舟甬跨海大通道前期工作。坚持“四港”联动，推动港产、港贸、港城一体化发展，推进江海联运服务中心建设，支持发展江海联运直达船，完善海陆联运、江海联运、水水中转等联运网络，增强联动长三角、联通长江、辐射亚太的枢纽功能，助力打造世界一流强港。加快国际海事服务基地建设，推动衢山临时锚地、川山南锚地常态化供油，做大做强东北亚船用燃料油供应中心。

（二）大力发展实体经济，构建现代海洋产业体系。坚持把高质量发展的主攻方向放在海洋经济上，狠抓传统产业改造升级和战略性新兴产业培育壮大，打造具有国际竞争力的海洋产业集群。

做大做强石化产业链。实施产业基础再造和产业链提升工程，高起点延链、补链、强链、育链，集中力量建设岱山经济开发区发展大平台，推动石化产业做大做强做优。全面建成石化循环经济产业园，推动重大产业项目产能释放，打造全国重要的石化装备制造基地。聚焦催化剂、助剂、添加剂及高端聚烯烃、工程塑料、高性能纤维、功能膜、电子化学品等细分领域，健全完善项目评估准入机制，大力引进链主型企业和高新技术企业，高水平打造新材料产业园区。大力发展石化装备制造、安装运维、安全与环保、石化特种运输、检验检测等项目，打造石化生产性服务业基地。

加快发展先进制造业。聚焦船舶与临港装备产业，推动向智能化、高端化方向转变，支持常石集团、浙江友联等企业发展豪华邮轮及其他高附加值船舶，加快金海智造战略重组，推动惠生海工拓展发展大型海工装备业务，建设国内领先的船舶、海工装备制造基地。聚焦清洁能源产业，按照“可再生能源+储能+联合制氢+碳汇”路线，推进华能岱山1号海上风电场建设，推动华润一期、二期项目并网，加快联合动能产业化、商业化进程，谋划引进氢能相关企业。聚焦汽船配、电机、玩具、水产加工等传统优势产业，推动转型升级，全力扩产能、拓市场、促提升。

大力实施数字经济“一号发展工程”。加快产业数字化、数字产业化，做大做强化塑（合成树脂）产业数据中心，支持建设一批未来工厂、智能工厂、数字化车间，建成浙石化未来工厂，数字经济核心产业增加值增长15%以上。加快建设数字海洋实验室，完善5G、工业互联网等新型基础设施，推进公路、水运、物流等基础设施智能化升级。依托数字创新大厦，培育招引一批数字企业，打造数字经济小微企业园。实施“雄鹰”“雏鹰”“凤凰”行动和小微企业三年成长计划，鼓励企业“上规上市上云上榜”，加快企业上市步伐，大力培育专精特新企业，促进大中小微企业融通发展。

全面提升服务业发展水平。充分发挥消费的基础作用，把恢复和扩大消费摆在优先位置，研究出台新一轮促消费政策，增强消费能力，改善消费条件，创新消费场景。大力发展生活性服务业，建成竹屿新区商业综合体，盘活原高亭码头、原高亭农贸市场、闸口电影院等区块，培育文化体育、健康医疗、养老托幼等消费热点，争创数字生活新服务样板县。推进生产性服务业向专业化和中高端延伸，做大做强港口物流、石化生产性服务业，培育发展研发设计、金融服务、法律服务等高端生产性服务业，推动港航物流、高端商贸、科技信息等现代服务业与制造业深度融合。

（三）深入实施创新驱动战略，加快提升创新发展水平。坚持科技是第一生产力、人才是第一资源、创新是第一动力，大力实施科技新政、人才新政，全力争创国家“创新型县”。

突出企业科技创新主体地位。完善支持企业科技创新政策，健全研发投入奖励、项目资金扶持等系列措施，引导企业加大研发投入。深入实施科技企业“双倍增”行动，新增高新技术企业和科技型中小企业25家以上。高水平建成一批企业研究院，支持晨光电器与东南大学共建微电机企业研究院、舟富食品与中国农业大学共建航天应急保障食品研究院、惠生海工与上海交通大学共建智能制造企业研究院、联合动能与浙江科技学院共建海洋潮流能研发中心、宁兴船舶与上海大学绍兴研究院共建船舶轻量化应用技术研发中心。全社会研发经费支出占GDP比重在3.5%以上，夺取科技创新鼎。

建设高能级海洋科创平台。充分发挥中科院宁波材料所岱山新材料研究和试验基地、招商局邮轮研究院舟山分院等重大科创平台作用，推动创新链与产业链深度融合，提高科技成果转化和产业化水平。加大创新平台引进力度，推动绿色石化技术创新中心等平台落地。完善汽船配产业创新服务综合体功能，支持骨干企业发挥自身优势，深入开展产学研用合作，为产业链上下游企业提供创新服务，带动产业整体跃升。培育创新文化，弘扬科学家精神，营造创新氛围。

打造创新创业人才队伍。坚持党管人才原则，实施更加积极、更加开放、更加有效的人才政策，真心爱才、悉心育才、倾心引才、精心用才。深化人才发展体制机制改革，发挥企业主体作用，建强用好甬舟人才一体化发展飞地，高标准建设岱山县工程师（工匠）学院，大力引进培育高层次创业创新人才、高校毕业生和各类技能人才。强化人才全周期全要素保障，保障外来人口同等享受各项基本公共服务和办事便利，涵养开放包容文化，不求所有、但求所用、来去自由，真正让优秀人才来得顺心、干得舒心、留得放心。

（四）纵深推进改革突破，更大激发市场活力和社会创造力。坚持把全面深化改革作为推动发展的根本动力，创新有利于提高资源配置效率、有利于调动全社会积极性的改革举措，让市场主体预期更稳、信心更足、活力更强。

实施营商环境优化提升“一号改革工程”。对标国际国内先进水平，加大制度供给、服务供给、要素供给，营造市场化、法治化、国际化一流营商环境。实施政务服务“去中心化”改革，迭代升级营商服务综合体，深化以承诺制为核心的极简审批，推行惠企政策“免申即享”，实现企业“进一个中心，能办所有事”。坚决破除市场壁垒，保障各类市场主体依法平等使用各类生产要素和公共服务资源，建设高效规范、公平竞争、充分开放的统一大市场。严格规范行政行为，深化“双随机一公开”监管，依法依规实施包容审慎监管，全面推行“综合查一次”，切实做到“企业办事无忧、政府无事不扰”。

充分激发市场主体活力。深化国资国企改革，健全完善现代企业制度，做大做强交投、城投、开投、衢投，提高国企核心竞争力。坚持“两个毫不动摇”，从制度和法律上把对国企民企平等对待的要求落下来，从政策和舆论上鼓励支持民营经济和民营企业发展壮大，完善促进中小微企业和个体工商户发展的政策体系，依法保护民营企业产权和企业家权益。构建亲清政商关系，健全政商交往负面清单，完善领导包联帮扶机制，切实为企业解难题、办实事，让企业在岱山创业有信心、投资能放心、发展更安心。

深化要素市场化配置改革。充分发挥市场在资源配置中的决定作用、更好地发挥政府作用，强化财政、土地、资本等要素配置。坚持集中财力办大事，重新梳理现有政策，精准高效实施“8+4”政策体系，更好地发挥政策引导、保障、支撑作用。深化“亩均论英雄”改革，强化“腾笼换鸟、凤凰涅槃”攻坚，加大低效厂房、用地、岸线再开发力度，推进“机器换人”“机器上楼”，切实提高经济密度。实施融资畅通工程升级版，引导金融机构加大对实体经济特别是小微企业、科技创新、绿色发展的支持，加大首贷、无还本续贷、制造业中长期贷款等重点领域信贷供给，推动企业融资成本稳中有降。

（五）坚持城乡融合发展，建设海上花园城市。推进以人为核心的新型城镇化，提高城市规划、建设、治理水平，体现“城市，让生活更美好”的价值取向和人文关怀。

实施县城承载能力提升工程。坚持以县国土空间总体规划为引领，把握好生产空间、生活空间、生态空间的内在联系，统筹地上地下空间利用，细化重点区块设计，强化规划约束管控，坚持一张蓝图绘到底。深化实施“七个一”工程，精心打造双合入岛门户、526国道岱山段迎宾大道，建成启用岱山交通集散中心、燕窝山客运中心，加快S201岱山浪激咀至双合改扩建、磨心山隧道、双峰新城基础设施配套等工程，打造与大桥时代相匹配的城市功能。深化水资源优化联调工程，加快磨心水库扩容、岱北水厂、海塘安澜工程，打造多源共济、优水优用的高品质城乡供水网。开展城乡风貌提升行动，注重小尺度微改造，建设一批特色街巷，让人们更好地感受街区里弄人家的独特气质。各个乡镇规划建设好本乡镇的一条迎宾大道、一条商业街、一个小镇阳台、一个文化中心、一条小镇绿道。健全“大城管”体制，以绣花功夫抓好城市精细化管理，打造宜居、韧性、智慧城市。

深入实施新时代乡村振兴战略。高质量推进渔农业渔农村现代化，打造宜居宜业和美乡村，展现海岛乡村独特魅力。深化美丽乡村建设，完善乡村规划体系，推进村庄建设规划管控全覆盖。深化“千万工程”，全域推进未来乡村建设，建成一批美丽乡村精品村，塑造山、海、林、田、路、房整体大美的海上乡村画廊。因地制宜发展乡村休闲、生态旅游、绿色康养、渔业养殖等产业，发展“可食地景”等新业态，建设现代农业园区、美丽乡村综合体，打造一批主导产业鲜明、文化体验丰富、“产、村、人”共融共享的特色村庄。深化承包地、宅基地“三权分置”、村集体经营性建设用地改革，“一村一策”提升村集体经济，80%以上的村年经营性收入为50万元。落实“长牙齿”的耕地保护硬措施，加强农田基础设施建设，坚决制止耕地“非农化”、防止基本农田“非粮化”。

大力推进全域全景建设。坚持全域化、标准化、精品化、国际化方向，把全县作为一个大景区全域打造，以文塑旅、以旅彰文，推进文化和旅游深度融合，建设长三角重要的海岛休闲旅游目的地。深入实施“星辰大海”计划，有序推进岱山东北部海岬公园至鹿栏晴沙滨海运动海岸带、双峰至竹屿休闲宜居海岸带、美丽渔港风情海岸带、秀山东部金滩长廊海岸带、衢山双龙湾风情渔村海岸带建设，建成磨心谷公园等一批标志性项目，推动东沙古渔镇创建国家AAAA级旅游景区，形成文化旅游产业融合发展和城市海岸线再造共生新格局。深入践行“绿水青山就是金山银山”理念，实施好“花海彩林”工程，高起点建设城市走廊、美丽河道、生态廊道、优美道路、休憩空间，建成东海郊野公园二期、蓬莱森林公园、秀山大花园，探索生态产品价值实现和生态补偿机制，打通资源变资产变资金通道。深入实施碳达峰碳中和行动，系统推进能源、工业、建筑、交通、渔农业、居民生活等重点领域绿色低碳转型。以更高标准打好污染防治攻坚战，强化湿地、沙滩等沿海生态资源保护，推进岸线整治和修复，建设生态海岸带，守护好碧水蓝天净土。

（六）大力推进共同富裕，增进民生福祉。尽力而为、量力而行，兜牢民生底线，着力解决好人民群众急难愁盼问题，打造民生“七优享”金名片，让共同富裕更加真实可感。

深入实施“小岛你好”海岛共富行动。加快小长涂岛示范岛建设，谋划推进秀山岛、江南山岛“小岛你好”，持续发力基础设施提升、特色产业导入、集体经济发展、风貌综合整治、公共服务共享、文化内涵挖掘等攻坚行动，深入实施网络医院、海岛支老、岛际出行、供水联网、快递上岛等惠民举措，弥合偏远海岛、空心岛的民生和公共服务短板，形成具有普遍价值的海岛共富政策机制体系。

深化“扩中”“提低”改革。实施居民收入和中等收入群体双倍增计划，针对9类重点群体，完善“全面覆盖+精准画像”基础数据库，采取针对性更强、作用更直接、效果更可持续的增收措施，落实减税降负、就业创业支持、技能培训等政策，扩大中等收入群体规模，加快构建橄榄型社会结构。落实落细就业优先政策，确保零就业家庭动态清零，城镇登记失业率控制在3%以内。高度关注“平均数以下”问题，实施低收入群体同步基本实现现代化行动，确保低收入群体收入增速高于居民收入平均增速。强化困难群体兜底保障，加大社保、转移支付等调节力度和精准性，发挥慈善等第三次分配作用，实现共同富裕路上一个也不掉队。

加大公共服务优质供给。坚持教育优先发展，建成双峰新城学校，深化岱山中学与镇海中学合作机制，推动县中崛起，促进教育公平、提高教育质量，办好人民满意的教育。加强师德师风建设，培养高素质教师队伍，弘扬尊师重教社会风尚。深入推进健康岱山建设，深化“三医联动”“六医统筹”，规划建设公共卫生中心，加快县第一人民医院迁建工程，用好浙二院下沉专家资源，办好县中医院，提升衢山二院，更好地满足人民群众对优质医疗资源的需求。做好“一老一小”工作，完善普惠育儿服务体系，落实鼓励生育政策措施，建成双峰新城幼儿园、星浦未来社区幼儿园，整合提升衢山镇幼儿园，争创国家学前教育普及普惠县；深化养老供给侧结构性改革，加快构建“幸福食堂”助餐体系，多渠道改善偏远海岛养老条件，建成东沙康养联合体。探索“一老一小”整体解决方案，推动养老、育幼一体化，发展老幼结合养教模式。加强“菜篮子”保障，畅通宁波等地物流通道，加快建设岱山综合批发市场，着力降低群众生活成本。

大力推进精神富有。围绕举旗帜、聚民心、育新人、兴文化、展形象的使命任务，推行以精神富有为标志的文化发展模式，统筹推动文明培育、文明实践、文明创建，用好新时代文明实践中心、所（站），大力弘扬社会主义核心价值观，擦亮礼让斑马线、志愿者等文明实践品牌，创成全国县级文明城市。深入挖掘岱山文化深厚内涵，加强历史文物与海洋非遗保护，改造提升盐业博物馆，完成海洋博物馆提升改造二期。加大公共文化体育供给，布局建设一批体育公园，加快建设双峰新城体育中心，谋划推进文化艺术中心，高标准举办中国海洋文化节、国际风筝节，打造全国知名海洋运动休闲岛。

（七）更好统筹发展和安全，增强县域治理现代化能力。牢固树立总体国家安全观，坚定维护政治安全、社会安定、人民安宁，打造最安全县城。

完善基层治理体系。健全共建共治共享的社会治理制度，深化“县乡一体、条抓块统”改革，推动“162”体系与“141”体系贯通衔接，迭代升级“基层治理四平台”，深入推进“八无”善治网格建设，实现信息归集、研判、预警、处置等全链条闭环管理。规范重大决策社会风险评估，畅通和规范群众诉求表达、利益协调、权益保障通道，推进信访信用试点，提升群众初信初访办理质效和公信力，及时把矛盾纠纷化解在基层、化解在萌芽状态。强化社会治安整体防控，开展扫黑除恶“回头看”，依法严惩群众反映强烈的各类违法犯罪活动，确保经济健康运行、社会安定有序。

深化法治岱山建设。坚持法治岱山、法治政府、法治社会一体推进，严格执法、公正司法、全民守法，更好地发挥法治固根本、稳预期、利长远的保障作用。推进依法行政，深化“大综合一体化”行政执法改革，严格规范公正文明执法，动态调整乡镇赋权事项，保障乡镇对下沉力量有效行使指挥权。严格公正司法，深入开展“执行难”问题综合治理，健全执法司法对民营企业的平等保护机制，努力让人民群众在每一个司法案件中感受到公平正义。建设法治社会，深入开展“八五”普法宣传教育，增强全民法治观念，努力使尊法学法守法用法在全社会蔚然成风。

坚决防范化解重大风险。深化平安岱山建设，迭代完善风险闭环管控的大平安机制，常态化推进除险保安，坚决打赢平安护航杭州亚运会等硬仗。全面贯彻党中央、国务院和省市疫情防控决策部署，平稳有序实施优化措施，加强医疗物资储备供应，全力提升救治能力，推进疫苗应接尽接，切实保障人民群众生命安全和身体健康。加强政治、经济、文化、生态等重点领域安全能力建设，动态消除各领域各方面重大风险隐患，确保不发生系统性风险。加强食品药品全链条严管，守护“舌尖上的安全”。深化安全生产领域改革，强化涉海涉渔、危化品、消防等重点领域安全监管，坚决“遏重大、降总量、保安全”。

四、坚持和加强党的领导，全面加强干部队伍作风建设

贯彻党的二十大精神，落实上级决策部署，抓好工作落地，关键靠干部、关键看执行。要按照省委提出的“六不四坚持”要求，深入开展干部队伍作风建设，不断提升政治判断力、政治领悟力、政治执行力，激励广大党员

干部围绕大势大局大事，主动有为、真抓实干、马上就办，推动经济社会高质量发展。

（一）加强思想政治建设。坚持不懈地用习近平新时代中国特色社会主义思想凝心铸魂，深入学习宣传贯彻党的二十大精神，按照党中央统一部署开展好主题教育，传承红色基因，赓续红色血脉。紧扣“八八战略”实施20周年、“重要窗口”打造5周年，健全党建统领问题管控机制，完善抓落实长效机制，以“钉钉子”精神抓好习近平总书记批示指示精神贯彻落实，确保中央和省市委决策部署落地落实。

（二）激励干部担当作为敢闯敢试。深化“实干争先跨越发展”活动，按照“一张大表管考评、管到底”，进行穿透式考核，各级主要领导要扑下身子、靠前指挥，一级带着一级干，让每一名干部都有事干、每一件事都有人干，形成真抓实干、马上就办的生动局面。全面对标先进，在全国全省找标杆，营造争先创优浓厚氛围。树牢实干实绩实效工作导向，重用敢于攻坚、勇于破难、全身心扑在工作上的干部，真正让更多想干事、能干事、干成事的干部脱颖而出。开展干部递进式培养、多岗位锻炼，在招商引资、项目建设、海岛共富、风险防范、社会稳定等一线磨砺培养干部。加强年轻干部培养、管理和监督，充分调动各年龄段干部的积极性。落实“三个区分开来”，激励干部敢于担当、积极作为，加快形成能者上、优者奖、庸者下、劣者汰的良好局面。

（三）增强党组织政治功能和组织功能。坚持大抓基层的鲜明导向，深入实施“红色根脉强基工程”，构建书记“带头抓”、工作“项目化”的责任机制，全面推动乡镇书记领衔基层党建重点项目。全面落实“百千万”工程，抓紧开展村社班子届中评估考察，加强村社书记队伍和基层党组织建设，常态化整治软弱涣散基层党组织，把基层党组织建设成为有效实现党的领导的坚强战斗堡垒。深化党建联建机制，推进“共富工坊”建设，抓实现代社区，完善开发区融合型大社区大单元、“村居融治”党建模式。坚持党的一切工作到支部，统筹提升机关、国企、医院、学校等各领域党建，加强新经济组织、新社会组织、新就业群体党的建设，推动基层党组织全面建强、全面进步、全面过硬。

（四）巩固风清气正的政治生态。严格落实管党治党政治责任，坚持以严的基调强化正风肃纪，加强“一把手”和领导班子监督，重点对政治纪律政治规矩、民主集中制、党内政治生活、廉洁从政从业“五个严禁”、重大事项请示报告等制度要求落实情况进行跟进监督，落实落细“五张责任清单”。持之以恒地加固中央八项规定堤坝，持续深化纠治“四风”，对享乐奢靡之风露头就打，对顶风违纪行为从严查处，坚决防反弹回潮、防隐形变异、防疲劳厌战，重点纠治形式主义、官僚主义。坚持政府过紧日子，把更多的财政资金用在帮扶企业、改善民生、保障重大项目上。以纪律建设为牵引，靶向整治重点领域、关键岗位腐败问题，更好地发挥政治巡察利剑作用，坚决打赢反腐败斗争攻坚战持久战。

（五）汇聚团结奋斗的磅礴力量。支持和保障人大及其常委会依法行使职权，丰富人大代表联系人民群众的内容和形式，打造全过程人民民主基层单元。支持和保障人民政协依章程进行民主监督，用好“请你来协商”平台，提高深度协商互动、意见充分表达、广泛凝聚共识水平。支持法院、检察院依法履职，服务保障中心工作，维护社会公平正义。坚持和发展新时代爱国统一战线，促进政党关系、民族关系、宗教关系、阶层关系、海内外同胞关系和谐，找到最大公约数，画出最大同心圆。深入推进群团组织改革，深化双拥共建和军民融合发展。着力激发全社会干事创业活力，让干部敢为、地方敢闯、企业敢干、群众敢首创在岱山蔚然成风。

政府工作报告

——在岱山县第十七届人民代表大会第二次会议上

2023年2月15日

县长　卢建波

一、2022年工作回顾

2022年是第二个百年奋斗目标开局之年，也是本届政府奋进起航之年。面对新形势新机遇新挑战，我们坚持以习近平新时代中国特色社会主义思想为指导，全面学习贯彻党的二十大精神，在省市党委政府和县委的坚强领导下，在县人大、县政协的监督支持下，紧紧依靠全县干部群众，认真落实"疫情要防住、经济要稳住、发展要安全"的重要指示，统筹抓好稳进提质、除险保安、塑造变革，较好地完成了年初确定的各项目标任务。全年地区生产总值增长18%；规上工业增加值增长25.5%；一般公共预算收入20.01亿元，同口径增长9%；城镇和渔农村常住居民人均可支配收入分别为64421元和46115元，增长4.3%和7.1%。一年的实干争先，岱山高质量发展的底色更亮、成色更足，11项市对县考核指标中7项增速全市第一，荣获全市综合考核优秀单位；根据工信部、社科院相关研究机构评价，我县首次入围中国工业百强县，高居全国投资潜力百强县（市）第8位。

一年来，我们聚焦国家战略担使命，开放优势更加凸显。舟山绿色石化基地建设跑出加速度。全力做好项目审批、疫情防控等服务保障工作，浙石化炼化一体化项目安全稳定运行，第三套年产140万吨乙烯项目获国务院批复投产，全年实现产值2298亿元，增长65%；总投资192亿元的高性能树脂、总投资641亿元的高端新材料项目开工建设；"智慧鱼山"入选自贸试验区舟山片区五周年重大标志性改革创新成果。大宗商品资源配置基地建设按下快进键。加快推进大宗商品储运基地建设，主体工程全面开工；鼠浪湖矿石中转基地产能稳定释放，混配矿加工量稳居全国第一。加快推进国际油气储运基地建设，黄泽山二期104万立方米项目顺利建成，黄泽山—鱼山原油管道全线贯通，中化小衢山油储项目列入国储清单。开工建设衢山国际海事服务基地产业园，保税船用燃料油加注实现常态化运行。舟山江海联运服务中心建设实现新突破。积极发展港航物流业，港口货物吞吐量达2亿吨，单船平均运力首次突破1万载重吨；积极参与《宁波舟山港总体规划》修订，19个涉港项目岸线全部纳规，新增纳规港口岸线数量居全市首位；积极推进口岸开放，浙石化、惠生海工项目扩大开放获国务院批复同意，新增开放面积69.2平方千米。

一年来，我们聚焦稳进提质增动能，海洋产业加速壮大。项目推进攻城拔寨。深入实施"项目攻坚年""拔钉清障"行动，固定资产投资达465.80亿元。着力抓好项目保障，供应土地436.33公顷，消化批而未供土地120.93公顷，争取地方政府债券10.29亿元；高质量完成"三区三线"划定，最大限度保障大平台、大项目用地需求。招商引资再创佳绩。围绕石化新材料、清洁能源、商贸服务业等重点领域开展精准招商，健全重大招商项目县领导联系制度，完善项目评估准入机制，强化项目招引、落地、开工全流程服务，引进重大产业项目16个，实际利用市外资金77.30亿元，实际使用外资1.05亿美元，获评全市招商引资先进单位。主导产业稳中有进。大力发展绿色石化产业集群，引进石化产业链项目21个，石化循环经济产业园等5个项目加快建设，润和催化剂等9个项目建成投产，浙石化高性能树脂工厂创成第二批省级未来工厂。加快培育清洁能源产业，华能岱山1号海上风电场、华润双剑涂渔光互补、惠生海工新能源产业园等项目开工建设。全力推动传统制造业提质增效，实施工业技改项目21个，技改投资增长115.5%，规上船舶修造企业产值增长16.5%，晨光、岱美获评舟山市制造业十佳企业，完成6家企业数字化改造，岱山工业稳增长和技术改造工作荣获省政府督查激励。助企纾困扎实有效。强化政策集成落地，制定出台稳经济专项政策32项，落实增值税留抵退税5.40亿元，减负降本6.90亿元，兑付政府补助补贴资金7755万元，均超额完成目标任务；新增市场主体2515家，在册市场主体达18945家，增长7%。加大金融支持实体经济力度，人民币存贷款余额增长23%。

一年来，我们聚焦改革创新塑变革，发展活力竞相迸发。数字化改革全面推进。迭代升级“1612”体系架构，112个省级重大应用贯通落地，42个项目入选省级试点，“旱情预警及调度”应用入选“一地创新、全省共享”一本账，“岱山货运船舶多跨协同共管”应用获评全省交通系统数字化改革“最佳实践”。“亩均论英雄”改革持续领跑。完成亩均税收5万元以下低效企业整治提升，盘活闲置用地2185亩，规上工业亩均税收达70万元，荣获全省新一轮制造业“腾笼换鸟、凤凰涅槃”攻坚行动考核激励。“大综合一体化”行政执法改革（指对行政执法进行结构性、体制性、机制性系统集成改革，将多个领域执法事项纳入综合行政执法范围，将多个条线行政执法队伍能统尽统，并在此基础上按需向乡镇赋权，将行政执法力量向基层下沉。）成效明显。组建7个乡镇综合执法队，推动77.2%的行政执法力量下沉乡镇；开展“综合查一次”联合执法，市场主体受检频次减少61.8%；打造行刑衔接全市示范点，案件流转平均办理期限缩短至8天，同比减少21天。国资国企改革不断深化。出台国企职工工资总额弹性管理等制度，开展总审计师试点，完成资产注入285处、贷款置换104笔，国有企业资产总额增长41.4%，负债率下降22.1%，国企活力持续激发。营商环境优化提升。完善营商服务综合体运行机制，208个涉企事项实现容缺受理，“一网通办”办件率为94.8%，民生事项乡镇可办率为84.9%，基本实现掌上办事、掌上办公、掌上治理，“办事不出岛”改革经验获央视专题报道。科技创新战略深入实施。中科院宁波材料所岱山新材料研究和试验基地建成投用，首批7个项目成功入驻，3个项目列入国家重点研究计划；世界最大单机1.6兆瓦潮流能发电机组成功下海运行，高端烯烃聚合物项目入围省“尖兵领雁”计划。新增高新技术企业5家、科技型中小企业27家，规上工业企业研究开发费用增长61.5%，研发投入强度达到3.5%，获评全省市县党政领导科技进步目标责任制考核优秀单位，入围“科创中国”省级试点。

一年来，我们聚焦城乡发展提能级，人居环境明显改善。城市功能加快提升。实施重大交通项目9个，526国道岱山段、秀山环岛公路海岙至九子段建成投用，岱山交通集散中心、燕窝山客运中心基本建成，磨心山隧道、衢山环岛西线加快建设，入选全省交通服务共富第一批试点。实施重大水利项目9个，海塘安澜工程、磨心水库扩容及河库联网、岱北水厂开工建设。实施城市建设项目34个，双峰新城基础设施工程启动建设，山外、东海地块安置房住宅小区建成交付，完成170幢老旧小区改造、兰秀大道等12条城区道路改建工程，高亭镇长河路获评省

“高品质示范街区”。健全创城长效机制，加大市容市貌、交通秩序、农贸市场等整治力度，开展“烟蒂不落地”“文明出行”等专项行动38次、文明实践活动3.5万场，创建成果持续巩固。现代服务业提档升级。竹屿新区商业综合体成功落户，希尔顿欢朋、全季酒店相继开业，蟹文化产业园建成投用，高亭镇创成省数字生活新服务特色镇，社会消费品零售总额增长8%。启动实施“星辰大海”计划（指市委谋划建设城市海岸线文化旅游产业发展的行动，充分发挥舟山海洋资源禀赋优势，在城市海岸线打造一批精品文旅产业项目，实现“串珠成链、串链成环、串环成带”，形成文化旅游产业融合发展和城市海岸线再造共生新格局。），东海郊野公园、牛轭山公园建成运营，鹿栏晴沙、双合石壁景区完成改造提升。乡村振兴战略深入实施。出台推进海岛乡村振兴促进共同富裕政策，实施农业“双强”项目5个，盘活闲置农房513套，全面推进“田长制”（指构建县、乡、村三级田长制责任体系，落实最严格的耕地保护制度，坚决遏制耕地“非农化”、基本农田“非粮化”，守住耕地红线，提升耕地质量。），整治“非农化”37.67公顷、“非粮化”（指违规占用耕地用于非农建设的行为，违规占用良田用于非粮作物种植的行为。）149.8公顷，播种粮食1420公顷；持续开展渔农村环境整治攻坚行动，7个乡镇全部创成省美丽乡村示范乡镇，荣获省新时代美丽乡村示范县；发展现代渔业，打造引领船55艘，高亭中心渔港江南山避风锚地疏浚工程全面完成，创成省渔业健康养殖示范县。生态文明建设持续推进。高标准抓好中央、省级生态环保督察问题整改落实。县污水处理厂完成扩建，县垃圾中转站加快推进，200个入海排口完成整治。持续开展“无废城市”（指以创新、协调、绿色、开放、共享的新发展理念为引领，通过推动形成绿色发展方式和生活方式，持续推进固体废物源头减量和资源化利用，最大限度减少填埋量，将固体废物环境影响降至最低的城市发展模式，也是一种先进的城市管理理念。）创建，小微企业危废收运平台实现全覆盖，一般工业固废收运处置中心建成投用，危废处置率100%。深化“森林岱山”建设，全面推行“林长制”，治理废弃矿山5座，新增彩色健康森林200公顷、国土绿化120.13公顷。秀山岛省级自然保护区入选省重要湿地名录。创成“山海蓬莱”县域风貌样板区，获评美丽浙江建设工作考核优秀单位，入选浙江省第一批生态文明建设实践体验地。

一年来，我们聚焦民生优享补短板，共同富裕扎实推进。民生支出达40.53亿元，占一般公共预算支出的68.6%。十方面民生实事项目全面完成。共富基本单元加快打造。小长涂入选全市“小岛你好”海岛共富行动（指市委提出的围绕空间优化布局美、生态宜居环境美、海岛特色风貌美、业强民富生活美的“小岛你好”美丽愿景，通过3年行动，在全市范围内打造30个美丽海岛。）首批示范岛，蓬莱未来社区、星浦未来社区一期顺利建成，长涂倭井潭、岱东涂口创成省级未来乡村，高亭南浦、秀山秀北和衢山凉峙入围省级未来乡村试点。“扩中”“提低”（“扩中”指扩大中等收入群体规模；“提低”指提高低收入群体收入。）扎实推进。建成重点人群“精准画像”数字平台，新增城镇就业6442人，帮扶581名困难人员实现就业，城镇登记失业率1.4%。企业职工基本养老保险纳入全国统筹，户籍人口基本养老保险和基本医疗保险参保率分别达95.5%和99.5%，城乡最低生活保障标准提高至1035元/月。做大做强村集体经济，所有村经营性收入达20万元以上，经营性收入50万元以上的村占比达77%。社会保障提质扩面。加强“一老一小”服务供给，加快建设东沙康养联合体，每万名老年人拥有持证养老护理员31.1人，长涂倭井潭村创成全国示范性老年友好型社区；新增托幼一体化试点园2个，每千人口拥有3岁以下婴幼儿托位数达3.5个。新增“菜篮子”供应店3家，衢山万头猪场获评国家级生猪产能调控基地、省级美丽牧场。成功创建省级食品安全示范县。公共服务持续提升。加大优质教育资源供给，双峰新城学校加快建设，岱山中学与镇海中学建立合作机制，组建跨地区教共体5对，教育现代化发展水平监测结果位居全省前列，获评全国义务教育优质均衡先行创建县。深化健康岱山建设，用好浙大二院优质资源，与省立同德医院合作共建县中医院，县第一人民医院入选全国首批“千县工程”创建单位，6个乡镇通过国家卫生乡镇考核，连续三年获得健康浙江建设考核优秀。积极发展文体事业，全民健身中心建成投用，新增城市书房3家、文化礼堂7家，举办大中型文体活动51场，建成“15分钟品质文化生活圈”90个。

一年来，我们聚焦除险保安守底线，平安建设持续深化。疫情防控有力有效。坚持人民至上、生命至上，迭代完善“七大机制”（指预防和早发现机制、精密智控指挥决策机制、“三责”联动快响激活机制、“三区”最小单元管控机制、“五快”循环落实机制、分阶段清零机制、“三情”联动机制。），全力保障我县生产不停、物流不断、产能不减、秩序不乱。坚持以快制快、以快制胜，成功处置“7·9”疫情。因时因势调整优化防疫措施，强化医疗物资筹备、医疗救治能力提升、疫苗接种推进，实现疫情防控从“防传染”向“保健康、防重症”平稳转段。安全生产不断强化。深入开展安全生产大排查大整治，全力打好“除险保安”百日攻坚战，扎实开展“一场多租”企业场所、餐饮业燃气安全整治等“一月一主题”攻坚行动，重点整治执法“宽松软”现象，安全生产形势保持总体稳定。成功应对超强台风“轩岚诺”和强台风“梅花”侵袭，交出了“不死人、少伤人、少损失”的高分报表。社会治理持续加强。深化“县乡一体、条抓块统”改革（指一项以党建为统领，基层治理现代化为目标，赋能乡镇为核心内容，重塑县乡管理体制和基层治理体系为出发点的重大基层改革，是数字化改革在基层的综合性探索与实践。），推动“162”体系（指浙江省数字化改革的总体架构体系。“1”即一体化智能化公共数据平台；“6”即党建统领整体智治、数字政府、数字经济、数字社会、数字文化、数字法治六大领域；“2”即理论体系和制度体系。）与“141”体系［指“一中心四平台一网格”县域社会治理体系。第一个“1”即县级社会治理中心；“4”即乡镇（街道）基层治理“四个平台”（综治工作、市场监管、综合执法、便民服务）；第二个“1”即村社网格。］贯通衔接，建成县社会治理中心，发挥“基层治理四平台”（指乡镇综治工作、市场监管、综合执法、便民服务等四个平台。）作用，健全矛盾纠纷源头预防、排查预警、多元化解机制，严厉打击违法犯罪行为，妥善处置劳资纠纷，信访形势平稳向好，圆满完成护航党的二十大安保任务，成功捧回省平安金鼎。

一年来，我们聚焦自身建设强能力，治理效能不断提升。

政治建设持续加强。全面学习宣传贯彻党的二十大精神，自觉增强“四个意识”、坚定“四个自信”，以实际行动忠诚捍卫“两个确立”、践行“两个维护”。法治建设持续推进。定期向县人大常委会报告工作，自觉接受人大依法监督、政协民主监督和社会各界监督，办理代表建议131件、委员提案100件，满意率均达100%。召开府院、府检联席会议，编制公布重大行政决策事项、行政许可事项目录，连续三年保持经复议后行政诉讼“零败诉”。作风建设持续改善。把实干争先作为政府工作生命线，对准跑道、晾晒比拼，项目式管理、清单化推进，形成重实干、求实效的浓厚氛围。树牢政府“过紧日子”思想，压减一般性公共支出10%。廉政建设持续强化。全面压实从严治党主体责任，狠抓“七张问题清单”整改落实，建立完善重大审计问题整改机制，坚决整治形式主义、官僚主义，基层负担有效减轻。

一年来，我们支持国防和军队现代化建设，扎实推进双拥共建。全面做好民族宗教、审计统计、决策咨询、外事侨务、人防海防、对台事务、档案史志、气象供销、对口支援等工作，工会、妇女儿童、青少年、老龄、红十字、慈善、关心下一代、扶残助残等事业取得新的发展。

各位代表！过去一年的发展

成绩来之不易。这是习近平总书记举旗定向、掌舵领航的结果，是省市党委政府和县委坚强领导、科学决策的结果，是县人大、县政协有效监督、同向推进的结果，也是全县上下团结奋斗、不懈努力的结果。尤其在疫情防控、项目攻坚、除险保安、防台防汛等工作中，广大党员干部群众迎难而上、奋力拼搏，经受了多重考验，防范化解了各种风险，实现了诸多突破性进展。在此，我代表县人民政府，向全县人民，向人大代表、政协委员、工商联、人民团体和各界人士，向部省市属在岱单位、驻岱人民解放军、武警部队、公安干警、消防救援队伍，向关心支持岱山发展的港澳同胞、台湾同胞、广大侨胞和海内外朋友们，表示衷心的感谢！

在肯定成绩的同时，我们也清醒地看到，发展道路上还面临不少困难和挑战，主要是：经济发展质量和效益有待提高，科技创新和人才支撑不够有力；城市品质能级需加快提升，交通等基础设施还有待加强，商贸服务业发展相对滞后；海岛共同富裕任重道远，教育医疗、养老托幼等公共服务供给还需持续优化；平安岱山建设长效机制有待完善，防范化解风险能力还需加强；部分政府工作人员的主动力执行力还需提升。对此，我们将坚持问题导向，精准施策、持之以恒、积极有效地予以解决。

二、2023年主要任务

2023年是全面贯彻党的二十大精神开局之年，也是“八八战略”实施20周年、“重要窗口”打造5周年，做好各项工作意义重大。今年政府工作的总体要求是：坚持以习近平新时代中国特色社会主义思想为指导，深入贯彻党的二十大精神，认真落实中央经济工作会议精神，按照省市党委政府和县委部署要求，坚持稳字当头、稳中求进，完整全面准确贯彻新发展理念，忠实践行“八八战略”，奋力推进“两个先行”，把高质量发展作为首要任务，把缩小“三大差距”作为主攻方向，把改革创新作为根本动力，把实现人民对美好生活的向往作为根本目的，更好统筹疫情防控和经济社会发展，更好统筹发展和安全，强力推进创新深化、改革攻坚、开放提升，落实国家战略，主攻海洋经济，建设海上花园城，推进海岛共富先行，真抓实干、马上就办，奋力推动海岛现代化取得新的突破性进展和标志性成果。

今年政府工作的总体目标是：地区生产总值增长7.5%以上，规上工业增加值增长12%以上，固定资产投资420亿元以上，一般公共预算收入增长10%以上，城镇和渔农村常住居民人均可支配收入分别增长5.5%和6%以上，城镇登记失业率控制在3%以内。

做好今年政府工作，将重点把握三个方面：

一是坚持项目为王。牢固树立“没有项目就没有发展”的理念，一切围着项目转、一切围着项目干，全力以赴强谋划、强招引、强推进、强保障，以项目大突破带动经济社会大发展，加快推动产业能级提升、城市品质提升、生活水平提升。

二是坚持改革为先。深刻把握唯有改革才能解发展之忧、前进之惑、顽疾之弊、民生之困，把改革当作关键一招，变“要我改”为“我要改”、“小步慢走”为“蹄疾步稳”、“单向性突破”为“系统性变革”，不断破解制约高质量发展的资源要素瓶颈、体制机制障碍、思想理念束缚。

三是坚持民生为本。时刻践行以人民为中心的发展思想，坚持问需于民、问计于民、问效于民，健全落实为民办实事长效机制，用心用情用力解决好人民群众的操心事烦心事揪心事，让岱山人民获得感、幸福感、安全感更加充实、更有保障、更可持续。

根据目标要求，重点抓好九方面工作任务：

（一）突出战略优势，全力以赴打造海上开放新高地。坚决扛起国家战略叠加地的政治担当，实施自由贸易试验区提升战略，落实“一岛一功能”首发工程（指市委提出的围绕石油、天然气、铁矿石、粮食等七大类大宗商品及临港先进制造业，分步推进24个功能岛建设。），建设具有全球影响力的大宗商品资源配置基地。高水平建设鱼山绿色石化岛。全力服务保障舟山绿色石化基地，颗粒化梳理落实任务清单，确保浙石化炼化一体化项目安全稳定运行，推进产能持续释放；积极推进高性能树脂项目首批装置投料试车、高端新材料项目建设全面铺开，全力争取基地三期获批；规划建设牛山公共服务中心，打造“鱼山之窗”。大力度开发衢山功能岛。扎实做好国家大宗商品储运基地政策处理，保障主体工程顺利推进。加快打造国际油气储运基地，开工建设中化小衢山油储项目，推动衢山南部液化天然气接收站项目尽快落地。加快建设衢山国际海事服务基地，建成投运海事服务产业园一期。抢抓国家战略落地建设机遇，大力开展产业链招商，引进贸易、物流、海事服务等企业10家以上，以产业招引、项目建设促进衢山发展。全方位融入区域协调发展。抢抓长三角一体化、甬舟一体化发展机遇，积极融入大上海都市圈，参与共建宁波舟山海洋中心城市，深化与先进地区交流合作，引进石化产业、科技创新、公共服务等领域合作项目12个以上。推进交通互联互通，积极配合沪舟甬跨海大通道前期工作，推进青山大桥工程前期研究，开通燕窝山至沈家湾、嵊泗，衢山至沈家湾航线。

（二）突出项目攻坚，持之以恒打造经济发展新动能。强化“抓项目就是抓发展，谋项目就是谋未来”的理念，将项目贯穿经济社会发展始终。全力推进项目招引。坚持落地导向，发挥岱山产业链、资源禀赋等优势，围绕绿色石化、先进制造、大宗商品、海岛旅游、商贸服务等重点领域，开展定向招商。迭代完善招商引资考核办法，优化招商引资流程管理，全年引进重大产业项目16个，其中10亿元以上产业项目2个，制造业项目落地占比不低于2/3，实际到位市外资金60亿元，实际利用外资9000万美元。全力推进项目建设。保持“拔钉清障”攻坚劲头，建立项目闭环管理“五个一批”（指谋划储备一批、前期推进一批、开工建设一批、加快在建一批、完工投运一批。）推进机制，做深做实项目前期工作，谋划实施一批重大产业、重大基础设施、重大民生项目，省重大项目投资完成率为100%，新建项目开工率第一季度为40%、上半年为60%、第三季度为85%以上。全力攻坚项目保障。抢抓政策窗口期，积极争取、精准配置资金、土地等资源要素，争取债券资金10亿元；完成供地400公顷，消化批而未供土地53.33公顷，盘活存量建设用地133.33公顷以上，争取更多项目纳入省市用地保障范围。做大做强开发区产业平台，规划建设石化新材料产业园，加快建设星浦未来社区、物流码头等项目，建成投用小微企业园，迭代升级数字孪生园区，提升开发区项目承载力。

（三）突出海洋特色，坚定不移打造海洋产业新体系。坚持向海图强、经略海洋，加快培育百千亿级产业，努力打造具有全国影响力的产业集群。大力发展绿色石化产业。围绕打造石化新材料研发制造、石化装备制造和石化维保服务业基地，聚焦催化剂、助剂、添加剂以及工程塑料、高性能纤维、功能膜、电子化学品等方向，引进石化产业链项目15个以上，加快建设卓然新材料、润和催化剂等10个项目，建成投用石化循环经济产业园、佳瑶新材料等10个项目，实现石化配套产业产值60亿元以上。培育发展清洁能源产业。按照“可再生能源+储能+联合制氢+碳汇”路线，促进可再生能源及装备制造业集聚，建成惠生海工新能源产业园、远景储能项目，加快岱山1号海上风电场、双剑涂渔光互补一期并网投用，积极推进氢能企业招引。加快联合动能潮流能发电项目产业化、商业化步伐。启动海岛风光资源资产化改革，实质性运行能投公司，引进清洁能源产业链企业4家以上，打通资源—资产—资本转换通道。提升发展传统制造业。推进制造业产业基础再造和产业链提升工程，实施岱美、奥博等技改项目15个，技改投资增长20%以上。加快壮大船舶海工产业，积极推进常石造船、浙江友联等企业发展豪华邮轮等高附加值船舶修造业务，推动金海智造完成战略重组，支持惠生海工拓展大型海工装备业务，建设国内领先的船舶海工装备制造基地；加快汽船配、电机、水产加工、玩具产业转型升级，持续向“专精特新”方向改造提升，推进晨光电器、海山密封上市挂牌。创新发展数字经济。实施数字经济创新提质“一号发展工程”，加快产业数字化，深化建设浙石化未来工厂，培育建设数字化车间8个，新增工业机器人60台以上，推进化塑产业数据中心市场化运营，新增产业链注册企业1000家，网络交易额达到3亿元以上；加快数字产业化，积极引进浙江中控等数字经济企业，做大做强海莱云智公司，加快建设数字海洋实验室，数字经济核心产业增加值增长15%以上。实施数字新基建行动，新增5G基站100个以上，实现千兆光网行政村全覆盖。扩容提质现代服务业。加快建设竹屿新区、山外等商业综合体，谋划建设汽车和五金建材等专业市场，引入连锁化、中高端消费品牌10家以上。做精做特海岛旅游，实施“星辰大海”计划，谋划建设5条海岛海岸带，开发5条串珠成链精品旅游路线，加快双龙湾风情渔港、东海郊野公园二期、双合石壁等景区建设，东沙古渔镇争创国家AAAA级旅游景区，争取列入全省千年古城复兴试点名单，办好全国风筝锦标赛、海岬半程马拉松等6大精品赛事，打响岱山旅游品牌。聚焦数字商贸、数字旅游、数字出行等领域，迭代升级数字生活新服务平台，大力发展电商经济，争创数字生活新服务样板县。积极发展生产性服务业，做大做强港口物流、石化维保行业，招引培育研发设计、检验检测、节能环保、金融法律等服务业，推动现代服务业与先进制造业深度融合。

（四）突出创新驱动，乘势而上打造海洋科技新亮点。坚持创新在现代化建设全局中的战略核心地位，全面提高创新链产业链人才链现代化水平，争创国家创新型县。培育壮大创新企业。实施科技企业“双倍增”计划、科技“小巨人”培育计划，新增高新技术企业和科技型中小企业25家以上，培育“专精特新”企业5家。着力加强关键核心技术攻关，实施市级以上科技计划项目65个、“揭榜挂帅”项目10个、发明专利产业化项目5个。鼓励企业建设高水平研发机构，积极推动晨光电器微电机、舟富航天应急保障食品、惠生海工智能制造、联合动能海洋潮流能、宁兴船舶轻量化应用等一批企业研究院建设，规上工业企业研发活动覆盖率提升至70%，规上工业企业研究开发费用增长20%，研发投入强度3.5%以上。提升发展创新平台。发挥中科院宁波材料所岱山新材料研究和试验基地科技资源优势，完善市场化运营机制，全面开展首批项目中试，探索形成中试成果本地产业化路径。谋划设立科创基金，加大创新型企业培育。完善汽船配产业创新服务综合体功能，促成产学研合作项目5项以上。加大与科研院所、央企等对接合作，推动清华大学、中科院与浙石化共建石化新材料创新联合体，争取引进创新平台2个，加速创新资源要素整合集聚。持续强化人才支撑。发挥大桥时代人才新政作用，强化人才资金使用绩效管理，优化人才分类评价政策，迭代升级甬舟一体化人才飞地，高标准建设“岱山工程师（工匠）学院”，培育本土工匠100名、高技能人才1200名，引进“高精尖”人才60名、高校毕业生2500名以上。大力培育创新型企业家，建设高素质民营经济人士队伍。推进“大众创业、万众创新”，落实青年发展规划，建设青年发展型城市。

（五）突出改革牵引，精准施策打造体制机制新优势。坚持以改革开路，系统推进重点领域和关键环节改革，加快实现质量变革、效率变革、动力变革。实施营商环境优化提升“一号改革工程”。迭代更新营商环境指标体系和考评办法，进一步打造一流营商环境。全面承接落实省市“8+4”政策包（指省委经济工作会议提出的“扩投资、科技创新、先进制造业、综合交通、现代服务业、稳外贸稳外资促消费、乡村振兴和区域城乡协调发展、民生保障”等“8大政策包”和“财政、自然资源、金融、能源”等

“4张要素清单”。)，实行惠企政策“免申即享”“即享即兑”，为市场主体减负5亿元以上。深化“放管服”改革，迭代升级营商服务综合体，加快企业和个人“一件事一次办”改革，补齐知识产权、政务服务等领域短板，打造办事不出岛2.0版。开展“减证便民”行动，推进电子营业执照和电子证照互通共享应用，实施市场主体“代位注销”制度。实施融资畅通工程升级版，引进金融机构2家，普惠小微企业贷款、制造业中长期贷款余额增长15%以上。常态化开展“大走访大调研大服务大解题”活动，大力弘扬企业家精神，营造重商、亲商、安商、扶商的浓厚氛围。深化重点领域改革。深入推进数字化改革，全力承接用好省级重大应用，深化打造旱情预警及调度、智慧鱼山、海岛急救等特色应用场景，完善岱山城市大脑，优化一体化智能化公共数据平台，提升数字化改革实战实效。深入推进“大综合一体化”行政执法改革，实体化运作综合执法指挥平台，建立健全海上综合行政执法联动机制，做深做实乡镇“一支队伍管执法”，全面推行“综合查一次”，做到“企业办事无忧、政府无事不扰”。完善要素市场化配置机制。深化国资国企改革，健全国资监管体系，做大做强城投、交投、开投、衢投，鼓励企业拓展经营业务，实现国有资产规模增长17%，融资能力增长30%。深化“亩均论英雄”改革，开展亩均税收6万元以下低效企业整治提升，加快僵尸企业处置，持续推进“工业上楼”，确保规上工业亩均税收70万元以上。

（六）突出城乡一体，久久为功打造美丽海岛新形象。坚持城乡融合发展，着力补短板、强功能、提品质，加快建设全域全景海上花园城，全力创成全国文明城市。聚力推进新型城镇化。加强规划引领，完成岱山县国土空间规划编制，统筹开展乡镇控制性详细规划和村庄规划编制。加快建设磨心山隧道、衢山环岛西线，开工建设S201浪激咀至双合改扩建工程、岱山物流邮政中心，提升改造衢山、小长涂客运码头，建成投用岱西综合供能站。加快建设磨心水库扩容及河库联网项目，谋划推进本岛、长涂水资源综合开发利用，整治提升河道3条、水库山塘9座。加快建设海塘安澜项目，精心打造岱山本岛南部美丽港湾，抓紧实施双峰新城基础设施工程，有序推进老城区改造，扎实开展店招店牌整治提升行动，全面完成居民小区“撤桶并点”，建成应用智慧城管二期。推进城乡风貌改造，整治提升526国道岱山段沿线风貌，完成双合、燕窝山门户提升改造。大力推进乡村振兴。加快发展现代渔农业，完成农业“双强”项目5个，引进培育种植大户5家以上，建成火箭盐场高标准农田改造提升工程，打造农旅融合的海岛农业公园；落实最严格耕地保护制度，全面推行“田长制”，整治抛荒地46.67公顷，完成土地流转53.33公顷，播种粮食1133.33公顷，守牢粮食安全底线；实施渔业“双强”行动，加快近海捕捞转型升级，稳步推进渔船“机器换人”，打造引领船50艘；持续推进减船转产，鼓励渔民向休闲渔业、绿色养殖等领域就业创业。做大做强村集体经济，稳步推进农村宅基地制度改革、农业标准地改革、农村集体经营性建设用地入市，建成运行农村集体产权交易平台，盘活闲置农房250套，力争村经营性收入增长5%以上，80%以上的村经营性收入达50万元。持续深化“千万工程”，创成东沙市级美丽乡镇、秀山市级美丽小岛，新增省市精品村5个。着力推进生态建设。深入打好蓝天、碧水、净土、清废保卫战，从严抓好中央、省级生态环境保护专项督察整改，启动创建国家级“绿水青山就是金山银山”实践创新基地。加强挥发性有机物治理，淘汰老旧柴油叉车30台，空气质量优良天数比例高于97%。深化污水运维一体化改革，实施中水回用工程，农村生活污水处理设施行政村覆盖率高于85%。建成投用县垃圾中转站，谋划建设固体废物加工利用循环产业园，争创省级无废城市。实施蓝色海湾整治行动，承接应用“海洋云仓”(指以建设海洋生态文明为目标，以数字化赋能船舶污染物协同治理，通过“物联网+区块链”技术，软硬件结合实现污染物处置全链条生态、环保、安全，达到渔业、水利、生态环境、道路交通运输、海事等部门可视可控的要求，从而提升政府端的数字化监管水平和治理能力。）污染物数字化闭环治理系统，整治城镇雨洪排口40个，建设美丽海湾2个。加强生态修复和生物多样性保护，放流海洋水生生物6800万单位，促进舟山渔场修复振兴。全面落实“林长制”，实施“花海彩林”三年行动，加快建设蓬莱森林公园。

（七）突出共享发展，尽心竭力打造海岛共富新样板。坚持民有所呼、我有所为，着力解决好群众急难愁盼问题，打造民生“七优享”金名片（指“浙有善育”“浙里优学”“浙派工匠”“浙里健康”“浙里长寿”“浙里安居”“浙有众扶”等七张民生优享名片。），让共同富裕更加真实可感。加快共富基本单元建设。深入实施“小岛你好”海岛共富行动，加快推进基础设施提升、特色产业导入、集体经济发展、公共服务共享等共富项目24个，完成小长涂共富示范岛创建，谋划推进秀山、江南山海岛共富试点。统筹推进未来社区和未来乡村建设，建成竹屿未来社区，创成岱西前岸、高亭南浦、秀山秀北和衢山凉峙省级未来乡村。深化“扩中”“提低”改革。实施就业优先战略，加大对高校毕业生、就业困难人员、退捕渔民等重点群体的精准帮扶力度，实现新增城镇就业3000人以上，确保零就业家庭动态清零。实施居民收入和中等收入群体双倍增计划，完善重点人群“精准画像”数据库，家庭可支配收入10万～50万元、20万～60万元群体占比分别提高到78%和35%，确保低收入群体收入增速高于居民收入平均增速，全面消除年人均收入1.10万元以下农村家庭。完善“一老一小”服务体系。积极应对人口老龄化少子化，完善普惠育儿服务体系和高质量养老服务体系，加快建设老年友好型、生育友好型社会。建立健全居家养老为主、社区为依托、机构为补充、医养康养相结合的养老服务体系，谋划建设县级康养联合体，建成启用东沙康养联合体和老年幸福食堂，每万名老年人拥有持证养老护理员提升至32人。落实鼓励生育政策，建成双峰新城、星浦未来社区幼儿园，提升衢山镇中心幼儿园，提供城区幼儿园托位160个，实现农村公办幼儿园托育服务全覆盖，基本解决按时“接娃难”问题，创成全国学前教育普及普惠县。优化公共服务供给。推动教育优质均衡发展，实施“县中崛起”计划，推动岱山中学与镇海中学深化合作；建成双峰新城学校、高亭中心小学综合改造工程；推进产教融合发展，建成高技能公共实训基地。深化“三医联动”“六医统筹”（“三医联动”指医疗、医保、医药改革联动；“六医统筹”指医保、医疗、医院、医药、医生和中医的统筹。），放大浙大二院岱山分院品牌资源优势，优化专家常态化下沉坐诊；推动县中医院与省立同德医院合作打造中医药特色专科项目；实施县域医共体改革，推动业务拓展和服务能力提升，建成县第一人民医院迁建工程主体结构，力争创成省级健康促进县。加大文体服务供给，实施全民健身计划，举办大中型文体活动60场次以上；加快建设双峰新城体育中心，启动建设衢山文体中心，改造提升海洋系列博物馆，建成安澜阁非遗馆，建设环岛自行车道38千米、登山步道16千米，创成岱东省级运动休闲乡镇。加强“菜篮子”保障，畅通宁波等地物流通道，加快建设岱山综合批发市场，着力降低群众生活成本。

（八）突出风险防范，驰而不息打造县域治理新典范。坚持统筹发展和安全，迭代完善风险闭环管控大平安机制，加快推进县域治理体系和治理能力现代化。守牢安全生产底线。聚焦渔业、消防、道路交通、危化品、城市运行等重点领域，常态化开展安全生产综合治理行动，清单化抓好隐患排查、执法检查和问题整改，坚决整治执法“宽松软”现象。壮大政府、企业、社会“三位一体”综合应急力量，新建中心粮库及应急物资仓库工程、开发区消防救援站，建成渔民模拟场景体验式安全培训基地，完成产业工人、渔民安全生产和消防技能培训1.7万人次，扎实做好防汛防台抗旱、森林防火、防灾减灾等工作，全面提升本质安全水平，确保安全生产事故起数、死亡人数“双下降”。抓实疫情防控工作。稳妥组织实施新冠感染“乙类乙管”方案，突出保健康防重症，科学调整防控措施，加快工作机制转换；持续加强医疗救治设施建设，提升医疗救治能力，提高疫苗接种率；提升重点人群和重点场所保障水平，发挥网格化管理作用，加强渔农村、偏远海岛特殊人群包保联系和患者救治转运，最大限度保障人民群众生命安全和身体健康。提升社会治理能力。打造新时代“海上枫桥”升级版，深化“县乡一体、条抓块统”改革，推动“162”体系与“141”体系贯通衔接，扎实开展“八无”善治网格创建活动，迭代升级“基层治理四平台”，强化县社会治理中心作用，完善矛盾多元预防调处化解综合机制；畅通和规范群众诉求表达、利益协调、权益保障通道，提升初信初访办理质效和公信力；持续巩固“无欠薪县”创建成果，落实落细工程建设项目“六项制度”，强化企业主体责任，切实维护农民工合法权益；常态化开展扫黑除恶斗争，依法严厉打击电信网络诈骗等群众反映强烈的违法犯罪行为，建设更高水平的平安岱山。

（九）突出实干争先，与时俱进打造现代政府新气象。坚决扛起“两个先行”的使命担当，全面加强政府自身建设，以奋进者姿态走好新时代赶考路。建设旗帜鲜明讲政治的政府。坚持不懈用习近平新时代中国特色社会主义思想凝心铸魂，坚定捍卫“两个确立”，坚决做到“两个维护”，不断提高政治判断力、政治领悟力、政治执行力，不折不扣贯彻执行上级党委政府和县委的决策部署，扎实推动党的二十大精神在岱山落地生根、开花结果。建设担当有为的实干政府。始终坚持“事事马上办、人人钉钉子、个个敢担当”，牢牢锚定省市党委政府明确的主要指标、重点任务和先发赛道，聚力攻坚数字经济创新提质“一号发展工程”、营商环境优化提升“一号改革工程”、地瓜经济提能升级“一号开放工程”，全力攻项目、跑要素、抢政策、争荣誉，用数字说话、凭实绩交卷、以成效检验，确保说一件、干一件、成一件。建设为民造福的服务政府。牢记政府前面“人民”二字，以民生所望为施政所向，把尊重民意、汇集民智、凝聚民力、改善民生贯穿政府工作，常态化走进基层代表联络站，听取代表委员意见，将心比心体察群众安危冷暖，真心实意回应群众诉求关切，用心用情解决群众急难愁盼，努力实现“办实每件事、赢得万人心”。建设依法履职的法治政府。深入贯彻习近平法治思想，自觉运用法治思维和法治方式推动工作，把政府工作全面纳入法治轨道。严格落实重大行政决策程序制度，规范行政机关合同履约管理。依法接受人大监督，自觉接受政协民主监督，主动接受监察监督、司法监督、群众监督、舆论监督，加强审计监督、统计监督，让权力在阳光下运行。建设干净干事的廉洁政府。坚决扛起政府系统全面从严治党主体责任，严格落实中央八项规定精神，坚决反对形式主义、官僚主义，深化构建亲清政商关系。坚持政府过紧日子，继续压减一般性支出，提高公共资金使用绩效，以政府的“紧日子”换取群众的“好日子”、企业的“稳日子”。

做大做强海洋经济 推进岱山高质量发展

岱山县牢牢把握高质量发展这个首要任务，全面贯彻新发展理念，推动经济实现质的有效提升和量的合理增长。2022年，岱山县实现地区生产总值753.60亿元，增长18%，海洋经济增加值占比在80%以上；规上工业增加值634.50亿元，增长25.5%；科学研究与试验发展经费支出占GDP比重预计达到3.5%以上；城镇和渔农村常住居民人均可支配收入分别为64421元、46115元，分别增长4.3%和7.1%。经济增长速度全省领先，经济总量稳步迈入全省中上游，人均GDP稳居全省前列。首次入围中国工业百强县，高居全国投资潜力百强县（市）第8位。

一、立足国家战略，引领经济高质量发展

聚焦舟山绿色石化基地建设。岱山县构建“一岛一功能”海岛特色发展体系，推进功能岛首发工程，建成中国首个、世界第二个“离岸型”石化基地，浙石化4000万吨/年炼化一体化项目全面投产，浙石化高性能树脂、浙石化高端新材料项目开工建设，石化工业产值2315亿元，增速为66.5%。聚焦大宗商品资源配置基地建设。积极争创大宗商品特色自贸港，黄泽山255万立方米油品储运项目建成投运，一期151万立方米实现年经营收入2亿元以上，黄泽山—鱼山原油管道全线贯通。小衢山批复落地国家储备油项目，计划于2023年开工。大宗商品储运衢山基地主体工程全面开工。鼠浪湖矿石中转基地实现港口货物吞吐量7000万吨、年混配矿量1800万吨以上，成为全国最大的混配矿基地。衢山国际海事服务基地产业园开工建设，保税船用燃料油加注实现常态化运行，每年可实现燃料油加注10万吨以上。推动衢山南部液化天然气接收站项目落地。聚焦舟山江海联运服务中心建设。累计口岸开放监管点11个，开放总面积为471.75平方千米。积极发展港航物流业，港口货物吞吐量达2亿吨，单船平均运力首次突破1万载重吨。

二、立足产业集群，推进经济高质量发展

承接石化产业溢出效应。在县经济开发区，岱山县布局发展石化安装运维、安全与环保、石化特种运输、检验检测等项目，打造石化生产性服务业基地。高标准建设石化循环经济产业园，建成投产润和催化剂等一批制造业项目，落地卓然20万吨/年高性能树脂、高强高模碳纤维等一批新材料项目，累计引进落地石化产业链项目共63个，打造全国重要的石化装备制造全产业链基地。做强船舶与临港装备产业。全力推动传统制造业提质增效，推动常石造船、浙江友联、惠生海工等重点企业向深远海浮台、海上液化天然气模块等大型海工装备拓展，船舶修造向豪华邮轮、游艇转变。友联船厂落地

豪华邮轮修改造基地，惠生海工建成国内首座浮式海上风电半潜式基础平台，交付世界规模最大的极地液化天然气模块。持续推进汽船配、电机、水产加工、玩具产业向“专精特新”方向改造提升。实施工业技改项目21个，技改投资增长115.5%，岱山工业稳增长和技术改造工作荣获省政府督查激励。积极发展海洋新能源。岱山1号海上风电、双剑涂1000兆瓦渔光互补项目、远景储能项目相继落地实施。世界最大单机1.6兆瓦潮流能机组下海发电并网运行。推动惠生海工新能源产业项目，打造深远海海上风电海洋工程基地、海上风电运维基地、海上风电漂浮式母港。推动海洋文旅提档升级。成功创建省级全域旅游示范县，启动实施“星辰大海”计划，东海郊野公园、牛轭山公园建成运营，鹿栏晴沙、双合石壁景区完成改造提升。县域商区品牌招引入驻明显提升，高亭镇创成省数字生活新服务特色镇。2022年，接待游客105.9万人次，增长8%；实现旅游收入15.20亿元，增长10.1%。打造现代化渔业产业体系。实施渔船现代化改造，智慧海上一体化平台建成投运。2022年，依法依规推进帆张网渔船减船转产，消减帆张网渔船103艘以上，转产渔民1300余人。助力渔业增产增收，累计放流海蜇苗、大黄鱼苗等2.8亿尾。推进“一条鱼”打造，蟹文化产业园建成并投运。

三、立足改革创新，驱动经济高质量发展

强化科技创新引领。岱山县出台《关于深入实施创新驱动发展战略打造海洋经济强县的若干意见》等系列政策，中科院宁波材料所岱山新材料研究和试验基地建成投用，首批7个项目成功入驻，3个项目列入国家重点研究计划。汽船配内饰密封件产业创新服务综合体能级提升，引进宁波大学等26家高校院所及服务机构。共建一批创新载体，与中国航天三江集团共建绿色船舶激光技术创新中心、惠生海工打造清洁能源装备研究院等。推动清华大学、中科院与浙石化共建石化新材料创新联合体。入围第二批国家创新县试点、“科创中国”省级试点等。提升数字化改革。省级重大应用应通尽通，42个项目入选省级试点，“旱情预警及调度”“岱山货运船舶多跨协同共管”“宗教智巡”等应用在全省创出示范，政务服务一网通办办件率为94.8%，民生事项中有84.9%乡镇可办，基本实现掌上办、网上办、“办事不出岛”。有序推进各类改革事项。“亩均论英雄”改革持续领跑，完成亩均税收5万元以下低效企业整治提升，盘活闲置用地145.67公顷，规上工业亩均税收达70万元。国资国企改革不断深化，国有企业资产总额比上年增长41.4%，负债率比上年下降22.1%。“大综合一体化”行政执法改革成效明显，市场主体受检频次减少61.8%。营商环境优化提升，208个涉企事项实现容缺受理。

（黄楚淳）

加快实施“小岛你好”海岛共富行动

建立健全顶层架构。2022年，对照“小岛你好”——海岛共富行动“158”行动体系，全县成立“小岛你好”海岛共富行动领导小组，组建工作专班，下发工作方案，构建完善“小岛你好”海岛共富行动的目标体系、工作体系、政策体系、评价体系。

完成小长涂岛“一岛一品、一岛一策”行动规划。2022年，小长涂岛被入选第一批示范岛创建名单，通过突出“军港文化岛”的发展定位和功能布局，深入挖掘岛上军港文化、抗倭文化、海洋文化等特色元素，高质量完成小长涂岛“小岛你好”海岛共富行动规划方案。2022年，累计启动项目建设12个，完工项目10个，完成投资3080万元，完成项目年度总工程量的106.3%，小岛基础风貌提升、基层数字化治理等工作成效明显。

推动民生服务事项下沉。2022年，全县积极开展共建共联小岛康养服务，打造党员志愿服务队和养老护理员队伍，累计提供集中性跨岛服务20余次，上

门服务800余人次，累计帮助5200余名老人解决生活难题。探索建立“小岛帮帮团”强岛惠民机制,按照“全面排摸、应找尽找、全员纳库”的原则，党员累计报到151人，入库157人，认领六大类13小类服务岗位151个，累计走访群众450余人次，群众获得感、满意感不断提升。2022年12月18日，岱山县“办事不出岛”改革做法被中央电视台《新闻直播间》点赞。

（赵　益）

全县教育现代化发展

一、岱山教育发展概况

1984年，岱山县在全省率先进行“基础教育管理体制”的改革，多方集资办学的新体制使全县中小学校舍、设备得以迅速改善，教师队伍日益稳定，尊师重教在岱山蔚然成风,《人民日报》《光明日报》《文汇报》《浙江日报》先后报道岱山县尊师重教的事迹。1986年，岱山被评为“全国基础教育先进县”，初步形成具有海岛特色的教育现代化体系。进入20世纪，岱山教育得到进一步发展。2006年跨入“浙江省教育强县”的行列；2009年，7个乡镇均成为省教育强镇，全县获评“浙江省义务教育课程改革先进集体”；2012年被教育部评为全国“两基”工作先进单位；2013年被评为全国义务教育发展基本均衡县；2015年被认定为浙江省第二批基本实现教育现代化县；2018年被评为第五批国家级农村职业教育与成人教育示范县，并被列入浙江省示范学习型城市；2021年和2022年，省教育现代化发展水平均为A等；2022年4月，被确认为全国义务教育优质均衡先行创建县。截至2022年底，全县共有学校37所，其中省现代化学校7所。在编教师1406人，其中专任教师1317人，省特级教师3人，市级名师9人，骨干教师160人。

二、坚持党建引领，确保教育现代化发展方向

（一）加强党对教育的集中统一领导。2019年，岱山县撤销县委教育工作委员会和县教育局党组，恢复建立中共岱山县教育局委员会，全县中小学校和幼儿园的党建工作统一由中共岱山县教育局委员会负责管理。同年，成立县委教育工作领导小组，统筹全县教育重大工作的谋划设计、规划布局、协调落实。2021年，印发《中共岱山县委教育工作领导小组关于建立领导小组成员单位年度述职、联系学校制度的通知》，推动各成员单位主动下校调研，发挥部门职能，为学校发展创设良好环境。2022年，县委教育工作领导小组由最初的15家成员单位扩至21家。同年，成立县委教育工作委员会，进一步加强党委领导、政府主导、部门联动、齐抓共管的教育工作格局。

（二）强化学校基层党组织建设。2020年，岱山县在全县范围内推进中小学校党组织领导下的校长负责制试点工作，出台试点工作实施方案和工作规则，对列入试点工作的20个基层党组织进行问题梳理和整改，并制定下发《中共岱山县教育局委员会关于进一步规范基层党组织建设的通知》，实现教育系统内党组织和党建工作全覆盖。2021年，进一步推进党组织领导下的校长负责制工作，持续加强学校党政班子建设，进一步规范基层党组织建设，特别加强民办幼儿园、校外培训机构党建工作，新增3对党组织管理指导结对校，实现系统内党组织和党建工作全覆盖。2022年，以党员示范课程建设为抓手，推进学校党建品牌提升和党建示范点建设，选派8名党建工作指导员对13所学校开展指导，开展基层党建工作规范化建设推磨互查，同时，积极完善以“七张问题清单”为牵引的党建统领工作机制，强化问题整改全链条闭环式管控，促进基层党建工作有效开展落实。

（三）深入打造风清气正的育人环境。2021年，岱山县出台54条规范化建设标准，召开清廉学校示范点建设推进会，积极构建“两步四强”清廉学校建设体系。成立党史学习教育巡回指导组，组建“杏坛先锋”党史青年宣讲团，举办系列学史活动，开展宣讲活动29场次。2022年，2所学校获评舟山市首批清廉学校

示范校。同年，制定出台《中小学（幼儿园）师德师风负面清单》，开展违规家教、违规收受礼品礼金等师德师风专项整治行动18次。聚焦招生招聘、招标采购、基建后勤、财务管理等重点领域、重要岗位和关键环节，开展常态化廉政风险排查防控，压紧压实党风廉政建设责任链条。

三、坚持优质均衡，夯实教育现代化发展基础

（一）强化教育人才支撑。实施教师定向委培。岱山县委托浙师大、杭师大等高校定向培养教师，推进优质师资储备。2016年，首次在应届岱山户籍的高中毕业生中招收定向培养教师，与11名拟录取考生签订招生（就业）协议。2019年，进一步改善新教师委托培养、招聘结构，委托培养对象由面向全县扩大到面向全市适龄生源。精准推动人才引进。充分利用县人才经费、浙石化教育基金等专项资金，大力引进高端人才，高质量引入县外特级教师及工作室。2022年，成功引进名校长、省特级教师各1人、教育紧缺人才5人。引入特级教师工作室10个，实现校校有名师、科科有特级教师的目标。同时，推行县级以上名师、名班主任、名校长及学科教研员在离岛学校蹲点送教示范制度和离岛教师上挂培养机制，实施“银龄”讲学支援计划，补充离岛队伍力量和紧缺学科师资。打通教师流通渠道。出台《岱山县外岛教师交流考核办法》，实施岛际骨干教师支教和教师积分流动机制，加快推进岛际人事流动，优化师资共享机制。2021年教师校长交流占比19.4%，骨干教师交流占比38.5%，高于省定标准。同时，建立离岛教师岗位收入补偿机制，差别化提高离岛教师特岗津贴等待遇，并叠加享受乡镇工作补贴，促进城乡师资均衡配置。构建人才内育机制。2021年，以“蓬莱季”研修品牌打造为抓手，实施“育苗”“培优”“强基”三大教师培养提升工程，并积极探索集团内青年教师挂职、骨干教师支教、名师跨校走教机制，加大力度选派优秀青年后备干部到名校挂职学习，全面推进骨干教师发展和基层青年教师培养。2022年，全县新增省特级教师2人，市名师名班主任9人，1名小学校长被确定为2022年浙派名校长培养对象。

（二）加快教育数字化升级赋能。岱山县推进数字化赋能的教育教学、资源供给和治理体系建设，以高质量的数字教育推动实现教育现代化。2020年，投入教育技术装备经费1040万元，新建或改造各类专用教室27间，全县网络实现万兆到校。2021年，依托岱山县教共体平台，积极构建教学、研讨、师训、巡课、评价等多跨场景，实现“教研训巡评”五合一，创新出台“同步课堂”“网络研修”“技术环境”等三个岱山标准，完善贯通打通原有的教共体同步课堂和网络研修，实现名师、骨干对一线教师全天候线上专业引领。2022年，全面实施十大教育装备项目，智慧教育一体化平台二期投入使用，新一轮教师云办公进入试运行，中考标准化考场实现全覆盖，建设智慧校园标准校12所、市智慧校园示范校3所。全面启动国家智慧教育平台试点县区工作。是年9月，岱山县“城乡义务教育共同体系统”入选省教育领域数字化改革创新试点项目，“学生学科素养评价”项目入选省深化新时代教育评价改革试点名单。

（三）深化城乡教共体建设。针对海岛交通不便，学校布局分散的实际，自2003年开始，岱山县积极探索“本岛教育协作体”“城区—离岛教育共同体”，并逐年加大信息化投入，在舟山全市率先实现教室交互式多媒体、校园无线网络、校园安防监控、中小学录播教室四个“全覆盖”。在此基础上，2018—2021年，累计投入3680余万元，实现同步课堂专用教师全覆盖，完成岱山教育区校一体化教育智慧平台建设。在全省率先实现“互联网+义务教育”结对帮扶全覆盖，建立“互联网+义务教育”结对帮扶机制。2021年，全县6对11所共建型教共体学校共开展同步课堂314节、教师网络研修372次。同时，积极对接长三角地区的优质教育，探索城乡教育共同体的组建模式，实现教育内外双循环机制。2022年，实现

跨地区教共体建设，与宁波市慈溪市共同组建5对跨地区义务教育教共体，慈溪市6个名师工作室在岱山县挂牌运作，县市66名教师完成师徒结对。

（四）推动教育布局调整优化。2016年，针对农村人口日益减少、农村学校生源萎缩的问题，岱山县逐步调整优化全县教育布局。2016—2019年，先后撤并起始年级招生数不满10人的东沙小学、四平小学、万良小学，并整合大衢中学高中部。2020—2021年，主动融入长三角一体化发展，拓宽优质教育资源供给渠道，引进诺亚舟教育和柏基教育集团，开办峰景湾普惠性幼儿园和一所优质民办幼儿园，首次实施合作办学模式，开办上海世外附属高亭初级中学，并与上海奉贤区教育局建立战略合作关系，5所学校与奉贤学校结对。2022年，启动双峰新城校区建设、高亭中心小学综合改造工程，着手提升城区义务教育办学水平。同年，启动全国学前教育普及普惠县创建工作，推进幼儿园改薄扩容和提等升级，开展补短提升行动，整合关停办园质量低下的民办园2所，并重新划建学前教育集团，组建岱山县中心幼儿园和竹屿新区幼儿园两个集团。

四、坚持改革深化，提升教育现代化发展内涵

（一）加强海岛教育特色发展。多年来，岱山县坚持实施“特色亮校”教育工程，持续推进“一校一品”提档升级，取得良好的成效。一是落实立德树人根本任务。把学生成长帮扶列为县委教育工作领导小组成员单位联系学校制度的重要内容，多次召开全县未成年人思想道德建设工作座谈会。大力实施“红色根脉强基工程”，深入推进青少年“真善美种子工程”等，以“扣好人生的第一粒扣子”“喜迎党的二十大”主题系列活动为抓手，全面加强未成年人社会主义核心价值观教育，积极开发德育校本课程，完善德育工作体系。高亭小学被授予“中国工农红军浙江岱山金维映红军小学”，入选浙江省德育基地学校，并于2018年获评全国国防教育特色学校，2021年入选全国关心下一代工作先进集体。长涂小学获评国家级国防教育基地，“小海军”少年军校活动案例被评为全国中小学社会主义核心价值观教育优秀案例。怀慈小学《方瓦树人——瓦艺特色教育的实践与探索》课题获得浙江省第四届基础教育成果一等奖。敬业小学被评为首批省级“书香校园”示范校。二是推进特色育人文化建设。以“农村先行，全县推进，特色亮校，文化育人”为思路，实施“特色育人”工程，充分利用办学优势和地方资源，推出具有海岛特色的校本课程，实现全县“一校一品”全覆盖，并着立打造多元化“文化强校”发展格局，基本形成具有海岛海洋特色的校本课程体系和综合实践活动课程体系。其中2所学校的课程改革规划被省教育厅评为“深化义务教育课程改革先行学校典型经验”，高亭小学的海洋劳技与知识校本课程、岱东小学的沙书画特色课程、秀山小学的气象科普特色教育拓展性课程等被评为省精品课程，秀山小学的《海岛小学气象科普教育拓展性课程群的建设与应用》获省基础教育成果二等奖，12所学校的25门拓展性课程被评为舟山市义务教育小学优秀拓展性课程。此外，全县有全国青少年校园足球特色学校、全国青少年校园排球特色学校各1所；省中小学劳动实践教育项目试点学校4所、市劳动教育示范校5所。市级文明校园创建率为100%，1所学校获省级文明校园提名。三是打造轻负高质育人工程。全面落实中央和省委、省政府关于“双减”工作的决策部署，2021年9月底，在全省率先完成义务教育学科类培训机构转登工作，并于2022年6月实现全县学科类培训机构清零。2021年秋季，岱山县所有义务教育学校升级课后托管服务，截至2022年底，全县共开设课后服务课程349门，参与课后服务的学生数共7837人，参与率为86.4%；参与课后服务的教师数共720人，参与率为88%。

（二）推动基础教育协调发展。一是学前教育规范普惠。2018年，岱山县出台实施《岱山县发展学前教育第三轮行动计划（2017—2020年）》《全面推进幼

儿园课程改革实施方案》，努力构建以公办幼儿园和普惠性民办幼儿园为主体的学前教育公共服务体系，推行全县学前教育“服务区”制度全覆盖。同年，县中心幼儿园被省教育厅确立为“安吉游戏”实践园，园本课程“渔岛海韵”入选第二届浙江省幼儿园精品课程。2019年，开展幼儿园“小学化”专项治理工作，有效纠正全县“小学化”倾向。2022年，出台《岱山县学前教育发展第四轮行动计划（2021—2025年）》，积极探索海岛幼小衔接新模式，构建幼小学习共同体，4对结对（校）园被认定为舟山市“幼小科学衔接”示范（校）园。全县等级幼儿园比例和覆盖率均达100%，二级及以上幼儿园覆盖率为82.2%，普惠性幼儿园比例为90.5%，普惠性幼儿园覆盖率为95.8%。二是义务教育提优均衡。2019年，为切实加强海岛教育，中共岱山县委办公室、岱山县人民政府办公室出台并印发《岱山县加强海岛教育三年行动计划（2019—2021年）》，明确10大任务举措，并将年度完成情况纳入对县属相关部门和各乡镇人民政府的考核指标。2020年，开展全国义务教育优质均衡发展县创建攻坚工作，制定下发迎检攻坚阶段任务清单，确定重点任务、具体要求、时间节点，责任分解落实到位。投入1084万元，实施义务教育学校校园品质提升工程。对学校专用教室、生均公用面积、校园环境等薄弱点，进行“一校一策”整改。2021年，顺利通过省级评估。2022年，出台《岱山县初中“提质强校”小学“固本培元”实施意见》，实施初中提质强校工程和教育科研培优行动，加强精准教学和培优补差力度，3名中考学生进入全市前十。三是普通高中教育稳步提升。2016年，全县各普通高中学校积极推进课程改革，努力探索高考改革背景下的课程体系、生涯规划指导、课堂教学模式等方面建设。根据校情，实施选课走班方案，形成较为完整的新教学管理体系。2017年，通过加强选修特色课程体系的开发与建设、赴省内名校蹲点跟岗学习等途径积极适应新课程改革，完善“行政班和教学班并存”的教学管理制度和普高教学组织形式。2018年，稳妥推进普通高中整合工作，大衢中学高中部于2018年秋季停止招生；东沙中学在原4个班的招生政策和计划保持不变的情况下；新增2个班面向大衢中学初中毕业生招生，并顺利开班。2022年，实施县中崛起行动，推动普通高中多样化特色化发展。完成《“十四五”岱山县普通高中发展提升行动计划》制订，大力推进与省特级教师协会及长三角名校的帮扶结对工作，岱山中学与镇海中学建立结对帮扶机制。加强与宁波教研室的教育合作，成立3个甬上名师特级教师工作室，推进主要学科的高端引领。在2022年高考中，岱山中学高考保优率约为144%，东沙中学普通类一段线比例较2021年提高10个百分点。

（三）加强职业教育一体化发展。2015年，岱山县积极推进“浙江省中等职业教育现代化建设工程”。岱山县职业技术学校与常石集团、舟山衢黄港口开发建设有限公司等开展联合招生办学工作；与常石集团开设“船舶制造与修理”专业，与舟山衢黄港口开发建设有限公司开设“港口机械运行与维护”专业；与岱山汽车运输公司修理厂开设“汽修专业”；与浙江国际海运职业技术学院达成了合作办学意向。2016年9月，县政府与浙江国际海运职业技术学院签订合作办学协议，浙江国际海运职业技术学院以岱山县职教园区为岱山校区，建立石油化工二级学院和岱山产学研基地，2020年，进一步加强校企合作，深化产教融合，完成岱山县职业技术学校实训设施建设三年行动计划，该校“产教融合基地”在鼎盛公司挂牌落户，“船舶工匠孵化基地”获“中职教育质量提升行动计划”立项，并以化工工艺专业获批省中职高水平专业建设单位。2019—2020年，岱山县职业技术学校连续两年在全国、省级中职学校职业能力大赛化工类比赛中获奖，连续两年化工类专业学生高考录取率为100%。2021年，岱山县职业技术学校成立化学工艺专业指导委员会，积极打造校内化工实训基地，推进鼎盛公司“厂中校”校外仿真实训平台建设，舟山绿色石化产教融合实习实训基地获评省级产教融合项目。2022年，全面启动职教园区中高职一体化融合式办学改革，加强职业教育双高专业建设。岱山县化学工艺团队入选首批舟山市职业教育教师教学创新立项建设团队；岱山县职业技术学校获2022年全国职业院校技能大赛三等奖。

（四）推进成人教育健康发展。2017年，岱山县扎实推进浙江省社区教育实验区建设，组织船舶修造类、农业实用技术类、家庭工业类、宾馆服务类、信息计算机类等适应岱山经济产业特点和受群众欢迎的职业技能、实用技术和文化体育培训。2018年，充分发挥三级社区教育网络的作用，坚持“学院主动办学，部门合作办学，社区自主办学”的原则，扎实推进浙江省学习型城市创建，是年，岱山县入围第五批国家级农村职业教育和成人教育示范县创建名单，《一座岛屿的文化之旅》获省“中华优秀传统文化进社区活动优秀成果奖”，长涂镇成人文化技术学校的“海岛大型修造船企业员工培训项目”和东沙镇成人文化学校的“东沙古镇渔文化教育与传承”被评为浙江省优秀工作品牌。2019年起，全县加大投入，不断整合职成教育资源，提高服务效能，岱山县被确定为第五批国家级农村职业教育和成人教育示范县。同时，县农村职成教展示与交流平台被评为2019年国家级农村职业教育和成人教育示范县展示与交流平台优秀分平台。2020年，岱山县获评浙江省区域推进语言文字规范化县，获批省、市终身学习体验基地各1个，“衢山渔民学堂”被列为浙江省成教品牌项目，岱东镇“红色方言课堂”被评为浙江省社区教育进农村文化礼堂品牌项目。2021年，实施职成教一体化，岱山县职业技术学校和各乡镇成校联合办学，成立小规模乡镇成校联合共同体，推进资源共享、优势共长。2022年，以新区市民素质提升工程、全民终身学习活动周、老年教育实体化办学为抓手，完善城乡一体的三级社区教育、老年开放教育办学体系，完成浙江开放大学岱山学院更名工作；有序推进市民终身学习体验基地和优质（示范）老年学堂等工作，深化智“惠”银龄项目，高质量推进老年人智能技术应用能力普及行动。东沙成校“银龄跨越数字鸿沟”培训项目被教育部认定为“智慧助老”优质教育培训首批推介项目；《岱山县海洋文化特色课程培育案例》《美美与共，乐在“棋”中》《“海”好有你——海上垃圾分类行动》被教育部评为社区教育“能者为师”典型案例。

（赵　林）

岱山县推进“红色根脉强基工程”

2022年，岱山县坚持新时代党的建设总要求和党的组织路线，以实施“红色根脉强基工程”为总抓手，把党的建设落实到基层组织建设各领域全过程，基层党建工作取得新的成效。

聚焦政治建设，思想引领更加鲜明。2022年，岱山县制定《红色根脉强基工程指数实施办法》，紧扣抓党建带全局，建立党建与事业紧密融合、互为一体的考评体系，切实发挥党建在防范化解“七张问题清单”、推进共同富裕、推动数字化改革等中心任务中的统领作用。拟定下发《全县基层党组织“第一议题”制度》，发挥基层党组织政治功能，立好政治规矩，进一步推进思想建党、理论强党，强化党员干部政治理论学习和思想淬炼。拟订《村社干部“赋能”“提能”“优能”行动实施方案》，把加强政治理论武装摆在首位，推动村社干部增强“四个意识”、坚定“四个自信”、做到“两个维护”，系统提升村社干部岗位履职能力和塑造变革能力。开展村社干部整治立规专项行动，督促各乡镇对照“五拼五争五抓”要求，对村社干部履职情况进行集中“回头看”，按实际表现完成定档分级，并建立村社干部履诺监督长效机制，常态化推动村社干部讲政治、敢担当、善作为。

聚焦组织建设，基层堡垒更加坚实。2022年，岱山县深入推进现代社区建设，全面梳理“四张清单”“六大改革”“十大行动”目标任务，加快解决“一老一小”“城乡社区公共服务”“除险安民”等群众急难愁盼问题，55项重要指标和112项年度任务全面完成。重点推进党建统领网格智治、融合型大社区大单元智治破难等工作，完成全县网格优化划分和网格力量配备工作，实现网格党组织全覆盖，有序推进专职社区工作者和专职网格员招聘相关工作。创新村居融治党建模式，构建党组织领导的村社治理新格局，破解亦城亦农区域治理难题，相关做法在《中国组织人事报》刊登，被“共产党员网”“中国新闻网”等国家级媒体转载，并被省委办公厅信息录用。建立健全跨区域、跨行业的党建联建机制，覆盖全县87个村社和部分县属职能部门，推动片区联建、产业共兴、村企共谋。被中组部确定为党建引领乡村治理试点县，围绕“瀛洲红帆”海上党建加强海岛基层治理开展试点。不断延伸“两新”组织党建工作触角，实现有50人以上党员的企业建立党组织全覆盖。围绕“一村一策”方案，统筹整合部门资源下沉、人员力量下沉，完成大峧山村、官山村偏远小岛村干部异地办公专项整治行动。开展农村发展党员违规违纪问题排查整顿工作，完成全县在岱1259份党员档案集中审查，对151条信息线索进行联合会审、专题研究，10名时任村社干部被批评教育，1名党员被除名，2名党员重新履行入党手续。制定《全县村（社区）党组织书记医疗补助实施办法（实行）》，体现对村社党组织书记的关心关爱。

聚焦大战大考，党员作用更加凸显。2022年，岱山县坚持把党旗牢牢插在创城、防疫、抗台一线，充分发挥基层党组织和党员先锋模范作用。建立疫情防控分类定级组团包联制度，形成县领导统筹抓、县属部门具体抓的县、乡、村三级常态包联的疫情防控工作格局，54个包联单位累计下沉干部4000余人次。在18个集中隔离医学观察点成立临时党组织，200余名党员主动亮出身份，在人员转运、物资保障、心理疏导等工作中示范引领。进一步排摸动员3000余名“兼合式”党支部党员主动投身创城省级测评，在防御台风“轩岚诺”“梅花”期间成立安置点临时党支部，相关做法在省、市主流媒体报道。2023年元旦前后按网格组建246支、1234人的暖心配送服务小分队，排摸出村社60岁以上老人名单，“防疫包”全部发放到位。

聚焦共同富裕，服务大局更加有效。2022年，岱山县持续实施村社党组织年度重点实事项目清单化管理制度，创新实行基层党建重点项目和村级集体经济项目“揭榜挂帅”制度，举办村级集体经济项目集中开工仪式，设立红色共富基金，为首批13个项目颁发启动资金92万元。推动村社书记“晒比评”，7个乡镇全部举办“强村论坛”。部署开展“百县争创、千乡晋位、万村过硬”工程，制订下发全县“红色根脉”强基示范乡镇、示范村社创建任务清单。全年建成“共富工坊”30个，共吸纳3213人就业，实现人均月增收2709元。开展“联村联社助发展”专项行动，持续推进31个县属部门联系结对衢山镇31个村社。从县属31个部门选派干部担任“第一书记”，下沉到衢山各村社，制订涉及4个方面28条的帮扶责任清单。各部门和“第一书记”对标清单，因地制宜地提出发展思路和工作计划，围绕增强村级集体经济“造血”功能，协调落实项目16个，落实资金款项229万元。

（林　海）

LHD潮流能第四代机组落地投产

LHD潮流能的成立历程。杭州林东新能源科技股份有限公司是国内较早从事海洋潮流能研发工作的高新技术企业，公司旗下的模块化大型海洋潮流能发电机组项目简称为“LHD潮流能”。2009年，由杭州绿盛集团有限公司董事长林东、美国南加州大学研究科学家黄长征博士和美国新材料领域研究专家丁兴者博士三人联合创办的“美国联合动能科技有限公司”在美国洛杉矶成立，并成功研发拥有十五大系统构成的“3.4兆瓦LHD模块化大型海洋潮流能发电机组”系统群。2012年，在淳安千岛湖成立杭州林黄丁新能源研究院有限公司，注册资金1000万元，并设立“LHD模拟海洋流大型实验室”。省政协副主席、省侨联主席吴晶，杭州市委副书记王金财等领导出席公司揭牌仪式及实验室启动仪式。2013年，董事长林东和时任岱山县县长毛江平在省人大会议驻地杭州赞城宾馆三楼会议室，就LHD潮流能正式签约，确定项目选址。

LHD潮流能在秀山的蓬勃发展。2014年5月，世界首台“3.4兆瓦林东模块化大型海洋潮流能发电机组”项目在岱山县秀山岛的东南海域正式开工。2015年年底，公司经增资后注册资金达到6000万元。2016年7月27日，首批两台共1兆瓦涡轮水轮机成功实施下海安装，2018年11月29日和2018年12月29日，LHD海洋潮流能发电项目第二代400千瓦机组、第三代300千瓦机组相继顺利下海发电。经鉴定，该项目成目成果总体上达到国际领先水平，并入选《2017全球可再生能源现状报告》，在2019博鳌亚洲论坛亮相。2019年6月20日，LHD模块化大型海洋潮流能发电机组（装机容量1700千瓦）临时上网电价（2.58元/千瓦时），获浙江省发改委批复。2017年10月20日，国家海洋技术中心组织包括中国工程院金翔龙院士等在内的专家委员会对LHD项目进行了科技成果鉴定。与会专家一致评价：LHD项目成果达到国际领先水平；并一致建议：2016年8月26日为中国海洋潮流能发电并网日。截至2022年底，世界上掌握海流能发电并网技术的国家只有英国、美国和中国，但在持续稳定发电并网时间上，我国LHD海洋发电项目已经领跑世界。

全球最大的潮流能机组在秀山成功落地。2021年1月21日，装机规模2.8兆瓦、重达2600多吨的LHD潮流能发电二期总成平台顺利下海。2022年2月24日，世界单机规模最大的LHD第四代1.6兆瓦潮流能机组在舟山海域成功下海且并网发电，LHD海洋潮流能入选2022年度舟山市十大海洋科技创新领军团队。中国工程院院士金翔龙在了解情况后说：“单机1.6兆瓦潮流能发电机组下海是我国潮流能领域的一次重要突破，展示了中国持续开发清洁能源的决心和潜力。”他表示，海洋潮流能具有储量巨大、清洁无污染、可预测性强等优点，开发潮流能将为碳达峰碳中和贡献科技力量。

截至2022年，LHD潮流能发电工程总装机容量达3.3兆瓦，标志着海流能发电技术进入产业化应用阶段，我国海洋能开发实现大功率发电、稳定发电、并入电网三大跨越。

（尹天园）

责任编辑：虞迪燕

2022 年全县新冠疫情防控工作

2022 年，岱山县疫情防控工作坚决贯彻县委、县政府的决策部署，全力落实疫情防控“七大机制”，围绕“六大维度”，巩固免疫屏障，并主动顺应疫情防控工作转段，不断优化调整疫情防控措施，保障全县经济社会稳定发展。

做好防疫物资保障工作。2022 年，全县出台《岱山县防疫医疗物资保障专班工作方案》，规范医疗物资采购储备、协调保障和有序调度运作机制。精准排摸物资需求，做好医疗机构药品、抗原检测试剂、血氧仪等物资储备，落实每家乡镇卫生院 20 台、村卫生室不少于 2 台的血氧仪配备要求，7 家乡镇卫生院配置制氧机 32 台。加强药品供应保障，多途径采购抗病毒小分子药物、呼吸机等重点紧俏物资，保障医疗机构救治高峰需求。

做好农村地区疫情防控工作。2022 年，对官山村、大峧山村、大长涂岛等偏远海岛，全县成立医疗救治专家组和危重症抢救医疗队，组建海岛应急小分队 4 支，梯次化储备转运船舶 10 艘。摸清辖内 65 周岁以上老年人等重点人员健康状况，实行分级标识、分类服务管理，全县发放防疫包 6.57 万个。

做好重点场所和机构防控工作。2022 年，全县强化鱼山、黄泽山等国家重要战略项目的疫情防控工作，加快“一企（园）一策”制定。集中精力守护“一老一小”。针对养老机构，优化院内管理，确保养老机构内的安全。贯彻落实“五包一”“微网格”制度，87 个社区（村）100% 完成“无疫社区（村）”创建。

强化居家健康管理的服务支持。2022 年，全县畅通居家治疗救助渠道，第一时间开设战“疫”岱山帮求助平台，发布各乡镇和卫生院 24 小时疫情防控热线电话和心理咨询服务信息，提升政策咨询即时答复准确率和温暖度。建立健全居家人员服务保障 AB 岗制度，严格落实网格员、社区医生与居家治疗人员“二帮一”联系制度，保障组织体系稳定有序运行。完成对 7428 名 80 岁以上老年人、2045 名婴幼儿、390 名孕产妇、63 名长期透析患者的建档立档，确保重点人群“应保尽保”。

（高乐明）

全国县级文明城市创建

2022 年，岱山县围绕《岱山县全国县级文明城市创建工作三年行动计划（2021—2023 年）》和 2022 年全县工作总体目标，扎实推进创建各项工作高质量高水平发展。在 2021 年全国文明县级城市创建测评中，岱山县获评全省第一。

完善工作机制。2022 年，岱山县完善“县委统一领导、党政齐抓共管、创建办组织协调、有关部门各负其责、全社会积极参与”的领导体制和工作机制，完善督查、抄告、督办、通报、考核、问责等工作机制。2022年，共发布创城专报通报88期、发送抄告单779期、督办单49期。深入实施创建点位工作责任制、网格化管理、文明单位动态管理、文明细胞创建等长效机制。推进数字文化系统建设，迭代升级数智创城应用场景，发现问题6297个、整改6275个，整改率99.6%。开展常态化督查，采用县创建办督查和第三方测评相结合的方式，以督查促整改，以整改促提升。全年委托第三方开展全县文明城市测评4次，县创建办开展专项督查150余批次，累计发现问题3万余个。

推进创建工作。2022年，岱山县有序推进39个创城相关项目，重点推进飞线整治、老旧小区改造、公益广告提升等工程。完成全县文明村镇的飞线整治、蓬莱四小区等老旧小区的提升改造，安宁路、滨港路等9条道路的公益墙绘和公益景观小品的设置。开展渔农村环境整治提升专项行动，各乡镇排查环境问题共1000余个。加强执法力度，查处机动车违停7826起，拖移未按规停放非机动车6382辆，查处机动车未礼让斑马线15195起，查处非机动车不戴头盔13217起，逆行带人等行为5812起，立案查处绿地乱停车现象40起，查处占道经营、流动设摊62起，立案查处携犬出行未牵绳、犬只随地便溺行为34起，查处丢烟蒂行为372起。加强公共服务设施建设，打造“能席地而坐”的点位3处，构建完善15分钟生活圈，建设新时代文明实践中心1个、新时代文明实践站7个、新时代文明实践所87个。推动志愿服务制度化常态化，开展各具特色的志愿服务活动3.6万场，参与文明城市创建。

全域推进“浙江有礼”。2022年，岱山县出台《关于开展“浙里仙岛　以礼相‘岱’”文明新实践的实施意见》，广泛推行“文明岱山24礼”。开展“传承好家风、礼让斑马线、聚餐用公筷、随手做志愿、重信守承诺、垃圾要分类、烟蒂不落地、邻里讲和睦、就餐不浪费、带走半瓶水”十大文明养成行动，制作分发“光瓶行动”餐桌牌2.6万个、“光瓶行动”书签4.8万张，“光瓶行动”瓶口套10万个。设计浙江十礼公益广告3套，打造有礼地标，拍摄“浙江十礼”公益宣传片，制作“剪纸说浙江十礼”“渔民画文明岱山24礼”视频，在“学习强国”学习平台、浙江政务短视频联盟等平台刊播。举办全县“浙江十礼”漫画比赛、文明礼仪知识竞赛；开设“有礼”专栏，推出《文明一家人》系列广播漫画剧，讲好“有礼”岱山故事；开展文明随手拍线上活动；发放《岱山县文明宣传手册》7万余册，确保一户一册在手。

精神文明建设。2022年，岱山县培育和践行社会主义核心价值观，加强思想道德建设，大力开展文明村镇、文明单位、文明家庭、文明小区、文明窗口等文明细胞创建活动。选树市级文明家庭12户、县级文明家庭30户，代丽萍家庭获评2022年全国最美家庭、何军家庭获评全省最美家庭。推动课程育人、文化育人、活动育人、实践育人、管理育人、协同育人，市级文明校园创成率和复评通过率均为100%。选树身边的好人、最美系列、道德模范等先进典型，入选“浙江好人”2名、“舟山好人”6名。评选第七届岱山县道德模范，张富良、於友伟、沈华忠、林友明、赵仕波、戴伟跃、何博磊、蔡雄、蒋俊英、夏银儿等10人被评为第七届岱山县道德模范，其中沈华忠被市政府授予见义勇为二等功。举办“德耀岱山”道德模范先进事迹宣讲及巡回展。大力开展“移风易俗树新风”“弘扬真善美　传递正能量”主题实践活动70场。建设“志愿者之城”，建立海上新时代文明实践号，精准开展流动服务，惠及偏远海岛群众6367人次。打响“金银渔嫂”“城市啄木鸟”“瀛洲红帆”等志愿服务品牌，开展“春风化雨润基层”党的理论政策宣讲、“我们的节日”等主题志愿服务活动3.6万场。举办首届志愿者服务交流大会，遴选县级志愿服务项目8个。其中“爱暖孤心”——关爱失独家庭志愿服务项目获市第二届新时代文明实践志愿服务项目金奖，“海”好有你—海上垃圾分类志愿服务项目入围第三届浙江省志愿服务项目大赛。

未成年人思想道德建设。 2022年，岱山县加强中小学校思想政治教育，开展思想品德教育、法治教育、劳动教育等主题教育，发放“文明岱山24礼”书签9700张。6月2日，央视《焦点访谈》栏目播出《少年强 中国强 立志向 有梦想》，其中大篇幅报道岱山海岛未成年人教育。发挥社区教育的平台作用，深耕“大手拉小手”志愿品牌活动。评选县级“新时代好少年”31名，其中入选市级3名、省级1名。开展“红领巾喜迎二十大争做新时代好队员”“请党放心强国有我”等“扣好人生第一粒扣子”主题教育实践活动上千场。拓展未成年人活动阵地，发挥“红领巾学院”品牌育人作用，推动“春泥计划”和乡村学校少年宫联动共建，在2022年舟山市乡村复兴少年宫创新案例评选中，岱山县获一等奖1名、三等奖3名。在2022年舟山市优秀童谣征集活动中，岱山县获未成年人组二等奖2名，成年人组二等奖1名、三等奖1名。

（吴舟超）

舟山绿色石化基地跑出“加速度”

2022年，舟山绿色石化基地4000万吨年炼化一体化项目全面投产、稳定运行，形成4000万吨年炼油、420万吨年乙烯、1180万吨年芳烃（其中880万吨年对二甲苯）的生产能力，炼化产业规模跃居国内第一，跻身世界一流。全年完成固定资产投资395.90亿元，占全市投资比例的39.5%；加工原油3702.76万吨，同比增长39.6%；实现工业产值2314亿元，同比增长66.4%，产值占全市规上工业总产值的67.8%。

新材料产业园加快建设。 2022年，高性能树脂项目施工作业全面铺开，全年完成投资70.80亿元；高端新材料项目上游浆态床装置开工试桩，全年完成投资12.70亿元。石化下游配套产业项目建成投产。德荣化工乙烯裂解副产品综合项目实现产值15.97亿元，浙优科技催化剂项目实现产值1.06亿元，浙石化新奥天然气管道项目供气7742万立方米，天然气制氢项目建成。3号乙烯项目陆续投产。油品进出口配额顺利获批。全年，共获得原油进口配额4000万吨，成品油出口配额364万吨，低硫燃料油出口配额16万吨。炼化一体化项目二期能耗459万吨标煤（不含原料用能）、3号乙烯项目能耗269万吨标煤（不含原料用能）获国家考核单列。

社会事务服务保障。 2022年，岱山社会事务综合管理组组建党员先锋队、突击队等，参与防台防汛、人员转移、疫情防控等工作，累计参与党员1200余人次。联合舟山绿色石化基地临时党委，对39个网格团队成员进行全面梳理，持续推进中共二十大精神的学习贯彻系列活动，先后开展各类学习研讨等170余场次。加强医疗服务和公共卫生保障。

安全保障与社会纠纷。 2022年，岱山社会事务综合管理组开展“星级连队”评选，持续提升“智慧鱼山”管控水平。全年共建立融合党建“红蓝哨所”2个，并在鼎盛营地打造新型调解室。创新工作形式，打造反诈一条街，利用“警黍朋友圈”“反诈之声”、扫楼等形式，线上线下开展反诈宣传，共发放反诈宣传单2.3万余份，悬挂横幅100余条，指导下载安装国家反诈中心App 1.3万余人。利用工棚调解室，调解各类矛盾纠纷108起。积极化解舟山绿色石化项目劳资纠纷，全年共计接待来访278批次，涉及人数2475人，涉及金额6772.79万元。为鱼山在建项目开辟仲裁绿色通道，全年共受理涉及鱼山的劳动仲裁案件711件、申请金额2553万元；其中审结案件640件，结案金额2031.48万元。

（马金峰）

数字化改革

2022年，岱山县一体化推进全面深化改革、共同富裕示范区重大改革和数字化改革，找准跑道、争取试点、加强贯通、突出特色、争先创优，加快推进重大改革（应用）落地见效，奋力打造具有岱山辨识度的标志性成果。全年累计有42个项目入选省级试点。“旱情预警及调度”被评为第一批全省水利数字化改革“优秀应用”，并入选省“一地创新、全省共享”一本账S0；“岱山货运船舶多跨协同共管”应用获评2022年交通数字化改革基层和社会“最佳实践”；宗教智巡、化塑产业大脑、政协“云端履职”等相关改革经验分别获省委常委、统战部部长邱启文、省政府副省长卢山、省政协副主席周国辉批示肯定；新华社、《浙江卫视》、《浙江日报》等省级以上主流媒体多次报道海岛基层治理、“办事不出岛”等经验。

一、高位推动，增强一体融合改革合力

县领导亲自挂帅、率先示范。2022年，根据“1612”体系，全县调整完善全面深化改革专项小组和数字化改革系统跑道，实行县领导为各系统操盘人、各单位“一把手”总牵头的工作机制，推动形成齐抓共管的工作格局。各部门响应号召、扎实推进。县数改办按照“五个一批”要求，编制并动态更新全县重大改革（应用）项目库，梳理迭代、上线、培育项目（应用）30个。绘制改革作战图及双月节点目标、细化任务分工，坚持周报表、周例会、月通报、双月推进会、定期督查、回头看，确保体系化、规范化推进数字化改革。对列入考核的53家县属单位、7个乡镇就改革推进情况进行实地督察。并根据督察情况进行红黄绿三色工作提示，累计发放工作提示函70余份。“6+1+1”系统平台持续完善体系构架，推动重大应用迭代升级、实战实效。部门、乡镇主动对接省市部门，加强应用承接贯通，争取试点项目（应用），推动改革工作走深走实。综合评价改革成效、实现进位。加大全面深化改革（数字化改革）、七张问题清单在全县年度综合考核分值比重。对县属单位、乡镇进行月绩效考核，主要从试点任务推进、应用贯通落地、特色项目（应用）谋划及迭代、改革争先创优等维度进行过程性动态考核，通过晾晒形成全县上下合力攻坚的氛围，8月、10月，省对县双月综合评价均为四星；“七张问题清单”管控力指数连续5个月居全省上游、全市前列。印发《关于学习宣传贯彻习近平总书记关于数字化改革的重要论述的通知》，重点学习习近平总书记关于数字化改革的重要论述精神、省委关于数字化改革的最新部署，向县委四套班子、县属各单位、乡镇发放袁家军书记主编的《数字化改革概论》246本，进一步强化数字化理念，打破思维定式和路径依赖，不断激发创造性张力，进一步提升全县干部的塑造变革能力。全年共组织开展《数字化改革概论》精讲、“七张问题清单”线上培训、“大综合一体化”执法改革要点及数字应用培训会等专题培训60次、学习宣讲70次。

二、强化“平台+大脑”，实现数字资源高效配置

加强项目统筹。修订完善《岱山县政府投资信息化项目管理办法》，印发《2022年岱山县政府投资信息化项目全周期绩效评价方案》，建立信息化项目专家联审机制，统筹管理全县数字化项目建设，突出实战实效，防范低水平重复建设，全年节约项目建设资金800余万元。强化数据归集、共享和开放，累计编目应用74个，终审通过率100%，数据目录覆盖政务事项达到100%，3个应用被提级复用为市级应用（宗教智巡、“扩中提低”精准画像应用、旱情预警及调度）。提升数据仓应用支撑能力。依托一体化智能化公共数据平台，搭建县乡两级数据仓体系，按照“一乡镇一数仓”原则，建立全息数据档案，将7340万条数据分类分级至7个乡镇、21个领域，为全县六大系统及74个应用提供数据支撑。

三、聚焦重点，力促亮点特色新突破

抓好抓实牵一发动全身改革项目。对照所涉19项省委、29项市委牵一发动全身重大改革（重大应用）项目，谋划推动县级13项牵一发动全身重大改革（重大应用）项目，既“有效承接”全省全市牵一发动全身重大改革，又从全县改革发展大局出

发“有力创新”，包括“大综合一体化”行政执法改革、要素市场化配置改革、“一老一小”为重点对象的公共服务优质共享，“扩中”“提低”改革等，推动数字化改革与全面深化改革、共同富裕示范区重大改革一体融合，如期完成各项改革任务。加快省级重大应用应通尽通。所涉贯通至县级的112个省级重大应用均实现应通尽通，应开尽开、应会尽会、应录尽录，其中“七张问题清单”管控力量化指数连续5个月保持全省前列，获评五星等次；数字政协应用贯通的实战实效受到省政协周国辉副主席批示肯定。加快省级试点建设。2022年以来，累计取得42个省级试点，其中数字化改革试点34个，非数字化改革试点8个，所涉试点建设均按省定要求有序推进。“旱情预警及调度”“岱山货运船舶多跨协同共管”分别获省水利、省交通系统的“最佳应用”“最佳实践”。地方特色应用实现新突破。聚焦企业所急、基层所需、群众所盼，谋划建设迭代26个应用场景，其中，“宗教智巡”应用在8月30日全省数字化改革推进会上，被党建统领整体智治系统作为实践创新应用进行书面专题介绍；“政府投资时时督”应用场景作为浙江省第十三届人民代表大会第六次会议典型数字化应用场景之一在会上展播。理论制度成果持续涌现。累计形成理论成果122项，如《关于人大监督与检察机关法律监督衔接的路径思考》《创新党建引领 助力海岛振兴》《数字赋能 舟山市岱山县人大提档升级“乡长有约”》被省级以上媒体刊录报道。出台印发改革制度89项，如率先在全国发布海岛地区企业节水地方标准《岱山县新建生产用水规上企业节水等级评定导则》《岱山县已建生产用水规上企业节水指数评价导则》。

四、数字赋能，撬动社会经济稳步发展

以数字化改革引领撬动社会经济稳步发展，实现重大改革、重要任务一体融合推进。在经济稳进提质方面，升级政务服务2.0平台，上线“企业政务服务速应”应用，县内涉企1731个审批事项全部纳入营商服务综合体，为可实现容缺受理的208个涉企事项开通绿色通道。在促进共同富裕方面，创新村庄经营、“飞地”抱团、强村公司、共富基金等多种集体经济增收模式，所有村经营性收入达20万元以上，其中经营性收入50万元以上的村占比达75%。依托“扩中提低精准画像”应用精准推动重点群体增收解难，新增城镇就业5346人，帮扶困难人员实现就业738人，城镇登记失业率1.57%。在除险保安方面，深化“县乡一体、条抓块统”改革，推动“162”体系与“141”体系贯通衔接，建成县社会治理中心，整合乡镇基层治理四平台及综合信息指挥室，实现指挥调度“纵向到底、横向到边、响应及时”；大力推进“大综合一体化”行政执法改革，整合精简形成“1+6+1”行政执法队伍，下沉乡镇执法编制256名，占执法队编制总量的77.58%，乡镇实现“一支队伍管执法”；积极推进海上大综合一体化执法改革，整合海洋渔业、海事、港航等140名涉海执法人员、9艘执法船艇，在抗击台风“轩岚若”“梅花”中发挥重要作用。在疫情防控方面，稳妥有效处置“7·8”疫情，实现疫情精准防控。

（张　璎）

自贸试验区建设

2022年，自贸区岱山服务中心坚持聚焦主责主业，锚定建设“东部地区重要的海上开放门户示范区”和“有国际影响力的大宗商品资源配置基地”的目标，全力推动自贸试验区岱山区块高质量发展，有力彰显自贸试验区作为新时代改革开放新高地的作用。一是加快推进“黄小双”油品储运基地建设。黄泽山一期151万立方米地面储罐项目产能稳定释放，全年累计实现营业性收入2.50亿元；黄泽山二期104万立方米地面储罐项目建成、黄泽山—鱼山原油管道项目建成投运。小衢山700万立方米国储地下库项目获国家发改委批准，岱山县已组建专班全力开展前期工作。双子山西侧山体开采平整工

程持续推进，将于2023年6月完工，届时可形成约20公顷平地面积，为项目招引落地打下基础。二是服务保障国家大宗商品储运基地建设。全力服务保障基地项目无障碍施工，鼠浪湖矿石中转码头全年累计完成货物吞吐量7015万吨、混配矿量1752万吨。会同县投资促进中心制定出台《岱山县大宗商品贸易发展扶持办法》，定期驻点市级部门开展招商推介。三是衢山国际海事服务基地建设全面启动。经积极向上争取，衢山临时锚地于4月1日起开展试运行，已实现常态化供油，全年累计加注保税船用燃料油16艘次，合计2.95万吨。川山南锚地项目前期工作、岸基站项目一期工程抓紧推进。四是自贸试验区制度创新纵深推进。常态化运行制度创新项目库机制，全年累计创制形成7项制度创新经验，其中“行刑衔接中心试点”和“‘政’‘企’‘社’‘法’纠纷化解诉调联盟”两项经验入选浙江自贸试验区舟山片区第九批制度创新成果。“搭建‘智慧鱼山’数字化应用场景”入选《浙江自贸试验区舟山片区挂牌五周年重大标志性改革创新成果（20项）》。

（何佩璐）

海岛乡村振兴

2022年，岱山县坚持和加强党对“三农”工作的全面领导，推动乡村振兴取得新进展、农业农村现代化迈出新步伐。是年内，岱山县荣获省新时代美丽乡村示范县、渔业健康养殖示范县、“平安金鼎”等称号；岱山县城乡义务教育共同体系获浙江省2022年教育领域数字化改革创新试点项目，深化气象防灾减灾六大能力提升被列入省级试点工作，“基层宗教智巡”应用获省委常委、省委统战部部长邱启文批示肯定。

完善乡村振兴组织体系建设。2022年，岱山县加强党对农村工作的全面领导，建立健全乡村振兴工作推进机制，成立以县委书记和县长为组长的乡村振兴领导小组。建立县委“三农”工作联席会议制度，定期研究乡村振兴工作，县委常委会、县委理论学习中心组及时学习传达习近平总书记关于“三农”工作的重要论述，学习传达贯彻中央、省市会议和文件精神。县委书记作为“第一责任人”，亲自谋划部署推进乡村振兴“四个重大”，研究出台《关于推进海岛乡村振兴加快产业发展的实施意见》《关于2022年高水平推进海岛乡村全面振兴的实施意见》等政策文件。健全县领导“包乡走村”联系制度，开展“三服务”活动。出台《2022年岱山县实施乡村振兴战略实绩考核任务清单》，定期召开基层党建述职评议会、乡镇“晒比评”会议。加强要素保障，2022年，全县土地出让收入188401万元，用于农业农村支出9968万元，土地出让收入用于农业农村支出占比5.3%。全县涉农贷款余额190.76亿元，同比增长10.3%。实施“两进两回”行动，出台《关于加快推进“大桥时代”人才强县工作的实施意见（试行）》，引进农林水利类、城乡规划类等紧缺专业人才60名，培训农村实用人才158人，培育高素质农民50人。

严格落实粮食安全党政同责。2022年，全县健全完善粮食安全责任体系，成立由党政主要领导担任双组长的粮食安全领导小组，与各乡镇签订粮食安全责任书。2022年，全县建立省外粮源基地800公顷，建立粮食应急供应网点11个，全年完成播种粮食面积1422.67公顷、油菜面积233.73公顷，落实蔬菜种植面积1440公顷。全力抓好稳产保供工作，推进蔬菜生产基地建设，新建“菜篮子”应急保供冷库，保障“菜篮子”产品生产和调控保障能力。积极落实《舟山市生猪产能调控实施方案（暂行）》，全县能繁母猪保有量为2021头。坚决遏制耕地“非农化”、基本农田“非粮化”。全面实施“田长制”，印发《岱山县关于落实最严格的耕地保护制度全面推行“田长制”的实施细则》，落实耕地保护网格化监管，213名县、乡、村田长和村级巡查员“人田对应”，承接贯通“耕地智保”应用场景，开展现场巡察2500余次，对34个疑似图斑进行核实，实现早发现、早制止，闭环管理；调整优化粮食生产功能区，新认定8个粮食生产功能区面积266.68公顷，“非粮化”优化整治率为100%。积极推进耕地占补平衡，持续推进永久基本农田连片整治，完成岱西镇火箭盐场区域万亩永久基本农田连片整治项目，形成连片耕地面积359.67公顷，争取省级统筹奖励跨省增减挂钩结余指标6公顷，有效有力保障重点项目建设。深入实施农业“双强”行动，制定实施《岱山县农田基础设施建设三年行动计划》，火箭盐场改造提升项目成功申报全市首批高标准农田（粮功区）改造提升建设项目。实施衢山镇三弄村藏红花—水稻农艺农机融合示范试验基地项目、高亭镇西兰花—水稻轮作农艺农机融合示范试验基地项目和浙江徐丰农业有限公司农艺农机融合示范试验基地项目。提升改造东沙镇泥峙村大岙泵站和司基村黄狼墩泵站，新建、修复渠道1万米以上，提升机耕路993米。

大力推动乡村产业振兴。2022年，岱山县以绿色发展为导向，健全农业绿色发展的体系，认定4家省级农业科技型企业，完成自动化精准环控系统建设工程、高亭大峧喷滴灌系统建设工程、长涂长西喷滴灌系统建设工程3个项目的验收工作，畜禽粪污资源化利用和无害化处理率在96%以上，农作物秸秆综合利用率为97.7%。加强农产品质量安全监管，出台《关于调整全县村级农产品质量安全协管员的通知》，建成县镇村三级农产品监管队伍，农产品质量合格率达100%。大力发展乡村产业。立足岱山产业发展特色，因地制宜地成立“沙洋晒生”产业农合联，吸纳会员15个，带动沙洋晒生产业相关人员500余人。培育壮大乡村旅游、休闲渔业、农村电商等新业态，建成A级景区村35个。出台支持民宿发展政策，成功打造岱西双合村、衢山凉峙村、秀山秀东村等特色民宿村，民宿数量同比增长11.4%。推动电商产业提质升级，持续优化县级“东海渔嫂”云创基地建设，创新“基地+培训+产业”的学产销融合新模式，全年开展“东海渔嫂”数智电商直播专项技能培训11场、培训400余人。发展壮大村集体经济。大力实施强村富民集成改革，支持组建强村公司，稳妥推进“三权分置”改革，变农村土地、房屋、林权等“死资源”为“活资产”。成立强村公司9家，实施村集体经济发展项目20个。全县所有村达到年收入40万元以上且经营性收入15万元以上，农村集体经济达标村占比达100%。着力实施项目引领带动村集体经济发展，东海郊野公园累计实现营收500余万元，游客人数为30万人次；沙洋村和龙头村新增村集体经营性收入50余万元，提供农民就业岗位110个，人均年新增收入2.40万元左右。全面推进渔农民“扩中”“提低”改革。通过房屋出租、土地出租、利息股息等多种形式，多渠道增加渔农民财产性收入。加大低收入渔农户帮扶力度，制定《岱山县帮促低收入渔农户增收行动实施方案》，前三季度低收入农户人均可支配收入增幅达11.5%，最低生活保障水平每月提高至1035元。全县共结对贫困户1523对，帮扶资金和实物价值稳定在每户1600元以上。着力打造共同富裕基本单元。聚焦“一统三化九场景”，立足各村实际情况，系统谋划、全面统筹，长涂镇倭井潭、岱东镇涂口、岱西镇前岸村等3个未来乡村建设被列为省级未来乡村建设试点，星浦未来社区、蓬莱未来社区加快建设。聚焦村民需求和乡村发展，推动搭建“数字芒种”多跨场景应用，打造数字乡村。

统筹城乡一体化发展。2022年，全县坚持规划引领，编制《岱山县农业农村现代化“十四五”规划》《岱山岛美丽渔港活力港湾城市设计》等规划。高标准谋划实施“七个一”“五个一”工程，建成全民健身中心，526国道岱山段改建、岱山交通集散中心、秀山环岛公路等重大交通项目是年底前建成投用。推进全域全景建设。深入实施“千万工程”，建设新时代美丽乡村，岱西镇火箭村打造完成省级美丽乡村特色精品村，加快推进衢山枕头山村、岱东沙洋村省级美丽宜居示范村建设。大力实施“星辰大海”计划，谋划实施美丽渔港风情海岸带等五大海岸线建设，开展“花海彩林”工程，下好“微改造”的“绣花”

功夫，实施山体林地、水系、海岛、交通线路等绿化、美化、彩化工程，建成东海郊野公园一期、牛轭山公园，创成省新时代美丽乡村示范县，入选浙江省第一批生态文明建设实践体验地。开展整洁村庄与创城联动的渔农村环境提升行动，强化对全县村庄、河道、田园及公路沿线环境卫生专项整治。持续推进农村“三大革命”，农村生活垃圾分类处理覆盖率达100%，农村生活污水治理行政村覆盖率为86%，处理设施出水水质达标率为93.8%。推进森林岱山建设，新造林面积113.33公顷以上，森林覆盖率为47.7%。全面推动城乡公共服务均等化。加强普惠性、基础性、兜底性民生建设，推动基本公共服务供给向常住人口服务覆盖转变。加强农村基础设施建设，完成农村公路新改建2.2千米任务，城乡公交一体化率为75%，新改扩建供水和原水管网17千米。加强基层医疗机构标准化建设，村级卫生室规范化率为84%，基本医疗保险户籍人口参保率为99.5%。推进义务教育标准化学校建设工作，打造慈溪—岱山跨地区教共体，并开展研学实践、线上交流等活动，实现农村等级幼儿园覆盖率、农村义务教育标准化学校达标率均为100%。

坚持党建统领数字化乡村治理体系重塑。2022年，全县全面加强基层党组织建设。实施“红色根脉强基工程”，建强渔农村党组织，开展“百县争创、千乡晋位、万村过硬”工程创建，制订下发岱山县“红色根脉”强基示范乡镇、示范村社创建任务清单，被中组部确定为党建引领乡村治理试点县。全面加强基层党组织和书记队伍建设，制定出台《岱山县高质量推进新时代村（社区）班子和干部队伍建设的实施意见》，推动村社组织规范运行、村社干部高效履职。强化清廉村居示范村建设，以“示范点—专线—示范集成”方式推动清廉村居建设梯次升级，今年新增省级善治示范村9个、申报清廉村居示范村23个。健全完善基层治理体系。推动“162”体系与“141”工作体系有效衔接，建成县社会治理中心，深化“县乡一体、条抓块统”改革，发挥“基层治理四平台”作用，充分发挥村社党群服务中心和全科网格作用。深入推进基层民主法治建设，提高基层社会治理法治化水平，建成省级善治示范村9个、省级民主法治村（社区）7个。加强农村法治宣传教育，实施“大综合、一体化”行政执法改革，大力度推动执法力量、执法资源下沉，乡镇实现“一支队伍管执法”，切实维护渔农村社会平安稳定。健全渔农村疫情常态化防控工作体系。做好村（社区）应急突击队建设，87个村（社区）均成立不少于15人的应急抢险队伍。开展“百日攻坚”危房排查工作，成立县农村房屋安全隐患排查整治工作领导小组和工作专班，排查农房43381幢，改造危房17户。成功防御超强台风“轩岚诺”“梅花”，捧得“平安金鼎”。

扎实推进乡风文明建设。2022年，全县深化文明村镇创建活动，新评县级文明村5家，全县县级以上文明村镇建成率为93%。统筹推进村规民约制订修订和传播践行，完善村民议事会、禁毒禁赌会，开展移风易俗活动261场，倡导红白喜事简办、新办，推进道德评议机制，实现渔农村全覆盖。积极开展农村非法宗教组织、违法宗教活动和涉宗违建治理工作，实现乡镇民宗所全覆盖、“三人驻堂”全覆盖。推进“浙里石榴红”品牌培育，开展“仙岛岱山石榴红”民族团结工作品牌打造计划，完善组织机构建设，持续建设“1村+1站+4基地”，开展富有特色的民族团结进步宣教活动23场次。大力培育乡村文化，加强传统村落保护利用，建设双合历史文化重点村，实施完成柳氏宗祠修缮、双合石壁景区项目东出口设施提升等31项工程项目，完成总投资2124万元。加大传统文化的挖掘传承，大力开展农业文化遗产资源普查工作，《浙江岱山沙洋花生种植与利用系统》被列入浙江省第一批重要农业文化遗产资源名单。强化农村文化阵地建设，新增文化礼堂7家，实现500人以上渔农村文化礼堂全覆盖。全力推动“建管用育”走深走实，开展志愿服务活动520余场次、宣讲1500余场次。打造农村“15分钟品质文化生活圈”90个，全部通过省级认定；新增岱东镇沙洋村和岱西镇海丰村2个百姓健身房，东沙镇建设完成乡村博物馆。

（费剑海 任丹涯）

全力实施“星辰大海”计划

2022年，岱山县切实提高站位，加大工作力度，高标准谋划岱山县“星辰大海”计划实施。

加强统筹协调安排。2022年7月，全县“星辰大海”计划工作推进会召开，确定县文化和广电旅游体育局为“星辰大海”计划牵头单位，落实专班办公室日常协调统筹工作，筹备成立县“星辰大海”计划工作领导小组及工作专班，推动工作落实。11月，成立由县委书记、县长为双组长的岱山县“星辰大海”计划工作领导小组，明确县委宣传部部长为分管副组长，定期听取工作汇报。

明确重点建设任务。2022年7月，县文化和广电旅游体育局邀请专业设计公司对岱山县海岸线文化旅游产业进行谋划，2022年11月形成初稿。立足现有规划，对“星辰大海”计划，进行策划包装，统领“五条海岛海岸线示范带”规划建设，摸排形成三年行动计划，谋划打造十大地标空间。加强对接，将双峰—竹屿休闲宜居海岸带和南部港湾美丽渔港风情海岸带，串联谋划为“岱山美丽渔港示范段”，列入全市“星辰大海”计划。

加强攻坚项目推进。2022年9月，县文化和广电旅游体育局征集“星辰大海”计划项目，梳理汇总2023年重点建设项目41个，项目总投超93亿元，年度计划投资额超21亿元。计划2023年重点打造“美丽渔港示范段”，加快双峰新城体育中心、竹屿新区商业综合体等文旅项目建设，持续招引文体创意、旅游商贸、休闲度假等业态入驻，加强与第三方招商平台合作，建立完善各类招商项目发布和落地跟进机制，加强政策配套和落地项目服务保障。

（姚一民）

责任编辑：虞迪燕

大事记

Chronicle of Events

1月

1日 即日起，全县调整福利机构养育的孤困儿童基本生活保障标准，按照新标准，福利机构养育的孤儿基本生活保障达到每人每月2353元，比上年增加325元；社会散居孤儿的基本生活保障标准调整为每人每月393～2453元。其中，福利机构养育的事实无人抚养儿童的基本生活保障标准为每人每月2453元，亲属或个人寄养的为每人每月1963元。另外，低保和低保边缘家庭中的病残儿童基本生活保障标准为每人每月1963元；低保及低保边缘家庭中的其他困境儿童基本生活保障标准分别为每人每月982元和393元。

是日 北京时间21时，岱山县秀山乡卫生院医生刘明远在两万千米外的舟山国家远洋渔业基地“浙普远98”远洋综合保障服务船上举行入党宣誓仪式。

5日 全县2021年涉及城市建设、交通出行、民生保障、营商环境等十大年度新闻揭晓，分别是：岱山入围全国文明城市提名城市名单、罗家岙派出所党支部获全国先进基层党组织称号、县委十三届十五次全体（扩大）会议召开、“浙岱渔11492”船救助失事船员受表彰奖励和市领导看望慰问、岱山县医疗教育事业双提升、全县掀起学习党的十九届六中全会精神热潮、岱山县在全市首个千亿级产值企业诞生、岱山入围2021年全国营商环境百强县（市）、中共岱山县第十四次代表大会召开、舟岱大桥于12月29日正式通车。

是日 位于岱山经济开发区徐福大道东侧的岱山产业新城综合配套提升工程开工建设。

6日 县十六届人大常委会第四十一次会议听取和审议代表资格审查委员会关于岱山县第十七届人民代表大会代表资格审查情况的报告，确认代表资格。

6—8日 岱山县为期3天的全省高中学业水平考试和高考选考科目考试（简称学考和选考），在岱山中学和东沙中学开考，全县有1026名考生。

7日 衢山镇三弄村被市委、市政府命名为舟山市文明村，县消防救援大队和县殡仪馆被命名为舟山市文明单位。

11日 市政协主席王伟到岱山开展“助企开门红”活动，并实地考察卓然（浙江）集成科技有限公司。

17日 即日起至2月25日为2022年春运时间，岱山县春运第一天平稳有序。

18日 县人武部刘琦科被省政府、省军区表扬为2021年度全省征兵工作成绩突出个人。

20日 岱山县被省委办公厅、省政府办公厅命名为2021年度浙江省新时代美丽乡村示范县。

是月 位于东沙古渔镇内的岱山云尚数字馆建成并对外开放，该馆共三层，总面积约330平方米，一楼分设农业产品区、渔业产品区和特色民宿区等5个功能区。

2月

8日　市委书记、新区党工委书记何中伟到岱山，考察建设中的中科院宁波材料所岱山新材料研究和试验基地、岱东镇涂口村、岱西镇星浦未来社区等渔农村党建和共同富裕示范区建设，调研基层教育、医疗卫生事业发展情况。

12—15日　中国人民政治协商会议第十届岱山县委员会第一次会议在高亭召开。

13—15日　岱山县第十七届人民代表大会第一次会议在高亭召开。

18日　位于岱山经济开发区内的舟山环太海洋食品有限公司日产80吨金枪鱼加工基地建成投产，经加工后的金枪鱼鱼柳、鱼粉等多种产品被销往东南亚、欧洲、非洲等地区。

23日　18时21分，岱山电网全社会最高负荷为142.26万千瓦，比上年增长10.8%，创历史最高。

24日　一彩民在高亭镇长河路体彩代售点购买6元彩票中大奖，奖金达1000万元，该彩民捐给市慈善总会20万元。

是月　岱山岛、衢山岛、大小长涂岛、秀山岛等岛屿被省交通运输厅、省发改委列入浙江省普通公路网（2021—2035）布局规划。

是月　岱山实验学校被教育部认定为2021年全国青少年校园足球特色学校。

是月　“东沙古渔镇”入选“浙江文化标识”培育项目名单，“谢洋风情”项目入选“优秀解码项目”。

3月

2日　省政协副主席周国辉到岱山，考察舟山市银岱汽车零部件有限公司、舟山晨光电器有限公司、卓然（浙江）集成科技有限公司。

是日　岱山县邮政管理局暨县快递物流行业党委成立。

7日　衢山镇汇鑫渔业专业合作社“浙岱渔04688”船在船长许磊的指挥下放弃生产，勇救江苏启东籍起火渔运船“08096”12名船员脱险。

8日　即日起，浙江省岱山交投客运服务有限公司启用统一服务热线号码为0580—4372611，改变原下属的竹屿、秀山、衢山、长涂高亭（山外）5个客运站、5条客运服务热线的现状。

10日　由县公安局联合县烟草专卖局、舟山海关等部门开展的“焚烧走私卷烟活动”在舟山团鸡山生活垃圾焚烧发电厂举行，通过焚烧发电方式集中销毁2020年11月查获的22.74万条走私假烟，可直接发电约1.8万千瓦时。

14日　全县领导干部会议在高亭召开，传达学习十三届全国人大五次会议和全国政协十三届五次会议精神。

16日　市委书记、新区党工委书记何中伟到县信访局（矛调中心）接待约访群众，并考察长涂镇未来乡村生态园、示范型居家养老服务中心和长涂卫生院。

24日　为解决老旧小区民生实事，全县首部申请安装的位于高亭镇蓬莱路67号二单元住宅加装电梯，正式投入运营。

29日　岱山县被省委、省政府授予2021年度平安县“平安金鼎”称号，县应急管理局被评为2020—2021年平安浙江建设先进集体，县人力资源社会保障局於国君、县公安局王贤海被评为2020—2021年平安浙江建设先进个人。

30日　岱山县融媒体中心、舟山绿色石化基地安全与环境应急保障中心被市总工会授予2019—2021年度舟山市五一劳动奖状，县职工服务中心陈颂、浙江鼎盛石化工程有限公司夏亮亮、舟山鼠浪湖码头有限公司叶金哲被授予“2019—2021年度舟山市五一劳动奖章获得者”称号。

是月　位于高亭镇仙洲路内的全县首家个人银元收藏馆——舟山2050银元中心开馆。

4月

1日　为保护海洋资源，即日起至9月16日12时，全县所有捕捞渔船禁止在东海区捕捞、销售梭子蟹、抱卵亲蟹和幼蟹，若有渔船违规捕捞、销售者，按相关法律法规和渔业资源保护政策予以处理。

7日 省政协主席黄莉新考察舟山绿色石化基地，市委书记何中伟，市委副书记、代市长徐仁标，市政协主席王伟陪同。

11日 全县村级集体经济项目集中开工仪式暨“红色单元、共富联盟”成立大会在秀山乡秀北村举行，该项目涵盖资产盘活、房屋租赁、休闲旅游等13个多元形态，总投资约3784万元。

16日 市第八届人民代表大会第一次会议依法选举中共岱山县委书记周国岭为舟山市副市长。

20日 位于高亭镇双峰新城规划区内的岱山实验学校教育集团双峰新城学校进场施工，该校占地面积约5.66公顷，总投资3.40亿元。

21日 省委书记袁家军考察衢山镇的观音山、黄泽山、小衢山、双子山等岛屿，省人大常委会副主任陈金彪、常务副省长陈奕君，市委书记何中伟，市委副书记、市长徐仁标陪同。

26日 浙江省岱山蓬莱交通投资集团有限公司被省政府表彰为2020—2021年忠实践行“八八战略”奋力打造“重要窗口”立功竞赛先进集体，岱山县三航建设发展有限公司阮嘉磊、浙江省岱山蓬莱交通投资集团有限公司黄勇、舟山绿色石化基地管委会应急管理局郑海平被表彰为2020—2021年忠实践行“八大战略”奋力打造“重要窗口”立功竞赛先进个人。

27日 县十七届人大常委会第二次会议通过《岱山县人大常委会2022年工作要点》，人大工作要点涉及工作监督、法律监督，依法人事任免和重大事项决定工作、代表工作，指导乡镇人大工作；审议和通过岱山县2022年政府重大投资项目，听取和审议县政府关于2021年法治政府建设情况、2021年全县环境状况和环境保护目标完成情况等专项工作报告。

29日 9时17分，国内最大单机容量潮流能发电机组“奋进号”并入国家电网，并通过舟山五端柔直工程实现潮流能全额消纳。“奋进号”机组是潮流能第四代单机兆瓦级机组，总重325吨，额定功率1.6兆瓦，设计年发电量200万千瓦。该机组并网后，发电站总装机容量由1.7兆瓦提升至3.3兆瓦。

30日 位于岱山岛西北侧的燕窝山陆岛交通码头经试泊运行后，正式投入上海、嵊泗、衢山等北向区域的海上航线。

是日 岱山县被教育部公布为义务教育优质均衡先行创建县。

是月 岱山县的中国台风博物馆被中国科学技术协会公布为2021—2025年第一批全国科普教育基地。

是月 浙江省首个化工新材料知识产权联盟——舟山绿色石化新材料知识产权联盟落户岱山。

是月 舟山绿色石化基地鱼山联合团委(有各级团组织12个、青年先锋突击队23支、青年安全生产示范岗38个）被共青团中央表彰为全国五四红旗团委。

5月

1日 即日12时至9月16日12时，东海渔场进入伏季休渔期，全县所有渔船归港靠岸，5艘岱山籍“护渔船”挂牌上岗。

是日 位于岱山岛东部、总体规划占地7.9平方千米的东海郊野公园一期开园，投资1.80亿元。该公园分三期，打造成为集科普、休闲、野趣、康养于一体的综合性郊野公园。

是日 岱山岛西部双合石壁景区经提升改造后对外开放。

是日 位于高亭镇环城北路（东海加油站旁）的全县首个共享球场——安澜共享球场建成并对外开放，该球场采用智能化管理模式，从场地预约到结束结算支付均线上完成。

是日 县人民检察院林凤凤被中央政法委、司法部、团中央、中国关工委、中国法学会评为全国青少年普法教育先进工作者。

9日 秀山环岛公路（秀东村海岙至九子段）畚斗岙隧道贯通，该项目起于海兰线，沿舟山惠生海洋工程有限公司外侧往南道路延展线，终点与双九线相接，采用三级公路标准设计，路线全长2.16千米，路基宽8.5米，其中隧道长373米，涵洞6个，总投资9100万元。

是日 岱山县改革办被省委、省政府表扬为2021年度改革创新成绩突出集体。

11日 舟山广电机房至岱山广电机房全长约85千米的电视光缆开通。

11—13日 省政协副主席陈铁雄率省政协经济委员会、省发展规划研究院等部门负责人，考察秀山岛南部海域LHD林东大型潮流能发电站和常石集团（舟山）造船有限公司。

16日 岱山县行政服务中心更名为岱山县政务服务中心。

18日 全国人大华侨委员会委员、省人大常委会副主任王辉忠到岱山，考察浙江舟山联合动能新能源开发有限公司、高亭镇侨之家的侨务工作，市人大常委会主任张明超陪同。

是日 全国科普教育基地——中国台风博物馆开展“5·18”国际博物馆日主题活动，中央电视频道、中央电视新闻客户端、中央电视新闻微博媒体平台同频播报。

20日 S6定岱（舟岱大桥）高速公路双合收费站更名为岱山收费站，沿途标志标牌统一更换，成为陆路入岱首要标识，“岱山”列入中国公路地标。

25日 县公安局罗家岙派出所被人力资源和社会保障部、公安部授予“全国公安机关爱民模范集体”称号。

是月 位于高亭镇双峰新城规划区内的岱山县第一人民医院迁建项目开工建设。

是月 县第一人民医院被国家卫生健康委员会办公厅纳入全国首批“千县工程”综合能力提升工作的县级医院。

是月 位于东沙镇内的金维映史迹陈列室入选浙江省首批乡村博物馆。

是月 随着经济社会高质量发展和健康岱山的稳步推进，至2021年末，全县户籍居民平均期望寿命达到80.45岁，其中，男性78.24岁、女性82.74岁，重大慢性病过早死亡率为10.46%。

6月

1日 省委常委、组织部部长王成调研舟山绿色石化基地建设情况。

7—10日 全国高考开考，岱山县共有528人（含外语、日语科目考生36人）参加高考，其中，岱山中学考生319人、东沙中学考生197人、社会考生12人；全县设岱山中学考点1个，高考试场55个和选考试场53个。

8日 位于东沙镇泥峙村规划内的岱山县残疾人托养中心动工建设，该中心用地面积约0.41公顷，总建筑面积5912平方米，总投资约3648万元。

9日 全县首届乡村振兴职业技能大赛历时半月余，在岱东镇上船跳结束，参赛成绩合格者由县人力资源和社会保障局核发相应等级证书。

16日 岱山县被省委、省政府表彰为2021年度市县党政领导科技进步目标责任制考核优秀单位。

20日 岱山经济开发区人大代表联络站揭牌，该联络站入驻市、县和乡镇人大代表49人，每月20日，代表开展接待活动日，收集社情民意，反馈选民意见及建议落实情况。

是月 由省文物考古研究所和市文物保护考古所组建的调查队在岱山岛磨心山山脚等地，发现涉及史前东周、宋朝等多个时期的古遗址20余处。

7月

1日 根据市人力资源和社会保障局和财政局有关基础养老金调整标准，岱山县从2022年7月1日起，城乡居民养老保险基础养老金从每月225元调整为265元，是从2010年建立城乡居民基本养老保险制度以来的第九次调整。全县残疾人意外伤害综合保险投保标准由每月50元提高到80元，成为全市率先提标县（区）。

是日 岱山县建设美丽渔港“牛轭山景区”11.1公顷生态修复工程竣工，并对外开放，总投资7180万元，被称作为最东方北纬30°牛轭山公园。

4日 岱山县被省委、省政府评为2021年度美丽浙江建设（生态文明示范创建行动计划）工作考核优秀县。

6日 由黄泽山油品储运基地至舟山绿色石化基地、全长46.5千米的原油管道经岱衢洋海域，历时68个小时定向钻回拖成功连接。

7日 省委常委、省纪委书记、省监委主任许罗德考察岱山县内有关企事业单位、学校和渔农村基层社会发展情况。

8日 中共岱山县委十四届二次全体（扩大）会议在高亭召开。会议高举习近平新时代中国特色社会主义思想伟大旗帜，坚定不移沿着习近平总书记指引的道路奋勇前进，动员全县上下忠实践行“八八战略”，坚决做到“两个维护”，听取和讨论副市长、县委书记周国岭代表县委常委会所作的工作报告，审议和通过《中共岱山县关于深入贯彻省第十五次党代会和市委八届二次全会精神，在高水平建设现代化海洋城市中加快海岛共同富裕先行和县域现代化先行的决议》。

11日 高亭镇兰亭社区（原籍）岱东镇（北峰村）柴能海凭着一支五六米的长竿，书写“浙岱渔××××”（船号）登上中央电视台17套《乡村大舞台》直播栏目。

12日 经国务院批复，同意舟山港口岸扩大开放岱山港区、金塘港区、白泉港区、马岙港区和沈家门港区。其中开放岱山港区由2个不相连区域组成：浙江石油化工有限公司码头和舟山惠生海洋工程有限公司码头。

19日 岱山县全民健身中心建成并投入运行；该中心占地面积7842平方米，建筑面积约3900平方米，总投资8539万元。

是月 岱山岛磨心谷旅游配套服务设施项目完成并投入运营，该项目总投资5177万元，总用地面积约2万平方米。

是月 位于岱山岛西北侧海域的中广核岱山4号海上风电项目入选2022年浙江省建设工程“钱江杯”优质工程名单。

是月 岱山县档案馆（史志研究室）被省委党史和文献研究室、省人力资源和社会保障厅评为全省党史和文献部门先进集体；《中国共产党岱山历史大事记（1949—1993）》《岱山革命故事选》分别获全省党史和文献部门科研成果著作类二等奖和三等奖。

是月 岱山县数字海洋实验室依托一体化智能化公共数据平台，构建海陆统筹的海洋空间治理体系，进行岱山海域数据仓的规划建设，其自主研发的船舶识别智能终端、海洋智能感知浮标和智慧海洋综合管控平台向全国推广。

8月

1日 岱山县失业保险金按《浙江省失业保险条例（2022年修正版）》标准发放。

是日 即日12时起，全县首批桁杆拖虾、笼壶、刺网、围网和敷网类作业渔船及渔业辅助船结束伏季休渔，开赴渔场生产；同时长涂镇部分渔船率先在网具安装太阳能网标灯代替传统干电池，在渔场作业更绿色和生态环保。

16—19日 人力资源和社会保障部服务基层示范团专家教授项目组到岱山重点企业、重点项目进行调研，涵盖石化新材料、石化高端装备、汽配、水产品加工等领域。

17日 为认真落实《中华人民共和国退役军人保障法》精神，岱山县开始全面推进退役军人和烈士遗属、因公牺牲军人遗属、病故军人遗属等优抚对象的优待证发放工作。

19日 2022年度舟山市“项目攻坚　实干争先”活动现场会议在岱山召开。

24日 市人大常委会主任张明超到岱山调研全过程人民民主基层单元建设工作，并实地考察秀山乡和高亭镇人大代表联络站。

27日 清晨6时起发射聚能空气人工降雨炮后，上午7—12时全市普降雨水，其中定海27.1毫米、普陀11.4毫米、岱山13毫米、嵊泗1.7毫米。

30日 岱山县气象局赵虎炯被中共中央、国务院授予“全国人民满意的公务员”称号。

是日 中国国际贸易促进委员会副会长柯良栋调研舟山绿色石化基地建设情况。

是日 岱山县高亭小学赵明珠被省政府表彰为“浙江省杰出教师”称号，享受省、部级表彰奖励获得者待遇。

是月 全县从7月16日至8

月24日平均气温达30.1℃，较常年同期28.2℃偏高1.9℃，打破2017年同期29.5℃的纪录，其中35℃以上高温数21天，较2013年的17个高温日多6天。

9月

1—5日　受第11号台风“轩岚诺”的影响，全县普降大雨101.5毫米，乡镇各地域降雨量分布不均，其中降雨量最大的岱西镇青黑地域达153毫米，降雨量最少的衢山镇西长沙地域仅47.2毫米。

7日　发生于1987年3月18日“浙岱渔6141”船搁在定海区摘箬山岛浅滩上、6名船员被凶杀案告破，2名犯罪嫌疑人潜逃35年终落法网。

8日　位于岱山经济开发区内的浙江荣畅海工实业集团有限公司被中国远洋渔业协会确定为中国远洋渔船修造中心，为省内首家挂匾单位。

9日　岱山县庆祝第38个教师节大会在高亭召开，县委、县政府对20名任教30年及以上的一线教师授予“首届浙石化教育基金·孺子牛奖”称号，10名教学名师获“浙石化教育基金·名优教师奖”，6名教师获2022年岱山县模范教师，5个团队获2022年岱山县教育模范团队。

是日　2022年舟山群岛国际传媒活动在舟山举行，来自俄罗斯、斯洛伐克、孟加拉国等外国友人和媒体记者到东沙古渔镇采集“舟山海味”的非遗文化。

10日　宁波市岱山商会企业家向宁波市岱山商会、岱山县人民教育基金会捐资30万元，系连续4年捐资。

16日　舟山市人民政府给予见义勇为的浙岱渔11492船老大沈华忠记二等功。2021年9月26日下午成功救起在长江口172海区7小区沉没的浙嵊渔05119船16名船员。2022年1月25日，沈华忠被浙江省委宣传部、浙江广播电视集团等部门授予“浙江骄傲”人物称号。

20日　生态环境部副部长叶民考察衢山岛。

24日　舟山本岛500千伏洛迦变电站输送至舟山绿色石化基地220千伏长礁变电站，该输电线路总长47.26千米。舟山至鱼山通过5回220千伏输电线路供电运行。

30日　全国第九个烈士纪念日，岱山县举行烈士公祭活动。

10月

9日　浙江广播电视大学岱山分校更名为浙江开放大学岱山学院。

11日　省委常委、统战部部长邱启文考察舟山绿色石化基地。

15日　岱山县被省委办公厅、省政府办公厅评为浙江省2021年度无违建县。

16日　全县机关企事业单位及乡镇、社区（村）组织党员干部、群众收看中国共产党第二十次全国代表大会现场直播，认真聆听习近平总书记代表第十九届中央委员会向大会作的工作报告。

17日　位于高亭镇和谐路的杭州银行舟山岱山支行正式开业。

18日　省人大常委会副主任梁黎明到岱山调研全过程人民民主基层单元建设工作，并实地考察秀山乡和高亭镇人大代表联络站。

26日　岱山县中医院与浙江省立同德医院协作医院在岱山揭牌。

27日　岱山县被省政府表扬为2019—2021年全省无偿献血先进县。

是月　由中国移动岱山分公司承担的全县首个偏远海岛绿色能源5G基站在衢山镇下三星岛建成。

是月　由浙江海洋大学油气储运工程专业的王博弘博士创新站在浙江中裕燃气有限公司岱山燃气支公司建立，为全县建立的第二家博士创新站。

11月

1日　根据《个体工商户发展条例》精神，在县政务服务管理中心工商窗口制发全县首张变更经营者的个体工商户营业执照。

2日　县十七届人大常委会第五次会议在高亭召开。会议审议和通过《关于政府重大投资项目审查监督暂行办法（修订稿）》

《关于对部分政府重点预算支出项目绩效监督的实施办法（试行）》，审查、批准县政府《关于2022年岱山县本级地方政府债务限额和预算调整方案的议案》；听取和审议县政府《关于县十七届人大一次会议代表建议、意见办理情况的专项工作报告》；听取和审议县政府关于全县行政事业单位国有资产管理情况、全县地质灾害治理情况、《浙江省电动自行车管理条例》贯彻实施情况、全县优化学校布局工作情况、全县人防工程建设管理情况等专项工作报告。会议还通过相关人事事项。

是日 岱山县海塘安澜工程开工建设，该工程位于高亭镇中心渔港，东起江南大桥，西至徐福大道，项目工程总投资约17.80亿元，其中2022年计划投资2.10亿元。

4日 岱山汽船配内饰密封件产业创新服务综合体启用，该综合体总建筑面积1万多平方米，内设“一平台两基地六中心”，分别是一体化创新服务平台、创新研发基地、产业集聚基地，以及技术合作协同中心、产品检测检验中心、企业培育服务中心、产业数字创新中心、人才引育孵化中心和科技金融服务中心。

7日 由县气象局研究编制的《休闲渔业气象风险等级》批准发布，为全省首个气象类休闲渔业地方标准。

10日 舟山绿色石化基地融警务中心成立。

11日 2023年全县招考56名公务员开始报名，并首次设残疾人公务员岗位1个。

16日 一顾客入住高亭镇竹屿新区锦舟宝盛大酒店，离开时将19.51万元现金遗忘至客房保险箱内，后经民警和酒店工作人员清点确认，汇款至该顾客。

19日 由舟山宁兴船舶修造有限公司承建的中国政府落实“一带一路”援助基里巴斯政府的一组拖船和货驳重吊船，历时半月海上航行到达南太平洋岛国基里巴斯港，并举行交接仪式。

21日 市人大常委会主任张明超到岱山宣讲党的二十大精神。

22日 宁波市镇海中学与岱山中学教育教学帮扶合作签约仪式在岱山中学举行。

23日 市政协主席王伟到岱山，在东海渔嫂政协会客厅宣讲党的二十大精神，并考察秀山乡“民生议事堂”议事情况。

是日 原岱山敬业小学学生俞思浩在浙江省第十七届运动会田径赛15～16岁组100米决赛中，以10.58秒的成绩夺得金牌，并打破全市男子100米纪录。

24日 市委决定：徐剑锋因工作调动离开岱山，免去其中共岱山县委常委、委员职务。

25日 岱山县第十二届残疾人运动会开幕式暨第二届旱地冰壶比赛在岱山中学举行。

是月 由岱山县医疗健康集团规划和建设的全县首个慢性病一体化门诊在高亭镇中心卫生院建成，对外开诊。

是月 高亭镇美丽渔港江南山未来渔村一期项目动工，建设面积约46000平方米。

是月 由县文化馆选送的《谁说非舟楫不相往来》获2022年浙江省第二届原创流行歌曲大赛金奖。

12月

1日 中国共产主义青年团（简称共青团）岱山县第二十次代表大会在高亭召开，审议和通过共青团岱山县第十九届委员会工作报告，选举产生新一届领导班子。

2日 全市首个渔光互补滩涂光伏发电项目在长涂镇大长涂岛双剑涂滩涂开工建设，该项目用地面积69.46公顷，建设周期约9个月，装机容量为100兆瓦，总投资约5亿元。

6日 舟山奥博管业有限公司、衢山镇瀛洲社区、岱山医疗健康集团、县安澜城投公司被县委、县政府授予2021—2022年度岱山县模范集体称号，县公安局鱼山派出所王辉等15人被授予2021—2022年度岱山县劳动模范称号。

9—14日 2022年岱山县群众体育大会篮球、羽毛球联赛和百姓健康徒步走在高亭举行。

10日 全市首艘“舟山船型”多功能海事服务船“富瑞688”在岱山闸口船厂建成下水，该船型长36米、型宽8米、型深2.1

米，增设集直流配电、推进控制、能源管理、船用动力电池为一体的油电混合动力系统。

15日　县十七届人民代表大会常务委员会第六次会议通过，免去宫钦飞的岱山县政府副县长（挂职）职务。

21日　县委常委会召开（扩大）会议，传达学习中央经济工作会议、省委十五届二次全体（扩大）会议暨省委经济工作会议和市委常委会会议精神。

26—28日　是日凌晨3时08分至28日凌晨5时38分，黄泽山岛至鱼山岛全长46.5千米海底输油管道建成贯通，首批6万吨轻质原油以每小时2000立方米的流速输运到舟山绿色石化基地，实现油品储运基地与炼化基地之间“互联互通”。

28日　县公安局法制大队和鱼山派出所被省委、省政府表彰为全省优秀公安基层单位，县公安局经侦大队阮益明、交警大队警务辅助员沈瞻嫡分别被表彰为全省优秀人民警察和全省优秀警务辅助人员。

31日　岱山县第一条全长30.18千米526国道改建工程全线贯通试运行。

是月　国家电网浙江省岱山县供电公司被中华全国总工会、中华全国妇联、中国科学技术协会、中国质量协会评为2022年度全国优秀质量管理小组。

是月　舟山建桥船务公司大副（岱山籍）徐波被国际海事组织授予2022年度“海上特别勇敢奖”称号，被省委宣传部、浙江广播电视集团评为“最美浙江人·浙江骄傲”年度人物。

是年　全县实现地区生产总值753.60亿元，其中：第一产业实现增加值35.50亿元，比上年下降4.6%；第二产业实现增加值609.80亿元，比上年增长22%；第三产业实现增加值108.30亿元，比上年增长7.5%。三次产业增加值结构调整为4.7∶80.9∶14.4。

是年　全体居民人均可支配收入58326元，比上年增长5.3%。全年城镇居民人均可支配收入64421元，比上年增长4.3%；城镇居民人均生活消费支出35387元，增长5.4%；恩格尔系数为32.3%，比上年下降0.1个百分点。全年农村居民人均可支配收入46115元，比上年增长7.1%；农村居民人均生活消费支出32103元，比上年增长7%；恩格尔系数为33.7%，比上年下降0.2个百分点。城镇、渔农村居民收入比为1.40∶1。年末城镇居民人均住房建筑面积47.2平方米，渔农村居民人均住房建筑面积57.27平方米。

是年　全县户籍人口168043人，比上年末减少2680人，其中男性人口83009人，女性人口85034人。全年户籍出生人口447人，死亡人口1721人，人口自然增长率为-7.5‰。迁入人口575人，迁出人口1977人，机械增长率为-8.3‰。年末全县常住人口21.15万人，比上年末增加0.17万人。城镇化率为70.5%，比上年提高1.48个百分点。

（唐美红　余宗轩）

责任编辑：吴依芳

县情概览
Survey of Daishan

综述

【建置沿革】 岱山古称“蓬莱”。元大德《昌国州图志》载：“岱山在海之北，传所谓岱舆蓬莱，或者名始于此。”据境内大舜庙后墩、北畚斗、孙家山3处遗址出土的石器、陶器考证，在新石器时代至商周时期，已有人类在岛上繁衍生息。春秋时，岱山属越国甬东地。秦时，属会稽郡县。两汉、三国、南北朝时，属地因之。隋属句章县。唐武德四年（621），属鄞州。武德八年（625），属县。开元二十六年（738），始置蓬莱乡，隶翁山县。广德元年（763），袁晁农民起义军占领翁山，县废，蓬莱乡隶县。五代后梁开平三年（909），蓬莱乡隶鄞县。北宋熙宁六年（1073），蓬莱乡隶昌国县。元至元十五年（1278），蓬莱乡隶昌国州。明洪武二年（1369），蓬莱乡隶昌国县。洪武十九年（1386），倭寇侵扰，朝廷迁徙岛民入内地，次年蓬莱乡废。嘉靖四十年（1561），倭患匪乱稍平，沿海人民陆续到岱山、衢山等岛捕鱼、垦荒定居。清顺治十四年（1657），朝廷以“舟山不可守”为由，再次迁徙居民入内地。康熙二十七年（1688），舟山展复，建定海县，展复蓬莱乡。衢山岛以其“地处险远”，仍为禁地。康熙五十一年（1712），内务府员外郎戴保提请召民开垦衢山岛，未准。道光二十一年（1841），提议出让衢山岛土地于民，“缴价助饷”，未果。光绪元年（1875），开征衢山岛赋税，遭民反抗。光绪四年（1878），定海直隶厅派兵镇压，捕诛为首的金屺兰及其亲属等20余人，丈地征赋。光绪六年（1880），设衢山庄，隶蓬莱乡。光绪三十四年（1908），撤蓬莱乡，改设第九、第十两个选区，隶定海县。宣统二年（1910），建岱山镇及第二十一乡（长涂）、第二十二乡（秀山）、第二十三乡（衢山，含大洋山），隶定海县。民国38年（1949年）8月，建滃洲县（从定海县析置），为岱山置县之始。1950年5月，岱山解放，废滃洲县，并入定海县。1953年4月，析定海县所辖岱山、衢山两区，建岱山县。1958年10月，撤岱山县，并入舟山县。1962年4月，恢复岱山县；从岱山县析衢山区，嵊泗县析洋山、滩浒等地建大衢县。1964年6月，撤销大衢县，并入岱山县，原大衢县所属洋山、滩浒等地划归嵊泗县。岱山置县至今，为全国12个海岛县之一，属于浙江省舟山市。2022年，县辖6镇1乡（高亭镇、衢山镇、东沙镇、岱西镇、岱东镇、长涂镇、秀山乡）、13个城镇社区居民委员会、74个村民委员会和78个股份经济合作社。

【地理概况】 岱山位于浙江省沿海北部、舟山群岛新区中部，在长江、钱塘江、甬江入海交汇处，东连公海；东南至黄大洋、小板门水道，连接普陀区海域；西南至灰鳖洋；南至灌门水道，与定海区海域相交；西至七姊八妹列岛，与平湖、慈溪市海域交界；北至川湖列岛，与嵊泗县海域相邻。境域地理坐标：北纬30°07′～30°38′，东经121°31′～123°17′。毗邻上海国际航运中心洋山港，衢山港区的小衢山深水岸段距洋山东港区不到10海里。全县由571个岛屿组成，其中住人岛屿29个。县境东西长169.6千米，南北宽57千米。总面积5242平方千米。其中，海域面积4915.5平方千米，占93.8%；移山填海、围涂造地陆地面积达326.5平方千米。岱山岛为境内最大岛，面积104.97平方千米，为舟山群岛第二大岛。境内大部分山峰海拔在200米以下，最高点衢山岛观音山海拔314.4米。境内为海岛丘陵地貌，群岛环抱，分布密集，地质构造为白垩纪火山岩，主要为凝灰岩及酸性熔岩、火山岩、花岗岩等。海域属东海浅海大陆架海区，岸线长且顺曲相间，水深10～40米，分岱衢洋、黄泽洋、灰鳖洋、黄大洋4个渔场。海域介于长江口南端、杭州湾外缘，与多条国际航线连接，至日本、韩国、俄罗斯及东南亚各国等重要口岸甚为便捷，与亚太地区的新兴港口呈扇面辐射。国内航线可直通宁波、上海、南京、大连及厦门、广州、香港、澳门、台北等港口，有扼东部江海联运和长江黄金水道要冲之优势，在长江三角洲中具有通江达海的区位特点，其可利用的航道、深水港、岛屿等资源丰富。是"长三角"对外贸易的物流通道和海上集散基地。

【自然资源】 岱山素有"蓬莱仙岛"之称，具有独特的区位优势、海洋自然资源优势以及以海洋博物馆系列和群众性海洋文化活动为主轴的海洋文化优势，在中国海洋文化建设中具有十分重要的地位、作用及影响。岱山拥有上千年的渔盐历史，是全国十大重点渔业县之一，曾是浙江省最大的民营盐场和原盐主产区，年产原盐占全省总量的50%以上，以"渔盐之利、舟楫之便"名闻遐迩。海洋资源蕴藏丰富，海洋生物种类繁多，仅鱼类就有300余种，曾是著名的"岱衢族"大黄鱼的故乡，为中国东海的一座"活鱼库"。拥有华东地区最丰富的风力资源，尤其是衢山岛年均风速在6.9米/秒以上，风能有效密度大于1700瓦/年·平方米，建有浙江省最早的风力发电场；潮汐能资源十分丰富，龟山水道300千瓦潮流能电站建成并运行发电。境内海域广阔，海岸线绵长，深水岸线资源丰富，拥有岸线717千米。其中，水深超过10米以上岸线35.3千米，20米以上岸线9.94千米，多数深水岸线还未得到充分利用，占全市未利用深水岸线总数的40.9%；华东地区最好的3个深水港资源有2个在岱山县，分别是衢山的蛇移门港和衢黄港，县域内另有条件良好的深水港址10余处；舟山市可通航30万吨、40万吨级的航道大多在岱山县境内，是舟山群岛新区规划建设大宗商品储运中转加工交易中心，打造国际物流岛枢纽，建设中国现代海洋产业基地，打造海洋产业岛的核心区域，建造国际一流港口尤其是水水中转港口和发展临港工业的理想选址。全县主要航道有29条，均建有航标设施，可通行1000～10000吨级船舶。海域锚地较多，主要有22个。此外，尚有不少锚地可供小型船舶停泊、避风。境内自然景观绚丽多姿，渔家风情浓郁诱人，鹿栏晴沙、双合石壁、佛教文化、新石器时代文化遗址以及港湾、渔村风情构成了独具魅力的"蓬莱仙岛"胜景，拥有一批以渔港美景为主题的休闲度假村、渔农家乐，为省级旅游风景名胜区，是集观光旅游、休闲度假、娱乐运动于一体的海岛旅游胜地。海洋文化底蕴深厚，尤其是渔民画蜚声中外，1983年被文化部命名为"中国现代民间绘画之乡"。岛上遗风古迹犹存，民俗民间文化丰富多彩。渔民谢洋节、舟山渔民号子，徐福东渡传说分别被列入国家、省级非物质文化遗产名录，岱山县获浙江省民族民间艺术（渔歌）之乡称号。

【气候】 岱山境内气候属北亚热带南缘海洋性季风气候区，冬夏季长，春秋季短，四季分明，冬无严寒，夏无酷暑，温暖湿润，光照充足。风速大，雨量较充沛，季风显著，全年多大风，春季多海雾，夏秋多台风，春、夏、秋三季常有雷暴天气，在冬季偶尔也会发生，干旱年出现频率高。春季的特征：冷暖空气交替频繁，风向多变，温度变化大，呈跳跃式上升，降水明显增多。季内主要灾害性天气为倒春寒、大雾等。雾日占常年雾日52.5%。夏季的特征：受太平洋副热带高压影响，盛行偏南风，为最热季节。无酷暑，气温高于35℃，年均4.9日。6月中旬至7月上旬为初夏梅雨期，多阴雨天气，雨量集中，时有大暴雨，空气湿度为全年之最。7月中旬出梅后，进入盛夏季节，除短时间雷阵雨、台风影响外，以晴热少雨天气为主，日照多，蒸发大。季内主要灾害性天气为暴雨、台风、干旱。秋季的特征：太平洋副热带高压减弱，大陆高压势力日趋加强，气温始呈波状下降，常“一场秋雨一场凉”，昼夜温差较大。10月下旬后进入深秋季节，降水减少，空气干燥，多秋高气爽天气，俗称“十月小阳春”。季内主要灾害性天气为低温连阴雨、秋寒、台风。冬季的特征：受大陆冷高压控制，北方冷空气频繁南下，气温急剧下降，盛行偏北风，为最冷季节，季内8级及以上大风日数年均9.5天，无严寒。常年月均气温6℃以上，雨量占全年17.7%，雪、冰、霜年均分别为4.9日、11.1日、6.8日。季内主要灾害性天气为大风、干旱。年平均气温17.4℃，历年极端最高气温39.5℃，历年极端最低气温-5.5℃。岱山常年均日照时数1888.6小时。境内海岛多大风天气，常年年均风速4.1米/秒，历年极大风速38米/秒。常见大风天气主要有冬季冷空气大风、春季低压大风、夏秋台风及短时雷雨大风。大风强度最强时段为11月至翌年1月冷空气影响期间以及7—9月台风影响期间。境内常年平均降水量1275毫米，降水季节变化明显，全年有明显的雨季2个，相对干季2个。常年汛期降水量占常年降水量61.7%。境内年均雾日20天，3—5月居多。

【人口状况】2022年末，全县户籍人口168043人，比上年末减少2680人，其中男性人口83009人，女性人口85034人。全年户籍出生人口447人，死亡人口1721人，人口自然增长率为-7.5‰。迁入人口575人，迁出人口1977人，机械增长率为-8.3‰。是年末，全县常住人口21.15万人，比上年末增加0.17万人。

经济建设

【概况】2022年，岱山县坚持以习近平新时代中国特色社会主义思想为引领，立足新发展阶段，贯彻新发展理念，融入新发展格局，奋力打造共同富裕示范区海岛样板，经济社会继续呈现高质量发展良好态势。全年全县地区生产总值753.60亿元，比上年增长18%。全县规模以上工业总产值2469.90亿元，比上年增长59.6%。全年财政总收入28.18亿元，比上年增长4%。一般公共预算收入20.01亿元，比上年增长9%。全县实现社会消费品零售总额88.97亿元，比上年增长8%。

【舟山绿色石化基地建设】2022年，岱山县全力做好项目审批、疫情防控等服务保障工作，浙石化炼化一体化项目安全稳定运行，第三套年产140万吨乙烯项目获国务院批复投产，全年实现产值2298亿元，增长65%；总投资192亿元的高性能树脂、总投资641亿元的高端新材料项目开工建设；“智慧鱼山”入选自贸试验区舟山片区五周年重大标志性改革创新成果。

【大宗商品资源配置基地建设】2022年，岱山县加快推进大宗商品储运基地建设，主体工程全面开工；鼠浪湖矿石中转基地产能稳定释放，混配矿加工量稳居全国第一。加快推进国际油气储运基地建设，黄泽山二期104万立方米项目顺利建成，黄泽山—鱼山原油管道全线贯通，中化小衢山油储项目列入国储清单。开工建设衢山国际海事服务基地产业园，保税船用燃料油加注实现常态化运行。

【舟山江海联运服务中心建设】2022年，岱山县积极发展港航物流业，港口货物吞吐量达2亿吨，单船平均运力首次突破1万载重吨；积极参与《宁波舟山港总体规划》修订，19个涉港项目岸线全部纳规，新增纳规港口岸线数量居全市首位；积极推进口岸开放，浙石化、惠生海工项目扩大开放获国务院批复同意，新增开放面积69.2平方千米。

【主导产业稳中有进】 2022年，岱山县大力发展绿色石化产业集群，引进石化产业链项目21个，石化循环经济产业园等5个项目加快建设，润和催化剂等9个项目建成投产，浙石化高性能树脂工厂创成第二批省级未来工厂。加快培育清洁能源产业，华能岱山1号海上风电场、华润双剑涂渔光互补、惠生海工新能源产业园等项目开工建设。全力推动传统制造业提质增效，实施工业技改项目21个，技改投资增长115.5%，规上船舶修造企业产值增长16.5%，晨光、岱美获评舟山市制造业十佳企业，完成6家企业数字化改造，岱山工业稳增长和技术改造工作荣获省政府督查激励。

政治建设

【概况】 2022年，岱山县突出抓好政治建设，坚定捍卫“两个确立”，坚决做到“两个维护”。坚持把学懂弄通做实习近平新时代中国特色社会主义思想作为最大的政治任务，召开县委常委会31次、县委理论中心组学习会12次，对习近平总书记每一次重要讲话、作出的每一项重要指示批示，及时传达学习、对标对表、贯彻落实。认真抓好党的二十大精神学习宣传贯彻，迅速掀起学习热潮，县委常委会带头开展专题研讨、带头到基层宣讲，全县226个党组织以“三会一课”、主题党日等形式开展学习交流，引导和推动全县广大党员干部群众准确把握二十大精神的核心要义、精神实质、丰富内涵、实践要求。坚决贯彻落实中央和省市决策部署，健全抓落实机制，全力推动自贸试验区建设、海洋经济、共同富裕、数字化改革、除险保安等决策部署落地落实，交出各项工作的高分报表。

【以数字化改革引领系统性变革】 2022年，岱山县一体推进全面深化改革、共同富裕示范区重大改革和数字化改革，加快转入创新驱动发展模式。提升数字化改革实战实效。迭代升级“1612”体系架构，省级重大应用应通尽通，42个项目入选省级试点，“旱情预警及调度”“岱山货运船舶多跨协同共管”“宗教智巡”等应用在全省创出示范，政务服务一网通办办件率达到94.8%，84.9%的民生事项乡镇可办，基本实现掌上办、网上办、“办事不出岛”。大力实施科技新政。出台《关于深入实施创新驱动发展战略打造海洋经济强县的若干意见》等系列政策，中科院宁波材料所岱山新材料研究和试验基地首批入驻7个中试项目，汽船配产业创新服务综合体集聚26家高校院所及服务机构，世界最大单机LHD1.6兆瓦潮流能发电机组下海发电，新增省级科技型企业27家、省级高新技术企业5家、“专精特新”企业8家，全年研究与试验发展经费增长62%，成功入选第三批“科创中国”浙江省级试点县。大力实施人才新政。坚持以产引才、以才促产，出台《关于加快推进“大桥时代”人才强县工作的实施意见（试行）》，实施“岱山工匠”培育奖补、柔性人才引用奖励、回岱人才就业创业补助等政策措施，新增高技能人才1260人，新引进大学生2559名，增长34%。

【维护社会大局平安稳定】 2022年，岱山县以“时时放心不下”的责任感，筑牢防风险、保平安、护稳定的铜墙铁壁。坚决贯彻落实党中央、国务院疫情防控政策，落实二十条优化措施和“新十条”措施，因时因势调整优化防控政策，最大程度保护人民生命安全和身体健康，最大限度减少疫情对经济社会发展的影响。深化“县乡一体、条抓块统”改革，迭代升级“141”社会治理体系，建成县社会治理中心，整合乡镇基层治理四平台及综合信息指挥室，实现指挥调度“纵向到底、横向到边、响应及时”。推进“大综合一体化”行政执法改革，探索海上综合执法，整合精简形成“1+6+1”行政执法队伍，乡镇实现“一支队伍管执法”。打好打赢“除险保安”百日攻坚战，深入推进风险隐患大排查、大整治、大清零，推进信访积案动态清零，圆满完成党的二十大安保任务。加强涉海涉渔、危化品、消防等重点领域安全监管，成功抗击“轩岚诺”“梅花”等超强台风，捧回平安金鼎。

【坚持和加强党的全面领导】 2022年，岱山县委坚持党建统领整体智治，纵深推进全面从严治党，营造风清气正的政治生态。建立健全以“七张问题清单”为牵引的党建统领机制，省市县三级清单纳入问题437个，按期整改率100%。深入实施“红色根脉强基工程”，制定红色根脉强基指数，创新“村居融治”党建模式，加强偏远海岛党组织建设，被中组部确定为党建引领乡村治理试点县。突出政治标准和实干导向，注重在重大项目、重大改革、重要工作一线选用干部，大力培养选拔优秀年轻干部。深化清廉岱山建设。一体推进不敢腐、不能腐、不想腐，精准运用“四种形态”，严肃查处违纪违法行为，全年立案64件，处分54人。严格落实中央八项规定精神，力戒形式主义官僚主义，查处问题16起20人，其中党纪政务处分11人。开展新一轮县委巡察工作，完成12个县属单位、20个渔农村党组织巡察。

文化建设

【概况】 2022年，县文化和旅游系统以习近平新时代中国特色社会主义思想为指导，主动融入共同富裕发展大局，以推进文旅体融合发展为主线，以保障文体民生为重点，全力推进各项工作高质量发展。全年累计接待游客106.2万人次，比上年下降1.8%；旅游收入16.50亿元，比上年增长12%。全县共有图书馆1个、文化馆1个、乡镇文化站7个及县图书馆分馆7个、县文化馆分馆8个。其中县文化馆建筑面积4442.18平方米，县图书馆建筑面积7591平方米，图书馆总藏书量达399787册。全县共有城市书房6家，“三余书屋”48家，图书流通站点113个。县图书馆、文化馆一级馆建成率达到100%，高亭镇、衢山镇、秀山乡综合文化站被评为一级文化站，岱东镇、岱西镇、东沙镇、长涂镇被评为二级文化站。图书馆、文化馆乡镇分馆建成率均达到100%。海洋文化系列博物馆升级改造一期工程完工，金维映史迹陈列室被认定为浙江省首批乡村博物馆。文化馆晨光电器企业分馆正式挂牌建立。高标准打造“15分钟品质文化生活圈”和“15分钟健身圈”，丰富群众文化体育生活。

【开展公共文化活动及文化走亲活动】 2022年，全县开展送戏下乡286场，送书下乡26810册，送电影1188场，送讲座展览下乡102场；线上文化服务活动（送戏、讲座、展播展览等）394场，线上活动参与197.34万人次。开设如虎添“艺”·云课堂、文艺及非遗小课堂等13节线上课程；推出“云学艺”线上课程，有5门课程、59节短视频小课；在“岱山县文化馆”微信公众号推出“文雅慕课”文化视频资源，包括“90分钟艺术课堂”“文化胶囊”“文化讲堂”等内容。2022年，岱山县开展静态类文化走亲22场，动态类文化走亲4场。线下静态文化走亲21场，包括“畅绘山海”系列文化走亲——岱山渔民画作品展20场和“桥见岱山”——岱山·定海文化走亲书法作品展1场；线上静态文化走亲1场，为“畅绘山海”平湖·岱山文化走亲——岱山渔民画线上展。线下动态“喜迎二十大同走共富路”文化走亲4场。

【开展群众体育活动】 2022年6月3日，中国体育彩票2022年“纸鸢传情迎端午”全县风筝大放飞活动在县行政中心广场举行。6月25—26日，中国体育彩票2022年岱山县群众体育大会智力运动会在县体育馆举行，赛事包括象棋和围棋两个比赛项目，分少年组和成人组，有近130名选手参赛。11月26日，中国体育彩票2022年岱山县群众体育大会气排球比赛在县体育馆举行，共有12支队伍近百人参赛。12月9—10日，2022年岱山县群众体育大会篮球联赛、羽毛球比赛及健身乐跑暨海岬马拉松新路线测试赛同步启动，其中篮球联赛历时6天，共有11支队伍参加。

【实施“星辰大海”计划】2022年7月，全县启动岱山“星辰大海”示范段谋划，对“星辰大海”计划进行策划包装，统领“五条海岛海岸线示范带”规划建设，摸排形成三年行动计划，谋划打造十大地标空间。加强向上对接，将双峰—竹屿休闲宜居海岸带和南部港湾美丽渔港风情海岸带，串联谋划为岱山美丽渔港示范段，列为舟山市“星辰大海”示范段之一。

【海岛公园建设】2022年，岱山县高质量打造秀山文化旅游主题岛，滑泥公园先行区、湿地公园一期、全民健身公园完工。加快样板区域建设，打造“上船跳—郊野公园—鹿栏晴沙—海岬公园”一线多业态休闲运动精品线路，优化上船跳业态提升工程和东海郊野公园业态运营，鹿栏晴沙景区引进绳网乐园、慕咖啡等新业态。坚持项目为王，加快推进磨心谷、双合石壁提升工程、燕窝山客运中心工程等重点文旅项目建设。是年，岱山县共计建设25个文旅项目，完成投资20.66亿元。

社会建设

【概况】2022年，岱山县聚焦民生优享补短板，共同富裕扎实推进，统筹做好经济社会发展各项工作，民生支出达40.53亿元，占一般公共预算支出的68.6%。全年全体居民人均可支配收入58326元，比上年增长5.3%。全年城镇居民人均可支配收入64421元，比上年增长4.3%；城镇居民人均生活消费支出35387元，增长5.4%，恩格尔系数为32.3%，比上年下降0.1个百分点。全年农村居民人均可支配收入46115元，比上年增长7.1%；农村居民人均生活消费支出32103元，比上年增长7%，恩格尔系数为33.7%。城镇、渔农村居民收入比为1.40∶1。年末城镇居民人均住房建筑面积47.2平方米，农村居民人均住房建筑面积57.27平方米。年末全县有敬老院19所，社会福利院1所，床位2190张；有各类社会福利企业12家，残疾职工就业人数340人。年末城镇居民人均住房建筑面积47.20平方米，农村居民人均住房建筑面积57.27平方米。年末有1931人纳入政府最低生活保障，其中城镇居民最低生活保障家庭户166户、190人；渔农村居民最低生活保障家庭户1475户、1741人；全年共发放纯低保金2051.30万元。城乡低保对象最低生活补助标准每人每月由910元提高至1035元。

【共富基本单元加快打造】2022年，小长涂入选全市“小岛你好”海岛共富行动首批示范岛，蓬莱未来社区、星浦未来社区一期顺利建成，长涂倭井潭、岱东涂口创成省级未来乡村，高亭南浦、秀山秀北和衢山凉峙入围省级未来乡村试点。

【“扩中”“提低”扎实推进】2022年，岱山县建成重点人群“精准画像”数字平台，新增城镇就业6442人，帮扶581名困难人员实现就业，城镇登记失业率1.4%。企业职工基本养老保险纳入全国统筹，户籍人口基本养老保险和基本医疗保险参保率分别达95.5%和99.5%，城乡最低生活保障标准提高至1035元/月。做大做强村集体经济，所有村经营性收入达20万元以上，经营性收入50万元以上的村占比达77%。

【社会保障提质扩面】2022年，岱山县加强“一老一小”服务供给，加快建设东沙康养联合体，每万名老年人拥有持证养老护理员31.1人，长涂倭井潭村创成全国示范性老年友好型社区；新增托幼一体化试点园2个，每千人口拥有3岁以下婴幼儿托位数达3.5个。新增“菜篮子”供应店3家，衢山万头猪场获评国家级生猪产能调控基地、省级美丽牧场。成功创建省级食品安全示范县。

【公共服务持续提升】2022年，岱山县加大优质教育资源供给，双峰新城学校加快建设，岱山中学与镇海中学建立合作机制，组建跨地区教共体5对，教育现代化发展水平监测结果位居全省前列，获评全国义务教育优质均衡先行创建县。深化健康岱山建设，用好浙大二院优质资源，与省立同德医院合作共建县中医院，县第一人民医院入选全国首批“千县工程”创建单位，6个乡镇通过国家卫生乡镇考核，连续三年获得健康浙江建设考核优秀。积极发展文体事业，全民健身中心建成投用，新增城市书房3家、文化礼堂7家，举办大中型文体活动51场，建成“15分钟品质文化生活圈”90个。

生态文明建设

【概况】2022年，岱山县高标准抓好中央、省级生态环保督察问题整改落实。县污水处理厂完成扩建，县垃圾中转站加快推进，200个入海排口完成整治。持续开展“无废城市”创建，小微企业危废收运平台实现全覆盖，一般工业固废收运处置中心建成投用，危废处置率100%。深化“森林岱山”建设，全面推行“林长制”，治理废弃矿山5座，新增彩色健康森林3000亩、国土绿化1802亩。秀山岛省级自然保护区入选省重要湿地名录。创成“山海蓬莱”县域风貌样板区，获评美丽浙江建设工作考核优秀单位，入选浙江省第一批生态文明建设实践体验地。

【乡村振兴战略深入实施】2022年，岱山县出台推进海岛乡村振兴促进共同富裕政策，实施农业“双强”项目5个，盘活闲置农房513套，全面推进“田长制”，整治“非农化”565亩、“非粮化”2247亩，播种粮食2.13万亩；持续开展渔农村环境整治攻坚行动，7个乡镇全部创成省美丽乡村示范乡镇，荣获省新时代美丽乡村示范县称号；发展现代渔业，打造引领船55艘，高亭中心渔港江南山避风锚地疏浚工程全面完成，创成省渔业健康养殖示范县。

【城市功能加快提升】2022年，岱山县实施重大交通项目9个，526国道岱山段、秀山环岛公路海岙至九子段建成投用，岱山交通集散中心、燕窝山客运中心基本建成，磨心山隧道、衢山环岛西线加快建设，入选全省交通服务共富第一批试点。实施重大水利项目9个，海塘安澜工程、磨心水库扩容及河库联网、岱北水厂开工建设。实施城市建设项目34个，双峰新城基础设施工程启动建设，山外、东海地块安置房住宅小区建成交付，完成170幢老旧小区改造、兰秀大道等12条城区道路改建工程，高亭镇长河路获评省“高品质示范街区”。健全创城长效机制，加大市容市貌、交通秩序、农贸市场等整治力度，开展“烟蒂不落地”“文明出行”等专项行动38次、文明实践活动3.5万场，创建成果持续巩固。现代服务业提档升级。竹屿新区商业综合体成功落户，希尔顿欢朋、全季酒店相继开业，蟹文化产业园建成投用，高亭镇创成省数字生活新服务特色镇，社会消费品零售总额增长8%。启动实施“星辰大海”计划，东海郊野公园、牛轭山公园建成运营，鹿栏晴沙、双合石壁景区完成改造提升。

【科技创新战略深入实施】2022年，中科院宁波材料所岱山新材料研究和试验基地建成投用，首批7个项目成功入驻，3个项目列入国家重点研究计划；世界最大单机1.6兆瓦潮流能发电机组成功下海运行，高端烯烃聚合物项目入围省“尖兵领雁”计划。新增高新技术企业5家、科技型中小企业27家，规上工业企业研究开发费用增长61.5%，研发投入强度达到3.5%，获评全省市县党政领导科技进步目标责任制考核优秀单位，入围“科创中国”省级试点。

（虞迪燕）

责任编辑：虞迪燕

中国共产党岱山县委员会

Daishan County Committee of the Communist Party of China

综述

【概况】 2022年，中共岱山县委（简称县委）坚持以习近平新时代中国特色社会主义思想为指导，团结带领全县上下，深入学习贯彻党的十九届六中全会和二十大精神，坚决贯彻落实习近平总书记“疫情要防住、经济要稳住、发展要安全”的指示要求，认真落实中央和省、市委决策部署，高效统筹疫情防控和经济社会发展，统筹发展和安全，稳进提质、除险保安、塑造变革，全县经济实现高质量发展，社会大局保持平安稳定。全年地区生产总值比上年增长18%，规模以上工业增加值比上年增长25.5%，一般公共预算收入（同口径）比上年增长9%，城镇和渔农村常住居民人均可支配收入分别为64421元和46115元，分别比上年增长4.3%和7.1%。

【加强党的政治建设】 2022年，县委坚持把学懂弄通做实习近平新时代中国特色社会主义思想作为最大的政治任务，召开县委常委会会议31次、县委理论中心组学习会12次，对总书记每一次重要讲话、作出的每一项重要指示批示，及时传达学习、对标对表、贯彻落实，在学深悟透中增强“四个意识”，坚定“四个自信”，做到“两个维护”。认真抓好党的二十大精神的学习宣传贯彻，研究下发《岱山县关于认真学习宣传贯彻党的二十大精神的通知》，县委常委会带头开展专题研讨、带头到基层宣讲，全县226个党组织以“三会一课”、主题党日等形式，开展学习交流，引导和推动全县广大党员干部群众准确把握党的二十大精神的核心要义、精神实质、丰富内涵、实践要求。健全抓落实机制，全力推动自贸试验区建设、海洋经济、共同富裕、数字化改革、除险保安等决策部署的落地落实，交出各项工作的高分报表。

【推动国家战略落地】 2022年，县委全力服务保障舟山绿色石化基地，动态梳理任务清单76项，第三套年产140万吨乙烯获国务院批复投产，浙石化4000万吨/年炼化一体化项目安全运行，浙石化高性能树脂、鱼山战略新材料项目开工建设，全年实现产值2298亿元。全力保障国家大宗商品储运基地无障碍施工，启动工程加快推进，主体工程全面开工，鼠浪湖矿石中转基地实现港口货物吞吐量7000万吨、混配矿1700万吨。加快国际油品储运基地建设，黄泽山一期151万立方米地面储罐项目常态化运营，建成二期104万立方米储油罐项目、黄泽山—鱼山原油管道，中石化小衢山项目列入国储清单。加快国际海事服务基地建设，衢山临时锚地开展首单保税燃料油加注。复制推广自贸试验区改革试点经验，创制形成制度创新经验5项。

【发展海洋经济】 2022年，县委深化稳进提质八大攻坚行动，制定出台稳经济专项政策32条等政策举措，全年为企业减负降本6.90亿元。发展壮大石化产业链，高标准建设石化循环经济产业园，建成投产润和催化剂等制造业项目，新落地卓然20万吨年高性能树脂、高强高模碳纤维等新材料项目；全力稳定船舶海工产业，常石、友联、惠生等临港企业保持平稳发展，中集长宏、宁兴船舶修造高附加值船舶，和泰船舶优化型1.4万吨江海直达散货船交付运营，岱山工业稳增长和技术改造工作获省政府督查激励。发展壮大服务业，希尔顿欢朋酒店、全季酒店建成营业，竹屿新区商业综合体成功落户；新引进金融机构2家，全县本外币存贷款余额比上年增长23%；支持江海联运船队做强做大，全县海运运力为230万载重吨，港口货物吞吐量超过2亿吨。深化"亩均论英雄"改革，全面完成亩均税收5万元以下低效企业的整治提升，规模以上工业亩均税收为70万元/亩，入选省"腾笼换鸟、凤凰涅槃"考核评价激励名单。

【全面深化改革创新】 2022年，县委着力提升数字化改革实战实效，迭代升级"1612"体系架构，省级重大应用应通尽通，42个项目入选省级试点，"旱情预警及调度""岱山货运船舶多跨协同共管""宗教智巡"等应用在全省创出示范，政务服务一网通办办件率为94.8%，民生事项中有84.9%可乡镇办理，基本实现掌上办、网上办、"办事不出岛"。大力实施科技新政，出台《关于深入实施创新驱动发展战略打造海洋经济强县的若干意见》等政策，中科院宁波材料所岱山新材料研究和试验基地首批入驻中试项目7个，汽船配产业创新服务综合体集聚高校院所及服务机构26家，世界最大单机LHD1.6兆瓦潮流能发电机组下海发电，新增省级科技型企业5家、省级高新技术企业27家、专精特新企业8家，全年研究与试验发展经费比上年增长61.5%，成功入选第三批"科创中国"浙江省级试点县。大力实施人才新政，坚持以产引才、以才促产，出台《关于加快推进"大桥时代"人才强县工作的实施意见（试行）》，实施"岱山工匠"培育奖补、柔性人才引用奖励、回岱人才就业创业补助等政策措施，新增高技能人才1312人，新引进大学生2559人，比上年增长34%。

【建设海岛大花园】 2022年，县委推进以县城为载体的新型城镇化建设，加强县城城镇化补短板强弱项工作，526国道岱山段改建、燕窝山陆岛交通码头、秀山环岛公路（海岙至九子段）等重大项目建成投用。全力创建全国县级文明城市，加快星浦未来社区、蓬莱未来社区建设，改造老旧小区170幢，建成山外地块、东海地块高品质安置房，加大市容市貌、交通秩序、农贸市场等整治力度，完成兰秀大道等8条城区道路"白改黑"。全面推进乡村振兴，出台《关于推进海岛乡村振兴促进共同富裕的实施意见》，深化"千万工程"升级版，长涂镇倭井潭村、岱东镇涂口村列入省级第二批未来乡村试点村，所有行政村经营性收入20万元以上，经营性收入50万元以上的村占比77%，岱山县创成省新时代美丽乡村示范县。推进全域美丽建设，深化"森林岱山"建设，谋划实施"星辰大海"计划，建成东海郊野公园一期、牛轭山公园，打造岱东北峰山、本岛南部美丽渔港等海岸示范带；坚决打好污染防治攻坚战，从严抓好中央和省级环保督察问题整改，入选浙江省第一批生态文明建设实践体验地。

【推进海岛共富】 2022年，县委实施"小岛你好"海岛共富行动，长涂镇小长涂岛入选全市首批示范岛建设。全面拓宽居民增收渠道，千方百计增加城乡居民财产性和经营性收入，家庭年收入10万～50万元群体比例提高3个百分点。构建重点人群"精准画像"，精准帮扶困难人员就业581人，新增城镇就业6442人，城镇登记失业率为1.42%。完善最低生活保障制度，构建低保群众、失独家庭、残疾人、空巢老人等特殊群体帮扶解困长效机制，低保标准提高至12420元/年。推进义务教育"双减"，加快建设双峰新城学校，岱山中学与镇海中学建立合作关系，教育现代化发展水平监测结果位居全省前列，创成全国义务教育优质均衡先行创建县。加快县第一人民医院迁建工程，深化与浙二院、省立同德医院等医院合作，县第一人民医院成为全国首批“千县工程”县级医院创建单位，全县6个乡镇通过国家卫生乡镇考核验收，连续三年获健康浙江建设考核优秀。加大“一老一小”服务供给，新增托幼一体化试点园2个，每千人拥有3岁以下婴幼儿托位3.5个，每万老年人拥有持证养老护理员31.1人。发展文化体育事业，建成全民健身中心，完成海洋博物馆一期改造，新建改造城市书房3家，新增文化礼堂7家。

【推进除险保安】 2022年，县委坚决贯彻落实党中央、国务院疫情防控政策，因时因势调整优化防控政策，最大限度保护人民生命安全和身体健康，最大限度减少疫情对经济社会发展的影响。深化“县乡一体、条抓块统”改革，迭代升级“141”社会治理体系，建成县社会治理中心，整合乡镇基层治理四平台及综合信息指挥室，实现指挥调度“纵向到底、横向到边、响应及时”。推进“大综合一体化”行政执法改革，探索海上综合执法，整合精简形成“1+6+1”行政执法队伍，乡镇实现“一支队伍管执法”。打好打赢“除险保安”百日攻坚战，深入推进风险隐患大排查大整治大清零，推进信访积案动态清零，圆满完成党的二十大维稳安保任务。加强涉海涉渔、危化品、消防等重点领域安全监管，成功抗击“轩岚诺”“梅花”等超强台风，捧得平安金鼎。

【推进全面从严治党】 2022年，县委坚持党建统领整体智治，建立健全以“七张问题清单”为牵引的党建统领机制，省、市、县三级清单按期整改率为100%。深入实施“红色根脉强基工程”，创新“村居融治”党建模式，加强偏远海岛党组织建设，被中组部确定为党建引领乡村治理试点县。突出政治标准和实干导向，注重在重大项目、重大改革、重要工作一线选用干部，大力培养选拔优秀年轻干部。深化清廉岱山建设，严格落实中央八项规定精神，精准运用“四种形态”，严肃查处违纪违法行为，开展新一轮县委巡察工作，一体推进不敢腐、不能腐、不想腐。

（何恺茜）

重要会议

【县委信访工作会议】 于2022年1月11日在高亭镇召开。会议深入学习贯彻习近平总书记关于信访工作的重要指示精神，认真贯彻落实省市委信访工作会议精神，总结工作，分析形势，研究部署2022年及此后一段时期信访工作，有效防范化解信访矛盾风险，着力构建共同富裕示范区先行市良好信访生态，全力推进信访工作现代化。会议以视频形式召开，县四套班子主要领导，党委和政府有关领导，法检两长，县属有关单位主要负责人参加县主会场；各乡镇党委和政府主要负责人、分管副书记，派出所所长，综合信息指挥室专职副主任，所属村（社区）书记参加县分会场。

【县委人才工作会议】 于2022年1月14日在高亭镇召开。会议深入学习贯彻党的十九届六中全会精神和习近平总书记关于新时代人才工作的新理念新战略新举措，认真落实中央、省委、市委人才工作会议精神，加强党对人才工作的全面领导，全面落实人才强县首位战略，谋划部署大桥时代岱山人才工作重点任务，推动全县人才工作全面进步、整体跃升。县四套班子主要领导，县委常委，副县长，县委人才工作领导小组成员单位主要负责人，各乡镇党委主要负责人约80人参加会议。

【全县规划与城市建设工作会议】 于2022年1月14日在高亭镇召开。会议围绕习近平总书记关于城市建设所强调的“规划科学是最大的效益，规划失误是最大的浪费，规划折腾是最大的忌讳”、城市建设“核心是人”“城市管理应该像绣花一样精细”等重要指示，深入探讨全县城乡规划建设、城市管理工作开展情况，专题研究部署大桥时代城乡规划建设工作任务，扎实推动岱山县高质量建设共同富裕示范区海岛样板。有关县领导，县属（含部省市属在岱）有关单位主要负责人，各乡镇党委主要负责人，县资源规划局、县住建局、县综合行政执法局分管副局长及科室负责人等约60人参加会议。

【县委退役军人事务工作领导小组第三次全体会议暨县双拥领导小组全体会议】 于2022年1月21日在高亭镇召开。会议深入学习贯彻习近平总书记关于退役军人和双拥工作的一系列重要论述，传达学习中央、省委、市委退役军人事务工作领导小组会议精神，研究部署下阶段全县退役军人事务及双拥工作，全面助力“重要窗口”海岛风景和共同富裕示范区海岛样板建设。有关县领导，县属（含部省市属在岱）有关单位主要负责人等约30人参加会议。

【县党史学习教育总结会议】 于2022年1月22日在高亭镇召开。会议深入学习贯彻党的十九届六中全会和习近平总书记关于党史学习教育的重要论述精神，认真落实中央和省市党史学习教育总结会议精神，全面总结一年来开展党史学习教育的成功经验，建立常态化、长效化制度机制，巩固拓展党史学习教育成果，大力弘扬伟大建党精神，不断从党的百年奋斗重大成就和历史经验中汲取智慧和力量，埋头苦干、勇毅前行，争做“两个确立”忠诚拥护者、“两个维护”示范引领者，奋力打造“重要窗口”海岛风景、谱写高质量发展建设共同富裕示范区新篇章，以优异成绩迎接党的二十大胜利召开。县四套班子主要领导，县委副书记，县委常委、组织部部长，县委常委、宣传部部长，县属（含部省市属在岱）有关单位主要负责人，各乡镇党委书记，县党史学习教育领导小组办公室副主任，县党史学习教育领导小组各巡回指导组组长，县党史学习教育领导小组办公室各工作组组长等约90人参加会议。

【县委金融工作会议】 于2022年1月27日在高亭镇召开。会议认真落实中央和省市有关金融工作的决策部署，动员全县金融机构更大力度更加精准服务全县项目建设，持续深化融资畅通工程，全面推进项目攻坚年行动，为推动全县经济社会高质量发展提供更好的金融支撑。有关县领导，县属（含部省市属在岱）有关单位主要负责人，各乡镇党委主要负责人等约50人参加会议。

【县委巡察工作会议暨十四届县委第一轮巡察动员部署会】 于2022年2月17日在高亭镇召开。会议贯彻落实县第十四次党代会精神和上级有关巡视巡察工作要求，总结全县巡察工作的实践经验，聚焦县委重点任务和重大工程，部署十四届县委2022年巡察工作，并对第一轮巡察工作进行动员。相关县领导，县委巡察工作领导小组成员，县属（含部省市属在岱）单位主要负责人，各乡镇党委主要负责人、纪委书记，县委巡察机构全体同志、抽调参加县委巡察工作的同志（含专项检查组成员），县纪委县监委各派驻纪检监察组、各纪检监察室主要负责人，各国企纪委书记，县委组织部干部监督室主要负责人等约120人参加会议。

【2021年度全县党委（党组）书记抓基层党建和人才工作述职评议会】 于2022年2月18日在高亭镇召开。会议为深入贯彻习近平总书记关于党的建设重大要求，认真贯彻党的十九届六中全会，省委十四届十次全会，市委七届十二次、十三次全会，县委十三届十五次全会、县第十四次党代会精神，贯彻落实省市委基层党建工作会议和人才工作会议精神，持续推动加强党的全面领导和全面加强党的建设落地扎根，谱写高质量发展建设共同富裕示范区海岛样板新篇章。市委组织部领导，县委常委，县属（含部省市属在岱）有关单位主要负责人，各乡镇党委书记，县委组织部部务会议成员，各乡镇组织委员等约60人参加会议。

【全县扫黑除恶暨“除险保安”工作推进会】 于2022年3月21日在高亭镇召开。会议深入学习贯彻市第八次党代会精神和市“除险保安”晾晒机制工作推进会精神，研究部署全县“除险保安”工作举措，开展“扫黑除恶”工作回头看，全面维护县域社会稳定，全力护航党的二十大和杭州亚运会。会议以视频形式召开，有关县领导，县属（含部省市属在岱）有关单位主要负责人，县委政法委班子成员参加县主会场；各乡镇党委书记、副书记、派出所所长、法庭庭长、检察室主任；综合信息指挥室专职副主任、综合安全管理中心主任；社区、村党组织书记、渔业合作社社长参加乡镇分会场。

【县委渔农村工作会议】 于2022年3月29日在高亭镇召开。会议认真贯彻落实党的十九届六中全会和中央、省委、市委农村工作会议精神，总结2021年全县实施乡村振兴战略的经验做法，部署2022年度农业农村重点工作，进一步夯实高质量发展建设共同富裕示范区海岛样板“三农”基础。会议以视频形式召开，县四套班子主要领导、党委政府分管领导，县委县政府农业和农村工作领导小组（县乡村振兴领导小组成员单位）成员单位主要负责人，县属（含部省市属在岱）有关单位主要负责人，各乡镇党委书记，渔农村工作指导员参加主会场；各乡镇政府主要负责人、党委政府分管负责人，各渔农村书记，渔业合作社主要负责人，粮食生产专业合作社代表参加分会场。

【全县“大综合一体化”行政执法改革推进会】 于2022年4月7日在高亭镇召开。会议深入学习贯彻习近平总书记关于行政执法的重要论述和重要指示精神，全面贯彻落实省市“大综合一体化”行政执法改革推进会精神，研究部署全县全面推进改革工作，扎实推进各项改革任务。相关县领导，县属（含部省市属在岱）有关单位主要负责人，各乡镇党委书记等约50人参加会议。

【岱山高质量发展建设共同富裕示范区海岛样板推进会】 于2022年4月7日在高亭镇召开。会议全面总结盘点前一阶段共同富裕工作开展情况，贯彻落实省委高质量发展建设共同富裕示范区推进大会精神，聚焦“扩中提低”“七优享”“一老一少”等重点工程，全面部署推进2022年度共同富裕重点工作任务。相关县领导，岱山县高质量发展建设共同富裕示范区领导小组成员单位主要负责人，各乡镇党委书记约40人参加会议。

【全县建设平安岱山暨政法工作会议】 于2022年4月24日在高亭镇召开。会议深入学习贯彻习近平总书记对政法平安工作的重要指示批示精神，落实中央和省市政法工作、平安建设工作会议精神，研究部署全县政法平安工作情况，表彰先进，分析形势，研究部署当前和今后一个时期政法平安工作。县四套主要班子领导，县委建设平安岱山领导小组组长、副组长、成员，法检两长，县属（含部省市属在岱）有关单位主要负责人参加主会场；乡镇党委和政府主要负责人、分管负责人，综合信息指挥室主任，村（社区）书记参加分会场。

【全县建议提案交办工作会议】 于2022年4月29日在高亭镇召开。会议总结2021年度县人大代表议案建议、政协委员提案办理工作情况，部署2022年办理工作任务，决定召开县十七届人大一次会议代表议案建议、县政协十届一次会议提案交办工作会议。建议提案办理工作承办单位分管负责人，县人大代表与选举任免工委、县政协提案委、县委督查考评工作负责人等约60人参加会议。

【全县城乡社区工作会议】 于2022年5月18日在高亭镇召开。会议深入学习贯彻习近平总书记关于城乡社区工作的重要论述精神，全面落实全省、全市城乡社区工作会议部署要求，研究部署推进城乡社区建设，进一步树立大抓基层的鲜明导向，以数字化改革为牵引，推进城乡社区工作体系变革重塑和治理创新，更好地发挥城乡社区在疫情防控和应对风险挑战中的重要作用，为谱写高质量发展建设共同富裕示范区海岛样板新篇章提供坚强的基础支撑。会议以视频形式召开，县四套班子主要领导，县委副书记、纪委书记、组织部部长、宣传部部长、统战部部长、政府相关负责人，县属（含部省市属在岱）有关单位主要负责人参加主会场；乡镇党政主要负责人、相关班子成员，所属村（社区）书记等参加分会场。

【县委常委会（扩大）会议】 于2022年6月13日在高亭镇召开。全面落实省市关于建设舟山绿色石化基地重大决策部署，按照“疫情要防住、经济要稳住、发展要安全”的要求，聚焦把石化基地建设成为“重要窗口”标志性大平台，切实把鱼山建设好、发展好，落实稳进提质攻坚行动，确保炼化一体化项目一期安全稳定运行，二期全面建成投产，下游产业高端精细化工项目前期工作全面启动，奋力实现今年经济社会发展目标任务。县委常委，县人大、政协主要领导，县人大副主任、县政府副县长，县委办等相关部门主要负责人，舟山绿色石化基地管委会、浙石化派员等约80人参加会议。

【“小岛你好”海岛共富行动暨“星辰大海”计划工作推进会】 于2022年7月25日在高亭镇召开。会议贯彻落实省第十五次党代会、市委八届二次全会精神和全市“小岛你好”海岛共富行动和“星辰大海”计划工作推进会，激发海岛内生动力，促进海岛海岸线文化旅游产业发展，打造共同富裕海岛样板。县四套班子主要领导，县委常委，副县长，县属（含部省市属在岱）有关单位主要负责人，各乡镇党委主要负责人等约60人参加会议。

【全县数字化改革工作推进会】 于2022年7月25日在高亭镇召开。会议贯彻落实省数字化改革工作推进会精神，聚焦“两年大变样”的目标要求，研究部署2022年数字化改革目标，明确下一阶段重点工作，进一步提升数字化改革的效能，大抓落实，加快打造标志性成果。县四套班子主要领导、县委常委、副县长、法检两长、县属（含部省市属在岱）有关单位主要负责人、各乡镇党委书记等约90人参加会议。

【全县建设平安岱山推进会暨除险保安百日攻坚专项行动动员部署会】 于2022年8月2日在高亭镇召开。会议传达贯彻省市除险保安百日攻坚行动工作推进会精神，总结2022年以来全县平安建设和除险保安工作，分析面临形势，研究部署除险保安百日攻坚行动，为党的二十大胜利召开创造安全稳定的政治社会环境。有关县领导，县法院院长、县检察院检察长，县属（含部省市属在岱）有关单位主要负责人，各乡镇党委主要负责人、分管负责人，县委政法委班子成员等约80人参加会议。

【全县法治建设工作领导小组会议】 于2022年9月8日在高亭镇召开。会议深入学习贯彻习近平法治思想，认真落实中央、省市县委关于法治建设的决策部署，总结2021年法治岱山建设情况，部署2022年法治岱山建设工作。县有关领导，县属有关单位主要负责人，各乡镇党委主要负责人等约40人参加会议。

【全县数字化改革工作推进会】 于2022年9月16日在高亭镇召开。会议认真贯彻落实省市数字化改革推进会精神，按照“规定动作接得住，自选动作有创新”的总体思路，以实战实用实效为导向，加强贯通，突出特色、争先创优，在高水平推进海洋城市中奋力推进“两个先行”，以优异成绩迎接党的二十大胜利召开。县四套班子主要领导、县委常委、副县长、法检两长、县属（含部省市属在岱）有关单位主要负责人、各乡镇党委书记等约100人参加会议。

【全县领导干部会议】 于2022年10月25日在高亭镇召开。会议传达党的二十大精神。县四套班子领导，县法院院长、县检察院检察长，退出现职的副县处级以上领导，担任过县处级领导职务的老同志，县政协秘书长，县人大、县政协各专委室主要负责人，县属（含部省市属在岱）单位主要负责人，县委各巡察组组长，县工商联主要负责人，各乡镇党委和政府主要负责人等约180人参加会议。

【全县党建统领、两个先行“晒比评”会议】 于2022年11月

4日在高亭镇召开。会议深入学习贯彻习近平总书记系列讲话精神，贯彻落实党的二十大精神和省第十五次党代会精神，忠实践行“八八战略”，坚决做到“两个维护”，全面实施“红色根脉强基工程”，坚持党建统领，锚定目标，全力夺取全年红，在高水平建设现代海洋城市中加快海岛共同富裕先行和县域现代化先行。县四套班子主要领导、县委常委，县法院院长、县检察院检察长，县属（含部省市属在岱）有关单位党委（党组）主要负责人，各乡镇党委书记等约100人参加会议。

【县委理论学习中心组“学习贯彻党的二十大精神”专题学习会】于2022年11月9日在高亭镇召开。会议学习《党的二十大报告》《中国共产党章程》《党的二十大报告辅导读本》《党的二十大报告学习辅导百问》《中共岱山县委理论学习中心组“学习贯彻党的二十大精神”专题学习会参阅资料汇编》。深入学习贯彻党的二十大精神，持续深化对“两个确立”决定性意义的认识，切实增强学习领会党的二十大精神的政治自觉、思想自觉和行动自觉，为忠实践行“八八战略”、坚决做到“两个维护”、奋力推进“两个先行”提供坚强保障。县委理论学习中心组全体成员，县委理论学习中心组学习秘书，除县委理论学习中心组全体成员外的县四套班子领导、县人民法院院长、县人民检察院检察长、县政协秘书长，县纪委县监委机关、县委组织部、县委宣传部、县委统战部、县委政法委主要负责人员等45人参加会议。

【县委统战工作领导小组（扩大）会议】于2022年12月1日在高亭镇召开。会议深入学习贯彻习近平总书记关于加强和改进统战工作的重要思想，传达学习中央、省、市委统战工作会议精神，总结现阶段全县统战工作，明确下阶段全县统战工作重点任务。有关县领导，县属（含部省市属在岱）有关单位主要负责人，各乡镇党委书记，分管统战工作的党委委员等约50人参加会议。

【岱山县第一次县级总田长工作会议】于2022年12月9日在高亭镇召开。会议深入贯彻落实习近平总书记关于做好耕地保护工作的批示指示精神，切实把最严格的耕地保护制度落到实处，结合岱山县印发的《岱山县关于落实最严格的耕地保护制度全面推行“田长制”的实施细则》，回顾总结前一阶段全县“田长制”工作的成效和经验，部署下一阶段“田长制”工作。有关县领导，县委办、县府办主要负责人，县级田长办公室成员单位主要负责人，各乡镇党委书记等约40人参加会议。

（唐美红）

重要决策

【深化“县乡一体、条抓块统”改革】2022年7月15日，县委、县政府出台《关于深化“县乡一体、条抓块统”改革推进基层治理系统建设的实施意见》（简称《基层治理意见》）。《基层治理意见》指出，要聚焦基层治理重大需求，打造“平台+大脑”“跑道+应用”高效协同、整体智治的基层治理体系，推进基层治理体系和治理能力现代化，实现基层治理质量变革、效率变革、动力变革。重点任务有：强化党对基层治理的全面领导，强化乡镇党委统筹能力，健全乡镇机构职能体系，完善乡镇派驻人员管理机制，优化乡镇干部考评方式，强化融合型大社区大单元治理，加快共同富裕现代化基本单元集成改革；迭代升级“141体系”，推进县级社会治理中心建设，夯实“基层治理四平台”，深化基层网格建设，推进重大应用全面贯通；推进基层治理“一件事”集成联办和场景化应用；积极承接基层治理大脑，提升基层治理大脑实战能力；推进“大综合一体化”行政执法改革，完善监管执法事项清单化管理体系，推动执法力量和权限下沉，深化执法监督数字应用；完善“四治融合”城乡基层治理体系，健全村（居）民自治机制，推进基层法治建设，发挥德治先导作用，提升基层智治能力。《基层治理意见》对“县乡一体、条抓块统”改革的组织领导、工作落实、督查考核和法治保障进行明确。

【实施创新驱动发展战略】 2022年7月28日，县委、县政府出台《关于深入实施创新驱动发展战略打造海洋经济强县的若干意见（试行）》（简称《创新发展意见》）。《创新发展意见》指出，要深入实施创新强县、人才强县首位战略，瞄准石化新材料、海洋智能制造、海洋新能源等海洋科技创新高地建设，构建具有国内竞争力的全域海洋科技创新体系，努力争创国家创新型县。主要任务有：优化企业梯队培育，引导企业加大研发投入，推动企业研发机构培育建设，大力推动科技创新合作，打造高素质的创新主体；加强产业链关键技术攻关，加强区域科技资源开放共享，实施科技支撑乡村振兴战略行动，打造高层次的产业集群；着力打造高能级科创平台，引进大院名校共建创新载体，推动创新创业体系建设，促进科技成果转化和产业化落地，打造高能级的创新平台；发挥高层次人才创新引领作用，加大科技金融支持，完善科研项目管理机制，强化科技工作导向，打造高品质的创新生态。

【推进乡村振兴】 2022年8月23日，县委、县政府印发《关于推进海岛乡村振兴促进共同富裕的实施意见（试行）》的通知（简称《乡村振兴意见》）。《乡村振兴意见》围绕乡村振兴“产业兴旺、生态宜居、乡风文明、治理有效、生活富裕”总方针，按照中央打造国内统一大市场要求，以产业发展为导向，推进渔农业高质量发展、渔农村全域提升、渔农民增收致富，打造共同富裕大场景下的乡村振兴海岛样板。《乡村振兴意见》明确十方面主要内容：支持美丽乡村创建，加大海岛民宿业资金支持，加大海岛民宿业土地政策支持，提升发展休闲渔业，稳步提升生态养殖业，加快引导农村土地经营权流转，大力推进农业“双强”行动，发展壮大村集体经济，加快拓展乡村电商经济，全面促进共同富裕。《乡村振兴意见》对重点方向的奖补资金明确具体标准。

【推进“大综合一体化”行政执法改革】 2022年8月25日，县委、县政府印发《岱山县加快推进“大综合一体化”行政执法改革工作方案》（简称《行政执法改革方案》）。《行政执法改革方案》指出要以数字化改革为引领，以构建高效协同的事中事后监管执法体系为重点，融合“县乡一体、条抓块统”改革，整体推进“大综合一体化”行政执法改革，加快打造法治岱山建设“金名片”。主要任务有：加大执法事项划转力度，理顺监管和执法关系，坚持综合集成监管，更大范围推进跨领域跨部门综合执法；推进海洋综合行政执法改革，优化配置执法资源，更大力度整合精简执法队伍；扩大下放事项，明确执法区域，推进执法力量下沉和队伍融合，进一步推进“一支队伍管执法”的“岱山实践”；建立执法统一指挥平台，全面应用数字执法平台，深入推进“互联网+监管”，全面推进执法数字化改革；建强统筹协调机制，完善协同配合机制，健全业务对接指导机制，深化行型“两法衔接”，构建全方位高效协同联动体系；健全完善行政执法制度体系，完善行政执法监督机制；实施执法队伍能力提升工程，推进执法队伍规范化建设，实施行政执法人员全素能提升。

【深化“扩中”“提低”改革】 2022年12月21日，县委、县政府印发《岱山县“扩中”“提低”行动方案》（简称《行动方案》）。《行动方案》指出，要深入贯彻党的二十大精神，坚持以人民为中心的发展思想，坚持新发展理念，在发展中保障和改善民生、在发展中调整收入分配结构，推动中等收入群体规模倍增，率先基本形成以中等收入群体为主体的橄榄型社会结构，奋力建设具有海岛特色的共同富裕美好社会。《行动方案》统筹考虑产业、就业、职业、收入、消费、城乡结构，重点聚焦技术工人、科研人员、中小企业和个体工商户、高校毕业生、现代渔农民、新就业形态从业人员、来岱务工人员、低收入渔农民、困难群体九大群体，细化了促就业、激活力、拓渠道、优分配、强能力、重帮扶、减负担、扬新风八大实施路径，明确“扩中”“提低”行动的保障措施。

政策研究

【开展“实干争先·跨越发展”活动】2022年4月28日，为进一步推动全县党员干部解放思想、提升能力、转变作风，形成勇担当、敢作为、争一流的工作新局面，县委、县政府决定在全县开展“实干争先·跨越发展”活动。活动的目标要求是：全县上下要紧紧围绕打造共同富裕示范区海岛样板目标，聚焦市对县高质量发展指标、“三张清单”任务和群众反映强烈的突出问题，组织实施以“五实五争”为主要内容的“实干争先·跨越发展”活动，努力实现思想再解放、标杆再拉高、压力再传导、能力再提升、工作再落实，以更大力度更高标准打好“五大会战”、建设“四个岱山”，推动全县各项事业取得突破性进展、取得标志性成果，为高质量发展建设共同富裕示范区海岛样板打下坚实的基础。要求坚持高位统筹、改革导向、领导靠前、考核激励四项基本原则，加强组织保障、工作体系、督考机制、氛围营造四项保障措施。

【推进海岛乡村全面振兴】2022年5月6日，为全面贯彻中央、省委农村工作会议精神，坚持党对三农工作的全面领导，坚持稳中求进工作总基调，坚持农业农村优先发展，稳住农业基本盘、守好“三农”基础，县委、县政府出台《中共岱山县委岱山县人民政府关于2022年高水平推进海岛乡村全面振兴的实施意见》。总体要求是：围绕建设现代海洋城市的总目标，夯实基础、严守底线，联动推进渔农业高质量发展、乡村全域品质提升、渔农民渔农村共富、“三农”数字改革、农业农村活力激发五大行动，高质量建设农业农村现代化，打造共同富裕大场景下的乡村振兴海岛样板，争创海岛乡村共同富裕先行示范。2022年，力争实现全县农林牧渔业增加值增长2%以上，渔农村居民人均可支配收入增长8%以上。

【推进新时代海洋文化建设】2022年12月21日，为深入贯彻党的二十大精神，认真落实省委、市委文化工作会议精神，县委印发《中共岱山县委关于加快推进新时代海洋文化建设的意见》（以下简称《海洋文化建设意见》）。《海洋文化建设意见》要深入实施理论创新铸魂走心、最美海岛文明城市创建、乡村文化聚心工程、公共文化服务提升、海岛文化金名片打造、红色根脉新标识打造、海洋文化产业发展、海洋文化传播交流、数字文化智融、海洋文化人才培育“十大行动”，打造与高质量发展建设共同富裕示范区海岛样板相适应的新时代海洋文化高地，力争到2025年，岱山文化软实力明显提升，社会文明新风尚更加鲜明，人文精神凝聚力显著增强，对外文化传播能力和公共文化服务水平持续加强，加快形成文化力量推动社会进步的新格局。

（何恺茜）

其他党务工作

【参谋辅政工作】2022年，中共岱山县委办公室（简称县委办公室）坚持把参谋辅政作为第一要务，完善落实调查研究、重要文稿起草联动、紧急信息预警报送等机制，高水平服务县委决策。组织调查研究，重点聚焦共同富裕、自贸区建设等县委中心工作和重大任务，聚焦稳进提质、除险保安、塑造变革，梳理完成县委县政府重点任务97项。高效高质量撰写材料，坚持把习近平总书记的重要指示和要求、把上级最新的重要会议精神、把县委决策意图，及时贯彻到文稿中，牵头起草县委十四届二次全会报告、县委十四届三次全会暨县委经济工作会议报告、县（市区）委书记交流会材料等文稿200余篇。切实保障信息编报数量、时效、质量的“三提升”，发挥信息服务中心、服务大局的作用，全年被省委办录用信息20条，15条信息获市、县领导批示。突出紧急信息地位，及时做好紧急信息报送工作，圆满完成党的二十大期间紧急信息的报送工作。

【加强组织协调】 2022年，县委办公室坚持将统筹协调、系统思维贯穿到办公室工作的各方面、全过程，始终以大局的高度、领导的角度、发展的深度去看问题、干事业，推动全县上下形成同频共振的工作格局。注重协调上下，围绕“上情下达、下情上传、综合汇总、协调联络”的工作要求，加强与市委办、市政研室、市委改革办的联系沟通，圆满完成上级交办的各项任务。注重沟通左右，统筹好办公室与各乡镇、各部门的关系、与基层的联系，加强同县“四大家”办公室及县委常委部门的协同配合，持续落实“4+5”月度联席会议制度，靠前理清县委工作脉络，统一思想，推动各方力量往县委中心工作聚焦、向发展大局发力。规范运行县委改革办、县委国安办、县委财经办等议事协调机构办公室工作，充分履行议事协调机构办公室对重大工作的统筹协调、整体推进职能，提升议事效率。

【落实督促检查】 2022年，县委办公室紧紧围绕党委、政府工作报告决定事项的落实不放松这条主线，开展督促检查和反馈工作，压实各单位主体责任，推动督查检查规范化、制度化、科学化。严格实行督查检查年度计划管理，制定出台《2022年全县督查检查考核年度计划》，全县督查检查考核事项保持在20项左右。及时整改落实《今日聚焦》《新区聚焦》曝光问题。全程跟进领导批示办理，第一时间分解立项、及时下达、督促落实，全年办理省、市领导批示件101件，县委领导批示件810件。充分发挥绩效考核指挥棒作用，以数字化改革为牵引，聚焦稳进提质、除险保安、塑造变革，建立完善全县年度综合考核新的体系。

【日常保障工作】 2022年，县委办公室构建顺畅有序的“大接待”工作模式，不断提高政务接待水平和满意度，完成中央、省、市重要领导来岱考察接待任务40余批次。加强会议活动保障，做好县委全会、县委常委会会议、省市视频会议和全县性重要会议的保障工作，制订会议方案，做好会务安排，准备会议材料，全年累计保障会务160余场。严把公文收发关，依托浙政钉软件、协同办公系统、电子公文交换系统等，完善公文流转机制，做到规范发文、高效办文，全年累计发文220件，处理各级来文920余件，全县纳入精简范围的文件发文104件。做好日常办公、值班应急、公务出行、档案管理等工作，全力保障县委工作顺畅、高效运行。

【推进党内法规工作】 2022年，县委办公室全面推进全县党内法规制度建设各项工作，坚持从源头上提高党内法规和规范性文件质量，切实抓好党内法规和规范性文件的制定、备案、清理工作。根据“有件必备、有备必审、有错必纠”的原则，年中、年底各开展一次全县党委（党组）发文目录审查工作，提升全县规范性文件管理质量。2022年，完成县委向市委备案党内规范性文件16件，县委所属党委（党组）向县委备案党内规范性文件13件，备案及时率、通过率均达到规定要求。组织开展涉及计划生育内容的党内规范性文件清理工作，共梳理出9件，其中废止4件，修改3件，继续有效2件。

（何恺茜　唐美红）

台湾事务

【概况】 2022年，中共岱山县委台湾工作办公室（简称县台办）坚持深入学习领会习近平新时代中国特色社会主义思想和习近平总书记关于对台工作的重要论述，深入贯彻上级对台工作精神，积极推进对台各项工作的落实。是年，县台办共接待台胞台商2批次、36人。

【加强对台工作机制】 2022年，县台办加强与市台办等上级部门的对接，构建“实干争先”对台工作体系。6月21日，县台办组织重点乡镇和重点村、社区等10余人，参加全市对台工作干部和基层对台交流培训班，建立覆盖县重点乡镇和重点村的对台工作三级队伍体系，打造对台基层交流工作队伍，培育和上报岱山县基层青年交流骨干2人。8月24日，派员赴杭州市、湖州市开展“实干争先”对标互学活动，在佛教交流和农旅合作等方面达成共识。12月14日，做好省台办主任庄跃成到岱山调研的事务工作。

【加强民宿业的交流与合作】 2022年5月31日，县台办邀请台湾农旅文创方面专家、“丽水山耕”品牌运营团队到岱山调研岱西镇双合村、衢山镇凉峙村等民宿产业，加强与县内民宿业主交流和项目合作。

【增进两岸同胞感情亲情】 2022年8月23日，县台办开展“海相连•情相依”舟山籍台胞寻根之旅参访团岱山站活动，展示现代海洋城市发展成果，33名大陆配偶通过实地参访交流，增强对故乡的认同。针对台湾对口地区疫情情况，联动市台办，为对口的台北和基隆地区提供1万元防疫物资。

【开展涉台服务工作】 2022年，县台办继续支持去台老兵的史料挖掘，推进涉台阵地建设；深化对台胞台属的“三服务”走访活动，协助省台办调查台胞李某有关在大陆家族情况，并予以复函；加强对台胞台商的依法服务意识；向乡镇和县属对台工作部门发送新版涉台法律法规政策解读本200余本；协助公安、民政等部门落实各项惠台措施。是年，接待台商2批次、36人，台胞申领居住证7人次；春节前，走访慰问困难台胞7人次，发放慰问金8400元。

（徐裴宇）

组织工作

【全县党员队伍构成状况】 至2022年末，全县有党员12475人。其中预备党员176人，占党员总数的1.4%；少数民族党员13人；女党员3840人，占30.8%。年龄构成：35岁及以下2015人，占16.2%；36～45岁1966人，占15.8%；46～55岁2238人，占17.9%；56～60岁1232人，占9.9%；60岁以上5024人，占40.2%。学历构成：研究生182人，占1.4%；大学本科3549人，占28.5%；大专1836人，占14.7%；中专毕业765人，占6.1%；高中、中技毕业1292人，占10.4%；初中及以下学历4851人，占38.9%。职业构成：公有制单位在岗职工3427人，占27.5%；非公企业及社会组织在岗职工1645人，占13.2%；渔农民3276人，占26.3%；离退休人员3235人，占25.9%；其他职业人员892人，占7.1%。

【党员发展工作】 2022年，各级党组织按照“控制总量、优化结构、提高质量、发挥作用”的要求，严格做好发展党员工作，全县发展新党员138人，其中女党员50人，占新党员总数的36.2%；处在生产一线的员工110人，占79.7%；机关事业单位工作人员58人，占42%；专业技术人员11人，占8%；35岁及以下党员88人，占63.8%；按文化程度，大专及以上105人，占76.1%；高中、中技及中专22人，占15.9%；初中及以下11人，占8%。是年末，全县有入党积极分子448人。

2022年8月23日，“海相连·情相依”舟山籍台胞寻根之旅参访团在岱山站活动（县台办　供图）

【党的二十大精神学习贯彻】2022年，县委组织部坚持把学习贯彻习近平新时代中国特色社会主义思想摆在重要位置，高质量谋划县管领导党的二十大精神轮训工作。开展党员党的二十大精神全覆盖轮训、科级干部分类实训、微党课选拔赛、老干部送学上门、党课宣讲团下基层等活动，抓实抓细党员、干部教育。印发《全县基层党组织“第一议题”制度》，推进基层党支部学习贯彻习近平新时代中国特色社会主义思想制度化、常态化。

【加强组织保障】2022年，县委组织部切实发挥组织强大动员力量，选派“精兵强将”到一线，推进组织建设到一线。抽调230名领导干部参与防疫工作，完成包含1844人的“五快”志愿者队伍组建，发动16000余人次机关党员志愿者开展防疫志愿服务，成立集中隔离医学观察点临时党组织18个，为疫情防控提供坚强人员力量保障。在防御台风“轩岚诺”“梅花”期间，成立安置点临时党支部15个，做好安置人员服务保障。做好在衢山镇鼠浪征地、减船转产工作，抽调212名领导干部分批次参与分组包片和政策解释工作。

【全域党建工作】2022年，县委组织部持续推进党建统领网格智治、融合型大社区大单元智治破难等工作，完成32名专职社工招聘。创新村居融治党建模式，构建党组织领导的村社治理新格局，破解亦城亦农区域治理难题。

【基层党组织规范化建设】2022年，县委组织部完成大岐山村、官山村偏远小岛村干部异地办公专项整治。有序排查农村发展党员违规违纪问题，全面开展清查整治突出问题规范党务工作。延伸县委新经济与新社会组织工作委员会（简称两新工委）党建工作触角，实现50名员工以上有党员的266家企业党组织全覆盖。浙石化混合所有制企业党建取得突破，创建“石化之星”党建品牌，完成党建入公司章程。

【村社干部队伍建设】2022年，县委组织部持续实施村社党组织年度重点实事项目清单化管理制度，下达年度重点实事项目清单174项，落实月查、季督、年考核。印发《村社干部“赋能”“提能”“优能”行动实施方案》，开展村社干部整治立规、届中“回头看”、定档分级等工作，7个乡镇均举办强村论坛，42名村社书记上台晾晒。制定《全县村（社区）党组织书记医疗补助实施办法（试行）》。

【服务共富行动】2022年，县委组织部实行基层党建重点项目和村级集体经济项目揭榜挂帅制度，设立红色共富基金。发挥县委两新工委领导分片包联共富工坊制度作用，全年建成共富工坊30个，吸纳3213人就业。持续推进县属部门联系结对衢山镇村社活动，协调落实项目16个，落实资金229万元。

【干部选育管用工作】2022年，县委组织部持续突出实干导向，

2022年10月9日，县委组织部到官山村开展驻岛服务群众工作
（县委组织部　供图）

2022 年 4 月 11 日，县村级集体经济项目集中开工仪式暨“红色单元·共富联盟”成立大会在秀山乡秀北村召开（县委组织部　供图）

选优配强县属部门、乡镇领导班子。开展乡镇换届“回头看”、26 家县防控办成员单位“一把手”专项考察等工作，一线走访干部群众 10 批次，掌握一批表现优秀的干部。一线干部提任的占提任总数的 50%。完善职级晋升标准，晋升职级 151 人次，其中晋升三级调研员 13 人、四级调研员 41 人、一至四级主任科员 97 人。坚持分类实训，提升干部综合能力素养，举办主体培训班次 13 期、在线讲座 12 场，调训县管干部 1187 人次。选派 6 名“90 后”干部至群团单位挂任副职，22 名年轻干部到县防控办、浙石化、经济开发区开展重要岗位历练，32 名无基层工作经历的新录用公务员到基层一线接受锻炼。深化年轻干部源头储备，强化年轻干部选配导向，新提任“85 后”股级干部占提任数的 48%。完善全面精准干部监督机制，落实 2019 年省委巡视选人用人问题整改情况“回头看”工作，认领干部担当作为和选人用人工作等方面问题 7 个。对 10 家单位开展选人用人专项检查。落实领导干部重大事项报告的线上提交、阅签制度，推进领导干部配偶廉政教育活动，完善全面精准干部监督机制。

【人才“引育留用”全链条服务体系建设】 2022 年，县委组织部做好人才政策体系完善工作，制定《关于加快推进大桥时代人才强县工作的实施意见（试行）》，推出十大方面 18 条具体内容。修订《岱山县人才分类评价认定办法》《岱山县高校毕业生来岱就业创业政策升级实施细则（试行）》等配套实施细则。设立人才科创投资基金，培育、孵化、扶持高层次人才领衔的具有成长潜力的科创项目。做好人才平台建设打造，推进中科院宁波材料所岱山新材料研究和试验基地等双创平台建设，完成首批确定的 7 个先进高分子新材料项目入驻。打造甬舟人才一体化发展飞地 2.0，对接各类人才项目 20 余个，新引进科创型企业 5 家，落户 2 家。成立工程师协同创新中心，完善汽船配产业创新服务综合体功能，引进高校院所、专业服务机构 28 家，开展关键共性技术攻关 15 个。推进石化、新材料、汽船配领域以赛引才作用，遴选“舟创未来”海纳计划人才（团队）21 个。持续拓宽人才引育渠道，开展各类招聘 30 场次，引进大学生 2236 人。挂牌成立岱山县高层次人才服务中心，统筹建设岱山县高层次人才编制池，新引进各类高精尖人才 50 人，申报省级以上人才工程 27 人。举办首届乡村振兴职业技能大赛、育婴员职业技能大比武等活动，新增高技能人才 1211 人，4 人入选浙江工匠，9 人入围全省首批浙江青年工匠培养项目。

【组织部门数字化改革】 2022 年，县委组织部围绕省级重大应用贯通落地和自建应用开发两大主线，深入推进数字化改革工作。组建部机关数字化改革专班，实行数改项目由科室负责牵头、重点推进，应用贯通任务落实到人的工作模式。梳理各科室核心业务，编发《2022 年数字组工工作思路》，做好重点任务拆解，定期召开专班例会，确保各项工作有专人推进。抓好省级重大应用贯通落地。浙里好干部应用中，完成干部立体画像、立体培养、立体考核、立体监督等场景的贯通，常态做好全县477名县管领导干部的数据归集、维护，为干部工作提供科学决策辅助。“浙里干部之家”应用上，完成各层级后台管理员账号设置和权限赋予，全县机关事业、重点国企干部群体激活率超过99%。推进“我的心声”“浙里学习”“我的考核”等子应用贯通落地。“浙里红色根脉强基工程”应用上，完成应用从网页端到浙政钉端的账号重设工作，实现账号激活率100%。深化“岱山人才服务”应用，以“人才服务码”为载体，集合七大类20余项功能，推出90家线下商贸实体作为线上惠享智兑的“人才驿站”。是年末，通过应用认定各类人才951人，发放各类人才补贴360余万元，累计线上办结人才事项1400余件，应用日活率保持在全县第二、全市前列。

（吴瑞豪）

宣传工作

【概况】 2022年，全县宣传思想文化工作坚持以习近平新时代中国特色社会主义思想为指导，深入贯彻党的二十大和十九届历次全会精神，全面落实省第十五次党代会、市第八次党代会和县委十四届二次代表大会精神，围绕举旗帜、聚民心、育新人、兴文化、展形象的使命任务，聚焦党的二十大这条主线，忠实践行“八八战略”、坚决做到“两个维护”、奋力推进“两个先行”。全年开展各类理论宣讲活动3400余场次；各党委（党组）召开专题学习会、报告会310场；官方媒体平台发布各类信息6万条，总浏览量9亿次。

【意识形态工作】 2022年，中共岱山县委宣传部（简称县委宣传部）加强党对意识形态工作的领导，牢牢掌握意识形态工作主动权。压实意识形态工作责任体系，把落实意识形态工作责任制贯穿在经济、政治、文化、社会、生态文明和全国县级文明城市建设全过程各方面，县委常委会听取研究意识形态工作2次，分析研判意识形态领域情况。将意识形态工作落实情况纳入县委巡察重要内容、综合考核和年度专项督查，对县委所属10个党委（党组）意识形态工作责任制落实情况进行专项督查，发现并整改问题27个。深入推进“除险保安百日攻坚”，扎实推进风险隐患“大排查大整治大清零”专项整治行动。加强对县融媒体中心，新时代文明实践中心，所、站农村文化礼堂等意识形态阵地建设的服务管理，不断提升宣传、教育、服务群众的能力水平。

【思想理论武装】 2022年，县委宣传部以习近平新时代中国特色社会主义思想为引领，深入学习宣传贯彻党的二十大精神。制定并印发《2022年全县干部理论学习意见》，县委理论学习中心组率先垂范，第一时间传达学习、对标对表、贯彻落实，开展专题学习13场。深化中心组巡听旁听工作，印发《岱山县党委（党组）理论学习中心组学习2022年度巡听旁听计划》，开展巡听旁听活动

2022年7月26日，县委宣传部在高亭镇城区联合文化礼堂举办“强国复兴有我”全县“学习强国”知识竞赛（县委宣传部　供图）

2022年8月26日，全市理论微党课巡回宣讲活动在县行政中心和高亭镇先锋联盟中心举行（县委宣传部　供图）

10场。开展“强国复兴有我”全县“学习强国”竞赛，县纪委、县监委参赛队参加省级竞赛并进入16强。持续做强“岱”你讲习宣讲品牌，围绕党的二十大和省第十五次党代会精神、“实干争先·跨越发展”等主题，组建宣讲队伍53支，拍摄“青年说”“潮头说”等宣讲微视频36个，开展“周五·‘岱’课堂”青年基层巡回宣讲、理论专家大讲堂等活动，举办“共同富裕·青年说”理论宣讲大赛暨第十届微型党课大赛。

【学习宣传贯彻党的二十大精神】 2022年，县委第一时间召开常委会会议、全县领导干部会议、县委理论学习中心组学习会等，学习传达党的二十大精神，研究制定《认真学习宣传贯彻党的二十大精神的通知》，县委书记第一时间赴开发区宣讲党的二十大精神，县四套班子领导分赴基层联系点与干部群众面对面、零距离开展党的二十大精神宣讲30余场。印发《关于开展党的二十大精神系列宣讲活动的通知》，县委宣传部组建“‘岱’你讲习”宣讲员326名大宣讲队伍，举办宣讲骨干专题备课会，组织各宣讲队员赴基层一线开展特色宣讲512场，引导和推动全县广大党员干部准确把握党的二十大核心要义、精神实质、丰富内涵、实践要求。县属部门、乡镇、村（社区）党组织第一时间开展学习。是年末，54个党委（党组）理论学习中心组均开展党的二十大精神专题学习会进行交流研讨，全县副科级以上领导干部学习和交流发言实现全覆盖。

【主流舆论宣传】 2022年，县委宣传部统筹推进“看岱山”“仙岛岱山”“岱山电视台”等媒体平台建设，打造全媒体宣传矩阵。推出“奋进新征程建功新时代”专栏宣传活动，深入开展新时代十年成就宣传，围绕共同富裕、大桥时代等开展主题宣传，壮大主流宣传声音、让党的主张成为时代最强音，累计推出相关系列报道700条次，制作推出原创短视频20个。构筑良好的对外传播渠道，主动邀请国内外主流媒体记者、总台记者到岱山集中开展各类融媒宣传，通过制作出版漫画书籍、宣传画册、宣传短视频等形式，讲好岱山故事，在脸书、推特开设“Daishan Vibes（活力岱山）”机构账号，覆盖人数超过120万，5条报道被中央《新闻联播》录用，在央视、《人民日报》、新华社等国家级主流媒体刊播70条次，在市级及以上重要媒体刊播1750条次。全面做好疫情防控宣传，制定出台《疫情防控宣传引导协同联动工作机制（试行）》，积极营造强信心、暖人心、聚民心的舆论氛围。

【宣传部门数字化改革】 2022年，县委宣传部谋划搭建试点应用场景建设。“海上预警哨”被省委网信办确定为第一批网信系统数字化改革重点应用场景；岱山县融媒体中心被列为浙江广播电视集团数字化改革应用基层试点单位；“海岛红色航线”应用被省委宣传部确定作为“一本账S2”中“浙江省红色资源在线”数字化应用创新模块建设试点项目；由县委宣传部和县史志研究室联合开发的“跟着方志游岱山”应用场景被省地方志办公室列入“一本账S2”中“浙里有志”子场景；由县委宣传部等部门承建的“海岛文e家”应用列入省级试点和省级重大应用场景。“志愿浙江”平台在全县范围使用，并进行志愿服务签到，每月晒成绩；“数智文明创城”活跃率均居于全省前10名，对“文化礼堂”数字化效能指标体系，问题发现整改率为98%以上，建立针对性的“每日通报”机制，作为星级文化礼堂推荐和评选的重要指标。

【新闻出版工作】 2022年，全县有印刷企业18家、出版物零售单位16家、电影放映单位3家，全年开展日常巡查与联合专项检查30余次，出动执法120人次，检查经营单位180家次，完成印刷企业、出版物零售单位的年度核验工作。

【“扫黄打非”工作】 2022年，县委宣传部组织开展创建“扫黄打非”示范点，舟山绿色石化基地争创全国示范点，岱东镇、长涂镇倭井谭村争创省级示范点，通过示范点的创建引领，“扫黄打非”知识进基层，覆盖全县各个渔农村，深入开展“正道”“护苗”“净网”等专项行动18次。联合县网信办、县公安局开展“清朗民族宗教有害信息”“千百工程清雷行动”等专项行动7次，排查相关数据2600余条。

【文化工作】 2022年，县委宣传部把文化建设纳入经济社会发展总体规划，制定出台《中共岱山县委关于加快推进新时代海洋文化建设的意见》，推行以精神富有为标志的文化发展模式。加强历史文物与海洋非物质文化遗产保护，长涂倭井潭硬糕入选首批省级非遗工坊创建名单。深入实施文化惠民工程，高标准打造“15分钟品质文化生活圈”90个，完善公共文化设施。新建秀山城市书房，完成岱东、长涂城市书房提升改造，县图书馆文化客厅经改造提升后对外开放，岱山全民建设中心、秀山全民健身公园等建成投用。推动文旅深度融合发展，启动“星辰大海”计划及美丽渔港风情海岸带等五大海岸带的谋划，提升东沙古镇景区和其他文旅体项目建设，加快建设衢山双龙湾等项目，建成东海郊野公园一期、牛轭山公园。打造“一村一基地一节目一队伍”特色文艺团队，培育红色传承队、腰鼓队等非遗队伍，实施常态化非遗项目展演，组织各文艺队伍开展“文化走亲”活动407场次，推出“百姓文化节”“仙岛朗读会”“云上年货节”等线上线下文旅活动，全年为渔农村放映公益电影1198场次，在文化礼堂开展主题服务活动超150场。

（王婷婷　吴舟超）

统一战线工作

【概况】 2022年，中共岱山县委统一战线工作部（简称县委统战部）坚持以习近平新时代中国特色社会主义思想为指导，深入学习贯彻习近平总书记关于加强和改进统一战线工作的重要思想，认真落实中央和省、市、县委决策部署，全年组织民营经济界、无党派人士、党外知识分子、新经济新社会人士以及宗教界开展各类教育、帮困等活动30场次，捐款45万元，走访170人次。是年，宁波市岱山商会、乡贤夏

2022年8月16日，“喜迎二十大　共筑富裕梦”岱山县海洋非遗表演专场在高亭镇板井潭村举行（县委宣传部　供图）

赛丽、邵俊斌等开展助困、助医、助学、助创行动，分别捐资45万元（含教育基金30万元）、30万元，并捐赠“全自动核酸提取仪”（价值约65万元），引进投资项目6个；以数字化改革为牵引，促进经济健康发展，3家民营企业获市级“清廉民企”示范点，10家民营企业通过县级“清廉民企”示范点验收；发挥党外代表和委员作用，在新一届人代会、政协会议“两会”期间，提出提案、建议170件。围绕中心、服务大局，为高水平建设岱山共同富裕示范区海岛样板汇聚统战力量。

【同心系列活动开展】 2022年，县委统战部深入开展“喜迎二十大·奋进新征程”同心系列活动，把统一战线思想和行动统一到中共二十大精神上来。在民营经济人士中开展“永远跟党走奋进新征程”宣传教育；在无党派人士、党外知识分子和新的社会阶层人士中开展爱国奋斗系列宣讲、“寻美岱山”系列活动；在宗教界深入开展“三教同行奋进新征程”实践活动，开设“之江问道·宗教中国化”蓬莱大讲台；在港澳海外领域开展主题宣传教育活动30余场次。

【大走访大调研活动】 2022年，县委统战部调整完善县委领导联系统战各领域代表人士制度，建立乡镇党政班子领导联系重点新乡贤制度。在严格做好疫情防控的前提下，通过线上联系、线下走访，领导带队、部门领衔，对全县党外代表，民营经济代表，新的社会阶层、侨界、宗教界人士，新乡贤等进行走访、座谈、慰问累计170余人次，帮助解决各类问题20余项。

【专题学习培训】 2022年，县委统战部贯彻落实《中国共产党统一战线工作条例》和浙江省实施细则情况纳入巡察范围，组织各级党组织深入学习中央和省、市委统战工作、宗教工作会议精神，召开县委统战工作暨宗教工作会议，参会对象扩大到全县村（社区）支部（总支）书记；召开县委统战工作领导小组会议、民宗工作协调小组会议等，新增统战工作领导小组成员单位6家，组织开展统战干部培训，开展乡镇党委书记谈统战，首次在统战工作领导小组会议上述职。

2022年7月5日，县委统战部举行“喜迎二十大 奋进新征程”岱山县统一战线“同心共富”行动启动仪式（县委统战部 供图）

【数字统战建设】 2022年，县委统战部制订数字统战工作年度计划，成立数字统战工作建设专班，贯通“数字统战”综合应用，完成政务内网建设，成为省工商联浙商在线应用贯通试点。围绕浙里党外代表人士全链条管理、乡贤通、多党合作等应用，提高日活率、使用率，聚焦宗教领域的难点痛点堵点问题，迭代升级“岱山宗教智巡”应用场景，“宗教智巡”应用被列入全省统战系统“好应用”候选名单，在8月30日，全省数字化改革推进会上，作为省党建统领整体智治系统实践创新项目被省委办公厅以书面形式交流汇报，并在《舟山数字化改革》（工作动态，第31期）发表理论成果，获中央统战部宗教工作专项督查组和省委常委、统战部部长邱启文肯定。

【“同心共富”行动】 2022年，县委统战部聚力共同富裕，制定统

2022年7月23日，县委统战部联合民革舟山市委会在衢山镇万南村文化礼堂开展“博爱·牵手”“同舟专列一岛一品”社会服务活动（县委统战部 供图）

一战线“同心共富”行动实施方案，开展同心助学、助医、助困、助创“四助”活动，工商界、宗教界等踊跃参与。在活动启动仪式上，捐赠资金45万元；宁波岱山商会企业家在教师节前，再次向县教育基金捐赠30万元，累计捐赠120万元。全面梳理统一战线各界资源和组织，参与市委统战部组织的“共富有我”积分赛活动，梳理经典活动、活力组织、品牌阵地，科学机制等项目20余个，名列全市各县区第一；联合市民主党派，开展“一岛一品”服务，民革市委会走进秀山岛、衢山岛开展“博爱牵手海岛共富”送医送药活动。开展进小岛、进村（社）指导同心共富，回访品牌阵地建设、回访看发展的“两进两回”行动，引导乡贤回归带富、领富、帮富，全年引进新乡贤投资项目6个，累计资金4亿元；依托“同心同舟我爱家乡”海岛行活动，开展新乡贤公益善行海岛活动。新乡贤夏赛丽向县慈善总会捐赠资金30万元，助力于“小岛你好”活动；新乡贤邵俊斌捐赠全自动核酸提取仪2台，价值65万元。实施“万企兴万村”行动，15家民营企业与15个集体经济薄弱村结对，全面提升村级经济、改善村庄环境。开展新乡贤企业与村社结对，帮助农民销售农产品，盘活资源。岱西镇胡杰等新乡贤帮助结对村实现收入40余万元。

【**助企纾困专项活动**】 2022年，县委统战部组织各界代表深入基层，开展“走亲连心助稳扶强”助企纾困专项活动，向全县民营企业家发出“坚守主业坚定信心”的倡议，召开民营企业家座谈会和“亲清直通车政企恳谈会”，面对面听取企业家意见建议，帮助解决实际困难，优化营商环境。走访北大教授裴坚创办的博雅聚力新材料科技有限公司，并邀请其到岱山考察，开展相关项目的洽谈。深入开展清廉民企建设，促进民营企业建立现代企业管理制度，晨光电器、舟富食品、海山密封3家企业创建为市级“清廉民企”示范点，恒泰漆业等10家民营企业通过县级“清廉民企”示范点考核验收。

【**发挥党外人士作用**】 2022年，县委统战部联合县人才办公室出台《推进乡村振兴加强全县新乡

2022年4月22日，县委统战部召开亲清直通车 政企恳谈会暨落实减税降费 优化营商环境宣讲会（县委统战部 供图）

贤人才队伍建设办法》，认定首批特色新乡贤工作室6个、新乡贤带富实践基地3个，在助推乡村振兴中发挥积极作用。联合县人民检察院，做好“益心为公”检察云平台的试点工作，8名无党派人士参与公益诉讼案件等。指导县新的社会阶层人士联谊会升级社会组织创客空间，落实社团工作室，打造“新阶层人士之家”。持续发挥“蓬岛公益”品牌作用，开展公益活动，民安公益等组织不断展现新的社会阶层致力于服务社会的力量。组织召开民主协商会，围绕共同富裕、法治建设、文明城市创建等重点工作，开展民主协商5场次，推进工商联、无党派人士的民主监督。推进党外代表人士参政议政工作，在新一届人大代表和政协委员中，有党外代表69人，党外委员101人，是年，在县人代会和县政协会议期间提出建议、提案170件。

【聚力人才培养】 2022年，县委统战部指导县知联会完成副会长、秘书长人选的更替工作，培养年轻会员担任重要岗位；建立党外知识分子人才库，全面排摸县属部门、乡镇、企事业单位党外知识分子情况，并形成调研材料。开展无党派人士“双走访月”活动，对全县“75后”36名无党派人士进行集中走访，建立无党派人士档案库；制定出台《无党派人士队伍建设和服务管理工作办法》，实现发现、培养、使用无党派人士全链条管理，做好无党派人士推荐认定工作，关爱优秀党外知识分子，关注党外干部培养、推荐，其中1名党外知识分子被提拔为科级领导干部。

（王小仪）

新乡贤创业共富基地——衢山镇藏红花共富基地（县委统战部 供图）

机构与编制

【县级行政机构和人员】 至2022年末，全县设党政群行政机构38个（不含乡镇），其中县委工作机构7个，纪检监察机关1个，工作机关6个，县政府有政府办公室和工作部门21个，人大机关1个，政协机关1个，法院1个、检察院1个，群团机关4个，县政府派出机构2个。县级机关行政编制总数为1150名（不含乡镇），实有1136人。其中，县属地方行政编制494名，实有523人；政法专项编制558名，实有528人；地方专项编制（市场监管、物价）98名，实有85人。

2022年末岱山县县级机关行政编制和实有行政人员情况表

表1

单 位	分配编制数（名）	实有行政人员数（人）
县纪律检查委员会、县监察委员会（合署）	40	39
县纪委县监委纪检监察组	47	36
县委巡察工作领导小组办公室	4	3

续表1

单位	分配编制数（名）	实有行政人员数（人）
县委办公室（挂县委县政府政策研究室、县委保密办〈县国家保密局〉、县委机要局〈县密码管理局〉、县档案局牌子） 县委台湾工作办公室（合署、挂县政府台湾事务办公室牌子） 县委县政府信访局（合署）	22	23
县委组织部（挂县委编办、县委机关工委、县委老干部局、县委两新工委、县公务员局牌子）	26	22
县委宣传部（挂县政府新闻办、县文明办、县新闻出版局、县网信办牌子）	9	14
县委统战部（挂县民族宗教事务局、县政府侨务办牌子） 县归国华侨联合会（合署）	8	10
县委政法委员会	11	10
县人大常委会办公室	11	43
县政协办公室	8	32
县政府办公室（挂县政府外事办〈县政府港澳事务办公室〉、县大数据发展管理局、县口岸办牌子）	28	31
县发展和改革局（挂县国防动员办公室、县人民防空办公室、县政府金融工作办公室牌子） 县委社会建设委员会（合署）	14	16
县经济和信息化局（挂县科技局、县商务局、县粮食和物资储备局牌子）	17	18
县委教育工委、县教育局	10	7
县民政局（挂县退役军人事务局牌子）	9	8
县财政局（挂县政府国有资产监督管理办公室牌子）	43	35
县人力资源和社会保障局	13	12
县自然资源和规划局（挂县林业局牌子）	12	11
县住房和城乡建设局	9	9
县交通运输局	9	11
县农业农村局（挂县乡村振兴局、县水利局牌子）	14	11
县文化和广电旅游体育局（挂县文物局牌子）	10	10
县卫生健康局（挂县医疗保障局牌子）	10	10
县应急管理局	10	9
县审计局	13	15
县市场监督管理局（挂县知识产权局牌子）	19	19
县市场监督管理所（分局）	89	78
县物价监督检查分局	9	7
县统计局	7	4
县综合行政执法局（挂县城市管理局、县综合行政执法队牌子）	10	5
县海洋与渔业局（挂县海洋行政执法局牌子）	13	10
岱山经济开发区党工委、管委会	6	11
县政务服务办公室（挂县公共资源交易管理办公室、县最多跑一次改革办公室牌子）	7	5
县公安局	400	375
县司法局（挂县行政复议局牌子）	19	19
衢山、高亭、东沙、岱西、岱东、长涂、秀山司法所	12	10
县总工会	6	7
共青团岱山县委	6	7
县妇女联合会	6	6
县工商联合会	4	5
县人民检察院	45	45
县人民法院	82	79

【县级事业机构和人员编制】 截至2022年末，全县共有各类事业机构172家（不含乡镇），其中全额拨款146家，差额拨款17家，经费自理9家，按行业门类分为一般公共事业单位128家、学校25家、医院10家，使用事业编制的群团单位7家、法检事业单位2家。是年，全县县属事业编制总数3862名，实有3854人。其中，全额拨款编制2750名，实有人员2712人；差额拨款编制1024名，实有人员1069人；经费自理编制88名，实有人员73人。

【乡镇机构和人员编制】 截至2022年末，全县设置6镇1乡，分别为衢山镇、高亭镇、东沙镇、岱西镇、岱东镇、长涂镇、秀山乡。为贯彻落实中央、省委、市委关于深化基层管理体制改革，加强基层治理体系和治理能力现代化建设的决策部署，11月，县委编办调整完善乡镇机构编制事项，将内设机构和事业单位调整为与基层治理四平台运行相适应，乡镇党政内设机构由7～9个调整为8～10个，事业单位整合设置为各1个。设置综合信息指挥室、党建工作办公室、经济发展办公室、平安法治办公室、社会事务服务管理办公室、渔农业发展办公室、村镇建设和管理办公室、应急管理办公室。另外，衢山镇、高亭镇设置内设机构10个，将渔业、农业发展办公室分开设置，并设置财政办公室。衢山镇、高亭镇、东沙镇、岱西镇、岱东镇、长涂镇、秀山乡事业机构为1个：综合服务中心（挂便民服务中心牌子）。全县乡镇行政编制324名，实际分配299人，实有人员274人。乡镇事业编制279名，实有人员275人。

【基层管理体制改革】 2022年，中共岱山县委机构编制委员会办公室（简称县委编办）积极落实市、县委“1612”体系建设，印发《关于加强乡镇编制统筹管理深化基层管理体制改革的实施方案》。将原岱山县社会矛盾纠纷调处化解中心更名为岱山县社会治理中心，挂岱山县综合信息指挥中心牌子。按照“1+4+X”架构体系，重新制定印发7个乡镇机构编制规定文件，调整设置乡镇内设机构、整合乡镇事业单位，各乡镇均综合设置下属事业单位1家。制定出台《岱山县乡镇周转编制管理办法》，核定25名行政编制、6名事业编制纳入“周转池”，强化编制资源向基层倾斜。建立健全乡镇人员岗位管理机制，明确乡镇和部门派驻人员统一纳入岗位管理，梳理形成18个类别70个岗位指导目录，推动身份管理向岗位管理转变。鼓励乡镇中层职数和部门派驻机构职数统筹使用。

【“大综合一体化”行政执法改革】 2022年，县委编办精简整合14支执法队伍，形成“1+6+1”执法队伍体系（即综合执法、市场监管、生态环境、交通运输、自然资源、应急管理、卫生健康、海洋综合执法8支队伍），专业执法队伍精简比例为50%。完成能源监察、殡葬改革、劳动监察、水政监察4支专业执法队伍的撤销或更名，不再保留农业、文化市场2支队伍牌子。整合县综合行政执法局所属原各执法中队，组建县综合行政执法队，与县综合行政执法局实行“局队合一”体制。推进执法力量下沉，采取“派驻+联系”执法力量下沉方式，下沉乡镇执法编制144人，占执法队编制总量的66.1%，市场监管、自然资源基层站所配置到乡镇执法编制112人。在衢山镇、东沙镇、岱西镇、岱东镇、长涂镇、秀山乡等6个采取“赋权”执法模式的乡镇设立综合行政执法队，与县综合行政执法队派驻的执法中队实行一个机构、两块牌子，承担本乡镇法定职责及赋权的行政执法事项，统一指挥协调辖区联合执法工作。

【党政机构体制机制完善】 2022年，县委编办优化完善县委教育工作委员会，为县委派出机关，与县教育局合署办公，切实加强县委对全县学校党的建设的全面领导。在县市场监督管理局增挂县知识产权局牌子，强化知识产权区域行政管理和统筹协调能力，加大县域知识产权保护力度。中共岱山县委党校加挂岱山县社会主义学校牌子，规范统战人才教育培训工作。深化国防动员委员会办公室体制改革，做好国动办机构编制调整工作，为构建县域国动新格局提供坚强的机构编制保障。将县公安局机场派出所更名为东沙派出所，城郊派出所更名为岱东派出所，规范基层派出所设置。在岱山县人才储备评荐服务中心加挂岱山县高层次人才服务中心牌子，贯彻落实中央、省委、市委人才工作会议精神，更好地服务全县高层次人才。将岱山县行政服务保障中心更名为岱山县政务服务管理中心，推进政务服务标准化规范化便利化。成立岱山双峰新城学校，改善岱山实验学校超负荷运行现状，推进岱山教育优质均衡发展。

【机构编制资源配置优化】 2022年，县委编办创新机构管理方式，制定印发《岱山县事业单位编制周转管理办法》，盘活编制存量，保障县委、县政府重点中心工作顺利推进，为县政策研究中心增编7名，核增医疗健康集团报备员额114名，核准周转编制3名。将编制资源重点倾向民生和基层一线领域，核准乡镇用编40名，医疗卫生系统招聘用编49名，教育系统用编31名，公安及行政执法局等一线执法用编37名。开展新一轮卫生系统核编工作，同步推进县级3家公立医院报备员额管理，制定出台《岱山县县级公立医院报备员额实施方案》。科学规范编外用工管理。依托“编外用工智慧化管理”平台，建立完善编外人员数据库，规范部门编外用工管理，审核通过编外用工149人，减少173人。

【机构编制管理规范】 2022年，县委编办深入贯彻《中国共产党机构编制工作条例》及配套制度，制定《岱山县机构编制核查办法》《岱山县机关事业单位空编使用管理办法》《岱山县机关事业单位编外用工实名制管理办法》《岱山县事业单位编制周转管理办法》《岱山县乡镇周转编制管理办法》《岱山县县级公立医院报备员额实施方案》等办法和配套方案，理顺制度，规范机构编制审批事项流程，确保科学民主决策。高质量完成机构编制核查工作，持续落实机构编制重要事项年度报告工作。是年，对10个机关事业单位进行专项检查，发现问题1个并进行整改，强化机构编制法规制度的严肃性。

2022年9月20日，省委编办副主任江波（左边左起第二）到岱山开展《条例》及配套法规制度落实情况的督查工作（县编办　供图）

【事业单位登记管理规范】 2022年，县委编办完成全县199家事业单位法人年度报告公示工作，办理变更登记99家，证书补换领10家；统一社会信用代码证书变更20家。完成9家事业单位注销工作，着力解决事业单位应注销未注销难题。推进事业单位规范制定章程，实现全县事业单位章程覆盖率为100%。完成事业单位登记管理档案电子化工作，提高档案查询、使用效率，按照“双随机”要求对6家事业单位进行抽查，进一步加强事业单位事前、事中、事后的全方位监管。

（王晓旭）

县直机关党建工作

【概况】 2022年，中共岱山县委直属机关工作委员会（简称县直机关工委）坚持以习近平新时代中国特色社会主义思想为指导，在县委正确领导下，认真贯彻中共二十大精神，牢牢把握“围绕中心、建设队伍、服务群众”的工作主线，深入实施“红色根脉强基工程”和“双建争先”行动，扎实推进“建设清廉机关、创建模范机关”工作。是年末，县直机关工委下辖党组织204个，其中机关党委9个，党总支15个，党支部180个，党员2611人，新发展党员37人；指导8个党总支、64个党支部的换届工作，评选县级“五星”党组织21个、清廉岱山建设先进集体1个、先进个人14人，表彰第二批模范机关10家，组织举办机关事业单位、国企、民营企业、乡镇、村（社区）党员和党务干部理论培训班、业务培训班、理想信念培训班100次、3500余人，为高水平建设现代海洋城市中加快海岛现代化提供坚强保证。

【机关党的政治建设】 2022年，县直机关工委以“政治建设、思想建设、组织建设、作风建设、纪律建设”五大内容为抓手，分别于2月、6月召开县直机关党组织书记抓机关党建工作述职会议和全县机关党的工作暨“双建”工作推进会议，坚持高标准落实“双指数”考评和述职评议机制，评选出“五星党组织”21个，表彰第二批“模范机关”10家。在《“建设清廉机关、创建模范机关”评价指标体系》的基础上，探索实施“434”（四数“体检指标”、三评“会诊方案”、四色“跟踪预警”）机关党建考核办法，入选县年度基层党建“揭榜挂帅”重点项目库，确保“双建”工作创有目标，争有方向，着力破解个别机关党支部“后进”难题。

【机关党的思想建设】 2022年，县直机关工委组织新发展机关党员到鱼山新村红色教育基地举行集中入党宣誓，出台《“喜迎二十大、奋进共富路、双建争先”实施方案》，组织实施“学习贯彻二十大　勇毅前行践初心”系列活动，举办微党课大赛、青年理论宣讲大赛、专题党史知识竞赛等党日主题活动20余场。围绕党员培训，依托“云上教育”等平台载体，开展机关党员及党务干部理论培训、业务轮训、理想信念教育100余次。7月，县直机关主题党日教育基地在鱼山新村红色教育基地和大峧山村红色旅游基地挂牌成立。围绕党风廉政教育，打造《机关党建全过程开展常态化清廉教育机制建设》清廉项目，联合县纪委、县妇联开展“清廉家庭”评选活动，其中获评清廉岱山建设成绩突出集体1个、清廉岱山建设成绩突出个人14人。

【机关党组织助力中心工作】 2022年，县直机关工委在疫情防控中，加强“党建+疫情防控”工作，不间断安排全县党员干部职工2100余班、16500余人次作为防疫志愿力量；组建机关干部先锋队51支、675人，以加强应急防疫队伍储备建设。在创城攻坚中，各机关党组织分片包干，常态化参与环境整治、文明劝导等专项整治。印发《机关党员干部带头做好备案非标电动自行车提前淘汰置换工作倡议书》，发挥机关党员先行作用，支持全国县级文明城市创建工作。在推进共

2022年6月17日，全县机关党的工作暨“双建”工作推进会在县行政中心召开（县直机关工委　供图）

2022年7月1日，机关新发展党员集中入党宣誓活动在鱼山新村红色教育基地举行（县直机关工委　供图）

同富裕中，举办“共同富裕·青年说”理论宣讲大赛暨微型党课大赛；承接“破百难•助共富”“解难题　强服务　助共富”活动，争取项目3个，促成与省农科院签约，组织专家破解岱东镇沙洋村花生田犁耕种作业障碍问题；邀请专家到岱山为有关企业提出新型耐腐蚀电镀工艺建议，开展相关技术实验，提高岱山电镀产品竞争力。

【规范党组织建设】 2022年，县直机关工委强化责任落实，狠抓党组织规范化制度化建设。深化专项督察、销号整改、回头查看工作机制，对全县204个机关党组织进行全面体检，及时清查整治党务工作事项外包、委托辅助服务事项不规范、非党员从事党务工作等突出问题19个。通过在线业务培训、岗位轮训等形式，提升机关党务干部工作素能，实施“靶向精治”，开展“送课上门”系列活动6期，为机关党务干部提供实用性业务指导。举办县直机关党组织书记培训班1期。全年完成所属8个党总支、64个党支部的换届指导工作，发展党员37人。指导县文化和广电旅游体育局直属机关党委、县公安局机关党委成立老年党支部各1个。加强国有企业党建工作，原所属岱山县安澜城市建设投资集团有限公司党委、浙江省岱山蓬莱交通投资集团有限公司党委、县财政局党总支整建制转入县财政局党委。

【清廉模范机关建设】 2022年，县直机关工委以“围绕中心、建设队伍、服务群众”为重点，围绕政治建设、思想建设、组织建设、作风建设、纪律建设，全面推进“建设清廉机关、创建模范机关”工作。以县直机关党组织《“建设清廉机关、创建模范机关”评价指标体系》为牵引，建立健全机关党建和业务工作同谋划、同部署、同落实、同检查的运行机制。按照“建成一批阵地、树立一批标杆、打造一批品牌”的工作理念，评选出县气象局机关党支部“风雨同舟、勇立潮头”、县人民法院衢山法庭党支部“瀛洲天平”等示范星级党建品牌10个，县气象局机关党支部书记赵虎炯获评全国“人民满意的公务员”，县公安局罗家岙派出所、县审计局获评全市“建设清廉机关、创建模范机关”工作先进集体。

【发挥群团作用】 2022年，县直机关工委坚持党建带群建，加强党群联动，发挥工青妇等群团作用，展现机关多元活力。机关团工委所属1名团支部书记和1名团员分获舟山市优秀共青团干部和舟山市优秀共青团员。机关妇工委组织开展“巧手创意，点亮美丽”三八国际妇女节纪念活动，所属舟山市住房公积金管理中心岱山县分中心妇委会成立。机关工会工委组织开展“喜迎二十大，登高看发展”职工登山活动。

（林颂钧）

老干部工作

【概况】 2022年，县委老干部局以党的十九届五次会议和二十大精神为主线，忠实践行“八八战略”，着力推进新时代岱山县老干部工作。至年末，全县有离休干部19人（含代管1人），其中抗日战争时期入伍的4人，解放战争时期入伍的15人；行政事业

2022 年 11 月 29 日，县委老干部局邀请县委党校讲师为离退休干部解读中共二十大精神（县委老干部局　供图）

单位退休干部职工 3120 人，其中县（处）级退休干部 30 人，科级（实职）退休干部 256 人，一般干部 2834 人。

【县（处）级离退休干部政治待遇和生活待遇落实】 2022 年，县委老干部局组织离退休干部学习中共二十大、全国“两会”、全国老干部工作“双先”表彰大会、省第十五次党代会、市委八次党代会精神，参加县党代会、人代会、政协会和全国离退休干部网上专题报告会等会议 20 次，为全县县（处）级离退休干部订阅《浙江老年报》《今日岱山》《共产党员》。落实老干部思想顾虑、家庭问题、重大节日、生病住院和特殊困难必访的“五必访”和每季度一次的联系慰问制度，对重病、生活长期不能自理的老干部每月至少走访 1 次。实施“一人一策”服务方案，成功化解一起离休干部信访积案。全年上门慰问祝福年届 80 周岁、90 周岁、100 周岁的离退休干部 48 人。8 月，启动全县离退休干部“浙里老干部”应用注册工作，至年末，共注册 857 人。9 月，组织县（处）级退休干部到县第一人民医院进行健康体检。11 月，组织县（处）级退休干部赴定海区、普陀区开展中共二十大精神现场学习活动。继续组织实施“银龄跨越数字鸿沟”行动，与电信、移动、银行等部门联合开展智慧助老活动 30 场次，培训约 1000 人次。

【党的建设工作】 2022 年，县委老干部局强化老党员活动阵地建设。3 月，在岱山农商银行挂牌银色家园（老党员驿站）。6 月，组织岱山籍离退休干部党员 50 人到市老干部活动中心，参加第三期异地大党课听课。8 月，启动银领先锋“双结对”活动，发挥老党员“传帮带”作用，其中 3 个离退休干部党支部志愿结对 3 个海岛、企业、渔农村最基层党支部，15 名离退休干部党员志愿结对 15 名创业青年、基层干部、年轻干部。加强离退休党支部规范化建设，全年创建 5 个省级规范化离退休干部党支部、2 个在

2022 年 3 月 10 日，县委老干部局、岱山农商银行举行“党建共建　银色家园”授牌仪式（虞佩雄　摄）

规范化建设完成省级“三强六好”（凝聚力强、引领力强、组织力强和组织设置好、班子建设好、党员队伍好、学习活动好、作用发挥好、制度坚持好）离退休干部党支部创建工作。

【志愿服务行动】 2022年2月，县委老干部局组织260人次老干部到社区（村）基层开展“银领共富路，喜迎二十大”系列送春联活动3次、老年书画比赛2次、老少文艺会演10次。5月，组织银领志愿服务团队开展“共富同行　银耀有我”主题活动宣讲10次、文明劝导2次、矛盾调解4次、环境整治5次。9月，联合县慈善总会开展“礼赞新成就，喜迎二十大”主题知识竞赛等“快乐生活　孝亲敬老”志愿服务活动，参与老同志200余人次。推进“浙里康养”建设工作。是年，挖掘“银尚之家”5家、“银尚达人”50名，挂牌“乐活驿站”3个。

（虞佩雄）

精神文明创建

【概况】 2022年，全县精神文明建设工作以习近平新时代中国特色社会主义思想为指导，学习贯彻党的二十大精神，培育社会主义核心价值观，深化全域文明创建，忠实践行“八八战略”和《全国县级文明城市创建三年行动计划（2021—2023年）》及全县工作总目标，扎实推进各项创建工作高质量，拓展新时代文明实践。是年，岱山县在全国县级文明城市创建中获全省第一。

【文明家庭评选】 2022年，岱山县精神文明建设指导中心（简称县精神文明建设指导中心）以社会主义核心价值观为引领，群众思想道德建设为根本，广泛开展文明村镇、文明单位、文明家庭、文明小区、文明窗口等文明细胞创建活动。是年，选树市级文明家庭12户、县级文明家庭30户，其中代丽萍家庭获评全国最美家庭、何军家庭获评浙江省最美家庭。

【文明校园复评】 2022年，县精神文明建设指导中心引导中小学校推动课程育人、文化育人、活动育人、实践育人、管理育人、协同育人，市级文明校园创成率和复评通过率均为100%。

【身边好人评选】 2022年，县精神文明建设指导中心选树身边好人、最美系列、道德模范等先进典型。是年，入选“浙江好人”2人、“舟山好人”6人，被评为第七届岱山县道德模范10人，其中沈华忠被市政府授予见义勇为二等功。

【先进事迹宣传】 2022年，县精神文明建设指导中心以举办“德耀岱山”道德模范先进事迹巡回宣讲，推出“岱山好人故事”，形成全社会崇德向善、见贤思齐的氛围。深入基层开展“移风易俗树新风”“弘扬真善美传递正能量”主题实践活动70场，覆盖全县乡镇和渔农村，参与者近千人。

【“志愿者之城”建设】 2022年，县精神文明建设指导中心建立海上新时代文明实践号，精准开展流动服务，惠及偏远海岛群众6367人次。打响“金银渔嫂”“城市啄木鸟”“瀛洲红帆”等志愿服务品牌，开展“春风化雨润基层”党的理论政策宣讲、“我们的节日”等主题志愿服务活动3.6万场次，举办首届志愿者服务交流大会，遴选县级志愿服务项目8个，其中“爱暖孤心”——“关爱失独家庭志愿服务”获评舟山市第二届新时代文明实践志愿服务项目金奖，“海”好有你——“海上垃圾分类志愿服务”入围第三届浙江省志愿服务项目大赛，于2023年1月获铜奖。

【未成年人思想道德建设】 2022年，县精神文明建设指导中心加强中小学校思想、政治、品德、法治、劳动等主题教育，发放“文明岱山24礼”书签9700张。6月2日，央视《焦点访谈》栏目播出《少年强　中国强　立志向　有梦想》，其中大篇幅正面报道岱山海岛未成年人教育。发挥社区教育平台作用，深耕“大手拉小手”志愿品牌活动。评选县级“新时代好少年”31人，入选市级“新时代好少年”3人、省级“新时代好少年”1人。开展“红领巾喜迎二十大，争做新时代好队员”“请党放心强国有我”“扣好人生第一粒扣子”等主题教育实践活动千余场次。拓展未成年人活动阵地，发挥“红领巾学院”品牌育人作用，推动“春泥计划”和乡村学校少年宫、复兴少年宫联动共建，并在全市乡村复兴少年宫创新案例中，岱山县获一等奖1人、三等奖3人；在舟山市优秀童谣征集中，岱山县获未成年人组二等奖2人、成年人组二等奖1人和三等奖1人。

【“浙江有礼”省域文明新实践】2022年，县精神文明建设指导中心出台《关于开展“浙里仙岛以礼相‘岱’”文明新实践的实施意见》，广泛推行“文明岱山24礼”，开展“传承好家风、礼让斑马线、聚餐用公筷、随手做志愿、重信守承诺、垃圾要分类、烟蒂不落地、邻里讲和睦、就餐不浪费、带走半瓶水”十大文明养成习惯。分发“光瓶行动”餐桌牌2.6万余个、书签4.8万余张、瓶口套10万余个，设计浙江十礼公益广告3套。打造有礼地标，拍摄“浙江十礼”公益宣传片10余集，制作“剪纸说浙江十礼”“渔民画文明岱山24礼”视频宣传片，在“学习强国”学习平台、浙江政务短视频联盟等平台刊播。开展全县浙江十礼漫画比赛，举办文明礼仪知识竞赛，在融媒体开设有礼专栏，推出《文明一家人》系列广播漫画剧，讲好有礼岱山故事和文明随手拍线上活动，发放《岱山县文明宣传手册》7万余册，确保一户一册在手。

【文明城市创建工作机制建设】2022年，县精神文明建设指导中心完善县委统一领导、党政齐抓共管、创建办组织协调、有关部门各负其责、全社会积极参与的领导体制和工作机制，明确18个专项工作组的职责和联系的县领导等，以督查促整改，以整改促提升，完善督查、抄告、督办、通报、考核、问责等工作机制。全年，开展常态化督查。采用县创建办督查和委托第三方开展全县文明城市测评4次，县创建办开展专项督查150余批次，发布创城专报通报88期，发送抄告单779期、督办单49单。深入实施创建点位工作责任制、网格化管理、文明单位动态管理、文明细胞创建等长效机制。推进数字文化系统建设，迭代升级数智创城应用场景，发现问题6297个、整改6275个，整改率为99.6%。

【文明城市创建工作】2022年，县精神文明建设指导中心有序开展创城项目39个，推进重点居民区整治飞线、广告栏、乱倒垃圾文明村镇整治任务。是年，提升改造蓬莱四小区老旧小区，安宁路、滨港路等9条道路的公益墙绘和公益景观小品的设置。开展各乡镇排查环境问题共1000余个和渔农村环境整治提升专项行动。加强执法力度，查处机动车违停7826起、拖移未按规停放非机动车6382辆，机动车未礼让斑马线15195起、非机动车不戴头盔13217起、逆行带人等行为5812起。立案查处绿地乱停车现象40起，查处占道经营和流动设摊62起，携犬出行未牵绳、随地便溺行为34起，查处丢烟蒂行为372起。加强公共服务设施建设，打造“能席地而坐”点位3处，构建完善15分钟生活圈，建设新时代文明实践中心1个、文明实践站7个、文明实践所87个。实现全县新时代实践服务全覆盖，推动志愿服务制度化常态化，参与文明城市创建各具特色的志愿服务活动约3.6万场次。

（何飙翁）

融媒体中心工作

【概况】2022年，县融媒体中心坚持以习近平新时代中国特色社会主义思想为指导，以党建为统领，积极探索传统媒体和新兴媒体融合的具体运用，坚持正确的政治方向、舆论导向、价值取向，加快推进媒体融合向纵深发展，深耕“媒体+政务”，不断提升传播力、引导力、影响力、公信力，为全县经济社会发展提供强大的宣传舆论保障和精神文化支撑。是年，县融媒体中心荣获舟山市五一劳动奖状。

【办公室工作】2022年，办公室负责中心日常运转，承担文秘、档案、信访、保密、信息、会务、综合治理、安全保卫、后勤保障等工作，承担中心党群工作和机构编制、队伍建设、人事管理、劳动工资、教育培训等各项事务的统筹协调、综合管理，负责人大、政协建议提案、领导重要批示件督办工作，研究提出中心整体发展规划、思路、工作计划和总结等，承担管理人员岗位考核及人才的选用育留等工作。

【总编室工作】 2022年，总编室根据编委会的采编工作部署，策划组织年度有较大影响力的重大主题报道，统筹协调中心的日常编务和精品创优，负责阶段性重点新闻宣传和重大新闻报道活动的策划，负责新闻业务培训、阅评、通联、外宣等工作，总编室于每天下午四点召开会议，由第二天电视编委主持。参加人员包括全体编委、各平台负责人和相关编辑、全体记者，通过对选题策划报道流程重塑，实现对新闻的全面掌握。该机制实现各类信息当场汇总、报道选题当场拍板、新闻策划当场议妥、重要新闻当场定版“四个当场”，使新闻的采写、编辑、发布三个环节处于事前掌握与可控状态，进一步增强新闻报道的预见性、主动性、灵活性。

【记者部工作】 2022年，记者部组织实施新闻宣传和重大报道策划方案，负责县域内政治、经济、文化、社会、生态、便民服务和全国县级文明城市创建等方面新闻线索的搜集采访，为编辑部提供文字、图片、音频、视频等全媒体稿件，做好视频内容的剪辑工作。

【编发部工作】 2022年，编发部设电视新闻编辑、《今日岱山》编辑、广播节目编辑、社教节目编辑4个编辑室，由各室编辑根据时效要求，编辑完成当天发布的新闻稿。电视新闻编辑室策划制订电视新闻宣传计划，确定宣传重点，负责电视新闻的编、制等工作；《今日岱山》编辑室策划制订报纸宣传计划，确定宣传重点、版面创意设计、印发等工作；广播节目编辑室策划制订广播节目宣传计划，确定宣传重点，负责做好广播新闻、专题节目的编、播等工作；社教节目编辑室策划制定电视专题宣传计划，负责电视专题节目的采、编、播工作。

【新媒体运营部工作】 2022年，新媒体主运营部负责中心各类新媒体内容的编辑发布和新媒体产品的研发，依托“仙岛岱山”“岱山电视台”微信公众号，“看岱山”App，岱山新闻网，“仙岛岱

2022年9月14日，台风“梅花”期间，县融媒体中心记者在东沙镇采访乡镇的抗击台风工作（县融媒体中心 供图）

2022 年 2 月 24 日，县融媒体中心开展安全播出预警发布系统测试

（县融媒体中心　供图）

山”微博号,“岱山县融媒体中心”抖音号等平台，发布新闻资讯、便民服务信息及短视频，依托国家级和省级媒体平台，开展对外宣传工作、重大活动和公益类活动的直播等。

【策划营运部工作】 2022 年，策划营运部负责社会活动的策划、组织、实施，做好全县重大活动的现场录制、后期制作等。

【技术保障部工作】 2022 年，技术保障部负责中心技术规划的制定、技术改造方案的实施、技术设备采购；负责转播中央电视台节目，播出自办广播电视节目；负责全县重大活动的技术保障工作；负责全台技术设备的调试、维护、保养和升级改造，负责广播电视节目的安全播出。

（王晓琼　马　娇　何　璐）

信访工作

【概况】 2022 年，中共岱山县委岱山县人民政府信访局（简称县信访局）共受理群众来信、来访、网上信访、来电信访 14567 件(批)次。其中来信 83 件次，比上年增长 2.5%；来电 6223 件次，比上年下降 17.7%；网上信访 7704 件次，比上年增长 364.4%；来访 557 批次、1889 人次，分别比上年下降 34.5% 和 35.6%。

【市委书记下访接访】 2022 年 3 月 16 日，舟山市委书记、新区党工委书记何中伟到岱山县下访接待约访，接待 3 批约访群众，围绕房屋受损、污染治理、改善海上交通等问题，面对面与来访群众沟通交流，详细询问与记录，现场解决群众诉求，并与岱山县及当地有关部门、乡镇负责人一起研究解决办法，向约访群众逐一作政策解释和答复。约访群众均对答复表示满意。

【落实“党建＋信访”工作机制】 2022 年，县信访局将信访工作纳入社会治理体系统筹范畴，形成依托党建抓信访、抓好信访强党

2022 年 3 月 16 日，市委书记何中伟（右二）到岱山下访接访（沈磊　摄）

建的工作格局，推动县委信访工作会议召开，有效构建信访责任体系。是年，县委常委会会议、县政府党组会议传达学习贯彻《信访工作条例》5次，专题研究信访工作情况。

【领导干部下访接访机制健全】2022年，县信访局严格落实领导干部下访接访工作机制，县委书记、县长带头接访群众、阅批来信。每月将接访时间、地点以及接访领导姓名、职务、分管工作等相关信息在县政府门户网站和县信访局候访大厅进行公告，实现接待信访群众“五公开”。全年，县级领导干部安排开门接访189次，接待来访群众76批次、197人次，在县级信访部门登记走访批次中占比80%，化解率为92.1%；县委书记、县长、县属部门主要领导阅批群众来信量占诉求类信访总量的46.7%。

【学习贯彻《信访工作条例》】2022年，县信访局部署组织800余名县、乡镇、村（社区）三级信访干部，开展《信访工作条例》专题学习活动，邀请省级部门专家授课，切实领会信访工作内涵和规律，持续提升做群众工作和依法行政的能力。

【严肃信访追责问责】2022年，县信访局启动信访工作机制“立改废”工作，制定出台《岱山县信访工作联席会议工作规则（试行）》，修订完成《岱山县信访工作责任制实施细则（修订）》，建立“一情双送”“一案双交”等机制，全面构建横向连接信访、纪检监察和各事权部门，纵向贯通县、乡镇、村（社区）三级责任闭环。按照实施细则，对因干部失职渎职引发诉求类信访问题等行为进行严肃追责问责，是年，处理追责问责相关干部17人次。

2022年5月25日，《信访工作条例》宣传进广场，依法信访入民心
（刘菲思　摄）

【矛盾纠纷化解】2022年，县信访局深入做好矛盾纠纷起底大排查，对排查出来的信访案件实行每日调度工作机制，全面了解情况，累计开展专项督查16批次，前后督查68人次，被省信访工作联席会议评为先进集体。

【全县信访积案攻坚清零行动】2022年，县信访局制定出台《岱山县信访积案攻坚清零大行动方案》，按照“五个重新”“五个一批”的要求，逐一落实县包案领导，专班攻坚。严格落实责任单位“一把手领办”“双责任主体界定”、县委分管领导定期听取单位主要负责人汇报等工作制度，打破属地乡镇、县属单位涉事部门工作壁垒，压实积案，化解“双主体”责任。全年，县信访联席会议召开积案专题分析会议、推进专题研商会议8次，党委信访联合督导组督办20余次，其中第一轮省级积案76件，提前半个月实现动态清零；第二轮省级积案8件，提前3个月实现清零，妥善化解市级积案24件次。

【信访工作体系健全】2022年，县信访局推进依法维护信访秩序专项行动，全面实行“专项排查”“专线经营”“专题会商”“三专”工作机制，持续推进信访工作与社会诚信体系建设深度融合。

（邵思远）

档案与史志工作

【概况】2022 年，岱山县档案馆（史志研究室）坚持以习近平新时代中国特色社会主义思想为指导，以中心组理论学习、主题党日活动、支部党课等为载体，深入学习贯彻习近平总书记关于档案史志工作、意识形态工作等重要指示批示精神，持续深化党的二十大精神学习教育，不断巩固深化党史学习教育成果。牢记“档案史志工作姓党”政治属性，围绕中心大局，突出整体智治，加快推进档案史志事业高质量发展，县档案馆（史志研究室）被评为全省党史工作先进集体、全省地方志工作先进集体，并在全省首次档案工作指数评价中位列全市第一。是年末，县档案馆馆藏案共 57592 卷、346044 件，照片 25742 张，光盘录像等 260 张，实物档案 1550 件，馆藏资料 20657 册。接待查档利用 1709 人次（含网上查档 940 人次、异地查档 79 人次），利用案卷 3965 卷、1006 件，复印档案 11888 页，出具证明 45 份；指导和审核村志 5 本，出版发行《岱山年鉴（2022）》，内部编辑发行《岱山记忆》4 期，圆满完成全年档案与史志工作任务。

【守好“红色根脉”使命任务】2022 年，县档案馆（史志研究室）围绕“重要窗口”“大桥时代”“绿色石化”等时代主题和地方标识，加强国家重大战略、重大工程、重大活动等重点领域档案工作，广泛开展特色档案资料的征集及编研工作。接收鱼山 3 个促淤工程、秀山大桥、鱼山大桥等专题档案照片约 100 张、“疫情防控”等两类数字化成果档案 7021 件。代保管官山大桥、秀山大桥等工程档案 2700 余卷。编写印制《金维映》书籍，系统介绍金维映烈士成长经历及革命斗争历程。制作宣传片《东海烽火　红韵岱山》，全方位聚焦岱山不同历史时期的红色胜迹，展现岱山的烽火岁月，通过多媒体多平台多渠道展播，全网点击量破 2 万人次。发挥金维映故居、岱山记忆党史馆阵地作用，全年累计接待参观者 1.5 万余人次。

【档案工作服务基层治理】2022 年，县档案馆全面启动档案工作服务基层治理工作，高亭镇闸口社区等 19 个村（社区）档案工作实现规范化、信息化建设。

【数字应用场景列入全省试点】2022 年，县档案馆（史志研究室）与县委宣传部共同开发“跟着方志游浙江（岱山）”数字应用场景作为全省试点子场景，被省地方志办公室纳入“浙里有志”重大应用场景，为全市唯一。“岱山记忆”应用场景在“浙里办”App 上线。依托“浙里办”App，集中展示地情文化研究成果、岱山红色文化、馆藏珍贵档案，累计推送 37 期。

【档案监管工作】2022 年，县档案馆（史志研究室）全面覆盖互联网 + 监管事项，开展双随机、重点专项执法检查 11 次。以博通档案管理系统全检和实地抽检的方式，对全县近百家单位 2021 年度各门类档案归档情况、信息化建设情况进行检查，实现在线监督、远程指导、即时反馈，进一步提升档案检查实效。结合档案年检，完成第一批 32 家档案室建设业务评价以及 3 家数字档案室创建工作。

【金维映故居数字化工程】金维映故居位于岱山县高亭镇清泰路后街弄 14 号，占地面积 349 平方米，建筑面积 158.54 平方米，分故居陈列室和史料陈列室两部分。1990 年 12 月，金维映故居仿原貌修复。1991 年 7 月，正式对外开放，后两次对故居进行扩建重修。2001 年 6 月，被命名为浙江省爱国主义教育基地；2005 年，被列入舟山市红色旅游基地；2009 年，被列入浙江省党史教育基地；2014 年，被列为舟山市文保单位；2021 年，被列为“浙江省红色旅游区”“浙江省关心下一代教育基地”。红木箱子被列为浙江省第一批可移动革命文物。2022 年，县档案馆（史志研究室）投入省拨资金 30 余万元，实施“金维映故居”数字化提升工程，通过数字赋能，优化空间布局，改造展陈方式，提高红色教育的智能化水平。

【档案便民服务】 2022年，县档案馆（史志研究室）完善馆室一体化平台，打通县、乡镇、村（社区）三级档案资源平台，建设机关、乡镇查档直通车。是年，全县各乡镇及75家县属单位实现自主查询本单位进馆档案。推广“浙里办”App掌上查档服务平台，不断扩大“一网查档、异地出证”惠民服务覆盖面。

【党史三卷编写工作】 2022年，岱山县档案馆（史志研究室）启动《中共岱山地方历史（1978年12月—2012年12月）》党史三卷编写工作，拟定纲目，明确编纂方案，并由县委办公室印发。撰写《中国共产党岱山历史大事记（1994—2012）》初稿，约18万字。

【志鉴编纂工作】 2022年，岱山县档案馆（史志研究室）完成《岱山年鉴（2022）》编纂出版工作。启动《岱山县志（2001—2020年）》修志工作，起草篇目框架、组织搭建编写队伍。谋划推进乡镇志，拟定“十四五”期间乡镇志、乡镇年鉴推进计划表。加强村志、部门志等的业务指导及审核工作，审核村志5本。

【地情文化品牌工程建设】 2022年，岱山县档案馆（史志研究室）突出年度特点及地域特色，优化《岱山记忆》期刊质量。实施“大桥时代”“岱山宋韵文化建设”主题专刊2期，全年编印4期，累计完成20期，成为全市史志期刊拳头产品。是年，岱山县地情文化建设品牌塑造工程被纳入舟山市社会科学研究课题，并获舟山市第十八次（2019—2020年）社会科学优秀成果奖作品三等奖。

（王　芳）

党校工作

【概况】 2022年，中共岱山县委党校（简称县委党校）认真学习习近平总书记关于党校工作系列重要论述和《中国共产党党校（行政学院）工作条例》，贯彻落实党的二十大精神和上级有关决策部署，全年召开理论学习中心组会议4次、校委会会议8次、月度工作会议12次、全体教职工学习会3次、支部党员学习交流6次、班子成员专题研究意识形态工作和民主生活会2次。

【开展教学培训】 2022年，县委党校举办新提任领导干部培训班、青干班、浙石化工程施工安全专题培训班等各类班次19期、1127人次；开展教师各类宣讲82场次，累计听课5000余人次。组织开展集中调研月活动，在《岱山新闻》播出“喜迎二十大”宣讲微视频5期，在《今日岱山》刊登“红色学府大讲堂”理论专栏6期。联合第三方培训机构开展线上、线下教育培训合作，邀请市级以上党校、高校系统优秀师资到校授课5次。

【科研咨政能力提升】 2022年，县委党校出台大额度资金使用标准、教学科研资助管理办法、调研月资金使用管理办法、推荐校级教学名师等评选管理办法和制度10余项。3个课题分获省委党校、市委统战部立项，《多元驱动推动海岛教育优质均衡发展》入选省委党校专项课题，其中1篇论文获省委党校理论研讨会二等奖。2篇理论文章分获全市法学会征文比赛、全市党校系统“推动共同富裕先行和高水平建设现代海洋城市”理论研讨会一等奖；10余篇专项课题调研文章在《舟山日报》《舟山社会科学》《中共舟山市委党校学报》发表；咨政信息《当前开展海岛旅游资源保护性开发已迫在眉睫》被中央办公厅录用。咨政调研文章《海岛现代化新征程背景下岱山县人口发展现状及对策建议》获全省党校系统年度优秀决策咨询成果三等奖。

【加强对外合作】 2022年，县委党校加强与省委党校、宁波市委党校、浙江海洋大学等院校教学、培训等方面的合作，开展线上、线下教育培训，聘请领导干部，省委、市委党校、高校的教师，专家学者等组成的兼职教师25人；与教育基地协作，成立“红、绿、蓝”三色现场教学基地18家，罗家岙派出所、岱山经济开发区、金维映故居等5家基地为首批示

2022 年 11 月 3 日，全省“数智党校”建设调研组调研“岱山数智党校”。图为县委党校“数智党校”推进情况汇报会
（县委党校　供图）

范性现场教学基地。

【建设“数智党校”】 2022 年，县委党校成立全省首批、全市首家“数智党校”工作专班，作为数字化管理应用建设单位，通过省委党校检查组验评，并入全省县区党校“学员全周期管理”应用试点单位。7 月，“岱山数智党校”纳入县数字化改革党建统领整体智治系统，基本实现课程安排、课程评价。“学员全周期管理”等应用到各班次，干部教育培训和在校学员实现全流程精准化、闭环管理数字化。

（郑展鹏）

责任编辑：吴依芳

岱山县人民代表大会

Daishan County People's Congress

综述

【坚持和完善人民代表大会制度】2022年，岱山县人民代表大会常务委员会（简称县人大常委会）是迈向第二个百年奋斗目标的开局之年，是岱山县经济社会高质量发展的重要一年。在中共岱山县委的坚强领导下，坚持以习近平新时代中国特色社会主义思想为指导，深入学习贯彻习近平总书记关于坚持和完善人民代表大会制度的重要思想、中央人大工作会议精神，坚持党的领导、人民当家作主、依法治国有机统一，认真履行宪法法律赋予的各项职责，为在高水平建设现代海洋城市中加快海岛共同富裕先行和县域现代化先行作出了积极贡献。

【完成主要目标任务】2022年，共召开人民代表大会1次、人大常委会会议8次，举行主任会议21次，听取和审议工作报告35个，作出决议、决定、审议意见46项，开展执法检查5次、专题询问1次，依法任免国家机关工作人员73人次，49名新任命干部进行宪法宣誓，审查规范性文件16件，各方面工作取得新进展、新成效，圆满完成县十六届人大常委会四十一次、四十二次会议和十七届人大一次会议确定的目标任务。

重要会议和活动

【县十七届人大一次会议】2022年2月12—15日，岱山县第十七届人民代表大会第一次会议在高亭召开，应到代表195人、出席188人，列席98人。会议共举行三次全体会议。听取和审查县人民政府代县长卢建波所作的岱山县人民政府工作报告、县人大常委会主任沈兆幸所作的岱山县人民代表大会常务委员会工作报告、县人民法院代院长曹敏所作的岱山县人民法院工作报告、县人民检察院代检察长黄志刚所作的岱山县人民检察院工作报告，并作出决议。审查、批准岱山县2021年国民经济和社会发展计划执行情况的报告及2022年国民经济和社会发展计划的报告、岱山县2021年财政预算执行情况的报告及2022年财政预算的报告。审议、票决2022年民生实事项目。依法选举岱山县第十七届人民代表大会常务委员会主任、副主任、委员；岱山县人民政府县长、副县长；岱山县监察委员会主任；岱山县人民法院院长；岱山县人民检察院检察长；岱山县出席舟山市第八届人民代表大会代表。通过岱山县第十七届人民代表大会各专门委员会组成人员名单。

【县十六届、十七届人大常委会会议】2022年，常务委员会由主任、副主任若干人和委员若干人组成，每两个月至少举行一次会议，由主任召集并主持。全年共召开县人大常委会会议8次。

2022年岱山县人大常委会会议情况一览表

表2

届次	时间	主要议题
十六届 四十一次	1月6日至7日	听取和审议代表资格审查委员会关于岱山县第十七届人民代表大会代表资格审查情况的报告，确认代表资格；听取县政府关于全县低效企业整治提升情况的专项工作报告；听取和审议县政府关于2021年民生实事项目完成情况的专项工作报告，并进行满意度测评；听取和审议县政府关于2021年部分政府重大投资项目实施情况的专项工作报告；听取和审议县政府关于2020年审计工作报告反映问题整改情况的专项工作报告；表决通过县人大常委会主任会议提请的关于邱晓定免职的议案；表决通过县人民法院提请的关于金旭光免职的议案，关于汪佳燕、陆启立任职的议案；表决通过县人民检察院关于卢宏辉免职的议案，关于陈蔚云任职的议案
十六届 四十二次	1月13日	审议通过县十七届人大一次会议有关事项；通过关于召开县十七届人大一次会议的决定；初审岱山县人民政府工作报告、岱山县2021年国民经济和社会发展计划执行情况及2022年国民经济和社会发展计划草案报告、岱山县2021年财政预算执行情况和2022年财政预算草案的报告；初审2021年民生实事候选项目（草案）；初审岱山县人大常委会工作报告、岱山县人民法院工作报告、岱山县人民检察院工作报告；听取和评议部分常委会任命干部现场述职，并进行测评；审定县人大各类代表工作等先进事项
十七届 一次	2月28日	表决通过县人大常委会主任会议提请的关于周四海、宋永军、金央欢、黄必胜、朱波、曹啸海、李中望、余志君免职的议案，关于余志君、赵行一、冯秋朗、曹啸海、殷杰、周四海、黄必胜、宋永军任职的议案；表决通过县人民政府提请的关于江建能、褚波挺、黄飞跃、刘世峰、殷光涛、王海峰、周荣华、毛华、柴忠堂、金磊、金安业、殷军、王成东、李明波、李仲仪、刘国凯、张超艳、於芬红、刘海峰、周鑫、王建挺、李志勇任职的议案；表决通过县监察委员会提请的关于金平宽免职的议案，关于钟时洪、王志俊、毛文君任职的议案；表决通过县人民法院提请的关于费存华免职的议案，关于郭小峰、石鹏超、张行任职的议案；表决通过县人民检察院关于王恩军、金海波、叶惠国免职的议案，关于费存华、刘永忠、姚芳萍、刘连杰任职的议案；并举行宪法宣誓仪式
十七届 二次	4月27日	通过岱山县人大常委会2022年工作要点；审议通过岱山县2022年政府重大投资项目；听取和审议县政府关于2021年法治政府建设情况的专项工作报告；听取和审议县政府关于2021年全县环境状况和环境保护目标完成情况的专项工作报告
十七届 三次	6月27日至28日	听取和审议县政府关于《浙江省民营企业发展促进条例》贯彻实施情况的专项工作报告；听取和审议县政府关于全县低效工业企业整治情况的专项工作报告；听取和审议县政府关于全县公共卫生工作开展情况的专项工作报告；听取和审议县政府关于全县体育及全民健身审议意见落实情况的专项工作报告，并进行满意度测评；听取和审议县政府关于岱山美丽渔港建设情况的专项工作报告；听取和审议县政府关于《中华人民共和国就业促进法》贯彻实施情况的专项工作报告，并进行专题询问；表决通过县十七届人大常委会代表资格审查委员会名单；表决通过县人大常委会主任会议提请的关于鲁科杰、林浩杰免职的议案，关于林浩杰、王国巨任职的议案；表决通过县人民政府提请的关于李仲仪免职的议案，关于高岱龙任职的议案；表决通过 检察院提请的关于金海波免职的议案；表决通过关于接受薛鹏举、鲁科杰辞去岱山县第十七届人民代表大会代表职务的决定；并举行宪法宣誓仪式
十七届 四次	8月25日、 8月31日	听取和审议县监委关于整治群众身边不正之风和腐败问题工作情况的专项工作报告；听取和审议县政府关于全县文化旅游与基础产业融合发展情况的专项工作报告；听取县政府关于上半年全县经济社会发展情况和下半年政府工作的报告，审议县政府关于上半年全县国民经济和社会发展计划执行情况与下半年主要工作的报告；听取和审议县政府关于上半年财政预算执行情况的报告；听取和审议县政府关于2021年度财政预算执行和其他财政收支情况的审计报告，审查、批准2021年度财政决算；听取和审议县政府关于全县渔业安全生产审议意见落实情况的专项工作报告；听取和审议县政府关于《浙江省综合行政执法条例》贯彻实施情况的专项工作报告；表决通过关于接受李进城辞去舟山市第八届人民代表大会代表职务的决定

续表2

届次	时间	主要议题
十七届五次	11月2日	审议通过关于政府重大投资项目审查监督暂行办法（修订稿）；审议通过关于对部分政府重点预算支出项目绩效监督的实施办法（试行）；审查、批准县政府关于2022年岱山县本级地方政府债务限额和预算调整方案的议案；听取和审议县政府关于县十七届人大一次会议代表建议、意见办理情况的专项工作报告；听取和审议县政府关于全县行政事业单位国有资产管理情况的专项工作报告；听取和审议县政府关于全县地质灾害治理情况的专项工作报告；听取和审议县政府关于《浙江省电动自行车管理条例》贯彻实施情况的专项工作报告；听取和审议县政府关于全县优化学校布局工作情况的专项工作报告；听取和审议县政府关于全县人防工程建设管理情况的专项工作报告；表决通过县人大常委会主任会议提请的关于吴雪娜、罗东升任职的议案；表决通过县人民政府提请的关于殷光涛、金磊免职的议案，关于金磊、金克难任职的议案；表决通过县人民法院提请的关于宓丽君任职的议案；并举行宪法宣誓仪式
十七届六次	12月15日	听取和审议县政府关于2021年审计查出问题整改情况的专项工作报告，并进行满意度测评；听取和审议县政府关于经济开发区发展工作情况的专项工作报告；听取和审议县政府关于全县“菜篮子”工程建设审议意见落实情况的专项工作报告；听取和审议县人大法制与监察司法委关于2022年规范性文件备案审查工作情况的报告；表决通过县人民政府提请的关于宫钦飞免职的议案

重要举措

【全过程人民民主基层单元建设】2022年，县人大常委会围绕“联、商、督、促、智”五大功能，统筹推动代表联络站迭代升级。全省人大首批基层单元培育对象秀山乡代表联络站建设取得较好成效，建立完善“民生在办”“乡镇长有约”等工作机制，并在全县各代表联络站推广应用。按照“互动提、现场看、座谈议、政府办、人大督、代表评”闭环工作机制，基层单元定期组织代表约见国家机关工作人员，52人次县领导干部人大代表、县人大常委会组成人员和“一府一委两院”负责人走进基层单元听取民意、汇集民智，助力科学决策、推动工作落实。通过基层单元应用场景发布和参与主题活动、立法监督73项，共收集各类意见建议10000余条。创新打造“民生小事时时督”应用场景，全省率先实现人大数字化应用与基层治理四平台应用场景有效联接，着力解决代表反映的群众日常关键小事和难点堵点问题，迭代升级“社情民意直通车”品牌，探索实施“线上+线下”新模式，共解决选民实际问题1529件。深化宣传研究，《数字赋能代表联络站　浙江岱山打造全过程人民民主基层单元海岛品牌》《数字赋能　舟山市岱山县人大提档升级“乡长有约”》在新华网、人民网等国家级主流媒体刊登。

【人大数字化改革】2022年，县人大常委会按照省、市、县委和省、市人大关于数字化改革的部署要求，紧扣全过程人民民主基本内涵，全力打造践行全过程人民民主基层单元，积极承接上级人大应用试点，代表履职服务系统、代表议案建议处理系统、选民信息登记系统、“数检督”、财经监督综合应用等场景上线运行，找准“小切口”自主开发建设“政府投资时时督”和“民生小事时时督”两个特色应用场景，将数字化改革成果与探索重大事项决定权行使和闭环式人大监督有效融合，提升人大工作实效。“政府投资时时督”应用场景被列入2021年度省人大数字化改革标志性成果中市县典型应用场景。10月31日，全市人大数字化改革推进会暨基层单元建设现场会在岱山召开。

【深化开发区人大试点工作】2022年6月20日，岱山开发区人大代表联络站挂牌运行，成为全市首个设立在开发区内的人大代表联络站。自试点工作开展以来，服务国家战略落地和开发区高质量发展作为开发区人大工作试点的重点工作，通过夯实工作力量、强化监督力度、发挥代表作用，初步形成组织建设、制度建设、服务发展三方面成果，有效推进岱山开发区人大工作省试点。

依法监督

【致力推动经济高质量发展】2022年，县人大常委会密切关注宏观经济运行，听取和审议上半年全县经济社会发展情况和下半年政府工作安排，深化计划执行调研监督，督促政府统筹推进各项重点工作，确保完成全年目标任务。听取审议《中华人民共和国就业促进法》实施情况报告，并进行专题询问，支持政府落实就业优先政策，推进高质量充分就业。紧扣促进产业结构优化，专项监督全县低效工业企业整治情况，促进企业提质增效，推动整治工作取得实效。对文化旅游与基础产业融合发展开展专项调查监督，提出破解要素制约、加快产业融合、提升品牌竞争力、创新营销机制等意见建议。跟踪监督渔业安全生产审议意见落实情况，听取供销工作报告，助推乡村振兴战略实施。

【致力促进公共财政平稳运行】2022年，县人大常委会听取和审议政府预算执行、决算、审计等报告，要求防范风险，确保安全运行，提高财政资源配置效率。贯彻人大预算审查重点向支出和政策拓展的要求，制定《关于对部分政府重点预算支出项目绩效监督的实施办法（试行）》，对绩效目标完成情况、绩效评价情况、政策执行情况评估等进行审议，并对审议意见落实情况进行跟踪监督，促进预算安排更加科学规范。加大审计查出问题整改监督力度，对审计查出问题整改情况进行满意度测评，推动政府及职能部门进一步深化认识、完善制度、加强监管。审议全县各级行政事业单位国有资产管理情况专项工作报告，促进国有资产管理更加规范有效。

【致力回应重大民生关切】2022年，县人大常委会跟踪监督“菜篮子”工程建设审议意见落实情况，力促“菜篮子”质量可靠、市场可控、价格稳定，让“菜篮子”拎出获得感和满意度，提升群众幸福指数。关注教育事业发展，专题监督全县优化学校布局工作，推动全县教育优质均衡发展。关注医疗事业发展，调研全县公共卫生工作，推进更加优质高效的公共卫生服务供给。关注文化体育事业发展，跟踪监督体育及全民健身审议意见落实情况，并进行满意度测评，提出加强健身设施的建设和管理、丰富群众体育工作的抓手和载体、促进健身服务业繁荣发展等审议意见。关注少数群体民生改善，听取《岱山县深化残疾人服务供给侧改革实施方案》实施情况和民族工作情况报告，要求在海岛共同富裕先行中一个都不能少。

【致力护航生态文明建设】2022年，县人大常委会一以贯之地把生态环境保护作为监督重点，听取和审议年度环境状况和环境保护目标完成情况报告，助推进一步压实环境保护责任、有序推进污染防治、健全长效机制，确保全县环境质量稳定向好。开展全县地质灾害治理情况专项监督，围绕精准预防监测、增强防救能力等提出意见建议，听取渔农村人居环境整治工作专项汇报，促进人居环境质量提升。关注发展要素保障，对《岱山县国土空间总体规划（2019—2035年）》编制情况进行专题调查，助推形成科学适度有序的国土空间布局体系。围绕地下空间管理使用，专题监督人防工程建设情况，要求统筹发挥好人防工程的战备效益、经济效益和社会效益，推进城市空间综合利用。

【致力保障法律法规实施】2022年，县人大常委会进一步探索执法检查闭环工作机制，强化执法检查实效，发挥好“法律巡视”监督利剑作用，推动法律法规全面有效实施。执法检查《浙江省民营企业发展促进条例》贯彻实施情况，将省部属单位纳入执法检查范围，针对性督查金融机构违反《条例》有关规定等问题，督促金融机构落实整改，推动更好营造法治化营商环境。按照省、市人大统一部署，三级联动对《浙江省综合行政执法条例》《中华人民共和国乡村振兴促进法》和

《浙江省乡村振兴促进条例》执行情况进行执法检查。配合省、市人大常委会开展《浙江省民生实事项目人大代表票决制规定》《浙江省安全生产条例》《舟山市网格化服务管理条例》等多部法律法规立法调研活动，立足岱山实际，提出针对性的意见建议，助推科学立法、民主立法、依法立法。重视规范性文件备案审查，设立备案审查科，对15件县政府和1件县人民检察院规范性文件进行合法性审查，认真落实新修订《中华人民共和国地方各级人民代表大会和地方各级人民政府组织法》规定，常委会首次听取和审议备案审查工作情况报告。

【监督办法出台】 2022年，县人大常委会创新出台《对部分政府重点预算支出项目绩效监督的实施办法（试行）》，深入推进人大预算审查监督重点向支出预算和政策拓展。办法将基础设施类投资额5000万元以上、非基础设施类投资额3000万元以上以及县人大常委会认为有必要进行监督的建设项目纳入监督范围，推动人大预算审查监督从以往的“事后”监督，向预算编制和执行的“事前”“事中”环节延伸拓展，强化对预算绩效的全过程监督。

【开展公益诉讼人大代表专项评议活动】 2022年11月，县人大常委会组织人大代表对县人民检察院自2022年以来的公益诉讼案件进行专项评议。评议采用人大代表实地视察、集中评议等方式，使人大代表全面了解案件情况，客观评估检察建议制发及整改落实情况，切实提高检察建议监督刚性，进一步推动人大对公益诉讼工作由面上指导到个案跟进的深入，更好地发挥公益诉讼在维护社会公共利益中的重要作用。

代表工作

【履职服务保障】 2022年，县人大常委会把代表培训作为提高代表履职能力的重要途径，组织开展新一届县人大代表初任履职培训和第一期县人大代表履职能力提升培训班，提高代表议政督政能力。进一步拓展代表知情知政渠道，完善代表列席会议、参与重大活动“菜单式”服务工作，首次实施列席人大常委会会议的代表座谈机制，精心组织代表活动，以“代表活动周”“代表活动月”“人大代表在行动”“六访六促”“八万代表助力八大攻坚行动”为载体，引导各代表小组开展活动，充分发挥代表在闭会期间的作用，全年共邀请44名代表列席常委会会议，组织293人次代表参加各项活动。探索实施代表履职人身意外伤害保险制度，努力为代表履职提供良好保障。推进代表履职登记、代表向选民述职等工作，开展代表履职积极分子、代表好议案好建议推荐，激励代表更好履职。

【议案建议办理】 2022年，县人大常委会坚持把督办议案建议作为保障代表权利、督促推进工作的重要抓手，深化县人大常委会领导重点督办和工委对口督办制度，改进建议办理满意度测评方式，完善建议办理“回头看”督办机制，推动议案建议办理落实。县十七届人大一次会议以来交付的129件建议意见和2件闭会期间建议已按期办理答复完毕，已解决和基本解决的70件，占办理总数的53.4%；正在解决的52件，占办理总数的39.7%；因受条件限制、暂时无法解决的8件，占办理总数的6.1%；没有采纳、留作参考的1件，占办理总数的0.8%。

【开展“代表活动周”主题活动】 2022年5月下旬，县人大常委会组织开展“代表活动周”暨推动高质量发展建设共同富裕示范区海岛样板主题活动，分别对全县公共卫生工作开展情况、相关建设项目进行现场、岱山美丽渔港建设情况、全县体育及全民健身工作开展情况、全县低效企业整治情况进行监督视察以及县人大常委会组成人员进乡镇代表联络站活动。全县70余名人大代表参加，提出20余条问题转交政府部门。

视察调研

【关注公共卫生工作】 2022年3—6月，县人大教育科技文化卫生与民族宗教侨务外事委员会对全县公共卫生工作开展情况进行专题调研。调研组通过实地走访、召开座谈会、组织代表视察等方式，针对公共卫生的重视和认识有待进一步提高、公共卫生服务要素保障力度仍需加大、公共卫生人才队伍建设亟待加强、公共卫生服务质效还有待提升等问题，提出针对性的意见建议，通过把脉问诊进一步推动构建更加完善强大的公共卫生体系。

【助力美丽渔港建设】 2022年3—6月，县人大渔农业与渔农村委员会对岱山美丽渔港建设情况进行专题调研。调研组实地走访美丽渔港起止点生态修复工程、江南段护岸综合整治项目、高亭中心渔港扩建工程等项目，查阅有关资料，听取美丽渔港建设指挥部成员单位有关情况汇报，提出强化责任，严格落实，汇聚高效工作合力；协调利益，破解难题，确保项目有序实施；健全机制，拓宽渠道，保证建设资金供给；建管并重，完善功能，提升城市美丽品质等意见建议，助力高质量建设共同富裕示范区海岛样板。

【跟踪体育及全民健身工作】 2022年3—6月，县人大社会建设委员会对全县体育及全民健身审议意见落实情况进行跟踪调查。在县十七届人大常委会第三次会议听取和审议县政府关于体育及全民健身审议意见落实情况的专项工作报告，并进行满意度测评，提出加强健身设施的建设和管理；丰富群体工作的抓手和载体；促进健身服务业繁荣发展等意见建议。

【调研供销联社为农服务工作】 2022年5月，县人大渔农业与渔农村委员会调研岱山县供销合作社联合社在推进数字化改革、产业农合联、农资经营体系建设、农民专业合作社提升、为农服务综合体建设等方面的工作。6月，主任会议听取该社关于岱山县供销联社为农服务工作开展情况的报告，并提出针对性的意见建议。

2022年3—6月，县人大渔农业与渔农村委员会调研岱山美丽渔港建设情况。图为2022年4月20日，县人大常委会主任沈兆幸（前排左二）调研高亭中心渔港（县人大办　供图）

【专题询问就业促进工作】 2022年6月28日，县十七届人大常委会第三次会议专题询问县政府关于《中华人民共和国就业促进法》贯彻实施情况。常委会组成人员和部分县人大代表、县政府及相关职能部门主要负责人等参加。在专题询问会上，重点围绕“构建高质量就业创业体系”标志性成果、“扩中提低”的难点堵点等方面提出10个问题，县政府及相关部门逐一作答。县人大常委会将这次专题询问的情况进行梳理归纳，形成审议意见和重点问题清单，交县政府及其相关部门研究办理。

【调研文化旅游与基础产业融合发展】 2022年7—8月，县人大教育科技文化卫生与民族宗教侨务外事委员会专题调研全县文化旅游与基础产业融合发展情况。通过实地走访乡镇，进代表联络站召开座谈会了解情况，听取有关单位工作汇报，征集民宿、休闲渔船公司等负责人意见建议，提出全力推进产业融合高质量发展；不断破解融合发展的短板问题；加快提升海岛特色品牌竞争力；着力推动宣传推广呈现新气象等意见建议，进一步推动全县文化旅游事业优质发展。

【开展《浙江省电动自行车管理条例》执法检查】 2022年7—10月，县人大常委会成立执法检查组，由县人大法制与监察司法委员会牵头就全县贯彻执行《浙江省电动自行车管理条例》情况开展执法检查。执法检查过程中指出贯彻执行过程中还面临交通安全法律法规普及工作有待加强；监管体制尚需完善；电动自行车的通行、停放、充电等基础设施还需提升；电动自行车事故赔偿难题亟待破解等问题，提出加快构筑完善的电动自行车监管体系，强势推进法规落地见效，进一步完善基础设施配套等方面下功夫，更好地保障和维护好广大人民群众的出行权益和生命财产安全等意见建议，助推全国县级文明城市创建。

【调研人防工程建设管理情况】 2022年8—10月，县人大社会建设委员会开展人防工程建设管理工作调研。先后走进高亭镇和东沙镇人大代表联络站召开座谈会，实地走访县住建局和多个人防结建工程，专题听取县人防管理中心工作汇报，提出破解难题，不断解决人防建设中存在的突出问题；平战结合，不断促进经济社会又好又快发展；广泛宣传，不断提高全社会人防意识等意见建议。

【跟踪“菜篮子”工程建设】 2022年8—11月，县人大渔农业与渔农村委员会开展“菜篮子”工程建设审议意见落实情况跟踪调研。调研组赴台州临海、宁波鄞州考察学习“菜篮子”工程建设稳价保供方面的经验做法，会同县“菜篮子”办公室分别赴宁波、定海、嵊泗等地与岱山本地的农贸市场、“菜篮子”供应店、超市等同步采价并进行比对分析，深入剖析“菜篮子”工作上的短板不足，提出着力抓实流通环节，着力提升生产能力，着力增强调控能力，着力严厉执法监管等意见建议。

【调研优化学校布局工作】 2022年9—10月，县人大教育科技文化卫生与民族宗教侨务外事委员会就优化学校布局工作开展调研。通过走访、座谈，总结成绩经验，指出存在问题，提出统筹谋划，科学布局，努力构建海岛教育新体系；加大投入，紧跟形势，不断提高教育服务地方经济发展的能力；结合实际，补强短板，回应海岛群众对优质教育的新期盼等改进工作建议，助推教育事业向更高质量发展。

【调研地质灾害治理情况】 2022年9—10月，县人大城乡建设与环境资源保护委员会对全县地质灾害治理情况进行专题调研。实地走访地质灾害治理现场，听取人大代表、村干部的意见建议，提出地质灾害预防和治理存在薄弱环节、抗灾救灾能力相对较弱、人为因素引发的地质灾害隐患日趋突出等问题，督促县政府及其职能部门要高度重视地质灾害防治工作，坚持预防为主、防抗救相结合，最大限度减少地质灾害造成的损失，切实保护人民群众生命和财产安全。

（孔梦迪）

2022年9月27日，县人大教育科技文化卫生与民族宗教侨务外事委员会调研全县优化学校布局工作情况（县人大办　供图）

责任编辑：吴依芳

岱山县人民政府

Daishan County People's Government

综述

【全县经济社会发展情况】2022年，岱山县人民政府（简称县政府）在省市党委、政府和县委的坚强领导下，奋勇争先担使命，乘势而上开新局，为谱写高质量发展建设共同富裕示范区海岛样板新篇章，攻坚克难，实干争先，全县经济社会继续呈现高质量发展良好态势。全年地区生产总值增长18%，一般公共预算收入增长9%，规上工业增加值增长25.5%，城乡居民人均可支配收入分别增长4.3%和7.1%。

【加快推进国家战略落地】2022年，县政府为舟山绿色石化基地加快建设跑出加速度。浙石化炼化一体化项目安全稳定运行，第三套年产140万吨乙烯项目获国务院批复投产，全年实现产值2298亿元，增长65%。大宗商品资源配置基地建设按下快进键。大宗商品储运基地主体工程全面开工；鼠浪湖矿石中转基地产能稳定释放，混配矿加工量稳居全国第一。黄泽山二期104万立方米项目顺利建成，黄泽山—鱼山原油管道全线贯通，中石化小衢山油储项目列入国家石油储备清单。

【加快改革创新步伐】2022年，县政府聚焦改革创新塑变革，发展活力竞相迸发，数字化改革全面推进，112个省级重大应用贯通落地，42个项目入选省级试点，“旱情预警及调度”应用入选“一地创新、全省共享”一本账；营商环境优化提升，基本实现掌上办事、掌上办公、掌上治理，“办事不出岛”改革经验获央视专题报道；科技创新战略深入实施，中科院宁波材料所岱山新材料研究和试验基地建成投用，首批7个项目成功入驻，3个项目列入国家重点研究计划；世界最大单机1.6兆瓦潮流能发电机组成功下海运行。入围“科创中国”省级试点。

【城市功能加快提升】2022年，县政府实施重大交通项目9个，526国道岱山段、秀山环岛公路海岙至九子段建成投用，岱山交通集散中心、燕窝山客运中心基本建成，磨心山隧道、衢山环岛西线加快建设，入选全省交通服务共富第一批试点；实施重大水利项目9个，海塘安澜工程、磨心水库扩容及河库联网、岱北水厂开工建设。实施城市建设项目34个，双峰新城基础设施工程建设启动，山外、东海地块安置房住宅小区建成交付，完成170幢老旧小区改造、兰秀大道等12条城区道路改建工程，高亭镇长河路获评“省高品质示范街区”；健全创城长效机制，加大市容市貌、交通秩序、农贸市场等整治力度，开展“烟蒂不落地”“文明出行”等专项行动38次、文明实践活动3.5万场，创建成果持续巩固。

【大力发展绿色石化产业集群】2022年，县政府坚持做大做强实体经济，依托大石化、大平台做好建链、延链、强链文章，加快培育发展标志性产业链。集中力量做大做强开发区产业大平台，加快建设石化循环经济产业园、石化装备运维技术产业园、浙石化物流基地，推动润和催化剂等新材料项目尽快投产，新引进石化产业链项目10个以上，加快打造全国重要的石化装备制造基地、石化服务业基地和新材料研发制造基地。

【聚力深化数字化改革】2022年，县政府坚持以数字化改革牵引撬动各领域改革，增创市场有效、政府有为、企业有利、百姓受益的体制机制新优势；聚焦“两年大变样”目标要求，优化数字化改革体系架构，完善一体化智能化公共数据平台，高效运行数字化改革总门户和5大综合应用系统，加快推进“152”体系与“141”体系整体贯通，迭代形成“1512”体系架构，加快培育一批最佳应用，省级重大应用贯通率达100%，打造“掌上办事之县”“掌上办公之县”“掌上治理之县”。

【乡村振兴战略深入实施】2022年，县政府出台推进海岛乡村振兴促进共同富裕政策，实施农业“双强”项目5个，盘活闲置农房513套，全面推进“田长制”，整治“非农化”37.66公顷、“非粮化”149.8公顷，播种粮食1420公顷；持续开展渔农村环境整治攻坚行动，全县7个乡镇全部创成省美丽乡村示范乡镇，岱山荣获省新时代美丽乡村示范县称号；发展现代渔业，打造引领船舶55艘，高亭中心渔港江南山避风锚地疏浚工程全面完成，创建成省渔业健康养殖示范县。

【公共服务持续提升】2022年，县政府加大优质教育资源供给，加快建设双峰新城学校，岱山中学与镇海中学建立合作机制，组建跨地区教共体5对，教育现代化发展水平监测结果位居全省前列，获评全国义务教育优质均衡先行创建县；深化健康岱山建设，用好浙大二院优质资源，与省立同德医院合作共建县中医院，县第一人民医院入选全国首批“千县工程”创建单位，6个乡镇通过国家卫生乡镇考核，连续三年获得健康浙江建设考核优秀；积极发展文体事业，全民健身中心建成投用，新增城市书房3家、文化礼堂7家，开展大中型文体活动51场，建成“15分钟品质文化生活圈”90个。

【文广旅体深度融合】2022年，县政府启动实施“星辰大海”计划，东海郊野公园、牛轭山公园建成运营，鹿栏晴沙、双合石壁景区完成改造提升，全年旅游接待人数、旅游收入分别增长8%和10.1%。秀山全民健身公园、长涂倭井潭社区多功能运动场等基层体育场地设施均投入使用，DSD岱东运动中心等3个项目列入市体育产业项目库。“浙里健身”平台线上预约订单数量位居全省前列。

重要会议

【县政府第一次全体会议】2022年2月17日，县政府第一次全体（扩大）会议在县行政中心召开。会议主要议题是：深入贯彻中央、省委经济工作会议，省人代会、市委全会和县党代会、人代会、政协会议精神，走好新时代赶考路，奋进现代化新征程，忠实践行“八八战略”，加快建设“四个岱山”，谱写高质量发展建设共同富裕示范区海岛样板新篇章，围绕县政府工作报告提出的目标任务，安排部署2022年政府重点工作。县长、副县长，县政府直属各单位、各乡镇政府、国有企业主要负责人，同时邀请各乡镇党委主要负责人、县委各部门负责人，县人大、政协办公室主要负责人，部、省、市属在岱山单位主要负责人，县人武部、县法院、县检察院负责人以及各群众团体、工商联等单位主要负责人共100余人参加会议。

【县政府第二次全体会议】2022年8月24日，县政府第二次全体（扩大）会议在县行政中心召开。会议主要议题是：深入贯彻习近平总书记“疫情要防住、经济要稳住、发展要安全”重要指示精神和中共中央、国务院决策部署，全面落实省政府第十一次全体会议、市政府第二次全体会议和县委十四届二次全体（扩大）会议精神，攻坚克难、实干争先，聚力打好经济稳进提质攻坚战，奋战三季度、实现“全年红”，加快打造共同富裕示范区海岛样板，以优异成绩迎接党的二十大胜利召开。县长、副县长，县政府直属各单位、各乡镇政府、国有企业主要负责人，同时邀请各乡镇党委主要负责人、县委各部门负责人，县人大、政协办公室主要负责人，部、省、市属在岱单位主要负责人，县人武部、县法院、县检察院负责人以及各群众团体、工商联、金融机构等单位主要负责人共110余人参加会议。

【县政府常务会议】 2022年，县政府常务会议由县长、副县长、县政府办公室主任组成，由县长或县长委托负责常务工作的副县长召集和主持。根据需要安排有关部门、单位主要负责人列席会议。全年共召开县政府常务会议13次。

【县政府专题会议】 2022年，县政府专题会议由县长、副县长主持召开，根据会议内容，分别召集有关部门和乡镇负责人出席，特殊情况，县长、副县长委托县政府办公室主任或副主任主持召开。县政府专题会议根据需要不定期召开，专题会议主要研究处理属于县政府领导分管职责范围、需要统筹协调的业务事项；研究突发性事件的处理意见；研究上级领导或县委、县政府主要领导对涉及面较广的具体问题所作批示、指示的贯彻落实意见；研究处理县政府日常工作中的其他事项。全年共召开县政府专题会议4次。

重要工作举措

【主导产业发展】 2022年，全县大力发展绿色石化产业集群，引进石化产业链项目21个，石化循环经济产业园等5个项目加快建设，润和催化剂等9个项目建成投产，浙石化高性能树脂工厂创成第二批省级未来工厂。加快培育清洁能源产业，华能岱山1号海上风电场、华润双剑涂渔光互补、惠生海工新能源产业园等项目开工建设。全力推动传统制造业提质增效，实施工业技改项目21个，技改投资比上年增长115.5%，规模以上船舶修造企业产值比上年增长16.5%，晨光、岱美获评舟山市制造业十佳企业，完成企业数字化改造6家，岱山工业稳增长和技术改造工作荣获省政府督查激励。

【科技创新战略实施】 2022年，中科院宁波材料所岱山新材料研究和试验基地建成投用，首批7个项目成功入驻，3个项目列入国家重点研究计划；世界最大单机1.6兆瓦潮流能发电机组下海运行，高端烯烃聚合物项目入围省“尖兵领雁”计划。列入省级新产品试制计划项目52个，列入市产业“卡脖子”技术重大科技攻关项目2个，新增高新技术企业5家、科技型中小企业27家，规模以上工业企业研究开发费用比上年增长61.5%，研发投入强度为3.5%，岱山县获评全省市县党政领导科技进步目标责任制考核优秀单位，入围“科创中国”省级试点。

【城市功能提升】 2022年，全县实施重大交通项目9个，526国道岱山段、秀山环岛公路海岙至九子段建成投用，岱山交通集散中心、燕窝山客运中心基本建成，磨心山隧道、衢山环岛西线加快建设，其中“四沿”标志性工程526国道岱山段入选全省交通服务共富培育类第一批试点。实施重大水利项目9个，海塘安澜工程、磨心水库扩容及河库联网、岱北水厂开工建设。实施城市建设项目34个，双峰新城基础设施工程启动建设，山外、东海地块安置房住宅小区建成交付，完成老旧小区改造170幢、兰秀大道等12条城区道路改建工程，高亭镇长河路获评省“高品质示范街区”。

【社会保障工作】 2022年，全县加强“一老一小”服务供给，加快建设东沙康养联合体，每万名老年人拥有持证养老护理员31.1人，长涂镇倭井潭村创成全国示范性老年友好型社区；新增托幼一体化试点园2个，每千人拥有3岁以下婴幼儿托位数3.5个。新增“菜篮子”供应店3家，衢山万头猪场获评国家级生猪产能调控基地、省级美丽牧场。岱山县成功创建省级食品安全示范县。

【海岛教育卫生事业发展】2022年，全县加大优质教育资源供给，加快建设双峰新城学校，岱山中学与镇海中学建立合作机制，组建跨地区教共体5对，教育现代化发展水平监测结果位居全省前列，岱山县获评全国义务教育优质均衡先行创建县。深化健康岱山建设，用好浙大二院优质资源，与省立同德医院合作共建县中医院，县第一人民医院入选全国首批"千县工程"创建单位，6个乡镇通过国家卫生乡镇考核，岱山县连续3年获得健康浙江建设考核优秀。

【乡村振兴战略实施】2022年，全县出台推进海岛乡村振兴促进共同富裕政策，实施农业"双强"项目5个，盘活闲置农房513套，全面推进"田长制"，整治"非农化"37.67公顷、"非粮化"149.8公顷，播种粮食1420公顷。持续开展渔农村环境整治攻坚行动，创成省美丽乡村示范乡镇7个，岱山县荣获省新时代美丽乡村示范县。发展现代渔业，打造引领船55艘，高亭中心渔港江南山避风锚地疏浚工程全面完成，岱山县创成省渔业健康养殖示范县。

【生态文明建设】2022年，全县高标准抓好中央、省级生态环保督察问题整改落实。县污水处理厂完成扩建，县垃圾中转站加快推进，完成整治入海排口200个。持续开展"无废城市"创建，小微企业危废收运平台实现全覆盖，一般工业固废收运处置中心建成投用，危废处置率为100%。深化"森林岱山"建设，全面推行"林长制"，治理废弃矿山5座，新增彩色健康森林面积200公顷、国土绿化面积120.13公顷。秀山岛省级自然保护区入选省重要湿地名录。岱山县创建成为"山海蓬莱"县域风貌样板区，获评美丽浙江建设工作考核优秀单位，入选浙江省第一批生态文明建设实践体验地。

【招商引资工作】2022年，全县围绕石化新材料、清洁能源、商贸服务业等重点领域开展精准招商，健全重大招商项目县领导联系制度，完善项目评估准入机制，强化项目招引、落地、开工全流程服务，引进重大产业项目16个，实际利用市外资金77.30亿元，实际使用外资1.05亿美元，岱山县获评全市招商引资先进单位。

【舟山江海联运服务中心建设】2022年，全县积极发展港航物流业，港口货物吞吐量达2亿吨，单船平均运力首次突破1万载重吨；参与《宁波舟山港总体规划》修订，19个涉港项目岸线全部纳规，新增纳规港口岸线数量居全市首位；积极推进口岸开放，浙石化、惠生海工项目扩大开放获国务院批复同意，新增开放面积69.2平方千米。

【大宗商品资源配置基地建设】2022年，全县加快推进大宗商品储运基地建设，主体工程全面开工；鼠浪湖矿石中转基地产能稳定释放，混配矿加工量稳居全国第一；加快推进国际油气储运基地建设，黄泽山二期104万立方米项目顺利建成，黄泽山—鱼山原油管道全线贯通，中化小衢山油储项目列入国储清单；开工建设衢山国际海事服务基地产业园，保税船用燃料油加注实现常态化运行。

【反走私工作】2022年，全县完成"无走私社区（村）"建设19个，开展反走私检查巡查1596次。堵截拟偷运货物出境团伙2起，捣毁成品油非法销售点1个，查处涉嫌走私案件7起。是年，查扣海砂4900吨、肉类冻品950吨、化肥450吨。

政务工作

【服务管理工作】2022年，岱山县人民政府办公室（简称县政府办公室）严把公文起草关，管好公文起草的政策关、程序关、文字关和格式关，做到格式规范、内容可行、程序合理，共办理发文313件，同往年持平；加强会议管理，力求精减会议数量、控制会议规模、严控会议时长，切实提高会议的质量和实效；全年主办政府系统全县性重大会议（活动）15次，比上年下降11.7%，会议数量持续下降，“文山会海”现象得到有效遏制；切实履行后勤保障、接待服务职能，优质保量完成全县各项重要接待任务。提升公务用车保障能力，规范公车平台管理，提升统筹调度水平，努力提供优质安全的公务用车服务，全力做好全县重要活动、会议和各类调研组、检查组、考察团队的用车保障；严格物资采购，大宗物品一律实行政府采购；加强安全保卫，严格执行值班制度，确保信息畅通，维护县委、县政府正常办公秩序，保障财产安全。

【政务公开和信息工作】 2022年，县政府办公室扎实推进政务公开工作，制定发布《2022年岱山县政务公开重点工作责任清单》，编制完成岱山县试点领域基层政务公开县、乡镇、村（社区）三级标准目录，并以此为基础，借助门户网站改版契机开设试点领域政务公开专栏。公开以县政府、县府办名义发布的行政规范性文件18件，均按要求做好意见征集和反馈工作，配套发布政策解读并作双向关联。直接受理公民提交的政府信息公开申请12件，并依法依规做好答复工作，全部录入浙江省统一依申请公开处理系统，全年共向省市政府办公厅、市政府办公室报送信息100余条，录用33条，其中1条信息获省领导批示；加强政务新媒体日常监管工作，做好“浙江岱山”微信公众号正常运营，共发布推文816条。

【督查督办工作】 2022年，县政府办公室抓好重大督查问题清单。出台《岱山县重大督查问题清单指数评价办法》，共向市里推送重大问题160条，被录用41条；抓好民生实事工作。全力做好省市县三级政府民生实事贯通并进行项目督查指导，确保省对县的实施进度、完成率和好评率保持全市前列；抓好政策集成落地攻坚。强化政策集成落地，统筹制定出台稳经济专项政策32项，落实增值税留抵退税5.40亿元，减负降本6.90亿元，兑付政府补助补贴资金7755万元，超额完成目标任务；抓好人大建议政协提案，承办市级建议提案13件均在规定期限内完成办理，县级人大建议131件、政协提案100件均已办结，面商率、办复率、满意率均达100%。

（王艺霖　汤瑞杰）

外事工作

【邀请来华核报工作】 2022年，县政府外事办根据境外防疫政策调整，加快助力企业邀请外籍人士来华、共同助推经济社会复苏，7月，按照省、市工作统筹，在前期充分培训、对接、试运行基础上，于8月正式通过“浙江岱山”微信公众号等多途径告知相关政策及申报流程、迅速建立县级微信工作群。以“高效服务、精准指导”为工作要求，指导企业做好“政府邀请函、邀请核实单”申报和日常报备工作，采取群发指导、一对一微信提醒、要点工作电话单独提醒等举措，促使工作运行较为顺畅，至年末，完成政府邀请函县级核报一份，企业邀请来华日常报备106人次。

【涉外其他工作】 2022年，受新冠疫情影响，县政府外事办快速处理使领馆照会。做好海外岱山籍人员向使馆求助事件、本地外轮船员换班申请等6个照会的快速处理。在信息核实、部门对接方面，主动把握节点、促使尽早尽好处理，较好体现岱山作为、共同维护国家整体外交的主动平稳。按照县委、县政府统筹安排，参与涉外船舶事件处置，做好外事相关事务对接、应急翻译资源梳理等工作。保障涉外活动，重点做好11月基里巴斯访问团赴舟山涉岱山有关船舶、制盐公司等有关企业商谈合作意愿的前期筹备、服务保障等工作。持续做好相关领域维护稳定和海外利益关系、领事保护宣传工作，协同做好国家安全、反恐、反邪教、反诈骗等工作，确保涉外领域主动可控。

（陈　弈）

口岸与海防管理

【口岸营商环境优化】2022年，岱山县口岸与海防管理办公室（简称县口岸与海防办）为优化口岸营商环境，发展口岸经济，完善口岸综合功能，促进跨境贸易便利化，稳步推进口岸事业发展。多次牵头组织驻岱查验单位，到秀山惠生海工、江南山中基船厂、县华丰船舶修造有限公司（原海舟船厂）指导企业口岸基础设施建设，帮扶企业解决困难问题，累计现场服务指导企业30余次。3月，由省政府口岸办、杭州海关、浙江出入境边防检查总站、浙江海事局等单位组成的省验收组同意，中基船业有限公司30万吨级1号码头、30万吨级1号船坞、15万吨级2号船坞对外启用通过验收，并获省政府批复同意；5月，县华丰船舶修造有限公司通过市港航和口岸管理局组织的恢复对外启用验收；7月，国务院批复同意舟山港口岸岱山港区舟山绿色石化项目、秀山惠生海工项目扩大开放，新增开放面积69.18平方千米；10月，交通运输部再次批复同意秀山海工项目与舟山绿色石化项目临时开放，期限延长至2023年5月8日。

【海防建设管理】2022年，县口岸与海防办争取"十四五"海防建设规划项目落户岱山，建成岱西镇双合海防执勤道路和长涂镇倭井潭海防执勤道路，投资218万元；配合省海防办启动2022年度秀山视频监控站升级改造项目招投标工作；完成历年海防基础设施数据整理，依规录入指定系统平台。严格执行设施维管要求，落实设施专业维修保养工作，确保各项设施高效运行。联合县发改局、县公安局，筛选上报2023年度海防基础设施计划建设项目。

【反走私综合治理】2022年，县口岸与海防办紧扣市、县反走私工作要点，坚持"防疫""打私"一起抓，扎实推进反走私"一年三件事"，切实做好完善反走私组织保障，开展县域"舟盾-2022"反走私行动和持续深化基层反走私综合治理工作，确保县域反走私总体态势持续平稳可控。全年累计签订各类反走私责任书和承诺书543份，"进企、入户、上船头"宣传2095场次，分发宣传资料7500余份；开展反走私专项检查巡查1596次，检查巡查各类风险区域和场所4022场次，发现并立案查处涉嫌走私案件7起，查扣海砂约4900吨、肉类冻品950余吨、化肥450吨，查处走私货船2艘、货车3辆、吊车2辆、冷链集装箱30个；按照市反走私办"无走私社区（村）"建设要求，完成全县16个"无走私社区（村）"建设，其中东沙镇东沙社区被评为2022年度市"无走私示范社区"。

（郑丹艳）

大数据管理工作

【概况】2022年，岱山县大数据管理中心（简称县大数据管理中心）以习近平新时代中国特色社会主义思想为指导，紧紧围绕岱山县委、县政府重点工作，认真执行工作方针政策，突出重点，狠抓落实，注重实效，履行职责。主要包括发挥城市大脑在云资源服务、汇聚物联感知资源、强化底层技术支撑、夯实县级安全防护能力底座四个方面实效；对标"1612"工作体系，推进一体化智能化公共平台建设，持续提升一体化、智能化水平，保障数据高质量供给，不断夯实数字化改革数据底座；搭建覆盖县乡两级数据仓体系，大力推动各领域数据应归尽归；以"争创最佳应用及试点、共同富裕数字惠民工程、持续建设类项目"为方向统筹规划政府投资信息化项目建设；稳步推进建设"三个掌上"和岱山政府网站运营工作；全力做好电子政务外网网络、视联网平台、政务云等基础设施网络安全和综合信息指挥中心技术支撑保障，各项圆满完成重大网络安全保障工作。

【加强城市大脑建设】2022年，县大数据管理中心加强城市大脑在云资源服务、汇聚物联感知资源、强化底层技术支撑、夯实县级安全防护能力底座四个方面发挥实效，为全县82个应用提供云网环境，累计提供存储约340TB，内存约16000GB，CPU约5000个，对照市政务云收费标准全年使用价值1118万元，其中云计算818万元，安全资源300万元；提升全县智能化水平，聚焦基层需求建成社会治理大联动系列应用，累计数据编目1618条，归集数据1亿条，治理数据8356万条。汇集全县物联网平台设备，接入视频监控11400余路，实现AI视频算法事件实时监控告警及各物联网设备数据的动态感知呈现，实时监控城市运行态势，提供底层技术支撑，推进数据9种、算法2大类15种、模型11种、知识3大类13种智能要素的综合集成，印发《岱山县物联感知专网前端组网规范（试行）》《视频监控点位组织目录、点位编码及命名规范》，为岱山智慧城市建设提供各类算法、模型共计85个。建成县安全能力底座，对内为各类应用提供数据库审计、运维审计、日志审计、漏洞扫描、安全接入等安全防护手段，对外以云边界、互联网边界、WAF等防火墙保障本地应用安全，为全县数字化改革的发展保驾护航。

【公共数据平台建设】2022年，县大数据管理中心全面对标“1612”工作体系，列表式推进一体化、智能化公共平台建设，持续提升一体化、智能化水平，不断夯实数字化改革数据底座。依托数据仓支撑各类重点试点应用，支撑2个省级试点应用、4个县级重点应用。保障数据高质量供给；开展数据深度开发利用和开发数据产品8个，其中水利AI分析产品已列入省水利厅试点并被编入省级数据产品案例集；桥梁限高防撞、乡镇数据一表通等5个数据产品被编入市级数据产品案例集。是年，审批通过233条数据共享需求，处理281个数据问题工单，数据共享需求满足率、问题数量处置率均为100%。

【深化数据仓建设】2022年，县大数据管理中心持续深化数据仓建设，大力推动全县各领域数据应归尽归，承接回流目录134类，数据量2139万条；归集本地目录298类，数据量1.04亿条。岱山县数据仓为全县提供21类数据接口，支撑“岱山县智慧海上一体化平台系统”“岱山县智慧停车系统”“岱山县扩中提低精准人员画像系统”“岱山县数字生活新服务平台系统”等多个县级重点数字化多跨场景应用，累计成功调用接口次数150646万次。中心聚焦基层数据使用难、报表重复报送等痛点难点，通过县级公共数据平台，形成横向覆盖业务部门，纵向覆盖县乡村的数据治理体系，将7340万条数据按7个乡镇分类分级，建立全息数据档案，一房一户、民情画布等业务子场景。

【政府信息化项目建设】2022年，县大数据管理中心以“争创最佳应用及试点、共同富裕数字惠民工程、持续建设类项目”为方向统筹规划政府投资信息化项目建设，县大数据管理局、县发改局、县财政局联合发文，明确年度分

2022年5月12日，省海事局主任唐伟明（左一）调研海上一体化协同应用
（县大数据管理中心 供图）

二批实施30个信息化项目，中心按照数字化应用考核指标和绩效评价要求，牵头修订《岱山县政府投资信息化项目管理办法》，完善并落实项目监督和效能评估工作机制，提升项目管理效率和项目应用效能。制定《岱山县电子政务项目绩效评价工作实施方案（试行）》，对上年度完成建设的17个信息化项目进行全过程绩效评价，从立项、实施、运营3个阶段梳理30个指标，规范项目集中评审机制，统筹完成全县项目评审，项目支撑应用、应用落地改革任务成效更加凸显。

【一体化资源统筹利用】 2022年，县大数据管理中心按照省大数据规划，深化一体化数字资源系统统筹，实现应用注册、数据共享、组件调用、云资源关联一站式服务，全县已登记注册，并全部通过终审，90个存量应用，产生1827条数据目录，数据项36161条。数据共享申请326次，共享申请通过率为99.7%。上架组件6个并赋能15个应用，申请使用组件18个，统一组件应用尽用率为100%。实现数字资源一本账管理、一站式浏览、“一揽子”申请。

【一网通办机制建设】 2022年，县大数据管理中心利用全县提交政务服务“一地创新、全省共享”工单25条，其中被省级部门采纳4条，梳理两批次岱山“智能秒办”事项清单，联合县政务服务办公室推出扫码办事服务。全县“浙里办”实名注册用户近14.4万人，月活跃用户6400余人，较上年同期提升50%；大力推进便民惠企的政务服务类应用入驻“浙里办”，共有10个服务向浙里办集成，其中“鱼山码”的百万人口活跃用户数位居全市第一。掌上办公方面，做好浙政钉运营运维，提高上钉应用质量，累计注册人数10500余人，工作日活跃率85%以上，掌上办公钉应用可用性100%，上报浙政钉应用案例3篇、非应用层面案例3篇，其中“浙政钉云会议应用”案例被编入省级标杆案例集。掌上治理方面，建立多部门业务协同处置沟通机制，处置完成投诉举报、基层综治、风险预警、告知承诺事件共计928起，处置率为100%，基层四平台转行政执法平台事件18起。总检查户次数5000余户次，掌上执法率99.98%。

【政府门户网站建设】 2022年，县大数据管理中心依照国家、省、市要求，继续推动县政府网站的集约化运维能力。对原有的网站栏目体系进行规范梳理和系统整合，完成政府网站的全面改版后上线运行。依据《2022年浙江省政府网站工作要点》，加强信息发布前的网站信息“先审核，再发布”的原则，落实审核分管领导责任制；全面完成适老化和无障碍的改造工作，并通过中国互联网协会评测，助力特殊用户群体跨越“数字鸿沟”。落实专人及时查看并处理网站监测平台监测的错别字、错误表述、外链和泄露公民个人隐私等问题，对存在的相关问题及时进行更正，加强网站信息审核和纠错工作。

【基础设施和网络安全建设】 2022年，县大数据管理中心成立中心党组网络与信息安全领导小组，优化网络安全工作机构，制定中心网络安全工作责任制实施细则和网络安全工作实施方案，明确安全职责和工作任务。定期召开中心领导班子会议，研究部署网络安全相关工作，全力做好党的十九届六中全会、中共二十大和省委十四届十次全会、市委七届十二、十三次全会和县委十四届二次全体会议以及县人大、政协会议等重大网络安全保障和电子政务外网网络、视联网平台、政务云等基础设施网络安全工作，完善网络安全管理机制，强化常态化故障处置工作。处理省、市级通报的电子政务外网安全问题51起，涉及违规外联、安全漏洞、弱密码、虚拟货币“挖矿”、违规链接等各类网络安全问题，均在第一时间完成安全问题整改。建立网络安全月末通报机制，对当月发生网络安全问题的单位予以通报。提升政务云安全保障能力。定期开展云平台漏洞扫描工作，及时发现漏洞，弱口令等风险，及时通报系统建设方完成风险处置，实现云安全闭环。推进县域数据安全技术体系建设，实现数据加密，数据水印，

2022 年 3 月 2 日，市委常委、宣传部部长骆梅英（左四）调研智慧治理中心
（县大数据管理中心　供图）

数据 App 审计等安全功能。

【综合信息指挥中心技术支撑保障】 2022 年，县大数据管理中心认真做好县综合信息指挥中心技术支撑保障工作，全年领导到中心参观考察现场保障调试 80 余次，发挥数字信息平台功能，完成疫情指挥部、中共二十大安保指挥部、创城指挥部、防汛抗台指挥部以及重大突发事件指挥部技术支撑保障工作。

（蒋　敏）

机关事务管理工作

【设立机关事务管理中心党组】 2022 年，岱山县机关事务管理中心（简称县机关事务管理中心）根据中共岱山县委《关于建立中共岱山县机关事务管理中心党组及罗优海等同志任职的通知》和《中共岱山县委机构编制委员会关于核增岱山县机关事务管理中心领导职数的通知》，8 月，设立县机关事务管理中心党组，核增专职副书记 1 名，党组织机构进一步巩固，班子力量得到充实加强。

【行政中心建筑墙体外立面补漏】 2022 年，县机关事务管理中心为解决行政中心建筑楼宇运行多年墙体外立面老化、渗漏等安全隐患，投入专项资金 150 余万元启动实施防水补漏工程，充分利用晴好天气紧张施工，保证高空作业安全前提下全面体检施工，协同监理单位加强对工程质量监督管控，顺利竣工，切实保障行政中心安全稳定运行。

【行政中心人像识别通道系统投运】 2022 年，县机关事务管理中心借助数字化、信息化手段，在管辖的行政中心各楼宇建设人像识别通道系统，设备系统集成“实名认证 + 人像识别 + 红外测温”等功能于一体，实现后台数据库系统实时互联，智能化精准识别通行。同时改造原有电子门禁装置，一并纳入行政中心整体监控系统平台、闭环管理体系优化干部职工便捷化出入体验感，有效提升人员通行效率和安全管理水平。

【行政中心主楼 2 号会场多媒体升级】 2022 年，县机关事务管理中心为着力打造行政中心多媒体会场 2.0 升级版。提升会务质量、高频次、数字化、多样化保障需求，投入专项资金近 198 万元，实施行政中心主楼 2 号会场多媒体设施升级改造，增设 LED 大屏，按照保密要求布设网络视频专线，改善和提升会场灯光和音响系统整体操控智能化水平。

【推进公共机构节能降耗】 2022年，县机关事务管理中心投入专项资金 60 余万元实施更新行政中心主楼中央空调系统冷却塔、水泵等部件除旧更新工程，经科学论证方案，规范有序施工，通过改造提升，保障中央空调系统稳定性，促进节能降碳实现新进展。强化节能技术改造，试点安装行政中心楼宇自来水感应式冲洗阀 150 只、LED 节能灯 1100 余盏，68 家单位(部门)顺利通过能耗降低、能效提升的《能源管理体系使用指南》(GB/T 23331—2020)。提前完成《岱山县节约型机关创建行动实施方案（2020—2022 年）》目标任务。

【规范机关事业单位房产管理】 2022 年，县机关事务管理中心按时做好全县党政机关事业单位办公用房面积进行测绘，将采集结果全面录入基础数据库，为后续办公用房数字化管理应用贯通做好充分前期准备；调整和整合办公资源，解决房源缺口需求，因地制宜完成部分机关事业单位办公用房的统筹分配，先后调整县委政法委、县社会治理中心、县审计局等单位迁址和办公用房调剂使用 103 间，约 2575 平方米。完成县域老城区部分房产拍租和县城市建设投资集团有限公司等房产移交工作，并按政策要求减免租金，做到“应减尽减”，助力复工复产。全年有 9 家承租户（单位）减免租金 9.70 万余元。

【维护行政中心安全秩序】 2022年，县机关事务管理中心全力构筑行政中心安全风险闭环管控防线，坚决守牢“第一道关口”。全年共登记外来人员 2.8 万人次，处置信访事件 120 余批次、2400 余人次；筑牢消防安全“防火墙”，通过消防演练和定期检查等举措，不断提升消防应急能力，维保一批消防设施，消除隐患苗头；积极配合全国县级文明创建，规范行政中心车辆秩序管理，首推节假日停车场面向社会车辆开放，同时对违停车辆张贴单通报力度，车辆停放秩序进一步改善；聚焦行政中心设施设备安全风险隐患治理，完成配电房电容机组修复、电梯等特种设备维护更新、改造锅炉房和食堂燃气表和燃气泄漏报警设备安装、维修楼宇景观亮化设备、做好各类零星维修，全年累计完成维修、保养 1700 余单 / 次，确保行政中心平稳运行。

【公务用车保障】 2022 年，县机关事务管理中心加强对司勤人员绩效考核，执行奖勤罚懒，经常性开展安全教育、业务技能培训、纪律整顿等，驾驶员队伍作风能力建设不断巩固提升。高度关注车况安全性能，防早防小排除隐患。启用新投运的全省公务用车数字应用系统，点单派车更趋规范有序；做好疫情防控期间防控和公务出行车辆保障，积极配合县防控办调度指挥和全县重大公务活动和除险保安、疫情防控等公务用车保障任务，保障全县一线应急车辆安排使用。全年共派公务车辆 2.4 万余单次，行驶里程约 170 万千米，分别比上年增长 8.9% 和 41.7%。

【机关后勤服务保障】 2022 年，县机关事务管理中心持续提质培优基础后勤服务品质，着力做好疫情常态下会务服务，加班加点投入会务保障服务会议 900 余场次、约 3 万人次，其中完成县两会等重大会务保障工作。坚持抓好卫生保洁、防疫消杀、防虫灭鼠、禁烟等工作，进一步净化美化行政中心整体环境；把牢食品安全关，严格落实食品保鲜、餐具消毒等工作，规范错时分批就餐秩序，做好维稳、防疫等一线工作人员配餐保障工作。是年，食堂累计接待用餐约 35 万人次，打包配发盒饭约 3.3 万份；探索拓展科学谋划设计方案、机关后勤配套服务项目，完成理发室、阅览室改造升级，机关后勤服务品质得到进一步改善。9 月，县机关事务管理中心被浙江省人力资源和社会保障厅、浙江省机关事务管理局评为全省机关事务工作先进集体，1 人获评全省机关事务工作先进个人。

（张　帆）

政务服务工作

【概况】 2022 年，岱山县政务服务办公室（简称县政务服务办公室）在县委、县政府的正确领导下，坚持以数字化改革为牵引，聚焦“深化‘放管服’改革、打造最优‘营商环境’”，努力建成勤政为民、高效审批、群众满意的服务窗口，在全市政务服务数字化改革考核中位列县区第一。是年，共计受理县内外各类审批服务事项 22.8 余万件，办结 22.7 余万件，日均受理 980 余件，按时办结率为 100%。

【政务服务“一网通办”数字化改革】 2022 年，县政务服务办公室 2.0 智慧大厅设置 13 大收件板块、22 个收件窗口，1690

个2.0事项全部配置上线，通过政务服务2.0一窗平台共办理业务167752件，一网通办办件率为97.5%；全年大厅“一网通办”率为90.5%，达到省定考核指标，并积极推进基层2.0政务服务应用工作，在全市率先完成全覆盖基层便民服务中心（站点）2.0大厅，94个基层2.0线大厅全部实现上线运行。根据基层实际需求及县级部门事权权限，240个2.0事项下沉到乡镇，135个2.0事项下沉到村（社区），全年乡镇、村（社区）2.0大厅收件1886件。

【“一地创新、全省共享”工单机制】 2022年，县政务服务办公室督促县级各部门围绕“浙里办”好办、易办，创新推进本部门事项“减表单、减材料、优流程”，积极向省提出意见建议，再造业务流程和服务模式。是年，县政务服务办公室向省级垂直条线部门提交18条工单，涉及交通、市监、民政、公安、公积金，其中民政、公安、公积金3条工单被省级垂直采纳。

【政务服务场所规范化、标准化、便利化建设】 2022年，县政务服务办公室按照县、乡、村（社区）三级政务服务场所建设要求，全县7个乡镇便民服务中心标准化建设基本完成，87个村（社区）的便民服务站标准化建设在稳步推进中，县级政务服务大厅、岱西镇、秀山乡便民服务中心，岱西镇摇星浦村、秀山乡秀北村便民服务站被列为舟山市第一批“政务服务标杆示范大厅”。

【“办事不出岛2.0”服务】 2022年，县政务服务办公室围绕服务网点规范化、便利化、均等化、数字化工作，通过“细分三类岛屿、主抓一大平台、前移一个窗口”的“3+1+1”模式，综合县域海岛乡镇规模、区位、产业等因素，划分大岛、中岛、偏远小岛三类，分类施策，全面推动基层便民服务中心（站点）软硬件提升改造，努力做到海岛各类企业和群众办事推行“小事不出小岛、大事不出大岛”。是年12月，县政务服务“办事不出岛”工作登上央视新闻频道《新时代 新征程 新伟业》栏目。

【“一站式”营商服务综合体迭代升级】 2022年，县政务服务办公室积极打造集事项受理、企业开办、项目审批、惠企政策咨询等多功能一站式营商服务综合体。线下强化企业“一件事”业务流程再造，深化“一窗受理”改革，在数据共享和服务创新上实现新突破，让企业“进一扇门，办所有事”。从上年5月营商服务综合体运行以来，已为企业办事3600余件，精准推送4492家企业惠企政策目录及办理渠道，企业满意率为100%。“岱你办”营商服务综合体服务团先后进驻县经济开发区192次，为21家企业解决52件审批难题。

（邱思洁）

岱西镇摇星浦村便民服务大厅（俞潇潇　摄）

公共资源交易工作

【概况】 2022年，舟山市公共资源交易中心岱山分中心（简称岱山分中心）在岱山县委、县政府正确领导下认真执行上级各项工

2022年12月18日，县政务服务“办事不出岛”工作登上央视新闻频道《新时代 新征程 新伟业》栏目
（县政务服务办公室 供图）

作方针、政策，注重实效，是全县集中统一的组织协调政务服务机构，与县政府服务办公室管理模式，合署办公，履行职责。全年共组织完成各类交易活动579次，预算金额714879.42万元，交易额687802.78万元，增收4643.85万元，节资31720.49万元。其中建设工程项目完成交易220次，预算543209.04万元，成交额512702.89万元；政府集中采购完成交易9次，预算2546.69万元，成交额2517.65万元；完成产权交易217次，底价70130.94万元，成交额74774.80万元；完成土地和海域使用权交易28次，预算81854.60万元，成交额81854.60万元；完成分散采购交易105次，预算17138.14万元，成交额15952.84万元。

【多举措优化营商环境】 2022年，岱山分中心认真落实招标投标领域营商环境优化提升工作要求，把好项目入场关，创新交易服务举措，积极推进“不见面”开标、远程异地评标、电子保函等指标提升工作。完成政采云平台可视化远程开评标系统建设。实现全流程网上项目流转，提交电子投标文件，开标现场直播，专家网上询标，实时监管，大幅降低交易成本，减轻供应商负担，提高交易效率。

【服务重大项目】 2022年，岱山分中心积极落实县域重大项目建设提前介入，提供相关咨询，紧紧围绕助力全县重大项目建设，通过开通重点项目绿色通道、实行项目“容缺受理”、标前主动服务、“一对一”精准服务等一系列措施，不断提升招投标服务能力和水平，按照“急事急办”“特事特办”的原则，提前预留场地，优先组织开评标活动，加快交易进度，在开评标过程中，安排专人提供维持现场秩序、规范机构代理行为、系统技术保障等服务，确保评标不结束，服务不断档，在评标活动结束后，及时协助完成中标结果公告发布。全年完成5000万元以上项目22个，成交金额40.20亿元，其中助力县域民生重点项目，积极和业主对接，针对疫情反复多变，在做好相关疫情防控落实工作的同时，顺利完成岱山县残疾人托养中心、岱山县东沙康养联合体、老旧小区改造项目等项目。

【可视化远程评标系统投运】 2022年，岱山分中心利用政府采购可视化远程评标系统建设项目验收完成，该系统依托政采云交易平台，可实现全流程网上项目流转，提交电子投标文件，开标现场直播，专家网上询标，实时监管等功能。通过该系统，监管部门实现在线实时监管，代理机构可通过不同地区协同抽取专家、进行远程异地协同评标；供应商可通过实时在线参加开标、在线接受视频询标；专家实现对供应商在线视频询标、不同地区专家之间实现异地评标连接。该系统的运行，大幅降低交易成本，减轻供应商负担，提高交易效率。全程线上操作，步步留痕，隔离投标人之间的串联，斩断投标人与专家评委线下接触的可能，既有效杜绝腐败行为，又加强风险防控和监管力度，至年末，可视化远程评标共完成123个项目。

【县国有产权网上交易创纪录】

2022年3月16日，舟山群岛新区蓬莱国有资产投资集团有限公司将位于人民路196号地段的混砖结构房屋(原“蓬莱会”)公开招租，项目准时在岱山分中心“网上竞价系统”举行网络竞价活动，该项目总建筑面积为3800平方米，起始价为94.50万元。招租公告发布后，项目受到多家意向承租人的关注。经过报名、资格审核、缴纳承租保证金后，有6家意向承租人参与本次项目网络竞价，6家意向承租人在规定时间内踊跃报价，经过3个小时354轮次的激烈竞价，最终以300.20万元成交，溢价率高达217.7%。

【县蓬莱未来社区项目完成招标】

2022年，岱山县为加快推进城市化建设进程，打造海岛特色未来社区标杆，9月29日，岱山县蓬莱未来社区工程总承包项目在岱山分中心完成招标，该项目位于高亭镇老城区，东至高亭小学（临街建筑东侧道路为人民路），西至蓬莱路（与县委老干部局一墙之隔），南至蓬园路与蓬莱四小区，北至长河路与蓬莱二小园一路之隔，实施现建筑设施范围内容提升，改造内容包括社区建筑外立面更新、结构加固、室内装修、场景空间改造（含景观）、数字化运营平台建设等，计划总投资3500万元。

（张凯淇）

责任编辑：吴依芳

政协岱山县委员会

Daishan County Committee of the CPPCC

综述

【县政协工作概况】2022年，政协岱山县委员会（简称县政协）以习近平新时代中国特色社会主义思想为指导，认真贯彻落实党的二十大、十九届六中全会和省委十四届十次全会、市委七届十二次、十三次全会精神，围绕县委十四次会议确立的决策部署，坚持发扬民主与增进团结相互贯通，进行民主协商、民主监督，提出意见建议，在意见建议中建言、资政、献策、凝聚共识，发挥参政议政作用，为谱写高质量发展建设共同富裕示范区海岛样板新篇章贡献政协力量。

【意见建议办理工作】2022年，岱山县召开全县政协会议1次、常委会会议6次、“请你来协商”专题政治协商会议5次、反映社情民意和信息培训会议2次、政协民生议事堂议事7次，以提案形式提出意见建议566件，经并案后为519件。其中，集体提案83件、委员提案436件，提案中意见建议被采纳或基本采纳218件，列入计划采纳246件，留作参考55件，分别占42%、47.4%和10.6%。所有提案内容涉及经济、社会、政治、文化、精神文明建设、旅游、生态环境、全国县级文明城市创建和百姓民生事业等，依据《政协提案审查立案实施细则》，分阶段、分期、分轻重批次，有步骤地得到落实和答复。至年末，所有提出的意见建议全部办结，圆满完成县政协九届三十八次常委会会议和十届一次会议以来的各项任务。

重要会议

【县政协九届三十八次常委会会议】2022年1月25日，县政协召开九届三十八次常委会会议。会议审议通过《政协第十届岱山县委员会参加单位、界别设置和委员名额的决定》《政协第十届岱山县委员会第一次会议的决定》，协商通过《政协第十届岱山县委员会委员名单》，会议还审议县政协十届一次会议其他有关事项。

【县政协十届一次会议】2022年2月11—15日，县政协十届一次会议在高亭召开。会议应到委员169人，实到162人，邀请列席人员155人。会议听取县政协十届一次会议筹备工作情况报告，审议通过县政协十届一次会议主席团和秘书长名单、主席团会议主持人名单、会议议程和日程及提案审查委员会主任、副主任名单，表彰2021年度政协先进活动组、参政议政积极分子，政协提案办理工作先进单位、提案优秀承办件和优秀提案。会议期间，听取并审议政协第九届岱山县委员会常务委员会工作报告和提案工作情况的报告；举行委员大会发言，开展分组讨论；听取并审议县人民法院工作报告、县人民检察院工作报告；会议选举陈海平为政协第十届岱山县委员会主席，方信伦、俞赛飞、夏红艳、张松军为副主席，杨增富为秘书长，王建伟等25人为常务委员。会议期间，与会人员还列席县十七届人大一次会议，听取讨论《县政府工作报告》《岱山县2021年国民经济和社会发展计划执行情况及2022年国民经济和社会发展计划草案的报告》以及会议其他报告。

【县政协十届一次常委会会议】 2022年3月4日，县政协召开十届一次常委会会议。会议审议通过《政协岱山县第十届委员会常务委员会2022年工作要点》《政协第十届岱山县委员会常务委员会关于设置专门委员会的决定》及有关人事事项。会议还传达学习市第八次党代会精神，研究部署贯彻落实工作。

【县政协十届二次常委会会议】 2022年8月5日，县政协召开十届二次常委会会议。会议听取和讨论岱山县国民经济和社会发展计划和财政预算上半年执行情况的报告。会议还听取和讨论关于岱山县融媒体事业高质量发展的情况，审议通过《政协十届岱山县委员会提案工作条例》。

【县政协十届三次常委会会议】 2022年10月21日，县政协召开十届三次常委会会议。会议围绕“加快消费领域供给侧改革推动消费提质扩容情况”“进一步构建和谐劳动关系”等议题开展专题议政。会议专题学习《中国共产党政治协商工作条例》，传达省、市政协主席读书会精神，审议通过有关人事事项。

【县政协十届四次常委会会议】 2022年12月9日，县政协召开十届四次常委会会议。会议听取和讨论县政府关于提案办理情况的报告、关于岱山县耕地“非农化”整治工作情况的报告。会议还通过有关人事事项，审议通过《关于委员履行职责情况统计与通报办法》。

【反映社情民意信息工作会议】 2022年4月22日，县政协召开2022年反映社情民意信息工作会议。会议表彰2021年度社情民意工作先进单位、个人，研判近期社情民意信息，交流撰写社情民意的经验，增聘5名县政协信息员，分享交流反映社情民意信息工作的经验和做法，部署全年度相关工作。

【县政协十届委员会委员培训会议】 2022年1月27日，县政协举办第十届新任委员履职培训会议，邀请市政协数字化改革专班成员唐赋华、市政协特约信息员奚增灵分别作数字政协相关知识培训授课及社情民意信息撰写知识培训授课。县政协主席陈海平出席并讲话。

“请你来协商”专题政治协商会议

【加强老年友好型社会建设】 2022年3月10日，县政协举行2022年首场“请你来协商”活动，其主题是围绕“加强老年友好型社会建设，助推新时代岱山共同富裕”集众智、合众力、献良策。县政协主席陈海平，县政府副县长唐燕妮出席活动，会议由县政协副主席俞赛飞主持。会议听取和讨论有关部门关于老年友好型社会建设的情况报告，提出凝聚尊老敬老的社会共识，不断营造出尊老敬老的良好社会风尚；加快推进适老化改造，夯实老年友好型社会的硬件基础；倡导老年人积极融入社会，帮助老年人积极参与社会活动等意见建议。

【推进中医事业发展】 2022年6月15日，县政协围绕“推进中医事业发展”主题开展“请你来协商”活动。县政协主席陈海平，县政府副县长唐燕妮出席，县政协副主席俞赛飞主持会议。会议听取和讨论有关部门关于岱山中医事业发展的相关情况，提出站在“共同富裕”的高度，提升对中医事业的认识；加强中医发展的布局，统筹考虑中医、西医医疗机构的功能定位和规划布局；聚焦实际问题的导向，解决中医发展的瓶颈等建议。

【深入实施“蓝色海湾”工程】 2022年8月12日，县政协就深入实施“蓝色海湾”工程，进一步强化生态修复与保护利用开展“请你来协商”活动。县委常委、副县长郁曙军出席会议并讲话，县政协副主席张松军、秘书长杨增富参加会议。各委员围绕“保护利用蓝色海湾”议题提出加快对无问题排口的收尾工作，明确问题排口的整治职责，进一步核实处理有疑问的排口；巩固渔港现有的建设成果，并将岱山中心渔港建设成具有岱山特色的美丽渔港；利用具有岱山特色的蓝色海湾项目及美渔港建设，建设一站式旅游景点，提升我县景区知名度，助力岱山文旅发展等建议。

【推进物业服务质量】2022年10月17日，县政协围绕“推进物业服务质量，提升小区自治能力”开展“请你来协商”活动。县政协主席陈海平、县人民政府副县长赵红波参加会议，会议由县政协副主席方信伦主持。会议听取和讨论有关部门关于县物业管理服务改革情况，提出强化从业人员培训、加强物业服务企业自身建设、部门联动、党建引领，主动参与小区物业的管理服务等建议。

【推进县级文明城市创建】2022年12月5日，县政协以“全力以赴，推进全国县级文明城市创建”为主题，开展“请你来协商”活动。县委常委、县委宣传部长郑虎，县政协副主席俞赛飞、秘书长杨增富参加。县创建办负责人汇报了创城有关工作情况，委员、群众代表和相关部门就创城工作以及群众普遍关心的问题进行了协商交流，提出加强思想重视、广泛发动群众参与、一鼓作气夺取创建胜利；增设城区尤其是商业中心以及餐饮聚集地附近停车位、改造老城区一些闲置单位办公场所，对符合条件和规定应积极进行规划停车空间，并加强违章执法力度；加大交通法规的宣传和普及工作，加大执法力度，完善机非隔离设施等建议。

民生议事堂

【古渔镇老年友好型社会建设】2022年4月20日，县政协东沙古渔镇“民生议事堂”围绕“古渔镇老年友好型社会建设”议题开展协商。古渔镇的老年居民热情发言，纷纷表达自己的想法与需求。县政协副主席俞赛飞、政协委员、东沙社区干部、民生议事堂负责人等围绕如何提升古渔镇老年群众幸福感议题，进行协商讨论。老年人的需求更多的是老有所为、老有所乐，县政协根据协商结果提交相关部门落实办理。

【“民生议事堂”建设推进会】2022年4月27日，县政协在东沙古渔镇召开“民生议事堂”建设推进会，贯彻落实全省政协系统“民生议事堂”建设推进会精神，部署下一阶段平台建设工作。县政协主席陈海平，副主席方信伦、夏红艳、俞赛飞、张松军，秘书长杨增富，各委室主任、各乡镇履职小组组长参加会议。陈海平主席对每个乡镇活动组的协商特色进行针对性点评，并对全面推进“民生议事堂”建设提出指导性意见：指出要深刻认识民生议事堂在发挥政协专门协商机构，践行全过程人民民主的职能的重要作用，要深刻把握党建引领、守正创新、统筹融合、广泛民主、闭环管理、数字赋能等6点要义，高质量开展平台建设；要进一步落实主席会议成员分工负责制和专委会联系机制，构建完善“民生议事堂”工作格局。

【小区楼道充电问题】2022年6月16日，县政协高亭镇活动组围绕“小区楼道充电问题”开展“民生议事堂”活动，高亭镇活动组组织十余名县政协委员走进城区居民小区，了解集中充电点设施使用现状、运营模式，以及电动自行车充电环节存在的问题，协商会上，委员活动组各自发表建议意见，提出提高电动车充电桩的利用率，要降低收费标准，公开透明收费标准，加强对充电设施的日常管理和维护，加大消防安全教育知识宣传力度等建议。

【解决车辆不规范停放问题】2022年7月5日，县政协在东沙镇召开“民生议事堂”，为商讨解决车辆停放不规范现象，县政协方信伦副主席以及县政协提案委员会负责人参加会议，与多名委员和群众代表进行协商议事。委员们建议将停车场标志设置得更加显眼，并运用数字化手段将停车场的位置纳入导航系统，引导外地游客前往停车场停车；安装抓拍系统，通过短信提醒提高违章停车者纠正；在路边划设临时停车位或延长停车场免费停车时长，实施阶段性收费，解决路边临停和僵尸车的问题，提高停车位使用效率等意见建议。

【网格智治夯实共富基石】2022年9月26日，县政协在岱西镇民生议事堂围绕“优化网格智治 夯实共富基石”召开民生议事堂专题协商会。县政协副主席方信伦现场指导并参与协商指出，“助力共同富裕示范区建设专题协商议事月”活动是省、市、县三级政协助推浙江高质量发展建设共同富裕示范区的重要举措，又是全年各乡镇民生议事堂的工作重点。要求乡镇党委和政府要学习好《“民生议事堂”协商议事工作规则》，规范议事活动的组织、调研、协商等流程，支持协商议事活动的开展，强化宣传，引导群众积极参与协商、表达意见，营造全社会关心、支持、参与基层协商的浓厚氛围。

【推进大岙山农旅融合“助力小岛你好”海岛共富行动】2022年9月27日，县政协高亭镇民生议事堂组织开展“推进大岙山农旅融合‘助力小岛你好’海岛共富行动”主题协商议事活动。县政协秘书长杨增富，县文旅局、县自规局、县发改局等相关单位负责人及多名委员到大岙村参与协商。协商活动前，部分与会委员到大岙山岛开展实地调研，发现当前的大岙山岛基本处于半开发状态，整体规划尚未完整，且因缺乏宣传营销，大岙山的休闲旅游知名度较低。参与调研委员协商讨论提出大岙山岛应该科学规划，统筹推进，因地制宜地发挥天然海岛生态优势；在保留小岛原汁原味特色基础上，开发民俗风情游；进一步保障交通、医疗、餐饮、住宿等基本要素，将大岙山岛打造为岱山县“红色旅游”路线上的站点之一；通过线上新媒体矩阵，线下加深同舟山市内旅行社的合作，共同发力宣传推介，强化营销等建议。县政协秘书长杨增富结合委员的意见建议，强调要把准共富脉搏，立足小岛的禀赋性、通过多方协作，开展“一村一特色”乡村振兴之路。

【强化数智赋能】2022年，县政协在省政协“以高质量履职服务高质量发展建设共同富裕示范区”的要求下，整合舟山绿色石化基地中的政协委员，发挥政协、企业、工委“三位一体”履职平台，以“国之大者”的胸怀和“奋战一线”的实干，倾力服务国家战略项目，展现出新时代政协委员的担当与风采。9月30日，县政协主席陈海平和舟山绿色石化基地“民生议事堂”负责人陈浩鑫为“民生议事堂”揭牌，并参与政协委员及基地工作人员围绕“强化数智赋能 构建和谐劳动关系”开展基地首场“民生议事堂”活动。各委员提出加强对总包单位的挑选，严把入场关；加强对劳动者的监管教育和对总包单位的管理；优化付款流程，做好与监理审计部门的沟通工作；建立完善劳动用工纠纷隐患排查机制和矛盾纠纷化解调处机制；过数字化应用强化企业劳资纠纷管理等建议。陈海平主席指出“党建统领、条抓块统”是基地开展各项工作的核心理念，要在党的领导下，充分发挥政协、企业、工会等作用，共同构建起基地和谐劳动关系；要坚持数智赋能，源头预防，用活用好鱼山码，第一时间化解潜在风险；要坚持依规依法，加强法治化治理，保障劳动者的合法权益。

调研视察

【调研岱东镇相关工作】2022年3月30日，县政协港澳台侨与社会和法制委员会、文史资料与教文卫体委员会相关人员围绕文旅发展、老年友好型社会建设、“县乡一体、条抓块统”工作赴岱东镇调研。调研组听取了解相关情况的汇报，提出坚持“旅游+”和差异化发展的思路，把文旅工作与乡村振兴相结合，全力推动文旅产业提档升级；进一步深化“县乡一体、条抓块统”建设，结合该镇实际，梳理建设过程中存在的突出问题；加强“一支队伍管执法”的专业能力建设，找准短板、精准发力，努力形成权责统一、权威高效“大综合一体化”行政执法新格局等意见建议。

【调研“蟹文化产业园”】2022年4月8日，县政协农业与人口资源环境委员会组织相关委员到蟹文化产业园区开展调研。调研组通过走访、了解、座谈，提出运用数字化技术，加强多部门合作；提高园区内的服务和周边设施的提升；促进蟹文化产业园区从市场、技术、管理等多方面、多途径转型升级等意见。

【考察舟山总商会政协委员会客厅】 2022年5月17日，县政协副主席夏红艳率队视察舟山总商会政协委员会客厅，市政协委员工作委员会主任梁栋，省政协委员、舟山总商会委员会客厅牵头委员庄伟意参加视察。调研组通过展开座谈交流、听取情况介绍等方式，就岱山政协建设东海渔嫂政协委员会客厅征求意见建议，提出立足委员会客厅建设，充分发挥专门协商机构作用；不断搭建东海渔嫂参与社会治理的新平台、新阵地、新载体；将“东海渔嫂”政协委员会客厅打造成为独具海岛韵味的市、县政协工作品牌，成为集中展现市、县政协工作和委员风采的金名片等意见建议。

【视察中试基地建设情况】 2022年5月25日，县政协副主席方信伦率县政协经济科技委员会和工商科技界有关委员视察中科院宁波材料所岱山新材料研究和试验基地建设。视察组一行先后了解项目建设面积、资金投入、动工竣工日期等情况，提出工程建设安全第一，要一手抓生产，一手抓防疫安全；要适时引进高新技术团队，充分发挥岱山新材料研究和试验基地的聚力效应，努力把基地建设成为全国闻名、主题特色鲜明中试放大社区和长三角城市未来化工新材料发展的创新之芯等意见建议。

【调研高亭镇“侨之家”】 2022年5月25号，县政协副主席俞赛飞率相关政协委员到全国“侨胞之家”——高亭镇“侨之家”，听取调研县侨联侨务工作，并与侨联干部进行交流座谈。调研组认真听取岱山侨联近几年的工作总体情况、总体思路、主要成效，提出更大层面地关心服务县内侨眷，帮助他们解决实际困难和问题；多元渠道加强与华侨华人联系，形成良性互动；加强与县政协港澳台侨与社会法制委员会的合作联系，实现资源与信息的共建共享等意见建议。

【调研县休闲渔业发展情况】 2022年5月31日，县政协副主席俞赛飞率部分政协委员走访调研县休闲渔业企业。调研组走访参观县新型休闲渔业示范船，现场听取相关休闲渔业的经营情况和发展休闲渔业产业过程中遇到的问题，提出休闲渔业要完善相关政策，规范管理经营，推进配套设施建设；要解放思想，设立提供多样化休闲项目，创造休闲渔业新的亮点等意见建议。

【县政协十届常委会全体组成人员首次集中视察】 2022年6月24日，县政协十届常委会组成人员及部分政协委员，开展集中视察“岱山县大桥时代重大民生保障工程建设情况”。各位委员实地查看燕窝山陆岛交通码头和东海郊野公园等重点工程的建设和运行情况，并在东海郊野公园内开展座谈，提出统筹做好大桥时代岛域交通的综合保障工作；强力推进在建重点交通建设项目；构建快捷高效的大综合交通体系等意见建议。

【调研县中医事业发展情况】 2022年7月1日，县政协副主席俞赛飞率相关政协委到县卫生健康局、县中医院调研岱山县中医事业发展情况。调研组听取县卫生健康局主要负责人、医疗集团负责人及县中医院负责人对全县中医药事业发展情况的介绍，提出认真学习贯彻习近平总书记关于中医药工作的重要论述，把中医药发展摆在更加突出的位置；高点定位目标，开拓思路、谋划布局，尤其是大桥时代、共同富裕的背景下，要做好中医发展的中长期发展规划；继续坚持中医特色，发挥名中医的传帮带作用，做好做强学科建设，做出特色、做出品牌，进一步提升中医药服务能力，更好地满足人民群众对中医的需求等意见建议。

【调研县融媒体高质量发展情况】 2022年7月14日，县政协副主席俞赛飞率相关政协委员围绕融媒体中心高质量发展等相关工作开展调研。调研组听取县融媒体中心的发展历程，是年以来县融媒体中心实施的一系列举措，提出要坚持以习近平新时代中国特色社会主义思想为指导，牢牢把握正确政治方向，以更高站位不断开创媒体融合发展新境界；要加强新媒体队伍建设，改变宣传传播方式，因地制宜地推进县级融媒体中心复合型人才建设；要抓住当下的岱山发展时机，生产出更多接地气、扬正气、聚人气的精品力作等意见建议。

【调研县文旅高质量发展工作】 2022 年 7 月 29 日，县政协副主席俞赛飞率部分政协委员到县文化和广电旅游体育局调研文旅高质量发展工作。调研组听取县文旅局的工作情况汇报，提出把握发展定位，理顺文和旅关系；发掘岱山海岛文化内涵，打造海岛健康休闲文化产业；持续做好群众文化建设，积极主动培育有情怀、有实力、有热情的群众文化带头人；加大文旅产业项目引进力度，集中打造富有岱山海岛辨识度的文化业态等意见建议。

【视察县人民法院】 2022 年 8 月 10 日，县政协副主席俞赛飞率相关政协委员专题视察县人民法院执行工作。视察组一行实地查看法院便民服务大厅、执行指挥中心、羁押室、审判庭等，听取相关负责人对法院整体工作及执行工作的情况汇报，并进行座谈交流。视察组提出加大执行力度、提升执行质效、创新执行工作方法、强化执行普法工作等意见建议。

【调研人社局】 2022 年 8 月 26 日，县政协副主席俞赛飞率相关政协委员到县人力资源和社会保障局开展调研，现场听取全县人力资源和社会保障工作重点指标完成情况、具体业务工作开展情况、存在的问题和下一步工作打算。调研组在听取县人社局负责人工作汇报后，提出认真学习贯彻习近平总书记关于人社工作一系列重要论述、重要指示精神；持续在稳就业保就业、强社保惠民生、引才用才、化解矛盾上下功夫等意见建议。

【调研县图书馆】 2022 年 9 月 6 日下午，县政协副主席俞赛飞率相关委员到县图书馆开展调研。调研组先后参观借阅区、地方文献阅览室、数字阅读及数字 VR 虚拟体验区等，详细地了解改建后新图书馆的运营情况。调研组提出应进一步加大调研力度，精准对接群众对阅读的需求；要挖掘岱山本土文化，做实海岛特色文化品牌；要肩负起图书馆文化传播的重任，在提升市民文化素质、推进全民阅读、满足人民群众对美好生活的向往方面做出更大贡献等意见建议。

提案工作

【九届县政协提案及办理情况】 2022 年 2 月 12 日，县政协通报九届县政协期间提案及办理情况，政协委员和政协参加单位、专门委员会、活动组，以提案形式提出意见建议 566 件。经审查，立案 560 件，并案处理后为 519 件。其中，集体提案 83 件，委员提案 436 件。其中，经济建设方面 165 件、政治建设方面 42 件、文化建设方面 63 件、社会建设方面 203 件、生态文明建设方面 46 件。各承办单位深入开展协商，积极采纳落实，办复率为 100%。其中，提案所提意见建议被采纳或基本采纳的 218 件，占 42%；部分采纳或列入计划采纳的 246 件，占 47.4%；因条件所限未能采纳或留作参考的 55 件，占 10.6%。

【十届一次会议提案收集情况的通报】 2022 年 2 月 13 日，县政协通报十届一次会议期间提案收集情况，大会提案组收到以提案形式提出的意见建议 108 件，其中集体提出的 14 件，委员个人和联名提出的 94 件。其中，经济建设方面 34 件，占总数的 31.5%；政治建设方面 7 件，占总数的 6.5%；文化建设方面 6 件，占总数的 5.5%；社会建设方面 54 件，占总数的 50%；生态文明建设方面 7 件，占总数的 6.5%。

【提案双向评议】 2022 年 11 月 22 日，县政协提案委员会就十届一次会议以来部分提案办理情况开展双向评议活动，县政协党组副书记、副主席方信伦，县政协提案审查委员会成员、有关承办单位及提案人等20余人参加活动。委员们深入枫秀缘绿城“菜篮子”供应店、蟹文化产业园、枫树菜篮子基地、垃圾分拣场等地视察，现场了解各承办单位提案办理情况。评议会上，各承办单位对提案办理情况进行汇报，并对提案质量进行评议，提案人结合视察情况对提案的办理情况进行评议。所有提案经县委、县政府所属56个单位办理，于是年8月底全部办复，总采纳率为89%。从提案答复的情况来看，提案所提问题得到解决和基本解决的50件，占50%；正在解决或列入计划准备解决的39件，占39%；目前暂无条件解决的7件，占7%；留作参考的4件，占4%。提案在办理过程中经过了提办双方的相互协商沟通，提案者对答复办理情况均表示非常满意和满意。

【数字赋能提案工作】2022年，县政协做好“提案在线”贯通应用，在电脑端、手机端同时开通使用，制定《岱山县政协“提案在线”场景应用使用管理办法》，实现提案工作从征集、提交、审核、分类、交办、承办到答复、反馈、统计、分析、评价全过程闭环运行管理。做好提案数据的归集工作，完成提案2018年至2023年、619条信息录入上传至“浙江数字政协——文件归集中心”。

联络联谊

【打造“两走进三下乡”为民服务品牌】2022年，县政协为深化“两走进三下乡”为民服务品牌，发挥政协委员服务经济社会发展的主体作用，组织全县相关单位和政协委员，开展“走进基层　走进群众”送医送科技送服务活动，为基层群众带去便民服务。围绕省级美丽乡村精品村打造、乡村振兴战略实施、休闲渔业发展等提供“菜单式”服务，就岱西镇前岸村的发展规划、业态布局、景点建设等给予精准帮扶，获基层群众普遍欢迎。

【市政协委员岱山工作室活动】2022年7月18日，市政协委员岱山工作室组织开展以“同心担使命　奋进共富路”为主题的海风沙龙读书活动，重点学习省第十五次党代会精神。10余名在岱市政协委员参加活动。

【十届政协委员履职能力提升培训班举办】2022年9月26—29日，县政协在湖州市委党校举办十届政协委员培训班。县政协副主席夏红艳、张松军与政协委员们参加培训。通过重要课程专题辅导、专职教师讲座和现场参观学习，进一步提升委员的政治把握能力、调查研究能力和联系群众的能力，全面增加履职本领。

【政协委员关爱行动】2022年入夏以来，县政协经济科技界委员自发组织购买防暑降温用品，为工作中的劳动者送去矿泉水、饮料等，用实际行动感谢一线人员为城市环境卫生及交通秩序做出的贡献。

文史资料编辑

【文史编研】2022年，县政协发挥文史资料“存史、资政、团结、育人”作用，聘请特约文史信息员13人，组织完成《浙江城市名片》岱山部分的史料征集编撰，出版发行《岱山知青》，推进秀山岛史料编撰；加强文史资料编研，完成《秀山岛故事》编撰，留住乡愁记忆和文化根脉；建立政协理论进党校机制，人民政协理论纳入县委党校主体班次教学计划。

【信息宣传】2022年，县政协加强信息宣传报道，在联谊报、同心苑等省、市媒体发表通讯新闻70余篇，“岱山政协”公众号及网站发布工作动态106期，努力把政协好声音、好故事、好做法传播出去。加强政协与宣传等部门的联系合作，深度融合新媒体，传播政协“同心”文化，共话岱山美好未来。

（徐冬逸）

责任编辑：吴依芳

中共岱山县纪律检查委员会 岱山县监察委员会

Daishan County Commission for Discipline Inspection&Daishan County Supervisory Commission

综述

【加强政治监督工作】 2022年，中共岱山县纪律检查委员会、岱山县监察委员会（简称县纪委、县监委）坚持以习近平新时代中国特色社会主义思想为指导，深入贯彻落实党中央、省委、市委关于全面从严治党的决策部署，坚决扛起管党治党政治责任，忠实履行党章和宪法赋予的职责，推进纪检监察工作“七大工程”。全年召开县十四届纪委二次全体会议1次、常委会会议23次、中心组学习交流会25次、县委巡察工作会议4次、反腐败协调小组会议1次；开展政治监督24项、监督1121次，发现问题并督促整改690个，处理58人；完成15个县属单位、20个渔农村党组织的巡察，发现问题516个，移交问题线索31件，立案6人；深入一线督查疫情防控、美丽渔港建设、渔农业和渔农村安全生产、文化旅游、交通运输、食品安全、医疗卫生和全国县级文明城市创建等198件，立案64件，处理54人。

【清廉岱山建设】 清廉岱山重点建设项目60个，涉及企事业单位61家，清廉基层单元建设60个，涉及7个乡镇的渔农村（社区），59个村成功创建市级清廉村居，5个单位获评市清廉建设示范单位，其中，金维映史迹陈列室、渔山村红色传承馆被命名为舟山市廉洁文化教育基地；开展正风肃纪检查60次，被检查单位398家次，发现问题32个，处理41人；开展常态化侵害群众利益专项治理2次，处理7人，其中，7个乡镇立案36件，均实现自办案件“破零”。

【加强规范化建设】 2022年，县纪委、县监委完善常委会议事规则，制定日常管理和业务工作制度21项，聘任第二届特约监察员11人；举办全县纪检监察干部业务培训班1期、干部学堂8期，选派25名纪检干部参与上级纪委、监委重大案件的办理。在县委和市纪委、市监委坚强领导下，圆满完成县十四届纪委二次全体会议以来的各项任务，为岱山县谱写高质量发展建设共同富裕示范区海岛样板新篇章提供坚强保障。

重要会议

【县纪委十四届二次全会】 2022年1月28日，中共岱山县第十四届纪律检查委员会第二次全体会议在高亭召开。县委书记周国岭出席会议并发表讲话，要深入学习贯彻党的十九届六中全会精神，全面贯彻落实中央纪委全会和省、市纪委全会精神，自觉把握和运用党的百年奋斗历史经验，弘扬伟大建党精神，永葆自我革命精神，坚持全面从严治党战略方针，持续深化不敢腐、不能腐、不想腐一体推进，为打造“重要窗口”海岛风景、谱写高质量发展建设共同富裕示范区海岛样板新篇章提供坚强保障。县委常委、县纪

2022 年 1 月 28 日，中国共产党岱山县第十四届纪律检查委员会第二次全体会议在县行政中心召开（县纪委办、县监委办　供图）

委书记、县监委代主任张杰主持会议并在全会第二次会议上作题为《勇担新使命迈向新征程为谱写高质量发展建设共同富裕示范区海岛样板新篇章提供坚强保障》的工作报告，总结 2021 年全县纪检监察工作，研究部署 2022 年工作任务。市纪委、市监委第三监督检查室有关负责人到会指导。县领导和与会人员观看警示教育片。3 家单位党委（党组）负责人向全会述责述廉并接受评议。县四套班子领导，县人民法院代院长、县人民检察院代检察长，其他县处级领导干部，县政协秘书长，县纪委委员，县监委委员，县属及部省市属在岱山有关单位主要负责人，乡镇党委书记、纪委书记，村（社区）书记代表，部分县党代表、县监委特约监察员，县委巡察组组长、县纪委县监委派驻纪检监察组组长、县纪委县监委派出纪工委书记、国企纪委书记、县纪委县监委机关各室负责人、县纪委县监委退休老干部等约 200 人参加会议。

【县纪委常委会会议】 2022 年，县纪委、县监委召开常委会会议 23 次，严格落实“第一议题”制度，传达学习贯彻上级纪委和县委有关工作要求，研究重要案件、人事调配等工作。

政治监督

【政治监督“342”工作法】 2022 年，县纪委、县监委落实“疫情要防住、经济要稳住、发展要安全”的要求，创设政治监督“342”工作法，全年实施政治监督 24 项，开展监督 1121 次，发现并督促整改问题 690 个，处理 58 人，其中党纪政务处分 2 人，确保全县各级党组织和党员干部在政治立场、政治方向、政治原则、政治道路上同以习近平同志为核心的党中央保持高度一致。围绕“美丽渔港”“星浦未来社区”等县重大工程项目，开展全生命周期嵌入式监督，聚焦“渔业生产”“危化品”，开展“平安护航二十大”安全生产专项监督，保

2022 年 1 月 9 日，县委常委、县纪委书记、县监委代主任张杰（左二）到一线督查疫情防控工作（县纪委办、县监委办　供图）

障县委中心工作推进。

【落实主体责任】2022年，县纪委、县监委协助县委制发《岱山县2022年度落实党风廉政建设主体责任考评办法》，联动“四责协同”监督平台，进行线上审核，将县属61家单位纳入年度主体责任考评，落实落细“五张责任清单”，县委领导分别带领9个检查组，对18家单位上年度落实全面从严治党主体责任情况进行抽查并予以反馈，督促县属单位“一把手”切实扛牢党风廉政建设主体责任。

【加强“一把手”和领导班子监督】2022年，县纪委、县监委协助县委建立《加强“一把手”和领导班子监督责任清单机制》。探索“一把手”承诺践诺专项监督，着力解决领导干部表态多、调门高、行动少、落实差等形式主义、官僚主义问题，有效推动思想政治建设，建立县属单位“一把手”述责述廉制度、书记谈话制度，分层分级开展政治生态分析评估，分批次落实各单位党组织主要负责人在县纪委全会上述责述廉，并对其进行评议。全年落实“五时三色”监督预警机制，打造干部特别是“一把手”廉情收集、分析、研判、预警闭环，发出绿卡2张、黄卡13张。

【强化纪检监督作用】2022年，县纪委、县监委持续深化纪检监督改革，制度优势不断向治理效能转化。试点的水资源管理云监督子场景在全省公权力大数据监督应用平台提前“点亮”，被评为全省公权力大数据监督应用年度“最佳场景”，数字化改革成效显著。制定《岱山县落实“四督贯通”工作机制推进政治监督具体化常态化若干措施》等制度，绘制纪检工作、监察工作总流程图、子流程图，四项监督协同贯通机制更加流畅。强化“组地”联动，围绕保障国家战略，与市纪委、市监委驻市政府办公室纪检监察组建立联动机制，形成对舟山绿色石化基地建设监督保障的合力。

清廉岱山建设与巡察工作

【重点项目分散评比】2022年，县纪委、县监委开展清廉岱山重点建设项目线上线下分散评比，印发《关于明确清廉岱山重点建设项目的通知》，明确各单位主体责任，落实时效要求，梳理确定清廉岱山重点建设项目60个，涉及单位61家，清廉岱山重点建设项目顺利完成。

【清廉单元建设】2022年，县纪委、县监委加强清廉单元建设，在全市率先实施清廉社区建设项目60个，制定评价标准22条，聘任清廉岱山推广大使，组织清廉岱山建设成果图片展，开展“廉洁文化乡村行”活动，创作清廉方言歌曲、清廉沙画，全年在市级以上媒体刊登外宣报道360篇。廉洁文化传播示范引领，在系统行业条线推进实施清廉机关、清廉国企、清廉民企等“7+1+X”清廉单元建设，形成一批特色鲜明、成效显著的示范单位和廉洁

岱西镇积极打造清廉村居。图为2022年11月16日，县纪检监察干部查看岱西镇摇星浦村清廉馆建设情况（县纪委办、县监委办 供图）

文化教育基地，其中县公安局罗家岙派出所获评全省清廉建设成绩突出单位，县第一人民医院、高亭小学等5家单位获评舟山市级清廉建设示范单位，金维映史迹陈列室、渔山村红色传承馆被命名为市廉洁文化教育基地，59个村创建为市级清廉村居，10个集体、74名个人受到县委表扬，清廉岱山示范引领力逐年增强。

【巡察工作】 2022年，县纪委、县监委根据县委巡察工作动员部署，制订出台岱山县巡察工作五年规划，启动新一届县委巡察方案，探索“巡前答辩制”，建立巡察问题库，问题发现精准度进一步提升；制订“一家一策”巡察方案，加强数据信息比对分析，改进谈话模式，并与审计监督、信访监督、舆论监督协调协作，推动信息资源和监督成果共享共用。强化巡察成果运用，制定《关于加强巡察整改和成果运用的责任清单（试行）》，深化“双反馈+约谈”机制，6位县领导对9名单位主要负责人开展约谈，将上一届巡察发现问题整改落实情况的监督作为巡察重点，督促被巡党组织对账销号；对移交问题线索进行“大起底”，实现问题线索办结“清零”。全年完成15家县属单位、20个渔农村党组织的巡察，发现问题516个，移交问题线索31件，立案6人。

党风廉政和反腐败工作

【推进“三不腐”工作】 2022年，县纪委、县监委加强重点领域和关键环节，制定《关于加强对行贿人惩戒的暂行办法》，完善行贿行为联合惩戒机制，全年处置问题线索198件，立案64件，处分54人。其中办结移送市纪委指定管辖的市交投集团国际贸易公司主要负责人签订、履行合同失职被骗案，涉案金额4亿余元；查处县文广旅体局主要负责人违纪案，以案促改、以案促治，督促文广系统重塑政治生态；推动被监督单位建章立制、深化整改。挂牌成立岱山县廉政教育基地。深入推进“清廉工程”建设，编印《年轻干部违纪违法典型案例警示录》，扣好年轻干部廉洁从政的“第一粒扣子”。认真落实“三个区分开来”要求，科学运用“四种形态”，以第一、二种形态92.8%的占比实现管住“大多数”。开展全县党员干部、国企职工涉渔投资入股和借贷情况自查，有23人主动上报相关情况。制发纪检监察建议书21份。

【纠“四风”工作】 2022年，县纪委、县监委统一部署，各纪检组、巡察组分级实施“节日病”的专项监督检查，围绕违规参与“酒局”、违规出入陪侍性娱乐场所、公款吃喝、接受管理服务对象宴请等享乐主义、奢靡之风问题，以及单位效能、疫情防控、创城等工作中存在的形式主义、官僚主义问题，对“四风”新形式、新变种深挖细查，开展正风肃纪检查60次，检查单位398家次，发现问题32个，处理41人，其中党纪政务处分15人；开展“正家风·树清风”系列活动，挖掘

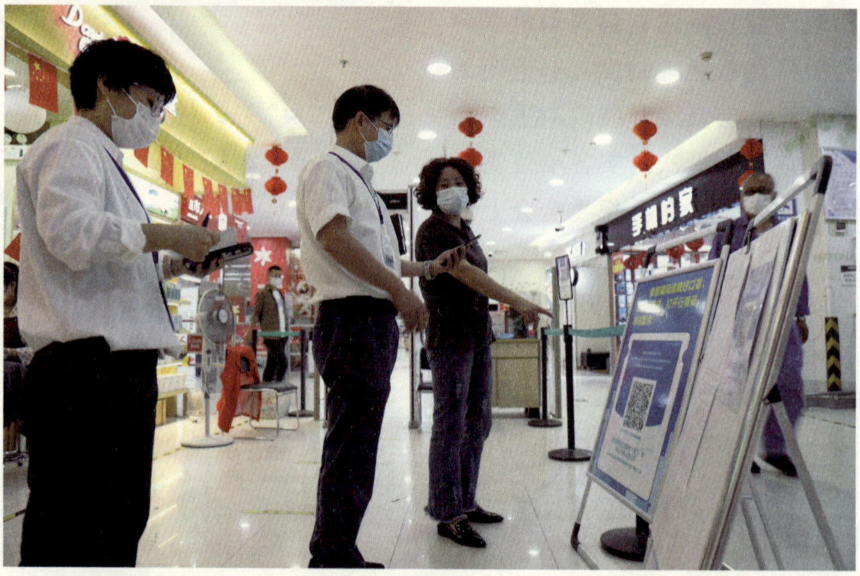

2022年国庆期间，县纪委、县监委在华润万家开展“四风”督查
（县纪委办、县监委办 供图）

“古今蓬莱好家风”故事，向全县公职人员和一把手倡议“树清廉家风·创最美家园”、评清廉家庭，发放《清风传家》《严以治家》廉政学习书籍1000余册，对41名新提任领导干部及其家属开展廉政谈话并签订清廉家风建设承诺书，推动党风社风家风向上向善。

【加强基层监督】 2022年，县纪委、县监委开展常态化漠视侵害群众利益专项治理，处理7人，其中党纪处分1人；“粮食安全”专项监督，处理2人；养老服务专项监督，处理3人，批评教育1人。7个乡镇纪检监察办立案36件，均实现自办案件“破零”。开展乡镇纪检监察深挖细查4件，处理5人，在案件查办、交叉审理、审理质量得到明显提升。其中有中纪委、省纪委转交的8件重复检举控告件全部按时“清零”。

队伍建设

【加强自身建设】 2022年，县十四届纪委常委会、县监委班子带头落实全面从严治党主体责任和机关党建、意识形态工作责任，完善常委会议事规则，建立中心组学习制度，打造纪检监察干部“共同体”，实施“揭榜挂帅”项目20个，梳理并整改第一批“问题清单”12条，推进纪检监察工作高质量发展。县监委向县人大常委会专题报告整治群众身边不正之风和腐败问题工作情况，聘任第二届特约监察员11名；完成市纪委大督查整改任务，制定完善日常管理和业务工作制度21项；开展全县纪检监察系统“以案为鉴严约束、护航‘窗口’铸铁军”警示教育活动，抽查干部个人有关事项报告表及有关亲属从业、从事经营性活动报告表，组织遵守省纪委“九个严禁”等专项检查28次。

【注重规范化建设】 2022年，县纪委、县监委加强业务学习与先进评选，举办全县纪检监察干部业务培训班1期、干部学堂8期、干部荣退仪式1次，选派干部25人次参与上级纪委重大案件办理等重点工作历练，实施退二线领导干部参与纪委、监委机关信访接待工作。建立外派干部关心关爱机制，常态化开展干部“家访”，全年提拔股级干部16人，1人获评五年一次的全省纪检监察系统先进个人，11人次在市纪委“铁人五项”业务比武中获奖，县纪委监委代表队在全县“学习强国”现场知识竞赛中获一等奖，并参加年度浙江“学习达人”挑战赛。

【重视意识形态工作】 2022年县纪委、县监委高度重视意识形态工作，认真贯彻落实上级党委关于意识形态工作的决策部署和指示精神，把意识形态工作与党建工作、业务工作同安排同部署同落实，牢牢把握正确的政治方向，找准立足点，抓住着力点，确保纪检监察领域意识形态工作安全可控。

【强化机制建设】 2022年，县纪委、县监委根据县委十四次会议和县纪委十四届二次全会决策部署，成立意识形态工作领导小组，研究制订年度工作计划，阶段性总结意识形态工作，推动意识形

县纪委、县监委开展党史学习教育“月学堂”。图为2022年7月22日，课堂现场（县纪委办、县监委办 供图）

态工作不断规范化、制度化。印发《岱山县纪委县监委理论学习中心组学习实施细则》，建立中心组成员主题发言制度，委常委会带头示范，将学习贯彻习近平总书记的重要讲话和指示批示精神作为常委会会议“第一议题”，在学思践悟中增强“两个维护”的思想自觉和行动自觉，全年开展学习交流25次；各派驻纪检监察组、乡镇纪委、国企纪委采取集中学习和自学相结合的方式，组织学习中央及省、市、县委重要会议精神、《中国共产党纪律检查委员会工作条例》、《纪检监察机关派驻机构工作规则》等内容231次，并主动参与派驻单位、乡镇党委（党组）、纪委（监察办），开展各类学习互动。

2022年7月20日，县纪委、县监委举办纪检监察开放日活动
（县纪委办、县监委办　供图）

【加强理论学习】2022年，县纪委、县监委打造“仙岛清帆”党建品牌，建立党史学习教育常态化长效机制，全县纪检监察系统、派驻机构以专题党课、支部学习、业务培训、月学堂等方式，深入学习习近平总书记重要讲话重要指示精神，推出学习宣传贯彻党的二十大精神、党章、党的纪律条例、公务员条例等专栏；4月，县纪委、县监委理论学习中心组邀请县文联负责人作“提升党员领导干部意识形态能力”专题授课，利用“学习强国”学习平台、公务员云讲堂等平台，常态化开展网上学习，提升能力素养。

【严格落实网络安全责任制】2022年，县纪委、县监委用好“清廉岱山”微信公众号、“岱山廉政网”，履行网络安全工作部门的主体责任、部门责任人的第一责任，建立并严格执行网络安全责任制。做好党的二十大等重大活动网络安全的保障工作，对岱山廉政网定期开展网络安全漏洞扫描，补齐网络安全补丁，构建网络安全屏障。

【清廉家风建设】2022年，县纪委、县监委主动与县网信办的协作联系，注重掌握了解各级新闻媒体的动态，及时回应、澄清虚假网络舆情，落实节假日期间专人24小时值班制度，连续6年举办纪检监察开放日活动，增进社会各界对纪检监察机关的了解和信任；开展廉洁好家风倡议、清廉家风座谈等，发挥廉洁文化主战场、主阵地、主力军的支撑作用。

（费涵立）

责任编辑：吴依芳

群众团体

Mass Organizations

岱山县总工会

【概况】 2022年，县总工会围绕打造共同富裕示范区海岛样板目标，聚焦“实干争先·跨越发展”工作主线，团结带领全县广大职工为高水平建设现代海洋城市，加快海岛共同富裕先行和县域现代化先行作出积极贡献。是年底，全县有基层工会组织396家，其中独立建会327家，联合建会69家，共涵盖单位400余家，会员32891人。

【职工建功立业】 2022年，县总工会以保障油气全产业链、重大民生项目、交通工程为重点，围绕舟山绿色石化项目、526国道岱山段改建工程、岱山交通集散中心工程、燕窝山客运码头、岱山新材料产业技术创研中心、县第一人民医院迁建项目、岱山县产业新城综合配套提升工程等，开展立功竞赛活动，助推项目建设。是年，蓬莱交通投资集团有限公司获评2020—2021年度省立功竞赛先进集体，其公司职工黄勇和阮嘉磊分获2020—2021年度省立功竞赛先进个人，表彰526国道岱山段改建工程第六赛季、岱山新材料产业技术创研中心第二赛季、岱山交通集散中心、岱山县燕窝山客运中心工程优秀集体、班组和个人。

【和谐劳动关系创建】 2022年，县总工会会同县属有关部门开展企业劳动用工“法治体检”，协同处理秀山惠生外包企业、长涂华丰船厂的劳动纠纷事件。举办2022年“安康杯”安全生产知识线上竞答活动，表彰2021年度“安康杯”竞赛活动先进集体和个人。与县安委办联合开展企业安全班组建设劳动竞赛活动，组织县劳模、工匠技术服务志愿队，开展“送安全健康进企业、进社区”活动。

【新就业群体建会】 2022年，县总工会根据《岱山县新业态新就

2022年11月24日，岱山县货运物流行业工会联合会成立大会暨第一届委员会第一次全体会议召开（县总工会　供图）

业群体建会入会工作三年规划》，开展集中攻坚行动，组建外卖小哥、卡车司机、社会组织、民宿行业等重点行业龙头企业工会6家，补助工会经费18万元。积极推动县蓬莱客运轮船有限公司和申通快递公司开展模范职工之家“结对共建”活动。是年，全县建立新业态新就业群体工会19家，涵盖职工2300余人。

【“三新”领域工会扩面工作】2022年，县总工会协同县委组织部开展“蓝海红帆 同舟共享”党群连心关爱新就业群体活动。首次将新就业形态劳动者和农民工纳入2023年专项医疗互助保障工作中，参保人数300人；安排新就业形态劳动者健康体检70余人；组织新就业形态劳动者参加一线职工疗休养活动。举办首届“健康岱山杯”职工岗位餐饮技能比武大赛，促进高素质新就业形态劳动者队伍成长。

【工会工作改革】2022年，县总工会积极构建“数智工会”架构，不断提高工会会员实名数据库会员率。完善岱山县数字生活新服务平台“新生岱”上“工会码”应用场景，将工会会员生日蛋糕券项目植入“新生岱”小程序中，工会会员可实现“扫码提糕”，满足广大会员生日福利个性需求。以数字化为牵引，提高丰富群团联盟婚恋交友活动。是年，“工会码”被列为全省电子证照社会化应用子场景。持续优化“岱山工会”微信公众号平台线上知识竞答、随手拍、技能培训等项目，改进“职工点单 工会派单”形式，进一步满足职工多元化、多层次需求，在全省县区工会微信公众号排名中，综合排名一直稳定在30名以内。

【助力文明城市创建】2022年5月，县总工会召开创建全国文明城市专题会议，组建县工会志愿服务大队及6支县总工会志愿服务队，组织开展抗台防汛、创城及疫情防控等志愿服务活动。继续深入开展“创文明厂区，做文明职工”主题活动，提升职工文明水平，打造文明、整洁、美丽、和谐、有序的企业生产经营环境。组织机关干部开展“门前四包”专项整治行动，安排机关干部到美好家园开展创城志愿服务，落实点位长职责。

【“留岱过年”行动】2022年，县总工会在元旦春节期间开展“健康过春节 服务暖人心”专项服务行动。开展“我向第二家乡拜年”短视频征集活动和“幸福留岱 云享交友”活动、为留岱外来务工人员理发、迎春礼包慰问坚守一线的劳动者代表，开展插花花艺、烘焙、书法、剪窗花、慰问演出等活动，累计为3000余名职工提供各类服务。

2022年11月27日，“健康岱山杯”首届职工岗位餐饮技能比武大会举办
（县总工会 供图）

【职工文化建设】2022年，县总工会开展“群团星 促共富”庆五一系列活动，组织线上知识竞答，内容涉及工会法、党的十九届六中全会精神、党史学习教育、创城、垃圾分类、节能减排等，引领职工思想建设。开展劳动模范、模范集体、产业工人等事迹的集中宣传，弘扬“劳模精神、劳动精神、工匠精神”，深化“中国梦·劳动美”“群团星·促共富”等群众性主题宣传教育活动。指导舟山鼠浪湖码头有限公司的“赓续前行、奋楫争先 创新‘五

2022年5月17日，鼠浪湖码头有限公司开展“守好红色根脉、班前十分钟活动”职工思想政治教育（县总工会　供图）

红’进班组，助推鼠浪生产红”项目，并入选全省职工思想政治工作优秀案例。

【产业工人队伍建设】 2022年，县总工会围绕产业工人素质提升，举办2022年岱山县电工职业技能大比武，50名选手获得电工高级工证书。开展名师带徒签约仪式暨表彰年度“名师带徒”活动，现场有20对师徒代表结对，16位优秀导师受到表彰。岱山县职工技能发展服务中心与国网岱山县供电公司蔡雄劳模创新工作室，建立“劳模（工匠）创新工作室”跨界联盟。推选上报高亭镇、东沙镇、衢山镇为非公企业产业工人队伍建设改革试点乡镇；舟山市弘美机械制造有限公司等10家企业为市深化非公企业产业工人队伍建设改革试点企业。1名职工入选浙江金蓝领，1名职工入选浙江杰出工匠，4名职工入选2022年浙江工匠，15名职工入选首届舟山市首席工人，2名新就业形态劳动者参加2022年浙江省民宿女管家技能竞赛，分获个人综合项目二等奖和三等奖，3名职工入选2019—2021年舟山市优秀导师。3家（劳模）创新工作室入选第五批市级高技能人才（劳模）创新工作室；1家（劳模）创新工作室入选第十二批浙江省高技能人才（劳模）创新工作室。

【保障职工合法权益】 2022年，县总工会加强工会劳动关系信息员队伍建设，随时收集侵害职工权益的事件、企业发生的重大突发事件、群体性事件等信息，开展“尊法守法、携手筑梦”公益法律服务行动，开展“竞猜式”等活动5场。

【帮困解难工作】 2022年，县总工会认真做好困难职工帮扶工作，依托大数据筛选，精准建档困难职工家庭7户；探索实施“职工大病关爱”行动，加大对大病职工的救助力度；开展金秋助学、暖心助困、爱心助医等帮扶系列活动，全年发放各类慰问金12万元。职工医疗互助参保单位233家、14550人，比上年增长2.5%，为3072名职工报销医药费91.96万元，普惠服务持续扩大。开展“留岱过年”等专项服务行动，新春期间，慰问外来务工人员3000余名；开展“春风行动”等促就业活动，为职工推介岗位1000余个。

【弘扬劳模精神】 2022年，县总工会积极弘扬劳动精神、劳模精神、工匠精神，做好2022年度市首席工人、2019—2021年岱山县模范集体和劳模模范、2020—2021年岱山县工人先锋号评选表彰工作。扎实推进“劳动创造幸福勤劳创新致富”主题宣传教育，联合县教育局开展“开学第一课”劳模工匠进校园活动，分享劳模工匠岗位故事、奋斗故事，全面深化新时代劳动教育。是年，劳模赵仕波成功入选第七届岱山县道德模范（诚实守信模范）；韩毅昆入选“新时代岱山好青年”（匠心传承好青年）。

【深化“三服务”活动】 2022年，县总工会通过县职工技能发展服务中心，深化劳模工匠技师服务队“三服务”机制，围绕“小岛你好”海岛共富行动，组织劳模工匠技术服务志愿队深入海岛、企业、社区、学校，开展技术交流、技术攻关、技术帮扶等活动，累计入企入村社服务70余次。借助岱山县职工技能发展服务中心，联合市总工会、各乡镇成校，举办育婴师、面点师、高级客服、叉车司机、养老护理员、中级电工等培训35期，培训人员1800余人。继续贯彻执行全总工会经费返还政策，缓减、返还企业上缴工会经费391万元，惠及企业225家。面向职工子女，围绕“岱上快乐　缤纷假期”“双减”等主题，开展“书法培训”“围棋培训”“宋代点茶”等暑期双减活动9场；开设“爱心托班”4个，惠及学生1000余人次。

（郑喆瑜）

2022年5月17日，中国共产主义青年团成立100周年主题团日活动在县文化广场电影院举办（团县委　供图）

共青团岱山县委

【概况】2022年，团县委紧紧围绕中心、服务大局，引导广大青年锐意进取、担当作为，把牢服务青年的工作生命线，在奋进“两个先行”新征程中唱响“我在窗口写青春”的旋律。是年，全县共有团（工）委25个，团（总）支部303个，各级团干部516人，团员3101人。设立舟山绿色石化基地鱼山联合团委1个，下辖团支部33个。

【青年思想建设】2022年，团县委将思想政治教育摆在青年工作首要位置，发动各领域团员青年开展“青年大学习”“浙里潮音”等活动，参与青年7.5万人次。发动“80后”“90后”“00后”青年宣讲力量深入企业、学校及社区，宣讲党的二十大精神、共同富裕重要论述精神等内容，累计覆盖青年900余人次。结合建团百年，开展“喜迎二十大、永远跟党走、奋进新征程”系列主题活动76场，推动思想引领方式从“单向灌输”向“双向互动”转变，以主题团课、党团知识竞赛、短视频大赛等形式，在凝聚青年共识中传承红色基因。

【团代会换届工作】2022年11月30日—12月1日，县第二十次团代会在高亭召开。大会应到代表145人，实到代表111人，大会听取和审议《牢记强国使命　锐意改革创新以“重要窗口”青年突击队的姿态挺起建设共同富

2022年12月1日，中国共产主义青年团岱山县第二十次代表大会召开（团县委　供图）

裕美好岱山的青春脊梁》的工作报告，选举共青团岱山县第二十届委员会委员24人，候补委员6人。共青团岱山县第二十届委员会第一次全体会议，选举产生书记1人、副书记5人。

【志愿服务】 2022年，团县委依托学雷锋志愿服务站，深耕“城市啄木鸟”“大手拉小手”等志愿品牌，为志愿者量身打造“岱山礼遇”小程序，累计开展文明宣传、交通劝导、垃圾清理等活动18249场。各乡镇建立志愿服务中心7个，社区志愿服务站94个，志愿汇App登记注册的志愿者33028人，总活跃人数19218人，注册志愿者参加志愿服务活动的人数占注册志愿者总人数的比例为58.2%，累计志愿服务时数32万余小时。组织1.3万余人次志愿者，常态化值守各点位，面对突发疫情，第一时间蹲点双合出口临时防疫检查站，全天候严守出口，防止疫情外溢。抗台期间，累计统筹协调1600人次志愿者开展安全隐患排查、人员安置转移、码头巡逻检查等工作。

【鱼山项目团建】 2022年，团县委投身国家战略项目建设，深入实施“群团星促共富”行动，合力打造“鱼山建设者之家”，帮助鱼山青年及企业纾困解难，为鱼山青年提供安全教育、文化娱乐、生活关怀等服务，服务“六稳六保”大局。发挥“青”字号品牌作用，以23支青年突击队带动全岛2万余名青年扛起使命职责、立足岗位建功。5月，鱼山联合团委获评“2021年度全国五四红旗团委”。

【维护青少年权益】 2022年，团县委开展“三禁三防三自”“流动青少年宫”“童玩空间”“公益夏令营”等活动82场，为青少年健康成长保驾护航。依托“希望工程”公益品牌，持续开展社会化筹资，为45名困难家庭青少年提供爱心资助。做好重点青少年实地走访、座谈交流、电话访问等结对帮扶服务135次，1个案例入选“浙江省青少年心理健康阳光护航典型案例”。依托青少年宫校外教育阵地，深化校外教育公益阵地，为留守儿童和新居民子女提供服务。

2022年3月4日，团县委召开岱山县首届志愿服务项目展示交流会

（团县委 供图）

【基层团组织建设】 2022年，团县委围绕“强三性、去四化”目标，编制《岱山县共青团基层组织改革实施方案》，推动基层团组织建设全面进步。指导各乡镇团委高标准完成换届工作，通过“专＋挂＋兼”方式，选配22名优秀青年充实到团干部队伍中。严格落实“两联”机制，有145名团代表进站履职，直接联系团员青年1623人。持续推进“两新”领域组织覆盖，是年，新建非公团组织10个。7月，高亭镇团委获评“浙江省五四红旗团委”。

【青年人才服务工作】 2022年，团县委倾听青年呼声，将青年反映的“问题清单”转化为“办事清单”，做好青年服务贴心人。编制《岱山县青年发展型城市建设实施方案》，清单化推进各类青年发展项目落地落细。利用“青年之家”阵地，举办青年茶话会、游园会、摄影赛、剧本杀等活动，引领青年互促互融。联合县内机关企事业单位及民宿旅游业态，为返乡学子提供“家燕归巢”暑期实践岗位38个。组织指导开展电商公益、“新农人”等培训班，激活青年双创活力。

（赵永红）

岱山县妇女联合会

2022年6月24—25日，县妇联在高亭镇成校举办2022年岱山县育婴员职业技能大比武（县妇联　供图）

【概况】2022年，岱山县妇女联合会（简称县妇联）系统推进五大巾帼行动和赋能强基工程，引领广大妇女实干争先、跨越发展，进一步彰显在高水平建设现代海洋城市中，加快海岛现代化的巾帼新作为。是年，“四必访四必应”重大应用贯通全省排名并列第一，岱山县被列为省级“四必访四必应”工作相对突出行政县和专项经费转移支付对象；“沙地里的童‘花’故‘市’”作为入选省级儿童友好城市基本单元建设示范项目，获得专项资金补助；衢山镇三弄村获评“浙江省美丽庭院特色村”。

【“巾帼红”行动】2022年，县妇联深化“东海渔嫂”小喇叭宣传品牌建设，结合“小院宣讲”“阿拉道地会”“渔嫂方言团”等方式入村社、到码头、上船头、进家庭，覆盖群众6万余人次。围绕“共同富裕巾帼在行动”主题，以“巾帼共富追梦人”分享会、“话共富·向未来”基层走访采风等形式，讲述不同时代的女性不畏艰难、勇于拼搏、开拓进取、争创一流的动人故事。在高亭镇成立全市首支“东海渔嫂红旅志愿队”女子民兵连，重点开展政策宣传、红色文化讲解等工作。

【“巾帼创”行动】2022年，县妇联持续优化县级“东海渔嫂”云创基地建设，创新“基地+培训+产业”的学产销融合新模式，全年开展“东海渔嫂”数智电商直播专项技能培训11场，400余人参与。实施“高素质渔嫂成长计划”，举办岱山县首届育婴员职业技能大比武，10人获高级育婴员证书。放大“家门口创就业”共富效应，在沙洋村建成“妈妈的味道”农事体验园、特色农家集市等共富阵地；在渔山村探索“东海渔嫂”红旅团共富模式，通过成立“东海渔嫂”讲解队、帮厨团等，发展巾帼红色旅游经济。配合推出“渔嫂·家”海鲜等共富礼包，实现“她创”产品在农文旅融合上的迭代升级。全年为百余名赋闲妇女提供就业机会，人均年收入提高约8000元。

【“巾帼家”行动】2022年，县妇联以“扬家风家教树文明·创最美家庭展风采”为主题，举办2022年“东海渔嫂”家庭文化季，结合创城活动，开展“好家风助清廉”“我们的节日”等家庭文明系列活动31场，2900余人参与。开展寻找“最美家庭”“文明家庭”活动，选树县级最美家庭50户、文明家庭30户，市级最美家庭25户、文明家庭12户，衢山镇代丽萍家庭获评全国最美家庭，何军家庭获评省级最美家庭。以省级县域社区（村）家庭教育指导服务体系标准化建设试点县为契机，制定出台《岱山县社区（村）家庭教育指导服务体系标准化建设试点工作实施方案》，挂牌成立岱山县社区（村）家庭教育指导服务中心，建成县级家庭教育传承点。为家长学校提供“点单式”送课服务，开展家庭教育云课堂、专家授课等37次，惠及

2022年5月15日，县妇联在衢山镇红帆广场举办“扬家风家教树文明 创最美家庭展风采”岱山县2022年东海渔嫂家庭文化季启动仪式暨最美家庭故事分享会（县妇联　供图）

家庭1640户。联合县农业农村局，实施“巾帼虹”美丽家园环境提升百日破难行动，面向美丽乡村风景线的星级村，成立环境提升巾帼志愿服务队，发放倡议书2000份，整改点位100处。全年评选“最美庭院”100户、美丽庭院示范区域2处。

【“巾帼和”行动】 2022年，县妇联联合县司法局、检察院、法院等部门搭建普法融合平台，以“法治新征程平安进万家”维权普法宣传和“平安家庭建设云课堂”为抓手，线上线下开展民法典、反家暴、反诈等普法宣传50余场，覆盖超万人。开展婚姻家庭纠纷调解工作室规范化建设，完成高亭镇、秀山乡秀南村和衢山镇田涂村渔嫂协会婚调室司法备案。推进实施“凝心聚爱·德润仙岛”主题行动，组建“东海渔嫂”德育联盟，推出“东海渔嫂”成长课堂13堂。“阿拉娘家人”婚姻家庭辅导室、“爱的回归”东海渔嫂婚调工作室和“东海渔嫂”维权工作站等全年开展常态化婚姻家庭辅导146人次，其中离婚劝和率为51.4%；处理来电来访案件183件，结案率为100%。同步落实调解后的持续跟踪工作，发动“东海渔嫂”志愿组织结对帮扶司法救助困难妇女。

【“巾帼爱”行动】 2022年，县妇联出台全市第一个县区级《十四五妇儿规划》，推动解决妇女儿童事业发展的重点难点问题。整合妇联基层工作阵地，打造妇女儿童综合服务驿站5个，其中安澜社区入选全省首批三星妇儿驿站，瀛洲社区、渔山村获评市级二星妇儿驿站，成为妇联组织引领联系服务妇儿、助力共同富裕美好社会建设的新载体。“沙地里的童‘花’故‘市’”作为舟山市唯一入选省级儿童友好城市基本单元建设示范项目。省级第6批政协委员会客厅——“东海渔嫂”会客厅挂牌成立，以会客访客的模式构建“家门口”的公共服务平台。围绕妇女儿童和家庭的急难愁盼问题，引领社会组织、爱心企业和爱心人士参与妇女儿童公益慈善事业，全年服务慰问弱势群体1127人次，涉

2022年8月28日，县妇联组织开展“关爱留守儿童 助力健康成长”岱山“三宝”之花生采摘研学活动（县妇联　供图）

及资金24.90万元。链接全县4家公益红娘和大舟山红娘等资源，参与舟山公益红娘联盟数字化平台建设，开展“云恋爱”“剧本杀”“相亲墙”等活动12场；推出“一对一”“点对点”公益红娘套餐服务，有630余人次参与，30余对牵手成功。

【赋能强基工程】 2022年，县妇联以省妇联“浙里家·连心桥”应用场景推广使用为契机，推动“四必访四必应”“和睦e家”“家庭教育”等平台在基层的贯通落地。聚焦民生民情，全县妇联执委运用“四必访四必应”平台闭环管理，建立“四必访”家庭档案3631个，联系走访28366次，解决问题55个。执委年度参与率、走访率、问题解决率均为100%，全省综合排名并列第一，被推荐为省级“四必访四必应”工作相对突出行政县和专项经费转移支付对象，相关工作经验作为学习借鉴典型在《浙江信息（增刊）》上刊登。完成全县7个乡镇妇联换届工作，新一届乡镇妇联班子成员中30周岁以下有9人，本科及以上学历占比为89.3%，实现学历年龄“一升一降”的工作目标。秀山乡作为试点，在全市率先完成乡镇妇联换届。

（张　盈）

岱山县科学技术协会

【概况】 2022年，岱山县科学技术协会（简称县科协）紧扣“四服务一加强”职责定位，按照县委关于群团工作的整体部署，聚焦产业升级，主动服务科技人才；抓好数字赋能，深入开展“银龄跨越数字鸿沟”科普专项行动；聚焦协同创新，整合资源助推科普惠农；全面开展科学普及工作，着力提升全民科学素质。为在高水平建设现代海洋城市中加快海岛共同富裕先行和县域现代化先行贡献科协力量。

【科技服务】 2022年，县科协创新科技服务方式，牵头申报创建“科创中国”省级试点县并成功入选，成为舟山市2022年度唯一入选的县区。实施山区海岛县“希望之光”组合式人才帮扶行动，创建舟山惠生海工、浙江中裕燃气博士创新站2家，舟富水产人才驿站1家。参与甬舟石化人才高峰论坛暨“杭州湾绿色石化”产教联盟活动，对接浙江中医药学会到岱山开展2022年基层科普服务系列之科技、健康、文化“三下乡”活动。

【科普宣传】 2022年，县科协以“群团星、促共富”主题活动为契机，助力全国县级文明城市创建，深入科普教育基地，开展社会主义核心价值观教育活动34次，参与人数近万人；服务保障浙石化项目，“岱山科普”微信公众号更新绿色石化等科普信息242条；依托绿色石化科普馆、全县科普画廊，持续开展绿色石化宣传，惠及群众6.5万人。承办全省山海连“心”科学精神进校园活动，举办“喜迎二十大•科普向未来”为主题的县第二十届科普节暨2022年全国科普日系列活动12场；发放科普资料2.2万份，受益群众3.7万人。

【全民科学素质提升】 2022年，县科协充分发挥职能优势，牵头

2022年10月21日，浙江中裕燃气有限公司博士创新站签约授牌仪式举行

（县科协　供图）

2022 年 9 月 17 日，2022 年全国科普日暨岱山县第二十届科普节“低碳生活·绿色出行”主题科普讲座举行（县科协　供图）

制定《岱山县全民科学素质行动规划纲要实施方案（2021—2025年）》。创新推进“数字科协”建设。实施“银龄跨越数字鸿沟”和群团助力“双减”科普专项行动，全年开展老年人智能手机应用培训 6866 人次。在科协助力“双减”数智平台上发布青少年活动 144 场，参与人数 5.2 万人次。开设农民数字化生产、乡村治理能力建设等农函大培训班 43 期，培训 3764 人。

【组织建设】 2022 年，县科协召开九届二次全委会，指导完成 4 个乡镇科协、2 个企业科协、1 个县级学会的换届工作，制定完善《学（协）会管理办法》等制度 4 项。积极响应防疫工作部署，组织县心理协会为集中隔离人员提供心理疏导服务。动员教育、医疗、农业、企业等领域的科技人才开展志愿服务活动 300 人次。举办“5·30”全国科技工作者日活动，为鼎盛石化 300 名员工举办学历提升教育培训，向省市科协举荐各类优秀科技工作者 17 人次。

（邬建斌）

岱山县归国华侨联合会

【概况】 2022 年，岱山县归国华侨联合会（简称县侨联）围绕党的二十大、中央统战工作会议和省市党代会精神的学习贯彻，开展侨界“六讲六做”系列宣讲和热议交流活动；组织侨界人士参加全市侨联系统“侨心向党·跟着总书记读好书”“喜迎二十大·奋进新征程”寻美岱山等活动，做好常态化宣传引领工作。组织侨联界政协委员参加相关活动，围绕文明城市创建、数字化改革等热点问题，开展专题调研，提出建设性意见，反映侨界心声。

【组织建设】 2022 年，县侨联召开县侨联六届三次全委会议，听取和审议《岱山县侨联 2021 年度工作报告》，并对 2022 年工作

2022 年 1 月 17 日，县侨联召开侨界人士座谈会（县侨联　供图）

展开交流讨论；选举产生新一届侨联领导班子。参加省市侨联组织的基层侨联干部培训班、侨胞之家负责人培训班等活动。配合市侨联在岱山召开全市侨联基层组织建设推进会和全市侨联系统务虚会议，与各县区交流侨联工作，分享“侨之家”建设经验。

【组织慰问工作】 2022 年，县侨联以中华传统节日为重要节点，结合“五必访”制度，通过“侨干代您看家人”、春节走访慰问、端午中秋联谊等形式，加强与重点侨眷、困难归侨侨眷的日常联系。常态化了解侨眷生活状况和需求，关心侨界民生，通过他们向海外亲友致以节日问候。协调解决侨眷生产生活上的困难，用温暖当好侨眷“保障员”。是年，走访慰问 30 多名侨界重点人士，向全县 7 名困难侨眷发放困难慰问金 1 万余元。

【为侨服务】 2022 年，县侨联搭建为侨服务平台，新建岱山海联驿站。该驿站专有面积 30 余平方米，共享面积 600 余平方米，为留学生、海外侨界人士提供学习提升、文化共享、座谈交流等活动平台。开展以“走亲连心”为主题的“助企纾困在行动——侨干进侨企”专项活动，建立“集中走访 + 常态联系”的服务侨商企业长效机制。是年，共走访侨企 5 家，收集问题和意见建议 3 个。聚焦侨助共富，开展“千侨帮千村”活动，组织动员侨商做实做好帮扶举措。引导侨商舟山缔业旅游发展有限公司和岱西镇双合村开展村社结对，助力乡村振兴。聚焦数字赋能，加强省级应用场景“为侨服务全球通”“浙侨通”的推广，动态完善侨情数据库。开展全县侨企及新侨身份信息的排摸工作，做好信息储备，为开展联络联谊工作打好基础。

（王小仪）

2022 年 9 月 27 日，县侨联开展“侨干进侨企”活动（县侨联　供图）

岱山县工商业联合会

【概况】 2022 年，岱山县工商业联合会（商会）（简称县工商联），围绕打造高质量发展建设共同富裕示范区海岛样板，充分发挥工商联的优势和作用，广泛凝聚民营经济人士力量，促进全县民营经济的快速发展和民营经济人士的健康成长，工商联各项工作取得新的成绩。是年，县工商联（商会）获评 2022 年度全省工商联服务“两个健康”工作成绩突出集体；衢山镇商会获评 2021—2022 年度“全国四好商会”。

【非公经济代表人士综合评价】 2022 年，县工商联对 110 名非公有制经济代表人士进行综合评价，认定 A 级 64 人、B 级 40 人、C 级 6 人。综合评价体系的完善，提升非公经济代表人士队伍建设的工作水平，为非公有制经济代表人士的考察、选拔和政治安排提供“标尺”和“准绳”。

【民营企业家座谈会召开】 2022 年 6 月 16 日，县工商联组织召开民营企业家座谈会，会议听取民营企业家的意见建议，收集意见建议 20 余条。会后，工商联将恳谈会上收集的意见建议反馈至县里相关部门，并由相关部门作逐一答复。副市长、县委书记周国岭参加会议，并现场解答部分问题。

2022 年 6 月 16 日，县工商联组织召开民营企业家座谈会（县工商联　供图）

【开展政企交流活动】 2022 年，县工商联搭建政企交流平台。与县税务局举办“落实减税降费政策优化营商环境”，与县经信局举办“稳外企拓市场”，与银行举办“助企金融服务”等亲清直通车•政企恳谈会，工商联将恳谈会上收集的意见建议反馈至县里相关部门，并由相关部门做逐一答复。

【开展企业家大走访活动】 2022年，县工商联走访慰问会员企业 40 余家，了解企业的生产经营情况、面临的主要困难和问题。对企业家反映的意见建议进行梳理，并向上级反映。

【新生代企业家队伍建设】 2022 年 8 月 27 日，县工商联召开新生代企业家联谊会换届大会，选举产生新一届领导班子。组织新生代企业家到浙西南革命纪念馆，开展红色教育，考察浙江缙云锯床和特色机械装备产业创新服务综合体、浙江畅尔智能装备股份公司产业园区。

【招商引资】 2022 年，县工商联依托组织网络优势，以商引商、以情招商，发挥异地商会的作用，加大招商引资力度。县工商联组织人员到宁波、杭州、上海、深圳等地，走访联络在外地的岱山籍企业家，积极向外推介岱山。邀请宁波、杭州、上海、深圳等地的企业家到岱山开展商务考察。是年，县工商联招商引资 8000 万元。

（邹诗琪）

岱山县文学艺术界联合会

【概况】 2022 年，岱山县文学艺术界联合会（简称县文联）深入贯彻落实全国、省市县宣传思想工作会议精神，紧紧围绕“走好新时代赶考路，奋进现代化新征程，谱写高质量发展建设共同富裕示范区海岛样板”新目标新定位，通过坚持思想引领、创优文艺环境、强化队伍建设、聚焦精品创作、丰富文化活动五大抓手，团结引导广大文艺工作者和爱好者共同谱写了岱山文艺事业繁荣发展的新篇章。

【思想引领】 2022 年，县文联以

2022 年 8 月 27 日，县工商联召开新生代企业家联谊会换届大会

（县工商联　供图）

学习领会习近平新时代中国特色社会主义思想、习近平总书记关于文艺工作重要论述以及省市县文化工作会议精神为思想引领主线，组织8个文艺家协会学习党的创新理论和重大会议精神。联合举办文艺工作者专题培训班，编印出版文联刊物《大海》4期。7月，开设“岱山文艺”微信公众号，设立蓬莱名家、文艺微讲堂、文艺展厅等板块7个，对全县文联系统的文艺活动和作品创作进行宣传报道、成果展示、热点评论和资源推介。全年发布推文53条，持续扩大文艺服务的覆盖面和影响力。

【队伍建设】2022年，县文联依托直属各文艺家协会，在全县开展基层文艺团队建设工作，组建社区村文艺团队74支，涉及民乐、合唱、舞蹈、书画、摄影等8个艺术门类。制定下发《岱山县基层文艺团队管理扶持办法（试行）》，组织文艺队伍开展“文化走亲”，推动全县各文艺团队间的交流学习。是年，各文艺团队开展活动700余场次。指导成立县广场舞协会，整合广场舞团队27支，制定出台《岱山县广场舞活动管理暂行规定》，举办全县广场舞展演活动，持续推进广场舞队伍正规化。设立曲艺书场和岱山布袋木偶戏表演传承基地，推进木偶戏、舟山文武走书、唱新闻等团队入驻东沙古镇，开展专场演出，培育壮大非遗传承人队伍。组建传统百工队，重建海岛传统婚庆队、马灯、打莲湘、腰鼓、高桡、舟山船拳、舟山渔民号子等7支队伍，全年举办踩街活动和舞台演出600余场，持续扩大海岛非遗文化的知晓度和影响力。开展非遗文化进校园活动，确定蓬山小学、上海世外高亭初级中学等5所学校为传承基地，全年开展非遗项目授课631节，主题活动7次，参与学生5200余人次。整合教育系统读书团队、卫生系统读书团队、民间读书团队等，组建成立岱山县读书爱好者协会，深入推动书香岱山建设。

【文化活动】2022年，县文联加强对本土戏剧团队的扶持培育，排演传统越剧全场戏《碧玉簪》，全年在各乡镇巡演10场次。组织开展浙江省知名画家“‘艺颂辉煌·期盼盛会’作品展”“一起向未来”影视作品大赛、“共圆富裕梦——岱山县非遗艺术巡演”“同走共富路——岱山县越剧演唱大赛”“唱响共富曲——全民线上歌唱大赛”等“喜迎党的二十大”系列主题活动。联合举办“百年峥嵘永不忘共同富裕齐奋进——我们的村晚”文化礼堂文艺云会演、“清廉文化书画展”等活动，将红色资源、时代变迁、新时代图景等活化为可听可看、可感可读的文化产品。

【文艺惠民】2022年，县文联组织推动文艺工作者服务新时代文明实践中心、文化礼堂、社区（村）、企业和群众，组织开展春节期间的文化进万家惠民活动：“在浙过个文艺年·送福写春联”、“温暖全家福——摄影惠民活动”、“共走富裕路——文化下乡巡演进衢山”、“5•23”志愿服务活动（书法、音乐培训）、“清廉书画巡展进礼堂”、民间文艺非遗专场（木偶戏、走书、唱蓬蓬、快板渔谚）巡演、传统越剧折子戏下乡演出、“我们的节日”（中秋、重阳）文艺下乡演出等志愿服务活动100余场。8月，以岱山文艺之家为主阵地，推出面向中小学生的水墨画、剪纸、黏土粘贴、拓印版画、写作辅导等公益培训25场次，参与学生200余人次，激发学生学习传承文化艺术的兴趣。实施文艺家协会驻点轮值制度，每月组织开展公益文艺活动2次。

【作家协会】2022年，县作家协会编辑出版《群岛》4期、《群岛小小说》2期。是年，《群岛》被评为宁波文学内刊联盟2021年度优秀刊物。开展“青蓝工程”，成立鱼山文学社，3名会员分别加入中国作家协会、中国散文学会和中国诗歌学会。会员许成国作品在《青春》杂志社、《江南时报》等举办的“我爱读名著、我的文学梦”双主题征文活动中荣获一等奖，撰写的报告文学集《兰山摇动秀山舞——一座海岛的50人记忆》入选浙江省作家协会2022年度作家定点深入生活项目名单。7月，《群岛》联合美国《诗东西》诗刊、美国《风》诗刊、中国台湾《两岸诗》诗刊、《幸

2022 年 7 月 20 日，清廉书画展在县行政中心展出（县文联　供图）

存者》诗刊、新加坡国际华语诗歌艺术节，开展首届群岛·全球华语先锋诗歌征集及评选活动，收到征稿 2000 余件，评选出贡献奖、探索奖和发现奖若干个。12 月，由中国文化出版社出版第 4 套群岛作家文丛（共 5 部）。是年，34 名会员作品在《散文百家》《文学港》《延河》等市级及以上刊物发表。

【书法家协会】 2022 年，县书法家协会联合举办宣传党的十九届六中全会书法展、“又现岱山”书法展、“喜迎二十大”书画展、“喜迎二十大”青少年现场书法赛，组织骨干会员到县电力公司、烟草公司、岱东镇开展书法培训，推动书法艺术的普及。组织会员、书法村创作骨干参加省、市书法展，多名会员作品入选省政协、省统战部、省慈善总会、省书协组织的书法展览，5 名会员作品入展舟山—衢州两地书法联展，18 名会员作品入展市书协组织的“喜迎二十大”作品展，6 名会员作品入展宋韵文化——舟山市书法精品展，7 名会员作品入展舟山市新人展。

【美术家协会】 2022 年，县美术家协会举办多场主题绘画作品展。8 月，联合举办“浙里仙岛以礼相岱”主题绘画展。8—9 月，联合组织浙江省知名画家画岱山写生活动，举办“艺颂辉煌·期盼盛会”——“喜迎二十大”浙江省知名画家作品展。10 月，联合举办俞世祥个人画展。11 月，联合举办“山与海的对话”——岱山义乌现代民间绘画交流展。戎建军多幅作品入选国展、省展，其中《夏日的沙滩》入选“悲鸿精神”全国油画作品展，油画作品《节日的码头》入选“乡村振兴这里昌硕”浙江省美术作品展，油画作品《斑马线之二》入选纪念潘天寿 125 周年诞辰全省美术作品展。戎建军水彩作品《青花》、黄继波粉画作品《海的馈赠》入选浙江省第三届水彩粉画写生作品展。6 名会员作品入展舟山市首届美术新人展，9 幅具有海岛特色水墨作品入选“浙江省首届十一县市（区）”中国画作品联展，5 名会员教师作品入选“喜迎二十大同走共富路·墨润之江”第八届浙江省教职工书画展。新增国家级会员 1 名、省级会员 1 名。

【戏剧曲艺家协会】 2022 年，县戏剧曲艺家协会深度挖掘海洋文化资源，紧扣党的二十大主题，推动各类工作百花齐放。以当地越剧业余骨干为班底，编排越剧《碧玉簪》，并在全县范围内巡演。举办“喜迎二十大，同走共富路”岱山县首届越剧大奖赛，推动戏剧传承与发展。以文艺下乡形式，将文艺演出送至各乡镇、文化礼堂、偏远小岛，协会及下属各团队全年开展文艺下乡演出活动 105 场次，观众 3.8 万余人次。在高亭中心小学开设越剧课堂，定期开展教学。创作微小品《装修》、小品《海岛消防员》《风波又起》《去留风波》等，其中《海岛消防员》获 2022 年舟山市文艺创作作品展演创作、表演三等奖。

【音乐舞蹈家协会】 2022 年，县音乐舞蹈家协会组织会员紧扣海岛文化特色，开展本土创作，多个作品获奖。《谁说非舟楫不相往来》荣获 2022 浙江省第二届原创流行歌曲大赛金奖，《外婆

2022 年 8 月 4 日，越剧碧玉簪在高亭镇塘墩村演出（县文联　供图）

岛》荣获 2022 浙江省第二十一届群众音乐大赛金奖，《美丽色彩》《外婆岛》《大桥》在 2022 年“歌颂新时代·喜迎二十大”全省歌词大赛中分获金、银、铜奖。《热土》在 2022 年舟山市文艺创作作品展演中获创作、表演一等奖，协会会员朱烁宇获最佳作曲奖。9 月，举办“同享中秋情共走富裕路”——中秋联欢晚会、“喜迎二十大唱响共富曲”岱山县全民线上歌唱大赛。11 月，承办“舞动新时代幸福跳起来”岱山县广场舞展演。

【民间文艺家协会】 2022 年，县民间文艺家协会新建传统百工队 1 支、海岛传统婚庆队 1 支、非遗表演队 9 支，推动非遗文化传承发展。赴衢山镇、长涂镇等，开展“共走富裕路”岱山县民间文艺巡回演出活动，在东沙非遗传习所举办过年祝福演示、端午风俗演示、八月十六过中秋等民俗节庆活动，全年开展非遗踩街活动 12 次。创作木偶戏、方言快板抗疫作品各 1 件，创作方言快板《舟山渔谚话海鲜》并参加全县各乡村巡回演出。开设“岱山方言”教学课堂，举办曲艺“唱蓬蓬”学艺培训，成立“岱山史上之最”编辑组，采用内参形式发表岱山历史文化探索文章，供县领导及有关部门参考。会员童养标完成《舟山方言研究》《舟山方言疑难字》等专著，《岱山司基村那些事》《石马岙秀才村》等一批文史研究成果发表。

【摄影家协会】 2022 年，县摄影家协会组织开展“创建全国文明城市主题摄影展”征稿活动、“小岛你好”奋进共富路专题摄影创作和征稿活动，一批优秀摄影作品入选市、县摄影展。联合举办“无废城市”摄影大奖赛，启动会员个人摄影作品展。全年有 10 余名会员创作的 20 多幅作品在市级及以上比赛、展览中获奖或入选，其中 4 名会员的 8 幅作品在省级及以上比赛中获奖或入选，沈磊的《巨龙腾跃铺就共富路（组照）》获浙江省第 19 届摄影艺术展纪录类优秀作品。何仁岳、沈磊获评舟山摄影“十佳”。是年，新增省级会员 1 名，市级会员 2 名。

2022 年 11 月 8 日，“舞动新时代　幸福跳起来”岱山县广场舞展演在县体育馆举行（县文联　供图）

【影视艺术工作者协会】2022年，县影视艺术工作者协会举办“喜迎二十大一起向未来”全县影视作品大赛，协同县融媒体中心完成以“奋进新征程建功新时代”为主题的《我们的共富小目标》《非凡十年潮涌岱山》等系列影视专题的创作，完成《创城再出发》《创城漫画》《在岱山看见文明》《文明岱山人—儿童广播剧》《防疫科普》《防疫进行时》等创城、防疫系列短视频、微视频和抖音视频10余个，会员单位国网岱山县供电公司拍摄的《电力加速度》荣获第十届全国品牌故事大赛总决赛短视频二等奖。组织会员参加“喜庆二十大舟山这十年”暨舟山市首届“金水仙奖”影视作品大赛和舟山“十佳影视人”推优活动，会员周磊等人选送的短视频《3分43秒！舟岱大桥来了！》荣获优秀作品奖，会员方佳获评舟山“十佳影视人”，县影视艺术工作者协会获最佳组织奖。是年，1名会员被聘为浙江省优秀网络电视审片专家，新增市级会员1名。

【读书爱好者协会】2022年12月2日，县读书爱好者协会召开第一次会员大会，宣告协会成立。协会旨在坚持文艺“为人民服务、为社会主义服务”的方向和“百花齐放、百家争鸣”的方针，弘扬主旋律，倡导“与书为友、读书修身”的理念，全力推进全民阅读、书香岱山建设。协会有会员51人，由教育系统、卫生系统、机关单位、县图书馆、县新华书店的读书爱好者和民间的读书爱好者组成，设有主席1名、副主席5名，秘书长1名、副秘书长1名。成立后，组织开展“共享悦读”微书评、读书分享会等活动，在全社会营造好读尚学的良好氛围。

（王婷婷）

岱山县残疾人联合会

【概况】2022年，岱山县残疾人联合会（简称县残联）分工负责，紧密配合，认真落实上级下达的各项工作任务，制定出台《岱山县促进残疾人共同富裕专项行动计划（2021—2025年）》，重点关注残疾人教育、就业、康复、托养、维权、文体等重点领域，初步实现“十四五”残疾人事业高质量发展的良好开局。

【残健同行行动】2022年，县残联以“看岱山、爱家乡”“喜迎（庆）二十大，残健同行促共富”、全国助残日等活动为载体，结合开展“牢记初心与使命，当好‘三个第一者’”主题实践、“1+4”社区助残服务暖心行动、助力“小岛你好”专项助残行动等，建立以“五必访”为重点的残疾人家庭入户访视制度，各级残疾人工作者常态化开展探访16200余人次，送防疫口罩20000余只。建设东沙残疾人自强“加油站”阵地。张富良、於建斌获评市“最美残疾人”，童卓颖、罗卫芬获评市“最美残疾人工作者”。

【组织建设】2022年9月，县残联指导完成各乡镇残联换届工作，成立各乡镇首届残疾人专门协会。召开五大残疾人专门协会（肢残、盲人、聋人、智力残亲友、精神残亲友）会议，推选新一届班子成员。

【助残协会建设】2022年，县残联健全全县助残协会运行机制，提高助残协会服务能力，协助助残协会建设，动员社会各界力量加入助残扶残行动。推进东沙爱

2022年5月13日，县残联举行“喜迎党的二十大 残健同行共略家乡大变样”活动（县残联 供图）

2022 年 9 月 9 日，衢山镇安泰残疾人之家联合衢山心连心渔嫂助残协会开展“情满中秋　你我牵手　残健同行　共奔富裕”活动（县残联　供图）

心桥助残协会、长涂手牵手文艺助残协会、衢山心连心渔嫂助残协会和“蓝海天使”公益关爱项目建设，在助力创城、爱心服务、参与社会治理、特殊艺术、无障碍理念传播等领域发挥特殊作用。是年，全县残疾人有各专门协会及助残协会 8 个，各协会在残疾人领域的社会治理作用得到进一步发挥。

【残疾人托养中心建设】 2022 年，县残联重点推进县残疾人托养中心项目工程建设。4 月，完成 EPC 招投标；6 月，进场施工；12 月，完成 6 层主体结构工程，完成年度投资 1360 万元。该项目的建成可有效解决全县残疾人住、养、护理、托管等社会难题，可满足残疾人康复指导、就业服务、职业培训、辅助器具供应、盲人按摩、法律援助、文体活动等“七位一体”的综合服务需求，对减轻社会压力，构建和谐社会起到积极作用。

【“残疾人之家”体系建设】 2022 年，县残疾人之家“一家一品”加强辅助性就业、生活技能培训、非遗文化传承（渔民画、渔绳结等）、文体素质拓展（旱地冰壶）、心理赋能、公益助残（助力创城）等方面建设，巩固星级规模的基础上，规范提升岱东镇残疾人之家（四星级，省级民生实事项目）。是年，全县有残疾人之家 8 家（企业举办 5 家、乡镇政府举办 3 家，其中五星级残疾人之家 2 家），安置精神、智力和其他重度残疾人 174 人，实现“就业一人、幸福一家、稳定一方”，基本形成具有岱山特色、全市领先的“残疾人之家”星级服务海岛窗口品牌。

【残疾人保障工作】 2022 年，县残联持续推进清廉残联建设，继续巩固残疾人证评定管理、残疾儿童补助资金监管、残疾人节日慰问资金监管等项目。是年，落实“三应三尽”“三级三审核”

2022 年 6 月 1 日，县残联开展“蓝海天使”公益活动（县残联　供图）

制度，动态审核困难残疾人生活补贴、重度残疾人护理补贴、残疾学生助学等资金1659万元。其中，困难残疾人生活补贴1377人，重度残疾人护理补贴4419人，同时领取两项补贴的有1051人。残疾人意外伤害保险在实现持证残疾人全覆盖的基础上，投保标准从每人每年50元提高至80元。落实灵活就业残疾人基本养老保险、基本医疗补助等政策，累计受益643人次，补助资金177.66万元。做好临时困难救助和春节、助残日等慰问工作，累计安排资金28万元，540人次得到救助。

【残疾人就业增收】 2022年，县残联联合县财政局出台《岱山县助残共富就业创业扶持政策（2022—2025年）》，高质量落实残疾人集中就业、辅助性就业、超比例就业、一次性创业、贷款贴息等资金补助，涉及残疾人1229人次，累计拨付助残共富创业项目资金502万元。多渠道安排残疾人就业，是年度新增就业84人，招录国企岗位1个、残疾人公益性岗位10个，推出公务员岗位1个。全县有1458名有就业意愿和能力的劳动年龄段残疾人实现充分就业，就业率为67.8%，位列全省前茅。

【残疾人康复服务】 2022年，县残联持续开展与县医疗健康集团的第3年战略合作，实体化运行县残疾人康复指导中心（累计接诊671例、住院83例），全面落实“三位专家联合评定”“双审双签”等岱山特色评残制度（系全省评残最严格的县区），规范残疾人证评定管理和源头管控，组织集中和上门残疾鉴定19批次，新制残疾人证467本、注销230本，累计持证残疾人8140人。依托乡镇卫生院建设残疾人康复服务站，新建高亭枫树康复服务站。全县“共享辅具”服务点在实现村社全覆盖的基础上继续扩点，是年底，全县有服务点91个，累计租用633次，实物配发787件。2022年，全县残疾人基本康复服务覆盖率、辅助器具适配率分别为99.98%、100%。规范残疾人家庭医生签约服务，严格落实“残疾人签约服务包”内容，持证常住残疾人家庭医生签约服务率为91.3%。实施“三助”（助听、助明、助行）等康复服务427例，累计为79人次发放各类康复补助资金60余万元，用于成人康复、儿童康复、髋膝关节置换、肢体关口前移残疾预防等。在爱耳日、世界孤独症关注日、残疾预防日等节日，开展残疾预防、康复知识宣传等活动6场次。

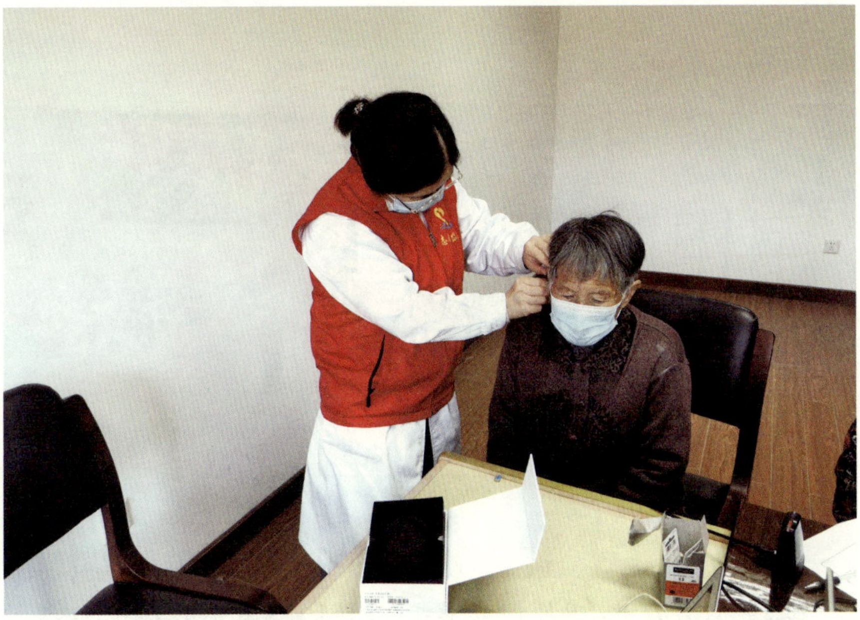

2022年3月15日，县残联为听障老年人安装助听器（县残联　供图）

【数字赋能助残】 2022年，县残联积极对接省级重大应用“智慧助残”项目，连心e站贯通率为100%，开展入户访视16229人次。全面对接“浙里助残”等应用，承接残疾人证管理、残疾人燃油补贴等“关键小事智能速办”事项，残疾人证“跨省通办”、按比例就业情况联网认证“跨省通办”覆盖率为100%。推动“智能证照”建设，维护管理残疾人证与社保卡功能互通应用，更新加载数据3269条。推进残疾人证直通车便民助残应用，开展残疾鉴定19次、467人。拓展“岱山惠残”便民助残应用个性化服务功能，在原场景应用“共享辅

2022 年 1 月 13 日，县残联开展残疾鉴定（县残联　供图）

具、免费配发”的基础上，新增残疾人临时困难救助、康复体育器材进家庭 2 个场景建设，是年 12 月上旬，上线浙里办“新生岱”平台，设有惠残服务专区。

【无障碍环境建设】 2022 年，县残联无障碍环境建设继续提质增效，实施重要公共服务场所无障碍设施改造 10 个，长涂镇倭井谭社区创建为省级无障碍社区，完成困难残疾人家庭无障碍改造 41 户，累计安排建设资金 92 万元。“有爱无碍 · 助力创城”公共设施体验活动实现常态化。做好政府网站、手语新闻节目等无障碍信息建设，《一周要闻》手语新闻累计播放 28 次。

【残疾人文体事业建设】 2022 年，县残联组团参加市第十一届残运会，获 10 金 11 银 8 铜；举办县第十一届残疾人运动会和第二届残疾人旱地冰壶锦标赛。依托县残疾人艺术团（队），推进特殊艺术进农村文化礼堂巡演 6 场次。组织开展岱山县“观影无障碍，志愿暖人心”专项活动 4 场次，观影 200 人次。

【助残扶残融媒体建设】 2022 年，县残联组织开展“全国助残日”“国际爱耳日”等活动，开展一周手语新闻“无声世界的美丽表达”公益手语课堂等，着力提升“岱山县残疾人联合会”微信公众号及官方网站建设。是年，“岱山县残疾人联合会”微信公众号全年发布信息 67 期，推送文章 219 篇，被“省残联”微信公众号录用信息 5 篇，“市残联”微信公众号录用信息 22 篇。县残疾人联合会官方网站发布工作动态 45 期、基层信息 11 期、党建园地 10 期，被省残联网站录用信息 49 篇、市残联网站录用信息 65 篇。《今日岱山》《岱山新闻》《舟山日报》等媒体报道县残疾人信息 79 次。是年，累计报道县残疾人事业建设 328 篇，其中被省、市级媒体录用 135 篇，残疾评定上门服务、岱山惠残、就业等内容多次被央视新闻、新华网、《浙江日报》等媒体报道。

（陈春燕）

2022 年 11 月 25 日，县第十一届残疾人运动会开幕式暨第二届旱地冰壶比赛在岱山中学体育馆举行（县残联　供图）

岱山县红十字会

【概况】2022年，县红十字会有理事单位43家、团体会员单位14家、学校红十字会17家、乡镇红十字会7家、村级红十字小组15家、博爱家园5家、救护培训基地10家、志愿服务队6支，红十字会员2870名，其中成人会员522名。全县乡镇、学校、医疗机构建会率为100%。全年完成普及培训6929人，救护员培训724人，CPR+AED培训1012人。是年，高亭小学教师韩蝶霞获评浙江省红十字应急救护工作成绩突出个人和“最美浙江人·最美救护人”。

【人道救助工作】2022年春节期间，县红十字会开展“省市红十字博爱送万家”活动，设立博爱家园的乡镇和社区100户家庭受益。救助对象为全县低保家庭、低保边缘家庭、困难红十字会员、志愿者、器官捐献者家属以及因病支出型经济困难家庭。是年，为云南鲁甸、新冠疫情、河南水灾等受灾群众提供帮助，县佛教协会向北仑区红十字会捐赠25万元，定向用于新冠疫情防控。

【应急救护培训】2022年，全县7个乡镇均建立救护培训基地，各基地达到“四有”（有基地、有师资、有教学用具、有培训计划和目标）的工作要求。在秀山乡、岱东镇、衢山镇、浙石化鱼山基地等地的风景旅游点和公共场所投放自动体外除颤器15台。严格执行“四统一”标准，推广使用救护培训在线管理系统，开展“红十字救在身边”“急救知识进渔农村文化礼堂”等系列活动。伏季休渔期间，联合县海洋与渔业局在衢山镇举办船东、船长“面对面”培训，向渔民讲解心肺复苏、创伤救护、常见急症现场处理，培训渔民近千人；结合平安月活动，联合县总工会、海洋与渔业局、应急管理局、交通运输局、文广旅体局等部门，组织开展安全生产知识进企业、进园区、进工地。为浙石化鱼山基地、黄泽山项目公司油库基地、舟山鼠浪湖码头有限公司、中广核岱山风力发电场、太平洋海洋工程（舟山）有限公司等企业开展救护培训；继续落实全县健康素养进农村文化礼堂行动，在广大农村群众中普及健康知识、传播健康理念、培育健康文明的生活方式；分别在县初级中学、高亭小学开展应急疏散和救护培训活动2场，有1800余名师生参加演练。主动对接浙海职院石化学院，把应急救护设为第二课堂，利用周末时间开展培训。县红十

2022年1月17日，高亭小学教师韩蝶霞（左一）获评“最美浙江人·最美救护人”（县红十字会　供图）

2022 年 7 月 21 日，县红十字会为浙石油黄泽山公司开展救护培训

（县红十字会　供图）

字会联合高亭小学、浙江国际海运职业技术学院石油化工学院进行“防踩踏演练进校园活动”。

【“两捐”工作】2022 年，县红十字会深入开展造血干细胞捐献采集活动，通过“造血干细胞志愿者”微信群进行“造干”知识的宣传，发动更多爱心人士加入志愿者队伍；深入宣传“自愿、无偿”的器官捐献理念，在县第一人民医院 ICU 病房、县中医院急诊抢救室门口张贴人体宣传海报，全年完成器官（组织）捐献 3 例。为 1 名器官捐献者的家属申请并提供每年 8000 元的助学补贴。是年，全县登记造血干细胞捐献志愿者 26 人，完成率为 130%。

【流动医院巡回医疗行动】2022 年，县红十字会联合县政协、宣传部、卫生健康局、知识分子联合会等部门，把服务送到老年人较多的渔农村社区和敬老院，送到交通不便的偏远小岛。全年开展下乡服务 13 次，服务群众 5574 人次，免费赠送药品约 2.5 万元。

【博爱家园活动】2022 年，全县累计建成红十字“博爱家园”5 家，为辖区内困难老人、空巢老人、长期患病生活不能自理老年人等群体，提供送餐、生活照料、爱心陪聊等服务。是年，按照《2022 年全市渔农村文化礼堂建设工作要点和重点项目》，初步完成 17 家文化礼堂博爱家园的进驻工作，有 2 家文化礼堂各落实 1 间 20 平方米的博爱屋作为专门活动室，11 家文化礼堂设立博爱角。8 月，东沙镇桥头社区依托党群服务中心，建立博爱家园。

【红十字志愿服务】2022 年，浙江国际海运职业技术学院石油化工学院有 151 名学生考取红十字救护员证，有 500 名学生参加 CPR+AED 培训。上半年，学院成立“启航救护队”——红十字救护培训志愿服务队，壮大应急救护队伍。结合学校《第二课堂学分管理办法》，将红十字志愿服务活动融入学生的第二课堂中的社会实践板块，该服务队被列入市红会志愿服务培育项目，并在第一届舟山市大学生应急救护大赛中荣获团体三等奖。

【传播红十字精神】2022 年，县红十字会在“5·8”世界红十字日、世界急救日、国际志愿者日等，开展“最美舟山人——红十字感动人物”推选宣传活动，传播典型人物的大爱精神。开展“抗击新冠肺炎”专项募捐宣传报道，第一时间将募捐主体的公开募捐资格、募捐方案报送“慈善中国”备案，在县融媒体中心“看岱山”App 平台和县红十字会门户网站上对外发布募捐公告，及时跟踪报道爱心单位和个人。召开全县造血干细胞志愿者现场会，邀请“造干”捐献者现场解答捐献过程的疑问。依托“博爱送万家”、“走进基层走进群众”三下乡、救护比武、疏散演练、阳光公益等专项特色活动，做好红十字文化精神的宣传工作，全年在当地电视台发表 2 篇；在市、县红会网站发表 24 篇。

【红十字青少年工作】2022 年，县红十字会联合县教育局印发《关于进一步加强学校红十字会工作的实施意见》。建立高亭小学首家青少年应急救护培训基地，把应急救护培训内容纳入到学校的教学计划，根据学生的不同年龄制定培训方案，加深青少年对“人道、博爱、奉献”红十字精神的认知。

（任　芳）

岱山县计划生育协会

【协会改革工作】 2022年，县计生协会按照“增三性”（政治性、先进性、群众性），“去四化”（机关化、行政化、贵族化、娱乐化）的群团改革基本要求，完成全县7个乡镇87个社区（村）的协会更名工作。围绕婚育新风、家庭文明、健康促进等内容，完成村规民约的整理修订，清理各类宣传阵地中不合时宜的内容33处。更换协会标识，订购并下发一批人口家庭协会志愿服务红马甲、帽子等。

【干部队伍建设】 2022年，县计生协会组织开展各种业务能力培训，提高协会干部素质能力。是年，组织家庭健康指导员知识与技能培训，通过培训，经推荐的32名协会骨干中有15名作为首批浙江省计生协会家庭健康指导员人选，投身到省计生协家庭健康指导员队伍中。

【会员日宣传服务】 2022年5月，县计生协会围绕“喜迎二十大、树婚育新风、促健康和谐”主题，在东沙镇开展老年健康服务活动和趣味体育活动；衢山镇人口家

2022年5月25日，县计生协会举办新型婚育文化倡议会

（县计生协会　供图）

庭协会联合镇残联开展“协会助残同行、共略家乡大变样”之秀山大桥、燕窝山码头、舟岱大桥、舟山绿色石化基地寻访活动；岱东镇人口家庭协会开展“健康是最大的财富”等健康讲座；秀山乡人口家庭协会开展以健康宣传和政策咨询为主的服务活动。

【优生优育政策宣传】 2022年，县计生协会开展以“倡导新型婚育文化构建生育友好型社会”为主题的宣教活动，张贴宣传标语，开展海报与摄影作品的征集评选，举办《浙江省人口与计划生育条例》线上知识竞赛。在衢山镇开展“婚育新风进万家”倡议，助力“浙有善育”，争做新时代新型婚育文化宣传者、践行者、推动者。

【青春健康教育】 2022年，县计

2022年9月19日，青春健康教育进岱山实验学校初中部

（县计生协会　供图）

生协会积极推动建立学校、家庭、社会三位一体的互动式青春健康教育新格局。5—7月，走进岱山职业技术学校、高亭初级中学，为初高中新生开展青春期健康教育讲座，就如何加强青春期自我保健、学会人际交往、防止性侵害、预防性传播疾病等主题进行授课。9月，开展校园青春健康讲座，对课程进行全程录播，制作成线上教学材料方便随时调取使用，并邀请全县青春健康师资骨干现场参与、集中学习。

【新型婚育文化建设调研】 2022年6月14日，省计生协会联合九三学社省委会调研组在岱山开展新型婚育文化建设课题调研会。课题调研采取座谈会和群众访谈结合的方式，针对不同类型人群的婚育观念和意愿、区域婚嫁习俗的差异等情况，研究新型婚育文化的内涵和实践价值、探索倡导和构建新型婚育文化的推进机制以及发挥计生协会等群团组织相应的作用。

【生育关怀帮扶行动】 2022年，县计生协组织开展“生育关怀—圆梦微心愿”“慈善关怀走访行动”。慈善关怀活动走访慰问计生困难家庭152户，送去慰问金4.56万元；“微心愿”活动走访慰问计生困难家庭30户，并送上电饭煲、冬被等心愿物品及春节的问候和祝福。做好计生特殊家庭保险宣传和服务工作，通过电话答疑、上门讲解等途径，组织协会会员学习传达保险相关调整条款、理赔流程等内容，确保符合条件的受益对象全覆盖、参保利益最大化、理赔过程稳妥顺。全县有236人参保，保费共计55224元。全年受理理赔2人，理赔资金32800元，赔付率为65.8%。

【落实省市级项目行动】 2022年，县计生协会做好“三留守”关爱行动省级项目，以政府购买服务形式，对留守老人开展每月1次的民生服务及精神文明服务，以集中式便民服务为主，采用分小队入户服务；对留守儿童开展每月2次的关爱“海娃”行动。全年开展活动28场次，受益1676人次，完成服务目标率为100%。开展“婴幼儿养育照护”市级项目，依托县级婴幼儿家庭照护指导中心和实训基地，将“向日葵亲子小屋”同步规划、统筹推进。组织开展婴幼儿照护养育照护指导员（助理指导员）培训、婴幼儿养育照护小组活动和咨询活动，累计开展养育照护小组活动20余场，100余户婴幼儿家庭参与。

（戎珊珊）

责任编辑：姜小金

2022年10月21日，县计生协会开展“三留守”关爱行动，为老人过集体生日（县计生协会 供图）

政法委工作

【概况】 2022年，全县政法综治系统坚持开展以中共二十大维稳安保、深入推进除险保安百日攻坚行动、深化县域社会治理和数字法治建设等为重点，全面加强突出问题排查整治，扎实推进社会矛盾化解，不断加强政法队伍建设，切实维护社会大局稳定，有力保障全县各项改革和经济建设的顺利进行。

【服务保障二十大】 2022年，中共岱山县委政法委员会（简称县委政法委）全力服务保障中共二十大。成立全县二十大信访维稳安保指挥部，出台《平安护航党的二十大维稳安保工作总体方案》等文件，先后召开动员部署会、情报会商会等，全面部署和落实中共二十大期间维稳安保工作，召开相关专题会议、研判会商会议24次。组织开展社会矛盾纠纷等各类社会风险，滚动排查化解“积案清零”行动，对排查出来的信访积案与突出问题逐一梳理分类，灵活运用领导包案等举措开展攻坚化解。加强对反恐防暴，社会治安，消防安全，生产安全，食物、药品、环境等重点领域和行业的专项整治。

【扫黑除恶斗争】 2022年，岱山县扫黑除恶斗争领导小组办公室（简称县扫黑办）坚持依法严惩、打早打小、露头就打、除恶务尽的方针，组建扫黑除恶工作专班，坚持每月开门接访、每月异常情况“零报送”，形成对黑恶势力犯罪的绝对压倒性态势，常态化开展扫黑除恶斗争。制定《岱山县关于常态化开展扫黑除恶斗争巩固专项斗争成果的实施意见》《岱山县扫黑除恶“回头看”工作方案》《岱山县扫黑除恶大排查大起底大整治工作方案》等文件，全面规范线索核查、暗访评估、执法检查、日常监管、宣传引导等工作流程，组织力量深入社区、农村、娱乐、集贸市场等容易滋生黑恶势力的行业场所开展调查摸底。发布《向全社会广泛征集重点领域涉黑涉恶线索的通告》，针对重点项目建设、企业发展、渔业秩序、市场流通、劳务用工、社会治安等重点领域开展专项整治行动，集中打击涉黑涉恶违法犯罪，源头整治行业乱象问题。是年，召开扫黑除恶各类工作会议13次，破获案件9起，扫黑除恶常态化斗争取得成效。

【平安岱山建设】 2022年，县委政法委印发《2022年度岱山县平安村（社区）考核评审办法》《2022年度县属部门平安建设工作考核办法》《2022年度平安县创建部门任务清单》等文件，按照“谁主管谁负责”的原则，围绕道路交通、危化品、消防、旅游、特种设备、涉海涉渔、建筑施工、城市运行、工矿商贸等重点领域开展整治行动，检查各类企业场所8073家，通过重点整治、挂牌整治、驻点督办等，消除一大批问题隐患。自主研发建设“风险智控平台”，健全“平安日报月评”强风险预警、“平安啄木

2022 年 4 月 22 日，全县建设平安岱山暨政法工作会议在县行政中心召开
（县委政法委　供图）

鸟”问题识别等机制，紧盯工作短板，建成平安检查点位 2898 个，对可能扣分点加强分析研判。严格落实平安建设暗访、督查、整改、约谈 4 项工作制度，开展平安督查暗访工作 13 次，督促相关部门和单位及时整改问题隐患 261 处。加强平安宣传，开展平安建设集中宣传月活动，充分利用电视、报纸、广播、网络、短信、微信、微博等载体，广泛宣传扫黑除恶、反邪教、防火、禁毒、交通安全、防诈骗等知识，提高人民群众安全感满意率、电信网络诈骗犯罪防范知晓率和平安建设参与率。

【维护社会和谐】 2022 年，县委政法委整合维稳、网信、公安、信访等部门力量，以除险保安百日攻坚行动为抓手，全面排查掌握各类影响社会稳定的热点、难点问题，积极开展重大不稳定问题排查化解工作，主动落实领导包案、挂牌督办、工单交办等机制，切实把重大不稳定问题解决在基层、化解在当地。是年，调处矛盾纠纷三级事件 209 件、二级事件 1547 件，化解成功率为 100%。建立健全领导带班 24 小时值班备勤和专班会商研判等制度，做到“一日一研判一通报一部署”。开展社会稳定风险评估工作，围绕磨心水库及河库联网工程、衢山岛海事服务基地一期工程项目、征地拆迁安置、舟山市应急救援平台项目等重点工程和民生问题，实时了解进度、及时化解矛盾，开展重大决策社会稳定风险评估 44 起，从源头上预防和化解矛盾纠纷，确保全县重大决策和重大事项建设顺利推进。

【基层社会治理创新】 2022 年，县委政法委充分发挥组织、协调、推动职能，不断推动基层社会治理创新。推进 7 个乡镇基层治理四平台和综合信息指挥室建设，充分发挥常驻、轮驻、随驻部门和社会力量，实行受理、分析、流转、处置、督办反馈、考核等全流程闭环管理，实现矛盾纠纷、基层治理事件全链条解决。建立健全每日指挥长制度、平战转化等运行管理机制，相关经验被浙江新闻、《浙江法治报》采访报道。

2022 年 9 月 14 日，“东海渔嫂”开展防台风宣传（县委政法委　供图）

调整岱山县网格至246个，初步形成“村社—网格—微网格”治理体系，推行网格事件“周榜制”，建立“周榜单、月通报、年评比”工作机制，是年，全县网格员上报民情工单49378件。推进“东海渔嫂”“海上枫桥”等综合治理品牌建设，在高亭镇成立岱山县首支“东海渔嫂红旅志愿队”女子民兵连，开展政策宣传、红色文化讲解、环境整治和矛盾调解等工作；在衢山镇组建“东海渔嫂”德育联盟，实施女性文化素质工程，推出“东海渔嫂”成长课堂13堂。

【执法监督】 2022年，县委政法委积极推进执法规范化建设。出台《贯彻落实八个多跨制度工作方案》等文件，成立多跨制度工作专班8个，通过学习培训、完善机制、专项治理、数字赋能等举措，推进8个制度落地。加强对领导干部干预司法活动、插手具体案件，司法机关内部人员过问案件等贯彻落实情况的监督检查，进一步推动规范执法、公正执法。完善政法干警依法履职保护制度，成立政法干警依法履职保护委员会，线上宣传各类侵害干警依法履职的行为。是年，办理政法干警依法履职受侵害案件14起，行政处罚11人，公布典型案例2个。

【“岱山政法”抖音号上线】 2022年6月，“岱山政法”抖音号正式上线。通过发布政法、综治、反邪、平安等领域的典型案例和短视频，宣传政法工作开展情况，展现政法干警风采，体现政法工作权威性、及时性、时效性。至是年末，“岱山政法”抖音号发布视频100余条，关注用户6400余人，点赞量10万余次。

（何雨柔）

政府法治工作

【概况】 2022年，政府法治工作紧紧围绕法治政府建设总目标，深化“放管服”改革，打造高效透明政务环境，营造“亲商爱商”浓厚氛围，赋能提升不“打烊”数字政府。推进“大综合一体化”行政执法改革，推动乡镇“一支队伍管执法”。是年，岱山县“大综合一体化”考核指标位列全市第一。突出县社会治理中心职能作用，全县调处各类矛盾纠纷成功率为99.9%，持续发挥行政复议主渠道作用，经复议后行政诉讼“零败诉”，连续12年实现行政机关负责人出庭应诉率为100%。

【夯实主体责任】 2022年，政府法治工作着力深化党对法治政府建设的全面领导，全面实施专题听取法治政府建设情况汇报、法治政府建设年度报告制度。强化法治督察考评实效，综合运用书面督察、实地督察、每月晾晒等方式，督促责任单位及时推进落实法治政府建设，全面提升法治监督综合效能。提升法治思维，提高法治素养，组织开展党委（党组）理论学习中心组学习，开展县管领导干部和公务员法律知识考试，合格率均为100%。

【推进改革创新】 2022年，政府法治工作深化“放管服”改革，打造高效透明政务环境，全面施行商事登记确认制改革，全县新增市场主体2515家，在册市场主体18945家，比上年增长7%；整合优化全流程办理环节，企业开办实现“秒办秒批”，办理人

2022年6月6日，“岱山政法”抖音号正式上线（县委政法委　供图）

员身份信息“一次认证、全网通行”；明确“证照分离”改革自贸区的清单内容和标准，实现企业“进一个中心，能办所有事”。强化项目升级，打造一流营商环境指标体系，实现“岱山指数”2.0量化可测；依托舟山市惠企政策兑现平台，为4492家企业精准推送惠企政策目录及办理渠道，企业满意率为100%。依托“互联网＋监管”，实现掌上执法用户开通率、激活率、抽查公示率、按时核查率、问题处置率五个100%；在全县推广应用“平安精智”App，完成800余个点位风险清单配置；积极搭建“办事不出岛”数字化平台，有效解决海岛群众“办事不出岛”个性化办事需求。

【严格依法行政】 2022年，政府法治工作落实行政规范性文件制定程序，全年审核县政府（县府办）拟发的行政规范性文件30件，提出审核意见150余条，将公布的18件行政规范性文件报县人大和市政府备案；加强行政规范性文件监督管理，组织开展专项清理，废除失效行政规范性文件8件，保留现行有效行政规范性文件190件。加强重大行政决策目录化管理，编制公布重大行政决策事项21件，完成县政府重大行政决策事项4项。聘请乡镇法律顾问充实乡镇法制审核力量，是年，各乡镇开展合法性审查事项76件，提出合法性审查意见195条，意见采纳率为100%。开展行政机关合同线上备案审查，累计审查县政府招商引资、重大投资项目等政府重大行政合同草案10件，备案审查行政机关一般合同297件，合法性审查意见累计332条。发挥法律顾问和公职律师作用，全县有公职律师25人，聘用法律顾问34人，全年参与政府重大决策、合同谈判及文本审查、民事及行政诉讼等法律事务200余次。

【深化执法改革】 2022年，全县推进“大综合一体化”行政执法改革，调整衢山镇、长涂镇、秀山乡赋权事项，制订东沙镇、岱西镇、岱东镇综合行政执法改革实施方案，有151名执法人员派驻乡镇，执法部门下沉乡镇执法力量超过60%。指导赋权乡镇开展执法人员学习培训和日常执法活动，是年，县“大综合一体化”考核指标位列全市第一。推行行政执法公示、执法全过程记录、重大执法决定法制审核三项制度，制定重大行政执法决定法制审核目录清单，贯彻落实《行政处罚法》，执行“首错免罚”事项清单目录275项。严格落实“双随机、一公开”监管工作，开展各类检查7293户次，其中“双随机”抽查3144户次。大力推进“综合查一次”，已认领执法“监管一件事”应用场景60项，累计建设“综合查一次”应用场景79个，跨部门、跨领域开展联合监督检查，跨部门监管率20%以上。

【规范权力运行】 2022年，政府法治工作自觉接受人大监督，根据县人大常委会审议《2021年法治政府建设情况报告》意见，县政府制定相应整改措施，完善行政执法监督，抓好行政执法案卷

2022年11月24日，县委全面依法治县委员会办公室（扩大）会议暨全县法治建设考核、乡镇法治化综合改革推进会召开（县司法局　供图）

评查、“三项制度”落实情况、海洋行政执法领域专项评议等督查行动，推行数字化行政执法监督应用，实现对执法监管活动全流程、全方位的线上监督，出具行政执法监督通知书4份，督促行政机关及时整改正确履职。强化行政、司法联络机制，召开府院、府检联席会议，深化政府部门与司法部门的协作配合，成立“大综合一体化”行刑衔接中心，优化行政执法与刑事司法衔接，履行各级人民法院发生法律效力的行政诉讼判决和裁定，及时办理司法建议，加强检察建议落实反馈。

【多元化解矛盾纠纷】 2022年，政府法治工作健全信访、人民调解、行政调解、行政复议、诉讼等多元化矛盾纠纷化解机制，突出县社会治理中心职能作用，发展新时代“枫桥经验”，全县共调处各类矛盾纠纷3736件，其中成功3731件，成功率为99.9%；发挥行政复议主渠道作用，是年，新收行政复议申请28件，5年来首次超过一审行政诉讼案件数量，经复议后行政诉讼“零败诉”，督促行政机关负责人出庭应诉工作，连续12年实现行政机关负责人出庭应诉率100%；实行信访联合接待、分类解决、督查反馈和责任追究等工作机制，依法及时就地解决群众合理诉求，开展信访积案化解清零行动，维护良好信访工作秩序；发挥法官、检察官、行政执法人员、律师、普法讲师团等作用，分业、分类、分众开展法治宣传教育。是年，开展习近平法治思想学习宣传“八进”活动85次，广泛开展“美好生活·法典相伴”民法典法治宣传活动、“法助共富、法护平安”等法律服务活动120余场。

（宓倩垚）

公安

【概况】 2022年，县公安局紧扣中共二十大安保维稳主纲主线，深入开展“践行‘三能’要求、建功安保战场”主题教育实践活动，维护全县社会大局和谐稳定。全年立刑事案件584起，其中侦破刑事案件181起，采取刑事强制措施421人，挽回经济损失280万元。查处违反治安管理案件1563起，查处违法人员670人，其中治安拘留227人。道路交通事故死亡10人。是年，县公安局有32个集体、182人获各级表彰，其中二等功2人、三等功14人。罗家岙派出所被评为全国公安机关爱民模范集体、全省清廉建设成绩突出单位，“智慧鱼山”应用场景入选中国（浙江）自贸区重大标志性改革创新成果。

【机构人员】 2022年，县公安局内设职能科室（大队）27个，直属机构3个，下属治安派出所10个。

【夏季治安“百日行动”】 2022年8月3日至10月底，县公安局开展夏季治安打击整治“百日行动”暨平安大巡防行动，创新“夜市警务”，组织开展夜间集中巡逻、清查15次，检查沿街店铺2600余次、出租房屋5849家，核对流动人口75968人次，破获各类案件66起，抓获违法犯罪嫌疑人42人、在逃人员8名，免损70余万元，

2022年8月3日至10月底，县公安局开展夏季治安打击整治“百日行动”暨平安大巡防。图为2022年7月5日启动仪式现场（县公安局 供图）

2022 年 2 月 17 日，县公安局交警大队民警向学生们讲解交通安全标志牌知识

（县公安局　供图）

有效警情比上年下降 5.2%，化解各类矛盾纠纷 19 起。累计查处各类交通违法行为 2249 起。

【道路交通管理】 2022 年，县公安局聚焦舟岱大桥开通后道路交通新形势，深入开展道路交通安全综合治理攻坚行动和全国县级文明城市交通秩序管理专项行动，推进景区周边及舟岱大桥沿线基础设置提升，封闭危险路段缺口 26 处，安装减速带 18 处、爆闪灯 10 处，增设双向机动车、非机动车隔离护栏 2.8 千米，保障全县道路交通环境安全畅通。全年处理交通事故类警情 6537 起，查处各类交通违法行为 117202 起，其中现场查处 27080 起、酒驾查处 221 起（其中醉驾 64 起）。办理车架管各类业务 20108 起，其中机动车业务 13366 起、驾驶证业务 6742 起。

【派出所勤务机制改革】 2022 年 5 月 27 日，全市公安机关深化派出所勤务机制改革工作现场会暨罗家岙派出所建所 40 周年庆祝活动在岱山县公安局罗家岙派出所召开。县公安局加强“一室两队”勤务机制改革，投入资金 140 余万元，在全县 9 家派出所建成“集中、集成、集约”办公用房，做精综合指挥室，做专基础防范中队、打击办案队。推动“四班制”强制入轨，确保派出所警力占县局的 40%，社区警力占派出所警力的 40%。健全优化“有警处警、无警访民”等勤务机制，让派出所服务群众和参与基层治理。是年，全县有效警情比上年下降 20.3%，创建“零发案海岛”14 个、“零发案社区（村）”43 个，分别占全县的 70%、49.4%。

【数字公安建设】 2022 年，县公安局坚持技术、机制、体制“三轮驱动”，以“公安大脑”建设牵引，着眼构建智慧公安新机制、现代警务新体系，全面深化公安改革。积极构建数据分级分类应用管理体系，打通数据共享通道，健全安全检测预警、风险评估等工作机制，搭建集七大功能于一体的“融智•家”平台，升级“智

2022 年 5 月 27 日，全市公安机关深化派出所勤务机制改革工作现场会暨罗家岙派出所建所 40 周年庆祝活动在县公安局罗家岙派出所召开

（县公安局　供图）

慧鱼山2.0”，赋能全警实战应用，服务公安现实斗争。

【成立行刑衔接中心】 2022年，县公安局成立岱山县“大综合一体化”行刑衔接中心，全县13家行政执法机关入住，共组织召开4次联席会议，开展教育培训13次、疑难案件商讨17次，接受行政单位移交案件59起，其中刑事案件36起，平均办案时长8天，比上年减少21天。

【打击治理电信诈骗犯罪】 2022年，县公安局集中开展系列反诈宣传活动，推进全民下载“国家反诈中心”App，制作短视频17个，开展反诈直播5场，观看量近10万。打掉境外诈骗团伙2个，抓获犯罪嫌疑人48人，采取刑事强制措施13人，涉案总金额150余万元，缴获赃款5万余元，查获涉案手机136部。累计预警劝阻10260人次，止付冻结银行账户579个，避免经济损失1121余万元，全县电信网络诈骗警情比上年下降7.7%。

【“降警情、控发案”工作】 2022年，县公安局紧盯“降警情、控发案”工作目标任务，分析各类警情高发时间、区域及发案的新变化，落实对重点时段、重点区域巡防，全力压降警情案件。是年，全县总有效警情比上年下降6.9%，其中通信网络诈骗警情下降26.6%，涉黄类警情下降38.9%，入户盗窃案件下降34%。

【海防缉私】 2022年，县公安局开展打击海上走私违法犯罪“舟盾-2022”专项行动，破获走私冻品案件1起，销毁冻品86吨；查办海砂案件1起，拍卖海砂2000余吨；协助涉海职能部门查处7起，抓获各类涉海违法涉案人员58人。加强岸线管理，开展全县岸线码头走私风险隐患排查，预警涉走私团伙到岱山踩点2起，查获“三无”船筏16艘。加强岸线技防建设，将海防监控汇入公安视频专网，修复岸线反走私监控16个；投用具有夜视功能的无人机1台，实现空中实时监管电子化、信息化。

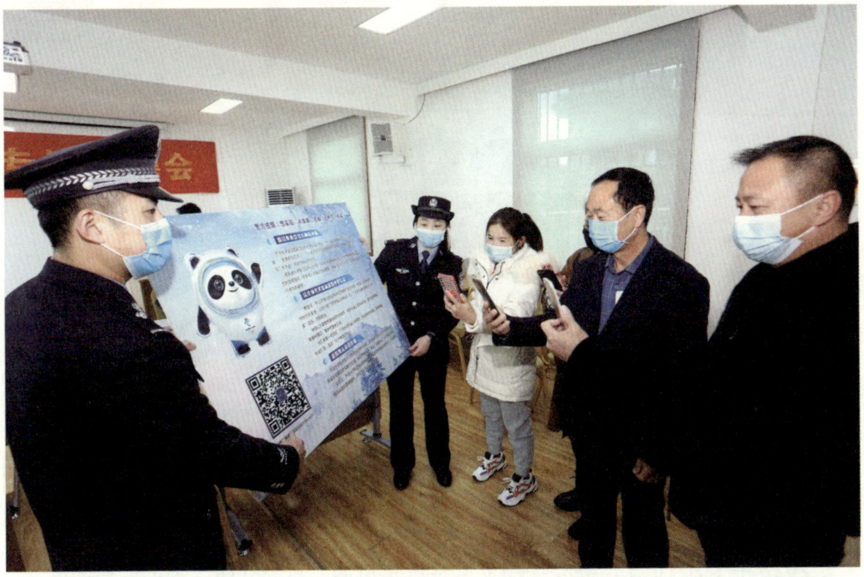
2022年2月10日，县公安局民警进辖区进行反诈宣传（县公安局 供图）

【打击治理经济犯罪】 2022年，县公安局深化经侦“云端”主战模式，强化自贸区涉税领域经济风险检测，开发建设“新办企业风险协同监管模型”项目，提升经济案件打击质效。共侦办涉众型经济犯罪案件3起，涉案资金1.10亿元，打击处理犯罪嫌疑人5名，排摸涉众群体5000余人；联合烟草部门集中销毁假烟640条、烟弹1000个。开展各类宣传活动15场次，滚动播放视频1000余条，现场发放各类宣传资料2000余份。

【深化“全域无毒”工作】 2022年，县公安局保持对吸贩毒违法犯罪活动的高压严查严打态势。7月9日，通过开展涉外修造船企业排查，在某船厂一外轮上查获毒品2千克。加强源头监管，通过走访排查、无人机航拍，发现非法种植罂粟3处，铲除罂粟300余株。查处案件1起、行政处罚1人；为全县30家易制毒企业办理购买证明65张、运输证明42张，实现易制毒化学品“零流失”。推进吸毒人员“智码”系统应用，将全县由县统管的本地籍和异地管控吸毒人员数据全部导入系统。

2022年4月24日，县公安局联合县烟草专卖局组织开展假冒、走私卷烟集中公开销毁活动，图为活动现场（县公安局　供图）

建立重点驾驶人严管筛查机制，责令1名吸毒前科人员转岗转产，全年未发生“毒驾”行为。加强禁毒宣传，在田涂村建成全市首个禁毒警务主题公园。

【创新发展“海上枫桥经验”】2022年，县公安局以“三能扬旗、吹哨报到、事不出岛、夜不闭户”为引领，推进自治、法治、德治、智治“四治融合”。发动志愿者团队参与社会治理，创新推出“智呼通”数字化场景应用，通过设备定位，一键呼叫，反向扫码（反向扫描老年人健康码）等功能，由公安机关统一指挥派令，第一时间解决群众的“急难愁盼”、工地劳资纠纷、游客维权求助等问题。同步迭代升级“通衢码”，精准开发“预申报”板块，构建用工企业、业务单位、公安机关三级联审模式，实现入岛人员“一键申报、秒速流转、逐级把关、终端赋码”。

【护航重大项目】2022年，县公安局依托“智慧鱼山2.0”建立数字壁垒；开通“鱼山码”申报窗口，建立“1+2+N”防疫模式，创新“三色房”房屋管理模式，发现整改问题90余处。打造鱼山危化物品全链条智慧管控系统，确保鱼山8个危爆物品储存库的安全。将鱼山工地划分为154个“最小单元”。利用“企业警校”，开展企业员工岗前反诈授课，电诈发案数比上年下降25.9%；强化打处力度，实现盗窃类案件的“一降两升”。

【实现24年监所无事故】2022年，县公安局看守所组织创建“智慧监管”和“规范管理监所”，开展常态化疫情防控工作；增设女子监区和夜间值班室；增建远程提讯设备。完成远程提审提讯303人，远程律师会见246人次，网上换押工作。

【推出从优待警举措】2022年，县公安局创新暖警举措，做好关心关爱民警、辅警工作。印发《岱山县公安局战时暖警励警十二项工作举措》，协调同德医院、舟山二院、岱山第一人民医院等，到局就诊；建成乐警客栈2间；

2022年1月10日，县公安局罗家岙派出所的“红帆110”再次起航
（县公安局　供图）

促进“团圆计划”，解决两地分居6人；开展“党建+”“战时暖警套餐”“三警工程”等帮扶活动，慰问、救助、帮扶民（辅）警100余人次，通过县警察协会，实物慰问一线疫情防控民警计1.60万余元，开展送奖上门19次，表扬通报5期，颁发《局长表扬令》12人。

2022年7月8日，县公安局动员全局力量快速处置疫情（县公安局　供图）

【探索“海岛融警务”】 2022年，县公安局打造以“融警务”为核心的海岛基层融治样板，在衢山镇沙龙景区搭建配备6大功能区块的融治理中心，并入驻10个职能部门集中办公，推动形成“乡镇党政领导、派出所主抓、职能部门联动、群防力量参与”的治理格局，梳理分解职责任务清单12项，开展以“矛盾联调，纠纷联处”为重点的一体化纳入、一窗式受理、“一揽子”调处、一条龙服务，实现综合治理“无诉自办”新模式。全年化解各类矛盾纠纷15起，解决实际问题8起，所属辖区有效警情比上年下降19.9%。

【打造“办事不出岛”品牌】 2022年，县公安局为解决海岛群众急难愁盼问题，围绕政务服务数字化改革，搭建“办事不出岛”数字化平台，培育帮办代办服务队伍，规范事项清单和服务流程。百姓民生事项“就近办”率为85%，偏远海岛群众办事时效提升80%，满足海岛群众“办事不出岛”个性化办事需求。

2022年7月8日，县公安局司法鉴定中心为扬州老人在衢山镇凉峙村找到失散59年的亲人（县公安局　供图）

【维护信访秩序】 2022年，县公安局坚持发展新时代“枫桥经验”，围绕“矛盾不上交”的目标，扎实开展社会矛盾纠纷大走访、大排查、大化解，是年，回访警情1063起、历年案件86起。实行一案一策一专班，运用解决、解释、解气“三解”工作法，顺利化解部、省交办信访积案12起，答复网上信访件355起，县公安局连续3年在全县信访工作考核中排名第一。

【清廉公安建设】 2022年，县公安局注重“压责筑廉、教育倡廉、监督促廉、机制固廉”，以“四廉一体”工作机制为抓手，开展“六项规定”检查等专项工作，对2018年以来190人次选人用人、288 起重点案件、4800 余万元重点项目经费开展回头看。修订《岱山县公安局股级干部管理办法》《警务辅警人员层级化管理办法》等规章制度 12 个，打造清风尚廉文化矩阵，常态化开展警示教育活动。专项审计 19 个项目，审计金额 1725.77 万元，审减金额 266.33 万元。巩固警属廉盟，做好 8 小时外监督，全年实现公安队伍违纪“零发生”。

（陈家振）

检察

【概况】2022 年，岱山县人民检察院（简称县检察院）深入践行“敢于监督、善于监督、勇于开展自我监督”的精神，把忠诚拥护“两个确立”、坚决做到“两个维护”贯穿检察履职全过程，不断提升法律监督质效和公信力，为在高水平建设现代海洋城市中加快海岛共同富裕先行和县域现代化先行贡献检察力量。是年，县检察院荣获国家级、省级荣誉表彰 7 项，省级以上论文发表获奖 6 篇，获评市级以上精品、优秀案事例 16 件。

【法治岱山建设】2022 年，县检察院围绕平安护航党的二十大胜利召开的工作主线，全力以赴防风险护稳定。全年受理审查逮捕案件 49 件、80 人，批准逮捕 61 人；受理审查起诉案件 196 件、321 人，提起公诉 174 人。突出惩治“盗抢骗”“黄赌毒”等严重影响人民群众安全感犯罪。贯彻落实反电信网络诈骗法，深度参与“断卡”行动，起诉电信网络诈骗犯罪、“两卡”犯罪 7 人；协同做好追赃挽损，现场发还追缴款 22 万余元。

【助力优化营商环境】2022 年，县检察院坚持树牢“法治是最好的营商环境”的理念，严厉打击盗窃、合同诈骗、职务侵占等侵犯企业权益犯罪案件 19 件、36 人。组织开展净化“空壳公司”数字监督专项行动，促进全市 35 家冒用他人信息注册“空壳公司”的集中清理，进一步规范市场经济秩序。全面深化企业合规改革，对 1 起安全生产责任事故案启动合规整改程序，并在全市首次适用第三方监督评估机制，经公开听取各方意见，作出不起诉决定。坚持治罪与治理并重，制发《化工企业安全生产合规管理案后提示》，推动打造自贸区企业合规经营、健康发展的生态圈。

【助推县域治理】2022 年，县检察院全面贯彻“少捕慎诉慎押”的刑事司法政策，依法当宽则宽、该严则严。诉前羁押率为 22.8%，轻罪起诉率为 10.6%，分别比上年下降 18.7% 和 7.7%。深化认罪认罚从宽制度适用。认罪认罚案件适用率为 94.9%，作出不起诉决定 156 人，建议法院从宽处理 155 人，确定量刑建议采纳率为 95.4%。落实落细最高人民检察院“八号检察建议”，对涉危化品、建筑施工等重点企业开展集中走访，提出风险防范建议，深化安全生产诉源治理。开展服务保障乡村振兴公益诉讼专项监督活动，以检察建议推动解决海岛饮用水源地保护、古树名木保护等一批治理难题，守护“海上花

2022 年 4 月 27 日，县检察院上岛、入企、进机关，落实最高检“八号检察建议”
（周倩倩　摄）

园城市”。

【加强法律监督】 2022年，县检察院持续优化刑事检察，对侦查机关开展监督立案5人，监督撤案13人，提出书面纠正违法意见3件，提前介入疑难复杂案件引导侦查8次。加强刑事执行监督，全年无假释罪犯脱管漏管、再犯罪情况。不断强化民事检察，开展非正常借贷虚假诉讼专项监督活动，提出再审检察建议获采纳。做实行政检察，推进土地执法查处领域行政非诉执行监督；开展行政违法行为监督，办理串通投标、无证驾驶等行政违法行为监督案3件。做好公益诉讼检察，办理重特大案件10件，其中5件入选全市检察机关优秀案事例。

【推进数字检察】 2022年，县检察院贯彻落实数字化改革部署要求，强化数字赋能监督。在全市率先召开县首次府检联席会议，积极推进执法司法数据共享。加强数字检察基础理论研究，相关论文有多篇结题发表。打造岱山数字检察实战实效标志性成果，对标对表全省数字检察“一本账”，自主创建运行数字模型18个，监督成案12件，有效促进司法网拍、社会保障及政府补救（助）资金等领域的综合治理。建立涉海砂运输犯罪数字监督模型，监督立案2人，移送行政处罚线索5条，助推全县非法海砂百日攻坚“猎鲨”专项行动，该数字监督经验获省检察院全省推广。

【海洋检察】 2022年，县检察院聚焦平安海区建设，办理盗采海砂、非法捕捞等涉海涉渔刑事案件9件、36人。对1起拒不整改安全隐患、恶意开航导致沉船案件，首次以危险作业罪提起公诉，建立船舶海上航行安全网。聚焦海洋生态守护，不断完善增殖放流、替代修复等生态补偿机制，督促违法当事人缴纳生态修复赔偿金20余万元，联合县海洋与渔业局投放鱼苗136万尾。聚焦海洋产业发展，针对船员骗取预支工资走逃、失联、严重影响渔业生产秩序的问题，起诉涉嫌诈骗船员2人，向公安机关移送线索立案侦查2人，并以专题检察调研、信息等形式，为党委、政府提供综合治理决策参考，着力营造良好的渔区用工环境。

【强化检察履职公信力】 2022年，县检察院全力化解涉检信访矛盾，深化落实院领导接访办案、群众信访“件件有回复”等制度，妥善办结来信来访46件、54人。坚持检察办案与化解案后矛盾纠纷同步推进，对一起刑事案件开展羁押必要性审查中，跟踪督促犯罪嫌疑人付清67名工人欠薪136万元，该案获评全省检察机关精品案例。加大对因案致贫当事人的司法救助力度，建立健全司法救助与社会救助衔接机制，办理司法救助案件5件，发放救助金10万元。强化检察履职全过程人民民主，做好“四大检察”公开听证全覆盖，对年老体弱、出行不便者，开展简易听证、上门听证7次。

【未成年人检察工作】 2022年，县检察院坚持以“零容忍”态度，从严惩治强制猥亵等侵害未成年人犯罪，批捕1人、起诉1人；坚持“双向保护”，最大限度挽

2022年7月4日，岱山县首次召开府检联席会议（陈金泉　摄）

救涉罪未成年人，相对不起诉2人，附条件不起诉2人。强化涉未成年人公益诉讼监督，督促相关部门删除违规披露的未成年人个人信息情况。强化涉未成年人民事检察监督，针对校园未成年人欺凌事件，制发首份“督促监护令”，跟进监督监护人履行监护职责，并以检察建议督促教育部门完善防欺凌工作制度，推动侵害未成年人案件强制报告制度落到实处。持续开展“法治进校园”活动，组织预防网络犯罪、防治校园欺凌等专题讲座10场次，受教师生2000余人次。

【人才兴检战略】 2022年，县检察院大力加强干部队伍年轻化、专业化建设，提拔中层正副职干部4名，选任年轻员额检察官2名。持续完善检察人员业绩评价办法和指标体系，建立健全个人业绩档案，以每月晒业绩、找差距、促提升，不断营造干事创业良好氛围。积极打造更优检察实训平台，常态化选派骨干人才到结对院宁波鄞州区检察院挂职锻炼、跨岗学习，组织数字监督模型展示会现场观摩、优秀案例交流品鉴等活动，提升干警专业素养。

【司法廉政建设】 2022年，县检察院全面落实司法责任制，深入推进员额制改革。在全省率先探索实行部门员额检察官定额配置管理制度，进一步压实办案主体责任。严格落实入额院领导办案履职要求，切实发挥“一把手”带头示范作用，引导树牢“求极致”“过得硬”案件质量观。深入推进党风廉政建设和反腐败工作，常态化开展纪律作风专题督查。持续抓实防止干预司法“三个规定”，记录报告有关事项25件，筑牢廉洁司法“防火墙”，全年检察队伍零违纪。

【深化检务公开】 2022年，县检察院严格落实规范性文件报送人大备案审查制度，常态化抓好公益诉讼人大代表评议工作，依靠人大监督加强改进工作，提高履职能力。就公益诉讼工作开展情况和部分检察官履职评议整改落实情况向县人大常委会作专题汇报。建立健全代表委员常态化走访联络机制。主动向县政协、工商联和无党派人士通报检察工作。邀请人大代表、政协委员、人民监督员等走进检察院，参加主题开放日、案件公开听证等活动175人次，吸纳意见建议14条，制发检察建议6份。持续深化检务公开，依托案件信息公开网、“两微一端”等平台，发布案件程序性信息281条，推送工作动态、典型案例评析42条。

（严舒译）

法院

【概况】 2022年，县人民法院（简称县法院）新收各类案件3571件，比上年下降9.8%；办结各类案件3590件（含上年旧存案件312件），结案率92.5%，结案标的总金额30.09亿元，法官人均办案139.96件，主要办案质量、效率指标居全省基层法院前列。是年，县法院获评全省突出贡献法院。

【维护安全稳定】 2022年，县法院贯彻总体国家安全观，深入开展扫黑除恶专项斗争，发挥刑罚威慑作用，审结刑事案件137

2022年8月22日，县检察院为岱山中学上法治教育课（陈金泉　摄）

件，比上年下降27.1%，判处罪犯206人。重拳打击电信网络诈骗、非法集资、养老诈骗等涉众型犯罪，审结案件9件、24人。开展信访积案化解清零行动，制定预案、应对管理办法等，实施“一案一策”，及时防范、化解和处置各类涉诉信访风险。加强分析研判，诉前成功调解涉“减船转产”船只民商事纠纷100余件。

【护航经济发展】2022年，县法院开展助企纾困专项行动，采用信用修复、“活封活扣”、调解、和解等法律手段，帮助11家企业恢复正常生产经营。开展涉民生、涉小微企业、涉金融等专项执行行动，执结3万元以下小标的案件401件，到位金额231.12万元；执结涉民生案件147件，到位金额412.26万元；执结涉小微企业案件76件，到位金额3122.12万元；执结涉金融案件113件，到位金额1188.06万元。

【保障重大项目建设】2022年，县法院围绕服务自贸试验区建设，全面落实护航发展各项重大举措。围绕市、县“项目攻坚、实干争先”活动，跟进完善司法保障措施，精准提供司法服务。发布《中国（浙江）自由贸易试验区（舟山离岛片区）区域司法保障工作白皮书》等。组建工作专班，攻坚鱼山岛劳务、工程等纠纷，妥善处理相关案件394件，为岛上企业、务工人员提供司法服务。院领导带班多次走访调研绿色石化基地、新材料产业园、重点骨干企业，帮助企业强化法律风险防范。

【法治营商环境优化】2022年，县法院依法平等保护各类市场主体权益，审结涉企纠纷815件。院庭长常态化、精准化开展“三服务”活动，为企业提供法律体检，累计走访116人次。加强府院联动，建立“县领导+院领导”破产企业处置专班，发挥破产审判、及时出清的司法效能，成功处置日达麦斯汀大酒店、豪森大酒店、铭京房产等资产。全年审结破产案件16件，共盘活企业存量资产4.46亿元，释放土地129.88公顷，3年以上破产案件基本清零。

【助推法治政府建设】2022年，县法院审结行政诉讼案件24件，比上年下降20%；行政机关败诉1件，败诉率降至4.2%；审结非诉行政案件16件。行政机关负责人出庭应诉率连续12年保持100%。推进行政争议调解中心实体化运作，扩展行政争议调解人才库，将检察官、律师纳入其中，化解行政争议15件。召开府院联席会议，发布《行政案件司法审查报告（2017—2021）》《衢山人民法庭司法审查报告（2017—2022）》，及时发送司法建议，通过专题讲座、庭审观摩等方式，加强司法与行政的良性互动，强化“关键少数”的法治思维。

【护航生态文明建设】2022年，县法院践行“两山”理念，落实最严格环境资源司法保障制度，推进环境资源审判专业化建设，设置环境资源审判合议庭，实行环境资源刑事、民事、行政案件“三合一”归口管理。审结环境资源案件11件，其中，依法判决的一起工程爆破作业过程中，释放声波造成养殖对虾死亡的环境污

2022年6月6日，县法院进渔区开展普法教育（县法院　供图）

2022 年 11 月 25 日，县法院召开“防范和打击虚假诉讼”新闻发布会
（县法院　供图）

染纠纷案，入选 2022 年度全省法院十大环境资源审判典型案例。

【共建“和谐岱山”】 2022 年，县法院贯彻实施民法典，审结民事案件 1725 件，比上年下降 0.6%，解决争议标的额 3.79 亿元。审结涉劳动争议、工伤等案件 217 件，追回农民工薪资 887 万元。加大对弱势群体司法保障力度，为困难当事人依法缓减免交诉讼费 21.29 万元，发放司法救助金 10.40 万元。开设夜间法庭、假日法庭等，减少对渔农民生产生活的影响。为全县中小学生开展法治教育，讲授“开学第一课”，未成年人犯罪案件中判决书随附“法官寄语”。严厉打击虚假诉讼，加强与公安、检察、司法行政等部门的沟通协作，处理虚假诉讼案件 9 件、34 人，罚款金额 14.69 万元。

【强化执行工作】 2022 年，县法院巩固“基本解决执行难”成果，全年执结案件 1806 件，比上年上升 10.7%，执行到位金额 2.52 亿元。加大失信惩戒力度，开展集中执行行动 3 次，对失信被执行人出国出境、高消费、贷款融资等方面严格限制。加强买卖合同案件执行力度，执结该类案件 83 件，执行到位金额 213.12 万元，办理天数从 117.4 天缩短至 77 天，加快胜诉权益兑现。打击拒执行为，对 362 人作出罚款决定，对 174 人作出拘留决定，移送拒执犯罪 8 件。

【共建“无讼村社”】 2022 年，县法院坚持和发展新时代“枫桥经验”，完善各类调解联动工作体系，形成内部和解、协商先行，专业性调解、仲裁等非诉方式优先，诉讼断后的矛盾纠纷多元化解机制。拓展司法服务半径，人员力量下沉到社区村、衢山镇田涂村渔嫂协会、“瀛洲彩虹”服务发展联合会、渔业专业合作社等，推动更多法治力量向基层延伸。衢山法庭与海警、海事等 9 家单位共建平安体联盟，助力“大平安”治理体系建设。

【推进全域数字法院】 2022 年，县法院推进无纸化办案办公，全年网上立案 1837 件、智能送达 2763 起、在线开庭 1461 起。推

2022 年 6 月 8 日，县法院开展防养老诈骗宣传普法活动（县法院　供图）

2022 年 6 月 6 日，县法院组织“渔船老大”收看共享法庭庭审实况

（县法院 供图）

动县两办出台《“共享法庭”建设考核办法》及庭务主任考核办法，建成“共享法庭”112 个，实现全县所有乡镇、村社、行业调委会和渔业合作社的全覆盖。利用“共享法庭”指导调解矛盾纠纷 902 件，实质化解 852 件，法律咨询 2682 人次，普法宣传 164 场，覆盖近 3 万人。深化“执行一件事”改革，与县公安局、县公积金中心、县财政局等 14 家单位展开执行协作，将不动产、车辆、股权、公积金的查解封等执行高频事项纳入平台，全年发起查询、查封、解封房产 83 次，拍卖房产 10 宗，拍卖成交金额 1.50 亿元。

【司法责任制建设】 2022 年，县法院健全院庭长审判监督管理机制，坚持“四类案件”重点监管和流程节点常规监管相结合，确保放权不放任，累计纳入平台监管 90 件。组建破产案件、劳动争议、建设工程、家事纠纷等专业审判团队，提升办案专业化水平。统一裁判尺度，建立类案强制检索机制，召开专业法官会议 14 次，有效解决“同案不同判”问题。充分发挥案件评查倒逼提升审判质量的作用，评查案件 3108 件，案件改判发回瑕疵率为零。

【诉讼制度改革】 2022 年，县法院有序推进审级职能定位改革，优化司法资源配置。全面准确适用认罪认罚从宽制度，审结认罪认罚案件 121 件、181 人，适用率 87.9%，比上年增长 3.9%。会同检察院，对盗窃罪、诈骗罪、开设赌场罪等 8 种常见罪名罚金刑量刑达成共识，推进财产刑量刑在认罪认罚案件中落实。探索推行“小额诉讼 + 简式审理 + 电子送达”工作模式，适用小额诉讼程序案件 362 件，适用率为 22.5%，平均审理天数缩短至 16.14 天，有效提升办案效率。

（朱晨希）

司法行政

【概况】 2022 年，全县司法行政工作全面推进国家战略项目法律服务、除险保安、数字化改革等

2022 年 4 月 13 日，省高院副院长徐建新（右一）调研县法院（县法院 供图）

重点工作。推进数字化改革，投入80余万元打造智慧矫正中心，“社区矫正应用”“法律援助在线”等省级应用贯通率排名全市第一；承接市司法局行政机关合同管理责任追究机制试点，作为全市唯一县（区）承担“浙里复议”数智应用试运行。建立以责任分解、法治巡察、跟踪评估、晾晒通报、约谈交办、考核评价为主要内容的法治岱山建设“六大机制责任闭环”，法治岱山建设“六大机制责任闭环”入选全市司法行政系统“固本培元、揭榜挂帅”专项行动最佳实践典型案例。精准施策深化基层治理，岱西镇双合村创建为国家级“民主法治村”，全县累计创建省级“民主法治村”7个、市级“民主法治村”12个。指导成立岱山县婚姻家庭纠纷人民调解委员会驻高亭镇调解工作室、驻衢山镇田涂渔嫂协会调解工作室，衢山司法所创建为省级“枫桥式司法所”。

【服务保障】 2022年，县司法行政组织开展“法助共富、法护平安”专项行动，推行“园区块+法律服务链”模式，在鱼山绿色石化园区开展“打工者+经营者”专项法治宣传。推进数字化改革工作，投入80余万元打造智慧矫正中心并通过省级验收，承接市司法局行政机关合同管理责任追究机制试点，成为全市唯一承担“浙里复议”数智应用试运行县（区）。推动“大综合一体化”行政执法改革，牵头协调处理职能部门对小区违建行为执法事权边界不清问题，落实专人参与全县“大综合一体化”行政执法改革专班和“行刑衔接中心”运作。

【法治审查】 2022年，县司法局对提交县政府常务会议审议的议题逐个进行合法性审查，共审议县政府议题110件，其中审查行政规范性文件30件、行政合同10件、重大行政决策事项1件、重大行政执法决定1件，提出审核意见150余条。向市人民政府和县人大常委会备案县政府规范性文件18件，审查部门及乡镇报备的行政规范性文件11件，纠正瑕疵文件1件。开展涉及计划生育内容的行政规范性文件、向企业违规收取违约金文件的专项清理，未发现存在违法违规内容的相关文件。

2022年8月30日，县检察院驻“县社区矫正中心检察官办公室”成立并举行揭牌仪式（县司法局　供图）

【执法监督】 2022年，县司法局优选全县执法单位业务骨干17人，组建行政执法监督专项人才库；组建基层专职执法监督队伍，全县每个乡镇分别选任基层专职执法监督员2人。组织开展行政执法主体清理、执法证清理及换发工作，全年审核行政执法证申请、换证、注销202人次。组织梳理形成《岱山县行政许可事项清单（2022年）》，梳理出全县行政许可事项269项并发文公布。应用省行政执法监督信息系统，对风险线索进行排查梳理和针对性处置，解除行政处罚线索记录110条，处置记录44条。

【争议化解工作】 2022年，县司法局调整全县行政争议调解工作人才库，联合县法院共同制作行政争议调解格式文书，针对行政机关不规范行政行为，制发相关行政建议书1份，开展倾向性问题会商会议6次、疑难复杂案件

2022 年 5 月 16 日，县司法局进渔农村开展法律服务（县司法局　供图）

研讨 10 次。在衢山新设立“岱山县行政复议衢山服务点”“岱山县争议调解中心衢山分中心”。是年，全县新收行政复议申请 28 件，首次超过一审行政诉讼案件数量；行政复议调撤率为 63.6%，以撤销、责令履行、确认违法等方式依法直接纠错复议案件 3 件，纠错率为 15.8%；连续 3 年保持经复议后行政诉讼“零败诉”，连续 12 年实现行政机关负责人出庭应诉率为 100%。

【基层治理】 2022 年，县司法局累计排查矛盾纠纷 400 余次，调处 3598 件。开展专项法治宣传活动，编印“以案释法”宣传折页 1500 份，发放宣传册及纪念品 10000 余份。开展“法律明白人”扩员工作，全县 74 个行政村每村均培育“法律明白人”3 人。岱西镇双合村创建为国家级“民主法治村”。衢山司法所创建为省级“枫桥式司法所”，整体迁入衢山镇社会治理综合服务中心，并在一楼服务大厅设置衢山镇公共法律服务站窗口。

【惠企便民服务】 2022 年，县司法局新增县属律师事务所 1 家——浙江几道律师事务所，新增专职律师 6 人、实习律师 1 人，新增公职律师 12 人，全县律师万人比达到 1.5，全县政府部门公职律师工作覆盖率为 100%。提供公证“上门办证”“视频办证”“专窗办证”等便民服务，创新推进“公证零证明”机制，与县民政局、县市场监督局、县法院、县自然资源和县国土规划局分别签订证明材料互查合作协议。是年，办理国内公证 444 件，涉外、涉台公证 81 件，服务重大工程项目 38 个。县法律援助中心与矛调中心（鱼山）联合建立法律援助案件咨询、受理“绿色通道”，实现法律援助不出岛，全年办理刑事案件 45 件、民事案件 428 件，认罪认罚 241 件。

（宓倩垚）

责任编辑：姜小金

军　事

Military Affairs

人民武装

【概况】 2022年，岱山县人民武装部（以下简称县人武部）努力践行党在新时代的强军目标，高举旗帜铸军魂、聚精会神抓备战、压实责任强党建、夯实基础保稳定，重点突出海防战备、民兵整组、军事训练、兵役征集四个重点，谋打仗、备打仗，着力提升国防后备力量建设水平。全县落实党管武装工作，召开议军会议，开展县领导军事日活动。

【海防战备】 2022年，县人武部坚持以新时代军事战略方针为统揽，紧扣“三变”，瞄准“三练”，按照“四个推进”，聚焦实战修订预案，不断夯实巩固战备，严格落实战备检查制度。修订完善防汛抗台、抢险救灾等非战争行动预案，明确军地沟通联络机制，确保各项行动规范有序。坚决执行上级命令指示，动员民兵力量完成舟山警备区赋予的各项海上行动任务，不断提升国防动员支援作战能力素质。

【组织整顿】 2022年，县人武部围绕大规模作战准备和海上动员力量建设需求，突出编建应急分队和专业分队，按照专业对口要求，编实基干民兵分队，根据职能作用，参加各项专项行动任务。

【军事训练】 2022年，县人武部根据年度训练计划安排，召开民兵训练动员会、协调会、讲评会，按计划完成全县基干民兵训练任务，督促乡镇武装部按时抓好普通民兵训练。

【兵员登记】 2022年，县人武部按照“精准动员”原则，根据县域适龄青年，针对性推送征兵宣传短信，专武干部点对点上门走访，严格落实“五率”要求。是年，网上兵役登记总人数3240人，上站体检人数129人，大学生预征对象上站人数99人，被省政府、省军区评为征兵工作先进单位。

【安全管理】 2022年，县人武部深入开展“学法规、用法规、守法规”活动，坚持从细节抓起、

2022年1月4日，县人武部召开民兵训练动员会（毛辉辉　摄）

点滴做起，着力增强干部、文职人员和职工的政治素养，培塑朴实、务实的作风。采取人防、技防相结合的方式，抓好经常性、针对性和动态性的管理，扎实抓好以人车、枪、弹、密、酒、财等为重点的安全管理，做好经常性教育和安全隐患排查，扎实开展“三个经常性”工作。

【作风整顿】 2022年，县人武部紧盯意识形态斗争的严峻形势，防范网络不良腐朽文化侵蚀，定期开展时事政策、条令法规、安全保密等经常性教育；认真抓好重要岗位人员的政治考核工作，逐人开展谈心谈话，严防人员思想问题隐患。与军地有关部门签署“协议”，大力开展“清网”行动，与县公安局、县网络信息办、国家安全局等部门联动，深入纠治违规上网、乱评妄议和网赌网贷等行为。

国防动员

【概况】 2022年，岱山县国防动员委员会（以下简称县国动委）、国防教育委员会（以下简称县国教委）紧贴新的形势任务和军事斗争准备，着眼动态中建设、融合中发展，加快推进国防动员体系建设，狠抓后备力量基层规范化建设落实。同时不断加强国防动员委员会综合办公室、人民武装动员办公室、国民经济动员办公室、交通战备办公室、政治动员办公室、科技动员办公室、信息动员办公室、海上动员办公室、人民防空办公室（简称“九办”）成员单位联系，常态化组织开展县域范围国防动员潜力数据清查，推动各领域军民融合发展。县国教委扎实开展国防法规政策学习和国防宣传教育，推动全县国防教育事业稳步发展。是年，全县七个乡镇均成立国防教育工作领导小组，科学筹划渔农村国防教育，提高渔农民国防观念。

【国防教育】 2022年3月1日，县委更新县国防教育委员会组成成员。利用征兵工作、民兵训练、学生军训等时机，扎实做好国防教育宣传工作；依托融媒体平台，大力宣扬岱山籍现役官兵立功受奖事迹；深入开展国防教育基地检查考评和申报命名工作，严格审查县中国海防博物馆、金维映史迹陈列馆、青黑红色研学基地、军港文化馆、第五大队成立旧址和渔山村国防教育基地。8月11日，调整成立县委全民国防教育工作领导小组，领导小组下设办公室（设在县委宣传部）。

【党管武装工作会议】 2022年10月11日，县委议军暨党管武装工作（国动委）会议在县行政中心召开。会议回顾总结一年来县国防动员和人民武装工作建设形势，研究解决后备力量建设问题，表彰2022年度武装工作先进单位和先进个人，县委书记周国岭就进一步加强全县武装工作作讲话。

【国防潜力调查统计】 2022年3月，县人武部协调县国动委“九办”召开国防动员潜力调查动员部署会，继续做好有关数据的收集、整理和上报工作，每月不定时迎接上级潜力点名抽查。9月，

2022年3月29日，县人武部政委麻攀（右）检查指导县国防教育基地——海防博物馆（夏祝磊　摄）

2022 年 10 月 11 日，县委议军暨党管武装工作（国动委）会议在县行政中心召开（夏祝磊　摄）

做好对岱西荣畅海工实业集团有限公司船舶修造能力的调研，不断完善辖区国防动员潜力数据。

（吕君巧）

武警工作

【概况】2022 年，中国人民武装警察部队浙江省总队舟山支队岱山中队（以下简称武警岱山中队）顺应新编制、新体制、新使命要求，按照“夯基固本、稳中求进、守正创新、创建标杆”的目标思路，在狠抓实战化训练上下功夫，在精细化管理上使长劲，不断打牢基础，固强补弱，稳步发展，确保安全，努力实现“两个确保”，争创“四铁”先进单位目标。是年，中队被武警浙江省总队评为“四铁中队”先进单位，二班班长叶鹏因训练成绩突出荣立三等功。

【执勤安保】2022 年，武警岱山中队始终把中心任务、练兵备战作为第一要务，实现战备制度落实，战备秩序正规，装备物资齐全。强化执勤安保规范化意识，提升组勤、值勤、管勤、联勤能力，细化“三员一兵一组”工作任务清单，进一步规范勤务秩序。协调县公安局投入资金推进信息系统升级改造，解决新建车行通道、巡逻通道、天网顶端加装地刺等执勤隐患 5 处，全方位提升执勤目标安全系数。全年担负武装押解勤务 18 批次。

【战备勤务】2022 年，武警岱山中队常态组织战备演练，常态保持应急战备水平，做好重要时间节点的战备工作。与县公安局看守所联防，及时掌握驻地社会面情况，设想新情况、研究新问题、修订新预案，做到时刻警惕、闻令而动。针对驻地台风灾害高发的特点，常态联系县应急管理局收集实时情报，“梅花”“轩岚诺”台风期间，及时开展抢险救援常识教育，检修各类装备。开展“智慧磐石”建设工程，坚持以每日早交班执勤讲评为牵引，每日调阅录像逐个哨位覆盖检查，抓好信息化条件下组勤、管勤、执勤、联勤规范，抓实专哨专训、专勤专训和处置演练，利用每日交班、

青年官兵重温入团誓言（武警岱山中队　供图）

2022年1月31日，武警岱山中队官兵到空巢老人韩阿婆家，为其制作一桌饭菜，并与老人一起欢度春节（县退役军人事务局　供图）

回放录像、不定时抽查等措施，狠抓站哨形象、执勤动作、着装仪容和能力素质培养。

【军事训练】 2022年，武警岱山中队严格执行《军事训练大纲》按纲施训周期运行法，坚持实战实训、按纲施训、从严治训，抓好干部骨干指挥技能、官兵基础体能、教练员组训等训练科目，组织培训官兵谈体会，结合周会操和月考核，开展群众性创破纪录活动和以班为单位的小会操、小评比活动。在支队群众性练兵暨创破纪录比武中，后勤专业兵二级上士鲁帮勇获军械专业第二名、下士钟北林获驾驶专业第三名。

【主题教育】 2022年，武警岱山中队始终把政治建设放在首位，通过落实制度、丰富内容、灵活手段、创新方式，围绕“忠诚维护核心、矢志奋斗强军”主题，做好思想政治工作，深入学习中央军委开训动员令、十九届六中全会和党的二十大精神，推进“忠诚维护核心、矢志奋斗强军”主题教育，开展“赞颂新成就、喜迎二十大”“学思想、铸忠诚、担使命”实践活动。坚持用“三种眼光”管好部队带好兵，开展大谈心活动，加强经常性法纪警示教育，认真分析摸排官兵思想，加强与官兵家属联系，形成联管机制。

【双拥共建】 2022年，武警岱山中队联合县图书馆做好图书室每季度图书的更新补充工作；抓好双拥工作，开展扶贫结对、慰问驻地孤寡老人、“军民共建庆八一”等活动，加深部队与地方人民群众的感情。是年，中队利用驻地红色资源，结合青年节、建党节、建军节、国庆节等时机，组织开展学雷锋、“重温入党誓词”“重温忠诚卫士誓词”等活动，挖掘中队老历史、老荣誉，建设中队荣誉墙。

【后勤保障】 2022年，武警岱山中队按照后勤保障相关规定，坚持每月收集一次建议、包一次饺子、办一次集体生日、战斗班下一次伙房。根据“早餐蛋奶加肉菜、牛羊水产天天换、谷物果蔬

中队炊事员精心制作可口饭菜（武警岱山中队　供图）

品种多”的要求，做好中秋、国庆假期和日常的伙食保障。严格审批权限和落实“双主官签字”“多人联签”等制度，严格落实计价挂账管理责任制，建立“两账、两表、两卡”，加强资产管理，制定营产营具管理责任书，保持公用物资的良性循环。由主官牵头成立专班，对照资产原始账逐项开展实物盘点，对账物相符的在清查信息系统中予以确认，对账实不符的盘盈资产补充录入、盘亏资产单独标记，并分别说明，汇总形成资产原始账、价值账、实物账，共清查各类设备器材146件，盘盈37件，盘亏记账24件。

【疫情防控】 2022年，武警岱山中队认真做好新冠疫情监测、报告和应急准备工作，做到“早发现、早报告、早诊断、早隔离、早治疗”，确保疫情不传入，确保部队官兵健康，维护部队稳定和战斗力。结合疫情特点和中队实际，制定应对新型冠状病毒疫情防控预案。成立以中队长为首的防治工作领导小组，做好前排指挥、一线协调，配备和储备必需的消毒药械、口罩、体温计等物资。

（曾 欣）

人民防空

【概况】 2022年，岱山县人民防空管理中心（简称县人防管理中心）践行人防建设“战时防空、平时服务、应急支援”使命任务，在人防宣传教育、指挥通信、工程结建和规范化建设等方面取得发展。组织开展人员疏散掩蔽演练、实战化演习等，大幅扩充人防专业队队伍，对全县已建人防工程开展全面大检查，认真落实人防行政事项审批规范化操作，梳理企业建设投资项目网上审批要求，完善人防网上审批事项等。

【宣传教育】 2022年，县人防管理中心认真抓好人防宣传教育，结合“3•1”国际民防日、“5•12”全国防灾减灾日、“9・18”国防教育日等节点，利用新天地广场LED大屏、县电视台、微信公众号、《今日岱山》进行“防空防灾”知识系列宣传活动。参与县普法办组织的“国家宪法日”广场咨询宣传活动，现场发放宣传资料1200余份。是年，向乡（镇）、村（社区）、机关单位发放防空防灾宣传品5500余份，向各中小学发放人防知识教材2000余册，在竹屿社区设立人防宣传橱窗，扩大人防知识宣传面。

【疏散演练】 2022年5月，县人防管理中心在盛世豪庭小区开展“5・12”人员疏散掩蔽演练；结合人民防空实战化演习，组织县电信公司开展以抢险抢修为主题的实战化应急演练。

【人防工程建设】 2022年，县人防管理中心加强工程建设管理，完成拟建项目易地建设核定，审验建筑面积；完成防空地下室质监交底项目；完成人防工程竣工验收。做好在建人防结建工程的日常检查工作，多次组织对人防工程的检查，及时向建设、施工单位提出整改意见，以确保人防工程质量。开展已建工程的执法检查，配合省、市人防办开展结建工程平时使用和维护管理检查，抽查防空地下室2个，确保工程防空效能和平时正常使用。

【通信警报】 2022年，县人防管理中心强化通信警报建设，配合

2022年5月18日，县人防管理中心到长涂小学开展人防宣传教育
（县人防管理中心 供图）

县人武部门拉动训练，完成年度省、市、县及重点镇人防应急指挥网络及通信电台常态化互联互通训练、指挥通信、视频演练等，组织参加全省“5·12”“9·18”防空警报统一试鸣。做好人防警报维护管理，科学规划指挥信息系统建设，更新升级警报器3台。

【专业队伍建设】2022年，县人防管理中心调整和充实抢险抢修、医疗救护等人防专业保障队7支，在维持专业队人员数量200人的基础上对人员年龄结构进行调整，平均年龄更趋年轻化，专业技术人员比例提高。各专业队按“准军事化”要求，结合人武部民兵应急分队训练和部门岗位技术练兵等活动，进行整组点验和专业训练，队员参训率90%以上。参加县人武部组织的应急民兵整组工作会议，进一步强化局应急民兵队伍建设，整合编组新加入的应急民兵，提高民兵预备役人员遂行任务的能力。

【规范化建设】2022年，县人防管理中心认真梳理完善人防网上审批事项，积极推进投资项目在线审批监管平台建设。加强人防业务知识学习培训，组织12人次参加省、市级相关业务培训。按照规范化建设要求，认真做好“二库一室”建设，严格执行保密纪律，落实保密措施。

（范芝斌）

退役军人事务

【双拥工作】2022年，县委常委会专题听取双拥工作汇报。全力支持部队到岱山海训，解决用电、供水、住宿等困难。补助6万元，解决四明山某部官兵饮用水问题。贯彻落实国家双拥办“情系海防官兵拥军优属”活动，落实军转干部、部队子女在地方就学政策，全年解决部队子女就学9名，解决随军家属随调工作1名、安排国有企业就业2名，发放随军家属生活补助21.20万元。走访20户边海防官兵家庭，集中组织开展为立功受奖军人送喜报活动；春节、八一期间，走访慰问驻岱部队，发放慰问金130万元。发布崇军联盟公告，引导社会力量拥军热情。开展“奋进·2022清明祭英烈”网上祭扫和“9·30”烈士公祭日活动，全县近万名干部、学生和社会各界以网上祭拜、献花、留言等方式，寄托对先烈深切的哀思和崇高的敬意。

【优抚安置】2022年，全县发放义务兵家庭优待金、大学生入伍奖励优待金、增发义务兵立功受奖优待金。关心、关爱义务兵家庭，为义务兵父母和烈士遗属115人安排免费健康体检。坚持春节、八一等重要节日上门走访慰问，慰问退役军人和优抚对象。做好优抚对象短期疗休养等优待工作。落实医疗政策，发放在乡重点优抚对象门诊医疗补助金、优抚对象住院医疗资金23.40万元。新批60周岁农村籍退役军人老年生活补助43人，报批残疾军人认定2人、接收残疾军人1人，接收军队退休干部1人，全年发放各类抚恤补助资金542万元。高质量推进退役军人及其他优抚对象建档立卡和优待证申领工作，采集信息完成率为98.2%，

2022年4月2日，县退役军人事务局组织散葬烈士墓迁移工作

（县退役军人事务局　供图）

优待证申领通过4074张。组织开展优抚对象年度核查工作。全面贯彻落实优待证制度，下发《岱山县基本优待目录清单》，不断提高优待证“含金量”。出台困难退役军人帮扶援助暂行办法，实行困难退役军人“普惠+优待”帮扶机制。实施低保特困退役军人家庭防癌抗癌保险免费参保。开展“代办代跑”亲情服务，简化办事程序，主动为退役军人出具军龄认定等证明300余份。实施烈士纪念设施整修工程，投入85万元，完成石马岙、东剑、雷公山3处县级以下烈士纪念设施的修缮和2处散葬烈士墓的迁移。

【接收安置】 2022年，退役士兵接收报到实现“一站式”便捷服务。是年，接收2021年度秋、冬季退役士兵和转业士官，发放退役士兵一次性经济补助金。坚持实行阳光安置，安置转业士官，事业比率为75%。实施退役士兵大学生定向招聘事业单位考试，推出事业岗位2个。完善和实施退役士兵职业技能教育培训，引导退役军人提升学历教育，31名退役士兵参加专升本免试入学，完成33名退役士兵的适应性培训和5名退役士兵的职业技能教育培训，补助培训费2.80万元。

【退役军人服务保障体系建设】 2022年，县退役军人事务局进一步推进“浙江省新时代枫桥式”退役军人服务站创建，东沙镇、岱东镇、岱西镇、高亭镇闸口社区、岱西镇前岸村、衢山镇皇坟村等6个退役军人服务站成功创建为“浙江省新时代枫桥式退役军人服务站”。继续实施并深化“轮值站长”制度，激发基层退役军人工作创造力。

【退役军人志愿服务】 2022年，县退役军人事务局支持发展退役军人志愿者队伍，组织引导退役军人参与社会治理，在抢险救灾、抗疫、突发事件中发挥突击队作用。发挥先进典型引领作用，开展第二届最美退役军人评选活动，9人被评为县最美退役军人，戎君斌入选市最美退役军人。

（王幸海）

责任编辑：姜小金

综述

【农业发展成果】 2022年，岱山县农业农村局认真贯彻新时代“三农”新发展理念，统筹实施乡村振兴战略，着力构建共同富裕示范区海岛样板建设，呈现农业农村和水利事业高质量发展的良好势态，被授予“全省首批新时代美丽乡村示范县”称号。岱山县旱情预警及综合调度应用系统获全省水利数字化改革第一批优秀应用，并入选为全县唯一“一地创新全省共享”一本账S0清单。

【种植业发展】 2022年，全县粮食作物种植面积1138.47公顷，产量4523吨。发展稻麦、双季稻等多熟制高效种植模式提升耕地产出。完成耕地抛荒整治149.8公顷，新认定粮食生产功能区8个、266.68公顷。组织实施省级第一批粮食生产功能区提升改造项目160公顷；实施秀山乡、东沙镇市级农田建设项目86.67公顷。总投资2000余万元实施省市县各级农业“双强”项目4个，实现县级综合与乡镇区域农事（农机）服务全覆盖。培育提升家庭农场50家，创建省级示范性农场2家、市级3家、县级8家。培育农创客150人，完成培训农村实用人才和高素质农民208人。

【“菜篮子”工程改革】 2022年，县农业农村局持续推进“菜篮子”工程改革，新建蔬菜基地1个，落实保障性蔬菜基地18个、263.6公顷，建设“菜篮子”应急保供冷库1个，提档升级“菜篮子”门店。岱山本岛新建“菜篮子”供应点1家、衢山2家。推进农产品质量安全监管、重大动植物疫病防控等工作，严厉打击涉农违法违规行为，全年实施行政处罚案件5起。

加强畜牧养殖业建设】 浙江徐丰农业有限公司（衢山）新建猪场通过市、县验收，累计完成投资1.79亿元。全县生猪存栏2.1万头。3月，浙江徐丰农业有限公司被农业农村部授牌国家级生猪产能调控基地。联达牧场完成省“两化”（饲料环保化和兽药减量化）试点场创建。落实重大动物疫病防控和畜产品质量安全工作，完成家禽禽流感、生猪口蹄疫集中免疫抗体监测323批次，开展动物疫病及环境抽样72批次。定点屠宰生猪10051头，监督抽检瘦肉精496批次、非洲猪瘟检测811批次，合格率为100%；检出处理不合格畜产品5864千克，无害化处理率为100%。围绕“外防输入、内防反弹”，指导抓好农村地区疫情防控工作，切实抓好家庭农场、农家乐（渔家乐）、屠宰企业等各类农业生产经营主体的疫情防控。

【农田水利建设】 2022年，全县水利建设资金总投入6.80亿元，比上年增长86.3%。推进水资源优化联调工程，加快推进磨心水库及河库联网、岱北水厂等工程进度，谋划本岛及长涂岛水资源综合利用开发工程前期工作，完成年度投资1.60亿元。开工海塘安澜工程，城防海塘完成年度投资4.60亿元，秀山、长涂片海塘完成投资0.40亿元。新开工提标加固海塘22.8千米，病险水库除险加固2座，山塘整治2座，提升改造农业灌溉泵站2座；改造农村供水管网17千米。完成全县水土流失治理面积0.2平方千米。成功申报全省第一批水资源集约安全利用综合试验区。

【农村集体经济发展】 2022年，全县推进新一轮集体经济发展。盘活闲置农房110套，建成岱西双合闲置农房盘活示范区。扎实推进宅基地管理工作，全年完成农民建房“一件事”办理线上审批141件，审批总面积14725平方米。完成17个省级善治(示范)村和30个市级清廉村居示范村创建，提升村集体“三资”（资金、资产、资源）管理，全县78个村社全面应用省版三资系统，网上审批率为100%，全年审批支付成功业务19520笔，涉及资金4.07亿元。全县结对贫困户1523对，每户帮扶资金和实物价值在1600元以上。

种植业

【种植业生产】 2022年，全县粮食作物种植面积953.3公顷，产量4573.64吨。蔬菜种植面积1398.9公顷，产量19972.8吨。果用瓜种植面积283.1公顷、产量4322.1吨。油料种植面积418.6公顷、产量958.3吨。

【主要农作物品种】 水稻早稻以及单季、双季晚稻种植面积388.15公顷，产量2580.89吨。单季晚稻品种秀水519、甬优1540、嘉58、嘉丰优2号等品种6个，主推品种为秀水134、嘉禾218、嘉优中科3号。

小麦 种植面积140.87公顷、产量530.13吨。

豆类 种植面积143.3公顷、产量426.73吨。蚕豌豆以鲜食为主，主要品种为白花大粒、双绿5号、浙豌1号。

玉米 以鲜食的苏玉糯2号、浙凤糯3号、美玉7号等甜糯品种为主，种植面积57.5公顷、产量203.73吨。

薯类 种植面积217.15公顷、产量989.86吨。

油菜 主要推广品种为浙大622、浙油50，种植面积为262公顷、产量441.1吨。

花生 种植面积为153公顷、产量506.8吨。主要产地位于岱东镇后沙洋。

蔬菜 播种面积1398.9公顷、产量19972.8吨。

瓜果 西瓜推广早佳、拿比特、早春红玉等品种，种植面积183.8公顷，产量3082.1吨。甜瓜推广哈翠、玉菇等品种，种植面积66.53公顷，产量998.4吨。草莓推广红颜、章姬、圣诞红、香蕉等品种，种植面积19.8公顷，产量169.8吨。

【栽培技术】 2022年，县农业农村局深入开展院地合作，邀请省农科院植物保护与微生物研究所专家团队和县农技专家开展番薯基腐病技术攻关。开展实施市级产业团队项目——杂交水稻直播高产技术示范与推广。组织农户参加无人机操控培训班和水稻新品种及生产技术培训班，增强粮食生产机械水平和生产能力。积极推广应用配方肥，减少化肥使用，并制定《关于做好岱山县2022年配方肥推广应用补贴工作的通知》，给予粮油种植主体450元/吨补助。全面发展稻麦、双季稻等多熟制，引导发展稻菜轮作等高效种植模式，提高耕地亩产出。在秀山乡秀北村建设病虫害智能监测点1个，提升全县病虫害监测预警能力。成功培育市级示范性统防统治服务组织1家。

（费　维）

“菜篮子”工程建设

【生产基地建设】 2022年，县农业农村局在岱西镇青黑村新建蔬菜基地1个，启动蔬菜钢质大棚建设，实现蔬菜规模化种植。落实保障性蔬菜基地18个，面积263.65公顷。

【“菜篮子”供应店建设】 2022年，全县新开设“菜篮子”供应店2家，均在衢山镇，分别为素英衢山店、壹点生鲜衢山店。供应店布局逐步向渔农村及外岛乡镇发展，至2022年底，全县共有“菜篮子”供应店（点）21家，其中高亭农贸市场内3家（福平水产、戎万兴豆制品专营店、欢兴香蟹园蔬菜供应点）、竹屿农贸市场内1家（福旺蔬菜供应点）、桥头农贸市场内1家（欢兴香蟹园蔬菜供应点），高亭城区范围农贸市场外9家（源泰嘉和园店、源泰锦绣华府店、绿欣锦元华庭店、绿欣闸口店、千叶长河路店、枫秀缘沿港路店、枫秀缘绿城店、兴博长河路店、戎万兴豆制品专营店），东沙2家（塘田桥头店、三达东沙店），衢山3家（源泰衢山店、素英衢山店、壹点生鲜衢山店），长涂1家（鸿威长涂店），秀山1家（秀农秀山店）。

【“菜篮子”工程管理】 2022年，县农业农村局抓好“菜篮子”市场建设，创建商超型菜市，引进舟山绿轩贸易有限公司，对原山外菜场进行改造装修，打造以“菜篮子”商品为主、其他生活用品为辅的一条龙购物模式。联合县市场管理服务中心对市场内近千种商品进行每日抽样检测，快速检测公示率为100%。做好“菜篮子”商品准入索证索票，落实进货查验和进销货台账登记，确保全流程可追溯。全年开展食用农产品定量检测334批次，合格率为94.9%。规范农贸市场及周边经营秩序。加强价格监管力度，确保“菜篮子”供应店明码标价，严厉打击价格欺诈和哄抬物价行为；加强对经营单位不正当竞争行为的监管和执法，严厉打击行业垄断、串通拍卖、虚假宣传等行为；持续开展扫黑除恶专业市场线索的排摸工作，严厉打击欺行霸市行为。

【应急保供工作】 2022年，县农业农村局落实蔬菜、猪肉、水产品、豆制品等重要“菜篮子”商品的应急储备，与相关企业签订应急储备协议。建设“菜篮子”应急保供冷库，地址位于高亭镇滨港路515号，总库容量393立方米。是年，全县“菜篮子”供应店共建有冷藏库2320立方米、冷冻库1000立方米。

【平价供应活动】 2022年，在春节、五一、国庆等重大节假日，针对群众需求量较大的品种，县农业农村局统一开展平价供应活动。全年开展3次平价供应活动，达44天。4月29日至8月1日，开展伏休期冻水产品平价供应活动，在全县5家“鱼篮子”销售点同步推行，推出特价冻水产品品种15个，销售量65吨。

【疫情防控】 2022年，县农业农村局全面部署“菜篮子”供应店防疫工作，做好个人防护和门店消杀工作，加强运输人员出行管理，落实专职防疫人员，把好“入门关”，规范亮码、测温、佩戴口罩等举措。强化对各供应店防疫工作的督促检查，下发《关于加强“菜篮子”供应店新冠疫情防控工作的通知》，发布检查情况通报6期，通报处理疫情防控工作不力的供应店2家。

（潘　娜）

2022年1月17—30日，岱山县“菜篮子”春节平价供应（县农业农村局　供图）

畜牧养殖业

【畜禽养殖】 家畜　2022年，全

县生猪饲养2.52万头。年内生猪出栏0.42万头。全县有生猪养殖场2家，存栏能繁母猪0.21万头，存栏生猪2.1万头。山羊饲养6385头，年内出栏山羊2900头，羊肉产量为48.5吨。是年末，耕牛存栏14头。

家禽 2022年底，全县饲养家禽6.67万羽，是年末存栏3.07万羽，比上年分别下降8.3%和5.7%。年内出栏家禽3.6万羽，禽肉产量76.74吨。

2022年岱山县家畜家禽饲养情况表

表3

家畜（头）						家禽（万羽）					
猪			牛	山羊		饲养	存栏	肉禽	蛋鸡	蛋鸭	鹅
饲养	存栏	出栏	存栏	饲养	出栏			出栏	存栏	存栏	出栏
25181	21016	4165	14	6385	2852	6.67	3.07	2.80	0.53	0.16	0.06

【畜牧生产】 2022年10月，岱山县联达牧场通过兽用抗菌药减量化试点场验收，被评为市级生猪产能调控基地。11月，岱山县徐丰农业有限公司完成省级美丽牧场建设，并通过验收；12月，浙江省徐丰农业有限公司通过饲料环保化试点场验收，被评为国家级生猪产能调控基地。

【生猪检疫】 2022年，县农业农村局对境外调入的生猪实施活猪检疫7105头；对境内出栏的生猪实施产地检疫3944头，对岱山本岛、衢山2个定点屠宰场（点）的待宰生猪实施宰前检疫和宰后检验，检出病死猪10头，病害脏器5591.17千克，均作无害化处理。

【动物疫病防控工作】 2022年，县农业农村局加强屠宰环节非洲猪瘟监测工作，开展非洲猪瘟实验室检测831批次。加强县外调入生猪非洲猪瘟防控风险评估，对运输车辆环境样品抽检40余批次，抽检结果均阴性。3月和9月，分别组织开展春秋两季动物疫病集中免疫工作。全年共使用家禽禽流感疫苗4.85万毫升，免疫家禽3.73万羽次；使用猪瘟疫苗12.5万头份、猪繁殖与呼吸综合征疫苗1.21万头份，猪口蹄疫疫苗10.02万毫升，免疫生猪疫苗2.65万头；使用牛羊口蹄疫疫苗0.73万毫升、羊小反刍兽疫苗0.31万头份，注射羊0.22万头次；散养户家禽免疫率95%以上；散养户牲畜免疫率90%以上，规模养殖场免疫率为100%。并在集中免疫后开展免疫血清监测。全县依据《舟山市养犬管理条例》开展犬免疫工作，配合县公安局在全县开展犬类集中免疫工作，免疫犬只319只。

【动物疫病监测】 2022年，县农业农村局对境内规模户和散养户的畜禽进行抗体监测，抽检家禽禽流感、新城疫血清样本243份，其抗体合格率在85%以上；生猪非洲猪瘟样品20份，口蹄疫、蓝耳、猪瘟43份，合格率80%以上；采集狂犬病血清样品37份。

【畜产品安全监管】 2022年，县农业农村局继续推行畜产品安全可追溯制度，督促养殖屠宰企业规范并落实病死或者死因不明的动物登记、报告和处置措施，杜绝病害动物及产品流向市场；全年对养殖和屠宰环节开展瘦肉精检测1614批次，结果均呈阴性。是年，岱山县爱萌宠物诊所、岱山县海瑞动物诊疗中心、岱山县联达牧场、浙江省徐丰农业有限公司与相关单位签订医疗废弃物处置合同。

【资金补助】 2022年，县农业农村局继续落实病死猪无害化处理补助相关政策，岱山县联达牧场使用无害化处理冷库，委托舟山市东方环保科技有限公司实行集中专业化处理。全年生猪规模化养殖场病死猪无害化处理数量580头，申请补助资金4.64万元；屠宰环节病死猪无害化处理数量76.62头，申请补助资金6.74万元。是年，各级财政兑付浙江徐丰农业有限公司生猪增产保供奖补资金1158.88万元，其中新建猪场奖补资金1134万元，引种补贴18万元，生猪养殖企业贷款贴息6.88万元。

（洪敏捷）

水利体系建设

【农田水利建设步伐加快】 2022年，县农业农村局加快农田水利建设步伐，全年水利建设资金总投入6.70亿元，比上年增长83.6%；农田有效灌溉面积2499.33公顷；节水灌溉面积1860公顷。

【水利规划编制完善】 2022年，县农业农村局贯彻落实习近平总书记“节水优先、空间均衡、系统治理、两手发力”治水思路，紧扣“防洪保安全、优质水资源、健康水生态、宜居水环境”治理要求，完成《岱山县水利综合规划》《岱山县防洪排涝规划》等规划编制工作，为岱山县水利高质量发展提供规划保障。

【重大水利项目开工】 2022年，县农业农村局提高海岛水资源保障水平，优化水资源配置，改善骨干河道排涝能力，加强城市防潮安全建设，整体提升防潮能力，重点开工建设磨心水库及河库联网工程、岱山县海塘安澜工程（城防海塘）、岱山县海塘安澜工程（秀山、长涂片海塘）等水利工程，总投资28.80亿元。

【防洪排涝补短板建设】 2022年，县农业农村局完工强排泵站7座，解决滞涝区域在遇强降雨特别是高潮位时排涝不畅的问题，完工岱山县水系连通及水资源综合利用工程，提高河道排涝能力，改善河道水环境质量。完工水库除险加固5座、山塘综合整治2座，消除病险水库山塘隐患，保障工程安全运行。

【农业水价综合改革】 2022年，县农业农村局加快推进岱山县农业水价综合改革工作，持续深化农业水价综合改革，不断巩固扩大改革成效。是年，组织开展农业水价综合改革“五个一百”示范创建活动5处，其中1座示范泵站（东沙镇泥峙村黄狼墩泵站）、1个示范村（高亭镇南浦村）和1个农民用水管理小组（高亭镇大峧村农民用水管理小组）入选省“五个一百”示范创建名单。

【“无欠薪”治理工作】 2022年，县农业农村局全面落实在建水利工程农民工实名制管理、进出场登记、银行代发和工资保证金制度，实行人工费用与其他工程款分账管理制度，督促完善建立农民工工资专用账户，及时按月足额向农民工发放工资。是年，在建水利工程上报至岱山县防范和处置企业拖欠工资工作领导小组办公室（简称县防处办）的项目共12个，协同县防处办开展专项督查3次，对发现的问题及时督促整改落实，确保在建水利工程领域“无欠薪”情况发生。

（粟建勋）

水利工程运行管理

【小型水库系统治理工作】 2022年，县农业农村局为加快推进水库治理体系和治理能力现代化，补齐水库运行管理短板，根据全县水库系统治理“一县一方案”要求，是年，全县水库整治提升计划5座，完成提升7座；安全鉴定计划6座，完成鉴定8座。

【“美丽河湖”创建】 2022年，为落实省水利厅美丽河湖创建工作，县农林农村局积极推进长涂长西河、岱南标准河省级“美丽河湖”创建。9月，通过市级验收；10月，通过省级复核；12月，省水利厅发文公布。

【山塘安全评定】 2022年，为加强山塘管理，补齐安全短板，确保山塘安全运行，县农业农村局按照山塘安全评定工作要求，5月，完成全县102座普通山塘安全评定，评定病险山塘9座。

【河湖管理】 2022年，为有效保护水域，加强水域的空间管控，县农业农村局组织起草《岱山县水域保护规划》。5月31日，《岱山县水域保护规划》经专家评审并修改完善后形成报批稿，获省水利厅、县政府审批，完成对14条海塘、1条河道的划界和批复。

【台风防御工作】2022年，县农业农村局扎实做好防台工作部署，召开防台工作部署会议，下达各项防台工作任务。落实5座病险水库、12座病险山塘、2条病险海塘的管控措施，排查低标准海塘内保护人口和海塘缺口情况，完成107座水闸和16座强排的调试运行，10项在建水利工程全部落实防台度汛预案和值班制度，在施工现场加固临时设施3处，做好施工人员撤离。落实小流域山洪防御工作，摸排小流域山洪危险村落14个，确定应转移人员。强化应急物资和应急队伍准备，储备发电机组2台，柴油、汽油水泵40台，电动潜水泵22台等防汛物资，第三方抢险队伍15人和局应急抢险小分队14人随时待命。台风期间，通过电报传真、调度单、风险提示单、预警短信等形式，通知各乡镇、各责任人加强巡查排查，做好水利工程运行安全。在台风响应期，县农业农村局派出8个巡察组，对全县水利工程运行情况进行现场检查督查，并督促整改落实。

【水利工程安全大检查】2022年2月，县农业农村局组织开展水旱灾害防御汛前大检查活动，落实防汛工作责任，明确防御工作重点，通过摸排全县水利工程，发现安全隐患46处，并要求各水管单位于4月15日前完成整改，确保度汛安全。5月上旬，开展安全隐患大检查工作，发现水利工程安全隐患42处，按要求全部录入钱塘江流域防洪减灾数字化平台和运管平台安全风险隐患排查模块，进行动态更新和闭环，6月10日前全面完成整改，并落实安全度汛措施。9月20日至10月底，组织开展国庆及党的二十大期间水利安全生产检查工作，通过各单位自查和局抽查，发现建设施工安全、运行管理安全、消防安全等安全风险隐患点27处，责令责任单位落实整改。

2022年9月3日，县农业农村局做好农业防汛防台指导工作

（县农业农村局　供图）

【完成山洪灾害调查】2022年，为做好山洪灾害防御工作，汛前，县农业农村局对全县14个重要村落进行排摸和复核，确定预警阈值，更新完善防御对象和责任人清单，完善气象预报共享机制，联合气象部门建立小流域山洪预警机制，修编完善县、镇、村三级山洪灾害防御预案，完成《岱山县山洪灾害综合防治实施方案》编制，投资85万元实施岱东镇冷坑小流域的山洪整治工程。

【水利数字化建设】2022年，县农业农村局积极落实县水文观测设施补短板工作。是年，全县有水文补短板项目25个，其中新建河道站5座，改建水库站点20座。5月完成招投标，10月底完成施工，11月完成验收。

（阙常庆）

水资源管理

【数字化改革】2022年，县农业农村局开发建设岱山县旱情预警及综合调度应用系统，获评第一批全省水利数字化改革“优秀应用”，8月，成功入选全省“一地创新，全省共享”一本账应用，并提级为市级应用。《数字化引擎提升海岛水资源集约利用效能》入选省水利厅数字化改革优秀案例。

【大陆引水工程和海水淡化】 2022年，全县大陆引水量990万吨。舟山市大陆引水岱山段工程完成4个合同工程验收。是年，全县4个海水淡化厂共供水152万吨。

【“3·22”世界水日中国水周宣传活动】 2022年3月22日，全县组织开展节水知识网上问答活动，累计参与800余人，居民惜水、节水、护水意识增强。

【水土保持工作】 2022年，县农业农村局全面贯彻落实水土保持“三同时”制度，并加强水土保持监督检查力度。全年审批水土保持方案项目16个，收取水土保持补偿费116.10万元，完成水土保持验收工作项目8个，形成监督检查记录18份。

【自来水供应】 2022年，舟山市岱山自来水公司总供水量2116万吨。其中居民用水607万吨、非居民用水1921万吨，出厂水及管网水四项（出厂水合格率、管网水合格率、常规42项、非常规64项）合格率均为100%。全年自来水生产量2116万吨，全县渔农村饮用水覆盖率为99.9%，供水保证率、水质合格率和城乡规模化供水工程覆盖人口比例均为99%，水费收缴率为98.8%。

【设施设备维护更新】 2022年，岱山自来水公司对长涂水厂开展深度水处理改造工程，提供同质供水工艺保障；做好岱北水厂土地使用权收购、场地清理等工作。改造完成老旧小区管网2389米、表箱1616套、闸阀井308套，助力岱山创城建设。公司针对DMA分区计量技术，开展顺峰家园智能水表安装试点工程，安装远程表429只；在岱南、岱东等区域安装远程表17只；对104家年用水量万吨以上的企业更换智能水表，实现跨区域数据传送。化验室引进电极法测水质监控设备、隔水式培养箱等，提高实验效率精确度。开创大峧山单村供水站管理模式，通过在线仪表、监控及警报装置对供水站进行远程管理，确保第一时间发现并解决问题。公司响应疫情防控期间纾困解难退租政策，退还5个承租方3个月租金45500元。改善营商环境，做到“四减”（减材料、减环节、减时间、减成本）；新增企业用户71户，做到线上全程办理零材料。积极落实惠企政策，为用户实现水价优惠43.50万元；欠费不停供用户9705户，共计1472.23万元；12家企业减免费用38084元。各类服务处理率达100%、服务满意率为99%。是年，公司按计划完成大修理、技改共15项。完成燕窝山车客渡码头、岱山旅游集散中心给水安装工程。全力落实高亭地区1.9万余户水表及相关管道GIS（供水管网地理位置系统）。开展管网改造、水表周检。公司通过2019—2022年度质量/环境管理体系复评。小高亭水厂通过钱江A级标准化水厂复评。

（张沙平　李佳哲）

农经管理

【村级集体经济发展】 2022年，13个集体经济“揭榜挂帅”项目获共富基金92万元。财政“一事一议”项目支持范围扩大至村级经营性项目，全县20个集体经济项目中，有10个列入“一事一议”项目，且重点支持共富村，项目补助比例最高达80%；发展“飞地抱团”项目1个，由秀山乡三个村联合出资600万元建设智慧停车场。成立强村公司9家，以村级项目为依托开展经营业务，注册资金1630万元，实现经营收入230余万元。是年，全县村集体总收入2.27亿元，比上年增长11%，其中经营性收入1.07亿元，比上年增幅7%；全县74个行政村经营性收入均在20万元以上，50万元以上村57个，占比77%。

【闲置农房盘活利用工作】 2022年，县农业农村局盘活闲置农房500套，其中用于企业宿舍4户、用于养老服务1户、用于仓储2户、用于商铺10户，督促各乡镇开展农房盘活工作。创建衢山四平狗头颈农房盘活示范区，项目年度投资约1500万元。开展闲置农房市场化推广服务试点，委托舟山腾舟网络科技公司开设“岱山农闲房”小程序，发布岱山农房闲置和盘活信息，数据推送至市农房信息平台。

【渔农村集体三资管理工作】 2022年，县农业农村局持续推进村级财务一年一审工作，审计村级资产约17亿元，审查并规范财务问题5类，整改落实意见10多项。开展漠视侵害群众利益问题专项治理，查出问题数量74件并整改落实。推进数字化应用，全面应用农村集体经济数字管理系统。制定《岱山县村级集体产权交易流转管理办法》，做好《农村产权交易项目建设方案》设计，完成系统流程设计及框架构建。

【清廉村居建设】 2022年，县农业农村局新创建清廉村居示范点23个，创建省级善治（示范）村9个，累计创建比例分别为80%和65%，占全市首位。配合县纪委重新梳理小微权力清单和运行流程，建立完善与“一肩挑”相适应的资产资源民主决策、民主监督制度，指导各村做好基层小微权力监督平台系统数据录入工作。

【宅基地管理】 2022年，县农业农村局开展农村村民建房用地需求调查，全年有建房需求农户351户，其中无房户268户，建房用地需求面积约3.33公顷，安排建房用地面积约1.07公顷。推进宅基地线上审批工作，“农民建房一件事”系统网办率为100%。全年农民建房审批112宗，审批宅基地面积1.27公顷。做好宅基地信访纠纷事件处理，处理宅基地信访纠纷5起。

【新型农业主体培育工作】 2022年，县农业农村局对各类创建经营主体进行指导，帮助创建主体对照评定标准，强化主体管理，完善创建资料。是年，培育提升家庭农场50家，创建省级示范性农场2家、市级3家、县级8家，培育农村创业就业人员150人。

（方如意）

农业机械

【省、市级农业“双强”项目】 2022年，全县成立由副县长郁曙军任总召集人，县农业农村局局长、县海洋与渔业局局长李明波任副总召集人，各相关成员单位及乡镇分管领导为成员的“双强”行动工作专班，并出台岱山县农业“双强”行动工作专班方案和农业“双强”行动常态化工作机制。开展农业“双强”项目，实施省级农业“双强”项目3个，分别为岱山县衢山镇藏红花—水稻农艺农机融合示范试验基地项目、岱山县高亭镇西兰花—水稻轮作农艺农机融合示范试验基地项目和浙江徐丰农业有限公司农艺农机融合示范试验基地项目，总投资1207万元；实施市级农业“双强”项目1个，新建高亭镇农事服务中心，总投资200万元。

【落实“双强”项目扶持资金】 2022年，县农业农村局出台《关于推进海岛乡村振兴促进共同富裕的实施意见（试行）》，从资金补助、土地政策等全方位支持发展规模农业、生态养殖业、民宿业、休闲渔业、乡村电商等富民产业，并对农业“双强”项目给予高度支持，对列入省“双强”行动建设项目的，除省市补助资金外，县级另给予最高为总投资10%的补助，最高补助资金占总投资的70%。加快落实项目扶持资金，推动省级惠企资金直达快享、及早发力，下发补助资金480万元，占总补助资金的80%。出台《关于切实抓好2022年度粮油生产保供工作的通知》，在省、市农机购置补贴的基础上，针对部分农机补贴未达到60%的，予以县级资金补助至农机购置费用的60%。是年，累计发放补贴资金300余万元。

2022 年度岱山县主要农作物耕种收综合机械化率汇总表

表 4 单位：公顷

机耕面积	其中，水稻	机耕率（%）	机栽面积	其中，水稻	机耕率（%）	机收面积	其中，水稻	机耕率（%）	农作物耕种收综合机械化率（%）	水稻耕种收综合机械化率（%）
860.67	493.47	68.8	485.47	287.33	45.3	860.67	489.33	80.3	65.2	87.2

注：计算方式为农作物耕种收综合机械化率 =0.4× 机耕水平 +0.3× 机播水平 +0.3× 机收水平

（孙浩轩）

农产品质量安全

【农产品质量安全检测】 2022 年，县农业农村局制定出台《岱山关于做好 2022 年岱山县农产品质量安全监测工作的通知》。至 12 月底，共开展定量检测 100 批次，其中，开展监督抽检 52 批次，开展定性检测 2000 余批次，检测结果均合格。另外，配合完成省市各类抽检任务 165 批次，其中 2 批次监督抽检、1 批次专项抽检不合格，将相关案件线索移交至县综合执法局。

【开展专项整治】 2022 年，根据《岱山县食用农产品“治违禁控药残促提升”三年行动方案》，县农业农村局围绕豇豆、草莓、芹菜、鸡蛋等重点品种开展专项整治。是年，共排查整治重点品种生产主体 24 家次，定性检测 200 余批次，定量检测 33 批次，检测结果均合格。开展高风险农产品专项整治。出动执法人员 40 余人次，检查相关主体 20 余家次，开展草莓、杨梅、葡萄等高风险农产品抽检 50 批次。做好 2022 年度春季执法以及农资打假系列专项行动。3 月中旬，县农业农村局农监科、农业综合执法队出动执法检查人员 28 人次，对全县 14 家农资经营单位开展农资打假专项治理行动，确保农业生产安全和农产品质量安全。经检查，各农资经营单位总体情况良好，未发现销售禁限用农药等违法违规行为。

【农产品质量安全网格化管理工作】 2022 年，根据《浙江省农业农村厅关于印发加强乡镇（街道）农产品质量安全网格化管理工作方案的通知》要求，结合农产品质量安全“智慧监管 App”建设工作成果，全县构建农产品质量安全网格化监管体系。出台《关于调整全县村级农产品质量安全协管员的通知》，明确监（协）管人员，是年，全县 43 个农业村均配备农产品质量安全协管员 1 人以上，建成县、镇（乡）、村三级农产品监管队伍 67 人。依托《岱山县农产品质量安全“智慧监管 App”运行管理办法（试行）》，明确网格化监协管员工作机制，落实属地管理责任，打造全县农产品质量安全管控一张网，落实网格化监管员的奖惩机制。截至 12 月底，各级监协管员开展农产品质量安全检查巡查 4056 家次，上报无禁限用农药使用、违规使用“浙农优品”标识等违法违规事件。

【农产品标准化试点建设】 2022 年，县农业农村局对岱山县咸先家庭农场、岱山县兴丰草莓专业合作社进行农产品标准化生产试点评价。经专家评测、实地考察等流程，岱山县兴丰草莓专业合作社评价为 B 级、岱山县咸先家庭农场评价为 C 级。持续开展“浙农码”追溯建设，要求其产品上市销售前自行开具合格证交市场管理部门备案，食用农产品承诺达标合格证需与生产记录检测相关联率 11% 以上。

（孙浩轩）

农业行政执法

【农业投入品检测】 2022 年，县农业农村局在全县范围开展农业投入品质量监督抽检工作，抽取农业投入品20批次，其中农药类11批次、种子类2批次、肥料类5批次、兽药类1批次、饲料及饲料添加剂类1批次，抽检合格率为95%，抽检发现劣质农药1例，依法进行立案查处。

【强化农资监管】2022年，岱山县加强农资市场监管力度，对农资经营单位开展专项检查，把好农业投入品流通和使用环节关，确保农业生产和农产品质量安全。推进农药购买实名制活跃度考核工作，落实常态化农药经营监管要求，完善农药可追溯管理体系，完成省市下达的“肥药两制”改革相关考核任务。开展《农药管理条例》及配套规章的宣传贯彻、农药经营主体台账督查等活动，指导农资经营单位、使用者依法生产经营和科学使用农药。开展农业投入品监管检查，加强对疫病防治、饲料中有毒有害物质、养殖过程中不规范用药的监管，全年开展相关检查70次，分发识别假劣农药、肥料等农资宣传资料780余份。

【专项执法行动】2022年，岱山县继续开展“绿剑”系列集中执法行动及农资打假护农保春耕联合执法行动，加强日常行政检查，通过“双随机、一公开”抽查、“综合查一次”场景应用，联合县市场监督管理局等相关部门开展执法行动，检查行动以农资经营单位、食用农产品生产主体为主要对象，以种子、农药、肥料、兽药、饲料和饲料添加剂等农业投入品的经营和使用为检查重点，全年出动执法人员人138次，检查农业企业、农资经营单位97家次，办结农业执法案件3起。

【农业植物疫情防控工作】2022年，县农业农村局进一步健全监测网络，常年监测疫情发生种类和危害严重度，及时、准确掌握疫情信息、报告疫情发生动态和预报防控措施。开展梨树疫病、黄瓜绿斑驳花叶病毒病、红火蚁等植物疫情普查，未发现疫情。开展加拿大一枝黄花除治防控行动。制定防治方案，明确防控重点；落实防治农药；组织并督查全县各乡镇加拿大一枝黄花春季秋季防控工作，确保各项措施落实到位。是年，全县加拿大一枝黄花防除面积60.87公顷，从4—6月梅雨季节前，以喷药防除为主要手段完成防除面积27.67公顷；秋季以人工、器械割除及其他方法完成除治面积33.2公顷。

（戎　飚）

水政执法

【水法规宣传】2022年，岱山县组织开展第三十届“世界水日”暨第三十五届“中国水周”宣传活动，活动主题为“深入贯彻新发展理念，推进水资源集约安全利用”，在各类宣传屏幕发布宣传主题，通过移动短信发布2022年“世界水日”“中国水周”宣传口号。借助新建的岱山县节水教育基地——节水馆，对志愿群体、中小学生进行岱山县供水格局、联网工程、大陆引水、节水标识、农业节水滴灌技术等的科普介绍，开展节水知识点考查、VR眼镜现场模拟体验活动等。向群众免费发放水资源集约安全利用宣传册，包括重大水利工程、水土保持法、节水知识理念、中国水故事等。各乡镇开展各类法制宣传教育活动。

（张沙平）

【联合执法】2022年，县农业农村局联合县公安局、县综合执法局开展水库联合执法9次，出动执法人员72人次，重点对全县饮用水水库的钓鱼、网鱼、游泳等行为进行检查执法，处罚8人。

（阚常庆）

渔农村建设

【“三美联创”】2022年，岱山县持续深化“千村示范、万村整治”工程，深入实施乡村振兴战略，促进农民农村共同富裕。加快推进全域发展，完成“蓬莱乡韵”共同富裕示范带建设，落实“三美联创”工作，建设秀山乡美丽小岛、东沙镇美丽乡镇、衢山镇“东海瀛洲·风情渔港”美丽风景带；创建岱西镇前岸村、岱东镇涂口村、长涂镇倭井潭村3个未来乡村；持续提升渔农村人居环境整治工作；完成沙洋村第十批历史文化（传统）村落重点村申报工作。是年，推动新时代美丽乡村“由点及面”迈入“全域化、集群化”发展新阶段，实现海岛乡村“盆景”变“风景”、“苗圃”成“花园”。秀山乡美丽小岛项目投资1000万元，以“眺东海浩瀚·品兰秀风光”为主题，布局形成具有兰秀古韵的海岛大花园景观体系。推进金滩滨海公园提升改造工程、秀山大桥接线公路之双凤建筑风貌提升工程、秀山大桥接线公路之大坑建筑风貌提升工程建设，把秀山乡打造成为建设规划科学、生态保护良好、服务功能健全、旅游资源丰富、海岛风格浓厚、兰秀古韵明显、具有未来乡村特色的现代化美丽小岛。东沙镇立足于滨海古渔文化，以“推进美丽东沙建设，打造共同富裕东沙样板”为主题，完成东沙古镇景区提档升级、兴东大道绿化提升打造等项目，完成投资1000万元。挖掘双龙湾地区的旅游资源，以“东海瀛洲·风情渔港”为主题，完成双龙湾立面改造及亮化工程、凉峙山海林廊及节点平台建设工程、狗头颈滨海栈道改造工程等项目5个，完成投资1032万元，项目整体进入收尾阶段。

【共同富裕示范带建设】 2022年，岱山县完成“蓬莱乡韵”共同富裕示范带建设，围绕“串珠成链、功能集成、引领示范”主题，立足海岛资源特色，以乡村一、二、三产业融合发展为核心，探索新时代海岛美丽乡村风景线建设模式，明确一个主题，形成四大示范，着力打造浙江省美丽乡村集成示范线、长三角海岛乡村休闲旅游目的地。“蓬莱乡韵”风景带建成项目22个，总投资4275万元，其中省补助资金1250万元、市补助资金600万元、县投入资金1000万元、乡镇及村投入资金1425万元。是年底，示范带完成县级自检并顺利通过市级复核。

【未来乡村建设】 2022年，县农业农村局落实落细“一统三化九场景”的建设要求，强化数字赋能，推动未来乡村整体智治水平。是年，全县建成岱东镇涂口村和长涂镇倭井潭村省级未来乡村试点村。涂口未来乡村完成东海郊野公园、村级智慧小脑、党群服务中心提升改造、北峰山观海公路及数字化健身步道建设等项目7个，完成投资17300万元。倭井潭未来乡村完成农旅综合提升项目、入岛门户改造提升、蓝港微交通体系建设、城乡教育共同体建设等项目10个，完成投资2560万元。前岸未来乡村完成智慧停车场项目，完成投资160万元。秀山乡秀北村、衢山镇凉峙村、高亭镇大岙——南浦片区完成第三批未来乡村申报工作，开工建设部分项目。加快实施共同富裕现代化基本单元建设集成改革，高质量推进未来乡村数字化建设，开展“浙里未来乡村在线”重大应用推广工作。是年，全县6个未来乡村均完成数字驾驶舱、移动端和工作台的搭建，实现未来乡村、历史文化村落、美丽乡村示范带等项目的创建申报、过程监管、成效评价、范例展示等全流程线上管理。全县第二批三个省级试点村（涂口村、倭井潭村、前岸村）根据数字社会“2+4”重大场景建设要求，完成“惠民季”“海岛急救”“健康舟山”、浙系列“浙里康养”“浙有善育”“浙里物业”、“约服务”“智守护”“享优待”共3个养老场景数字社会“我的家园”的落地工作。

【渔农村人居环境整治提升】 2022年，岱山县围绕“海岛大花园”和“四个岱山”建设目标，按照“政府主导、群众参与、多措并举、综合治理”的原则，大力推进渔农村人居环境整治工作，渔农村居住环境得到明显改善。开展渔农村环境全域整治提升攻坚行动，制定出台《岱山县渔农村环境全域整治提升攻坚行动方案（2022—2023年）》《岱山县渔农村环境全域整治提升工作专项组组成人员及成员单位职责分工》文件，组织召开全县渔农村环境全域整治提升推进会，衢山镇凉峙村、东岙村，岱西镇双合村、海丰村等12个渔农村完成“二星级”村创建，其他62个行政村完成梳理达标整治。开展渔农村突出问题整治提升行动。制定下发《关于开展垃圾非正规堆放点排查和村庄环境整治的通知》《关于进一步开展全县渔农村环境整治提升行动的通知》。是年，岱山县《关于全县渔农村环境全域整治提升检查情况的通报》中涉及的572个问题均完成整改，排名末尾的乡镇、村制定专项整改方案并做好提升工作。推进渔农村人居环境洁美行动，采取挂图作战模式，通过“周周查、月月评、综合评”的方式对各乡镇打分，根据综合得分进行相应奖惩，按年度综合成绩排名对农村环境长效管理基础补助资金进行差异化补助。对排名末10位的行政村，由所在乡镇分管领导对相关主要负责人进行约谈。实施渔农村公厕新建改造工作，是年，全县完成衢山镇岛斗村校园路公厕、枕头山村长河路公厕、岱东镇北峰村农场公厕、岱西镇后岸村文化礼堂公厕的新建改建工作，2座公厕完成主体工程建设。深化垃圾分类工作，完成《岱山县生活垃圾治理专项规划》编制；推进衢山镇岛斗村、三弄村省高标准生活垃圾分类处理示范村创建，完成积分兑换点等项目建设。完成渔农村路灯安装项目，累计投入资金43.50万元。

【历史文化（传统）村落保护利用】2022年，岱山县沙洋历史文化村完成规划评审工作，共梳理出214个古建筑，并对沙洋村的建设项目、建设方案、社会效益、财政资金支持等方面进行综合分析研判，被列入省第十批重点历史文化村。

（赵　玉）

责任编辑：赵悠燕

海洋与渔业

Marine Management and Fishery

综述

【渔业产业发展】 2022年，县海洋与渔业局坚持执法检查“全协同”、动态干预“全天候”、素质提升“全周期”、隐患整改“全闭环”，加强全县渔业安全监管。严格落实“疫情要防住、经济要稳住、发展要安全”的要求，围绕渔业捕捞和养殖产业发展，推动产业转型实现新突破，确保渔业高质量发展，1—12月，全县渔业总产量30.5万吨，比上年下降6.2%；总产值37.05亿元，比上年下降1.6%。

【涉渔项目建设】 2022年，县海洋与渔业局聚焦重点工程，抓牢项目建设各个环节，加快渔港经济区建设，细化时间表、任务图，确保涉渔工程项目早建成、早见效。聚焦数字化改革，坚持数字赋能、科技兴安，加快渔船精密智控能力建设。

海洋捕捞

【捕捞作业】 2022年，岱山海洋捕捞春秋汛生产单位按作业类型分，帆张网339个、单拖网6个、蟹笼250个、拖虾372个、刺网238个、围网6个、小型张网115个。是年，全县国内捕捞生产效益总体较为平稳。帆张网、拖虾、蟹笼作业生产效益好于上年，基本持平，其中拖虾单位平均产值272.69万元，比上年平均增值10.09万元；帆张网平均产值333.48万元，比上年平均增值56.85万元。蟹笼平均产值287.35万元，比上年平均增值10.78万元。从渔获物种类看，梭子蟹产量53166吨，比上年下降21.1%；虾类产量42592吨，比上年同期增长16.3%；梅鱼、带鱼生产形势较好，增长幅度较大，梅鱼产量41010吨，比上年增长11.6%；带鱼产量43010吨，增长8.6%。

【引领船项目】 2022年，全县打造引领船55艘。通过升级冷藏设备、改善生活空间等手段，实现渔船海上生产更安全、作业模式更环保、船只面貌更美观、生活空间更舒适、通导设备更智慧、生态环境更友好的目标。拖虾船使用新一代冷冻设备冷藏后，虾产品每斤出售价格从10元提升至15元，每艘渔船全年增收20万元左右。

2022年岱山县主要捕捞作业产量和产值情况表

表5

类型	对拖	帆张网	拖虾	蟹笼	深围	大机流	单拖	灯抄
产量（吨）	1366	100834	78244	49773	3873	20534	1441	19208
产值（万元）	847	113050	101440	71838	2242	25790	1150	9808

2021—2022年岱山县主要捕捞品种产量对照表

表6　　　　单位：吨

年份	小黄鱼	鮸鱼	梅鱼	带鱼	鲳鱼	海鳗	梭子蟹	虾类
2021	37337	7390	36740	39590	5153	4704	67403	36630
2022	30668	6652	41010	43010	4335	6606	53166	42592
同比增幅（%）	-17.9	-10	11.6	8.6	-15.9	40.4	-21.1	16.3

海水养殖

【开展增殖放流】 2022年，岱山县海洋与渔业局持续推进渔业资源增殖放流工作，全年放流日本对虾、大黄鱼、三疣梭子蟹、海蜇、半滑舌鳎等海洋水生生物苗种5个，2.80亿余尾，促进渔业可持续发展，海洋生物多样性得到有效保护，近海渔业资源得到有力修复。

2022年3月31日，县海洋行政执法中队宣传禁售抱卵梭子蟹
（县海洋与渔业局　供图）

【健康养殖示范县创建】 2022年，岱山县海洋与渔业局对标对表“空间有序拓展、种业规范发展、生产管理规范、产品质量安全”等内容，推进健康养殖示范县创建工作。11月，岱山县创建为浙江省渔业健康养殖示范县。

【渔业环境监测】 2022年，岱山县海洋与渔业局委托第三方抽检机构市食药院对全县重点养殖区进行抽检，及时掌握全县养殖塘养殖原水、底泥和养殖尾水水质情况，推动养殖尾水治理工作提供数据支撑。至年末，全面完成监测任务120批次，合格率为100%。

2022年7月7日，浙江省海洋水产研究所专家考察岱山海洋牧场建设初选海域（县海洋与渔业局　供图）

【海洋牧场建设】 2022年，岱山县海洋与渔业局开展舟山市岱山大西寨海洋牧场示范区建设前期工作。6月，委托省海洋水产研究所选定海洋牧场地址，位于岱山大西寨岛南侧海域。7月，邀请省海洋水产研究所、市海洋与渔业局专家赴实地考察建设条件。10月，完成舟山市岱山大西寨海洋牧场示范区建设公开招投标工作，由省海洋水产研究所中标。至年末，完成海洋牧场示范区水质、渔业资源、潮间带和水文潮流等调查工作。

渔业安全管理

【点验制度落实】 2022年，岱山县海洋与渔业局严格落实值班点验制度，突出重点渔船、重点时段、重点区域、重点事项风险管控。全年开展应急值班245天，主动干预公共航道碍航渔船4778艘次，抽查16频道值班值守2080艘次，核查“浙渔安”系统预警43104次，运用微信、手机短信等载体发送气象、避风指令等信息198万余条。

【巡航执法行动】 2022年，岱山县海洋与渔业局以“发现即歼灭”为目标，锚定“春雷、除险保安、海上平安护航月”等行动任务，加大港口检查和海上常态化巡航执法力度，提高重点水域见警率，倒逼船东船长落实落细主体责任。是年，立案处罚渔船265艘，处罚金额281.30万元，其中停航96艘，移送公安、海警8起39人(接受刑事调查27人、拘留12人)。

【渔船专项治理工作】 2022年，岱山县海洋与渔业局开展渔船各类专项治理工作，其中完成老旧渔船整治100艘、排水舷口整治1736艘，核查“船图不符”“船证不符”问题渔船1606艘。渔船集中开捕前，提前召开专题会议，制订渔船开捕检查方案，并按照“检查一艘、合格一艘、放行一艘”的要求，全面实施登船检查，对存在隐患的渔船，坚决列入不予开捕清单，执行“跟踪+销号”隐患闭环整改模式，杜绝渔船带病出海。

【渔业安全生产体系形成】 2022年，岱山县海洋与渔业局建立规章制度，规范全县渔业安全层级管理，明确各级工作任务，层层压实责任。设立渔业安全生产专业委员会，建立健全专班运行机制，负有安全监管职责的部门在工作调度、执法检查、日常管理等实现一体联动，齐抓共管的县域治理渔业安全生产工作体系逐步形成。

【万员培训工程】 2022年，岱山县海洋与渔业局首创渔民职业技能常态化培训模式，在伏休期间完成渔民全员轮训12786人，完成市定任务的213%，其中，完成职务船员培训2940人、普通船员培训3127人、船东船长面对面教育培训2279人，开展安全大宣讲和应急演练，参与人数4440人。集中开捕前，提前制定《渔船全员应急处置演练方案》，1381艘渔船完成应急逃生演练，渔民的安全意识、操作技能、处置突发事件能力得到提升。

【共管机制创建】 2022年，岱山县海洋与渔业局与上海吴淞海

2022年5月10日，全县5艘“护渔船”配合渔政船艇开展海上巡航

（县海洋与渔业局　供图）

2022年6月16日，县海洋与渔业局开展渔民在模拟场景下操作技能培训
（县海洋与渔业局 供图）

事、洋山海事签订共管合作协议，重点对长江口海域开展共管机制，持续深化商渔共治，不断提升共治水平。与海警、公安、海事等部门强化信息互通机制，建立联合执法机制。

一打三整治

【三无渔船整治】 2022年，岱山县海洋与渔业局深化海上“打非治违”力度，保持对“三无”渔船“发现一艘、拆解一艘”的严打态势，查获拆解“三无”渔船78艘。

【禁用渔具检查】 2022年，岱山县海洋与渔业局通过海上查、陆上堵，加强对禁用渔具的检查。全年清理取缔地笼网、滩涂串网等2592件。

【严查流通渠道】 2022年，岱山县海洋与渔业局、市场监管部门开展联合执法，堵住违禁鱼货流通渠道。对菜市场、饭店经营场所开展抽查，禁止8种海洋捕捞冰鲜或活体水产品上市出售。出动执法人员150人次，检查菜场146家、饭店182家，查获违禁渔获物51千克，查获的违禁渔获物全部赠予社会福利机构。

2022年7月20日，县海洋行政执法中队开展“一打三整治”行动
（县海洋与渔业局 供图）

渔业综合管理

【蟹文化综合产业园建设】 2022年，蟹文化产业园完成建设500吨级物流码头3座、交易区3座，综合楼主体完工，附属工程基本完成，园区全面进入试运营阶段。

【渔船建造规范】 2022年，岱山县海洋与渔业局严格落实，建造图纸符合船检技术规则规范、图纸与实船相符、实船与证书相符。至年末，全县新建各类渔业船舶107艘。

【海洋资源养护补贴】 2022年，

岱山县海洋与渔业局完成2020年度全县海洋渔业资源养护补贴（柴油款）的发放。1173艘渔船享受渔业资源养护补贴，合计金额1.09亿元，除1艘法院扣押的渔船外，其他均发放完成。

【网格调解服务体系完善】2022年，海上网格以各合作社渔船整体划分，陆上网格以“东海渔嫂”为依托，发挥“瀛洲红帆”“金银渔嫂”等基层组织职能，及时消除化解渔场矛盾纠纷，保障渔场安全稳定。

海洋管理

【海洋监察】2022年，岱山县海洋与渔业局开展年度“海盾”“碧海”“护岛”三大专项执法行动，依法加强对全县海岸线、海域使用、海洋生态环境以及无居民海岛周边生态环境的执法检查，依法查处各类违法违规用海活动。立案查处7宗，其中未经批准非法填海的案件1宗，未经批准非法占用海域的案件4宗，未经批准在无居民海岛采石案1宗，铺设施工发生变动未经主管机关批准案1宗。

【配合开展国家海洋督察问题整改工作】2022年，岱山县海洋与渔业局配合做好自然资源部东海局浙江省海洋专项督察工作。配合县自然资源与规划局梳理并提供相关问题的数据和案卷，为海洋督察下沉期间的资料调阅提供数据支撑。

渔港建设及管理

【美丽渔港建设】2022年，岱山县海洋与渔业局抓牢项目建设环节，精细化时间表、任务图，确保涉渔工程项目建成、见效。10月，总投资分别为1.05亿元、2242万元的江南段护岸综合整治工程、江南山避风锚地疏浚项目全面完工，全县渔船锚泊条件和岸线防潮能力得到提升。6月，高亭中心渔港扩建工程（浪激渚段）正式开工；至是年末，完成投资5000万元，超过年度投资任务的25%。

【渔港综合整治】2022年，岱山县海洋与渔业局配置渔港巡查力量和渔港保洁队伍，实时掌握渔港排污及靠泊渔船动向，确保渔港环境整洁有序。是年，开展渔港管理巡查576次，派出人员2460人次。查处明火作业（船舶修理）等违规62起，均整改，违规排放油污船舶2艘（移交执法中队），并处罚；渔通道违规买卖鱼货物渔船50艘，均整改。整改渔港渔通道乱堆放渔具142处，清理废旧品垃圾87处。保洁船清理渔港海上垃圾123车（约48吨），清理渔港海上油污20次。

（方远辉）

责任编辑：李慧慧

综 述

【工业基本情况】2022年，全县聚焦高质量发展，推动工业经济稳进提质。工业基本建设项目37项，技术改造项目23项。完成工业性投入385.70亿元，比上年下降17.1%；工业技改投资27.80亿元，比上年增长115.5%。主导产业稳中有进，石化项目全年累计完成投资额371亿元，占全县工业投资额的90%。传统产业提质增效，岱美、晨光获评舟山市制造业十佳企业；加快设施设备改造升级，舟山市奥博管业有限公司等8家企业被列入年度县级智能化（数字化）车间培育试点企业，惠生海工被评为省级企业技术中心，140万吨超大型乙烯裂解炉被认定为省级首台（套）炼化装备。

【资源配置优化】2022年，全县强化海岛工业用地全域治理，完成亩均税收5万元以下低效企业的整治提升，全年盘活低效用地145.67公顷，传统产业转型升级工作受到省政府督查激励。是年，全县新增规模以上企业13家，实现规模以上工业总产值2469.90亿元（注：统计年报为2434.77亿元），比上年增长59.6%（注：统计年报为61.1%）；规模以上工业增加值634.50亿元，比上年增长25.5%。规模以上工业总产值位列全市县区第一。

【数字化改造】2022年，岱山县引进普惠智造数字化改造服务商，深入实施《岱山县制造业数字化改造实施深度上云专项行动实施方案》，岱津、弘美、宏泽等6家企业完成数字化改造并投入使用。是年，数字经济核心产业服务业营业收入1.65亿元，比上年增长75.9%。数创园区入驻企业35家，创业人员173人，营业收入1.80亿元，比上年增长59%，为入驻企业减免租金67万元。

（曹　泱　黄　伟　童良波）

船舶海工

【概况】2022年，全县有正常生产的船舶修造企业13家，完成规模以上工业总产值68.80亿元(注：统计年报为70.07亿元)，占全县规模以上工业总产值（除浙石化外）的40.7%，比上年增长16.5%。交付船舶85万载重吨，新承接订单93万载重吨；手持订单53万载重吨；全县较大型修船企业完成船舶修理592艘。是年，全县船舶行业进出口总额8.90亿美元，出口额6.30亿美元，进口额2.60亿美元。

【江南山基地】2022年，舟山中集长宏船舶修造有限公司由位列中国500强的江苏新长江集团和中集集团联合组建，从事船舶建造、改装、修理和钢结构业务，投资近2亿元，对金海智造江南山基地所有设备设施进行技术改造，所有设备均具备造船和修船的综合能力。是年，实现销售收入2.70亿元。

【常石船厂】 常石集团具有建造油轮、集装箱船等特种船舶的能力，2022年，常石集团实施技术改造和邮轮码头建设，邮轮舾装码头项目取得岸线使用许可，全年完成交船19艘，实现产值30亿元以上。

【友联船厂】 2022年，浙江友联修造船有限公司国内首创年处理100万平方米船舶全区域绿色除锈智能化改造项目，总投资1600万元，打造可靠、安全、高效的数字化工作场景，加快公司运营效率。新建超高压水除锈含渣废水及船坞坞底余水回收处理系统——系统污水处理站及中水利用项目2套，并对其污水处理系统进行升级改造，对处理后的中水进行再次利用，实现年节约用水10万余吨。

【惠生海工】 2022年，惠生海工利用厂区内闲置地块布局落地新项目，与中国三峡新能源（集团）股份有限公司、上海电气风电集团股份有限公司组成联合体，共同打造“深远海海上风电海洋工程装备制造基地、深远海海上风电运维基地、绿色氢能装备制造基地”，形成“深远海海上风电母港”（简称“三基地、一母港”）。

（孙凯迪）

石化与新材料业

【概况】 2022年，随着浙石化二期全面投产之后的产能释放，充分带动下游产业链发展，全县基本形成以浙石化为核心，集石化新材料、配套设备制造、维保、科研服务为一体的绿色石化产业集群。

【石化】 2022年，浙石化4000万吨年炼化一体化项目加工原油3702万吨，实现产值2300亿元，二期全面投产。

【新材料】 2022年，全县建成中科院宁波材料所岱山试验和研究基地，拥有甲类中试车间12栋，引进5-羟甲基糠醛、高结晶PET共聚酯等中试项目7个；园区内集聚海宏新材、佳瑶新材、智瑞新材、弘洋新材等新材料企业。由润和催化投资建设的10万吨年催化剂及催化剂再生项目总投资20亿元，新建丙烷脱氢催化剂、银催化剂生产项目，与废催化剂资源化利用项目，建成后的年产值可达70亿元以上。

（李 娜）

水产品加工业

【概况】 2022年，全县规模以上水产品加工企业6家，实现总产值5.62亿元，比上年增长73.8%。是年，岱山县水产品行业实现外贸自营进出口总额4.20亿元，比上年增长78.4%。其中，出口额4亿元，同比增长76.4%；进口额0.15亿元，比上年增长162.3%。

【舟山环太海洋食品有限公司】 2022年，上水集团的舟山环太海洋食品有限公司落户县经济开发区，企业实施金枪鱼、磷虾油等精细化加工项目，是年开始投产，日处理金枪鱼原料能力80吨，其主要产品为金枪鱼鱼柳、鱼粉，并被销往东南亚、欧洲等地区。

【浙江舟富食品有限公司】 2022年，舟富食品有限公司研发团队与中国农业科学院、中粮营养健康研究院有限公司合作，执行“特殊保障食品制造关键技术研究与新产品创制项目——应急救灾米制食品工程化技术研究与产业化示范子课题”项目；与浙江大学舟山海洋研究中心实施“高营养远洋保障菜肴食品的开发及其系列化创制”项目；与中国农业大学合作参与“十四五”国家重点研发计划“食品制造与农产品物流科技支撑”专项中“方便主食食品规模化加工关键技术研究与集成应用”项目。项目的实施，提升企业的技术层次，提升常温食品的附加值和市场竞争力，发挥公司在产业化和综合开发中的龙头作用。

（祝冰辰 黄 伟）

机械与纺织纤维制造业

【汽配行业】 2022年，全县汽配行业有企业89家（较上年增加3家），其中规模以上企业14家，是年末从业人员4961人，实现规模以上工业总产值24.63亿元，比上年增长15.9%。聚焦小微企业质量提升，神鹰滤清器、神鹰车辆2家企业入选浙江省“专精特新”企业。

【化纤行业】 2022年，化纤行业订单较上年增多，全年规模以上化纤行业实现产值3702万元，比上年上增长23%。

（黄　伟）

玩具与电机制造业

【玩具制造业】 2022年，全县有玩具及配件企业131家，是年末从业人员1857人，舟山玩具厂作为唯一一家规模以上企业实现产值2028万元，与上年持平。受疫情影响，线下各类经贸展会和展览项目均取消，浙江舟山玩具厂、舟山艺成贸易有限公司、岱山县易达欣玩具有限公司、岱山县华弘玩具有限公司等企业积极参与线上展销活动，多渠道开拓国际市场。

【电机制造业】 2022年，全县推进电机制造业转型升级，有电机制造业企业66家，是年末从业人员1418人。规模以上企业实现年产值4.89亿元，比上年下降17.5%。

（黄　伟）

数字经济和工业技术

【数字化改革】 2022年，全县化塑产业大脑获省第二批工业领域细分行业大脑建设试点，化塑行业产业大脑上线产业大脑能力中心，上传能力组件31个，更新并归集数据6500万条，服务化塑企业112家。浙江石油化工有限公司未来工厂入选2022年第一批未来工厂名单，岱山县成为全省产业大脑和未来工厂都入选城市之一。是年，全县上线浙里5G海岛应用、无动力防汛E管通（迭代升级）等地方特色应用4个。《岱山县“三链”并举加快推进绿色石化先进制造业集群建设》被省办公厅采用，并获副省长卢山批示。

【工业技术】 2022年，传统产业加速提质增效，岱美、晨光获评舟山市制造业十佳企业，加快设施设备改造升级，舟山市奥博管业有限公司等8家企业被列入年度县级智能化（数字化）车间培育试点企业，惠生海工被评为省级企业技术中心，140万吨超大型乙烯裂解炉被认定为省级首台（套）炼化装备。

（童良波　曹　决）

电　力

【概况】 2022年，国网岱山县供电公司（简称县供电公司）践行“高塔精神”，落实“强基础、精管理、塑文化、作标杆”工作基调，全年岱山全社会用电量119.42亿千瓦时，比上年增长57.9%，增幅居全省第一（剔除鱼山同比增长11.4%）；售电量8.97亿千瓦时，比上年增长7.6%；最高用电负荷19.85万千瓦，比上年增长12%，9次创历史新高；综合线损率为3.7%，下降0.16个百分点。是年，县供电公司两项QC成果获全国电力行业质量管理活动特等奖等奖项6个，启航QC小组荣获全国优秀质量管理小组称号，公司荣获国家电网有限公司同期线损管理“进步百佳”、国网浙江省电力有限公司2022年度“卓越管理单位”、2021年度岱山县电网建设先进集体、2021年度岱山县有序用电先进集体、2021年度岱山县安全生产先进单位等荣誉。

【安全生产】 2022年，县供电公司组织全员学习贯彻新《中华人民共和国安全生产法》《典型严重违章清单》等法律制度和墨脱“4·9”、眉山“4·16”等事故的通报教训，修订《安全工作奖惩管理办法》《员工安全积分管理实施细则》，科学提高安全奖励额度。依托安管中心开展远程稽查，布控球关联率位居全省前列，全年查处违章180起，违章记分409分，按照“四不放过”原则严肃处理。开展春秋季安全大检查，设备命名牌、警示标识专项排查，整改率为100%。建立防外破隐患清单管控机制，发现并处置外破隐患15项。与舟山海警局岱山工作站开展联合执法巡航6次，驱离船只120余艘；联合岱山海事处砍锚执法8次。实现旁路作业法作业项目新突破，全年累计开展带电作业139次，节约停电时户数约3800户。110千伏输电线路通道属地化运维通过国网舟山供电公司验收。完成35千伏幸福变C级检修和110千伏书院变保护装置改造等检修工作。

2022年7月11日，县供电公司鏖战高温带电作业（县供电公司　供图）

【电网发展】 2022年，县供电公司召开全县电网建设、电网设施保护暨有序用电工作会议，有序推进110千伏岱西输变电工程、220千伏衢山输变电工程等主网项目属地工作8个。完成岱山县经济开发区配电网布局专项规划修编，应对岱西区域负荷接入需求。配合县政府出台新型储能发展扶持政策。全年投运配网网架提升工程11个，核心区域网架结构更为合理。完成线路自动化改造13条，有效覆盖率提升至88.9%。

2022年2月24日上午，单机容量潮流能发电机组“奋进号”在秀山岛成功下海（县供电公司　供图）

【供电服务】 2022年，县供电公司完成全市首个数智化供电所（东沙供电所）打造，实现“一岛一特色”数智化供电所全覆盖。撤并长涂供电所营业厅、秀山供电所营业厅入驻社区便民服务点，在东沙古镇揭牌投运全国首个“一键响应式”海岛电力服务驿站。促成县政府出台《岱山县电力接入工程费用分担机制实施办法》。促成全市首个500米内占掘挖路承诺备案制落地实施。用电低压接入容量提升至160千伏安，惠及用户809户，减负金额670余万元。建立民生工程专项联络机制，提前完成中高考考点双电源改造5个。完成存量小区充电桩改造4个，可满足700余个充电桩接入需求。

【保供任务】2022年，全县建成3.3万千瓦分钟级可中断能力需求响应资源池，精准完成迎峰度夏电力保供。圆满完成岱山县两会、中高考等保电任务10余项。“梅花”“轩岚诺”台风期间，县供电公司迅速响应落实县委、县政府各项工作部署，建立“安全、生产、营销、物资、党建、后勤”6大专业任务清单，明确“防、避、抢”三个阶段28项具体工作任务，清单化销号落实防台重点任务，完成9座强排泵站试机，并对28处农排线路、692户农户实施避险拉停，充分保障人民群众生命财产安全。作战14小时恢复全部公变供电，抗台工作获常务副县长陈华清批示肯定。

2020年6月24日，全县电网建设、电网设施保护暨有序用电工作会议召开
（县供电公司　供图）

【经营管理】2022年，县供电公司成立运维检修中心、城区供电所，完善电力调度控制分中心、综合服务班等机构，推动营配业务末端融合，输变电、信通业务集约精益管理。建立全员工分库考核体系，开启绩薪联动分配局面。建成配电、变电检修用房，完善生产基地硬件设施。深化线损“红黄蓝”牌监测机制应用，线路、台区月度高负损全面清零，县供电公司3次入选国家电网公司同期线损管理“进步百佳”，衢山供电所2次入选“百强所”。实现库仓贯通和仓单联动应用全覆盖。推进班组质量管理，东沙供电所班组建设经验荣获浙江省质量信得过班组典型经验三等奖。

2022年岱山县各行业用电量与比重表

表7　　单位：万千瓦时

行业分类	2021年		2022年	
	用电量	占比（%）	用电量	占比（%）
城乡居民生活	18896.70	2.50	22094.86	1.85
农、林、牧、渔业	651.74	0.09	757.95	0.06
工业	709846.68	93.87	1143280.94	95.73
建筑业	2244.20	0.30	2030.98	0.17
交通运输、仓储和邮政业	9350.24	1.24	9440.01	0.79
信息传输、软件和信息技术服务业	1150.70	0.15	1245.01	0.10
批发和零售业	3351.05	0.44	3439.32	0.29
住宿和餐饮业	2911.67	0.39	3235.01	0.27
金融业	298.92	0.04	303.13	0.03
房地产业	860.34	0.11	972.82	0.08
租赁和商务服务业	684.74	0.09	735.83	0.06
公共服务和管理组织	5979.59	0.79	6681.33	0.56
全社会用电总计	756226.56	100	1194217.18	100

2022年岱山县供电生产情况表

表8

项目	2021年	2022年
供电最大负荷（万千瓦）	17.73	19.85
供电量（万千瓦时）	86751.70	93193.83
售电量（万千瓦时）	83403.44	89749.72
线损电量（万千瓦时）	3348.26	3444.11
线损率（%）	3.86	3.70
供电负荷率（%）	89.73	109.18

（章怡帆）

岱山经济开发区

【概况】 2022年，浙江岱山经济开发区（简称岱山经济开发区）依托舟山绿色石化基地，锚定岱山建设石化装备制造基地、石化服务业基地、新材料研发制造基地，突出“项目为王”，全力抓好产业链建链延链强链，加快推进招商引资、项目建设、营商环境等工作，发展态势逐步向好。是年，岱山经济开发区实现规模以上工业产值172.20亿元。实现税收收入7.42亿元，比上年增长23.2%。实际利用市外资金34.90亿元。完成土地招拍挂11宗，出让土地17.87公顷。

【招商引资工作】 2022年，岱山经济开发区紧盯浙江石油化工有限公司、卓然（浙江）集成科技有限公司、润和催化材料（浙江）有限公司等行业龙头企业，通过以商引商、产业招商、宣传推介等方式，开展项目招引工作。年内引进20亿元以上项目1个，10亿元以上项目1个，亿元以上项目4个。全年完成企业性投资20亿元。是年，石化循环经济产业园、润和一期、中科院宁波材料所中试基地、佳瑶新材料、ABS辅料等重大项目基本建成。

【基础配套建设】 2022年，岱山经济开发区衔接县域国土空间规划“三区三线”划定，推动青黑、东沙工业基地北侧地块纳入城镇开发边界，完成《南部片区控规》《东沙片区控规》编制。完成《区域节能规划》《规划环评》《开发区港口岸线研究规划》编制。全面加快园区基础设施建设。新材料污水处理厂、汽船配内饰密封件产业创新服务综合体等项目完工，星浦未来社区、小微企业园、危险品码头改造等配套设施建设稳步推进。

【数字化改革】 2022年，岱山经济开发区推进数字基础设施建设，数智园区管理平台企业综合管理系统上线浙政钉，完成企业信息归集，形成企业“一企一档”数据中心。组建数字化专班，协同推进园区数字化项目建设，推

2022年7月22日，中科院宁波材料所岱山新材料研究和试验基地

（岱山经济开发区管委会　供图）

进开发区数字化改革迭代升级。谋划安全、环保等关键领域的数字化应用，研究设计物资联储联备数字化平台，打造数字孪生园区 CIM 平台 2.0，强化数字赋能，推动提升园区管理智慧化水平。

【高耗低效企业整治】2022 年，岱山经济开发区通过关停淘汰、政府收储、司法处置等手段，完成对 23 家亩均税收在 5 万元以下市级低效企业整治，盘活低效用地 21.2 公顷，涉及资金 2.36 亿元。

【营商环境优化】2022 年，经新一轮开发区整合提升，岱山经济开发区规划总面积 80.6 平方千米，包括岱山本岛及周边片区 29.8 平方千米，离岛片区 50.8 平方千米，其中核心区块 14.5 平方千米，拥有 10.5 千米临港工业岸线。建立县属各部门服务保障开发区工作任务清单制度，形成开发区围绕产业转、部门围绕开发区转的局面。充分发挥“一站式”行政审批服务中心作用，为 55 家企业提供全程代办服务 89 项。

【环保安全监管强化】2022 年，岱山经济开发区开展船舶修造、危险化学品装卸、一般工贸企业常态化检查，发现整改安全隐患 900 余项。邀请第三方安全技术服务公司对辖区重点企业开展安全指导检查，帮助指导企业进行安全隐患的整改闭环，累计对 72 家企业进行专项指导，深化“除险保安”特别是重大安全隐患的整改，帮助企业提升安全水平。开展危险化学品领域、船舶企业高处作业、涉爆粉尘、高温熔融等专项整治行动，园区安全生产形势总体保持稳定。联合市生态环境局岱山分局开展片区内企业自主验收回头看工作，均开始自主验收。开发区智能化建设工作河道自动监测点位进入设备安装，空气站进场施工。

（姚　琼）

2022 年 6 月 25 日，建设中的石化循环经济产业园

（岱山经济开发区管委会　供图）

中国电信股份有限公司岱山分公司

【概况】2022 年，中国电信岱山股份有限公司岱山分公司（简称岱山电信）坚决贯彻县委县政府的决策部署和上级公司的工作要求，坚持同时发展与加强基础建设，将工作的重心、激励导向和资源分配集中在主要工作上，以深化改革和聚焦发展为引领，不断推动公司实现高质量发展和员工收入再上新台阶。

【党建助力经营活动】2022 年，岱山电信持续下沉党建助力基层经营活动，确保企业高质量发展。党员发挥作用，参与应对欠费压降、数字乡村建设、增收节资、攻克困难等活动。全年有 2532 人次党员和楼内员工参与下沉至百日冲刺、数字乡村建设、宽带提速大会战和“塔山”行动，促进全年经营目标的实现。

【服务国计民生】2022 年，岱山电信成立党员先锋突击队，持续为重大节点和重点项目提供通信保障。全年有 1736 人次党员和员工参与社区结对、创建城市道路长制志愿服务、防汛抗台安置点志愿服务等志愿活动。

【“四个一”送温暖】2022 年，岱山电信以实现广大员工共享企业发展成果、共筑美好生活的目标为导向，在新春佳节即将到来之际，展开一系列以“美好期盼”为主题的迎新春活动。在各基层支局，通过拍摄一张全家福、饯别送去一个“福”、举行一次座谈会、共享一顿饺子等活动，让广大员工深切感受到企业的关怀和工会娘家的温暖。

【党的二十大精神宣传贯彻】2022年，岱山电信加强组织领导，组织全面学习宣传贯彻党的二十大精神。通过集中学习和专题研讨等形式，广泛展开学习宣讲，迅速掀起学习宣传贯彻的热潮。召开党委扩大会议，结合工作实际，有针对性地部署经营工作。组织各党支部开展学习研讨，通过“三会一课”、主题党日活动等形式，深入学习和理解，确保党员干部的学习达到全覆盖。党建指导员深入各基层支局，开展宣贯活动，结合年度中心工作，发挥保障作用。充分利用电视屏幕和宣传栏进行展示和宣教，切实将党的二十大精神落到实处。

【防汛抗台应急演练】2022年5月31日，岱山电信举行防汛抗台通信保障应急演练。演练以模拟遭受强台风袭击为背景，涉及应急电源系统保障、搭建视频会议系统、应急无线网络保障、天通卫星、光缆应急抢修、搭建光宽通信、开通应急无线网络、应急防汛等10个科目。通过演练，提高抢险人员自我防护意识，检验防汛防台物资和设备储备运行情况，确保通信网络畅通和人员安全，避免和减少财产损失，为实战提供强有力的保障。

【党风廉政月活动】2022年，岱山电信以“崇德尚廉担使命，凝心聚力促发展”为主题，推进党风廉政建设向纵深发展。以开展“四个一”为核心，组织策划“加固中央八项规定堤坝”答题活动，确保全体员工参与其中。加强宣传教育，通过电视屏幕滚动播放、专题党课和警示案例教育等形式，积极营造廉洁从业氛围。进行党风廉政宣传教育巡展活动，以提高广大党员干部和员工的廉洁自律意识，增强教育的针对性和吸引力。加强对工作主线落实情况的监督，积极沟通交流以加深理解。

【消防应急演练】2022年9月27日，岱山电信组织开展大楼的应急疏散和灭火演练活动。此次演练实景场景设定合理，综合考虑火情模拟和灭火疏散等方面，针对性强。演练的成功实施，使广大员工进一步了解综合大楼消防应急疏散程序、疏散方案、消防器材的位置和使用方法，普及消防安全知识，提高火场逃生技能。

【班前十分钟活动】2022年，岱山电信开展“守好红色根脉·班前十分钟活动”，倡导先进模范、支局长、支部书记、党建指导员、业务骨干等组成“宣传队”“播种机”，成为“班前十分钟活动”讲师团成员。加强“责任田”管理，各基层支局利用班前会、晨会、例会、支部会等，植入红色教育因素，通过宣传讲解、观看视频、个人分享、交流互动等，激发基层一线内生动力，打通党建的“最后一千米”。

【5G建设】2022年，岱山电信致力于5G网络建设，加快基站

2022年5月31日，岱山电信开展防汛抗台应急演练（岱山电信　供图）

2022 年 11 月 29 日，岱山电信开展“守好红色根脉　班前十分钟活动”

（岱山电信　供图）

布点，完善共建共享。至年末，建成具备 5G 能力的基站 182 个，实现全县主城区、重点乡镇 5G 商用网络连片覆盖，重点场景深度覆盖，将信息高速公路延伸至群岛海域，使偏远小岛群众可以享受数字生活的便利；为海洋锚地实现电子化交易，提高疫情环境下国际船舶管理水平，改善国际航道上的无线网络质量。

【天翼云服务】 2022 年，岱山电信继续实施“云改数转”发展战略，发挥天翼云优势，通过稳定的智能云服务和强大算力支持，推进岱山数字化改革，承担数字化重点项目建设工作 10 余个，独家完成智慧城市“数据底座”的打造，推进全县政务网安全高效运行。至年末，公司在党政机关整体智治领域，构建岱山县党政机关整体智治系统一体化底座平台，实现市、县贯通和持续升级；落实省级数字化改革“一号应用”——“七张问题清单”重大应用系统贯通、数据贯通和场景贯通等工作，谋划建设集统计分析、在线监管、交互展示、线上督考于一体的重点工作推进落实应用。在技术赋能下，更多的 5G 行业应用从构想变成现实，促进数字化系统服务边界不断拓展。

【卫星通信海陆一体化】 2022 年，依托中国电信独有的卫星技术和天通卫星、海洋宽带等基础设施，岱山电信致力于船联网的打造。是年，为 1000 余艘船舶搭建精密智控平台，实现远洋渔船 24 小时的安全点检、驾驶舱安全监控，实现海陆之间、全市渔船之间天通卫星的全覆盖。利用远距离网桥技术、风光发电设备，建立综合监管平台，实现天地一体全方位应急指挥调度，为平安蓝海提供可靠的“云端助力”。完成宽带卫星产品智能网关的开发，实现 5G 网络和卫星通信的智能切换，渔船在近海自动使用 4G/5G 网络，到外海无地面信号地区自动切换为卫星通信作为补充，使渔船实现离岸不离网，来自岸上的信息能瞬间抵达。

【乡村数字云平台建设】 2022 年，岱山电信通过“互联网 +”为乡村现代化、信息化赋能。是年，公司启动“千村千面、一村一品”的乡村数字云平台建设，为每个乡村配备一个包含一套数据驾驶舱、一个管理后台、一个以微信公众号为载体的微信门户等元素的集成平台，落实乡村安防治理、看家护院、看塘守地、看老护幼等场景化应用。至年末，累计签约 29 个村，打造数字乡村示范村 13 个，安装天翼看家 3000 余个，有效推动平安乡村美丽乡村建设。

2022 年 9 月 27 日，岱山电信举行电信大楼消防演习（岱山电信　供图）

【“警翼·联动”反诈宣传】 2022 年 5 月 24 日，岱山电信联合县公安局举行“警翼·联动”反诈宣传进万家启动仪式。会上，介绍和解析网络新型犯罪典型案例，为电信触点人员颁发信息核查员聘书。会后，民警与信息核查员开展“反诈宣传进万家”活动。旨在进一步深化警企联动，加强资源优势互补，推动“打击治理网络新型犯罪”工作，强化疫情防控、流口管理、反诈宣传等方面合作，推广“警翼·联动”共建成果，形成社会治安共建共治共享良好格局。

【基础网络优化】 2022 年，岱山电信持续开展基础网络建设优化工作，增设 4G 无线 800M 低频率网络站点 35 个，新增 4G 无线基站 18 个，调整和加高 4G 基站天线方位角、下倾角 11 个，拆闲补盲 10 个。做好新增 5G 宏站 41 个站点、64 个小区室分系统建设、机房电源配置和测试工作，优化和扩大基础网络覆盖范围。

【信息化保障服务】 2022 年，岱山电信做好老旧小区信息化系统基础设施改造和电信线路整治，投资 450 万元。至年末，完成 8 个社区、29 个小区、353 栋建筑物、7800 户入户线的整改布放工作。助力平安乡村建设，完成 10 个行政村的通信线路整治，整治通信杆路 15.5 千米。拓展各领域的信息化和“互联网 +”应用，实现村村通光缆、移动信号县内全覆盖，承载 6000 余个监控点位的平台运营。

2022 年 5 月 25 日，岱山电信与县公安局联合开展“警翼·联动”反诈宣传进万家启动仪式（岱山电信　供图）

【安全生产工作】 2022 年，岱山电信坚持安全生产，做好网络保障、信息安全和安全生产管理工作。落实安全生产责任制，通过专项巡查和日常检查，开展综合治理细化、防汛抗台演练、安全生产认证、隐患排查整改、“119”消防演练等活动。开展护线活动，强化宣传，结合专业团队维护，保证通信线路安全畅通。做好技防设备应用智能通信保障工作，分层落实保密责任，做好防范和应对工作。做好隐患排查工作，落实整改期限，及时进行销号。落实社会责任，强化实名制管理，加强不良信息管控，提升网络运行与信息安全处置能力。

（俞光云）

中国联合网络通信有限公司岱山分公司

【概况】 2022年，中国联合网络通信有限公司岱山分司（简称联通岱山分公司）以深化落实聚焦战略为导向，推进经营模式转型、规模效益发展、提升盈利能力、改善客户感知、激发内生动力。扎实推进各项工作，县分主营收入完成年度计划的111%，比上年增长28.6%。

【网络建设】 2022年，联通岱山分公司根据重点场景和市场需求，配合做好5G传输网络及基站配套，增设光交20余个；完成智能城域网、5G基站市电增容及机房改造，做好5G/900M基站新建，投入全县小区资源覆盖，全年22个小区升级千兆小区建设，提升用户上网体验感。配合做好创城改造线路迁改及赔补工作、鱼山基站补点及拆迁工作。开通电联共建共享室分2个。重点整治用户机房15个。完成主干光缆的落地和拆除53条；开展杆线路隐患整治，整治提高20余处；对主干光缆和重要客户线路进行成环提升和光衰整治25处，IPRAN成环率为85.3%、重要大客户100%成环。全年故障发生率比上年下降40%，线路状况得到明显改善。

【服务提升】 2022年，联通岱山分公司组织开展宣传进企业、进农村、进小区活动，切实贯彻提速降费工作，全面提升用户在消费、服务、网络、应用等方面的体验。通过用户梳理回访、客户日活动、场景化运营等，提升用户感知。对投诉焦点问题和用户集中区域，与市分公司协同开展专项维系活动，自查整改。组建社区网格运营团队，落实责任制，优化社区网格周边渠道布局，开展“家庭测速进万家”服务、百日“沃”进社区、千兆小区点亮挂牌、换光猫测速提速等活动。加强对各触点业务过程管控，建立完善的客户责任清单。引导用户使用联通App，通过服务创新运营，提升用户服务便利度。完善服务人员考核机制，稳定服务人员队伍。加强业务知识、沟通服务知识培训。加强客响中心人员专业技术技能培训，促进客响人员技能提升。开展“五自”（自建、自营、自维、自忧、自修）活动，以前台服务评价为支撑达标要求，以用户口碑为支撑考核标准。是年，服务指标得到大幅度提升，网络更加稳定。

【业务扩宽】 2022年，联通岱山分公司全员全渠道用好各种数字化工具，精准到位开展营销工作，

2022年9月13日，长涂岛5G联通基站加紧建设中（戴孟斌　摄）

助力日常生产经营工作的开展。自营厅的智慧双推、渠道的一体化运营、社区经理的智慧大脑体系、商企的智慧街区、特投的中台运营、魔号平台、云号平台等，借助靓号资源和K计划（线上引流新模式）政策，是年，发展线上合作代理商3家，中高端手机号码发展量占县分总量的15%左右。联通岱山分公司聚焦新战略，参与政府智慧城市建设，持续借力数字化转型，多个项目获奖，并树立行业标杆基础。岱山县城市大脑数据舱项目合同签订，荣获浙江联通数字化改革攻坚优秀项目铜奖。岱山县教育局教育魔方项目一期在数字化改革数字社会领域奠定基础，受到教育部多次表扬。加强5G未来教室建设，完成5G同步课堂试用建设3家。高亭中心小学与长涂中心小学未来课堂项目被央视点赞；完成高亭小学无纸化办公及教研空间项目；完成中考标准化考场项目和岱山教育局智慧校园项目。完成县委宣传部网信专网建设项目。

【5G信息化发展】 2022年，联通岱山分公司5G工业互联网专项项目签约企业4家。推进5G+智慧工地项目，建立事前预防预控、事中智能管控、事后统计分析、过程智慧决策的闭环管理模式，推动全县工地管理更规范、施工更安全、生产更高效。完成海洋渔业局渔船精密智控项目、边检码头智能管控项目，完成人大监督项目的建设工作，完成某部队

2022年12月，联通岱山分公司进社区开展老年反诈活动（江碧波　摄）

电路建设项目。完成沃天目业务2套、健康ECT业务4套、乡镇云讯通抗疫业务5个。

【回馈用户行动】 2022年，联通岱山分公司致力于回馈用户，关注民生。联合社区，开展以老年人反诈活动为主的客户服务日活动，提醒老年人在面对“电话骗局”“养生骗局”等新型养老诈骗时，及时与家人沟通或拨打报警电话，增强自身防骗识骗能力。参与乡镇和困难家庭结对帮扶、高考志愿服务、文明城市志愿服务、贫困家庭慰问等活动。

（邬　娜）

中国移动通信集团浙江有限公司岱山分公司

【概况】 2022年，中国移动通信集团浙江有限公司岱山分公司（简称移动岱山分公司）贯彻落实市公司“一四一七”年度工作思路，以“党业融合促发展、两和升级强协同、优势转化到一线、担当体现出实绩”为工作主线，持续发挥坚定、坚持、坚守“三坚精神”，牢牢把控市场发展大趋势。

【5G业务拓展】 2022年，移动岱山分公司推进多场景换机，优化“5G服务进社区”场景，探索开展“品牌特卖会”“银龄课堂”场景营销。深化多通道换机，组建首批专家队伍1支，聘任直销营业员4名、渠道营业员1名，实施能力专项提升。开展多场次换机。结合场景增加和队伍能力提升，增加各网格外场营销场次。

【渠道建设工作】 2022年，移动岱山分公司推进渠道建设工作，完成手机大卖场续租竞租工作，优化渠道结构。针对鱼山绿色项目、外来务工人员聚集区，推进直销增员，强化队伍建设，多通道开展个性化人员招聘。组建存量宽带看管、终端专职队伍等专

业团队，提升专项业务攻坚能力。

2022年6月15日，移动岱山分公司与合作单位开展2022年防汛抗台应急演练（移动岱山分公司　供图）

【项目收入提升】 2022年，移动岱山分公司持续深耕重点行业，发挥自身在县域和乡镇城市大脑建设经验，深度参与岱山城市大脑网络安全和数据开放运营，中标东沙基层四个平台项目。加强弱势行业的客情攻关和商机获取，在教育、交通等行业实现突破，中标岱山县教育局云桌面和交通监控项目。

【传统业务发展】 2022年，移动岱山分公司通过加强政网协同，做优服务，结合阳光厨房、防疫监控、道路监管等场景应用，实现专线的批量增长；通过挖掘集团个性化需求，推进内网增值业务，提升传统业务的发展。

【加快5G建设】 2022年，移动岱山分公司5G网络建设实现城区全覆盖，乡镇局部覆盖。重点针对工业园区、乡镇，进行5G网络建设，规划5G站点160站，比上年增长74%，完善岱山5G网络布局。

【助力重大项目建设】 2022年，移动岱山分公司加强对重大项目的实地勘察，完成网络覆盖规划。协同铁塔公司完成站址落实和施工建设，了解526国道岱山段建成通车、燕窝山码头投入使用、蟹文化产业园开放营业等项目进展，持续提升网络质量。建设完成宏站15个，保障社会民生工程网络良好覆盖。

2022年7月12日，移动岱山分公司打造“智慧公交”金名片（移动岱山分公司　供图）

【夯实家庭宽带网络质量】 2022年，移动岱山分公司加快千兆网络能力升级，部署千兆OLT 6套，完成岱山全域（除衢山的3个小岛）千兆OLT部署。提升驻地网网络质量，完成光交关门55个、光交扩容8个、隐患小区整治8个、高价值小区割接12个、旧改小区割接6个，通过割接优化用户超1万户。

【安全管理能力提升】 2022年，

移动岱山分公司开展隐患风险排查，完成石马岙附属楼、安澜路老大楼、员工寝室等“顽瘴痼疾”安全整治；组织开展防恐防爆演练、应急疏散、应急通信保障等活动；联合岱山消防大队等5家单位联合开展岱山县“A+互联”消防安全联盟活动，促进公司安全生产和防灾减灾工作全面提升。

【为民实践活动】 2022年，移动岱山分公司持续深耕“宜岱移路”支部品牌，每季度定主题开展党员亲情网格谈心谈话活动，强化党组织关爱帮扶；借力党员i家，进社区开展反诈宣传、4G换5G手机等活动，提升家庭宽带客户满意度、服务客户满意度。以党建激发内生动力，推进“百村”服务计划；以党建带团建，开展ICT项目攻坚、参与志愿服务等活动。

2022年10月14日，移动岱山分公司开展2022年客户经理技能竞赛暨分公司选拔赛（移动岱山分公司　供图）

【廉政建设】 2022年，移动岱山分公司优化政治生态，运用监督执纪“四种形态”，落实两个“责任”约谈，做到敏感岗位全覆盖。每季度开展警示教育，开设“违规违纪案例月月讲”等活动。做好廉洁风险点防控，每季度落实检查各类风险点，确保权力在阳光下运行。

（王科诺）

责任编辑：李慧慧

商贸流通

Commerce and Trade

供销合作经济

【概况】 2022年，岱山县供销联合社（简称县供销联社）对标打造共同富裕示范区海岛样板目标定位，坚持为农服务初心，积极参与乡村振兴建设，扎实推进供销社综合改革，促进农民合作经济组织联合发展。推进以“清廉茶企”为主体的清廉供销建设，落实“一岗双责”，做好“七张问题清单”的排查和整改工作，弘扬“扁担”精神，开展“三牛”先锋主题活动。是年，县供销联社通过资产优化配置和高效运营，实现资产经营收入170万元，在省供销系统县区供销社年终考核中位居前列。

【组织体系建设】 2022年7月，县供销联社在全市率先完成县镇两级渔农合联换届工作，共吸纳会员217个。依托县供销社成立渔农合联执委会，将农业、渔业、农商银行的分管负责人聘入执委会，召开执委会工作例会，协调整合为农服务资源，推动为农服务组织化。

2022年7月8日，岱山县渔农民合作组织联合会第二次会员大会召开

（县供销联社　供图）

【为农数字化改革】 2022年，县供销联社全力推进数字农合联“浙农服·岱山”平台建设，构建完成农合信息、生产服务等7个模块和特色产业农合联专业模块的“7+1”数字农合联基础平台，并成功上线“浙里办”。组织开展数字农合联应用培训班，该数字化平台上线农资经营点13家、农资产品25类、农产品供销信息2300条、金融产品4项、农业保险业务4项等，可为全县农业生产全周期提供全要素服务。

【产业农合联建设】 2022年，县供销联社根据岱山产业特点，加强区域内涉农服务资源的整合，建立服务资源与特色产业之间的联系协调机制，指导扶持特色产业农合联开展工作，实施精准化、组团化服务。10月，组织成立“沙洋晒生”产业农合联，吸纳会员15个（相关局办、镇村、花生专业合作社、专业大户、电商企业、销售主体），可带动“沙洋晒生”产业相关人员500余人，实施供销助共富行动，指导推动该产业农合联13.33公顷基地规范发展，推广机械化生产，建设“沙洋晒生”共富工坊、共富菜园、共富集市，开展品牌“高铁进京”行动，逐步实现“沙洋晒生”产业的种植基地化、生产标准化。

【销售流通体系建设】 2022年，县供销联社持续引导高亭镇石马岙为农服务综合体综合发展，在原有农资配送中心、庄稼医院、农产品销售的基础上，引进金融便民服务点，增设冰鲜水产品销售点，全年在农资配送、农技推广、农废回收、金融便民等方面开展服务，受益3万余人次，实现农产品批发、销售2160万元（其中生猪5500头、蔬菜548吨）。指导提升源泰合作社人民路、文化广场、半岛等3家生鲜超市的规范发展，统一制作标准化招牌，优化营业区域布置，提升消费者购买体验，经规范提升后，3家超市实现年度销售额980万元。

2022年10月27日，县供销联社组织成立“沙洋晒生”产业农合联
（县供销联社　供图）

【金融为农服务体系建设】 2022年，县供销联社强化同农商银行的全方位合作，实现农户贷款授信服务全覆盖，实现建档授信农户数4.1万户，授信金额28.86亿元；用信户数12053户，贷款金额10.88亿元。

【农资销售保供体系建设】 2022年，县供销联社全力稳定以农资、资产经营为主的传统供销经营网络，在全县设农资经营部13家，年农资销售总额670万元，农资经营份额占全县的92%。是年，在确保春耕备耕农资供应和全县200吨化肥、1吨农药储备任务完成的基础上，加快以庄稼医院为主体的农资经营服务网络体系培育，全面推进农药实名制购买和农废回收工作，组织全县13名庄稼医生为农民提供病虫害门诊、测土施肥、农机维修、新技术推广、农废回收等农技、农机服务。全年回收农废包装物54万只（瓶、袋），回收金额31万元，回收处置率为100%。

【实施资产优化】 2022年，县供销联社完善《社有资产管理办法》，成立社有资产管理委员会，加强资产监管，对资产出租实行公开拍租，在市场分析调查基础上合理确定拍租底价，对符合拍租的资产全部纳入公开拍租范围。是年，县供销联社对系统所属资产公开拍租7次，确保资产运行的公开公平。利用衢山供销社旧有办公用房，改建成600平方米的为农服务综合体，提供渔需物资、农产品供应等。完成衢山生资仓库场地整体改造及仓储用房建设规划，建设仓储用房400平方米，预计投资100万元。强化资产维修，结合全县文明城市创建，加大对系统危旧资产的排查和维修力度，投入资金40万元对衢山供销社老办公大楼等进行整体维修。

（林科昱）

烟草专卖

【概况】 2022年，岱山县烟草专卖局（分公司）（简称县烟草专卖局）立足“生态培基年”定位和“1116”工作思路，认真落实“疫情要防住、经济要稳住、发展要安全”的要求，各项工作稳步推进。是年，全县累计销售卷烟10837.36箱，比上年下降6.5%；销售额55586.50万元，比上年增长0.2%；毛利15935.25万元，比上年增长0.9%。

【经营管理】 2022年，县烟草专卖局充分发挥平台和数据优势，落实行业三级品牌共育机制，推动行业共育品牌快速成长。持续做好定制品牌培育、雪茄培育，入企、入会、入园、入圈，开展品牌培育活动16场，夯实市场基础。是年，全县累计销售定制卷烟169.6箱、雪茄烟14.51万支。

【净化专卖市场】 2022年，县烟草专卖局全年查获违法案件78起，比上年增长4%；查获卷烟5935.2条，比上年增长0.5%，其中省外流入真烟2902.6条、假私烟594.5条。加大打假打私力度，实现“11·21”海上走私案特大国际网络案件侦办2连贯；破获“3·22”销假网络案，8人获刑；成功收网“11·17”本土落地型销假网络案，现场查获“芙蓉王”“利群”“南京”等5个假冒卷烟416条，4名犯罪嫌疑人被采取刑事强制措施。强化海上缉私力度，积极融入地方政府反走私综合治理大框架，与海防缉私大队定期交流海上走私动态，与海警工作站签订《联合打击烟草专卖品海上走私违法犯罪活动协作配合办法》，与交通部门建立岛际卡口嫌疑货车信息反馈机制，合力构筑海上涉烟监管全天候防线。

【行政许可服务】 2022年，县烟草专卖局全面对接“政务服务2.0”建设，做细做实行政许可前置服务，是年，共受理办件申请411件，网上申请率和办证好评率均为100%。探索构建后续监管“三步工作法”，通过“线上线下双向排查发现客户、专销共同实地走访核查客户、重点区域整体推进”的方式，做好低效证、无效证的清退工作，全县许可证净减23本，列全市第一。

【依法监管电子烟】 2022年，县烟草专卖局加大对辖区电子烟零售主体的日常监管，强化数据排查、分析，建立健全电子烟经营户档案，核发电子烟零售许可证4本，深化与公安、市场监管等部门的联合执法，确保做到“四个动态清零”，推进电子烟监管常态化规范化。

【创新能力提升】 2022年，县烟草专卖局广泛开展质量控制和各类创新活动，在实践中持续提升创新能力，两个质量控制项目分获全市二等奖和三等奖。紧跟数字化改革步伐，参与全市数据掘金实验室，参加数字看板建设2项，完成数字化专卖所（队）看板研发，并获全市二等奖，开发的数据产品“智能化先保箱”获全市创新三等奖。

2022年5月6日，县烟草专卖局帮助困难零售户带货直播

（县烟草专卖局　供图）

【社会服务】 2022年，县烟草专卖局开展系列助农、助渔直播7次，直播期间，累计帮助渔农民销售渔农产品1925千克，实现销售额近3.80万元。加大定向帮扶采购力度，政工联动购买定点扶贫农产品近10万元。扩大“圆梦助学”公益活动辐射面，帮扶的学生数量从3名增至10名。组织开展疫情防控、创城小区结对等“香溢”志愿服务60次，共计时长1263.67小时。构建党小组与香溢红色驿站结对机制，每月常态化组织普法讲堂、反诈宣传、店面打扫等活动，年内共开展驻点服务18次，累计服务消费者297人次。

（王　喆）

粮油流通

【概况】 2022年，全县粮食工作以确保落实粮食安全责任制有效落实，切实保障全县粮食安全和有效保障应急救灾物资为目标，采取有效措施，认真落实储备粮安全规范管理。积极开展粮食保卫战，认真谋划粮食物资储备库筹备事项，继续推进依法管粮，开展订单粮食收购，切实保障军粮供应。开展舟山—松原、岱山—安徽东至粮食对口产销合作，实现全年保供稳价。做好救灾物资的收储、轮换、日常管理和应急配送工作，各项业务工作稳定有序。

【粮食安全责任制】 2022年，县经济和信息化局（简称县经信局）认真落实粮食安全党政同责要求，采取有效措施，切实提高粮食可持续生产能力，保护农民种粮积极性；规范地方粮食储备管理，不断提高粮食应急保障能力，推进粮食质量安全监管保障能力建设，夯实粮食安全基础，守住粮食安全底线。

【粮油市场供应】 2022年，全县市场粮食供应以粮食经营企业（户）和超市为主，县城粮油供应超市所占份额基本同上年持平；粮食来源依靠市外调入，民营企业和部分经营规模较大的个体工商户直接从省外采调，多数个体工商户从宁波庄桥粮油批发市场采购。居民口粮以晚粳米为主，辅以少部分晚籼米。县内油菜籽种植较少，居民食用油多从县外调入，品种以瓶装调和油为主。是年，大米价格基本持平，是年初高亭市场普通江苏晚粳米批发价为4.33元/千克，年末为4.40元/千克；是年初普通吉林晚粳米批发价为5.20元/千克，年末为5.20元/千克；是年初小麦粉价格上涨，江苏产“丹玉面粉”批发价为4.32元/千克，年末为4.72元/千克。食用油价格上涨，是年初5升装“金龙调和油”批发价为65元/瓶，年末为71.50元/瓶。全年辖区内没有发生粮价暴涨、断供和群体性粮食抢购事件，粮食市场平稳。

【粮食应急保障】 2022年，按《岱山县粮食应急预案》要求，县经信局落实应急供应网点11个、应急运输单位1个、应急加工单

2022年10月20日，县经济和信息化局、县粮食收储公司在高亭闸口社区开展粮食安全周宣传（县经信局　供图）

位1个，实行挂牌定点。落实储备成品粮400吨和应急成品粮250吨，并加强对库存落实情况的检查。做好粮食市场行情监测和分析工作，县粮食行政管理部门设立粮食价格监测点5个，对26个品牌的大米、小麦粉、食用油进行监测，并将监测点粮油价格信息和市场粮油行情分析通过政府信息平台向社会公开发布。

【粮食仓储管理】 2022年，县粮食行政主管部门严格落实省政府下达的计划落实地方储备粮计划，常年实物库存保持70%以上，对照《浙江省地方储备粮管理办法》的相关要求，切实加强对储备粮的监管，按“双随机、一公开”原则，每季度一次对储备粮的数量、质量和安全生产等进行检查。全县储备粮数量真实、质量良好、储存安全和“规模、费用、仓储”三到位。县粮食收储公司深入开展仓储管理规范化建设，重新修订增补公司管理制度，严格抓好仓储管理制度，规范保粮工作，做到账实相符、账卡一致、堆装整齐、储粮安全。

【军粮保障】 2022年，岱山县金禾军粮供应公司认真落实军粮“一批、一检、一报告”制度，建立军粮质量档案；军粮做到专仓储存、专人保管，军粮采购实行全国统筹，实现统一粮源、统一加工、统一包装、统一配送“四统一”；保质保量地完成全年军粮供应任务。“八一”建军节组织慰问部队，交流军粮供应经验做法，征求部队官兵对军粮质量和服务的意见和建议。不定期组织相关人员到部队伙食单位传授粮食保管知识，交流粮油营养健康常识，倡导节约用粮。

【依法管粮】 2022年，县经信局贯彻落实《浙江省粮食安全保障条例》，按照“双随机、一公开”要求，开展粮食政策性工作检查；对超期储存粮食和正常储存年限粮食竞价销售实施分类监管，落实属地监管责任和措施，督促存储企业履行出库义务。对补库的储备粮委托省粮油产品质量监督检查站做好满仓鉴定。是年，每季度对部分粮食经营单位库存粮食数量、质量和仓储设施进行1次督查，推进粮食市场的规范运行。

【订单粮食收购】 2022年，县经信局会同县财政局、县农业农村局、农发行舟山市分行出台当年订单粮食收购政策。订单对象为全县小麦、晚稻种植3.33公顷（含）以上的种粮大户；早稻收购全覆盖，小麦、早稻和晚稻中等质量标准每千克收购价格分别为2.90元、3.16元和3.10元；继续实行运费补贴政策，本岛每千克补贴0.08元、外岛补贴0.12元。县粮食收储公司通过逐户上门走访或电话联系种粮大户，向其宣传粮食收购政策，并对有投售意向的种粮大户上门签订收购合同，全年收购小麦256吨、早稻158吨、晚稻448吨。

【产销合作】 2022年，县经信局进一步深化粮食产销合作，继续保持和粮食主产区安徽省南陵县和东至县粮食部门的协作，通过相互往来和联系，互通粮食产销信息，促进产销区粮食企业的合

2022年7月26日，副县长赵璞（右一）调研夏粮收购工作（县经信局 供图）

2022 年 7 月 20 日，县经信局局长刘世峰（左一）带队到吉林省松原市社里粮库，检查代储的县级储备粮（县经信局　供图）

作。县壮禾粮油贸易有限公司继续同江苏省泰兴市乾坤米业有限公司、如皋市海河米厂建立稳定的购销合作关系，是年，调入的优质大米继续保持上升势头。

【应急物资保障】 2022 年，按县应急管理局储备计划，县经信局采用自储和代储的方式，落实毯子、席子、压缩饼干等物资。9 月，2 次台风连续影响岱山期间，动员全局干部职工迅速动员向避灾点调拨应急物资，保障避灾转移人员的物资需求。

（丁海旻）

对外贸易

【概况】 2022 年，全县实现外贸自营进出口总额 84.03 亿元，比上年下降 20.6%；出口额为 57.18 亿元，比上年增长 3.2%。其中，船舶行业出口 42.23 亿元，比上年下降 4.2%；水产行业出口 4.03 亿元，比上年增长 76.4%；汽配、微电机行业出口 10.30 亿元，比上年增长 29.9%；玩具行业出口 5 亿元，比上年下降 13.8%；自营进口额为 26.80 亿元，比上年下降 46.7%。是年末，有自营进出口权企业 224 家，其中自营进出口额超 200 万美元的企业 24 家，比上年增长 26.3%。全年新增外商投资企业 8 家，合同利用外资 46854 万美元，实际利用外资 9003 万美元。是年，新增获自营进出口权企业 14 家，比上年下降 12.5%。全县外贸情况总体呈平稳发展情势，出口仍为岱山县进出口支撑主体。

【利用外资】 2022 年，全县积极应对国内外疫情反复对市场的巨大冲击，认真贯彻落实推动经济高质量发展、促进外资增长、扩大对外开放、积极利用外资等相关政策，持续优化营商环境，推动利用外资高质量发展。全年新设外商投资企业 8 家，合同利用外资 46854 万美元。实际利用外资 9003 万美元，比上年增长 5.6%，完成目标任务 9000 万美元的 100%；全年引入自贸区离岛片区外商投资企业 4 家，与上年持平；自贸区内合同利用外资 42694 万美元，实际利用外资 8703 万美元，比上年增长 2.1%。产业涉及风力发电、太阳能发电等新能源技术服务投资领域。

【常石集团】 2022 年，常石集团

（舟山）造船有限公司成功交付船舶18艘，与上年持平，包括8艘集装箱船和10艘散货船，全年实现自营进出口额43.70亿元，比上年下降10.1%。其中出口额27.85亿元，比上年下降17%；进口额15.85亿元，比上年增长5.4%。全年出口形势较往年呈下降态势，但企业订单仍趋饱和态势，对全县出口继续显现其支柱作用。

【汽配行业】 2022年，全县汽配行业实现进出口额11.05亿元，比上年增长23.9%；出口额10.30亿元，比上年增长29.9%；进口额0.75亿元，比上年下降24%。银岱汽车零部件有限公司全年出口8.10亿元，比上年增长41.9%；晨光电器有限公司出口1亿元，比上年下降20%；神鹰滤清器制造有限公司出口0.60亿元，比上年增长15.1%。行业出口总量再创新高，占全县出口总额的18%，较上年提升4个百分点。

【水产企业】 2022年2月，舟山环太海洋食品有限公司金枪鱼加工基地正式投产，日处理金枪鱼原料能力80吨，其主要产品金枪鱼鱼柳、鱼粉，被销往东南亚、欧洲等地区，首年出口额1.70亿元，为2022年度全县水产企业之冠。

【外贸企业线上拓市场】 2022年，县商务局积极组织出口企业参加线上广交会、浙江省网上交易会等各类线上展会，助力外贸企业争取订单、拓展客户。全年组织70家次企业参加线上展会15个。

（祝冰辰）

个私商业与电子商务

【概况】 2022年，全县社会消费品零售总额88.97亿元，比上年增长8%，增速排名舟山市各县区第一。限额以上社会消费品零售总额3.07亿元，比上年增长16.6%。其中，限额以上城镇消费品零售额2.83亿元，比上年增长16.4%；农村消费品零售额0.24亿元，比上年增长17.7%。按消费类型统计，限额以上商品零售额1.46亿元，比上年增长31.1%；餐饮收入1.61亿元，比上年增长5.6%。全年批发和零售商品总额159.46亿元，比上年增长31.6%，其中，限额以上批发和零售商品销售额82.59亿元，比上年增长122.1%，其中限额以上批发业商品销售额增速为125%，限额以上零售业商品销售额增速为28.2%。全年住宿和餐饮业营业额8.67亿元，比上年增长5%，其中限额以上住宿餐饮营业额2.71亿元，比上年增长8.1%。限额以上住宿业营业额增速为14.7%，限额以上餐饮业营业增速为0.9%。全年完成网络零售额1.10亿元，同比增速为2.3%。

【消费场景建设】 2022年，全县发放消费券100万元，涵盖酒店、餐饮、民宿等吃住行游购娱消费场景。岱东商圈开展东海郊野公园夏日·觅野丛林露营集市、百姓文化节非遗集市等，打造儿童游乐中心，引入小吃、烧烤、咖啡、集装箱驿站等商贸业态，推动“夜摊”经济。高亭镇希尔顿商圈引入希尔顿酒店、瑞幸咖啡、爱上鱼头等业态。东沙古镇商圈引入知否咖啡店、东三少杂货铺、汉岱坊汉服店、不二村串串等商贸特色店10余家。岱西双合商圈新增前岸双合休闲茶吧和小吃一条街。

【跨境电商政策宣讲】 2022年5月，首届跨境电商政策巡回宣讲活动在县行政中心举办，全县10家传统外贸企业、5家电商企业参加活动。市、县商务主管部门宣讲2022年跨境电商扶持政策；舟山跨境电商出口公共服务平台工作人员就跨境电子商务企业对企业出口（9710）在线订单申报操作流程进行集中宣讲，通过实操实例，向与会企业介绍业务适用范畴、条件，通关申报流程和业务办理方式，为需求企业进行政策解读和工作对接，帮助企业做好合规化申报工作。

（王　一）

服务业

【概况】 2022年，全县从事商业、餐饮住宿、服务业的个体工商户、私营企业共10643户，注册资金

168.62亿元，分别比上年增长4.7%和12.9%。

【个私商业】2022年，全县从事商业的个私市场主体数7299户，注册资金150.18亿元，分别比上年增长5.6%和13.9%，其中个体工商户6523户，注册资金7.22亿元；私营企业776户，注册资金142.96亿元。

【餐饮住宿业】2022年，全县从事餐饮住宿的个私市场主体数1524户，注册资金7.75亿元，分别比上年增长5.6%和7.1%，其中个体工商户1440户，注册资金3.91亿元；私营企业84户，注册资金3.84亿元。是年，开展“浙江外卖在线”数字化应用推广行动，全县外卖在线商户端激活率90%以上，使用活跃率80%以上。开展新天地广场“阳光餐饮街区”创建，在19家餐饮单位后厨安装视频摄像头，实现AI自动巡检，在公共区域及每家餐饮单位显著位置设置数字信息公示屏，供消费者查询、监督。是年，发布餐饮“红黑榜”7期，实施餐饮具抽检360批次。

【个私市场主体】2022年，全县从事服务业的个私市场主体数1820户，注册资金10.70亿元，分别比上年增长4.7%和12.9%，其中个体工商户1482户，注册资金1.42亿万元；私营企业338户，注册资金9.29亿元。

（章佳琪）

市场管理与服务

【概况】2022年，县市场管理服务中心坚持稳中求进总基调，统筹推进市场建设，进一步提升市场管理和服务水平。市场经营秩序和市场摊位租赁等工作进一步加强；“菜篮子”供应和食品安全工作有效开展，市场有效供给和食品安全保障进一步提升；安全生产各项工作扎实开展，社会公共服务质量进一步提升；市场交易环境不断改善，市场管理服务能力不断提高。长涂菜场完成省放心市场创建工作。是年，全县农贸市场完成交易总额55790万元，比上年增长3.8%；交易量25712吨，比上年下降9.9%。

【省放心农贸市场创建】2022年，县市场管理服务中心以菜安全、价公道、计量准“三条标准”为底线，以消费环境、食品安全、管理服务、诚信经营和价格计量“五个放心”为主要内容，完成长涂菜场智能设备安装，公益广告制作完善，厕所改造，市场周边绿化带补绿，墙面瓷砖、地砖修补，消防设施的维修保养等；规范市场经营行为，建立进货查验、进货台账、质量承诺等食品、农产品安全管理制度，落实经营户诚信经营12分考核制度。11月，长涂菜场首创、浪激渚菜场续创获省、市监局考核验收并通过。是年底，县市场管理服务中心下属高亭中心菜场、竹屿菜场、岛斗农贸市场、衢山中心菜场、浪激渚菜场、长涂菜场等农贸市场均通过省放心农贸市场考核验收。

【强化市场管理】2022年，县

2022年5月16日，高亭中心菜场对违反市场疫情管理规定的经营户进行停业整顿（县市场管理服务中心　供图）

市场管理服务中心按照创建全国县级文明城市工作任务的总体要求，坚持“日常治理与改造提升同步”的原则，以巩固成果、提档升级为目标，统筹推动农贸市场的管理与提升。落实主要领导、分管领导、科室长“三级”负责的点位监督管理机制，按区域划分管理点位，实行定人、定岗、定责管理。开展对市场环境卫生、占道跨门经营、商品摆放、门前“三包”、车辆违停等问题的集中整治；做好公益广告、绿化带、地砖等基础设施的更新换旧工作。发挥市场经营户的主体作用，建立“红黑榜”公示制度，根据市场主体文明经营行为、环境卫生状况、公共设施维护等情况，定期在固定场所的红榜和黑榜上进行公示。鼓励经营户参与市场志愿者队伍，协助整治与管理。实行诚信经营12分考核制度，用扣除信用分和履约保证金、停业整顿等方法，规范市场经营秩序。是年，公示经营户失信行为130余起，停业整顿经营户2家，罚扣保证金10350元。

【稳定市场收入】 2022年，县市场管理服务中心严格落实《市场招拍租实施规则及程序》《房屋租赁合同》《租金催收管理规定》中的经营性国有资产租赁、闲置情况月报等制度，规范经营性国有资产租赁工作，做好市场摊位（营业房）租赁工作，是年，各类经济收入1500万元。

【保障市场供应】 2022年，县市场管理服务中心强化食品安全日常监管，确保节假日市场和日常供应食品安全。严格落实索证索票制度，规范溯源工作，与每个经营户签订食品安全责任书，增强经营户食品安全意识。督促批发大户做好商品余缺调剂，保障商品正常供应；落实专人做好市场及菜篮子供应点商品采价工作，适时公布商品价格信息。认真做好食品安全检测工作，每天对市场内的近千种商品按照经营户数15%的抽查率进行抽样检测，全年检测48348批次，合格率为100%。其中，农药残留检测37702批次，合格率为100%；其他项目检测10646批次，合格率为100%。

【维护市场稳定】 2022年，县市场管理服务中心严格落实《安全生产法》，分解细化各相关科室、人员的职责任务，全面做好安全生产各项工作。是年，中心在下属8个市场、2所商城进行“流动消防培训”，为中心职工讲解消防日常管理、检查，火灾预防措施，如何初期灭火、疏散逃生、应急逃生，灭火器、消火栓等消防器材的正确使用，参与培训员工120余人。

【树立市场形象】 2022年，县市场管理服务中心坚持为经营户（群众）做好“十件实事”工作，积极解决市场存在的热点和难点问题，服务发展大局、服务市场主体、服务基层群众。是年，共落实“三服务”13起，收集并处理各类问题62条，开展志愿活动总时长606.1小时。

（徐豪杰）

责任编辑：姜小金

2022年7月21日，衢山中心菜场开展消防培训

（县市场管理服务中心　供图）

住房和城乡建设

Housing and Urban-rural Development

综述

【城市建设概况】 2022年，全县住房和城乡建设工作围绕打造“海上花园城”的奋斗目标和建设“品质岱山”的工作主线，用新发展理念谋划和推动住房城乡建设领域各项工作任务，全县城市品位不断提升。实施城市建设政府投资项目37个，完成固定资产投资15.18亿元。全县建筑业完成总产值20.84亿元，完成房地产开发投资11.93亿元，商品住宅成交均价10358元/平方米。至年末，实有城市道路面积169.58万平方米，排水管道长度139.11千米。

【各类荣誉成果】 2022年，岱山县住房和城乡建设局（简称县住建局）先后获评2022年度全省美丽城镇建设工作年度考核优秀县、2022年农村生活污水处理设施建设改造和运行维护绩效复核优秀县、2022年度岱山县信访工作目标管理考核优秀单位。

城区建设

【东海郊野公园】 2022年，位于岱东镇东部的东海郊野公园，规划占地面积约7.9平方千米，依托地块的生态核心资源，规划建设具生态涵养、自然保育和生态休闲功能为一体的独具海岛田园特色复合型旅游慢生活目的地。整个项目按三期开发，包括一期大地景观区、二期滨海风情带、三期康养区三大区域，一期投资1.80亿元，至年末，建设完成包括64520平方米先行区绿化景观、155160平方米大地田园景观区、41629平方米东海特色无动力儿童探索乐园。二期项目投资约1.20亿元，对东公园运营业态包括鹿栏晴沙景区进行提升，对经营体系进行完善。至年末，东海郊野公园基本完成建设。

【城市口袋公园建设项目】 2022年，县住建局完成城市口袋公园建设项目。

风情街西侧口袋公园项目 主要涵盖绿化提升、景观改善、

2022年10月19日，东海小公园（县住建局 供图）

景观亮化等方面。景观绿化设计面积 1087.57 平方米。该项目总投资为 124.68 万元，于是年 3 月 30 日竣工。

东海小公园项目 东海小公园位于衢山大道和长河路交叉口，主要实施园林绿化提升、景观亮化、水电改造和光纤搬迁改造等工程。项目总投资为 483.04 万元，6 月 6 日完工。

浪琴花园南侧口袋公园项目 浪琴花园南侧口袋公园，其中南侧地块约占 2970 平方米，北侧地块约占 7150 平方米。该项目总投资为 391.27 万元，8 月 29 日完工。

【立体绿化改造】 2022 年，县住建局完成对磨盘山隧道北侧隧道口和蓬莱路山体 2 处立体绿化提升改造工程，总投资约 15 万元。

【白峰路扩建】 该工程于 11 月 24 日竣工，总投资为 1322.05 万元。白峰路全长 257 米，道路宽度扩展至 10 米，等级为城市支路。该项目实施雨污水管道及附属设施的配套工程。

【兰秀大道改建】 该项目全长 1.1 千米，起自县人民法院，途经飞舟路、扬帆路、钓海路，终至星河路。改建内容包括道路从白改黑、机非分离、更换约 24171 平方米的人行道铺装、绿化面积增加至 5536 平方米、管线迁改和修复、沿街商铺门面更新、智慧路灯设计、相关景观配套设施的提升。于 7 月 16 日完工，总投资为 5000 万元。

【老城区道路白改黑】 项目建设规模主要为和谐路、康嘉路、虹采路、康健路、蓬莱路、电信局东侧道路、新河路和育才路 8 条道路白改黑工程，以及排水、交通等附属工程。道路总改造面积 24770.81 平方米。项目总投资 3500 万元。育才路于 2022 年 8 月 12 日完工，其他 7 条道路于是年 1 月 14 日完工。

2022 年 12 月 28 日，白峰路（县住建局　供图）

市政建设

【交通治堵】 2022 年，县住建局持续推进交通治堵工作，县治堵办拟定《2022 年度岱山县治理城市交通拥堵工作实施方案》，分解工作职责，落实工作任务，协调解决难点问题，督查考核工作实绩。全年治堵工作任务细化为十大行动。新增 1.3 千米城市（含县城）道路，新建改造城市道路 1.5 千米，新增停车位 100 个，其中公共停车位 100 个，新建或改造港湾式公交停靠站 10 个，推进机关企事业单位停车位开放 50 个。

【海绵城市建设】 2022 年，县住建局编制完成《岱山县系统化全域推进海绵城市建设实施方案》，9月30日，通过评审。编制完成《岱山县海绵城市建设本底评估报告（2022年）》，经现状调研、数据计算得出评估结论，建成区范围内已达标海绵城市建设面积0.96平方千米。调整《岱山县海绵城市建设领导小组》，出台《关于推进海绵城市建设的实施意见》。

【城区停车智慧化改造】 2022年，全县新增智慧停车场库21个，泊位2150个，范围涵盖主城区、各乡镇及各景区。路侧泊位新增279个（含路侧及衢山大道人行道）。停车诱导系统建设上，新增诱导屏3个。运营范围内场库停车月周转率为139.5%、路侧月周转率为347.7%；场库月利用率为15%、路侧月利用率为34.9%。是年初，智慧停车用户端与其他行业用户端一起进行数据归集，搭建集成多项便民服务的智慧平台。智慧停车业务从“智在安澜”微信公众号向“新生岱”小程序进行数据迁移，优化功能模块，增加停车便民服务，增设停车诱导模块。“新生岱”停车需求用户37520人，绑定认证车辆的用户数11851人。

【老旧小区改造项目】 2022年，县住建局完成2021年岱山县老旧小区配套工程及周边环境提升工程，具体包括康园新村、龙岗路宿舍、银舟公寓、兰亭社区区块、沙涂社区区块、蓬莱三小区区域。项目建设内容为老旧小区基础配套设施改造工程、居住环境整治提升工程等。基础配套设施改造工程包括：道路整治54300平方米，架空管线整治，消防、安防、排水、电力、通信、照明、燃气、环卫、停车设施修缮改造，健身活动场地及无障碍、适老性设施、社区服务设施、充电设施、信报箱、快递设施增设改造等；居住环境整治提升工程包括：绿化改造提升23300平方米，小区出入口、围墙形象提升1800平方米等，项目总改造面积93196平方米。项目总投资为8000万元。2022年老旧小区改造及周边整体提升工程，分2个片区实施，项目总投资27000万元。立面部分改造范围涉及社区6个，改造老旧小区建筑179幢，公建13幢，涉及改造建筑面积约280483平方米，提升改造建筑立面面积234492平方米。附属部分主要建设范围为长河路以北（闸口社区、育才社区），长河路以南（兰亭社区、安澜社区、沙涂社区、蓬莱社区、休闲街、县行政执法局、县消防局），配套工程面积70207.61平方米，主要建设内容为雨污水管网分流及更新改造，道路翻新或修补改造，机动车及非机动车停车位规划；车棚及围墙翻新，燃气、电力、通信等管线改造。

【县生活垃圾中转站】 该项目位于东沙镇杨家岙水塘东50米。建设规模主要为新建垃圾中转站，包括粉碎车间、转运站、污水处理车间、机修车间、配电房、消防泵房、办公用房及其他相关配套附属设施，总建筑面积12319.52平方米。建成后垃圾压缩转运规模为生活垃圾转运规模3000顿/日（含厨余垃圾转运100吨/日）；装修垃圾处理规模120吨/日；大件垃圾处理规模15吨/日；园林垃圾处理规模2吨/日；渗沥液处理规模50吨/日。项目总投资为12770万元，至2022年末，项目处于建设中。

【岱山县污水处理厂扩建工程】 2022年，高亭城区污水处理厂扩建工程位于徐福大道与聚星路交会处西南侧，用地面积45491平方米，工程总投资3.20亿元，分为综合处理厂区和预处理厂区。综合处理厂区建设规模为：土建2万吨/日、设备1万吨/日，主要收集高亭城区和经济开发区部分生活污水；预处理厂区建设规模为0.4万吨/日，主要收集周边海产品加工厂的直排工业污水。至年末，完成厂区建设，基本调试完毕。

建筑业

【概况】 2022年，全县建筑业产值为20.84亿元，比上年增长14.1%。是年，全县注册建筑业企业45家，新增企业10家、新批专业承包资质7项。

【建筑节能与新技术推广应用】 2022年，岱山县继续探索建筑领域低碳发展模式，探索绿色低碳新技术、新材料在岱山建筑中的发展应用，大力推行绿色建造工艺和绿色建材，有效提升建筑能效，全面推进全县建筑业高质量发展。根据省建设厅公布的2022年度建筑领域碳达峰相关工作优秀案例，岱山产业新城综合配套提升工程B地块获评项目实施类超低能耗建筑优秀案例。

【工程招投标管理】 2022年，全县累计完成工程招投标项目142项，工程预算投资额333688.25万元，实际中标价310294.93万元，其中工程建设必招项目58项，占比40.8%，工程预算投资额315540.12万元，实际中标价293342.33万元；建设工程非必招项目84项，占比59.2%，工程预算投资额18148.13万元，实际中标价16952.59万元。非必招工程建设项目中，公开招标49项，累计工程造价10073.57万元，实际中标价9501.01万元；邀请招标35项，累计工程造价8074.55万元，实际中标价7451.58万元。工程造价平均下浮率8%，应招标项目招标率100%。

【建筑工程质量监督】 2022年，县住建局开展建筑工程质量日常检查121次、专项检查6次，签发整改通知单65份，发现现场质量隐患173项，并整改落实。进行钢筋原材料质量抽查15批、机械连接4批、混凝土实体强度8件、钢筋保护层厚度6件，抽测结果均为合格。全年完成竣工验收现场监督工程26个，其中房屋建筑工程22个，建筑面积59.36万平方米；市政及附属工程4个，造价2.38亿元。竣工验收一次性通过项目26个，一次性验收合格率为100%。完成蓬莱杯（优质工程）评审项目3个。

【安全管理和职教培训】 2022年，县住建局落实安全督查计划，加强专项检查与危险性较大分部分项工程检查，具体内容为高大支模架专项检查、脚手架专项检查（包含悬挑式脚手架工程、悬臂式脚手架工程）、国庆节前节后巡查、两会期间安全检查、临时施工用电专项检查、项目关键人员考勤专项检查、危化品使用和储存情况专项排查等。是年，完成日常检查197次，提出整改意见854条，发放各类检查表69份，限期整改通知书34份，局部停工整改通知单4份，停工整改通知书17份。

【建筑工地创城工作】 2022年，县住建局定期开展工地巡查，累计巡查79次，发现问题326处，发出抄告单63份。加强创城指导，如围挡、公益广告的设置，门前四包落实等，对新开展项目做好创城交底工作。

【建筑工地防疫】 2022年，县住建局加强对在建工程的检查，通过定期、突击形式，根据各项目部疫情防控情况采取口头督促整改、防疫群内通报、下发整改通知单等形式，督促整改135次，群内通报34次；4月15日开始，督促全县40个在建工程每隔一周的核酸检测、完成场所码的申领，直至疫情防控政策的全面放开。

住房保障与房地产管理

【概况】 2022年，全县房地产开发投资11.93亿元，比上年增长7.8%，其中住宅投资8.17亿元，比上年下降10.7%；商品房施工面积70.1万平方米，比上年下降11.2%；商品房竣工面积24.5万平方米，比上年下降8.3%；商品房销售面积6.8平方米，比上年下降19.6%。商品住宅成交均价为10358元/平方米。至年末，全县剩余可供市场销售商品住宅面积17万平方米，比上年增长13.4%。是年，审核二手房交易1101件，建筑面积11.2万平方米，其中二手住房交易审核1036件，建筑面积9.42万平方米。

【房地产市场监管】 2022年，县住建局贯彻落实房地产市场各项调控政策，加强对房地产市场的监管。持续开展房地产市场秩序整治规范专项行动，定期开展商品房预售资金入账检查工作，确保所有在建项目排查全面覆盖。严格商品房预售许可、现售备案管理，全年批准商品房预售许可3件，商品房预售上市面积4.4万平方米，比上年增长98.2%；做好东方蜜月城堡一期、银河湾小区二期等商品房项目的现售备案工作。协调解决企业在建设中碰到的问题，做好房地产市场形势分析，全县房地产市场呈平稳健康发展。

银河湾二期 项目位于高亭镇环城北路6号，由舟山岱美房地产开发有限公司开发建设。规划地上建筑面积12.73万平方米；项目由13栋高层住宅楼和1栋保障房组成，其中商品住宅979户，面积11.87万平方米，保障房108户，面积0.51万平方米；商业用房0.09万平方米。项目分二期投入建设。一期项目上年竣工交付，二期项目于是年5月竣工交付，竣工面积5.3万平方米。全年投入开发资金0.85亿元。

东方蜜月城堡 项目位于岱西镇双合村，由舟山缔业旅游发展有限公司开发建设，规划用地面积12.75万平方米，建筑面积6.15万平方米，项目由低层住宅楼、公寓楼、酒店等建筑体组成。其中一期工程于2022年1月竣工交付，竣工面积3.31万平方米。至是年12月，二期工程项目形象进度为主体已结顶，内外粉刷，保温施工完成，内外墙涂料基本完成。全年投入开发资金0.24亿元。

板井潭BJT-03地块项目 项目位于高亭镇板井潭村，由岱山辰宇置业有限公司开发建设，项目地上建筑面积26535平方米，为浙石化内部员工配套住宅用房项目，至12月，该项目形象进度为主体工程均已结顶，37幢、38幢、39幢外墙真石漆施工完成95%，40幢外墙批腻子基本完成，41幢外墙真石漆施工完成65%，42幢外墙腻子基本完成，43幢外墙腻子基本完成，45幢外墙真石漆施工完成75%，46幢外墙腻子基本完成，外墙真石漆施工完成75%。地下室砖墙砂浆粉刷完成，单独商铺幕墙保温岩棉铺设完成，开关站防火门安装完成，门窗玻璃安装完成，幕墙石材干挂完成8%。全年投入开发资金0.48亿元。

海韵府 项目位于高亭镇御景苑北侧，由舟山威晟置业有限公司开发建设，项目地上建筑面积3.75万平方米，绿地率为30%，容积率为1.85，项目建高层住宅楼6栋。至12月，该项目形象进度为1号楼17层板铺设、2号楼17层内架搭设、3号楼16层板钢筋绑扎、4号楼15层板完成、5号楼14层内架搭设、6号楼14层板完成。项目于是年11月26日进入预售。全年投入开发资金1.05亿元。

望海名苑 项目位于秀山乡星海绿苑东侧，由舟山四维尔置业有限公司开发建设，项目地上建筑面积20894平方米。至是年12月，该项目形象进度为主体结顶，内外粉刷，保温完成，内外墙涂料刮底完成。全年投入开发资金0.36亿元。

【房地产市场风险防控】 2022年，在“保交楼、保民生、保稳定”政策引导下，岱山县切实加强对房地产市场重大风险隐患的管控和整治，以维护全县房地产市场正常秩序和购房人的合法权益。全面深入摸排房地产企业和开发项目风险情况，准确掌握房地产市场存在的风险隐患，从源头上预防和减少风险事件的发生。加密商品房预售资金监管频次。严格规范开发企业销售行为和监管银行出入账管理，及时掌握项目工程建设进度、商品房销售情况、预收款归集进度、工程款支付进度匹配情况等信息，切实保障预售资金更加安全、规范、高效使用，防范延期交房、楼盘烂尾等风险。加大房地产企业日常管理和监督检查力度。严肃查处房地产市场违法违规行为，着重加强买卖合同条款及样板房的各项监管，发现房地产企业销售行为中存在可能涉及损害购房人利益行为的，及时制止并发布房地产预警信息，确保全县房地产市场平稳健康发展。

【白蚁防治】 2022年，县住建局办理新建房屋白蚁预防公共服务登记18件，计建筑面积758038平方米；完成新建白蚁预防1件，计建筑面积72230平方米；受理完成白蚁灭治219户。继续实施东沙镇历史文化名镇白蚁综合治理工程，完成第二阶段施工及验收工作。

【住房保障工作】 2022年，全县发放公共租赁住房租金补贴327户，新增公共租赁住房租金补贴

54户，发放公共租赁住房租金补贴246.70万元。引进紧缺型人才、新毕业大学生，审核、分配公共租赁住房83户。委托第三方对大学生公租房后续管理实行专业化、一体化的运行管理，全年累计上门服务198次。对在保家庭的收入和住房情况实行动态管理，结合2021年对390户中低收入住房困难公共租赁住房保障家庭的年审结果，停发租金补贴42户，办理公租房退房63户。8月，出台《2022年岱山县公共租赁住房受理通告》，进一步降低全县范围内公共租赁住房准入门槛，切实解决城镇中等偏低以下收入住房困难家庭、新就业无房职工及稳定就业外来务工人员和环卫、公交行业职工的住房困难问题。

【直管公房管理】 2022年，县住建局完成直管公房维修1处，计建筑面积43.23平方米。开展每月1次以及台风汛期直管公房安全巡查工作。做好高亭、东沙直管公房5户租户的资格审查工作，新申请入户5户，因租赁资格不符合予以清退3户。

【物业管理】 2022年，县住建局完成前期物业合同备案3件，物业承接查验备案2件，物业竣工验收4件，住宅专项维修资金、房改房维修基金使用审核56件，物业专项维修资金退还9件，保修金使用、退还审核3件，物业服务合同备案6件，业主委员会备案审核6件；各类信访投诉365件；归集住宅专项维修资金3027万元，住宅物业保修金501万元。制定出台《岱山县关于全面提升物业管理水平的实施意见》《岱山县居民小区物业管理服务质量考核奖励实施办法（试行）》。完成物业小区四季度物业服务质量考核及“红黑榜”考评工作。建立岱山县物业小区联合会，制订物业服务星级及物业服务收费标准，指导各业主委员会选取适合本小区的服务等级和收费标准，并对全县物业服务收费标准现状进行“扩中提低”。联合县委组织部印发《关于成立岱山县“红色物业党建联盟”的通知》，明确建设推进实施方案，在紫宸府试行“红色议事厅”制度，完成海月名都省级“红色物业”项目创建。印发《关于开展物业小区防汛防台风险隐患再排查再整治的通知》《2022年岱山县物管小区漠视群众利益问题专项整治工作方案》，对照任务清单对全县所有物管小区开展全覆盖式检查，全面落实物业企业安全责任主体。

【居民小区创城】 2022年，县住建局局领导领衔挂帅、科室长分批包干，累计检查小区385个次，发现整改问题4652处。向岱山10家物业企业抄送抄告单，督促物业企业落实整改。完成锦绣华府、蓬莱五小区2个小区非机动车充电车棚改造工作，完成31个物业小区公益广告修复整改324处，新增“浙风十礼”专题宣传105处。完成香澜家园和顺峰家园公益广告、温馨提示牌制作452处。对33个物业小区绿化裸露处进行补种和小区道路标志施划，完成15个重点小区窨井滤网安装、33个物业小区墙体脱落粉刷及窨井破损修复。累计投入创城经费243万元。联合县融媒体中心、公安局、消防救援大队和高亭镇，对居民小区非机动车违停及不文明充电现象进行整治。联合县执法局整治小区楼道、路面乱堆杂物1230余处，对接中裕燃气，对乱张贴抄表单进行整治300余处。抄告交办创城问题至各职能单位10份。对照《居民小区创城固定点位问题清单》逐项清除问题点位，牵头电信、移动、联通公司，完成19个物业小区飞线、箱体整治345处。协调县垃圾分类办，上门对小区住户进行垃圾分类政策讲解，现场指导居民进行垃圾分类。完成县创建办交办的各项创城任务及点位整改工作。

住房公积金管理

【住房公积金归集】 2022年，岱山县住房公积金管理分中心（以下简称岱山分中心）全年公积金正常汇缴515个单位，正常汇缴17031人，缓缴企业3家，缓缴602人，汇缴人员较2021年16988人净增43人，实际年度净增646人，净增人数实现逆势增长。是年，共归集 48787 万元，完成年度计划的 103.8%。

【住房公积金贷款】 2022 年，缴存职工个人住房公积金贷款最高额度 90 万元。全县公积金贷款 393 户，贷款金额 1.29 亿元，完成年度计划的 128.8%；收回贷款本金 12429 万元，完成年度计划的 102%。全年住房公积金贷款余额达到 8.14 亿元，存贷比为 67.6%。同时，通过各种催收手段，减少逾期贷款，贷款逾期率控制在 0.001%。

【住房公积金支取】 2022 年，全县住房公积金支取金额 35200 万元，全年支取 50926 人次，其中购建房 5453 万元，还贷 19731 万元，离退休金 4427 万元，其他 5589 万元，完成年度计划的 100.5%。2022 年住房公积金归集余额达到 12.05 亿元。

【住房公积金缴存扩面】 2022 年，岱山县住房公积金管理分中心扎实推进缴存扩面工作，更好服务缴存企业和职工。通过开发区、发改局、鱼山管委会、经信局等部门对接，掌握全县规上企业、船企、石化类企业、岱山 2022 年企业投资项目等信息，制定服务清单，党员干部深入晨光、瑞程、卓然、和泰等企业宣传公积金政策，同时联合岱山建行党建共建，进行“党建引领，金银合作”携手开展三服务工作，先后到浙江舟富、奥博管业、金鑫海绵、环太海洋等企业走访调研，宣传公积金惠民政策，积极促进企业建立公积金缴存制度。经过缴存扩面宣传服务，晨光电器厂于是年 8 月 10 日建立公积金制度，建缴 88 人。

【住房公积金贷款政策调整】 2022 年，为充分发挥住房公积金的住房保障作用，岱山分中心根据市中心文件精神，于 5 月 18 日对贷款政策进行调整。职工首次申请住房公积金贷款购买首套自住住房的贷款最高额度由 40 万元调整为 60 万元；职工首次申请公积金贷款购买第二套住房的最高额度为 40 万元；职工已结清公积金贷款第二次申请公积金贷款的贷款最高额度由 30 万元调整为 40 万元。高层次人才、退役军人首次申请住房公积金贷款购买首套自住住房或已拥有一套住房并已结清住房贷款购买第二套住房的贷款额度在最高 60 万元的基础上按原规定比例上浮。同一对夫妻在 2013 年 11 月 19 日（含）后生育二孩、2021 年 5 月 31 日（含）后生育三孩的职工家庭首次申请住房公积金贷款购买首套自住住房或已拥有一套住房并已结清住房贷款购买第二套住房的贷款额度可上浮 20%。取消再次申请住房公积金贷款与上次公积金贷款还清后间隔 3 个月的时间间隔要求；职工还清上次住房公积金贷款后，即可再次申请住房公积金贷款。申请公积金贷款的单方缴存公积金职工家庭，贷款最低额度由 15 万元调整为 20 万元；双方缴存公积金职工家庭，贷款最低额度仍为 25 万元。7 月 15 日起公积金异地贷款额度调整至与本地缴存职工一致。

【住房公积金提取政策调整】 2022 年，岱山县住房公积金管理分中心对公积金提取政策作出调整。7 月 18 日起执行职工终止劳动关系提取公积金新政策。缴存职工与单位解除或终止劳动关系的，先办理个人账户封存。账户封存期间，在异地开立住房公积金账户并稳定缴存半年以上的，办理异地转移接续手续。未在异地继续缴存的，封存满半年后可提取。9 月 1 日起执行调整多人购房以及非缴存地非户籍地购房提取公积金证明材料的政策。两人（含）以上非配偶或非直系亲属共同购房提取住房公积金的，需增加提供提取人本人或配偶缴纳 6 个月及以上该房屋水、电、燃气中任何一项缴费凭证和购房资金凭证。缴存职工在浙江省内非缴存地非户籍地购买自住住房提取住房公积金的，需提供提取人本人或配偶购房资金的有效凭证和不少于 6 个月的实际居住证明。

【住房公积金贷款利率调整】 2022 年 10 月 1 日，依据中国人民银行决定，根据市中心要求岱山分中心下调首套个人住房公积金贷款利率，个人住房公积金贷款利率 0.15 个百分点，5 年以下（含 5 年）和 5 年以上利率分别调整为2.6%和3.1%。2022年10月1日前已经完成贷款受理，但未发放的首套个人住房公积金贷款，贷款发放时按新利率执行；10月1日后申请的首套个人住房公积金贷款，贷款发放时按新利率执行；10月1日前已经发放的首套个人住房公积金贷款，自2023年1月1日起按新利率执行；第二套个人住房公积金贷款利率保持不变，按5年以下（含5年）和5年以上利率分别不低于3.025%和3.575%执行。

【住房公积金阶段性支持政策】 2022年6月1日，舟山市住房公积金管理中心发布《关于实施住房公积金阶段性支持政策的通知》，为全面贯彻落实国务院、省委、省政府，市委、市政府关于高效统筹疫情防控和经济社会发展决策部署，根据文件精神，就实施公积金阶段性支持政策作出通知。2022年12月31日前职工租住市场租赁住房提取住房公积金用于支付房租的，月提取金额不超过当月实际房租支出，单职工最高月提取额从1400元调整为1500元，双职工从2880元调整为3000元。受新冠肺炎疫情影响的企业，2022年12月31日前可缓缴住房公积金，申请前应当与职工充分协商，经职工代表大会或工会讨论决定。受新冠肺炎疫情影响的灵活就业缴存人员，可按规定申请缓缴住房公积金。受新冠肺炎疫情影响的缴存职工，2022年6月1日至12月31日期间住房公积金贷款不能正常还款的，经申请不作为逾期处理，不作为逾期记录报送征信部门；缓缴期间缴存时间连续计算，不影响正常提取和申请住房公积金贷款。是年，岱山分中心符合阶段性支持政策的租赁提取共232笔，金额544.66万元；审核通过舟山惠生海洋工程有限公司、闻祯文化传播（舟山）有限公司以及一位个体工商户的公积金缓缴申请，缓缴时间从是年6月至12月，涉及职工602人，为企业以及个体工商户阶段性缓解资金压力达969万元。

【住房公积金服务提升】 2022年，岱山住房公积金管理分中心持续优化提升住房公积金业务服务水平。一是打造“金享通办”模式。持续推进“网上办”“掌上办”，运用大数据以及人工智能，实现公积金账户转移，离休、退休提取住房公积金，偿还购房贷款本息提取住房公积金，住房公积金贷款提前还贷智能速办，非本市户籍职工终止劳动关系提取公积金等5项公积金业务“关键小事”智能速办应用场景落地运行。二是打破数据共享壁垒。聚焦偿还商业银行按揭贷款提取公积金需提供银行还贷明细等堵点问题靶向发力，通过积极协调各商业银行，开发数据共享接口，实现商业性个人贷款数据信息共享，实现与全部10家委贷银行的商业住房贷款信息数据共享。同时新增了异地公积金贷款信息等材料共享，部分公积金业务实现社会保障卡“一卡通”办理。三是持续推进跨省通办。继续通过“全程网办”“代收代办”“两地联办”等模式扩大跨省通办业务覆盖范围，进一步完善跨省通办专窗设置。

专项工作

【安置房建设】 **山外地块住宅小区** 2019年12月开工，于2022年11月竣工。项目用地面积6.35公顷，新建高层13幢，层数17～27层不等，总建筑面积22.24万平方米。概算投资16.62亿元，总套数1364套，其中安置套数1162套，配建停车位1486个。

东海地块住宅小区 2019年11月开工，于2022年12月竣工。项目用地面积3.71公顷，新建高层住宅11幢和办公楼1幢，住宅层数15～22层不等，办公楼8层，总建筑面积11.9万平方米。概算投资8.43亿元，总套数652套，其中安置套数447套，配建停车位789个。

【城乡风貌整治提升】 2022年，岱山县依托全县山体、海洋、526国道岱山段交通线路等载体，充分融入非遗、石壁、沙滩等特色元素，整合城市、乡村、产业、公园、自然山水资源，以点带面全域提升县域城乡风貌。加快入

2022 年 11 月，在建中的东海地块住宅小区（县住建局　供图）

选全省第一批城乡风貌样板区试点建设名单的“山海蓬莱”县域风貌区建设，以具有示范效应的岱西镇双合村、东沙古镇、海岬公园和东海郊野公园为核心，以高双线—东黄线—板黄线为廊道依托，形成一个独具岱山“山海”特色的样板区。11 月 17 日，“山海蓬莱”县域风貌样板区完成省级考核验收，并入选浙江省 2022 年度第三批城乡风貌样板区名单。岱山“竹屿新城”城市新区风貌区、岱山“蓬莱遗韵、渔港风情”传统风貌区入选浙江省 2023 年度城乡风貌样板区试点建设名单。启动《岱山县城乡风貌管控导则》编制，科学管控岱山县域整体风貌。

【未来社区建设】 2022 年，全县加快打造共同富裕现代化基本单元，高质量完成《岱山县城镇社区建设专项规划》编制。注重“一老一小”场景打造，高亭居家养老服务中心、社区食堂获评全省第二批“一老一小”服务场景名单。推进新建类未来社区——星浦未来社区和旧改类未来社区——蓬莱未来社区建设。其中星浦未来社区项目分 2 期实施，一期建设新材料产业技术创研中心和智控中心 2 个工程；二期建设商住区、商业商务区、浙石化人才公寓以及相关配套设施建设。一期于 2021 年 5 月进场施工，智控中心、创研中心于是年 10 月完工。二期于 2021 年 12 月进场施工，至年末，完成总工程量的 32%，商住区基础完成 100%，主体结构完成 60%，砌体和二次结构完成 5%；商业商务区基础完成 90%，主体结构完成 25%。浙石化人才公寓完成总工程量的 25%。蓬莱未来社区项目总投资 4400 万元，规划面积 125.5 公顷，实施单元面积 17.8 公顷，优化提升小区公园、闲置绿地等存量空间，保留改造原中心幼儿园、社区办公楼等建筑，重塑内部空间，构造图书馆、普惠性托育中心、智慧药房等功能场景，实现复合弹性、灵活多样的场景供给。4 月 29 日，蓬莱未来社区项目通过舟山市专家评审；12 月，完成项目主体建设。推动未来社区申报工作，岱山竹屿社区入选浙江省第六批未来社区创建名单。

2022 年 8 月 30 日，“山海蓬莱”县域风貌区——东海郊野公园

（县住建局　供图）

【城乡危旧房治理】 2022 年，全县完成 C 级危房解危 28 幢，涉及

户数402户，面积33144平方米。对全县2022年实施解危的C级和稍显严重的B级城镇危房开展动态监测，关注危房动态变化，确保房屋安全使用。开展第三次城镇房屋登记排查，排查10800余幢房屋并进行系统录入，对排查出来的74幢丙类房屋完成鉴定，未发现新增危房。开展自建房百日攻坚战全面排查，排查自建房4200余幢，其中经营性自建房168幢。完成舟山市自建房排查整治“回头看”和第一次房屋建筑自然灾害风险普查市级质检。

2022年6月6日，县住建局创建美丽城镇建设成果——岱东镇环北峰山绿道（县住建局　供图）

村镇建设

【美丽城镇创建】 2022年，县住建局梳理完善岱山县“五美”建设项目库，完成《全县美丽城镇建设2022年工作要点》，会同有关职能部门研究出台《岱东镇美丽城镇建设专项扶持政策》。建立“双联系”制度，开展督导活动，利用全省线上“美丽讲堂”培训载体，组织乡镇开展在线理论学习。宣传全县及各乡镇围绕“五美”开展美丽城镇建设的工作动态，至12月，累计完成动态类、综述类信息报道92篇。是年，完成美丽城镇建设资金461.27万元，其中省拨资金323万元、市拨资金138.27万元。至11月，全县100个项目全部完工，累积投资额5.58亿元，完成年度进度的100%，并被浙江省城乡风貌整治提升工作专班办公室评为2022年全省美丽城镇建设年度考核优秀县，岱东镇被省城乡环境整治工作领导小组确定为2022年浙江省新时代美丽城镇建设省级样板，衢山镇被确定为2022年浙江省新时代美丽城镇建设基本达标镇。

【省级“美丽宜居示范村”创建】 2022年，长涂镇长西村、衢山镇枕头山村被列入省美丽宜居示范村创建村。县住建局落实美丽宜居示范村建设规划编制工作。根据长涂镇长西村和衢山镇三弄村申报的项目要求，完成各项建设任务，迎接省厅督查验收，帮助协调解决各村在示范村建设过程中的问题。

【渔农村生活污水治理】 2022年，全县投资2000万元用于基础设施建设改造，包括三弄村管网改造提升工程和渔耕碗村、田涂村、秀北村终端建设工程，全部完成施工，进入试运行阶段。会同县农业农村局、衢山镇及第三方运维公司，对衢山31个未移交终端进行现场查勘，对设施完好的终端进行移交，对设施缺损的终端要求镇政府限期维修达到移交标准后进行移交，全年完成移交28个。加快实施200吨以上终端在线监测工程4个。是年初，县住建局对接省建设厅建科院，落实在线水质监测实施方案，和有关单位对接落实项目资金，该工程已完成。对6个终端环境进行提升改造，并完成施工。建立日常零星工程维修队伍，及时对终端及管网的零星损坏进行维修。

【渔农村困难群众住房救助】 2022年，全县完成17户困难群众危房改造，其中无房户3户、C级危房14户，每户补助2.50万元。起草《岱山县自建房安全专项整治“百日攻坚”行动方案》，成立县农村房屋安全隐患排查整治工作领导小组和工作专班，排查房屋43381户，其中经营性用房1155户，初步判定安全隐患155幢，经鉴定，A/B级房屋85幢，C/D级房屋70幢，其中C/D中住人的10幢，对未住人危房进行管控处理，完成改造住人危房，对自建房排查进行“回头看”，特别针对经营性自建房等4类自建房进行再排查，未发现新增安全隐患。

2022年3月31日，岱山县“大综合一体化”行刑衔接中心挂牌成立

（县综合行政执法局　供图）

【历史建筑保护】　2022年，县住建局对东沙历史文化名镇内86处受白蚁侵害区域实施白蚁综治，安装远程无线监测装置1100套，完成整体安装目标的45%。完成《岱山东沙历史文化名镇保护规划》编制，提交省建设厅进行评审。

（胡亚楠）

城管执法

【“大综合一体化”行政执法改革】　2022年，全县持续推进“大综合一体化”行政执法改革，年度考核列全市第一。做好事项划转、队伍整合、力量下沉等工作，推进乡镇一支队伍管执法。是年，开展集中培训30场次，受训780人次，建立每周通报晾晒制度和监管执法计划，全县乡镇综合行政执法队监管检查和处罚办案力度较上年均大幅增长。全面打造“行刑衔接中心”全市示范点和乡镇“一支队伍管执法”示范点——衢山镇综合行政执法队。推进全县综合执法统一指挥平台，压实“大综合一体化”执法监管数字应用的贯通承接工作。是年，入驻执法主体37家，执法人员1028人，实现执法人员账号开通率100%和有签名的执法人员占比100%。协同指挥开展

2022年，岱山县蓬莱会前休闲廊道“席地能坐”保洁区创建完成

（县综合行政执法局　供图）

执法协作242次，事件处置率为100%。

【城乡环境综合整治提升】2022年，全县扎实开展城乡环境综合整治提升八大行动，年度考核居全市第一。精品示范街（路）、背街小巷提升改造和1千米污水管网改建均提前竣工。“门前四包”示范街创建有力，创建完成“席地能坐”保洁区3处。规范提升装修垃圾投放点43个、集置点6个。整改不文明施工问题，立案查处破坏城市道路等行为16起。开展广场舞专项联合整治，现场纠正公园、广场内的不文明行为。

【全国文明县城创建行动】2022年，县综合行政执法局持续发挥市容市貌组牵头作用，调整完善全局点位长制度，督促整改市容市貌、破损市政设施等问题900余个，完成大型创城迎检任务3次。在城区主次干道，安排“三车”协管员、城管协管员102名，引导群众规范停放电瓶车，并按序摆正。是年，完成6个翻新路段的车位划设，3个路段、336米停车挡车器的安装，14个路段电瓶车充电桩的增设工作。实行收捕犬只网上公布，自5月起，无人认领的流浪犬送至市犬只收容中心进行收容管理。

【智慧城管平台建设】2022年，县综合行政执法局建设完成智慧城管二期项目，全力打造“商户码”应用场景，以信息化助力沿街商户全流程监管新路径，提升智管效率。是年，立案派遣处理1468件，事部件结案率为91.6%。

【市容环境整治】2022年，县综合行政执法局开展乱丢烟蒂专项治理行动，查处乱丢烟蒂行为372起，科学设置灭烟柱点位，在城区人流量大、人群密集区域增设灭烟柱44处。持续开展早间流动摊贩专项整治和高亭城区范围内电动车私拉电线专项整治，开出全市首张电瓶车乱充电“罚单”。整改高亭城区主次干道店60家店招牌，完成限期整改37家，代为修复、拆除23处。立案查处建筑垃圾违法行为案件32起，拆除违建10处。

【市政公用管护】2022年，县综合行政执法局深化城镇燃气领域除险保安工作，督促企业开展自查自纠及入户安检工作，非居民用户燃气报警器安装率为100%。建设完成智慧管网监管系统，关停城乡液化气，实现本岛瓶装燃气一体化工作。推进老旧小区管道燃气安装项目，完成瓶改管1500户，新建改建燃气管网23千米。开展城市运行领域安全生产五十天专项整治行动，全面排查整改隐患。完成长河清淤及爆气设施安装，新增3000立方米/小时生化处理设备。完成公厕服务大提升30座，做好市政桥梁检测15座，开展城区道路脱空检测。做好国庆等假日城区节庆氛围的营造。

【规范执法办案】2022年，县综合行政执法局深化行政执法体制改革，全面采用统一执法平台2.0和掌上执法开展行政检查工作。通过移动执法系统，实现案件办理全过程记录。着力构建数字执法监管体系，认领执法“监管一件事”应用场景60项，建设“综合查一次”应用场景79个，开展“综合查一次”85次，出动执法人数464人次，对102家主体进行检查，受检频次减少147次，受检频次降幅63.4%。加大

2022年4月24日，县综合行政执法局对全县15座市政桥梁开展检测工作
（县综合行政执法局　供图）

执法办案力度，推进民宗、人力社保等新划转领域的案件办理，丰富案件类型。是年，办结行政处罚案件5125件，履行罚没款324.03万元。

（周明镜）

环境卫生

【环卫管理】 2022年，县环卫处以助推“全国县级文明城市”和“重要窗口”海岛风景建设为工作总目标。严格按照定人、定岗、定责的工作制度，高标准、高质量落实各项环卫作业，道路清扫保洁、垃圾收集清运、公厕保洁管理等作业效率和质量均得到显著提升；持续开展处领导班子一线督查、部门轮流互查、科室自查自纠，确保各项工作安全、有序、高效开展。

【道路保洁】 2022年，全县配备道路保洁员428人，其中县本级158人，各乡镇270人。全县道路保洁总面积396.84万平方米（包括绿化带179.11万平方米）。其中，县城区道路保洁面积168.68万平方米（包括绿化带44.71万平方米）；乡镇道路保洁面积228.16万平方米（包括绿化带64.11万平方米）。在保洁质量上，做到路面无果皮纸屑、无垃圾杂物、保洁时间不低于每天8小时等作业要求，加强机械化清扫作业力度，使道路保洁质量得到进一步提升。

【垃圾分类收运处置】 2022年，全县城区49辆专用收集、清运车辆根据垃圾分类清运专线进行分类收运，做到生活垃圾日产日清。对有害垃圾与可回收物实行“定时定点”上门收运，并由工作人员做好对回收种类、数量的确认，建立相应的收运记录台账，实行溯源管理。在垃圾处置方面，其他垃圾和易腐垃圾进行分类收集后，出岛外运至团鸡山垃圾焚烧场和餐厨垃圾处置中心进行资源化、无害化处理，运送期间严格落实运输密闭化、操作规范化等作业标准，确保垃圾出岛工作安全有序进行；可回收物由舟山联慧环境科技有限公司收集后进行资源化处理；有害垃圾交由舟山志成环保科技有限公司处理；建筑软垃圾运至团鸡山垃圾焚烧场焚烧发电进行资源化利用。是年，全县共出岛处置生活垃圾60043.86吨，均达到无害化、资源化处理。

【公厕保洁管理】 2022年，全县进一步提升公共厕所服务水平，公厕总数313座。其中县城区47座、乡镇266座。在公厕管理上，继续严格落实公厕管理保洁标准，做到公厕内外环境干净、整洁，并及时对设施缺损、影响使用的洁具进行维修更新，确保公厕设施完好。是年，为深入贯彻落实省、市推动“公共场所服务大提升”的决策部署，在小门弄公厕、兰秀大道298号公厕等30座公厕内免费提供热水、洗手液、厕纸、手机充电、干手器、WIFI、垃圾分类等便民设施和服务，其中8座公厕安装智慧公厕系统，提升城区公共厕所智慧化服务水平。加快推进全县旅游厕所建设与改造。是年，改造岱东镇酒坊旅游公厕和岱西镇前岸村旅游公厕2座。

【环卫基建】 2022年，全县累计投入环卫基建资金1808.47万元。其中，县本级共投入1210.22万元。完成32个居民小区“撤桶并点”设备购置，对公厕、垃圾压缩站等环卫设施实行定期维护改造，更新环卫作业车辆9辆、果壳箱200个、密闭式垃圾箱100个、分类垃圾桶782个，提升全县城区生活垃圾分类转运处置能力。各乡镇投资598.25万元，用于购置环卫作业车11辆（其中机械车2辆、三轮电动车4辆、电瓶车5辆）、各类垃圾容器1500余个及扫帚4430把，夯实全县乡镇环卫硬件设施基础。县环卫处配合推进1座环卫中转站新建。

【城区生活垃圾分类】 2022年，全县城镇生活垃圾分类覆盖面率为100%；城镇生活垃圾回收利用率60%以上，资源化利用率、无害化处理率均为100%。新增御景苑、大岙香澜家园省级高标准分类示范小区2个；累计完成47个居民小区“撤桶并点”工作，同时积极开展居民垃圾分类宣传，引导居民定时定点有序投放。完

2022 年 2 月 21 日，县分类办进小区宣传“变废为宝”酵素制作

（县综合行政执法局　供图）

成生活垃圾分类示范教育基地的建设。深化“八进”宣传活动，进家庭 9600 余户，入户宣传率为 100%，进小区 200 余场。在市级以上媒体刊登各类新闻 6 篇；开展垃圾分类知识宣传，在“看岱山”App、微信公众号和岱山新闻网等县级媒体平台，推出《环保酵素手工制作易腐垃圾变废为宝》《争创全国县级文明城市创城再出发：垃圾分类挑战赛美好生活文明新“分”》等垃圾分类报道 100 余条。发放垃圾分类宣传册、折页、画报 1.64 万余份。深化小餐饮业生活垃圾分类投放规范整治，完善餐厨垃圾全流程管理，落实交付收运确认制度，做到“应分尽分、应收尽收”，完成沿港西路、沿港中路、衢山大道等 17 条道路，97 家小餐饮餐厨垃圾的交付收运，规范生活垃圾分类投放。

【城乡环境整治】 2022 年，县环卫处持续开展城区主要道路、背街小巷、卫生死角等环境卫生整治，做好城区绿化带、道路周边烟头烟蒂、白色垃圾捡拾工作。对城区老旧收集容器、公厕等环卫设施设备进行排查更新。是年，共组织人员 900 余人次，开展城区卫生集中整治 90 余次，清理人行道等处污迹 1.58 万余处，清理背街小巷、卫生死角大件垃圾 4040 余车，更换分类标识标志 2210 余张，清洗果壳箱、垃圾桶 44 万余个。全面做好疫情防控期间垃圾收运处置防控工作，加强对新区中转压缩机房、环卫车辆、公厕等设备和场所的消毒工作，做好废弃口罩等有害垃圾的收运处置工作，是年，累计清运废弃口罩和防护服等废弃物约 433.7 千克。

（郑佳艳）

责任编辑：李慧慧

自然资源管理和环境保护

Natural Resource Management and Environmental Protection

自然资源和规划

【自然资源调查监测】 2022年，县自然资源和规划局主动适应从严从紧的核查要求，高质量完成2021年度国土变更调查并通过验收。开展第三次全国土地调查成果宣传活动，调动基层主动参与自然资源监管的积极性。持续开展日常变更调查工作，保障国土调查成果的现势性和准确性。

【国土空间规划管理】 2022年，县自然资源和规划局完成“三区三线”划定工作，划定成果经自然资源部同意正式启用。协调浙江省风景名胜区整合优化方案，完善《岱山风景名胜区总体规划》成果，并通过评审。启动磨心山、燕窝山、秀山湿地3个景区的控制性详细规划编制，强化风景资源的保护与利用。加强城乡景观风貌的规划设计和控制引导，有序推进控制性详细规划编制，完成岱山县城西单元、高亭镇江南山北部片区和衢山渔港经济区3个控制性规划编制，并获批。编制完成高亭镇石马岙村、枫树村2个“多规合一”实用性村庄规划。

【土地资源开发利用】 2022年，县自然资源和规划局坚持“指标跟着好项目走”的原则，实施精准化、预算式指标配置。全年完成6个计划批次报批，总面积26.48公顷，其中新增建设用地25.03公顷，确保岱山高亭至石化小区至双峰新城公路工程、美丽渔港江南山未来渔村项目等重点项目资源要素应保尽保。合理编制2022年度国有建设用地供应计划，批准供应国有建设用地76宗，供地面积426.04公顷。其中，划拨用地31宗，供地面积78.93公顷；出让38宗，供地面积317.69公顷；租赁7宗，供地面积29.42公顷。深化土地资源节约集约利用，消化批而未供土地104.51公顷，完成城镇低效用地再开发42.07公顷，盘活利用国有存量建设用地321.53公顷。加强土地征收管理，完成9个项目12.74公顷的土地征收，收储国有土地6宗、237.06公顷，全县储备土地总面积811.39公顷。

【生态保护与修复】 2022年，县自然资源和规划局推进海洋生态修复与保护，布设海洋生态基础监测站位15个。5月，完成春季海洋生物调查监测。7月26日，在大长涂至西寨岛以南海域发生赤潮1次。8月，完成水文气象、水体环境、沉积环境和夏季海洋生物调查监测。10月，完成渔业资源调查监测。监测期间，水质pH值、溶解氧和化学需氧量符合第一、二类海水水质标准，部分区域活性磷酸盐和无机氮含量较高。沉积物有机碳、硫化物质量良好，符合第一类海洋沉积物质量标准。浮游植物、浮游动物、底栖生物、游泳动物的多样性指数较低，生物多样性一般，与上年同期比无明显变化，监测到的鱼卵仔稚鱼较少。是年，加快废弃矿山治理。实施11处废弃矿山治理项目，全部完工，其中9处通过交工验收，全面修复山体

2022 年 5 月 22 日，县自然资源和规划局在东海郊野公园举办“手绘自然 多彩岱山”2022 年国际生物多样性日主题活动宣传（县自然资源和规划局 供图）

疤痕。

【林业资源管理】 2022 年，全县完成营造林 320 公顷，其中，百万亩国土绿化 120 公顷，实施彩色健康森林建设（森林综合抚育）200 公顷。省赠珍贵树苗红楠 1.2 万株，用于森林抚育项目。高亭镇石马岙被评为浙江省“一村万树”示范村。组织开展全县义务植树活动。全面建立林长制，3 月，召开第一次县级总林长会议。4 月，印发《岱山县林长制会议制度等四项配套制度的通知》，明确县级会议制度、信息公开制度、县级部门协作制度、工作督查制度等林长制配套制度 4 项。12 月，印发《岱山县林长制工作考核办法》。推进数字化改革，完善“林长智治”应用场景。完成林地、湿地、草地图斑核实更新和各项数据因子更新。编制完成《岱山县千万亩森林质量精准提升五年规划》《森林岱山五年规划（2022—2026）》编制。全年，办理建设项目采伐 4 例，蓄积量 133.2 立方米。严格执行林地定额管理，审核转报占用林地（含临时占用林地）171.4 公顷，征收森林植被恢复费 3811.89 万元。开展野生动物疫病疫源监测和林业检查执法，制止林区破坏野生动植物行为。开展自然保护地森林防火宣传，全年森林火灾发生率控制在 20 次 /10 万公顷，受害率控制在 0.8‰以内。

【海域海岛使用管理】 2022 年，县自然资源和规划局规范日常海域海岛使用审批、招拍挂以及登记发证工作，保障重点项目用海和自贸区用海用岛。严管严控新增围填海，除国家重大战略项目外，全面停止新增围填海。是年，确权发放海域不动产权证书 8 本，确权面积 187.21 公顷；注销海域使用权证书 18 本，面积 722.57 公顷。对 95 宗海域使用确权项目征收海域使用金 3989.06 万元。根据《中国海域海岛标准名录》，全县无居民海岛数量为 544 个，其中，已开发利用活动海岛 123 个、未开发利用活动海岛 421 个。

【矿产资源管理】 2022 年，全县开采矿产资源约 3468 万吨。采矿权延续 1 宗，为高亭镇大小鱼山矿；采矿权变更 1 宗，为高亭

2022 年 8 月，岱山县甬兴石料（东方蜜月城堡）边坡治理工程完工

（潘佳露 摄）

2022年9月2日，受台风"轩岚诺"影响期间，县自然资源和规划局（衢山所）巡查衢山镇岛斗村小岙路道路边坡风险防范区（张祥 摄）

镇大小鱼山矿；采矿权注销3宗，为岱西镇牛山矿、岱西镇笔架山矿、长涂镇杨梅坑矿。至年末，全县共有采矿权15宗。新计提矿山地质环境治理恢复与土地复垦基金2550.61万元。

【不动产登记】 2022年，县自然资源和规划局坚持数字赋能，深化"最多跑一次"，改革"国有土地及商品住宅产权全链智治"和"不动产信息集成应用"子场景贯通。加快不动产登记规范化建设，推进农村集体土地所有权更新工作，基本解决不动产登记历史遗留问题，有序推进自然资源统一确权登记。是年，办理不动产登记业务13378件，其中，颁发不动产权证书7619件，不动产登记证明2901件，涉及抵押金额321.97亿元。

【地质灾害防治】 2022年，县自然资源和规划局抓好地质灾害防治，治理地质灾害综合治理9处，面积13000余平方米，投入资金约830万元。完成小规模不稳定边坡排险26处，使用资金约200万元。加强汛期地质灾害防控，印发《2022年岱山县地质灾害防治方案》，科学研判地灾风险，精准发布风险预警，及时提交防控清单，指导相关人员转移避险。台汛期，通过"地灾智防"App巡查1370点次，发布预警2次，转移人员37户、51人。更新地质灾害风险"一张图"，全县有地质灾害风险防范区38个。

【测绘工作】 2022年，县自然资源和规划局完成岱山本岛107平方千米1：2000比例尺基础地理信息数据年度更新、县域范围（约300平方米）重大要素变化每季度动态增量更新和岱山县地理信息公共服务平台（天地图岱山）电子地图、地名地址数据、影像数据更新。开展岱山县城市地下市政基础设施普查，完成岱山县建成区范围11.40平方千米内598.4千米各类管线的调查。提供涉密基础测绘成果7项，非涉密基础测绘成果45项，支持自然资源业务管理、交通建设、水利建设、城市改造等领域，夯实各行业测绘地理信息成果服务保障。

（滕　睿）

生态县建设

【美丽岱山建设】 2022年，县自然资源和规划局巩固国家生态文明建设示范县成果，进一步推动全县生态文明建设。全面落实环境报告制度，全县7个乡镇生态环境质量报告完成率为100%。

【"无废城市"建设】 2022年，县自然资源和规划局印发《岱山县"无废城市"建设2022年工作计划》、年度"无废细胞"建设方案，统筹推进"无废细胞"建设，结合全县海岛特点，在全市率先打造"无废渔船""无废海岛""无废小岛"等细胞载体，以点带面，进一步营造"无废城市"建设氛围。"无废码头"列入全省生态环境系统共同富裕最佳实践案例。

污染减排和环境污染整治

【污染减排】 2022年，全县年度污染削减目标为化学需氧量80吨、氨氮20吨、挥发性有机物5吨。全年削减化学需氧量87.6吨、氨氮25.55吨、挥发性有机物39.84吨。

【打好“蓝天保卫战”】 2022年，县自然资源和规划局落实《舟山市2022年清新空气行动实施计划》，开展挥发性有机物（VOC_S）深化治理。全县环境空气质量优良率为98.1%，全市第一，空气质量综合指数全省前列。

【深化水环境综合整治】 2022年，县自然资源和规划局落实《岱山县2022年治水治污工作实施方案》，深化“污水零直排区”建设，实施水环境综合整治。

【入海排污口整治】 2022年，县自然资源和规划局完成入海排口整治200个，其中，6个市级重点入海排口问题完成销号。市控以上断面水质优良率为100%，水环境监测断面水质达标率为100%。

【危险废物处置】 2022年，县自然资源和规划局继续完善运行小微企业危废收运平台，实现小微产废企业全覆盖。是年，收集转运危险废物732吨，危废处置率为100%。

【工业固体废物处置】 2022年，全县一般工业固废收运处置中心建成并投运。印发《关于建立健全岱山县工业固废收运体系和开展一般固废治理专项行动的通知》，补齐固废处置设施短板和制度短板。

【疫情防控期间医疗废物监管】 2022年，县自然资源和规划局精准有效做好常态化疫情防控相关环保工作，印发《岱山县涉新冠疫情医疗废物应急转运处置方案》，开展疫情防控期间集中隔离点和定点医疗机构环境管理检查。

环境监管和执法

【环保督察整改】 2022年，舟山市生态环境局岱山分局完成2021年省委生态环境保护专项督察5项问题的整改。完成第二轮中央环保督问题整改年度任务。

【环境风险隐患排查】 2022年，舟山市生态环境局岱山分局开展双随机企业、重点隐患行业专项检查、环保管家体检服务，共检查企业339家次，发现问题147个，问题整改率为100%。按照《舟山绿色石化基地高风险放射源执法监管行动方案（2020—2022）》，会同有关部门，开展夜查24次，发现并整改相关问题6个，问题整改率为100%。是年，继续保持全县重大生态环境事故、辐射安全领域事故零发生。

【环境信访】 2022年，舟山市生态环境局岱山分局共接待群众信访26件，均已处理完毕，未出现信访出县和重复信访事件。

【加强环境监测能力】 2022年，舟山市生态环境局岱山分局对标大石化时代监测能力要求，继续

2022年1月12日夜，舟山市生态环境局岱山分局组织人员进行辐射移动探伤作业突击检查（舟山市生态环境局岱山分局　供图）

增加硬件设备投入，投入750万元用于挥发性有机物监测和应急监测能力的提升。增加监测人员数量。通过“家燕归巢”等活动，吸引高校生到岱山实习，与高校联手探索建立培养环境监测人才的实践基地。

【数字化改革】 2022年，舟山市生态环境局岱山分局建设“岱你好空气”扬尘在线应用，编写《岱山县全域扬尘数字化智治方案》，加强对道路扬尘、秸秆燃烧、施工工地扬尘、物料堆放扬尘的实时监测，实现闭环管理。是年，扬尘在线监测监管系统被列入全省生态环境系统重点应用“一本账S0”继续试点。

【“环保智管服”应用】 2022年，舟山市生态环境局岱山分局全面推进“环保智管服”应用工作的推广，完成全县210家企业的“环保码”申领工作，提示环保精准化监管服务水平。

【“七张问题清单”管理】 2022年，舟山市生态环境局岱山分局建立健全“七张问题清单”闭环管理机制，建立“一把手”亲自抓责任落实的工作专班，构建“问题发现靠党建、问题发生查党建、问题解决看党建”的党建工作新格局。是年，全县重大生态环境问题清单工作成效良好，9月，全省排名第17位；10月，全省排名第3位。

2022年4月22日，舟山市生态环境局岱山分局为企业申领“环保码”
（舟山市生态环境局岱山分局　供图）

环境状况

【环境空气质量】 2022年，岱山县环境空气质量总体良好，环境空气质量优良率为98.1%。根据环境空气自动监测站获得的有效监测数据，全年发布环境空气质量日报359期，其中空气质量为优的257期，占日报总期数的71.6%；空气质量为良的95期，占日报总期数的26.5%；空气质量为轻度污染的7期，占日报总期数的1.9%。二氧化硫年平均值为0.007毫克/立方米，二氧化氮年平均值为0.014毫克/立方米，可吸入颗粒物年平均值为0.031毫克/立方米，细颗粒物年平均值0.017毫克/立方米，均低于《环境空气质量标准》（GB 3095—2012）二级标准限值。一氧化碳日均浓度范围为0.2～1.0毫克/立方米，臭氧日最大8小时滑动浓度范围为0.022～0.204毫克/立方米。是年，岱山县酸雨污染仍较严重，降水样品中pH值＜5.60的样品数占总样品数的82.8%，酸雨量占总降水量的72%。

【地表水环境质量】 2022年，全县列入地表水水质常规监测的断面3个，分别为枫树长河、磨心水库、桂太长河。根据监测结果，该3个监测断面均符合指定功能水质类别要求，达标率为100%。

2022年岱山县地表水水质评价结果表

表9

水域功能	站位断面	超标项目及类别	定类因子	2022年水质类别	2021年水质类别	指定水质类别	符合程度
集中式饮用水水源	枫树长河	—	高锰酸盐指数、化学需氧量、总磷	Ⅲ	Ⅲ	Ⅲ	√
	磨心水库	—	高锰酸盐指数、总磷	Ⅱ	Ⅱ	Ⅱ	√
农业用水	桂太长河	—	高锰酸盐指数、化学需氧量、总磷	Ⅲ	Ⅲ	Ⅳ	√

注：括号内表示项目类别，√表示达到指定功能水质要求

2022年岱山县千吨万人及以上的集中式饮用水源地水库水质单因子评价结果表

表10

站位断面	超标项目及类别	定类因子	2022年水质类别	2021年水质类别	考核水质类别	符合程度
小高亭水库	—	高锰酸盐指数、总磷	Ⅲ	Ⅱ	Ⅲ	√
磨心水库	—		Ⅱ	Ⅱ	Ⅲ	√
枫树水库	—		Ⅲ	Ⅲ	Ⅲ	√
浪荡湾水库	—		Ⅲ	Ⅱ	Ⅲ	√

注：2020年小高亭水库评价标准调整为地表水环境质量标准Ⅲ类河流型

【集中式饮用水源地质量】 2022年，全县列入千吨万人及以上的集中式饮用水源地常规监测的断面4个，分别为小高亭水库、枫树水库、磨心水库和浪荡湾水库。根据监测结果，该4个水库水质均符合《地表水环境质量标准》（GB 3838—2002）Ⅲ类标准限值要求，达标率为100%。

【城区声环境质量】 2022年，全县声环境质量总体较好。区域环境噪声昼间平均等效声级53.2分贝，符合《声环境质量标准》（GB 3096—2008）1类声环境功能区控制限值要求，其中昼间等效声级在55分贝以下的面积为3.71平方米，占监测网格总面积的67.9%，表明城区多数地段处于声环境质量较好状态。

声环境功能区监测结果表明：1类声环境功能区环境噪声昼夜小时平均等效声级范围为48.5～52.7分贝；2类声环境功能区环境噪声昼夜小时平均等效声级范围为46.4～52.4分贝；3类声环境功能区环境噪声昼夜小时平均等效声级范围为54.8～63.6分贝；4类声环境功能区环境噪声昼夜小时平均等效声级范围为59.8～60.9分贝。各功能区测点昼间、夜间、昼夜间平均等效声级均符合《声环境质量标准》（GB 3096—2008）相应声环境功能区标准限值要求。

交通噪声昼间平均等效声级为64.3分贝，符合《声环境质量标准》（GB 3096—2008）规定的4类声环境功能区标准限值要求。

2022年岱山县区域噪声监测结果表

表11

区域	时间	网格大小（米×米）	网格总数（个）	平均等效声级分贝（A）
高亭城区	昼间	250×250	109	53.2

2022 年高亭城区交通噪声监测结果表

表 12

区域	时间	平均车流量（辆 / 小时）	平均等效声级分贝	项目	声级范围分贝			
					50 ～ 55	55 ～ 60	60 ～ 65	70 ～ 75
高亭城区	昼间	373	64.3	路段长（千米）	3.4	4.53	8.04	19.007
				占总长（%）	9.7	13.0	23.0	54.3

2022 年岱山县各功能区声环境季度监测结果表

表 13

单位：分贝（A）

季度 \ 区域	居民文教区			混杂区			工业区			道路交通干线两侧		
	昼间均值	夜间均值	昼夜均值	昼间均值	夜间均值	昼夜均值	昼间均值	夜间均值	昼夜均值	昼间均值	夜间均值	昼夜均值
一季度	48.5	38.8	48.5	47.1	38.5	47.6	63.2	54.3	63.6	59.9	49.7	59.8
二季度	46.8	42.2	49.4	45.0	38.3	46.4	61.4	54.1	62.5	60.5	47.8	59.8
三季度	51.6	44.0	52.7	46.8	39.8	48.0	53.9	46.2	54.8	59.1	53.2	60.9
四季度	49.5	39.6	49.6	53.6	38.3	52.4	59.5	54.6	61.9	57.8	53.7	60.7
全年	49.1	41.2	50.0	48.1	38.7	48.6	59.5	52.3	60.7	59.3	51.1	60.3

（吴　磊）

责任编辑：李慧慧

综述

【交通项目投资情况】 2022年，岱山县交通运输管理局（简称县交通局）围绕“重要窗口”海岛风景建设、高质量发展建设共同富裕示范区海岛样板，全力攻坚交通大会战，周密谋划，狠抓落实。全年交通基础设施投资完成10.87亿元；完成市交通大会战建设投资9.30亿元；完成水运工程项目投资14.10亿元，完成年度计划目标的141%。

【客货运情况】 2022年，全县旅客运输量787万人次，比上年下降44.3%；旅客运输周转量19081万人/千米，比上年下降27.1%。全年货物运输总量6074万吨，比上年增长4.1%；货物运输周转量779.29亿吨/千米，比上年增长18.3%。

【陆路水路货运情况】 2022年，全县公路货运周转量为19.2亿吨/千米，比上年增长5%；水路货运周转量为760亿吨/千米，比上年增长18.6%；港口货物吞吐量为2.03亿吨，完成县级任务的112.8%，比上年增长0.2%。其中，金属矿石吞吐量7015万吨，比上年增长0.8%；石油、天然气及制品吞吐量3653万吨，比上年增长41.7%。是年末，有海运企业45家，在册营运货运船舶228艘，比上年减少3艘；运力230.54万载重吨，比上年增长5.6%，其中万吨级船舶55艘，比上年增加5艘；运力189.49万载重吨，比上年增长4.1%。全县有生产性泊位76个，其中万吨级上深水泊位23个。

交通基础设施建设

【526国道岱山段改建工程基本完工】 2022年，526国道岱山段改建工程除新区段暂不实施外，全部完工并实现全线贯通，完成年度投资3亿元的目标。

【高亭至双峰新城公路工程建设】 2022年，高亭至双峰新城公路工程完成隧道工程的40%和路基工程的40%。累计完成投资2.57亿元。

2022年5月21日，高亭至双峰新城隧道工程（县交通局　供图）

【秀山环岛公路（海香至九子段）完工】 2022年10月，秀山环岛公路交工验收并顺利通车。工程起点位于海兰线，终点与双九线相接，路线全长约2.16千米，采用三级公路技术标准设计。工程总投资9100万元。

【衢山环岛西线潮头门至小黄沙公路续建】 该工程于2020年12月开工。路线全长6.92千米，其中新建3.93千米，改建2.99千米，采用二级公路标准设计，用地面积约7.6公顷。2022年，完成年度投资6580万元，完成总工程量的70%。

【县邮政快递分拣中心开工】 2022年，县邮政快递分拣中心开工，完成场地平整并进行项目方案的优化设计。

【县交通集散中心工程基本完工】 2022年，县交通集散中心总建筑面积20863平方米，其中地上建筑面积9920平方米，地下建筑面积10943平方米。是年底，基本完成工程建设，准备投入使用，累计完成投资1.58亿元。

2022年12月22日，县交通集散中心工程（县交通局　供图）

【"四好农村路"建设】 2022年，县交通局实施完成农村公路大中修18.5千米；新建港湾式候车亭15个；完成渔农村公路路灯安装项目，为4条农村公路安装路灯172盏；开通运行衢山客运码头至岛斗横街农客班线；开展"四沿"美丽富裕干线路创建工作，其标志性工程526国道岱山段，被省级列为第一批交通服务共同富裕试点。

【实现甬舟岱客运班线一体化】 2022年，县交通局加快实现甬舟岱客运班线一体化。岱山至宁波班车日发班次增加至25班，岱山至舟山本岛日发班次增加至62班。

【智慧交通综合应用平台运行】 2022年，智慧交通综合应用平台完成项目验收并上线运行，不断完善平台基础数据录入、各大应用场景数据的优化；积极对接省海事推进货运船舶多跨协同应用场景建设（被纳入省重大应用贯通试点），该应用被评为2022年交通数字化改革基层和社会最佳实践名单，其中多模信息融合的船舶智慧监管关键技术研究及应用，荣获中国航海学会科学技术奖；推动"浙运安"试点建设，对接省公运中心结合岱山运输体系谋划"危货水陆联运"监管与服务一体化体系，规划危货运输

2022年9月21日，秀山环岛公路隧道工程（县交通局　供图）

车辆用地，谋划危险品运输行业发展，积极打造高标准的“危货水陆联运”试点。

港口水运工程建设

【燕窝山陆岛交通码头完工】 2022年，燕窝山陆岛交通码头完工并投入使用，顺利开通燕窝山至衢山航线。项目总投资68494万元。

2022年12月22日，燕窝山客运中心（县交通局 供图）

【燕窝山客运中心工程续建】 2022年7月，燕窝山客运中心工程完工，建有客运中心大楼、地下车库及相关配套设施。客运中心大楼地上二层，地下一层，其中地上建筑面积1.41万平方米，地下建筑面积1.89万平方米，总建筑面积3.3万平方米，项目总用地面积2.25万平方米。

【黄泽山油品储运基地二期工程建设】 2022年，黄泽山油品储运基地二期工程104万立方米储罐项目，累计完成投资3.70亿元，完成年度任务的148%。

【舟山绿色石化基地配套码头工程二期建设】 2022年，舟山绿色石化基地配套码头工程二期8—12号液体化工码头取证运行，13—18号液体化工码头顺利完工。

【鼠浪湖矿石中转基地续建】 2022年，鼠浪湖110米码头接长工程完成主体工程，挡浪堤工程完工；衢山基地启动工程中的3个临时码头工程（共7个泊位）完成交工，其中工作船码头、材料码头已取得港口经营许可证。

2022年2月25日，燕窝山陆岛交通码头（县交通局 供图）

【鼠浪湖码头自动化改造】 2022年，鼠浪湖先后上线运行“鼠浪湖i-TOS智慧化生产管控系统”和“鼠浪湖数字孪生系统”，完成“卸堆、取装、混配、换堆、卸装”智慧化建设五大流程联动调试，首次实现散货码头i-TOS（智慧化生产管控系统）和ECS（云服务器）“双芯”联动。完成1台卸船机、8台堆取料机和3台装船机的全自动控制改造，并完成48条地面皮带机及附属设备的全面升级，实现对船舶计划、装卸船进度、设备运行状态、料堆状态、堆取料作业、自动化作业等流程作业状态的全过程仿真模拟，实现整岛情况一“图”掌控、业务运营一“屏”展现、设备状态一“目”了然。

【双子山油品储运基地建设】2022年，双子山油品储运基地进行陆域平整，设立临时装卸点，实现石料海上运输。

【长涂大浦口码头改扩建工程】2022年10月，长涂大浦口码头改扩建主体工程基本完工。该项目总投资1800万元，实施对原有码头趸船的更换改造及公交站点等配套设施的建设。

【衢山海事服务基地开工】2022年，舟山北部（衢山港区）国际海事服务基地开展桩基施工。引进海事服务、港航物流类项目9个，其中总投资1亿元以上航运、港口物流项目2个；引进其他港航物流、工程类项目7个。引进市外资金3.06亿元。

海上客运

【概况】2022年，县交通局以深化改革、优化服务、强化品牌为重点，求实创新，不断实现水上交通运输新跨越。全年，安全运送进出口旅客286.05万人次，比上年减少298.05万人次，比上年下降51%；过渡车辆48.01万辆次，比上年减少125.46万辆次，比上年下降72.3%。

【基础设施建设和修复】2022年，县交通局完成高亭客运站1—4号码头的淤泥疏浚工作，对损坏的、腐蚀严重的客运设施设备进行更新或维修。抓好兰山客运站站场、高亭客运站码头出租工作。秀北客运站出租工作进入招投标程序。

【信息化功能建设】自2022年1月7日起，竹屿至衢山、竹屿至长涂、长涂至竹屿开通网售车辆过渡票服务，节省旅客待渡时间。完成港区开票收费系统建设工作，公司下属各站码头小额服务费取消手工定额发票，全面实行电子发票服务。旅客可使用移动支付的方式支付服务费，并通过扫描凭证上的二维码开具电子发票，实现电子发票服务全覆盖。4月，完成网约车网约系统的升级工作。网售车型范围扩大至5～7座客车、货车、摩托车、电动自行车、7座以上客车，可直接手机微信购买船票。购入无人货柜26台，分散投入燕窝山客运站、岱山县全民健身中心、双合景区、牛轭山景区、车检公司等区域。支持“刷脸支付”功能，运营无人超市4家、无人货柜30台。全年无人超市、无人货柜销售额约49万元。

【航班、航线调整】2022年，县交通局科学合理安排航班班次、调整运力结构，确保旅客出行方便，车客运输有序高效。舟岱大桥开通后，高亭至三江、高亭至秀北航线、长涂至三江车客渡航班、衢山至三江车客渡航班停运。秀山至三江航班数量减少，航班时间重新调整。

【客运服务和安全管理】2022年疫情防控期间，各客运站严格落实措施，完成口罩、一次性手套、消毒剂等防控物资的购置和分发工作，全力满足一线防控工作物资需求。县交通局强化对船舶关键性设施的维护保养和安全制度执行落实等的检查情况，完成隐患问题的整改工作。开展“安全生产月”主题活动，组织观看《生命重于泰山》电视专题片，组织各客运站开展反恐防暴、旅客落水救援、消防灭火等应急演练。全年开展安全隐患排查60余次，排查出安全隐患6个，完成安全隐患整改6个。完成秀山站钢引桥安全隐患的维修整改工作、竹屿站地下消防泵房的维修整治工作。完成竹屿站维修工作电压房、高亭站码头。做好进站旅客、车辆安全检查、港区码头封闭式管理等安全工作。

海上货运

【概况】2022年，全县新增货运企业5家，减少货运企业1家——岱山县永安海运有限公司，全县有货运船228艘，载重吨230.54万吨，比上年增长5.6%。

【船舶新增】2022年，全县新增船舶25艘、179318.14载重吨。总运力达到228艘、2305443总载货吨，其中，万吨级货运船舶55艘、1894887总载货吨。

2022年岱山县新增水路货运企业情况表

表14

企业名称	取得经营资质日期	注册资本（万元）	运力（艘/吨）	所属乡镇
浙江凯强航运有限公司	2022. 2. 17	5000	3/19963	高亭镇
浙江琪达海运有限公司	2022. 3. 11	1088	3/10299	高亭镇
浙江兴润海运有限公司	2022. 3. 22	1000	3/8714	长涂镇
舟山汉强海运有限公司	2022. 4. 22	1000	3/7850	高亭镇
浙江德丰升海运有限公司	2022. 7. 04	1000	4/23803	高亭镇

2022年岱山县境内货运船舶分布情况表

表15

镇属	总运力		其中：万吨货轮	
	艘	载货吨	艘	载货吨
高亭镇	109	917019	21	678054
东沙镇	6	63727	3	52836
岱西镇	8	91655	6	84669
衢山镇	18	931186	18	931186
长涂镇	32	160928	2	46383
秀山镇	54	125428	4	86259
岱东镇	1	15500	1	15500
合计	228	2305443	55	1894887

陆路客运

【陆路交通基础建设】 2022年，全县新建港湾式候车亭15个，新增纯电动公交车4辆；持续优化公交线网布局和结构，改善公交可达性和便捷性，开通岱东方家岙底通村班线、衢山岛斗下街县内班线、竹屿客运中心至燕窝山客运中心直达班线；在衢山岛万线、岛石线、岛田线设置站立式公交，有效改善居民乘车难问题；调整衢山岛内相关公交班线起点站，实现无缝换乘。根据市场需求，新增开通长三角客运班线（岱山至丽水、岱山至无锡、岱山至普陀班线、岱山至上海）4条。

【陆路服务能力提升】 2022年，县交通局更新车站码头、景区博物馆等场站标志标识100余处，新增长途客运中心无障碍停车位1个，持续完善各场站学雷锋志愿服务站、第三卫生间及母婴室配套建设，及时更新场站绿化、盆景。整合水陆客运网上订票系统页面，完成车船售票系统升级，实现岱山各类人才能在微信端和自助机上购票。优化车检“一件事改革”，推出上门提车服务、“连岛跨海”点对点送检服务、免费代办行驶证签证服务。开通绿色检测服务通道，为救护车、残疾人车辆等特殊车辆提供优先检测服务；为保障鼠浪湖岛等国家重大战略项目基地的车辆安全性能，开展上门检测服务。

2022 年岱山县陆路客运生产经营情况表

表 16

项目	2021 年	2022 年	同比上年的增加值	同比上年增加的百分比
车辆数（辆）	180	198	18	10%
客座量（座）	8138	8663	525	6.45%
运送旅客（万人）	566.61	536.4362	-30.17	-5.32%
行驶里程（万千米）	990.9	1093.5326	102.63	10.36%
周转量（万人千米）	14709.35	15083.1244	373.77	2.54%
总发班次（万班）	24.09	22.88	-1.21	-5%
总营收（万元）	6485.20	8324.90	1839.7	28.37%

陆路货运

【概况】 2022 年，全县营业性货运汽车拥有载货汽车 792 辆、18601 吨。集装箱运输企业 70 家，总运力 394 辆、12886 吨。

【集装箱企业】 2022 年，全县拥有集装箱车运输企业共 70 家，总运力 394 辆、12886 吨。有 50 辆以上货运企业 1 家，为舟山市诺安物流有限公司，有运输车辆 72 辆，年营运收入在 1000 万元以上。

2022 年岱山县货运汽车情况表

表 17

指标	货运量（万吨）	货车（辆）	吨位（吨）	货运周转量(万吨千米)
总计	1087.68	792	18601	192111
同比（%）	2.74	-3.06	-4.97	5

蓬莱交投集团

【经营业绩】 2022 年，蓬莱交通投资集团（简称交投集团）资产总额 104.38 亿元，实现合并营业收入 4.29 亿元，比上年增长 21%，合并净利润（归母公司净利润）-1912.50 万元（受疫情和舟岱大桥开通后对水陆客运业的冲击影响）。全年完成融资额 10.56 亿元。

【产业升级】 2022 年，交投集团抓好招商引资引企工作，以发展海上风电项目为依托，合资组建华能（浙江岱山）海上风电有限公司、之立（浙江舟山）新能源有限公司，顺利开工海上风电维保项目。建设岱西综合供能站，补齐交通能源基础设施短板，已完成场地平整、围栏搭建等。启动海事服务基地建设项目施工，与中石油昆仑公司达成初步运营合作意向。联合开投集团组建岱西开发区危化品码头合资公司。推进企业混改，加快推进交通旅行社与县外旅行社、养护公司与省交工养护公司意向混改工作；落实全民物流公司 51% 股权并购可行性方案。

【产业数字化建设】 2022 年，交投集团完成数字景区二期项目，投入使用数字景区大数据及综管平台、客流监控系统、数字景区多功能智慧导览系统；完成智慧公交三期平台部署，公交线路编辑、点位识别功能均正常运行。推进交通旅游数据平台建设，完成交通旅游一码通业务系统基本功能开发和测试，与岱山农商银行签订完成“智慧旅游”“智慧交通”合作协议。升级无人货柜布局和服务，在交通场站、景区景点等点位设置无人超市4家、无人货柜30台，销售额增收49万元。参与高亭至双峰新城公路工程、衢山海事服务基地（一期）的大宗工程建材物资采购贸易合作，增收现金流近8000万元；完成双子山矿区开采及对外销售，开采石料约45万吨，推出各类石料153万吨，增收6465万元；提升市政园林造景技术，利用岱西苗圃资源，对外承接绿化工程业务，拓展绿化工程业务，增收655.73万元。与物产中大国际贸易公司进行对接，落实开展钢材贸易工作，培养岱山市场贸易团队。

【安全管理】2022年，交投集团完善安全管理，落实安全监管职责。逐级签订安全生产和消防安全管理责任书；召开安全生产专题会议12次；对下属9家企业开展安全监督检查143次，出动491人次；下发安全督查通知书5份，现场督促整改43项，整改率为100%。筑牢安全思想防线，召开防汛救灾专题培训、专题学习会议，邀请第三方专家，组织开展全集团范围内的安全教育培训，参与人数160余人次。全年组织消防、防汛防台、反恐等应急演练15次，参与人员145人次。强化风险管理和内控体系建设，实施安全与纪检“双轮驱动”，联合开展疫情防控、创城、安全生产等专项督查147次，510余人次。

【文旅事业建设】2022年，交投集团积极打造无废景区、无烟景区、无障碍景区，完善景区设施设备，设置专业的游客服务中心、公共休息设施、生态停车场等。4月，完成双合石壁景区提升工程、秀山湿地公园一期工程，启用燕窝山陆岛交通码头；5月，完成博物馆提升工程一期工程；7月，建成启用全民健身中心；9月，完成秀山环岛公路（海香至九子段）；10月，完成衢山西长沙至里高涂至外泥螺山公路工程、黄嘴头山环山绿岛工程建设并投入使用。完成磨心隧道洞身开挖量的20%，完成年度投资2.50亿元。完成衢山环岛西线潮头门至小黄沙公路总工程量的10%，完成年度投资6000万元。完成双峰新城体育中心年度投资1.50亿元。成功举办县内大型文旅体活动——东海民谣音乐节。

【配套打造“2+X”模式】2022年，交投集团认真抓好旅游班线+旅游专线+旅游定制班线，开通东海郊野公园公交旅游专线、520旅游班线、1314旅游班线、岱山至杭州旅游直达车，根据交通出行变化，及时调整本岛旅游专线游1线起讫点，为游客出行提供便利。首次试行与酒店建立合作关系（岱山希尔顿欢朋酒店），推出“酒+景”组合产品；与岱山土特产经销商合作，在景区、博物馆设置售卖点；与专业文体管理公司合作，共同管理运营全民健身中心，扩大社会效益、经济效益（全年累计接待游客1.25万人次，增收138万元）；与旅游营销公司合作，精准开展系列营销活动30余场；深挖区域文化底蕴，联动周边文化旅游资源，更新升级“渔耕岱韵”海博小课堂，推出现场体验课程18节，开发“灯塔”系列文创产品，增设台风博物馆VR及多媒体设施等，游客数比上年增长63.6%，营业收入比上年增长133.4%。

疏港公路工程建设管理中心

【大桥日常管理】2022年，大桥运行管养以大桥安全监管为抓手，将日常养护与专项维修相结合，做好各项管理工作。牢固树立“人民至上、生命至上”，制定《监控人员考核管理办法》等。

【专项维护检查】2022年，县交通局以大桥日常养护为重点，辅之以专项工作，确保大桥保持安全正常运营状态。按照《公路桥涵养护规范》，开展大桥经常、定期、特殊的检查等工作。全年累计对桥梁结构和机电设施开展经常性检测595项次，自行小型维护189项次，缺陷责任期内施工单位维护101项次。

【数字化改革】2022年，县交通局在大桥沿线架设61个监控设备，深化监控系统在疏港公路的应用。官山大桥、秀山大桥安装健康监测系统，官山大桥安装大桥防船只碰撞多级智能预警系统，并接入县海上一体化平台，有效提升通航船舶的预警防控能力。

【在建工程管理】 2022年，中心渔港避风区砼构件浇筑填海已成陆区护岸修复工程按期完工，盘水岙边坡防护及绿化工程完成40%、约8000平方米的浇筑，完成投资200万元。

【青山大桥前期】 2022年，县交通局与市、县有关部门对接、沟通，争取支持与配合。关于海工平台通航问题，委托中交三航院会同上海振华重工，开展钻井平台异地组装可行性论证。完成《青山大桥建设对相关海工项目影响分析报告（意见征求稿）》。项目通过省发改委赋码，并列入省重点项目清单，项目建设用地26.73公顷（其中稳耕面积5.93公顷）列入省指标。完成《气象环境与风参数研究》等18项专题的研究工作；《秀山青山岛保护和利用规划》取得批复；《春、秋季海域生态环境调查》等5项专题报告初稿编制的完成，完成青山岛生态红线保护的调整，《工程环境影响报告》等专题在推进中。

交通行业管理

【公路养护与绿化】 2022年，县交通局累计完成投资3712万元。其中，普通国道路基路面养护工程完成投资643.30万元；农村公路大中修工程完成投资745.10万元；农村公路路灯安装提升工程完成投资452.90万元；提升改造工程完成投资211.20万元；普通国道、省道日常保养工程完成投资576.40万元；县道农村公路日常保养工程完成投资178.20万元；公路应急保障基地工程完成投资904.80万元。

【出租车管理】 2022年，县交通局投入出租车132辆，运送旅客212.2万人次，载客总里程795.63万千米，车辆行驶总里程1446.6万千米，载客车次144.66万次。加强对重点路段、重点时段的执法检查力度和非现场检查频率，出动检查人员92人次，检查点位43个，检查车辆917辆次，发现违反安全驾驶、防疫规定32起，均立整立改。共受理投诉件120件，查处违规经营车辆6辆，罚款1700元。网约车平台新增网约车14辆，组织10辆车参与高考中考爱心送考及公益活动3次，免费接送50余次。

【交通执法】 2022年，县交通局结合“大综合一体化”改革，积极融入全县部门联合“双随机、一公开”监管工作布局，科学构建市场主体库和执法人员库，推行交通运输领域跨部门联合监管，做到应联尽联、应检尽检。联合县交警大队对货运车辆超限、超载，开展联合执法11次，检查车辆135辆次，对部分货车装载不规范行为责令改正。跨部门双随机覆盖事项占比21.4%。

【行政审批】 2022年，县交通局深化“放管服”改革，推动政务服务数字化改革，从政务服务、便民惠企等方面，精准提升政务服务能力和效率，推进“最多跑一次”改革工作；全面启用交通运输电子证照，宣传引导办事群众在“浙里办”App申领电子证照。是年，办理审批事项2960件，其中受理并审批通过行政许可案件109起，从业资格继续教育70人次，134辆营运车辆办理营运证，208辆营运车辆注销营运证，1415辆次车辆营运证年审通过，车辆营运证换补发626辆次，办理客船营运证30起、货船营运证84起、水路运输备案65起。

【疫情防控】 2022年，县交通局积极落实行业主管监管责任，成立交通疫情防控领导小组，下设9个专业组，定期对辖区内各重点场站开展疫情防控督查工作。严格落实海上疫情防控，执行落实国际航行船舶船员换班审批制度，按照船员换班的原则强化换班审批。是年，审批换班船员3986人，审批外轮装卸作业412单，未发生海上疫情输入情况。

港航管理

【行业安全监管】 2022年，全县有港口经营企业18家，其中危货企业6家、普货企业9家、拖轮企业2家、客运企业1家。有港口服务企业15家。是年，岱山港口领域内未发生安全生产事故，港口安全生产工作有序推进。全年开展港口各类检查136次，其中航道巡查24次、港口岸线使用情况检查12次、港口经营企业检查74家次、港口服务企业检查15家次、港口设施保安单位检查11家次。累计出动197人次，发现并整改安全隐患70项。开展港航领域危险货物安全生产专项整治和危险化学品事故综合应急演练。开展老旧储罐检测和老旧危货码头检测工作。联合县应急管理局、舟山岱山海事处、生态环境局岱山分局、县消防救援大队、县公安局衢山分局、广厦能源集团公司开展大型储罐火灾和海上溢油事故应急演练，加强企业综合事故应急处理能力。

【水路运输管理】 2022年，全县港口货物吞吐量为1.8亿吨。全年完成港口货物吞吐量20300万吨，完成年度任务的112.8%。是年，累计完成水运投资14亿元，完成年度任务的140%。

交通安全综合治理

【强化交通执法】 2022年，县交通局加强港政、航政、运政、路政等部门联动，围绕水路运输市场、岸线航道、港口作业、超限车辆、非法营运车辆、“两客一危”车辆、路域环境、在建工程等重点行业领域，深入开展行业安全隐患排查治理，结合除险保安百日攻坚等专项行动，采用“双随机”执法模式，对水陆客运、在建工程等交通运输领域进行全面检查。全年全县交通系统累计排查各类安全隐患1100余条，隐患整改率达100%，整改完成省级重大安全隐患挂牌整改项目1项。是年，县交通（港航）领域未发生一般及以上安全生产事故，交通行业形势总体平稳。

【行业安全检查】 2022年，全县水路客运系统开展各类检查98次，出动检查人员340余人次，发现安全隐患12处，均已落实整改。检查船舶385艘次，发现并整改问题355项。针对全县营运客船老旧的问题，制订老旧船舶清退计划，全年清退老旧营运船舶3艘，并启动450客/33车客滚船项目建设。

【道路客运管理】 2022年，县交通局加强对旅客售票实名制落实、出县班车运行、车辆管理情况、从业人员教育培训、车辆场检、门检等情况的检查。对2家客运企业开展检查25次，发现并整改隐患12处。出动执法人员2437人次、车辆932辆次，检查车辆3716辆次，查处案件26起，均已结案，罚款12.04万元。

【公路道路管理】 2022年，县交通局做好汛前、汛期公路排水沟、临水临崖、涉水桥涵及边坡挡墙等公路道路的安全管理。全年开展组织排查15次，出动检查人员35人次，查出隐患3处，均督促落实整改。全面完成全县4个主要岛屿公路的巡逻检查，发现并整改隐患7处。完成省级挂

2022年9月26日，县交通局局长王东成（左一）在燕窝山码头进行安全检查
（县交通局 供图）

牌治理道路交通事故多发点段项目（岱西大转盘）的整治并提交县道安委会，落实销号工作。

【交通在建工程管理】 2022年，县交通局强化安全监管，做好安全隐患常态化排查治理工作，对隧道、桥梁、高边坡等工程开展安全监督检查，全年累计开展安全检查67次，出动人员200人次，下发安全生产检查意见书60份，排查并督促整改安全隐患230处，行政辅助处罚2起（简易程序警告处罚1起、一般程序罚款处罚1起）。完成项目质量安全监督备案3项、公路水运工程交工质量备案11项。

（何启鸿）

邮政管理

【概况】 2022年，中国邮政集团有限公司浙江省岱山县分公司（以下简称邮政岱山分公司）累计完成业务总收入3600万元，比上年增长12.1%，完成年度计划的100%，其中，邮政业务收入完成3038.25万元，其他业务收入216.03万元，完成净利润151.65万元，完成率101%。全员劳动生产率为17.25万元/人，比上年增长10%。全年有11人次获得是年县级以上个人荣誉称号。邮政岱山分公司获得2021年营销争先劳动竞赛集邮业务发展先进团队、2021年度“平安邮政”优秀单位、2021年全省集邮线上营销活动组织奖三等奖荣誉。自5月31日起，石马岙邮政所撤销，停止对外营业。

【党建引领】 2022年，邮政岱山分公司开展“三个至少走一遍”72次、“三个第一时间”集中学习27次、党委中心组集中学习研讨12次、党的二十大精神宣讲5次。制定党支部领题破题活动工作清单，共5个课题，制定《岱山县分公司纪委2022年落实党风廉政建设监督责任工作清单》，落实党风廉政建设责任清单5张、《“一把手”监督工作任务分解清单》。全年发展党员1名，2个党员空白网点班组建立党建工作联络员，实现党的工作全覆盖。

【普遍服务】 2022年，全县普遍服务营业、投递各项指标稳步提升，农村局所覆盖率、网点普遍服务四项基本业务开办率、网点正常运营率、建制村通邮率均为100%；城市党政机关党报当日见报；全县机要通信无失密丢损。全县未发生违反普遍服务“两条红线”的情况，申诉处理率为97%，普遍服务达标集中整治问题整改率为100%。至年末，岱山分公司设对外服务网点20处（自办邮政局所11处、代理金融网点9处）、寄递揽投部2个。有联网汇兑网点11处、机要服务点2处。设邮政信筒信箱23个、邮件自提点130处，其中中邮驿站86个。有村邮站79个、邮乐购站点145个。有邮政生产汽车22辆、摩托车9辆、电动自行车28辆、设邮路7条、投递道段22个，邮路总长度（单程）500千米。是年，衢山支局普邮投递员林朋军被评为浙江省第二届“最美投递员”。

【寄递业务】 2022年，邮政岱山分公司全年完成寄递业务收入253万元，完成年度计划的91.5%。其中特快业务138.09万元，完成年度计划的112.3%。快包业务71万元，完成年度计划的63.4%。国际业务6.51万元，完成年度计划的59.2%。物流业务36.94万元，完成年度计划的123.1%。是年，投递信函15.64万件，报纸杂志275.51万份，投递进口包裹240.34万件，收寄出口包裹10.25万件。

【代理金融业务】 2022年，邮政岱山分公司全年完成代理金融类业务收入2331.33万元，完成年度计划的105.3%，比上年增长18.8%，居全省第20位，较上年提升6.6%。其中利差收入1515.25万元，完成年度计划的112.2%，比上年增长24.3%，居全省第8位。截至12月31日，新增非零客户1523户、VIP客户488户、财富客户135户。

【三级物流体系】 2022年，邮政岱山分公司持续推进交邮合作、邮快合作，三级物流体系建设取得新进展。舟报物流在衢山岛与邮政开展全面合作，开通海岛偏

2022年12月，岱山县农村物流综合服务站正式运营（邮政岱山分公司　供图）

远地区“客货邮”合作线路2条。推进自提共配网络建设，加强驿站合作，有11个驿站开展邮快合作，代投社会快递81325件；12月，东沙综合快递服务站正式运营。

【惠农合作项目】2022年，邮政岱山分公司积极参与惠农合作项目，打造农村电商3个生态圈。是年，“邮乐购”总站点194个，其中商超型145个。完成分销收入137.50万元，完成年度计划的71.2%；支局同心圆生态圈：至12月31日，建设数字化优质站点数48个，完成年度计划的100%；建设活跃站点数193个，完成年度计划的103.8%；建设邮乐购代收自提点48个，完成年度计划的100%。工业品下乡生态圈：至12月31日，线上自营批销额168.70万元，完成年度计划的48%，完成全网大单品自营批销额年度计划的73%。惠农项目生态圈：至12月31日，线上自营农品完成199.90万元，完成年度计划的111%；基地农产品完成10万元，完成年度计划的104.2%；与全县21家农村合作社开展业务合作；新增个体农户会员2708户，引荐融资E客户15个，新增融资E贷款494.80万元，完成农产品寄递收入5.70万元。

【传统业务】2022年，邮政岱山分公司全年完成函件业务收入71.10万元，比上年增长19%。其中运用政采网平台实现收入37.88万元，规模列全市第一；集邮业务，全年完成业务收入50.68万元，比上年增长6.1%，完成年度计划的101.4%；报刊业务，完成收入151.05万元，其中政务图书销售36万元。

2021—2022年岱山县邮政业务量实绩表

表18

项　目	2021年	2022年
国内函件（万件）	5.57	7.18
国际及港澳台函件（万件）	0.01	0.01
机要（万件）	0.20	0.16
包件（万件）	8.52	5.51
特快（万件）	2.23	4.74
汇票（万张）	0.02	0.01
订销报纸累计份数（万份）	251.14	239.32
期发订销杂志累计份数（万份）	10.00	21.50
销售集邮邮票（万枚）	3.79	3.30
邮政储蓄期末余额（万元）	141717.89	173107.13

高亭支局职工余思国（右一）服务周到，受到客户好评。图为2022年11月23日，群众送锦旗致谢现场（邮政岱山分公司　供图）

【服务社会行动】 2022年，邮政岱山分公司树立“人民邮政为人民”服务宗旨，抓好疫情防控工作，组织党员干部参加各类防疫志愿服务196人次；配合做好应急物资和防疫物资运输工作，开展防疫物资运输演练1次，协助县经信局，组织16人运送防疫物资8车次，共6吨；组织12人运送抗台应急物资18车次、共15吨；参与创城志愿服务工作，组织路口劝导志愿服务191人次。是年，参与六一慰问、无偿献血、“慈善一日捐”、扶贫结对。全年“邮善邮乐”慈善超市服务低保户人数约4400人次，为贫困低保户节省生活开支5.40万元。

【综合管理】 2022年，邮政岱山分公司推进各项工作开展。继续保持省级文明单位、省级巾帼文明岗、青年文明号、五一巾帼标兵岗等荣誉。加强安全，明确年度安全保卫工作思路和具体工作任务，完善各种应急预案，组织开展各科目演练。开展“打击防范电信网络新型违法犯罪”宣传活动，认真落实党的二十大邮政安全服务保障工作，开展“迎亚运、金融扫雷”专项整治活动、消防安全专项整治活动、网点防疫监督检查工作等。是年，开办各类培训班45次，参加各类线上培训137人次。

（鲁利娜）

邮政快递

【行业基本情况】 2022年3月2日，岱山邮政管理局正式挂牌。至2022年，全县有快递法人企业2家，各品牌分支机构7个，其中网点30个、末端21个，从业人员300余人；较大的分拨处理场地3个（邮政公司、连岛物流、岱山申通）。2022年，全县邮政行业寄递业务量完成362.43万件，业务收入完成4512.98万元。其中，快递业务量完成111.91万件，业务收入完成4326.63万元，投递量1319万件。

2022年6月16日，邮政岱山分公司组织新进大学生开展消防安全演练

（邮政岱山分公司　供图）

【疫情防控机制建设】2022 年，岱山邮政管理局分级分层建立包括分支机构、小岛末端网点的疫情防控。由分管副县长牵头，组织召开岱山邮政快递业疫情防控专题部署会，结合县域行业发展实际，对海岛寄递领域疫情防控网作全面部署，确保各企业、网点统一思想、统一步调。开展专题培训，集中岱山主要品牌分支机构负责人 7 人，全方位讲解“人防、物防、环境防”关键节点要求、处理场地和营业网点管理规范、人员健康监测、核酸检测落实措施等；出台县级《邮政快递业疫情防控工作要点及分级管理操作指引》，制定《分拨处理场地、营业网点重点措施要求告知单》。

【监管责任落实】2022 年，岱山邮政管理局建立完善日报表工作体系，全面动态摸清县域邮政快递企业网点人员底数、防疫措施落实、场所管控情况等，分析问题短板，点对点提醒督促。集中人员力量，分小组分区域开展排查，其间，集中出动检查 212 人次，做到本岛及外岛 60 个点位全覆盖，并结合各级各类督查检查通报，列出问题清单，下发情况通报，做到整改闭环；组织开展县域邮政快递业“迎盛会　保安全　促提升”百日攻坚专项整治行动；联合县检察院，围绕“七号检察建议”的贯彻落实进行集中培训等。第一、二季度，约谈企业 1 家，停业整顿网点 10 个次。实现全年县域无寄递领域重大安全事故，保障重要会议、旺季期间寄递渠道平稳运行。通过督查检查，主动开展定人联企服务，帮助解决核酸检测难、出入重要基地车辆不固定、末端投递难、临时处理场地调剂等问题 10 个。

2022 年 6 月 22 日，岱山邮政管理局联合县检察院召开“落实‘七号检察建议’共促寄递行业除险保安”会议（岱山邮政管理局　供图）

【疫情防控风险链鱼骨图】2022 年，县邮政管理局以市级大物防专班、工作方案为指导，绘制邮政快递领域疫情防控风险链鱼骨图，拟定县域邮政快递业疫情防控协调机制，强化综合统筹，开展多部门联查联控，发挥各乡镇党委属地作用，推动建立组织领导、指挥运行、部门协同、防疫举措落实“四大体系”。加强与县内主流媒体沟通，及时公开管理部门工作动态，向广大公众用户发布疫情防控期间寄递领域消费服务提示，妥善接收境外及国内中高风险地区邮快件，科普个人安全防护常识等。

【党组织建设】2022 年，县邮政快递企业有党员 6 名（在册 3 名、流动 3 名），建有快递联合党支部 1 个。企业内部党员由支部按照“属地管理”原则，纳入两新党组织“312”培育计划。3 月 2 日，在县委组织部两新工委的指导下，岱山县快递物流行业党委正式揭牌，也是全市首个县级快递物流行业党委。

【宣传阵地建设】2022 年，县邮政管理局按照条线工作布置，按月分解党建任务清单，一体推进政治、体系、组织建设，对企业支部进行派驻指导，提高主要负责人政治意识，将行业党建与生产经营紧密结合，开展政治理论和业务知识学习。开展疫情防控“云课堂”、第十五次党代会和党的二十大精神学习会、安全培训班等。

2021年12月23日，岱山邮政管理局在沿港西路148-6号联岛物流检查邮政快递业疫情防控工作（岱山邮政管理局　供图）

【企业队伍建设】2022年，县邮政管理局畅通沟通渠道，帮助协调解决末端网点、一线人员在生产经营中的实际困难。协调解决秀山综合服务站进常石集团派件难等问题，加强对疫情防控期快递网点政策措施的支持。组织开展“夏日送清凉”关心关爱活动等。有2名快递员入选“千岛最美小哥”，3名快递员获评全县首届“最美新就业形态劳动者”，1名快递员在全市首届职业技能竞赛中荣获三等奖。

【党员先锋行动】2022年，县邮政管理局在疫情防控、防汛抗台等工作中发挥党员先锋作用。是年初以来，联岛物流和申通物流积极配合全县防疫工作，各品牌网点按要求落实防疫措施，参与末端保供保畅、生活物资配送。向县里末端配送提供一支“白名单”队伍，百世快递为嵊泗县捐赠物资，邮政企业帮助隔离点输送物资等。在快递企业开展“我心向党·感恩祖国”，联合支部党员开展集体宣誓等主题党日活动，加强党务工作者能力素质培训，推动联合支部标准化建设。

【“快递进村”工作】2022年，县邮政管理局组织召开“进村”工作片区研讨会、推进会，就“快递进村”总体目标任务、突破方向、各企业间协作配合达成一致意见。以全省《快递业促进条例》宣传贯彻为抓手，围绕《条例》明确的车辆通行安全、服务规范、绿色发展等，做好向网点负责人、一线快递员群体等的教育普及。岱山邮政管理局以建设功能集约、资源整合、服务高效的普惠化配送网络为导向，全面降低末端物流成本，满足小岛渔农民寄递服务需求。是年初，基本确定以县级分拣中心、乡镇中转中心、村级服务驿站为三级节点，串联组成县域三级物流配送网络的总体思路，逐步协调推进。至年末，本岛占地2.67公顷的分拣中心开建。在衢山、长涂2个外岛，强化与属地乡镇对接，争取乡镇中转场地、末端站点建设的用地用房以及管理人员等配套政策支持。至12月底，完成衢山镇6家承包区合作协议签订，进入租赁网点、招聘人员、购置设备阶段；完成长涂镇基础摸底，向交通部门争取到摆渡优惠政策；东沙镇快递物流综合服务点由邮政公司负责，整合其他民营快递入驻，并作为共富示范站点打造。

（陈巧薇）

责任编辑：李慧慧

金融业

Banking

综述

【全县银行机构概况】 2022年，全县共有银行机构10家，其中，国有商业银行4家：中国工商银行股份有限公司岱山支行、中国农业银行股份有限公司岱山县支行、中国银行股份有限公司岱山支行和中国建设银行股份有限公司岱山支行；其他银行机构6家：中国邮政储蓄银行股份有限公司岱山县支行、杭州银行股份有限公司舟山岱山支行、浙江民泰商业银行股份有限公司舟山岱山支行、台州银行股份有限公司舟山岱山支行、浙江岱山农村商业银行股份有限公司和浙江岱山稠州村镇银行股份有限公司。银行系统有员工660名、网点50个（包括二级支行、分理处、营业部等）。

【全县人民币存贷款情况】 至2022年末，全县人民币各项存款余额360.59亿元（注：统计年报为361.86亿元），比是年初增加32.43亿元（注：统计年报为32.09亿元），存款余额比上年增长9.9%；人民币各项贷款余额432.89亿元，比是年初增加116.33亿元，比上年增长36.8%，增速居全市第一。

中国人民银行岱山县支行

【概况】 2022年，中国人民银行岱山县支行（简称人行岱山县支行）按照“疫情要防住、经济要稳住、发展要安全”的工作要求，坚决稳住经济大盘，有效防范金融风险，围绕自贸区、江海联运服务中心等国家战略，聚焦石化新材料、船舶海工、港航物流、海洋旅游、海洋渔业等现代海洋经济产业，加强信贷投入。是年，人行岱山县支行全力支持经济稳进提质，全县本外币存贷款增速指标持续居全市前列，12月末同比增长23%，居全市第一。

【用好货币政策工具】 2022年，人行岱山县支行指导法人机构发放支农支小再贷款1.30亿元，支持渔农户等各类主体330户；认真做好两项普惠直达工具的接续转换，向两家法人银行机构提供激励资金185万元。指导中行岱山支行积极争取央行碳减排支持工具，支持中广核风电项目8200万元；投放设备更新改造贷款15.15亿元。

【推动共同富裕】 2022年，人行岱山县支行制定《2022年金融支持岱山高质量发展建设共同富裕示范区海岛样板行动方案》，落实“共富浙江”行动要求，组织开展“‘岱’动共富”金融服务活动。助力普惠小微，积极推动落实金融服务小微企业敢贷愿贷能贷会贷长效机制，深入开展首贷户拓展行动，全年全县小微企业和个体工商户首贷户新增395户，投放贷款6.03亿元。推进“贷款码”场景应用，有582家市场主体通过“贷款码”融资6.95亿元。积极支持“蓝碳”经济，截至12月末，投向石化循环产业园建设、海洋清洁能源产

2022年2月25日，人行岱山县支行召开全县金融机构负责人会议暨金融支持岱山打造共同富裕示范区海岛样板推进会（人行岱山县支行 供图）

业等绿色贷款50.35亿元。盘活企业“沉睡”环保资产，指导农商银行发放全市首笔排污权抵押贷款，落地全县首笔生猪活体资产抵押贷款。助力科技创新，主动对接科技部门，梳理科创企业名单，加强金融精准对接。指导工行岱山支行向润和催化材料有限公司发放全省单笔金额最大的专利质押登记、全市首笔专利质押银团贷款2亿元。

【助力乡村振兴战略】 2022年，人行岱山县支行指导组织对接全县重点村集体经济项目25个，支持紫菜、沙洋晒生、渔农文旅等项目8300万元。推动农商行对1000万元以内的村集体经济项目发放信用贷款，助力传统渔船捕捞业平稳转型，指导金融机构通过民宿贷、创业担保贷款等支持20余户渔船老大“减船转产”。12月末，全县涉农贷款余额190.53亿元，比是年初增加18.55亿元。

【助企纾困行动】 2022年，人行岱山县支行畅通政策落实机制，开展“助企纾困稳进提质”大走访大对接，全县银行机构累计走访企业1500余家。让利实体经济，实施还本付息政策应延尽延，全年县内银行机构合计延期596笔、6.23亿元。打通退税绿色通道，全年累计办理退税2.78万笔、11.77亿元。是年，全县银行机构通过降低利率、开户手续费、抵押费等方式，累计让利约1800万元。

【防范化解金融风险】 2022年，人行岱山县支行持续守住信用风险。至12月末，全县不良贷款余额1.17亿元，不良率为0.7%。高度重视“豫皖村镇银行”事件，指导村镇银行开展异常取款事件应急预案演练，加强流动性监测和资产质量真实性核查，联合银保监、金融办等摸清风险底数，压实地方属地责任，持续推动村镇银行改制工作。加强房地产金融审慎管理，推动房地产开

2022年6月10日，政银企座谈会召开（人行岱山县支行 供图）

2022年9月10日，人行岱山县支行联合岱山农商银行在衢山开展金融防诈骗宣传（人行岱山县支行 供图）

发贷款平稳投放，是年末，全县房地产开发贷款余额比上年增长54.7%。

【严打电信网络诈骗】2022年，人行岱山县支行开展自贸区企业银行账户和流动就业群体个人账户专项风险整治行动，建立涉案账户多发网点管理机制和涉案账户倒查工作指引，约谈银行机构7次，开展现场核查2次，累计排查个人账户70万余个，组织开展反电信诈骗集中宣传月活动，覆盖1万余人次。第三季度涉案账户数8户，环比下降71.4%。

【强化金融管理】2022年，人行岱山县支行优化升级县域城乡支付环境，验收金融助农服务点7家，其中5家被列入2022年首批舟山市“千岛共富”金融助农服务点名单。开展优化银行账户服务及降低小微企业和个体工商户支付服务手续费推进情况的暗访工作，积极维护现金流通秩序。多渠道开展拒收现金典型案例宣传警示，组织对停车场等民生领域重点场景开展明察暗访。扎实开展反洗钱工作，根据公安、税务等侦查机关提供的信息，向公安机关移送线索2起，涉及金额1798.55万元。

【优化金融服务】2022年，人行岱山县支行做实汇率避险服务。开展“汇及万家汇盈千岛”汇率避险政策宣讲岱山专场活动，帮助中小企业树立“风险中性”理念，深化汇率避险服务。持续完善信用体系建设，全年应收账款融资服务平台新注册用户23家，成交金额15.60亿元。推进动产和权利担保登记服务便利化，全年指导岱山农商银行成功办理21笔，涉及金额0.55亿元。指导优化老年人金融服务示范网点建设，岱山农商行被选为舟山市优化老年人金融服务“十佳网点”。

【弘扬社会文明新风】2022年，人行岱山县支行做好全国文明县城创建迎检金融窗口牵头工作，落实金融窗口管理专项行动整治任务。制定岱山县银行机构“文明细胞”创建活动实施方案，组织全县金融机构开展创城志愿服务7429人次。在全年历次创城测评中，金融服务窗口得分均高于96分，排名高居前列。组织金融机构投入防疫志愿工作一线。

（王婕妤）

国有商业银行

【中国农业银行股份有限公司岱山县支行】2022年，中国农业银行岱山县支行（简称农行岱山县支行）在岗在职员工69人，设综合管理部、风险管理部、公司业务部、个人金融部和营业室。下辖衢山支行（二级支行）、新澜支行（二级支行）2家营业网点。年末，各项存款余额604715万元，比是年初增加91019万元；各项贷款余额1221674万元，比是年初增加170805万元；中间业务收入771万元，比上年减少15万元。实现拨备前利润23602万元，比上年增加3198万元；拨备后利润24138万元，比上年增加9179万元。年末全行不良贷款余额117.41万元，不良贷款率为0.01%。全年实现无经济刑事案件、无重大违规事项、无重大经营风险和无重大负面舆情，实现连续36年安全经营无事故。

是年，新增保险资管、年金资管、承兑保证金、鱼山及鼠浪湖土地款等大额资金19亿元；个人存款在连续两年保持稳定增长后，增量再创新高，比是年初增加3.75亿元，增长19.2%；全年新增个人定期存款2.60亿元，增长22.8%。

全年新获批项目3个，获批金额8.70亿元。新投放项目5个，投放金额17.84亿元，分别为浙石化140万吨/年乙烯项目前期贷15亿元、中电建526国道岱山段改建工程PPP项目1.20亿元，岱山经济开发区新材料产业园项目1亿元，中科院宁波材料所岱山新材料研究和试验基地2400万元和秀山岛全域旅游建设项目1760万元。发放全市首笔村集体流动资金贷款300万元，乡镇企业流动资金贷款2000万元，乡村振兴带头人贷款60万元，有力支持县内重大基础设施建设、美丽乡村建设及海岛共富。与县财政局达成国资国企深化改革合作意向，围绕盘活存量资产、化解政府债务，促进有效投资、践行共同富裕等多领域提供综合金额服务方案，从战略高度深化银政合作。全年配合县财政清理政府隐性债务3.08亿元，是年末，不良贷款余额117.41万元，不良率从最高峰的45%下降至0.01%，资产质量实现根本性好转，有效维护全县经济金融的稳定发展。

（柴沈燕）

【中国工商银行股份有限公司岱山支行】 2022年，中国工商银行岱山县支行（简称工行岱山支行）内设行长室、综合管理部、公司业务部、个人金融业务部，下辖支行营业部、竹屿支行、衢山支行3家营业网点。是年，支行实现拨备前利润1.05亿元，完成计划的91.5%；实现净利润1.02亿元，比上年增加93万元；中间业务收入1968万元，完成计划的98.4%。

支行全部存款余额45.21亿元，比是年初减少3.39亿元。本外币公司存款余额5.36亿元，比是年初减少0.76亿元；机构存款余额25.32亿元，比是年初减少5.04亿元；储蓄存款余额14.53亿元，比是年初增加2.43亿元，增长率20.1%。全部贷款余额51.06亿元，比是年初增加31.26亿元。其中公司贷款余额36.15亿元，比是年初增加20.91亿元；票据贴现余额9.95亿元，比是年初增加9.95亿元；普惠贷款余额2.44亿元，比是年初增加4893万元；个人贷款余额4.96亿元，比是年初增加0.40亿元。支行潜在风险客户现金压降30万元，不良贷款余额93万元，不良率0.02%，潜在风险客户余额385万元，占比0.18%。

全年公司贷款余额较年初增加2.91亿元，年度计划完成率为145.5%，带动全年日均贷款余额较上年净增0.66亿元。随着贷款投放，大幅带动支行对公中间业务收入提升，全年完成中间业务收入1201.72万元，任务完成率为101.5%，较上年同期增加143.55万元，增幅13.6%。此外，剔除各行浙石化下挂数据后，公司贷款比是年初增加2.91亿元，实际县域贷款增量为近3年来首次排名四个县区级银行第一。

对接政府重点项目，累计申报政府类基础设施建设项目授信23.05亿元，主要涉及岱山开投小微园区项目3.30亿元、岱山开投星浦未来社区项目15亿元、岱山城投鹿栏晴沙环境提升项目2.40亿元、衢投衢山镇环境提升工程项目0.55亿元、蓬莱国投过桥资金1.80亿元等，完成授信审批3.85亿元。对县人民医院采取信用方式发放县域首笔医疗领域设备购置贷款480万元。是年，完成石化产业链重点招商引资项目投放金额8.51亿元，其中为循环石化园区投放8.01亿元，为润和催化剂项目投放0.5亿元。

（励　栋）

【中国建设银行股份有限公司岱山支行】 2022年，中国建设银行股份有限公司岱山县支行（简称建行岱山支行）设综合管理部（党务工作部）、公司客户经营部、个人金融部3个职能部门，下辖营业部、衢山支行2个营业网点，有在岗职工45人。

是年末，支行资产业务规模91.88亿元，一般性存款余额36.03亿元，实现中间业务收入490.37万元，不良贷款余额230.53万元，信贷资产不良率为0.03%。全年支行信贷支持的小企业（包括个体工商户、小企业主经营快贷）218家，累计发放贷款金额2.42亿元。通过延期还本付息，无还本续贷，减免利息，全额承担小微企业办理抵押贷款的抵押物评估费、保险费、抵押登记费等费用，缓解企业转贷压力，全年支行为企业减费让利265万元。

（宋炳君）

【中国银行股份有限公司岱山支行】 2022年，中国银行股份有限公司岱山支行（简称中国银行岱山支行）内设综合管理部和营业部，下设自助银行1家，在职员工21人。是年，全行本外币各项存款总额12.81亿元，比上年增长3.7%；贷款总额44.33亿元，比上年下降3.7%；不良余额25万元，不良率为0.01%。实现营业收入8721万元，拨备前利润7776万元，继续保持零发案率。

围绕《金融支持岱山高质量发展建设共同富裕示范区海岛样板战略合作协议》要求，加快服务实体经济，是年，新增授信总量1亿元支持岱山县安亭城乡建设有限公司板井潭安置房项目，为浙江省岱山开投智创未来运营有限公司岱山县产业新城综合配套提升工程、舟山石油管道有限公司黄泽山—鱼山原油管道项目分别申请14.7亿元和5亿元的授信总量。继续做好对小微企业及个体户的资金支持，是年，新增各项普惠贷款3392万元，其中渔农贷新增投放2050万元。积极做好对各投资商的金融服务工作，华润新能源（岱山）有限公司累计到位资本金52700万元，中广核浙江岱山海上风力发电有限公司累计结算电款22186万元。

（余燕娜）

【中国邮政储蓄银行股份有限公司岱山县支行】 2022年，中国邮政储蓄银行股份有限公司岱山县支行（简称邮储银行岱山支行）持续提升工作能效，为全县经济高质量发展贡献力量。截至12月末，实现营业收入3806万元，完成预算目标的103.3%，比上年增加557万元，同比增长19.4%。实现利润总额1404万元，完成预算目标的95.5%，比上年增加65万元，同比增长4.8%。完成中收569万元，完成预算目标的114.8%，比上年增加229万元，同比增长67.4%，中收占比16.6%，同比增长40%。

储蓄业务 截至2022年12月27日，储蓄存款时点余额87435万元，比上年末增加8542万元；个人价值存款年日均新增8330万元，完成率为290%，居全市第二。

公司业务 截至2022年12月29日，公司价值存款年日均新增14637万元，完成率为149.6%，居全市第二。

小企业业务 截至2022年12月31日，小企业贷款结余22365.21万元，全年增加5591.61万元，完成率为155.3%，居全市第一。

小额贷款业务 截至2022年12月31日，小额贷款结余36572.15万元，全年增加10714.26万元，完成率为101.1%，居全市第二。额度类消费贷款结余4547.29万元，全年增加1340.80万元，完成率为109%，居全市第三。

普惠贷款业务 截至2022年12月末，其中普惠贷款全年新增6271万元，完成率为78.4%，暂居全市第三，普惠型涉农贷款全年新增6196万元，完成率为213.7%，居全市第一。涉农贷款全年新增18526.70万元（包含中广核），完成率为237.5%，居全市第一。

中间业务 截至2022年12月29日，个人客户结余11.80亿元，新增1.60亿元，完成率134.1%，居全市第一。其中个人理财保有量3.35亿元，是年减少836万元，完成率为-33.7%，居全市第二，资管信托保有量年增2053万元，居全市第一；保险收入年增231万元，完成率为121.6%，居全市第一。

（夏　瑾）

其他性质银行

【浙江岱山农村商业银行股份有限公司】 2022年，浙江岱山农村商业银行股份有限公司（简称岱山农商银行）内设董事会办公室、办公室、人力资源部等10个部门，下辖营业部及9家支行，共有营业网点23个，有在职员工289人。是年，制定出台《关于落实稳经济一揽子政策措施行动方案》《“稳经济、惠民生、促发展”助企纾困十八大举措》等政策，推出“强村富民贷”“民宿贷”，多措并举助企纾困，激发市场活力。强化金融供给，创新乡村振兴金融产品，积极推广排污权、生物活体、应收账款、知识产权、收费经营权等多项创新担保方式抵质押贷款，破除企业融资难题。坚持以客户为中心的服务理念，加速网点转型升级，深化交通、医疗、教育、旅游、民生、政府管理等多平台智慧场景，拓宽金融服务覆盖面。

是年末，各项存款余额137.57亿元，比是年初增加17.18亿元；各项贷款余额85.59亿元，比是年初增加11.05亿元。存贷款规模突破220亿元，居全县银行业首位。其中，涉农贷款余额76.35亿元，比是年初增加9.45亿元，增幅14.1%；小微企业贷款余额62.62亿元，较是年初增加13.53亿元，增幅27.6%。

（朱　静）

【浙江民泰商业银行股份有限公司舟山岱山支行】 2022年，浙江民泰商业银行舟山岱山支行（简称民泰银行岱山支行）设营业网点1个，有职工30人。至12月末，支行各项存款余额191340万元，比是年初增加45855万元；各项贷款余额107878万元，比是年初增加8645万元。是年，累计发放贷款648565万元，为22户中小企业提供专项信用贷款4130万元。是年，推出“乡村振兴信用村”小额信用贷款新产品，全年发放绿色贷款6026万元。银行承兑汇票余额458万元。

（孙佳薇）

2022年6月16日，民泰银行岱山支行开展“稳经济一揽子政策落实”大走访活动（民泰银行岱山支行　供图）

【浙江岱山稠州村镇银行股份有限公司】 2022年，浙江岱山稠州村镇银行（简称岱山稠州村镇银行）各项资产总额13.20亿元，存款余额10.96亿元，各项贷款余额8.17亿元，成本收入比42.7%，拨备覆盖率为367.8%，资本充足率为24.6%，不良率为1.5%。

出台十二条稳经济政策，降低小微企业融资成本，开展各类宣传40余次，累计走访150余家授信企业、工业园区、种养殖大户等小微企业，推出延期还本付息、到期宽限期等政策，切实为小微企业纾困解难。办理延期还本付息客户49户次，延期金额8869万元，办理无还本续贷客户44户，金额7649万元。

坚持服务小微企业，加大小微企业普惠贷款投放力度，推动小微企业金融服务增量扩面，是年，累计投放贷款95755万元，主要投向农林牧渔41677万元，占全部贷款的51%；信用类+保证类贷款余额46209万元，占全部贷款的57%，比是年初提高3个百分点。以乡村振兴贷为切入点，稳步推进整村授信评议落地，提升全行农户客群授信覆盖面。是年，全行整村授信23个行政村，白名单准入34757个，授信户数

14615户，金额5604万元；用信56户，金额388万元。

完成丽都国际大酒店系列等大额风险贷款的续贷化解工作，成功处置港龙商贸300万元存量隐性风险贷款；诉讼清收取得较好成效，充分利用高频催收、诉前保全等手段，提前介入风险贷款催收工作。截至12月末，累计诉讼15笔，清收558万元，核销贷款本息389万元。

（柴涵文）

【台州银行股份有限公司舟山岱山支行】 2022年，台州银行股份有限公司舟山岱山支行（简称台州银行岱山支行）共有员工22人。台州银行岱山支行坚持“中小企业的伙伴银行”市场定位，专注服务于农户、小微企业、个体工商户、小本买卖者、初始创业者，以“支农支小”普惠金融为主，有效落实涉农信贷政策要求，畅通涉农信贷政策传导渠道。不断优化贷款结构，合理调配信贷资源，有效加大乡村振兴信贷投入。科学把握信贷规模和节奏，着力控制信贷风险增长，全力服务经济发展。

截至12月末，银行存款余额38064.77万元，各项贷款余额44138.85万元，其中涉农贷款余额40841.62万元，占各项贷款的92.5%；是年，累计投放各类贷款69123.54万元，其中涉农贷款投放62535.78万元，占投放总量的90.5%。

（林　佳）

保险

【概况】 2022年，全县共有保险业务机构16家，其中财产保险9家、人寿保险7家。是年，保险机构实现保费收入3.96亿元，比上年增长7.6%。其中财产保险费收入1.39亿元，比上年增长9.5%；人身险保费收入2.57亿元，比上年增长6.6%。全年赔款支出1.41亿元，比上年增长30.3%；给付支出0.33亿元，比上年增长5%。

【中国人民财产保险股份有限公司岱山县支公司】 2022年，中国人民财产保险股份有限公司岱山县支公司（简称人保财险岱山支公司）坚持“稳中求进”的工作基调，真抓实干，探索走出一条具有海岛特色的保险发展路径。截至是年底，公司内设科室为经理室、综合部、直销业务一部、直销业务二部、商团业务一部、商团二部、理赔分部。下设衢山、鱼山两个营销服务部。在编员工19人，劳务外包10人，营销员17人。

公司主要经营的险种为企业财产保险、机动车辆保险、船舶保险、责任险、政策性农险、工程险等，推广驾意险、全车宝、人人安康系列等分散性险种。全年累计保费收入7343.68万元（含长护险50万元），比上年增长13.4%，区域市场份额52.8%，比上年增长1.8%，业务总量继续领跑岱山财险行业。

全年农险保费累计增速250.4%，与辖内农场养殖户开展沟通，分析生猪、母猪养殖风险点，为当地近3.5万头生猪和0.28万头母猪提供保障，扎实推进农业和农村建设。

以“保险+”模式落实精准扶贫政策，进一步强化扶贫救助、残疾人意外险、长护险等险种的服务，关注帮扶低保人群和群众急难愁盼的看病养老等问题，相关民生保障项目覆盖1.13万人。

（过宓晖）

【中国人寿保险股份有限公司岱山县支公司】 2022年，中国人寿保险股份有限公司岱山县支公司（简称国寿寿险岱山支公司）聚焦市场“双领先”，坚持以队伍建设、客户经营为主线，明确业务渠道定位，加强防范风险、依法合规。全年实现保费收入9661.22万元，总保费市场占有率为37.6%，较上年有新提升。核心指标占比与上年同期有明显增长。营销发展部：截至2022年12月31日，完成首年期交1656.97万元，比上年增长30.2%；标准保费达成535.96万元，比上年增长15%；10年期保费达成937.26万元，比上年增长46.6%；大短险123.58万元，比上年下降2.7%；各核心指标均完成年度预算目标，较上年同期有不同程度的增长。团险渠道：全年岱山大短险实现保费1021.80

万元，比上年增长 29.4%，其中团短险实现短期保费险 887.21 万元，比上年增长 35.9%。银保渠道：实现首年期交保费 167.20 万元，完成年度目标的 47.5%，其中 5 年期及以上 51.10 万元，完成年度目标的 33.4%，比上年下降 57.3%。短期保险：完成 11 万元，完成年度目标的 100%，比上年增长 15.7%。开门红预销售启动农商行，签约保费 32 万元。

（任珊珊）

【中国人民人寿保险股份有限公司岱山县支公司】 2022 年，中国人民人寿保险股份有限公司岱山县支公司（简称人保寿险岱山支公司）秉承“强队伍，抓业务，固渠道”的经营理念，积极做好各项工作。是年，在册人员 42 人，全年完成保费收入 499 万元，赔款支出 113.67 万元。

（王海俊）

【中国人寿财产保险股份有限公司岱山县支公司】 2022 年，中国人寿财产保险股份有限公司岱山县支公司（简称国寿财险岱山支公司）业务稳中求进，在做好续保业务的同时，积极拓展市场新保源、新险种，全年保费收入 1402 万元，比上年增长 1.8%。其中车险保费收入 756 万元，非车险保费收入 646 万元，车险续保率为 78.6%。

（冯慧娜）

【中国太平洋财产保险股份有限公司岱山县支公司】 2022 年，中国太平洋财产保险股份有限公司岱山县支公司（简称太保财险岱山支公司）内设综合管理部、业务部（车险）、渠道业务部（非车险）、理赔部；有员工 10 人，并在衢山设有营销服务部 1 个。全年实现全险种起保保费 3476 万元，比上年增长 18.4%。其中，车险起保保费 800 万元，比上年下降 1.95%，非车险起保保费 2676 万元，比上年增长 26.2%。截至 11 月，非车险市场份额 27.2%，比上年增长 3.9%，市场排名第二。

（童艳艳）

【中国太平洋人寿保险股份有限公司岱山县支公司】 2022 年，中国太平洋人寿保险股份有限公司岱山县支公司（简称太保寿险岱山支公司）转型发展，创新驱动，狠抓核心业务保费，稳固寿险市场份额，保费收入 7580.91 万元。其中个险总保费 6251.41 万元，市场占比 29.5%；续期保费 5413.18 万元。短期险保费完成 44.02 万元，非健康保险费完成 23.91 万元，死、伤、医赔款 912.89 万元。

（徐　扬）

【天安财产保险股份有限公司岱山县支公司】 2022 年，天安财产保险股份有限公司岱山县支公司（简称天安财险岱山支公司），加强承保质量管理，重视业务数据跟踪和业务数据分析。从非车续保工作做起，做好大项目拓展工作，参与政府建设项目投标工作。注重开发新的非车领域，尤其责任险板块，做好涉水工程业务风险把控和核保沟通工作，确保规模和利润双赢。全年保费收入 315.89 万元，事故年决赔款 106.70 万元，事故年报告赔付率为 44%。

（贝竹贤）

责任编辑：姜小金

经济管理

Economic Management

发展和改革

【概况】 2022年，全县发展与改革工作认真落实“疫情要防住、经济要稳住、发展要安全”的重要指示，坚决扛起忠实践行“八八战略”，奋力打造“重要窗口”的责任担当，全年经济呈现“开门飘红、短期遇冷、反弹回升，平稳发展”的趋势。全年实现地区生产总值753.60亿元，GDP总量居全市四县区首位，比上年增长18%，分别高于全省和全市14.9个和9.5个百分点，增速继续领跑全省。分产业看，第一产业实现增加值35.50亿元，比上年下降4.6%；第二产业实现增加值609.80亿元，比上年增长22%；第三产业实现增加值108.30亿元，比上年增长7.5%。全县实现固定资产投资465.80亿元，剔除鱼山后投资增长54.3%。城镇和渔农村常住居民人均可支配收入分别为64421元和46115元，比上年增长4.3%和7.1%。

【群岛新区建设】 2022年，浙石化炼化一体化项目安全稳定运行，第三套年产140万吨乙烯项目获国务院批复投产，全年实现产值2298亿元，比上年增长65%。总投资192亿元的高性能树脂、总投资641亿元的高端新材料项目开工建设。大宗商品储运基地主体工程全面开工。鼠浪湖矿石中转基地混配矿加工量稳居全国第一。黄泽山二期104万立方米储油库项目顺利建成，黄泽山—鱼山原油管道全线贯通，中化小衢山油储项目列入国储清单。中科院宁波材料所岱山新材料研究和试验基地建成投用，首批7个项目成功入驻，3个项目列入国家重点研究计划。世界最大单机1.6兆瓦潮流能发电机组成功下海运行。重大交通项目加快实施，526国道岱山段、秀山环岛公路海岙至九子段建成投用，岱山交通集散中心、燕窝山客运中心基本建成。商贸业态不

2022年1月13日，建设中的星浦未来社区（县发展和改革局　供图）

断提升，竹屿新区商业综合体落户，希尔顿欢朋酒店、全季酒店相继开业，蟹文化产业园建成投用。东海郊野公园、牛轭山公园建成运营，鹿栏晴沙、双合石壁景区完成改造提升。小长涂入选全市“小岛你好”海岛共富行动首批示范岛，蓬莱未来社区、星浦未来社区一期顺利建成，长涂镇倭井潭、岱东镇涂口村创成省级未来乡村，高亭镇南浦村、秀山乡秀北村和衢山镇凉峙村入围省级未来乡村试点。

【宏观经济调控和指导】 2022年，县发展和改革局深入调研分析，科学编制年度计划，合理安排全县经济社会计划发展目标，编写完成《关于岱山县2022年国民经济和社会发展计划执行情况和2023年国民经济和社会发展计划草案的报告》。坚持发挥经济决策参谋作用，及时跟踪经济社会发展热点，扎实推进经济稳进提质攻坚行动，编制《岱山县贯彻落实浙江省扎实稳住经济一揽子政策措施实施方案》《岱山县贯彻落实浙江省经济稳进提质八大攻坚行动实施方案》，出台地方配套政策32项。加强重点指标监测、预警和调度，全年“实干争先”考核指标综合排名全市第一，11项市对县考核指标中，地区生产总值、社会消费品零售总额、限上批零销售额、一般公共预算收入、本外币存贷款余额、农村居民人均可支配收入、规模以上工业企业研发费用等7项指标增速全市第一。

【重点项目建设管理】 2022年，全县攻坚年项目有100个，年度计划投资400亿元。1—12月，完成投资460.70亿元，完成年度计划的115%。100个项目中，山外地块住宅小区项目、东海地块住宅小区项目、岱山新材料产业园基础设施提升工程、新材料产业技术创研中心等38个项目完工；岱山产业新城综合配套提升工程（星浦未来社区）、县第一人民医院迁建项目、岱山高亭—石化小区—双峰新城公路工程等62个项目有序推进。是年，全县36个项目列入市重点建设项目，年度计划投资340.50亿元。1—12月，完成投资431.20亿元，完成年度计划的126.6%。526国道岱山段改建工程、黄泽山—鱼山原油管道、浙石化高性能树脂项目（岱山）、浙石化新增140万吨/年乙烯及下游化工装置（二期工程产品结构优化）项目、浙石化高端新材料项目列入省重点建设项目，年度计划投资180.40亿元。1—12月，完成投资303.40亿元，完成年度计划的168.2%。

【固定资产投资管理】 2022年，全县实施固定资产投资项目211个，全社会完成固定资产投资465.80亿元；民间项目投资、交通投资、生态环保和公共设施投资、高新技术产业投资分别完成399亿元、37亿元、20亿元、326亿元。浙石化高端新材料项目、宁波舟山铁矿石储运基地启动工程、华润双剑涂渔光互补项目、县第一人民医院迁建项目、县产业新城综合配套提升工程、县海塘安澜工程等60个项目新开工；衢山岛海事服务基地（一期）、县城旅游配套服务设施提升工程、双峰新城校区、高亭中心渔港扩建工程（浪激渚段）、石化循环经济产业园、捷胜年产3000套甲板机械和渔具项目等68个项目在建；526国道岱山段改建工程、黄泽山石油中转二期

2022年10月9日，建设中的岱山高亭至石化小区至双峰新城公路工程
（县发展和改革局　供图）

迁建中的县第一人民医院效果图（县发展和改革局　供图）

罐区项目、黄泽山—鱼山原油管道，浙石化新增140万吨/年乙烯及下游化工装置（二期工程产品结构优化）项目、润和催化剂产业化项目（一期）等83个项目建成。

【项目立项审批】2022年，县发展和改革局持续推进投资项目“容缺受理+承诺办理”改革，发挥投资项目集中预审、联合会审等联办机制，收集各类投资项目前期议题71件次，全年召开联审协调会13场，“一对一”把脉问诊，促进项目早落地、早开工。深入岱山经济开发区、舟山绿色石化基地重点企业，延伸项目服务端口，零距离为企业排忧解难，协调项目议题45件次，完成舟山绿色石化基地内高性能树脂、高端新材料等重点项目立项26项，核准备案投资总额969.36亿元。

【服务业发展管理】2022年，县发展和改革局编制下发《岱山县关于促进服务业领域困难行业恢复发展的实施意见（试行）》《岱山县2022年服务业考核指标》，健全督查通报机制，以清单式、闭环式推进各项工作落实落细。全年实现全县第三产业服务业增加值108.28亿元，比上年增长7.5%，占GDP比重的14.7%，增速位列全市第一。

【营商环境建设】2022年，县发展和改革局编制《岱山县打造最优营商环境行动方案》，在重点领域和关键环节实施一批突破性、引领性改革创新举措，持续提升制度供给、服务供给、要素供给能力。升级打造量化可测的“岱山指数”2.0，涵盖29项指标、95个考核点位、159项具体任务和51个县属部门，建立健全常态化督查机制，构建“发现问题—任务清单—落实整改—跟踪效果”的工作闭环。在2021年度全省营商环境评价中，岱山县得分为84.57分，较2020年度提高6.97分，处于全省第二档。在18个一级指标中，电力等7个指标处于第一档，其中用水用气、注销企业、信用建设得分为全省最优值。

【政策性农村住房保险】2022年，全县政策性农村住房保险继续以村或社区为单位投保，由人保财险岱山支公司承保。至3月底，全面完成年度政策性农村住房保险投保承保工作。按保险对象为“具有岱山户口的拥有农村土地承包经营权或宅基地使用权的居民住房”的投保条件，参保率达100%。全县投保农户46318户，其中有低保户1228户；保费按二类风险区域每户10元执行，签单总保费46.32万元，其中普通农户自缴保费3元，计13.53万元，省、县财政补助普通农户每户分别为5元和2元、低保户每户分别为6.50元和3.50元，计32.79万元。

【金融管理】2022年，县发展和改革局建立《任务化清单式信贷工作推进机制》，梳理完善贷款投放计划、金融政策落实、信贷产品“三张清单”。全力做好2021年度岱山县银行业金融机构支持地方经济发展考评工作，对中国银行岱山支行、农业银行岱山支行、岱山县农村商业银行和台州银行岱山支行考核为优秀银行。6月，制定《关于开展2022年防范非法集资宣传活动的通知》，在全县范围内集中开展以“守住钱袋子·护好幸福家”为主题的防范非法集资宣传月活动，累计开展“七进”等宣传活动51次，参与群众13000余人次，发放宣传册和宣传品5000余份。8月，联合中国人民银行岱山支行出台《关于进一步做好金融助企纾困服务稳进提质工作的通知》。全年人民币存贷款余额增速23%，位居全市第一。小微企业贷款、信用贷款、首贷户拓展户数分别比上年增长15.1%、30.5%、32%；是年末，不良贷款余额1.17亿元，不良贷款率为0.3%。举办政银企对接会14场，编制金融简报8期。

【能源管理】 2022年，县发展和改革局通过第三方机构对全县6家重点企业开展节能审计，利用节能降碳e本账应用对4家重点企业实施用能预算化管理；编制完成《岱山县碳达峰实施方案》，系统推进能源、工业、建筑、交通、渔农业、居民生活等重点领域的绿色低碳转型；深挖分布式光伏潜力，全县企业屋顶光伏新增装机容量13.3兆瓦；完成淘汰渔船用能权确权任务，腾出用能空间1.7万吨，有效保障项目落地；开展电力市场化改革政策宣传指导工作，助力全县企业有序参与全省电力市场化改革。

【社会信用体系建设】 2022年，县发展和改革局制定出台《岱山县2022年社会信用体系建设工作要点》《2022年岱山县诚信主题实践活动方案》，转发《舟山市诚信示范街道（乡镇）创建工作方案》等文件，指导乡镇启动“诚信示范乡镇”的创建工作，选择秀山乡作为创建信用乡镇的试点，联合秀山乡政府开展信用承诺书签订、信用修复培训班活动，组织县属各有关单位，开展秀山乡“诚信商铺联盟”评选活动，22户商铺被评为县“诚信示范商户”；组织开展“屡禁不止屡罚不改”严重失信行为专项治理工作，对纳入国家信用平台的舟山凯华船舶配件制造公司开展严重失信行为专项治理工作；由县信用办牵头组织开展信用宣传活动5次，发放各类宣传资料和宣传品3000余份；开展信用修复3例；搭建岱山“蓬莱分”信用应用场景，其中“信用+停车”“信用+借阅”“信用+文化”“信用+技能”场景落地。

【价格监测】 2022年，县发展和改革局在报刊、网络上公布与群众生活较密切的主要商品价格行情以及高亭与舟山、宁波的菜篮子商品对比价格。全年普通江苏晚粳米和精制江苏晚粳米的涨跌较为明显，根据监测数据显示，4月中旬，上述两个品种粮食价格达到是年度最高，分别为每500克2.37元和2.47元，同比分别上涨14.5%和12.3%。截至年末，普通江苏晚粳米、精制江苏晚粳米、普通东北晚粳米和精制东北晚粳米的零售价环比持平，同比则分别下跌4.4%、1.2%、4.1%和1.1%。全年花生油、菜籽油、大豆油和食用调和油价格处于一路小幅攀升态势，截至年末，各品种零售价同比分别上涨18.2%、18.5%、19.2%和16.1%。春节期间，高亭农贸市场的精瘦肉、肋条肉和肋排肉价格达到顶峰，分别为每500克33元、42元、50元，和上年同期相比，精瘦肉价格持平，肋条肉和肋排肉分别上涨20%和11.1%。至年末，肋排肉零售价同比上涨25.9%，其他品种价格均较为稳定。全年鸡蛋和鸭蛋价格较为平稳，至年末，鸡蛋和鸭蛋零售价同比涨幅分别为27.3%和13.3%，同是年初相比，分别上涨40%和21.4%。综观全年高亭农贸市场的蔬菜价格，随着季节天气变幻，频繁出现高低互调，但总体上价格运行较为平稳。全年蔬菜均价为每500克8.65元，同比下跌7.7%。水产品和豆制品类价格较为平稳。

【价格管理和成本监审】 2022年，县发展和改革局履行好价格调控任务，进一步完善机动车停放服务收费管理。降低居民生活用管道天然气价格；调整县公办幼儿园等级收费标准和各公办幼儿园收费标准；批复燕窝山至衢山客滚船航线票价、上船跳至海坛旅游专线票价和秀山乡骨灰纪念堂存放格位使用费标准等。贯彻落实“双减”政策，核定中小学课后服务收费标准和小学暑期托管服务收费标准。出台《岱山县电力接入工程费用分担机制实施办法》。

【价格认证】 2022年，县价格认

证中心协助配合公安、海警及行政机关办理各类涉案财物的价格认定，客观、公正、高质、高效地完成认定工作，为执法部门办理案件提供有效的价格依据。全年完成认定案件135起，价格认定标的总金额1175.80万元。

【共同富裕】2022年，岱山县成立县委社会建设委员会，调整共富领导小组成员，完善工作例会制度，紧扣“1+7+N”重点工作体系和“1+5+N”重大改革体系，形成以“四横”“四纵”为核心的共同富裕系统架构图（1.0版），印发《岱山县共同富裕十大标志性成果任务清单》，出台年度工作要点，梳理重点任务62项、重大改革任务39项，逐一形成目标体系、工作体系、政策体系、评价体系和月度推进路线图。扎实推进扩中提低工程，开发“扩中”“提低”“精准画像”平台，初步形成“全面覆盖+精准画像”基础数据库，入选省统计局共同富裕基础数据库建设试点，“立业岱山”应用上线浙里办。新增城镇就业人员6442人，帮扶581名困难人员实现就业，城镇登记失业率为1.4%。家庭年收入10万～50万元的群体比例提高3个百分点以上。

【“小岛你好”海岛共富行动】2022年，全县健全“小岛你好”工作机制，成立领导小组，组建工作专班，下发《岱山县“小岛你好”海岛共富行动工作方案》，构建全县“小岛你好”海岛共富行动的目标体系、工作体系、政策体系、评价体系；统筹推进小长涂岛建设，高质量完成小长涂岛“小岛你好”海岛共富行动规划方案，获全市首批创建示范岛规划评审第三名，全年累计启动项目建设12个，完工项目10个，完成投资3080万元，完成项目年度总工程量的106.3%，小岛基础风貌提升、基层数字化治理等工作成效明显；推动民生服务事项迅速下沉，抓好共建共联小岛康养服务，打造党员志愿服务队和养老护理员队伍，探索建立“小岛帮帮团”强岛惠民机制。12月18日，岱山县“办事不出岛”改革做法在中央电视台《新闻直播间》播出。

（黄楚淳）

财政

【概况】2022年，岱山县财政局（简称县财政局）坚持以习近平新时代中国特色社会主义思想为指导，按照“疫情要防住、经济要稳住、发展要安全”要求，高效统筹疫情防控和经济社会发展，充分发挥逆周期调节作用，做好生财、聚财、用财各项工作。

【财政收入】2022年，全县完成财政总收入28.18亿元，比上年下降9.8%。完成一般公共预算收入20.01亿元，比上年增长9%，占财政总收入的比重为71%。完成地方税收收入13.81亿元，比上年增长5.6%。其中，增值税3.53亿元，比上年下降36.7%；企业所得税2.42亿元，比上年下降17.3%；个人所得税0.67亿元，比上年增长4%；资源税0.66亿元，比上年下降0.5%；房产税0.93亿元，比上年增长61.4%；城镇土地使用税1.40亿元，比上年下降20.2%；土地增值税1.22亿元，比上年增长75.2%；耕地占用税0.82亿元，比上年增长

2022年8月30日，省财政厅到岱山开展稳进提质财政政策落实情况的督导调研（县财政局　供图）

404.8%；契税1.16亿元，比上年增长1%；其他地方税收收入1.02亿元，比上年增长4.3%；专项收入0.77亿元，比上年增长3.7%；其他收入5.43亿元，比上年增长22%。

【财政支出】 2022年，全县一般公共预算支出59.07亿元，比上年增长16.2%，完成调整预算的101.8%。其中，公共安全支出26987万元，比上年增长2.5%；科学技术支出15799万元，比上年增长17.5%；教育支出57783万元，比上年增长3.9%；文化旅游体育与传媒支出13043万元，比上年增长11%；卫生健康支出40647万元，比上年增长32.3%；社会保障与就业支出70634万元，比上年增长8.1%；农林水支出129508万元，比上年增长5.2%；城乡社区支出46843万元，比上年下降11.4%，同口径增长9.2%；交通运输支出74357万元，比上年增长209.7%；一般公共服务支出63169万元，比上年增长15.5%；其他支出51955万元，比上年增长3%。

【组织财政收入】 2022年，县财政局抓好收入培育财源。发挥"财政+"部门协作机制作用，落实促进税收充分落地工作考核办法，抓好重点项目税收落地。完成亩均税收5万元以下低效企业整治提升，规模以上工业亩均税收达70万元/亩，获全省新一轮制造业"腾笼换鸟、凤凰涅槃"攻坚行动考核激励，位居全省前十。全县收入结构情况为：一般公共预算收入占GDP的比重为2.7%、占财政总收入的比重为71%，税收收入占一般公共预算收入的比重为69%。加强非税征管。全县非税收入26.18亿元，比上年下降13.8%，其中，纳入一般公共预算管理的非税收入6.20亿元，比上年增长19.4%。

【服务保障海岛发展】 2022年，县财政局积极为市场主体纾困解难，落实增值税留抵退税5.40亿元，减负降本6.90亿元，兑付政府补助补贴资金7755万元。实行小微企业和个体工商户承租国有房屋租金减免政策，减免租金1047万元。推行"即享即兑"惠企模式，落实政府采购支持中小企业等惠企政策。推动扩大有效投资。向上级部门申请到政府债券10.29亿元，落实县级财政资金37579万元，支持政府投资项目等建设。支持创新驱动发展，在打造高能级创新平台、优化科技创新政策体系等方面予以政策资金扶持，科学技术支出15799万元，岱山工业稳增长和技术改造工作荣获省政府督查激励，入围"科创中国"省级试点。落实人才经费4918万元，修订《岱山县人才发展专项资金管理办法》及相关配套政策。支持新型城镇化、海岛大花园建设。落实海岛大花园建设资金15.86亿元，推进全域美丽建设，支持小长涂开展"小岛你好"海岛共富行动。省绿色转化财政专项激励政策试点县工作获省财政厅绩效考评优秀，岱山县入选浙江省第一批生态文明建设实践体验地。

【保障民生支出】 2022年，县财政局聚焦共富保障，改善民生。全县民生支出40.53亿元，占一般公共预算支出68.6%，比上年增长5.1%。教育支出5.78亿元，比上年增长3.9%，加大优质教育资源供给，支持双峰新城校区等项目建设，获评全国义务教育优质均衡先行创建县。卫生健康支出4.06亿元，比上年增长32.3%，支持健康岱山建设，推进第一人民医院迁建等工程，防疫支出9881万元，保障医疗物资筹备、医疗救治能力提升、疫苗接种推进。社会保障与就业支出7.06亿元，比上年增长8.1%，支持社会保障提质扩面，加强"一老一小"服务供给，老年人自理能力筛查综合评价居全省第二，新增托幼一体化试点园2个；推进"扩中""提低"，城乡最低生活保障标准提高至1035元/月，所有村经营性收入20万元以上。农林水支出12.95亿元，比上年增长5.2%，开展渔农村环境整治攻坚行动，获评省新时代美丽乡村示范县；支持发展现代渔业，打造引领船55艘，推动实施农业"双强"项目5个。文化旅游体育与传媒支出1.30亿元，增长11%，发展文体事业，支持全国文明城市创建，全民健身中心建成投用，新增城市书房3家、文化礼堂7家，开展大中型文体活动51场，建成“15分钟品质文化生活圈”90个。

【加强财政监管】 2022年，县财政局深化财政监督管理。完善公款竞争性存放考评、政府采购等财政管理制度，组织开展财经秩序、楼堂馆所、三公经费专项整治行动。完成133个政府投资项目造价审核63.12亿元，调整金额10.02亿元。做好公路资产专项清查、资产账和财务账核对。提高资金使用绩效。坚持政府“过紧日子”思想，非刚性非重点项目支出压减率10%。出台《岱山县财政支出项目预算绩效目标管理办法》，对1452个财政支出项目实现数字化监控。完成“菜篮子”专项资金等重点绩效评价项目7个，试点开展下级政府财政运行综合绩效评价。发挥绩效评价实效，制订完善相关办法9个。防范财政风险。制订“一债一策”化解方案，统筹财政性资金推进化债工作。确保各项社保基金平稳运行，落实养老保险省级统筹责任分担机制，按规定上缴6.04亿元。加强“三保”信息监控，确保“三保”支出优先，“三保”运行总体安全。

【财政国资改革】 2022年，县财政局推动财政数字化改革。推进浙江省非税和票据管理一体化系统应用试点、浙里捐赠试点、“浙里报账”重大场景应用等数字化改革工作。推进预算管理一体化建设，对预算指标管理全流程追踪和控制。深化财政体制机制改革。出台《岱山县乡镇财政管理体制实施办法》，实行“核定基数、超收分成、短收减支、动态调整”的财政管理体制。出台《岱山县经济开发区财政管理体制实施办法》，支持开发区招商引资、产业引进、动能培育。国资国企改革提质增效。做大做强国有资本，国企资产总额比上年增长41.4%，资产负债率比上年下降22.1%，降低融资成本1500多万元，营业收入比上年增长68%。出台工资决定机制、国有资本监管、总审计师试点等监管制度，上线国资国企数字化监管平台。

【变革型组织建设】 2022年，县财政局强化党建统领，将交投、城投、开投、衢投集团党建工作统一归属至财政局党委管理，形成“全企一体，双融共促”国企党建格局。加强作风建设建设，赴各企业及渔农村开展“三服务”活动，制定完善服务保障鱼山、开发区、衢山镇发展的细化举措，衢山镇5个村被列入2023年度一事一议财政奖补支持共富村试点，协助岛斗村谋划项目建设。打造廉洁高效队伍，实施2022年变革型财政组织创建方案，通过先进评选表彰、财菁宣讲团、财政业务大讲堂等载体，加大年轻干部培养力度，局股级干部中85后占比41.2%。推进清廉财政建设，局党委落实全面从严治党主体责任，常态化开展观看廉政教育片、参与党史党纪知识测试、廉政谈话等警示教育活动，出台《加强年轻干部廉政教育管理监督实施方案》。

（徐　华）

税务

【概况】 2022年，国家税务总局岱山县税务局（简称县税务局）抓好党务引领新发展、干好税务开拓新局面、带好队伍展现新气象，聚力聚焦政治建设、服务大局、征收管理、税费服务、依法治税、集成共治和队伍建设“七个着力点”，有效统筹组织收入工作，落实落细组合式税费支持政策，进一步深化政治机关建设，纵深推进全面从严治党，深化税收征管改革，优化纳税服务，不断提升税费治理效能，推动各项工作稳进提质。

【税收收入】 2022年，全年组织税费收入51.73亿元。其中，税收收入21.72亿元，比上年下降18%；社会保险费收入12.02亿元，比上年增长19.9%；非税收入17.21亿元，比上年增长15.1%，为岱山经济社会发展和民生改善增强财力保障。

【减税降费】 2022年，全年落实组合式税费支持政策8.44亿元，其中办理留抵退税5.40亿元，办理制造业中小微企业缓缴税款1.68亿元，落实其他税费优惠政

2022 年 12 月 2 日，县税务局在岱东镇召开“服务特殊人群”志愿团队工作交流会（柳京宏　摄）

策 1.36 亿元，促进市场主体纾困解难、激发活力。

【**税收改革**】2022 年，县税务局深化税收征管改革，稳步推进税收征管数字化升级和智能化改造，2022 年涉及的 65 项改革任务全部完成，入选全省征管改革揭榜项目的“服务特殊人群”“征管质量 5C 指标”2 项任务顺利推进。推进发票电子化改革，做好全面数字化的电子发票受票扩围试点工作，全县增值税发票电子化率为 99.7%。推行“浙里办票”应用场景，全县全年有 267 家企业贯通该应用场景。持续优化自行开发的“社保费和非税收入数据门户”，实现社保费和非税收入数据动态展示、实时查询和定期核对，打造疑点数据“生成、推送、核实、反馈、分析”的“闭环式”处理和“智能化”监管模式，已在全市推广使用。

【**营商环境优化**】2022 年，县税务局全面构建“网上办、掌上办、自助办”等多位一体的智慧税费服务体系，实现网办率为 98.9%，位列全市第一。稳步提升重点税费事项“掌上办”比例，重点事项掌上办率提升至 60.9%。以“海岛智助诊疗社”建设为依托，利用社区微平台和税收志愿服务力量，建立银行志愿者辅导队伍，打造方言办税服务，构建“15 分钟社区办税圈”。持续提升电子税务局支持中心运作质效，全年业务量占比、业务处理准期率位居全市第一。深化不动产“一件事”改革，实现不动产登记“一窗受理”“网上办税”全覆盖。深入开展“便民办税春风行动”，推出 6 大类 25 项 92 条便民办税服务措施，推出“税企恳谈会”“蓬莱说税直播”“小小税官共成长”等活动，致力为企送优惠、优流程、解疑难。开展“大走访、大调研、大整改”活动，建立“问计问需”常态化机制和“需求挂账销号”机制，开展多轮次分类分级大走访和专题调研活动，覆盖全县 3873 家企业，收集并解决问题 100 余个。深化“线上银税互动”合作机制，联合农商银行推动“税银贷”应用有效嵌入征纳沟通平台，持续提升“税银贷”覆盖面和便利度，有 230 户纳税人获贷款 1.22 亿元，帮助

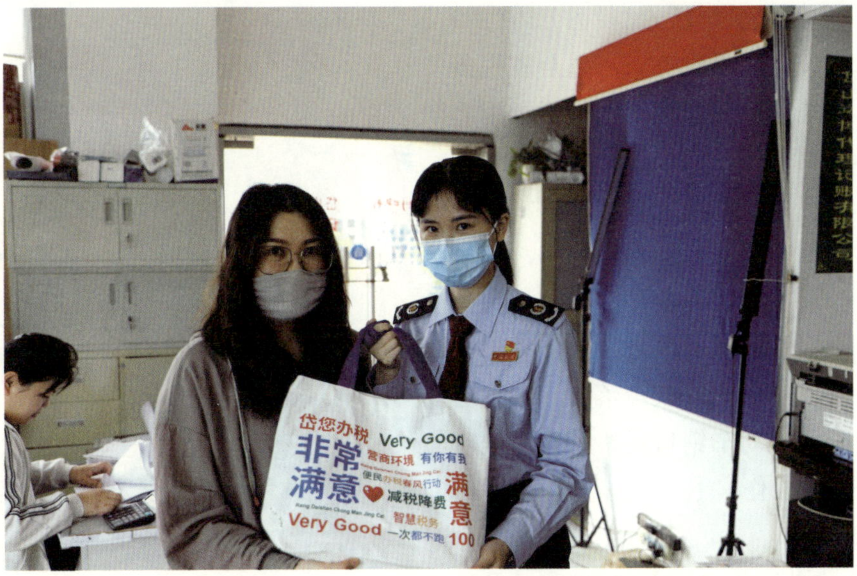

2022 年 5 月 9 日，县税务局向企业宣传优惠政策，并送上税宣小礼品（柳京宏　摄）

小微企业缓解融资难题。

【强化税收治理】 2022年，县税务局完善全县政府投资项目税收落地工作机制，县政府投资项目税收贡献率提升66.3%。强化税务、法院和破产管理人三方联动，做好破产企业处置税收征管和税收债权追缴工作。强化共享涉税信息应用，开展耕地占用税项目清理。狠抓绿色税种规范管理，加强堆场扬尘环保税征管力度。

【各类荣誉创建】 2022年，县税务局税宣作品《刚刚好》获北京大学生电影节优秀奖和全省纳税宣传辅导优质作品三等奖，成功创建省级巾帼文明岗、浙江省“最美税务人”等各项荣誉19项次，获省、市税务局主要领导和县委、县政府主要领导肯定性批示6次。

【税收法治建设】 2022年，县税务局践行“枫桥经验”，大力推进新时代“枫桥式”税务分局（所）建设，衢山税务所入选全省税务系统首批评审范围。灵活运用非强制性执法手段，严格落实“首违不罚”清单。落细行政执法“三项制度”，依托国税总局、省税务局平台，扎实推进内控机制建设。做实做细增值税发票风险快速反应机制、政策落实、出口退税、机动车销售发票等专项风险管理工作。

【税务队伍建设】 2022年，县税务局推荐局班子副职领导1人，选拔正股级领导干部2人、副股级领导干部8人，促进领导班子和中层队伍年龄结构合理搭配、专业经历优势互补。开展职级晋升工作，完成晋升27人次。有序推进公务员分类改革，4名干部完成类别转变。用好用活退二线干部，进一步发挥老干部经验足、能力强的优势，相关做法获省税务局主要领导肯定性批示。加强青年干部业务能力培养，持续推进“专业化能力提升”学习活动，深入开展练兵比武活动，是年，在市税务局相关条线比武选拔中，在“资环税”条线勇夺全市第一、“财行税”位居全市第二。深化人才培养，入选全省税务系统青年才俊1名，全市税务系统岗位能手3名。

【服务岱山经济社会发展】 2022年，县税务局全力助推共同富裕、支持科技创新、自贸区发展，主动服务“国之大者”“岱山要事”，税收支持作用高质量发挥。对外提供400余批次数据查询需求，有力服务产业政策兑现和区域经济建设。办理出口退税4.10亿元，比上年增长39.7%，助力扩外贸新业态，稳外贸基本盘。推行“专精特新”中小企业和“小巨人”企业“一户一档”服务措施，帮助解决问题5个，助力培育专精特新骨干企业。积极服务乡村振兴，深化与衢山镇四平社区、三弄社区战略合作，选派渔农村指导员和第一书记各1名，争取帮扶资金13万元，采购扶贫农产品4.80万元，筹集扶贫捐款13.36万元。积极投身地方疫情防控和文明创城工作，开展志愿服务活动1600余人次，打响浙税先锋服务品牌。

【加强党建引领】 2022年，县税务局聚焦学习贯彻党的二十大精神、落实组合式税费支持政策等工作，加强先进典型选树力度，

2022年6月28日，县税务局青年党员参观鱼山纪念馆，现场接受红色教育
（柳京宏　摄）

1 名青年干部入选全省税务系统“80·90·00 宣讲团”，3 名青年干部入选“‘岱’你讲习”宣讲团，成功创建省级巾帼文明岗和县级工人先锋号各 1 个，荣获浙江省“最美税务人”、全国无偿献血奉献奖银奖、县级“三八红旗手”、县级道德模范、县级劳动模范、舟山好人各 1 名，严格执行全面从严治党主体责任和监督责任清单制度，梳理 8 个方面 95 项工作任务，压紧压实责任链条。深化税务系统纪检监察体制改革，全面落实国税总局“1+7”制度文件和省税务局“2+2+N”制度体系，配齐派出机构专兼职纪检员，全面拓展下沉式监督体系；研究制定《县税务局一体化综合监督体系责任清单》，细化责任事项，压实监督责任。

（柳京宏）

2022 年 4 月 11 日，县委审计委员会第四次会议在县行政中心召开

（县审计局　供图）

审计

【概况】 2022 年，县审计局完成审计项目 14 个，查出管理不规范等问题金额 2.02 亿元，发现非金额计量问题 46 个，促进整改落实有关问题资金 4298 万元，推动被审计单位出台完善管理制度 7 项；移送案件线索 2 起；报送审计专报 15 篇，获县委、县政府批示 12 篇，信息文章被各级录用 45 篇次，3 篇课题通过省级课题结项，1 篇课题成功立项。是年，获省审计厅表彰的各类荣誉 3 项，市、县各类荣誉 13 项；获评舟山市审计系统 2022 年度考核优秀单位。

【政策跟踪审计监督】 2022 年，县审计局坚持把重大政策落实情况跟踪审计作为重大政治任务，完成岱山县储备粮管理情况专项审计调查、2020 年度至 2021 年度慈善资金募集、管理和使用情况审计。审计揭示 29.66 万元食用油采购程序不规范、县慈善总会现金管理和支出管理监督不到位等问题。配合开展舟山市“4+1”重大建设项目计划执行情况、2022 年省政府民生实事项目（舟山部分）推进情况等专项审计调查。

【财政预算执行情况审计】 2022 年，县审计局着眼实现“稳增长”，持续关注重大政策措施落实、财政资金绩效管理等情况，加大对相关政策、项目和资金的审计力度，完成 2021 年度县本级财政预算执行和其他财政收支情况审计以及对“楼堂馆所”专题的核查，审计查出管理不规范资金 1.90 亿元，审计期间整改资金 4290.74 万元，促进财政部门预算编制、项目库管理规范，预算执行到位，财政绩效意识提高。围绕资产、资源、资金三要素，配合省审计厅完成 2022 年“5+4”稳进提质政策落实情况核查任务。

【领导干部经济责任审计】 2022 年，县审计局注重发挥县委审计委员会领导作用，向县委审计委员会专题汇报审计工作情况 6 次；全力服务保障省审计厅实施的县委书记工作交流会审计工作，牵头完成审前自查自纠、审中沟通协调、审后督促整改，各项工作得到县领导和省审计组高度认可。完成 6 家单位、6 名党政“一把手”经济责任审计，查出管理不规范资金 1069 万元，移送案件线索 2 起。提炼审计成果，梳理 2021 年及 2022 年上半年审计发现的6大类问题，形成审计发现的共性问题及防控建议等课件，在县财政审计工作会议上、县新提拔领导干部培训班上作专题授课，以案例促预防助整改，发挥审计预警监督作用。召开县经济责任联席会议，修订《岱山县党政主要领导干部和国有企事业单位主要领导人员离任经济事项交接办法》《岱山县经济责任审计工作联席会议议事规则》《岱山县经济责任审计联席会议办公室工作规则》等3项制度，规范经济责任审计工作操作流程。

【领导干部自然资源资产审计】 2022年，县审计局实施东沙镇领导干部自然资源资产（离任）审计，着力关注小城镇环境建设和乡村治理，对农村绿化工程、路面改造项目等进行专项调查，发现该镇存在拆分工程以规避县级平台招投标嫌疑、工程未及时结算、绿化项目绩效不佳未实现预期目标等问题，并督促乡镇整改落实。

【政府投资领域审计监督】 2022年，县审计局聚焦风险防范，加大政府投资领域审计监督。组织开展岱山数字大楼装修工程、竹屿社区A9地块综合业务用房等项目竣工决算审计，发现个别项目基本建设程序倒置、未按设计要求多签证工程量、多计工程款等问题。

【国有企业审计监督】 2022年，县审计局聚焦指导、监督，推进国有企业审计。建立健全国有企业信息台账，重点关注国有企业性质、国有持股比例、企业所处行业状况以及适用法律法规等情况。制订国有企业内审指导“帮扶”计划，指导国有企业建立健全内部审计制度、做好内部审计项目、培训内部审计人员。是年，全县新增国有企业内审会员单位1家。对县内“三大投”国有公司及其部分下属企业进行审计，从资产处置、资金管理、政府项目投资等方面反映国有企业运行过程中存在工程未按规公开招标、内控管理不到位等问题，并针对上述薄弱环节提出审计建议，提升企业风险防控意识。

【重大审计问题清单工作】 2022年，县审计局聚焦审计发现问题实质整改，全面落实省委“七张问题清单”工作要求。建立重大审计问题责任落实和问题整改标准化机制、重大审计问题举一反三、抓本治源长效机制等五项机制，打造一体化整改管控质量体系。1—11月，全县重大审计问题清单得分98.72分，全省县区排第9名，其中异地“举一反三”案例位居全省第一。是年，2个省级重大问题全部销号，10个市级重大问题有9个销号，问题清单示范案例和“举一反三”案例被省、市采纳的有6个，异地“举一反三”案例被省审计厅采纳3个，5个问题清单的建章立制被采纳。

【审计工作成果转化】 2022年，县审计局构建“课题＋项目”模式，以审计项目阶段性目标作为各子课题，将课题研讨与问题发现串联起来，在实施的县文广旅体局领导干部经济责任审计中，以“课题＋项目”实现由点及面、由表及里的研究型审计目标。“基层审计在大数据应用中存在的问题和对策研究”课题获省级一般课题立项，“审计视角下基层国有企业改革的实现途径”等3篇课题通过结项评审。注重从体制机制上发挥审计建设性作用，聚焦社会关注、群众关心的热点和难点问题，通过深挖细查，形成有分量、有数据、有深度的审计专报。是年，有15篇次审计专报获县领导批示。深耕优秀审计“责任田”，建立“交叉＋普查＋点评”审计项目质量检查机制，规范审计权力运行，努力做到报告内容客观公正、问题反映定性准确、审计建议切实可行。全年有3个审计项目获评市级优秀(表彰）审计项目，1个方案获评市级优秀审计方案。

【内审工作】 2022年，县审计局提供“一站式”服务企业内审服务。全面落实《浙江省内部审计工作规定》，推进全省国有企业总审计师制度在岱山试点工作，《总审计师制度实施方案》下发相关单位。编制《2022年度内部审计指导和监督工作要点》，印发《岱山县2022年度内部审计和审计整改工作考评办法》，举办全县内部审计工作培训班，有

2022年10月15日，岱山县内部审计工作培训班在衢山镇开班

（县审计局　供图）

效提高内审工作质效。与国网县供电公司达成“审企共建”协议，通过审计监督加快企业内部审计转型升级。是年，1篇案例获全省“内部审计探索研究型审计实践案例”三等奖；1篇论文获全省“认真贯彻并深入推进《浙江省内部审计工作规定》落地见效”论文三等奖；1个项目获评省表彰内部审计项目，4个项目获评市优秀内部审计项目；4篇审计论文案例获评市优秀内部审计论文案例。

【驻村结对帮扶行动】 2022年，县审计局指导结对村——沼潭村成立岱山金穗农业综合开发有限公司，流转整治土地11.33公顷，种植水稻10公顷；争取“浙江省美丽宜居示范村庄”“新农村建设”一事一议等项目，资金300万元。新华网以《岱山审计：14年帮扶路成就致富村》为题作了宣传报道。助力疫情防控和文明城市创建工作，全年召开专题研究部署疫情防控工作会议9次，安排专员负责金塘、双合、秀山、鱼山疫情防控工作，细化举措10余项，组织开展全国文明城市创建集体志愿活动11次，志愿服务时间超700小时。是年，1名干部获评全市“最美文明志愿者”。

（王　俏）

市场监督管理

【全县“大综合一体化”建设】 2022年，全县市场监管工作在持续深化改革、服务主体发展、聚焦疫情防控、保障民生安全、提升监管能力等方面积极探索、主动作为，为奋力推进“两个先行”，谱写高质量发展建设共同富裕示范区海岛样板新篇章贡献力量。是年，根据习近平总书记关于行政执法体制改革的重要指示精神，融入“大综合一体化”行政执法改革，制定完成《岱山县市场监管行政执法队执法力量下沉工作方案》。依据地理位置和工作实际，科学建立衢山片区、高亭片区（覆盖高亭、岱东、秀山3个乡镇）、东沙片区（覆盖东沙、岱西2个乡镇）、长涂片区4个执法组，通过“联络+派驻”方式，下沉人员21人，其中派驻在乡镇集中办公人员14人。

【机制队伍建设】 建立完善联合执法、应急配合、信息共享、案件移送等协作配合机制，实现执法力量“县属乡用共管”。将岱山县市场监管综合行政执法队更名为岱山县市场监管行政执法队，并动态认领省权力事项库（监管库）中行政检查清单及行政处罚事项清单，推进局、所资源重配、高效协同。全年招录公务员4名，参公人员2名，组织中层干部选拔任用2次，提拔股级干部15名。至年末，全局有在编干部职工136人。

【市场主体纾困行动】 2022年，县市场监督管理局领衔14个单位，发挥个体工商户发展部门联席会议职能，在全市率先出台扶持个体工商户纾困措施、歇业备案实施办法31条，送服务、办实事、促发展。减免计量器具检定费用25.36万元；对餐饮住宿业特种设备检验检测项目减半收费5.50万元；全面完成86.10万元质量标准、知识产权奖励资金线上兑付；补助市场3.05万元防疫、限塑物资，提升改造专项资金40.51万元。

【“最多跑一次”改革】 2022年，县市场监督管理局施行商事登记确认制改革，全县新增市场主体2515家，在册市场主体18945家，分别比上年增长2%、7%。深化“证照分离”改革，全域实行自贸区版改革清单，49家企业享受“准入即准营”扩大版红利。推进准入准营“一件事”改革，食品销售、餐馆经营等10个事项实现“准入又准营”证照集成办理。出台16条激发市场主体活力举措登上《浙江日报》。

【“三强一制造”建设】 2022年，县市场监督管理局坚持“标准引领、质量领先、品牌驱动”三位一体，持续推进“质量强县”。全年有10家企业获县政府质量奖，获评数量创历年新高；新增“浙江制造”立项培育产品5个，培育“品字标”企业3家，发布浙江制造标准1项、地方标准4项。

【知识产权强省战略实施】 2022年，县市场监督管理局组建全省首个化工新材料知识产权联盟——舟山绿色石化新材料知识产权联盟，吸纳石化技术领域、汽配领域等企业9家，高等学校1家，金融机构1家，服务机构1家，科研机构1家；完成全省首笔银团贷款专利质押登记，助企融资

2022年11月23日，县市场监督管理局开展餐饮具抽检
（县市场监督管理局　供图）

2亿元，刷新全省专利质押单笔最大金额记录。推进“浙江知识产权在线”应用，提供线上援助3起，结案10件，云培训5次，覆盖企业78家次。全年授权发明专利14件，有效发明专利拥有量117件，每万人发明专利拥有量5.57件，注册商标有效量2047件，新培育市级专利示范企业2家。

【食品安全监管】 2022年，岱山县率先在全市创建成为省级食品安全示范县。推动食品安全“两

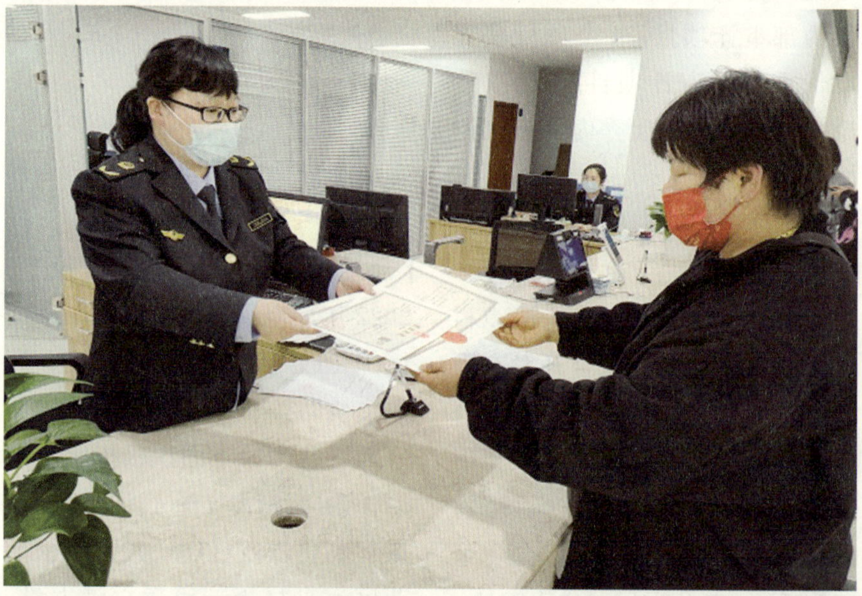

2022年11月24日，县市场监督管理局发出全县首张个体户经营者变更营业执照（县市场监督管理局　供图）

个责任”（即食品安全属地管理责任、食品生产经营单位主体责任）落地落细，实现全县3589家经营主体与392名各级干部包保关系确定率、承诺书签订率均为100%。推进食品安全“守查保”专项行动，全年累计排查食品生产经营主体3566家次，开展监督抽检589批次，处置问题隐患1415个，存量风险化解率、增量风险防范率、问题隐患处置率均为100%。推进“浙食链”“浙江外卖在线”等数字化应用。“阳光系列”覆盖全县100%生产企业、95%外卖商家、100%农村家宴、100%学校食堂；95%以上猪肉、100%蛙类上链“浙食链”，实现源头准出和市场准入无缝衔接。分类推进GM2D（全球二维码迁移计划）转码应用，13家食品生产企业60种产品、5家玩具企业9种产品实现从“一品一码”到“一批一码”“一物一码”的技改升级，累计上链2319批次，大型商超在售浙产食品实体赋码覆盖率为65%。全年打造新天地广场“阳光餐饮街区”1个，创建省级放心市场、三星级文明示范菜场各2家。

2022年8月10日，县市场监督管理局在衢山镇开展民宿食品安全检查工作
（县市场监督管理局　供图）

2022年1月2日，县市场监督管理局在舟岱大桥双合卡口开展冷链车检查
（县市场监督管理局　供图）

【强化药品安全监管】 2022年，县市场监督管理局聚焦疫苗、中药饮片、医疗器械等风险品种，针对购进、验收、销售等重点环节，开展“药剑行动”、医疗器械质量安全风险隐患排查等专项行动，检查药品、医疗器械经营使用单位494家次。建成民生药事服务站3家、民生械事服务站1家，提供血糖血压测量、中药打碎切片等免费服务1306人次。在全市率先上线“人脸识别药师审方”系统，48家药店实现“人脸识别审方、手机扫码上传、电子记录留存”。

【特种设备安全监管】 2022年，县市场监督管理局推进电梯、起重机械、叉车等多领域大排查大整治，检查、检验特种设备2700

2022年6月16日，县市场监督管理局开展特种设备电梯安全普法活动
（县市场监督管理局　供图）

台（套），闭环重大隐患17处、一般隐患61处，全年未发生特种设备安全事故。推进“浙江特种设备在线”应用，监测超期未检、疲劳运作、违规使用等风险16000余项，3643台设备实现赋码监管、扫码维保。

【产品质量安全监管】 2022年，开展10类重点工业产品风险隐患集中治理。开展备案非标电动自行车淘汰置换，注销7年内备案非标电动车75464辆，淘汰置换率为94%；其中通过“e行在线”淘汰置换28726辆电动车。

【坚决维护市场秩序】 2022年，县市场监督管理局推进网络直播“治漠”、涉老食品整治、商标侵权等“铁拳”“亮剑”行动，维护安全有序市场秩序，查处违法案件290起，罚没款276.57万元，大要案47件，移送公安8件，其中1名当事人因销售有毒有害食品被判“从业禁止”，系全县首例。选派5名执法人员驻点服务鱼山建设，查处无证无照、食品案件17件，罚没款10.36万元。成为全市唯一一个县（区）承担公平竞争审查会审试点，出台审查会审制度1个，建立公平竞争审查投诉举报受理和回应、抽查制度2项，开展专家会审6次，审查新增文件13件，整改存量文件7件，保障重大政策措施出台必审查、审查必规范。推进数字化执法办案实战应用，加强“实时指挥”和“视频会商”系统建设，构建起省市县所四级贯通的执法办案数字化体系。

【良好消费环境构建】 2022年，县市场监督管理局推进“浙江公平在线”应用，监测并处置电商平台风险线索100条。培育放心消费单位531家，受理投诉举报529件，核实满意率为100%，为消费者挽回经济损失23万余元。

（章佳琪）

统计

【概况】 2022年，县统计局聚焦“实干争先、跨越发展”的工作要求，坚持党建引领，以深化精准统计监测预警分析为出发点，以抓好能统尽统为着力点，以加

2022年11月25日，县市场监督管理局查获全市首例涉嫌餐饮浪费案件
（县市场监督管理局　供图）

快统计数字化改革为创新点，以夯实统计基层基础为落脚点，突出重点、多措并举，为全县高水平建设现代海洋城市，加快推进海岛共同富裕先行和县域现代化先行提供坚强统计保障。

【党建工作】 2022年，县统计局坚持党建引领主责主业，强化党风廉政建设和意识形态工作。突出抓好政治建设，把学习贯彻落实党的二十大精神和习近平法治思想作为重大的政治任务，优化调整意识形态工作队伍，充分发挥党员干部在意识形态工作中引领垂范作用，锤炼意识形态工作能力，建设一支高素质的意识形态队伍。深化清廉品牌长效运行，围绕“数据质量提升”主题，以国家统计督察问题整改为契机，建章立制，推进防范和惩治统计造假弄虚作假工作往深里走，往实里走。

【加强统计预警研判】 2022年，县统计局分析研判考核指标任务，常态化开展全县主要经济指标会商工作，提前做好月、季、年度主要经济数据的预测预警，严格把控潜在数据风险，针对短板弱项提出意见建议，推动主要经济指标在全市争先进位。推进重点区块、重点项目的统计监测。深化专班运作，优化开发区、自贸区统计监测指标体系，开展浙江石油化工有限公司、润和催化材料（浙江）有限公司、浙江德荣化工有限公司等重点企业调研指导和主要数据实时监测，挖掘全县经济运行亮点，推动经济动能可持续释放。

【数字化改革工作】 2022年，县统计局做好省级数字化改革应用工作。贯通承接“统计大脑”九大子项目，实现基层工作动态互联互通，实现统计监督职能有效发挥。积极开展省级数字化改革试点工作，以省级碳排放调查试点为契机，加强碳排放数据资料审核评估，完成相关产品碳系数报送，为全省碳排放统计核算提供重要试点数据依据，试点工作获省局领导批示肯定。争取省统计局“共同富裕基础数据库建设”试点，推进数字化改革与共同富裕统计监测相结合，围绕“扩中提低”精准画像系统迭代，完善全省共富统计监测应用。增强数字化转型服务能力，打造岱山宏观经济运行监测分析系统，全面、及时收集经济社会发展数据，打通部门统计信息孤岛，为宏观决策提供强有力的统计数据支撑。

【生态产品价值研究工作】 2022年，县统计局完善海岛县域生态系统生产总值（GEP）核算方案，推进做好集陆、海两域共同核算的海岛县域GEP核算监测，开展试点乡镇GEP核算工作，编制完成岱山县2020年海岸带GEP核算报告，试点乡镇岱东镇、秀山乡2020年GEP核算报告，为岱山走出生态优先、绿色发展新路子先行一步奠定坚实基础。

【住户大样本轮换工作】 2022年，县统计局开展5年1次的住户调查大样本轮换工作，梳理核实全县样本轮换抽样框基础资料，制定全县大样本轮换抽样方案和实施细则。开展前期宣传和业务培训，做好调查小区建筑物清查、住宅名录表编制，完成30个样本小区、5483户的入户摸底调查。落实300户抽中样本户的入户走访，统筹更换收入增长性差的样本户，最大程度保障样本户的样本质量，为全县高质量开展共同富裕海岛样板建设做好数据支撑。

【落实国家督察问题整改】 2022年，县统计局围绕国家统计督察反馈意见，坚持问题导向，细化任务清单，做到立行立改，举一反三，在规定时间内完成国家统计督察全县面上整改工作。根据县委、县政府要求，推进建立《岱山县防范和惩治统计造假弄虚作假责任制实施办法》，明确各级领导防范和惩治统计造假、弄虚作假责任体系。联合组织部门落实“领导干部任前函询机制”，实行“一票否决”，针对领导干部提拔、表彰情况及时出具统计部门意见。对接县委党校，建立《统计法律法规纳入干部教育培训必修课程的实施方案》，明确将统计法列入主体班次教学内容，在全县青年干部培训班上进行授课。通过整改工作落实、各类制度完善，全县防范和惩治统计造假弄虚作假工作体系进一步完善。

【统计基层基础建设】 2022年，县统计局完善基层统计网格建设。指导各乡镇依法规范统计机构建设，做好人员力量保障。建立“县、乡镇、企业”三级网格体系架构，建成统计网格17个、统计之家7个，全县7个乡镇、200余家一套表企业均纳入基层网格智治平台管理。加强企业规范化建设，建立《企业统计工作指南》，规范完善企业统计工作流程，督促全县“四上”企业建立健全统计工作规范化制度，推广“诚信统计企业”创建活动，指导规范开展企业统计工作。提升基层人员能力，开展基层统计人员的统计法律法规及全专业统计业务培训工作，举办各专业培训会议15场，参与培训企业500余家次，做到7个乡镇、30个调查试点村、200余家规模以上企业全覆盖。加大数据核查、执法检查力度。严格把控源头数据质量，全线贯通省统计系统“一体化统计监督”应用，对显示红码、黄码的企业开展专项数据核查。推进“双随机”统计执法检查工作，全年迎接做好省、市统计执法检查8家次，自行开展执法30家次，联合开展执法4家次，其中立案并处罚1家，有效保障源头统计数据质量。

【企业项目入库】 2022年，县统计局提前谋划企业项目入库。根据每月税务反馈数据信息，排摸筛选具有成长潜力的“四下”企业，及时做好跟踪监测，协同乡镇、有关部门提前做好企业入库资料准备及业务指导工作，培育经济增长新动能。全年累计新增入库“四上”企业35家，入库企业数比上年增长40%。主动谋划扩大有效投资，建立“拟开工项目清单”，通过申请系统投资绿色通道，推动鼠浪湖大宗商品贸易基地项目、海运企业新船购置投资入库；推进老旧小区、创城项目入库，完成衢山大道改建工程等项目入库；实施多投资主体项目入库，龙头村未来乡村建设项目成功入库。全年累计申报入库固定资产投资项目96个，入库项目数比上年增长1.5倍，计划总投资1036亿元，比上年增长3.5倍。

（张瑜芬）

招商引资与投资促进

【概况】 2022年，县投资促进中心大力推进平台招商、产业链招商、精准招商，圆满完成各项年度考核任务，招商引资工作继续保持全市前列。是年，全县实际到位市外资金77.30亿元，完成年度目标任务75亿元的103.1%；实际利用外资9003万美元，完成年度目标任务9000万美元的100%；完成招商引税1.82亿元，完成年度目标任务1.70亿元的107%。

【重大项目招引】 2022年，县投资促进中心共引进亿元以上重大产业项目20个，其中引进50亿元级以上重大产业项目1个，为华润电力双剑涂1000兆瓦渔光互补项目；20亿～50亿元级项目1个，为卓然（浙江）新材料有限公司20万吨年高性能树脂新材料项目；10亿～20亿元级项目2个，为绿色石化装备运维技术产业园项目、岱山竹屿新区核心区B-2地块商业综合体项目；1亿～10亿元项目16个，分别为：捷胜海洋工程装备有限公司年产3000套甲板机械和渔具项目、浙江岱盛石化工程项目、浙江岱源建设有限公司基地建设项目、浙江翔海海上风电塔筒/管桩钢结构项目、上海电气新能源产业园项目（一期）、华能岱山1号海上风电场项目、浙江德卓新能源科技有限公司吊装设备产业基地项目、上海电气新能源（海上风电）先进运维基地、浙江舟山市智德工业气体有限公司工业气体及配套产业项目、舟山博拓电气设备安装有限公司复合绝缘子技改项目、浙江嘉飞乐机械设备有限公司高科技发热窗帘和自动升降床零部件技改项目、年产450万片智能再生物流托盘建设项目、远景舟山市岱山县储能电站示范项目、浙江雨泽万向节智能制造生产基地建设项目、浙江甬港现代农产品流通中心、华润电力鱼山岛200兆瓦渔光互补项目。

【产业链项目招引】 2022年，县投资促进中心实行产业链项目招引。开展石化产业链招商，全面梳理浙石化供应端、生产端、服务端、销售端各个环节的企业名录940余家，梳理出其中意向投资企业50余家，集中攻坚，成功招引落地石化新材料企业22家。开展清洁能源产业链招商，组建全县清洁能源产业招商组，赴深圳、上海、杭州等地蹲点招商，成功引进华能、华润、远景能源、上海电气等一批企业。开展高端服务业招商，梳理老城区及竹屿新区闲置地块信息，招引高端服务业态及城市短板项目，推进希尔顿欢朋酒店、宝盛大酒店等品牌酒店开业运营，明华集团竹屿新区城市综合体项目落户，引入瑞幸咖啡、中国汉堡、爱上鱼头等知名餐饮品牌。开展高端制造业项目招商，深挖石化装备制造、新能源装备制造、海工装备制造、石化新材料等领域产业链条，建立制造业企业招引名录库，瞄准一批高精尖、专精特新企业开展重点招商。是年，引进上海电气风电设备、卓然高性能树脂、捷胜海洋装备、德卓大型石化吊装设备等重大制造业项目10个。

【外资招引】 2022年，县投资促进中心坚持把外资招引作为招商重点工作，全县新招引外商投资企业7家，分别为华润新能源（岱山）有限公司、舟山宏海商贸有限公司、浙江中裕能源销售有限公司、远景（岱山）储能科技有限公司、舟山小旭科技有限公司、浙江自贸区凯氏能源有限公司、舟山田远户外拓展有限公司。完成外资9003万美元，其中华润新能源（岱山）有限公司6481万美元、舟山宏海商贸有限公司1722万美元、浙江中裕能源销售有限公司500万美元、远景（岱山）储能科技有限公司300万美元。

【营商环境建设】 2022年，县投资促进中心加强营商环境建设。强化考核督考力度，研究出台《2022年招商引资考核办法》《招商引资争先考核奖励办法》，加大对重大产业项目、外资项目的考核赋分力度，建立每周一晾晒、每月一通报的“晾晒”制度，每季度对考核优秀的单位进行奖励。优化招商政策体系，根据全县产业发展导向及短板，研究制定《招商引资奖励扶持办法（试行）》《大宗商品贸易政策（试行）》《促进航运业高质量发展的若干政策（拟定）》等政策，编制完成精简版招商政策汇编。注重招商队伍建设，组建8大重点产业专业招商组、44支招商小分队，深入研究主攻产业链关键环节和价值链高端环节，开展招商。举办招商引资专题培训班，并以视频形式全程直播，提升全县招商干部综合能力。完善招商项目评估机制，重点对项目的各项经济指标、环境影响、安全生产影响等要素进行评估。对提交评估的项目即时评估即时上会，显著提升项目评估效率及质量。是年，共计评估项目26个，召开招商引资领导小组专题会议8次，集体审议16个重大项目。规范招商流程管理，研究制定《岱山县招商引资流程管理办法》，全面理清六大招商流程，三大监督管理办法，为全县招商工作的开展提供科学、合法、合规的指导意见。

（饶晏如）

国有资产监督与管理

【概况】 2022年，全县共有各级国有企业126户。其中，国有独资企业96户，控股企业10户，参股企业20户。资产总额426.04亿元，比上年增长41.6%；负债总额302.10亿元，增长6.6%；净资产123.94亿元，比上年增长605.8%；资产负债率70.9%，比上年下降23.3%。实现营业收入26.96亿元，比上年增长71.9%；利润总额-6.60亿元，比上年下降228.4%；净利润-7.04亿元，比上年下降221.5%。

【资产运营管理】 2022年，县国资监管办围绕存量资产清单，根据企业功能定位、地域位置等条件，将行政事业单位191处闲置不动产注入国有企业，价值4.95亿元。深度挖掘全县存量资源资产，将水库、海塘、停车位及广告位经营权等资源类资产注入国有企业，价值约65亿元。针对国有企业部分处于闲置状态的资产，如房屋、土地、码头等，通过资产再评估、出租拍卖、开发经营等手段，开展资产盘活专项行动，实现资产的市场价值。

【国企经营业务】 2022年，县国资监管办指导督促各集团有序推进经营项目，增强企业盈利能力。交投集团推进岱西综合供能服务站运行公司的组建运行。城投集团推进混凝土生产线建设，加快发展东海郊野公园文旅产业，做好郊野公园二期亮化及配套工程。开投集团推进岱西危化品码头合资公司、麦斯汀酒店、开发区美食广场、固废资源利用中心等项目。衢投集团推进混凝土、构件等加工生产线，为重大政府投资项目及自贸区国家战略项目提供大宗建材。

【现代企业制度建设】 2022年，县国资监管办下发《岱山县属国有企业人员招聘管理暂行办法》《岱山县县属重点国有企业人才引进管理暂行办法》，加快推进和完善各集团公司人才管理制度建设。出台《县属重点国有企业职工工资决定机制管理试行办法》《关于岱山县县属重点国有企业负责人年薪调整的报告》，构建业绩考核与经营实绩紧密挂钩的薪酬制度。制定《岱山县国有企业党委会议事规则指导意见》，明确党组织在公司治理结构中的主导地位。出台《岱山县属国有企业投融资管理暂行办法》《岱山县县属国有企业国有资本监管警示工作规则》《关于加强县属重点国有企业财务集中管理体系建设的实施意见》，在服务企业中调整并改进监督管理各项工作。

【国资监管效能提升】 2022年，全县国资国企数字化在线监管系统建成试运行，以数字化改革赋能国资国企整体智治，构建资产管理、资金管理、企业信息管理等应用场景，强化协同，统筹授权和监管、放活和管好，监管系统性、精准性、有效性不断提高，实现全链条动态监管，初步形成全县国资国企监管“一张网”。

【开展国有企业“三服务”】 2022年，县国资监管办加强与国有企业的日常业务交流，主动跟进各集团公司改革发展情况，挖掘当前国有企业改革发展中存在的问题。指导督促交投集团、城投集团化解债务，防范各类风险。安排专人赴衢投集团进行业务指导，围绕项目融资、资产盘活等问题深入交流，为新设企业发展服务。鼓励国有企业开展中层管理人员竞聘。至12月底，各集团公司开展公开竞聘2场，选拔干部13人。持续做好“招才引智”工作，推动交投、城投、开投、衢投四大集团组织各类培训300余场，计3700人次；引导企业举行公开招聘17次，招录121人，其中本科及以上74人。

【增强服务社会能力】 2022年，县国资监管办不断提升服务城市战略和服务民生保障水平，积极参与全县重点区域开发和重大项目建设。根据2022年政府投资项目年度计划，由国有企业实施的项目总投资额157.53亿元。是年度，实际投资额43.43亿元，比上年增长22%，其中交投集团实际投资额10.26亿元；城投集团实际投资额13.16亿元；开投集团实际投资额16.01亿元；衢投集团实际投资额4亿元。帮助承租户共度疫情难关，共计惠及承租户653户，减免租金558.02万元。

（徐泽丰）

海事管理

【概况】 2022年，岱山海事处牢牢把握“两稳一进”工作主基调，以海事队伍“四化”建设为统领，围绕“构格局、提能力、强体格”，锚定建设“一流海事处”工作目标，抓队伍、强监管、促发展，圆满完成党的二十大等重点时段水上交通安全监管和疫情防控工作，保障重大国家战略项目运营建设，确保水上安全形势稳定。是年，被评为交通运输部系统模范机关建设先进集体。

【综合执法】 2022年，岱山海事处完成现场综合执法任务8404项，辖区巡航561次，累计15496海里、1746.99小时；出动执法船艇561艘次，执法人员8340人次，船舶现场监督3109艘次，船旗国监督检查951艘次。是年，共查获违法船舶392艘次，立案887起，结案905起，罚款金额1546.10万元。

【多跨协同共管应用场景建设】2022年，岱山海事处围绕“五中心一窗口”要求，从机制建设、人员配置等方面着力加强值班室标准化建设，制定标准化《值班流程》，建立值班员队伍14人，实施综合执法“日监督、周小结、月评估”制度。加强海上智控平台与现场综合执法机制运行对接，发挥其监管效能，是年，海上智控平台处理报警6243条，确认报警2621条，处置率为100%。转化现场综合执法任务成功闭环495条，立案调查33艘次。全力推动岱山籍货运船舶多跨协同共管应用场景建设。该场景聚焦74家航运公司、312艘船舶全营运周期管理，着力构建政府领导、行业管理、部门监管、企业负责的数据多跨、政企多跨、部门多跨、层级多跨的协同治理新格局。

【水上客渡运安全防线建设】2022年舟岱大桥通车后，岱山海事处及时调整客运监管重心，严格落实客渡运船舶安全监管“一规定一手册”、客渡运船舶安全风险和监督绩效双向分级监管机制要求，切实维护水上客运安全。加强客船现场检查力度，严格督促落实开停航自律标准，及时掌握天气状况，加强竹屿、燕窝山等主要航线客船和大岞山、长涂、衢山等短途乡镇渡船的开停航管控，杜绝客船冒风冒雾开航和超载现象。严格把关燕窝山客运码头试运营，逐项检查核查并督促客运码头和客运公司落实新增客运航线等14项内容。督促客运公司做好码头清淤及测深工作，并定期开展阶段性营运情况评估，及时掌握运营状态。督促地方政府落实安全主体责任，对“三星”轮等客船老龄化严重问题作为交通安全隐患进行通报，力促衢山镇政府完成乡镇渡船“飞达海1”的清退。推动加快老旧客渡运船舶淘汰更新，推动“仙洲”“岱山7”“岱山10”“岱山12”等4艘老旧客船完成注销，“仙洲2”“仙洲8”“仙洲10”“岱渡5”等4艘客船退出营运并挂牌拍卖。从项目部管理入手，强化企业自备交通船、水工交通船、风电交通船、物料补给交通船安全风险隐患排查。

【优化通航秩序】2022年，岱山海事处扎实开展“商渔共治2022”专项行动及“春雷行动”，加强商渔船治理、重点水域通航环境整治，辖区无序锚泊现象得到有效遏制，碍航渔船和渔网数量不断下降，商渔船基本做到各行其道，通航环境和通航秩序明显好转。航路纳规率从是年初的26.6%提升至81.1%。加强商渔船管理，加大商渔船防碰撞宣传力度，全年开展警示教育活动9场，覆盖航运企业19家、“渔船老大”及船员900余人；加大现场执法力度，开展沿海船舶习惯航路巡航128次，驻点值守81.5小时，检查船舶航次计划1288艘次。全面助推舟山中北部水域船舶交通组织一体化建设，加强航路管理，采取“现场＋远程”动态点验干预，提升东航路通航管控。是年，约谈教育不按规定航路航行船舶46艘次，约谈所属公司8家次。大力整治西部水域无序锚泊现象，对锚泊船登轮

2022年6月14日，岱山海事处召开客渡运安全部署会（岱山海事处　供图）

采取政策宣传、无序航行船舶劝导教育等方式，加强衢山西习惯锚泊水域管理。持续加强通航隐患治理，完成岱山水道碍航沉船打捞；加强岱山水道3个临时锚位管理，召开协调会，明确修理船舶抛锚要求，禁止临时锚泊船开展燃油加注、油污水接收等。

【开展联合执法】2022年，岱山海事处强力开展"猎狐行动""猎鲨行动"，强化内河船、浮吊船等重点船舶治理，探索形成"拦、扣、拘、惩、诫、拆"治理机制，有效遏制辖区非法过驳现象，相关做法在全市推广。全年共查处浮吊船舶9艘、内河船2艘、二程运砂船87艘，累计处罚320.28万元、非法海砂5300余吨。组织力量开展内河船拦截、海上过驳打击。是年，共开展联合执法36次，夜间突击检查、蹲点值守148次。

【保障国家重大项目建设】2022年，岱山海事处认真履行海事监管职责，创新举措、优化服务，保障鱼山绿色石化、鼠浪湖矿石中转码头等重大项目安全运营。创新"五严一强化"（严管通航环境治理，严管船舶在港动态管控，严管到港船舶质量控制，严把危货申报审批，严格现场检查，强化应急处置能力）工作机制，着力加强鱼山危化品运输全链条管理。是年，对642艘次的鱼山到港船舶实施海企联动。共实施液货船现场监督292艘次，液货船安检25艘次，安检滞留液货船3艘次。秉承"永远第一艘"监管理念，助力鼠浪湖矿石中转基地高速发展。围绕"一船一议"、进出港维护、稳泊安全、易流态货物管理工作，开展40万吨级船前会会商检查、联合扫护航工作，实施执法人员驻岛稳泊监管，保障大型船舶进出港安全。深化"开放式"监管理念，为企业提供专业服务，指导码头建立到港船舶质量控制机制，提升到港船舶的综合安全。严把"进口""加工""出运"关，加强梅雨季节易流态货物装卸安全，探索完善混配矿安全监管机制。

（徐　群）

舟山绿色石化事务管理

【概况】2022年，舟山绿色石化基地4000万吨/年炼化一体化项目全面投产、稳定运行。形成4000万吨/年炼油、420万吨/年乙烯、1180万吨/年芳烃（其中880万吨/年对二甲苯）的生产能力，炼化产业规模跃居国内第一，跻身世界一流。全年完成固定资产投资395.90亿元，占全市投资比例39.5%。加工原油3702.76万吨，比上年增长39.6%；实现工业产值2314亿元，比上年增长66.4%，产值占全市规模以上工业总产值的67.8%。中国国际工程咨询有限公司对基地一、二期建成进行评价，11月12日，评估报告通过专家评审，并一致认为基地建设呈现"5项首个、4个第一"，是新时代浙江重大标志性成果和忠实践行"八八战略"最佳实践。

【新材料产业园建设】2022年，高性能树脂项目施工作业全面铺开，全年投资统计入库70.80亿元。9月20日，高端新材料项目上游浆态床装置于开工试桩，全年完成投资12.70亿元。石化下游配套产业项目建成达产，德荣化工乙烯裂解副产品综合项目实现全年产值15.97亿元，浙优科技催化剂项目实现全年产值1.06亿元，浙石化新奥天然气管道项目供气7742万立方米。是年底，建成天然气制氢项目。3号乙烯项目陆续投产。全年浙石化获得原油进口配额4000万吨，成品油出口配额364万吨，低硫燃料油出口配额16万吨。炼化一体化项目二期能耗459万吨标煤（不含原料用能）、3号乙烯项目能耗269万吨标煤（不含原料用能）获国家考核单列。

【推进一体化项目投产】2022年，舟山绿色石化基地重点推进一体化项目投产，均按计划快速推进。围填海工程在自然资源部东海局的大力支持下，完成剩余区块（880公顷）填海竣工海域使用验收。至此，获自然资源部批复总面积为1479.13公顷的围填海工程海域使用验收全部完成。主动对接自然资源部东海局、省发改委、省自然资源厅等部门。

国务院、省政府稳经济督导服务组专程调研基地，明确支持基地三期建设。省发改委牵头成立“四个一”专班，攻坚基地三期。完成基地总规修编产业规划，同步推进总规环评修编。启动三期项目预可研报告编制。导流堤工程施工完成。委托交通部规划研究院和中交三航院联合开展三期港口、岸线技术研究论证。委托石油和化学工业规划院完成战略高端新材料产业研究，为基地三期获批打下基础。争取基地新增电源点、火电容量指标和超超临界项目，在市委、市政府的全力推动下，省发改委（能源局）明确在石化基地布局建设2×66万千瓦超超临界机组。

【社会事务服务保障】 2022年，岱山社会事务综合管理组组织党员先锋队、党员突击队参与防台防汛、人员转移、疫情防控等工作，累计参与党员1200余人次。联合舟山绿色石化基地临时党委对39个网格团队成员进行全面梳理，深入学习贯彻党的二十大精神，开展各类学习研讨等170余场次。加强医疗服务和公共卫生保障，落实鱼山基地基本医疗服务工作。

【基地安全保障与社会纠纷化解】 2022年，岱山社会事务综合管理组开展“星级连队”评选，持续提升“智慧鱼山”管控水平。全年共建立2个融合党建的“红蓝哨所”，并在鼎盛营地打造“老家红”调解室和“石榴籽”工作室。创新工作形式，打造反诈一条街，利用“警黍朋友圈”“反诈之声”、扫楼等形式，开展线上线下反诈宣传，发放反诈宣传单23000余份，悬挂横幅100余条，指导下载安装国家反诈中心App 1.3万余人。利用工棚调解室，调解各类矛盾纠纷108起。积极化解舟山绿色石化项目劳资纠纷，全年共计接待来访278批次、2475人，涉及金额6772.79万元。为鱼山在建项目开辟仲裁绿色通道，全年受理劳动仲裁案件711件，申请金额2553万元。审结640件、结案金额2031.48万元。

【社会治理统筹发展】 2022年，舟山绿色石化基地开展清廉基地建设。坚持“党建统领、条抓块统”改革，建立基地党工委统抓，各清廉单元组和浙石化为龙头的115家企业齐抓共管的“1+1+N”政企一体联动共建机制，出台《清廉基地十条措施》《石化基地“五进十廉”实施方案》，稳步推动清廉生态全岛覆盖、全线贯通，联动推进各项治理工作。

【维护基地公共秩序】 2022年，舟山绿色石化基地开展自驾通勤小车专项整治行动，浙石化及关联企业自驾通勤小车按照“非必要不保留”原则，承包商一律取消自驾通勤小车，削减自驾通勤车辆4000辆。加强岛内停车管理，维护基地公共秩序。提升公共交通通勤运转能力，启动牛山临时停车场建设。开展环境专项整治，做好生活营区拆建、公共区域特种车辆及营区环境卫生的管理工作，实施新时代大道绿化工程，进一步改善基地环境面貌。

（马金峰）

自由贸易试验区建设

【概况】 2022年，自贸区岱山服务中心紧紧围绕“东部地区重要的海上开放门户示范区”和“有国际影响力的大宗商品资源配置基地”的定位目标，聚焦油气全产业链，以服务保障国家战略为导向，以项目建设为抓手，较好地完成了自贸试验区岱山区块年度建设任务，有力彰显了自贸试验区作为新时代改革开放新高地的作用。

【黄泽山油品储运基地加快推进】 2022年，黄泽山油品储运基地建设加快推进。一期151万立方米地面储罐项目产能稳定释放，全年累计实现营业性收入2.50亿元。二期104万立方米地面储罐项目建成，该项目总投资约12.56亿元，由浙能集团旗下浙石油所属黄泽山公司投资建设，共建有10万立方米原油储罐6座，3万～5万立方米的燃料油储罐10座，1座消防水罐及油罐区给排水、消防、供电、自控系统等配套设施。二期项目投运后原油、成品油仓储能力将扩容至255万立方米。

【国内首次原油管道海对海定向钻穿越】 2022年7月5日17时56分，在浙江舟山岱衢洋海域，浙石油黄泽山至鱼山回拖长度为1467米的原油管道海对海定向钻回拖一次成功。这是国内首次采用原油管道海对海定向钻穿越技术，刷新世界管线最长、管径最大、水位最深的原油管道海对海定向钻穿越纪录，为贯通黄泽山油品储运和舟山绿色石化两个岛屿基地、实现油品产业链的资源互补打下基础。

【黄泽山至鱼山原油管道建成投运】 2022年12月28日5时38分，浙石油黄泽山至鱼山原油管道投油一次成功，首批6万吨轻质原油从黄泽山安全输送至舟山绿色石化基地，标志着该原油管道正式建成投运。这是“十四五”期间浙江省投入使用的首条原油管道，设计年输送量为2000万吨，具备扩建至年3000万吨的输送能力。管道全长46.5千米、直径约0.8米，其中陆上管道0.8千米、海底管道45.7千米，最深处距海床面35米，是舟山绿色石化基地重要配套项目，也是浙石化4000万吨/年炼化一体化项目的重要保障。

【小衢山、双子山油品储运基地建设】 2022年，小衢山油品储运项目明确投资主体，小衢山700万立方米国储地下库项目获国家发改委批准，县组建工作专班全力配合做好各项前期工作，保障项目顺利推进。双子山西侧山体开采平整工程持续推进，可形成约20公顷平地面积。

【鼠浪湖矿石中转基地产能释放】 2022年，鼠浪湖矿石中转基地产能持续释放，码头全年共靠泊一程船182艘，其中40万吨级超大型铁矿石船64艘，累计完成货物吞吐量7015万吨、混配矿1752万吨。12月7日，“摩尔多瓦”号轮在鼠浪湖矿石中转码头完成10万吨铁矿石的接卸工作，该码头提前24天完成3400万吨的全年生产任务，这也是该码头连续三年提前完成全年生产任务。

【鼠浪湖矿石中转基地数字孪生系统上线】 2022年10月31日，鼠浪湖数字孪生系统正式上线，“2+1”智慧化码头示范建设取得新进展。该系统具有地理信息高精度匹配、全景融合、全要素互联等特点，结合现场多类型传感器的物联融合，联动稳泊、能耗、气象、粉尘、水资源等多个智慧化子系统，实现对船舶计划、装卸船进度、设备运行状态、料堆状态、堆取料作业、自动化作业等流程作业状态的全过程仿真模拟，实现整岛情况一“图”掌控、业务运营一“屏”展现、设备状态一“目”了然。

2022年4月18日，黄泽山二期104万立方米项目6台10万立方米储罐全部封顶（自贸区岱山服务中心　供图）

2022 年 8 月 20 日，40 万吨级超大型散货船“明和”轮驶离鼠浪湖矿石中转码头（自贸区岱山服务中心 供图）

【衢山国际海事服务基地建设启动】 2022 年，衢山国际海事服务基地建设全面启动。4 月 1 日起，衢山临时锚地开展试运行，4 月 17 日正式启用。是年，该基地实现常态化供油，全年累计加注保税船用燃料油 16 艘次，合计 2.95 万吨。川山南锚地完成工程可行性研究报告并通过评审。衢山海事服务岸基站项目一期完成桩基施工，完成年度投资 7845 万元，并与中石油昆仑浙江分公司签订战略合作备忘录。

【衢山临时锚地启用】 2022 年 4 月 17 日下午 2 时 30 分，在衢山临时锚地，中石化舟山石油有限公司的供油驳船“富捷 17”为招商轮船旗下香港明华 40 万吨级超大型散货船“ORE NINGBO”轮加注 4700 吨保税油。衢山临时锚地正式启用，标志着舟山市保税油供应“南联北接”格局基本形成。

【制度创新机制建设】 2022 年，浙江自贸试验区岱山区块制度创新项目库机制常态化运行，全年累计创制形成制度创新经验 7 项，其中“行刑衔接中心试点”和“‘政’‘企’‘社’‘法’纠纷化解诉调联盟”入选浙江自贸试验区舟山片区第九批制度创新成果。“搭建‘智慧鱼山’数字化应用场景”入选《浙江自贸试验区舟山片区挂牌五周年重大标志性改革创新成果（20 项）》。

（何佩璐）

责任编辑：赵悠燕

应急管理

Emergency Management

综述

2022年，岱山县应急管理工作严格落实安全监管责任，深化重点领域专项整治，提升自然灾害防治能力，着力推动应急管理体系和能力现代化。是年，全县共发生各类生产安全事故9起，死亡12人，未突破省市控制指标。全年无自然灾害事件发生，被舟山市政府考核为安全生产和消防目标管理责任制良好单位。

大应急体系建设

【应急管理体系】 2022年，县应急管理局围绕县、乡镇、村社和企业安全责任一贯到底、全面覆盖的工作目标，梳理形成覆盖“四个层级”的责任清单和履职清单，调整优化县安委会、减灾委、消安委等议事协调机构和森林防（灭）火、防汛防旱防台专项指挥部。乡镇层面组建由党委和政府主要负责人为双主任的应急管理委员会，落实专职部门统筹协调辖区内安全生产、消防安全和应急救援工作。全县87个村社全部建立应急管理工作组和应急救援小分队，配备应急管理员和灾害信息员，并统一规范工作职责，明确应急管理事项清单，规范信息报告处置流程，构建“135”应急救援圈功能。进一步清晰领导、监管、主体“三个责任”，高质量推进全县全覆盖责任体系建设。

【应急指挥体系】 2022年，县应急管理局实现应急指挥平台与综合信息指挥平台互联互通，与省、市应急指挥中心，乡镇“基层治理四平台”综合指挥系统可视化双向互动指挥调度。完善突发灾害事故应急处置和救援联动机制，村、社区制定突发事件、应急反应、自然灾害工作流程图，规范报告流程，明确组织机构、信息报送、联动响应等工作要求，构建防、抗、救分工清晰、互为衔接的基层应急救援体系。针对全县自然灾害较多的特点，优化自然灾害监测预警体系和网络布局，提高监测预警信息精准度，加强自然灾害事故防范，提升自然灾害应对能力。

【应急管理力量体系】 2022年，县应急管理局推进应急救援队伍专业化，组建交通、住建、医疗、电力等重点行业领域应急救援队伍22支、503人，7个乡镇组建抗台抢险、应急救援、森林防火等应急小分队15支、455人。87个村（社区）通过整合社区干部、管区民警、物业、兼职消防、属地企业、社会救援队伍等力量，按照村（社区）地理位置、企业数量、山塘水库隐患点、村（社区）常住人口等情况组建10～30人的应急突击队。修订完成乡镇、村（社区）事故灾害和自然灾害类多案合一应急手册，制定地质灾害，防汛防台，森林防火、消防、防溺水等应急预案，并开展应急演练，增强事故灾害应急抢险能力。

【安全防控机制】 2022年，县应急管理局建立安全风险隐患排查治理制度，明确各村山塘水库、山洪、地质灾害点、护林员等监测人，建立社区网格员应急管理事项清单和工作职责，明确涉海涉渔、消防、危险化学品、建筑施工、工矿等检查内容，在防汛防台、除险保安、疫情防控等重大任务中发挥重要作用。利用智能手机App终端及时上传安全隐患发现、处理情况。建立预警预报制度，集成灾害预警、资源调度等数字化应用，对水情、雨情进行实时监测和研判预警。落实安全生产、防汛防台等重点时段24小时值班制度，严格落实“县包乡、乡包村、村包户”干部领导责任制，建立突发事件风险分析会商制度，定期专题开展会商，做好突发事件防范应对工作。

防灾减灾救灾

【梅汛台汛旱情】 2022年，全县遭受梅雨、干旱及台风灾害影响，尤其是台风“梅花”于9月14日在舟山市普陀区登陆后，高亭城区部分低洼区域发生内涝，台风期间，全县直接经济损失0.84亿元。旱情方面，7月和8月降水偏少，分别为45.2毫米和37.9毫米，较常年（100.6毫米和131.3毫米）分别下降55.1%和71.1%，由于供水资源紧张，全县启动抗旱应急响应，于8月24日启动抗旱Ⅳ级应急响应，成立县抗旱保供水工作专班，制订偏远小岛保供水一岛一策方案，细化完善抗旱应急供水预案，明确轻重缓急，科学配置水资源，保障城乡供水安全。

【自然灾害防御】 2022年，县应急管理局健全完善防汛防台“八张风险清单”动态研判管控机制，制订出台《防台工作指南》和“五停”“五断”实施方案，建立防台专项组工作制度13个。排摸确定小流域山洪区域、地质灾害风险防范区、危房等需转移的人员，将168名灾害风险点人员及时录入防汛在线系统。完成全县37处避灾安置场所新一轮的安全鉴定工作，完成沙洋村、樟木山村2个省级规范化避灾点建设。在全县76个行政村（社区）、重点公共区域等，安装室外IP应急广播842个，牵头制定《岱山县村村响应急广播系统联动工作机制》，切实解决基层自然灾害预警信息发布“最后一千米”问题。

2022年12月20日，县安全生产委员会办公室对各专委会、各乡镇实地开展岁末年初安全生产督查（县应急管理局　供图）

【森林防（灭）火工作】 2022年，县应急管理局持续加强火源管控，清理上山道路周边枯草30千米，各乡镇组织80余名护林员开展防火巡逻，增设管控火种上山临时性检查卡（哨）120余处（点）。开展森林火灾风险普查工作，7个标准地全部完成内外业质检任务，野外火源质检完成9347个，完成率为100%。开展林区输配电设施火灾隐患专项排查治理工作，排查林区电力线路20条、51.86千米，并实施整改治理。抓好重点时段、重点地区和重点人群的森林防（灭）火工作，累计组织防火督查工作20

2022年3月20日，县森林防（灭）火指挥部办公室组织各乡镇林技员开展森林防（灭）火业务实操培训活动（县应急管理局　供图）

余次，印发宣传挂历1.5万份进行入户宣传，张贴森林防火禁火令通告180份，悬挂宣传横幅120条，开展广播宣传20余次，落实“鲜花换鞭炮”活动，在春节和清明节赠送祭祀用鲜花10万束，营造全民森林防火氛围。

【应急救援】2022年，县应急管理局推进应急预案的修订和演练，完成专项应急预案修订50个，修订率为90.9%，87个村（社区）修订完成事故灾害和自然灾害类多案合一应急手册。7个乡镇均建立综合性应急救援队伍，调整充实专业应急救援队伍8支，并组织开展全市暨全县防汛防台应急演练。投入近700万元实现各村、社区“六个一”（一张责任表格、一套监测预警设备、一批防汛救灾物资、一套应急通信设备、一台应急发电机、一台排水泵）标准配备。9月，成功防御“轩岚诺”“梅花”强台风袭击，安置人员20341人（其中鱼山18646人），转移人员25288人，组织开展救援行动536次、7140人次，确保人员“零伤亡”，将灾害损失降到最低。

安全生产

【安全生产责任制建设】2022年，县应急管理局抓好国务院“安全生产15条硬措施”、浙江省“25条实施意见”和舟山市“33条实施意见”的贯彻落实，及时研究部署除险保安、数字化改革、疫情防控等工作，提请县委常委会会议、县政府党组会议、县政府常务会议，传达学习、研究部署安全生产和防灾减灾工作14次。修订完善《岱山县安全生产委员会成员单位安全生产工作职责》，填补行业领域监管职责空白。制订《2022年全县安全生产和消防重点工作任务责任分解方案》，明确27项重点工作任务和责任单位，并对9个专委会和7个乡镇开展3轮安全生产专项督查。

【除险保安】2022年，县应急管理局建立“除险保安”再深化月度工作推进会议机制，整合升级“除险保安”工作月晾晒、“七张问题清单”和“一月一主题”专项攻坚行动等工作机制。结合第二轮安全生产综合治理3年行动收官工作，开展渔业、道路交通、船舶修造、燃气等重点领域安全生产大检查、“百日攻坚”等行动，累计排查整改各类隐患12645项，完成县委“七张问题清单”的“重大安全生产问题清单”问题闭环11条。整改销号省、市、县三级重大事故隐患单位（路段、船舶）22处，按时完成“除险保安”省级抽查提出的297项隐患整改销号，全县“除险保安”和“重大安全生产问题清单”指数排名位于全省中上游水平。

【安全生产攻坚】2022年，县应急管理局以平安护航党的二十大为契机，组织开展矿山、危化品、船舶修造、涉氨、涉粉尘等行业专项整治，完成14家厂区、39家企业的整治提升工程。狠抓工贸行业安全生产专项整治“百日清零”行动，实现8家涉粉企业、32家涉氨制冷企业全覆盖，

2022 年 3 月 16 日，县应急管理局对衢山镇船舶企业进行安全检查

（县应急管理局　供图）

停业整顿企业 1 家。开展船舶修造行业隐患大排查大整治，完成全县 242 辆高架车防倾装置安装。开展危化品集中治理，检查企业 168 家次，整治隐患 589 条，完成 3 轮滚动式全覆盖检查。

基层能力建设

【行政执法】 2022 年，县应急管理局深入贯彻《浙江省综合行政执法条例》，推进“大综合一体化”执法改革，完成县应急管理行政执法队改革，下沉 8 名执法人员，划转乡镇综合行政执法事项 33 项，促进“乡镇一支队伍管执法”。严格行政审批，完成 33 家烟花爆竹零售经营点的安全条件审查、8 家危化品的经营许可证注册，取消涉及经营一氧化二氮的危化品企业 5 家。服务浙石化配套项目预审，出具安全预审意见 20 份。是年，共实施行政处罚 68 次，比上年增长 33.8%，检查处罚率为 57.1%，比上年增长 27.5%，罚款总额 226.80 万元，比上年增长 22.1%，非事故罚款占比 100%，监管事项覆盖率为 100%，执法指标综合排名列全市第一。

【数字智治应用】 2022 年，县应急管理局牵头谋划“岱山县应急指挥与监管平台”应用建设，以海岛县区岱山县为案例撰写的理论性成果文章，被国家级中文核心期刊《工业安全与环保》录用。积极总结数字化平台基层实践经验，《数字化平台在海岛防汛防台中应用实践和思考》被《中国防汛抗旱》期刊录用。“防汛防台在线”、“工业企业安全在线”和“危险化学品全生命周期安全在线”3 个平台活跃度、开通率、常普常新率均为 100%，企业、政府隐患排查覆盖率为 100%，整改率为 100% 等，综合排名居全省前列。

【全民安全意识提高】 2022 年，

2022 年 5 月 23 日，县应急管理局组织开展防汛抗台业务培训

（县应急管理局　供图）

县应急管理局利用全国安全生产月、“5·12”全国防灾减灾日等开展“五进”活动，累计开展防灾减灾、应急救护等宣传培训20场次，培训居民群众1200余人。其间，各乡镇、部门集中组织开展专题学习活动112次，参与人数3.45万人。强化基层业务干部培训，组织90余名县、乡镇二级应急管理分管领导和业务干部参加应急系统业务专业培训，组织100余名乡镇、村责任人开展防汛防台业务培训，组织乡镇专业森林救火指挥人员参加森林防灭火大讲堂4期。推进企业百万员工安全培训工程，培训企业员工6178人，完成任务数的110.3%。对接市内培训机构为企业开展培训上门服务，帮助完成218名特种作业人员和348名安全管理员的取证培训工作。

（包佳丽）

消防安全

【灭火救援与抢险救灾】 2022年，县消防应急救援大队共接警324起，其中火警177起，比上年（216起）下降18.1%，其中抢险救援83起、社会救助58起、其他6起，共出动车辆707辆次，出动人员3895人次，抢救被困人员26人，疏散人员108人，保护财产价值9680余万元。是年，全县未发生火灾亡人事故。

【队伍建设】 2022年，县消防应急救援大队完成全县消防安全重点单位灭火预案修订159家，开展经常性“六熟悉”和演练工作；对全县212幢高层建筑开展实地消防设施系统功能测试，督促物业落实日常维保；围绕“全灾种、大应急、综合性”的总要求，开展分级、分类业务技能训练，不断提升综合灭火救援实战能力。是年，成功处置“5·23”日达广场曼度酒吧火灾，抗击“梅花”“轩岚诺”超强台风等急难险重任务。为乡镇志愿队配发12辆微型消防车、11台手抬泵以及若干水带水枪等，构建初期灭火救援力量体系。出台《关于进一步加强多种形式消防队伍灭火救援准备工作的通知》，规范全县16个专职队、志愿队和社区（村）微型消防站执勤值守制度，推广安装智能接处警系统，并将执勤和运行情况纳入消安委实体化专班督查考核内容。为秀山乡政企消防站购置消防车1辆，为东沙镇增配灭火器1600个、消防泵3台，在东沙古镇内新增设微型消防站，为长涂镇专职消防队增配消防车3辆和15吨储水抽水一体车1辆。为保障舟山绿色石化基地安全运行，补充全县西、北部消防救援力量的短板，10月中旬，将开发区消防救援站项目列入2023年政府投资项目。

【火灾防控】 2022年，县消防应急救援大队出台《关于进一步加强基层消防力量建设和火灾防控工作的实施意见》，明确部门和乡镇的消防工作职责和基层消防力量建设要求。下发《关于印发2022年度各乡镇消防重点任务突破清单和重点关注事项的通知》，进一步明确乡镇10项重点突破和6项重点关注事项，每季度通报工作进展情况。深度融合“驻岛联勤”和“东海渔嫂”工作机

2022年6月23日，县消防应急救援大队举行岱山县六镇一乡（社区）微型消防站器材装备发放仪式（县消防救援大队 供图）

2022 年 11 月 9 日，县消防救援大队举行 2022 年 “119” 消防宣传月活动启动仪式（县消防救援大队　供图）

制，关注悬水岛屿消防治理和宣传教育工作。对全县 11 个村的自建房集中区域内“小弄堂”“一米街”，开展灭火救援演练和水压测试，对村（社区）微型消防站开展提档升级。在全市范围内率先实行消安委实体化运行，每期抽调行业部门消防工作人员脱产到消安委办公室集中办公，党的二十大安保期间对乡镇和行业部门开展多轮次的督查检查，发现并督促整改火灾隐患 470 余处，清退沿街商铺、车棚等违规居住人员 40 余人。是年，县消安委对乡镇和行业部门下发消防工作提示函和督办通知 6 份，督促落实消防监管职责，指导乡镇开展工业企业、电动自行车、居民楼道等消防隐患的排查治理，将消防工作纳入基层治理“四平台”建设，组织网格员开展消防检查和宣传，全县网格员共录入消防民情工单 30913 条，比上年增长 73.7%。

【监督执法】2022 年，县消防救援大队组织市场、公安、住建等部门及乡镇，集中开展电动自行车消防整治行动 4 次，累计清理、拖运违规停放充电电动自行车 3000 余辆次，办理消防行政处罚 25 起，是年内新建电动自行车集中充电点 500 余处。部署开展全县“一厂多租”“三合一”专项整治行动，排查工业企业 210 家，办理行政处罚 21 起，清退违规住宿人员 83 人，对 100 余家企业的疏散通道、安全出口和消火栓进行划线标识。组织各乡镇开展生产经营租住村（居）民自建房消防风险排查专题培训，排查各类自建房 1000 余家，整改隐患 200 余处。将消防设施长期瘫痪的大型商贸综合体日达广场和 49 家消防隐患突出的毛绒玩具小作坊，纳入省级“七张清单”，县政府挂牌督办重大火灾隐患，投入 350 余万元用于日达广场改造和修复消防设施系统。县住建、消防部门联合印发《全县住宅小区物业服务企业消防安全达标创优方案》，督促物业严格落实消防管理责任，指导 68 名高层建筑楼长、经理人开展消防安全检查，在全县 135 家单位的消控室推广应用城市消防远程监控系统。

【消防宣传】2022 年，县消防救援大队发挥“A+ 互联”消防安全党建联盟、“东海渔嫂”消安员联盟、“僧侣说消防”代言人等志愿队伍优势，深入偏远小岛、沿街商铺、居民家庭、文物建筑等开展消防安全检查，打造海岛消防宣传品牌。依托消防宣传车、消防科普教育基地等，开展消防宣传进社区进农村进企业进学校进家庭等消防宣传活动。全年累计开展社会化宣传活动 128 次，分发各类宣传资料 5 万余份。依托全县应急广播大喇叭，每天定时播放森林防火、农村防火等消防安全知识，在清明期间提醒广大群众文明祭扫、严防火患；持续推进“浙里办隐患随手拍”活动，广泛利用电子显示屏滚动播出消防宣传标识，组织张贴消防卡通画提示，深入人员密集场所，投放消防宣传易拉宝及海报。

（周胤铮）

责任编辑：姜小金

教　育
Education

综述

【概况】 2022年，岱山教育以办好人民满意教育为宗旨，不断深化教育领域综合改革，全力推进教育高质量发展。根据省教育现代化发展水平监测结果，岱山县教育现代化发展水平为A级，位居全市第一、全省前列。全县有中小学18所，其中普通高中2所、中等职业学校1所、初中5所（含九年一贯制学校2所）、小学10所；幼儿园19所（含分园），其中教育部门办5所、乡镇办7所、民办7所。全县学生（含在园幼儿）14088人，其中普高1564人、中等职业学校696人、初中2750人、小学6184人、幼儿园2894人。学前三年幼儿毛入园率为133.5%；小学适龄儿童少年入学率为100%，巩固率为100%；初中适龄儿童少年入学率为100%，巩固率为100%；高中段毛入学率为100%；三残儿童少年入学率为100%。

【教育经费投入】 2022年，全县地方教育经费总收入67779万元，比上年增加7034万元，增长11.6%。其中，国家财政性教育经费总收入62921万元（包括一般公共预算安排的教育经费62902万元，占总投入的92.8%；政府性基金预算安排的教育经费19万元，占总投入的0.03%），比上年增加7000万元，增长12.5%，占总投入的92.8%；事业收入2238万元，比上年增加307万元，增长15.9%，占总投入的3.3%（其中学费收入2186万元，比上年增加301万元，增长16%）；民办学校举办者投入0万元，比上年减少110万元，减少100%，占总投入的0%；捐赠经费收入674万元，比上年增加512万元，增长316%，占总投入的1%；其他教育经费1945万元，比上年减少676万元，减少25.8%，占总投入的2.9%。全县幼儿园、普通小学、普通初中、普通高中、中等职业学校生均一般公共预算教育经费全面增长，幼儿园28344.63元，比上年增长13%；普通小学34774.77元，比上年增长4.7%；普通初中45974.65元，比上年增长6.7%；普通高中62784.29元，比上年增长0.9%；中等职业学校66851.64元，比上年增长0.01%。全县幼儿园、普通小学、普通初中、普通高中、中等职业学校生均一般公共预算教育事业费全面增长，幼儿园23511.44元，比上年增长18.1%；普通小学30206.25元，比上年增长1.9%；普通初中37583.69元，比上年增长1.2%；普通高中47113.45元，比上年增长2.5%；中等职业学校40572.95元，比上年增长0.02%。全县幼儿园、普通小学、普通初中、普通高中、中等职业学校生均一般公共预算公用经费全面增长，幼儿园2797.37元，比上年增长25.2%；普通小学5524.11元，比上年增长0.1%；普通初中7641.63元，比上年增长0.5%；普通高中6024.51元，比上年增长4.6%；中等职业学校12851.40元，比上年增长0.5%。

【教育基础设施建设】 2022年，

全县小学占地面积147574平方米，校舍建筑面积58403平方米，其中普通教室20319平方米，固定资产总值20752.54万元。普通初中占地面积220844平方米，校舍建筑面积75234平方米，其中普通教室20148平方米，固定资产总值16777.62万元。普通高中占地面积93670平方米，校舍建筑面积52682平方米，其中普通教室10751平方米，固定资产总值12663.61万元。中等职业学校占地面积93970平方米，校舍建筑面积32784平方米，固定资产总值17448万元。

【师资队伍建设】 2022年，全县教职工1682人，其中专任教师1317人。专任教师中，幼儿园267人，小学518人，初中270人，普通高中198人，职业高中64人。专任教师学历合格率分别为：幼儿园100%；小学100%，其中大专及以上学历100%；初中100%，其中本科及以上学历97.8%；普通高中100%；职业高中96.9%。

【教育数字化改革】 2022年，县教育局加快推进数字化赋能的教育教学、资源供给和治理体系建设，以高质量的数字教育推动实现教育现代化。岱山县区校一体化平台于4月投入使用，并制定网络研修、技术环境等指南，加强教育治理信息化顶层设计。6月，县教育局入选国家智慧教育平台浙江省试点名单，9月，“城乡义务教育共同体系统”入选全省教育领域数字化改革创新试点项目。在省教育技术论文评比活动中，获省一、二等奖各2篇，三等奖3篇。《“开”船“架”桥海岛数字教研新生态》入选省教育厅“智慧教育的浙江印记”——《魔方转动教育数治》一书。

教育行政

【入选全国义务教育优质均衡先行创建县】 2022年4月，教育部公布义务教育优质均衡先行创建县名单，岱山县成功入选（浙江省4个），成为舟山市首个全国义务教育优质均衡先行创建县。

【现代化学校创建】 2022年，县教育局继续组织学校创建浙江省现代化学校，提升现代化办学水平。岱山中学、高亭镇中心幼儿园、衢山镇中心幼儿园学校创建成为市现代化学校。怀慈小学、衢山成校创建成为省现代化学校。是年，全县共有7所学校创建成为省级现代化学校。

【经济困难学生资助】 2022年，县教育局按照《关于进一步完善岱山县学生资助政策的通知》，做好经济困难学生资助工作。学前教育阶段受助幼儿96人次，为家庭经济困难学生免保育费21.95万元，免伙食费资助7.88万元。继续实行义务教育阶段家庭困难学生营养改善计划工程，共资助学生668人次、49.31万元；同时按非寄宿制小学生每年500元、初中生每年625元的标准为家庭困难学生提供生活补助，共资助736人次、20.43万元。普通高中家庭经济困难学生免学费和代收费199人次、29.95万元；对除城市、农村低保边缘家庭学生以外的特殊群体资助生发放国家助学金，标准为每生每年3000元，对城市、农村低保边缘家庭学生及其他群体资助生发放国家助学金，标准为每生每年2000元，共资助199人次、22.05万元。对中等职业学校一、二年级家庭

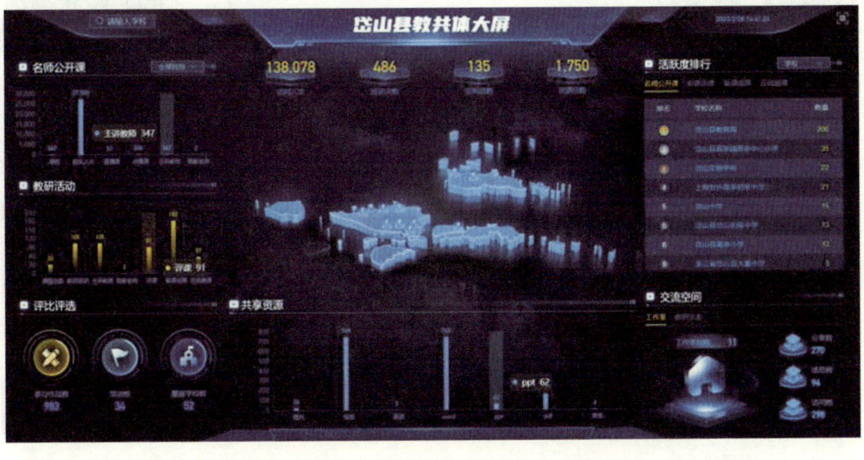

2022年4月，岱山县区校一体化平台投入使用（县教育局　供图）

经济困难学生发放国家助学金，受助学生 105 人次、10.50 万元。

【新居民子女平等享受优质教育资源】 2022 年，全县义务教育阶段 3730 名外来务工人员随迁子女全部入读公办学校，小学 2795 人，初中 935 人，其中 52 名随迁子女通过流动人口积分制，入读高亭城区小学。在高亭城区入学入园的随迁子女中，浙石化职工子女有 425 人，其中义务教育阶段 295 人，学前教育阶段 130 人。是年，有 261 名省、市外户籍的考生在岱山参加高考和中考，其中参加高考的考生有 50 人、参加中考的考生有 211 人，被县普通高中录取的考生有 105 人。

【残疾儿童少年平等享有受教育权利】 2022 年，全县有 3～18 周岁残疾持证儿童少年 57 人，其中，学前教育阶段 4 人，义务教育阶段 39 人，高中阶段 14 人。通过随班就读、送教上门和入读特教学校（特教点）等，实现特殊学生入学率 100%，高亭中心小学卫星班在读学生 13 人。衢山镇敬业小学特教点在读学生 2 人。全县有资源教室 11 个，其中，幼儿园 4 个，小学 6 个，中职学校 1 个。全县有特殊教育专职教师 3 人。

【校园防疫工作】 2022 年，全县教育系统继续做好常态化防疫工作。严格执行健康管理制度；举行校园防疫演练，提高师生员工防疫应急处置能力。

基础教育

【学前教育】 2022 年，县教育局出台《岱山县学前教育发展第四轮行动计划（2021—2025 年）》，全面启动全国学前教育普及普惠县创建准备工作。淘汰办园质量低下的民办园 3 所，在城区幼儿园开展托幼一体化试点工作，推进学前教育扩面提升。积极探索海岛幼小衔接新模式，构建幼小学习共同体，4 对结对（校）园被认定为舟山市“幼小科学衔接”示范（校）园。竹屿新区幼儿园通过一级园新评，峰景湾幼儿园通过二级园新评，高亭镇中心幼儿园和竹屿新区幼儿园浪琴分园完成一级园复评，东沙镇中心幼儿园、岱西镇中心幼儿园、岱东镇中心幼儿园完成二级园复评。全县等级幼儿园比例和覆盖率均为 100%，二级及以上幼儿园覆盖率为 82.2%，普惠性幼儿园比例为 90.5%，普惠性幼儿园覆盖率为 95.8%。竹屿新区幼儿园大教研组获评浙江省先进教研组。

【义务教育】 2022 年，以教共体建设为抓手，县教育局持续推进县内外优质教育资源共建共享。出台《岱山县城乡教育共同体海岛样板建设五年行动计划（2021—2025）》，启动敬业小学—桂花小学融合型教共体建设试点工作，与慈溪市教育局组建跨地区教共体 5 对，实现义务教育学校教共体结对帮扶全覆盖。全年县域内教共体开展城乡同步课堂 143 节，教师研修 160 次；慈溪—岱山教共体开展线上线下示范课 139 节、集体教研 83 次。岱山县海岛教育共同体建设成果在央视《焦点访谈》栏目播出；“互联网＋义务教育”的海岛教育模式创新

2022 年 3 月 3 日，岱山县教育局与慈溪市教育局举行跨地区城乡义务教育共同体签约仪式（县教育局　供图）

被推荐为舟山片区第十批制度创新成果。出台《岱山县初中“提质强校”小学“固本培元”实施意见》，实施精准教学，加强培优补差力度，3名中考学生进入全市前十。

【普通高中教育】 2022年，岱山县实施“县中崛起”行动（县中指县域内公办普通高中），制定《“十四五”岱山县普通高中发展提升行动计划》，大力推进与省特级教师协会及长三角名校的帮扶结对工作，岱山中学与镇海中学签订教育结对帮扶协议。加强与宁波教研室的教育合作，成立3个甬上名师特级教师工作室，推进主要学科的高端引领。是年高考，岱山中学高考保优率为144%，东沙中学普通类一段线比例较上年提高10个百分点。

【未成年人思想道德建设】 2022年，以全国文明城市创建为契机，县教育局组织开展“文明校园”创建。全县所有学校完成市级文明校园创建，创建率为100%。加强未成年人思想道德建设，组织开展“扣好人生第一粒扣子”主题教育实践活动1680场，在未成年人思想道德建设省测中获全市第一，3名少先队员被评为市“新时代好少年”，1名少先队员被评为省“新时代好少年”，1名中队辅导员被评为全国优秀辅导员。增强学校、家庭、社会“三位一体”教育合力，3所学校被认定为舟山市第三批数字家校，数字家校覆盖率为53%。

【五育并举工作】 2022年，全县中小学继续开展“阳光大课间”活动，确保学生每天1小时体育活动时间的落实。全县8870名中小学生参加《国家学生体质健康标准》测试，优秀率为32.4%，良好率为38.8%，合格率为99.2%。在省、市艺术节中，岱山县分别有12个、51个作品获奖。加强劳动教育，高亭镇大峧村劳动实践基地被确认为浙江省中小学劳动实践基地暨学农基地，岱山县海洋文化博物馆被确认为省级研学基地。新增市劳动教育优秀校3所、达标校1所，至此，市级劳动教育达标校为100%，其中市级劳动教育优秀校14所，占比82.4%。开展“明眸亮睛”视力健康专项行动，全县学生近视率下降至54.1%，实现全县儿童青少年近视率下降1个百分点的目标。

【参加各级各类体育比赛】 2022年，岱山县举办第48届中小学生田径运动会、篮球赛、排球赛等县级体育运动会。浙江省乡村学校体育推进会在岱山县衢山镇敬业小学举行。在舟山市第37届中小学生田径运动会，岱山县获县区生均分第一名，高亭中心小学和岱山职业技术学校分别获小学组和高中乙组团体总分第二名。在舟山市第九届中小学生阳光体育运动会中，高亭小学获小学组男子短式网球比赛第一名，获小学组女子排球比赛第一名；敬业小学获小学组女子排球比赛第二名；岱山实验学校小学部获小学组男子足球比赛第二名。在2022年浙江省青少年阳光体育（传统学校）小学生趣味田径比赛中，高亭中心小学获团体总分第一名。在浙江省第七届阳光体育运

2022年11月22日，岱山中学与镇海中学签订教育结对帮扶协议

（县教育局 供图）

2022 年 7 月 12 日，高亭中心小学荣获浙江省青少年阳光体育（体育传统项目学校）小学生趣味田径比赛团体第一名（高亭中心小学　供图）

动会中，高亭小学获小学组女子排球比赛第三名。在舟山市第二届棋类比赛中，岱山实验学校小学部获象棋组团体冠军，并包揽个人冠军。

【学校特色文化建设】 2022 年，岱山县坚持文化育人、特色亮校，推进校园文化建设。岱山实验学校通过浙江省健康促进学校（金牌）复评；蓬山小学成功申报浙江省健康促进学校（银牌）；东沙中学被评为省级近视防控特色学校。在全市虚拟机器人比赛中，岱山县包揽初高中前三名。蓬山小学《传统文化融德育成长快乐拓通道》获评市“一校一案”德育典型案例。是年，创建县级非遗基地 5 个，开展非遗传承活动 560 场，岱山县非遗校园文化节在高亭中心小学举行。

【心理健康教育】 2022 年，县教育局联合县心理协会、未成年人校外心理健康辅导站，开展心理热线公益服务、未成年人校外小团体心理辅导活动，筑牢学生心理防护墙。全面做好心理健康月活动和心理科普讲座，推动建立“一生一策”的心理成长档案，完善学校心理危机干预体系。做好高三、初三学生考前辅导工作，受益学生 1300 余人。组织开展全县心理健康教育“三优”评比活动及小学心理健康课堂教学比赛，扎实推进心理健康教育专兼职教师专业能力向纵深发展。全县累计创建省级心理健康示范点 6 所，全县中小学均建有标准化心理辅导室，配备专职心理健康教师 7 人，全县中小学均配备专兼职心理健康工作人员。

【“双减”工作】 2022 年，县教育局全面规范校外培训机构办学行为，7 月底，实现全县学科类培训机构清零。春季、秋季学期，全县义务教育段学校均开展课后服务，参与学生分别为 7449 人、7513 人，参与率均为 83.9%；参与教职工分别为 789 人、779 人，参与率分别为 96.2%、93%。各校

2022 年 9 月 5 日，岱山实验学校通过浙江省健康促进学校（金牌）复评（岱山实验学校　供图）

利用各类教育资源，开发课后服务拓展性校本课程，共开设课后服务拓展性课程 181 门，形成学校“双减”特色案例 13 个。

【考试工作】 2022 年，县教育局统筹做好各项考试组织工作。1 月、7 月，全县共有考生 2041 人次参加学考、选考 6603 科次；528 人（含社会考生）参加高考，516 人被高校录取，录取率为 97.7%。5 月，首次采用智能考试终端进行听说能力测试的形式代替中考英语科目听力考试。6 月，796 人参加中考，初中毕业生升入高中段比例为 100%。11 月，组织 450 名成人高校考生参加成人高校招生组考。

【校园安全工作】 2022 年，县教育局进一步推进交通安全、消防安全、防溺水教育等重点领域的专项教育宣传及整治工作。投入 350 余万元，建设智安校园中心平台，升级改造校园周界入侵、门卫一键报警等系统，全域全时空护航校园安全。制定《2022 年岱山县中小学幼儿园“护校安园”专项工作方案》，在全县范围内持续开展“护校安园”专项工作，开展常态化督导检查。推进等级平安校园建设，新增市 AAAAA 级平安校园 2 所。

职业教育

【校企校际合作】 2022 年，县职业技术学校继续与浙江国际海运职业技术学院、杭州职业技术学院、浙江长征职业技术学院，开展中高职一体化联合办学，根据市场需求变化，调整专业结构，取消汽车运用与维修专业，打造物流服务与管理、幼儿保育等传统专业，加强化学工艺、船体修造等省特色专业建设。是年，县职业技术学校 93 名学生升入浙江国际海运技术学院，接受高职教育。对接鱼山绿色石化基地建设，开拓校企合作项目，为浙江鼎盛石化工程有限公司开设鼎盛石化“订单班”，招订单培养学生 66 人。继续加强与常石集团等合作，招常石订单班学生 23 人。6 月，年度毕业生人数为 212 人次，实习人数为 115 人，初次就业率为 100%，对口就业率为 95.5%，当地就业率为 95.3%。

2022 年 8 月 27 日，在江西应用职业技术学院举行的全国职业院校技能大赛中，岱山县职业技术学校获中职组“化工生产技术赛项”三等奖（县职业技术学校　供图）

【学校教育教学体系构建】 2022年，县职业技术学校从人才培养模式创新、课程教学资源建设、创新型师资队伍建设、社会服务等方面寻求突破，积极构建与现代化相适应的学校教育教学体系，提升办学内涵。加强职业教育双高专业建设，岱山县化学工艺团队入选首批舟山市职业教育教师教学创新立项建设团队。打造校内化工实训基地，配合完成鼎盛石化工程有限公司“厂中校”建设并投入使用。是年，岱山县职业技术学校获2022年全国职业院校技能大赛三等奖，获2022年度全国机械行业职业教育技能大赛中职组教师团队一等奖；学生职业技能等级证书获取率为93.6%、升学满意率为100%。

【开展各类培训】 2022年，县职业技术学校充分利用教育教学资源，开展各类培训。承办县总工会、县人社局、县残疾人联合会等各类各级培训11次；面向社会及周边企业单位，开展企业岗位技能水平评价培训500人次、职业技能等级鉴定340人次、普惠性社会培训877人次。

成人教育

【成人职业技能培训和学历提升培训】 2022年，县职业技术学校和各乡镇成校联合办学，完善“校校合作”技能培训机制，加大社会培训力度，重点推进叉车司机、电焊工、老年护理、育婴员等职业技能培训。是年，全县开展各类职业技能培训约6900人次，取得职业技能证书约5600人次。积极开展“双证制”成人中专（高中）教育培训，完成教育培训423人次。

2022年6月22日，东沙镇成校组织开展老年人智能手机培训

（东沙镇成校　供图）

【社区教育工作】 2022年，以老年教育、社区教育进文化礼堂、终身学习活动周、市民素质提升工程为抓手，县教育局做好社区教育培训工作。完善城乡一体的三级社区教育、老年开放教育办学体系，完成浙江开放大学岱山学院更名工作。60岁以上接受老年教育27388人次，占老年人口的47.8%；开展老年人智能技术日常应用普及行动培训4320人次。终身教育学分银行新开4630户，输入成果46171条，占常住人口的22.2%，超过省定优秀标准。举办终身学习宣传活动周65场，受益人数4148人次；组织新区市民素质提升工程培训127场次，受益人数4779人次；开展万名家长进校活动352期，参与活动人数68288人次。

【社区教育成果】 2022年，《岱山县海洋文化特色课程培育案例》《美美与共，乐在“棋”中》《“海”好有你——海上垃圾分类行动》被教育部评为社区教育“能者为师”典型案例。东沙镇成校“银龄跨越数字鸿沟”培训项目被教育部认定为“智慧助老”优质教育培训首批推介项目，岱西成校特种设备培训项目被评为2022年舟山市“终身学习品牌项目”。岱山县衢山贡盐文化体验基地被评为舟山市市民终身学习体验基地；“金银渔嫂”进礼堂被评为2022年度舟山市社区教育进农村文化礼堂学习品牌；瀛洲“海之韵”合唱团被评为舟山市老年学习型社团。

队伍建设

【师德师风长效机制建设】 2022年，县教育局制定出台《中小学（幼儿园）师德师风负面清单》，签署教师师德承诺书1690余份，开展违规家教、违规收受礼品礼金等师德师风专项整治行动18次。深入推进中小学教师师德师风专题培训，开展专题培训和主题教育300余场，1560名教师完成省师德教育专题在线学习。加强思想政治阵地建设，金维映史迹陈列室被列入首批浙江省思政课教师实践教育基地暨浙江省教师师德涵养基地。

【干部培养管理】 2022年，县教育局高度重视优秀年轻干部、女干部和非党干部培养工作，免去股级干部12人，平级交流股级干部7人，提拔股级领导干部10人（85后4人），其中提拔股级女干部6人（非中共党员1人），确定无党派人士1人。举办暑期教育系统基层支部书记培训班，全县26名基层支部书记参加；组织7名校长参加舟山市中小学（幼儿园）校园长任职资格培训，1名小学校长被确定为2022年浙派名校长培养对象。建立局领导班子与年轻校级干部结对帮扶制度，加强对年轻干部教育管理和监督。

【人事制度改革】 2022年，县教育局出台《岱山县教育局关于进一步推进教师校长交流工作实施意见》，加大人事交流力度，重点推进岛际交流。全年校长、教师共交流76人，其中骨干教师16人。完善学校岗位设置与教师职称评聘改革，谋划新一轮岗位设置，出台《岱山县中小学（幼儿园）岗位聘期管理及2024—2027年岗位设置管理工作实施意见》，完善岱山中学、东沙中学、岱山职业技术学校职称自主评聘工作。加大绩效改革力度，完善《岱山县中小学校年度绩效考核奖励实施方案》。

【人才引进储备工程】 2022年，县教育局加大人才招引力度，扩大招引范围，招聘高学历高素质教育人才，成功引进名校长1人，柔性引进省特级教师1人，引入特级教师工作室1个，招聘银龄讲学教师6人。全面推进本土引领，组建岱山名师工作室9个。重视新生力量储备，是年，招聘新教师31人，其中定向委培毕业生20人，普通招聘6人，教育紧缺人才5人。新增特级教师2人（江爱国、林坚），新增市名师名班主任9人。

【教师专业素养提升工程】 2022年，县教育局围绕青年教师培养、骨干队伍打造、全员素质提升，做好队伍建设工作。加强教育人才新生代力量和后备干部培养，遴选30名优秀青年教师到省内名校挂职锻炼。积极打造“蓬莱季”县域研修品牌，分春夏秋冬四大板块，开展青年教师教学技能竞赛、专任教师专业知识考试、教改论坛、教师读书会，促进全员教师重学习、抓业务、强素质。通过“教育大讲坛”活动，推进综合性常态化师训工作；完成第二批教师信息技术2.0提升工程。强化人才激励机制，表彰教育模范团队5个、模范教师6人，评选首届孺子牛奖20人。高亭小学赵明珠被评为浙江省杰出教师，大衢中学王建军被评为首届浙江省教书育人楷模，东沙中学李丛娜入选首届浙江省中小学思政课教师年度人物，岱山中学柴君波获“浙江省春蚕奖”荣誉。

教育保障

【教育经费依法保障】 2022年，全县一般公共预算教育经费支出5.78亿元，占一般公共预算支出的18.6%，比上年增加0.01个百分点（按2016年教育经费统计口径）。幼儿园、普通小学、普通初中、普通高中、中等职业学校每年生均一般公共预算公用经费定额标准分别为1010元、1110元、1390元、1810元、2715元。

【党风廉政建设】 2022年，县教育局全面推进清廉学校示范校建设，积极构建“一标两步六强”清廉学校建设体系，3所学校获评舟山市首批清廉学校示范校。

组织开展学校党风廉政建设工作专项考核，加强教育系统内部审计工作，全年审计学校7所，涉及资金51787万余元，累计发现问题19个，均整改到位。

教学设施

【基本建设项目】 2022年，县教育局完成固定资产投资2.09亿元。完成大衢中学、高亭初级中学和敬业小学田径场维修改造工程，竹屿新区幼儿园综合维修工程。全力推进双峰新城校区建设、高亭中心小学及地下室综合改造、岱山实验学校科创楼装修及设备安装。

【教育技术装备投入】 2022年，全县投入中小学校教育技术装备1699万元，生均教育技术装备经费1666元。其中投入1500余万元用于教育信息化建设，推进教育数字化改革。持续优化教育数字化基础环境，新一轮教师云办公进入试运行，中考标准化考场实现全覆盖。新增舟山市智慧校园标准校5所，申报示范校3所。是年，全县共有舟山市智慧校园标准校16所。全县中小学新增图书22217册，生均拥有藏书量51.64册。

教学科研

【教学改革】 2022年，县教育局以“学为中心深度学习”行动为抓手，深入实施初中提质强校工程和教育科研培优行动。制定实施《小班化教育2.0行动计划》，召开小班化教育现场推进会，推进小班化教育等教改实践。建立特级教师教育评价工作室，组织线上线下专项培训活动3次，汇编《岱山县教育评价专家工作室第一期成果》，出台《岱山县小学生综合评价实施方案》，“学生学科素养评价”项目入选省深化新时代教育评价改革试点名单。是年，2个教研组被评为省先进教研组，88人次分别获国家级、省级、市级教学业务比赛一、二等奖。

【教育科研】 2022年，县教育局做好各级各类课题的申报立项和结题评比工作。全年课题立项138项、结题60项、获奖134项，其中省教科规划课题立项2项、结题1项；省教研课题立项4项、结题4项、获奖2项；完成市社科联重点课题《“共富”背景下海岛城乡教共体新样态的研究》的结题工作。加强教科研队伍建设，完成全县5年内新教师89项微课题的评比活动，科研骨干和课题负责人参加“十四五”教科研专题培训、常用教学研究方法与数据分析软件应用专题培训。是年，市品牌孵化项目年度考核获优秀。

（金京杨）

责任编辑：赵悠燕

农业科技

【特色示范创建】 2022年，县农业农村局推进化肥农药减量示范建设，完成取土测土点位40个；推广应用配方肥527.4吨，按方施肥159.8吨；推进“肥药两制”改革，落实“一对一”指导责任制，提升肥药两制种植业试点主体活跃度，开展“肥药两制”改革数字化建设培训班1期；推进基层农技推广体系改革与建设，新建岱山县舟皐家庭农场、岱山县博杰家庭农场为省级高品质绿色科技示范基地，开展各类农业新品种展示、引进试验及高效栽培模式示范；创建完成省级绿色防控示范区2个。

【高素质农民培育】 2022年，县农业农村局举办“肥药两制”改革促绿共富暨“浙农优品”应用培训班1期，培育高素质农民50人。开展电子商务、养老服务等培训班3期，完成实用人才培训158人。根据衢山镇甘薯生产及粉丝加工情况，组织衢山镇73名农户进行甘薯生产及粉丝加工培训。集中组织22名基层农技人员到浙江农林大学参加基层农技人员知识更新培训。

【实施项目建设】 2022年，县农业农村局实施建设农田氮磷拦截生态沟渠1条，市级补助资金10万元。实施市级产业团队项目——杂交水稻直播高产技术示范与推广，市级补助资金3万元。完成2017—2019年岱山县岱东镇海岛果蔬特色园项目验收。

【农业标准化工作】 2022年，县农业农村局开展绿色食品续展3个，无公害农产品复查换证2个。截至是年底，全县有无公害农产品26个、绿色食品14个、农产品地理标志1个。岱山县种植业绿色优质农产品比率为56.5%。实施岱山沙洋晒生地理标志保护工程项目，进行核心基地建设、先进农机具推广、品牌宣传、优质品种筛选、关键种植技术攻克、标准体系建立等，中央补助资金450万元。

【渔农业产业化】 2022年，县农业农村局对省级渔农业龙头企业进行监测评价，全县有省级农业龙头企业1家、市级5家、县级6家。做好“蓬莱仙芝”绿茶参展2022年度国际茶博会相关工作。做好蓬莱仙芝绿茶、岱西葡萄品牌包装设计。岱山县选取碧香无核葡萄、早霞露桃子、白沙枇杷等10余种典型优质果蔬品种参加全市精品果蔬展示展销活动。

（费　维）

渔业科技

【渔船数字智治建设】 2022年，岱山县海洋与渔业局坚持数字赋能、科技兴安，加快渔船精密智控能力建设，完成电子海图更新1368艘，高危渔船天通电话安装1051艘，渔船码申领1703艘，宽带设备安装1335艘，实现辖区内24米以上渔船精密智控设备安装全覆盖。实施智慧海上一体化平台建设，至年末，完成平台一、二期建设并投入运行。

【船岸通讯建设】 2022年，县海洋与渔业局免费为全县渔船提供船载语音卫星通话终端，为出海渔船提供通话服务，补强船岸、船船之间的“通话、短信”等海上通信在线率与即时性。完成1051艘渔船船载语音卫星通话终端安装，其中10人以上高危渔船船载语音终端通话卫星安装全覆盖。

【船用“插卡式AIS”安装】 2022年，县海洋与渔业局围绕“提高渔业安全监管能力，遏制海上渔船碰撞事故”目标，加快推进全县海洋渔船“插卡式AIS”（AIS：船舶自动识别系统，由岸基（基站）设施和船载设备共同组成，是指一种应用于船和岸、船和船之间的海事安全与通信的新型助航系统。）终端设备升级改造工作，完成渔船“插卡式AIS”终端设备升级改造1169艘。

【省渔船精密智控能力建设工程】 2022年，县海洋与渔业局以“一仓三网一平台”建设为重点，打造“1+3+1+N”架构体系，建设人船港一体渔业智慧监管平台，构建渔船要素管理和海上风险防控2个闭环，实现海陆互联“全覆盖”、风险防控“全过程”、渔船监管“全在线”、管理服务“全链接”。是年9月16日全面开捕前，完成全县渔船精密智控设备安装1335艘，其中完成普通船安装1208艘、基站船安装127艘，实现辖区内24米以上渔船精密智控设备全覆盖。

【县智慧海上一体化平台建设】 2022年，县海洋与渔业局与县大数据管理中心及设计单位对接，根据海上疫情防控等要求，继续深化海上一体化平台功能，根据试运行情况对原有功能进行完善，完成海上一体化平台一期、二期建设，规划三期迭代方案。

【AIS（FT-8700B）电子海图升级】 2022年，为使渔民正确落实商渔船防碰撞的管理要求，县海洋与渔业局对全县渔船AIS设备进行软件升级，增加浙江公共海上航路等海图信息，完成渔船AIS海图升级1368艘，完成率为100%。

（方远辉）

工业科技

【概况】 2022年，岱山县科学技术局（简称县科技局）牢牢把握创新制胜工作导向，重点在平台建设、产业创新、项目攻坚上持续发力，为高质量发展建设共同富裕示范区海岛样板贡献科技力量。全年列入市级（含市）以上科技项目87项，省级“尖兵”研发攻关计划项目1项；全县新增高新技术企业3家，重新认定1家，新增省级科技型企业27家、省级高新技术企业研究开发中心1家，市级企业研究开发中心2家；“岱E智谷众创空间”被列入省级众创空间；全社会研究与试验发展经费支出占地区生产总值比重3.4%，增幅位居全省第一。岱山县被推荐为2022年度市县党政领导科技进步目标责任制考核优秀单位。

【各级各类科技项目】 2022年，县科技局持续深化创新引领产业提升，以科技项目为载体，鼓励企业开展新产品、新工艺和新装备研发。全年实施中央引导地方科技发展项目1项、省级“尖兵”研发攻关计划项目1项、省级新产品试制计划项目83项、市产业“卡脖子”技术重大科技攻关项目2项。

2022 年岱山县实施市级以上科技项目清单表

表 19

序号	项目名称	实施单位	项目类型
1	海洋潮流能开发研究院建设	浙江舟山联合动能新能源开发有限公司	中央引导地方科技发展
2	高碳 a- 烯烃及乙烯 - 高碳 a- 烯烃共聚物	浙江石油化工有限公司	省级“尖兵”研发攻关计划项目
3	环保型超细旦原液着色 POY 制备工艺的开发	舟山欣欣化纤有限公司	省级新产品试制计划项目
4	阻燃微米丝复合超细纤维的研发	舟山欣欣化纤有限公司	
5	高可靠汽车燃油滤清器	舟山神鹰滤清器制造有限公司	
6	医疗病床运输机器人及其伸缩爪技术	舟山企惠科技发展有限公司	
7	AFS 原子荧光光谱技术	舟山企惠科技发展有限公司	
8	输油气管网用履带式变径管道机器人的设计	舟山企惠科技发展有限公司	
9	海上风电钢管桩拼装成型及数字化检测技术	舟山企惠科技发展有限公司	
10	搬运机器人及其高效控制技术	舟山企惠科技发展有限公司	
11	MS400 材料与防火材料的组合应用技术	舟山惠生海洋工程有限公司	
12	北极超大型天然气管廊模块海洋运输管线固定技术	舟山惠生海洋工程有限公司	
13	北冰洋模块电气房气体灭火系统应用技术	舟山惠生海洋工程有限公司	
14	北极电气房底部 MS400 防护系统的设计研究与应用	舟山惠生海洋工程有限公司	
15	大型极地 LNG 管廊片区整体优化及联合吊装技术	舟山惠生海洋工程有限公司	
16	140 万吨超大型乙烯裂解装置	舟山惠生海洋工程有限公司	
17	千吨级片体联合吊装技术	舟山惠生海洋工程有限公司	
18	海洋工程模块的高效建造设计应用技术	舟山惠生海洋工程有限公司	
19	北极 LNG 天然气管廊模块	舟山惠生海洋工程有限公司	
20	满足欧盟 REACH 标准的密封材料	舟山海山机械密封材料股份有限公司	
21	一种具有通用型定位装置的密封垫片模具	舟山海山机械密封材料股份有限公司	
22	新型复合型新能源汽车密封垫片	舟山海山机械密封材料股份有限公司	
23	DC65 直流干湿随手吸电机开发	舟山晨光电器有限公司	
24	铝线长寿命吹风机电机研发	舟山晨光电器有限公司	
25	BLDC65 无刷干湿数码电机研发	舟山晨光电器有限公司	
26	BLDC30 轻便式吸尘器无刷数码电机研发	舟山晨光电器有限公司	
27	BLDC40 随手吸无刷数码电机研发	舟山晨光电器有限公司	
28	超大型海上风电叶片智能化灌注装备	中交三航局舟山海洋工程有限公司	
29	海上风电钢结构厚板焊接技术	中交三航局舟山海洋工程有限公司	
30	海上风电钢结构基础件长寿命防护涂层技术	中交三航局舟山海洋工程有限公司	
31	海上风电螺栓远程监控系统技术	中交三航局舟山海洋工程有限公司	
32	海上风电钢结构高效防腐技术	中交三航局舟山海洋工程有限公司	
33	米面制食品工程化产品创制技术	浙江舟富食品有限公司	
34	农产品加工及保鲜物流 - 营养健康食品制备技术	浙江舟富食品有限公司	
35	高效即食食品工程化产品创制技术	浙江舟富食品有限公司	
36	水产品加工的超低温速冻保鲜技术	浙江舟富食品有限公司	
37	中式烹饪海鲜菜肴保鲜共性技术	浙江舟富食品有限公司	
38	应急救灾食品创制技术	浙江舟富食品有限公司	

续表 19

序号	项目名称	实施单位	项目类型
39	餐厨垃圾高效精细化处理技术	浙江舟富食品有限公司	省级新产品试制计划项目
40	可调式螺旋桨拆装装置	浙江友联修造船有限公司	
41	高压水除锈平底小车	浙江友联修造船有限公司	
42	基于浙石化原油数据库的原油调和模型的开发	浙江石油化工有限公司	
43	聚乙烯铬系干粉 / 钛系浆液催化剂生产技术开发	浙江石油化工有限公司	
44	国内首条海底 PX 长输管道的安全输送技术研究	浙江石油化工有限公司	
45	硫黄回收烟气 NO_X 减排研究	浙江石油化工有限公司	
46	焦油气化的实施与应用	浙江石油化工有限公司	
47	1000 吨 / 年 α 烯烃中试装置	浙江石油化工有限公司	
48	高氢调聚丙烯催化剂体系技术开发及工业化应用	浙江石油化工有限公司	
49	石化行业多组分废气处理的生物强化及其应用研究	浙江石油化工有限公司	
50	PC 绿色循环利用技术的开发	浙江石油化工有限公司	
51	重油气化 7 通道工艺烧嘴首例工业化应用	浙江石油化工有限公司	
52	焦油气化的实施与应用	浙江石油化工有限公司	
53	重芳烃轻质化技术工业应用	浙江石油化工有限公司	
54	炼油装置特种设备数字化管理研究及实施	浙江石油化工有限公司	
55	炼油装置在线腐蚀监测预警智能化研究与应用	浙江石油化工有限公司	
56	1# 聚丙烯装置 S1025 新产品研发	浙江石油化工有限公司	
57	2#FDPE 装置茂金属新产品 HPR-1018HA 开发	浙江石油化工有限公司	
58	1#LDPE 装置收缩膜专用料 2420D 研发	浙江石油化工有限公司	
59	1#LDPE-EVA 装置光伏胶膜专用料 V6110S 研发	浙江石油化工有限公司	
60	石油焦浆添加剂的研制与应用	浙江石油化工有限公司	
61	5 万吨 / 年催化裂解工业化试验装置	浙江石油化工有限公司	
62	非加氢汽提酸性气空冷腐蚀泄漏原因分析及新型耐腐蚀材料研发应用	浙江石油化工有限公司	
63	聚碳酸酯新产品的开发 G1010	浙江石油化工有限公司	
64	TCS 控制系统国产化研究	浙江石油化工有限公司	
65	200 万吨 / 年原油（重油）制烯烃工业装置	浙江石油化工有限公司	
66	基于 AI+ 大数据技术的双酚 A 产品	浙江石油化工有限公司	
67	1#MMA 装置脱瓶颈	浙江石油化工有限公司	
68	聚丙烯专用膜料助剂配方	浙江石油化工有限公司	
69	30 万吨 / 年醋酸乙酯装置工业化	浙江石油化工有限公司	
70	5 万吨 / 年原油（重油）制烯烃中试装置	浙江石油化工有限公司	
71	HP552R 聚丙烯新产品	浙江石油化工有限公司	
72	煤焦制气交换系统氨回收	浙江石油化工有限公司	
73	18 万吨 / 年 PMMA 装置工业化	浙江石油化工有限公司	
74	10-100m^3/h 解吸装备	浙江石油化工有限公司	
75	120 万吨年 ABS 装置	浙江石油化工有限公司	
76	70 万吨 / 年 CO_2 回收装置工业化	浙江石油化工有限公司	
77	10 万吨年电子级 DMC 装置	浙江石油化工有限公司	
78	10 万吨 / 年稀土顺丁橡胶工业化	浙江石油化工有限公司	
79	基于输送泵扬程过剩配置控制技术的石化机泵节能技术	浙江瑞程石化技术有限公司	

续表 19

序号	项目名称	实施单位	项目类型
80	热油泵系统机封漏油改进技术	浙江瑞程石化技术有限公司	省级新产品试制计划项目
81	基于 Fluent 模拟分析优化设计石化用泵及成套技术	浙江瑞程石化技术有限公司	
82	基于 CAESAR II 石化原油离心泵管道应力分析及成套改进技术	浙江瑞程石化技术有限公司	
83	石化产业机泵变频调速节能技术	浙江瑞程石化技术有限公司	
84	基于高精准、高稳定性要求的 BCL 离心压缩机转子数据测量平台优化设计研究	浙江鼎盛石化工程有限公司	
85	压检自动爬壁打磨设备研发	浙江鼎盛石化工程有限公司	
86	聚碳酸酯解聚技术研发和工业化示范	浙江石油化工有限公司	市产业“卡脖子”技术重大科技攻关项目
87	浮式半潜海上风电平台关键技术研发和工程化应用	舟山惠生海洋工程有限公司	

【科创平台建设】 2022 年，县科技局制定出台《关于深入实施创新驱动发展战略打造海洋经济强县的若干意见》《岱山县企业研究开发中心管理办法》《岱山县企业研究院管理办法》《岱山县创新飞地研发中心管理办法》《岱山县新型研发机构建设管理办法》等相关科创平台细则，明确规范县级科创平台的主要任务、申报与认定条件、建设与管理、评价与监督机制。是年，完成中国科学院宁波材料所岱山新材料研究和试验基地工程项目建设，注册成立岱山新研院科技发展有限公司，作为研究院（项目）市场化运作主体。首批确定入驻新材料中试项目 7 个，相关试验设备进场安装。研究院围绕石化新材料领域开展中试研究，解决相关技术难题。

2022 年 11 月 15 日，建设中的中国科学院宁波材料所岱山新材料研究和试验基地（县科技局　供图）

【科研创新服务】 2022 年 10 月，县科技局完成汽船配综合体的省年度评价，11 月，举行开园启用仪式及汽船配与新材料产业科技创新论坛会。综合体累计整合科研检测设备 40 余台，引进宁波大学、上海船舶工艺研究所等 6 家高校院所及 20 余家专业服务机构，形成“一平台两基地六中心”的功能格局。积极为企业牵线搭桥，通过专利导航培训、专家企业行等形式促进项目合作与成果落地。

【创新主体培育壮大】 2022 年，县科技局构建完善“微成长、小升高、高壮大、大变强”的科技企业梯次培育机制。全年新增高新技术企业 3 家，重新认定 1 家，分别为舟山市腾舟网络科技有限公司、舟山市欣鑫汽车内饰件有限公司、岱山县岱鑫传动带有限公司、舟山市恒顺密封件有限公司。新增省级科技型企业 27 家，分别为舟山市双赢水产有限公司、舟山市恒熠建材有限公司、中安（舟山）装备制造有限公司等。是年底，全县有高新技术企业 21 家、省级科技型企业 196 家。

新增省级高新技术企业研究开发中心1家、市级企业研究开发中心2家。

【产学研合作】 2022年，县科技局立足县域产业发展和企业技术难题的实际需求，深化产学研协同创新。浙江石油化工有限公司与中科院青岛能源所实施“聚碳酸酯解聚技术研发和工业化示范”项目，舟山惠生海洋工程有限公司联合上海交通大学开展“浮式半潜海上风电平台关键技术攻关”，被列入市产业“卡脖子”技术重大科技攻关项目。浙石化联合浙江大学开展“高碳a-烯烃及乙烯-高碳a-烯烃共聚物”项目，被列入省级“尖兵”研发攻关计划项目。

【科普宣传】 2022年，县科技局围绕科技活动周、科技进企业和新时代文明实践科学科普等专题，开展科普活动，策划以“走进科技 你我同行”为主题的“科技活动周”系列活动。开展高校院所专家与企业“一把手”面对面、专家团队进企业“聆听最基层科技人的声音”、科技惠企政策宣传贯彻、专家团队专题咨询服务等科技进企业活动，营造全社会讲科学、爱科学、学科学、用科学的良好氛围。

【实施科技特派员制度】 2022年，县科技局根据全县瓜果种植、乡村旅游、现代农业等产业发展需求，下派个人科技特派员11名、企业科技特派员5名、团队科技特派员36名。科技特派员结合自己特长，深入基层帮助农户掌握农业适用技术，采取现场讲解、入户面授等方式，提供技术指导，提高渔农民科技素质。全年共实施市县科技特派员项目12个，助推全县乡村振兴。

（缪　迪）

2022年3月28日，科技特派员深入田间开展为农服务（县科技局　供图）

气象

【概况】 2022年，岱山县气象局努力推进气象现代化，深化数字化改革，开展公共气象服务，助力“湾区明珠•自贸港城”和“四个岱山”建设，在高水平建设现代海洋城市中加快海岛共同富裕先行和县域现代化先行。是年，赵虎炯被中共中央、国务院授予全国“人民满意的公务员”称号，杨波被评为浙江省气象部门“优秀党务工作者”，何欢然被评为浙江省气象部门“气象业务服务工作先进个人”。

【基层党建和党风廉政建设】 2022年，县气象局坚持党建业务深度融合，推行重点工作、重大服务党员领衔制，深化“风雨同舟、勇立潮头”党建品牌，红帆气象志愿服务队发挥岗位业务专长，开展气象科普、疫情防控、文明创城等志愿服务，开展结对帮扶、社会慈善、义务献血。常态化开展纪律教育和廉政警示教育，通过走访红色教育基地，现场教学，加强“四史”宣传教育。落实意识形态工作责任制，深化“干部家访制”气象部门清廉工作。用好用活“学习强国”学习平台，做到全员覆盖、全员学习。贯彻落实党的人才政策，王郭琪、赵亮被县人才公共服务中心认定为F类人才。

【政府决策服务和社会公共服务】2022年，县气象局做好全年汛期、梅雨期、台汛期、冬汛期等重大灾害性天气过程的监测预报预警服务，完成重大节庆、赛事和重大活动专题气象的保障服务。是年，县气象局主动对接县自然资源和规划局，深化森林防火气象服务，通过气象显示屏、大喇叭等方式开展森林防火社会宣传。加强与县环保部门监测资料共享和联合会商，向社会发布岱山环境空气质量等级预报，向县精神文明建设指导中心创建办公室提供灾害性天气预报预警短信服务。是年，县气象局跨省开展渔场气象信息服务共享合作机制，在防台抗台服务中强化台风知识科普宣传，多渠道向社会普及台风防御指南，提高公众防灾避险能力。全年累计发布各类预警信号145次、天气公报3期、重要天气报告13期、春运气象服务专题40期、气象微博329条、微信公众号353条。气象短信免费服务5632人，气象短信发布505次、300万条。

【气象服务数智化和气象现代化】2022年，县气象局完成17个区域气象观测站分钟数据传输升级工作。将观测数据传输用时优化至秒级，传输频次从5分钟提升至1分钟。是年，岱山休闲渔业气象服务平台升级改版后正式投入使用。县气象局自主研发的岱山县场景化跨海大桥气象防灾减灾系统完成开发并投入使用，该数字化改革服务系统聚焦舟岱大桥、鱼山大桥、秀山大桥、官山大桥和526国道岱山段的气象灾害防御、日常运行气象信息服务实际需求，能同时监测交通环境，保障群众安全出行和海岛渔农产品绿色通行畅通。县气象局联合县三防办、县大数据管理中心等部门，将气象决策支撑融入防汛防台工作场景，加快市、县通用版决策服务平台落地，并在防汛部门应用。是年，县气象局完成衢山LoRa能见度监测布点安装、5个自动站风塔升级改造，岱山国家一般气象站太阳辐射计、道面观测、雪深观测等设备的布点安装。完成台风、暴雨、干旱、高温、低温、冷空气大风、风雹、雨雪冰冻、雷电共9种气象灾害综合风险普查工作，9类致灾危险性分布图在海岛经济、旅游等项目气候可行性论证和重大气象灾害调查的报告编制工作中得到应用。12月31日，岱山国家一般气象观测站成功升级为国家基本气象站。

2022年12月31日，岱山国家一般气象观测站升级为国家基本气象站

（县气象局　供图）

【基层气象安全监管体系】2022年，县气象局对县内57家易燃易爆危化场所组织防雷安全大检查，完成全县56家易燃易爆场所“防雷安全风险码”2.0版本的赋码、审核工作，企业绿码率为100%。加强对易燃易爆防雷事项的审批，完成雷电防护装置设计审核审批5项，雷电防护装置竣工验收审批4项，联合县文化和广电旅游体育局完成全县4个AAA级以上景区的气象灾害防御工作检查。加强升放气球安全监管及升放气球巡查管理工作。加强线上法制宣传力度，执行《岱山县业务主管部门与综合行政执法部门

建立完善执法协同机制的实施意见》，加强与县综合行政执法局的联系，理顺执法事项划转，明晰职责，构建协调联动、密切配合的执法协同机制。

2022年11月7日，县气象局完成浙江省首个气象类休闲渔业地方标准《休闲渔业气象风险等级》的研制，获县市场监督管理局批准发布（县气象局　供图）

【气象科普宣传】 2022年，县气象局利用世界气象日、全国防灾减灾日、国际博物馆日、科技活动周、全国科普日、世界海洋日等，联合中国台风博物馆、县科协、岱山蓬莱交通投资集团、县海洋与渔业局等部门开展科普“六进”、送科技进村入户、气象防灾减灾社会科普宣传活动。6月，开展“防灾减灾”气象宣讲活动月气象进文化礼堂宣教活动。5月18日，国际博物馆日，中国台风博物馆参与中央电视台组织的直播节目，通过央视频、央视新闻客户端、央视新闻微博、抖音、哔哩哔哩、今日头条等平台进行直播互动，向全国广大网民宣传岱山、展示中国台风博物馆。是年，利用户外气象信息电子显示屏、农村气象大喇叭、户外公共气象科普宣传栏，开展从“气象进社区”延伸到“气象进小区”的城市居民小区颗粒化气象信息服务和防灾科普服务。

【《休闲渔业气象风险等级》地方标准发布】 2022年，县气象局研究制定的《休闲渔业气象风险等级》地方标准，获岱山县市场监督管理局批准发布。作为浙江省首个气象类休闲渔业地方标准，填补全省休闲渔业气象安全监管方面的空白，实现休闲渔业专项气象保障服务从精细化到标准化的跨越，经验在全省具有可复制性和可推广性。

【主要气候要素】 **气温**　2022年，岱山县年平均气温为17.9℃，比常年偏高0.5℃，年平均气温连续第7年高于常年，其中3月平均气温达12.6℃，连续3年打破历史纪录；7月和8月的月平均气温分别首次突破29℃和30℃，为历年同期最高。是年，全县极端最高气温为39.4℃，出现在8月23日；出现≥35℃高温日有28天，为历年之最多。年极端最低气温为-0.8℃，出现在12月18日。

降水　2022年，全县年降水量为1319.5毫米，比常年偏多44.5毫米，偏多3%；比上年偏少642.4毫米，偏少49%。是年汛期

2022年5月18日国际博物馆日，中国台风博物馆参与中央电视台组织的直播节目（县气象局　供图）

(4月15日—10月15日)降水量813.2毫米，比常年偏多26.2毫米，偏多3%；比上年偏少44%。

日照 2022年，全县年日照时数为2223.3小时，比常年偏多333.9小时，偏多18%；比上年偏多72.6小时，偏多3%。除10月日照时数比常年偏少外，其他月份都偏多。

天气日数 2022年，全县降水日数为134天，比常年偏少4.5天，比上年偏少14天；大风日数为30天，比常年偏少1.7天，比上年偏多2天；大雾日数为20天，与常年持平，比上年偏少6天；灰霾日数为12天，比常年偏少2.6天，比上年偏多8天。

【主要气候事件及其影响】 岱山县于6月10日入梅(常年为6月14日)，较常年偏早4天；6月26日出梅(常年为7月6日)，较常年偏早10天，梅雨期16天(常年为22天)，较常年偏少6天；梅雨量为155.7毫米，较常年偏少27%。是年梅雨期呈现入梅早、出梅早、梅期短、降水量少、梅雨不典型等特点。

2022年夏季(6—8月)，全县气温持续偏高，平均气温27.7℃，为历年同期之最。全县≥35℃的高温日数28天，超2013年全年17天的历史纪录，其中8月5—20日连续16天出现35℃以上高温，超2013年连续8天的历史纪录。岱山县极端最高气温39.4℃，为历年同期次高(历史最高为39.5℃，出现在2013年)。

2022年8月，全县降水量为37.9毫米，较常年偏少71%，其中上旬、中旬全县无降水，下旬偏少18%；月降水日数3天，较常年偏少7.4天。持续晴热少雨造成土壤水分含量呈递减趋势，达重旱状态。

2022年有2个台风影响岱山县。2211号台风“轩岚诺”发展迅速，路径复杂怪异。受“轩岚诺”影响，9月1日20时—6日8时全县面雨量101.5毫米，岱山沿海普遍出现9～11级大风。2212号台风“梅花”于2022年9月14日在舟山市普陀区沈家门登陆，登陆时为强台风级，是1949年以来登陆舟山的最强台风。受“梅花”影响，9月12日4时—15日6时，全县面雨量173毫米，岱山沿海普遍出现12～14级大风。

2022年秋末冬初冷空气频繁，11—12月，有6次冷空气影响岱山县，其中2次达到寒潮强度。

(陶烨明　于梦颖)

责任编辑：姜小金

文化广电旅游体育

Culture,Radio,Television,Tourismand,Sports

公共文化

【群文机构建设】 至2022年底，全县共有图书馆1个、文化馆1个、乡镇文化站7个及县图书馆分馆7个、县文化馆分馆8个。其中，县文化馆建筑面积4442.18平方米，县图书馆建筑面积7591平方米，图书馆总藏书量为39.98万册。县级公共文化机构均按规定配齐工作人员，各乡镇综合文化站均配有专职文化干部，有专职在编文化干部11人、编外文化员15人。通过自我学习、集中培训等方式，实现县级文化单位专业人员全年参加脱产培训时间不少于15天，乡镇、村（社区）基层文化专兼职人员全年参加集中培训时间不少于5天。

【文化基础设施建设】 2022年5月，县图书馆文化客厅项目完成。是年，新建城市书屋3家，创建“三余书屋”9家，截至年底，全县共有城市书房6家、“三余书屋”48家、图书流通站点113个，实现全县乡镇图书分馆全覆盖，村级基层综合文化中心、农村文化礼堂全部纳入图书馆管理体系。县图书馆、文化馆一级馆建成率达到100%，高亭镇、衢山镇、秀山乡综合文化站被评为一级文化站，岱东镇、岱西镇、东沙镇、长涂镇被评为二级文化站。图书馆、文化馆乡镇分馆建成率均达到100%。海洋文化系列博物馆升级改造一期工程完工，金维映史迹陈列室被认定为浙江省首批乡村博物馆。文化馆晨光电器企业分馆正式挂牌建立。高标准打造“15分钟品质文化生活圈”90个，丰富群众文化生活。

【基层文化队伍建设】 2022年，县文化和广电旅游体育局实施文化惠民工程，加大送戏、送书、送展览、送培训力度，扩大文化惠民覆盖范围，持续开展“基层文化配送车”“幸福点单·快乐配送”文化礼堂个性化点单服务。落实文化下派员制度，提升文化“三下乡”服务网络覆盖，规范送戏下乡“社会化采购”，完成2022年岱山县渔民画培训班、全县广场舞培训、2022“青苗计划”浙江省未成年人艺术普及点建设项目培训等系列培训，累计584课时，受益10902人次。举办“浙文惠享”民生实事工作培训班，7个乡镇有98人参训。举办浙江省群文美术干部业务培训班暨走进岱山采风创作，全省40余人参训。推广全民艺术普及，开设线上课程72节，持续开放岱你“艺”+“益”课堂，推出两期478课时，受益8532人次，县文化馆被评为全省文化馆基层服务培训联盟先进单位。举办2022年岱山县业余文艺团队优秀节目展演、“舞动新时代幸福跳起来”岱山县广场舞展演、“文艺星火赋美”工程——岱山县“文艺星火·潮生岱山”计划启动仪式等活动。开展2022“吾山吾海”岱山海滩公共艺术展，约有上万名游客参加。为36家单位赠送图书24600册。培育县级文化能人96人，其中高亭镇38人、东沙镇5人、岱西镇9人、岱东镇6人、长涂镇7人、秀山乡5人、衢山镇26人。

【业余社团建设】 2022年，全县共有业余文艺团队214支，队员3600人，“三团三社”51支，文化志愿者106支，队员1.47万人。10月29—30日，岱山“无可取代”战队参加舟山市“首届全民艺术节·嗨歌吧”K歌赛半决赛、总决赛，队员岑沛阳夺得总决赛冠军，虞舒焙、韩笑进入总决赛12强。

（解徐一）

精品艺术

【文艺精品创作】 2022年，岱山县9件歌词作品参加“歌颂新时代·喜迎二十大”浙江省歌词大赛，其中3件歌词作品《美丽色彩》《外婆岛》《大桥》分获金、银、铜奖，岱山县文化馆获优秀组织奖。歌曲作品《外婆岛》参加2022浙江省第二十一届群众音乐大赛并获金奖；歌曲作品《谁说非舟楫不相往来》参加2022浙江省第二届原创流行歌曲大赛获金奖，并入选参加第二届长三角原创流行歌曲大赛。歌曲《四季行舟》获评2022年度浙江省十佳优秀歌曲。6月，浙江省文化和旅游厅公布2022年浙江省“群星奖”获奖名单，戏剧小品《父亲的快递》获奖。是年，岱山县6件作品参与2022年舟山市文艺创作作品展演，歌曲《热土》获创作、表演一等奖；舞蹈《工地上的晨光》获创作一等奖、表演二等奖；舞蹈《守》获表演一等奖、创作二等奖；歌曲《谁说非舟楫不相往来》获创作、表演二等奖；歌曲《外婆岛》获创作二等奖、表演三等奖；戏剧小品《海岛消防员》获创作、表演三等奖。在舟山市四个县（区）年度文艺创作综合排名中位列第二。音乐干部朱烁宇获最佳作曲奖，舞蹈干部章沙获最佳编导奖。美术干部贝栋作品《绿色工程之渔山岛系列》入选“向度之境——2022青年油画家作品展”（浙江省油画家协会、浙江当代油画院主办）；油画作品《船厂印记》入选“视问心源——浙江省油画作品展”。

【“迎接大桥时代”主题文艺创作】 2022年，县文化馆拍摄以“迎接大桥时代”为主题的宣传视频《灯火·眺望》，并在“岱山县文化馆”微信视频号、抖音号推出，获5.5万阅读量、2000余次转发量，并登上“学习强国”学习平台。拍摄《谁说非舟楫不相往来》《思念上桥》MV；创作了防疫系列快板《我的爸爸不听话》。国庆期间，拍摄制作“国庆畅游”岱山风景宣传短视频3篇，收获近3万阅读量。

（夏梦雁　沈佳妮　解徐一）

文艺演出与文化交流

【文化三下乡及线上公共文化活动】 2022年，全县开展送戏下乡286场，送书下乡26810册，送电影1188场，送讲座展览下乡102场；线上文化服务活动（送戏、讲座、展播展览等）394场，参与197.34万人次。开设如虎添“艺”·云课堂、文艺及非遗小课堂等线上课程13节；推出“云学艺”线上课程，包含“儿童学

2022年8月19日，歌曲作品《谁说非舟楫不相往来》参加2022浙江省第二届原创流行歌曲大赛并获金奖（县文化和广电旅游体育局　供图）

艺”“爵士舞蹈课程”“Beatbox初级课程”等5门课程，计短视频小课59节；在“岱山县文化馆”微信公众号推出“文雅慕课”文化视频资源，包括“90分钟艺术课堂”“文化胶囊”“文化讲堂”等内容。

【文化走亲活动】2022年，岱山县开展静态类文化走亲22场，动态类文化走亲4场。线下静态文化走亲21场，包括“畅绘山海”系列文化走亲——岱山渔民画作品展20场和“桥见岱山”——岱山·定海文化走亲书法作品展1场；线上静态文化走亲1场，为“畅绘山海”平湖·岱山文化走亲——岱山渔民画线上展。开展线下动态“喜迎二十大同走共富路”文化走亲4场。

（夏梦雁　沈佳妮　解徐一）

图书

【基础服务优化】2022年，图书馆各类型实体文献购买支出57.73万元，总册数23931册，地方文献数字化加工10万册，馆藏总量39.98册，其中图书32.17万册，数据库27个，链接共享电子图书80余万册，在馆开架图书22.09万册，城市书房平均藏书量5000余册，“三余书屋”平均藏书量500余册。是年，县图书馆办理线上线下读者证1158人次，持证读者20613人，到馆82284人次，文献外借量13.97万册，文献流通3.29册。是年，举办活动200余场次，提供数字服务30余场次、信息咨询100余场次，图书馆网站和微信公众号发布信息173条，访问量分别为60.32万人次、6.17万人次。

2022年11月9日，“海与山的对话”岱山·义乌现代民间绘画交流展在岱山县举办（县文化和广电旅游体育局　供图）

【公共文化服务】2022年，县图书馆优化完善网借中心，通过“图书+物流”的服务形式，实现快递免费上门送书服务，有效解决基层借阅不便问题，规避疫情防控期间外出借阅风险。9月，网借中心正式入驻浙里办，读者通过“浙里办”App实现在线图书一键借阅等服务，让数据高效跑腿，推动图书馆服务升级。

【服务品牌建设】2022年7月下旬，县图书馆采用图书与渔民“零距离”对接的工作方法，为衢山镇、高亭镇红帆船送去图书1500余册，书籍主要涵盖党建、渔业、法制等门类，丰富渔民出海期间精神生活。组织举办“领读共富路仙岛岱山朗读会”“阅读马拉松”等阅读推广活动，有效推进全民阅读和文化的传播；组织举办“仙岛海娃亲子绘本课堂”“七彩坊幼儿手工作坊”等学习培训活动，致力于打造未成年人学习交流平台；开展图书“六进”“图书下乡”等活动，畅通图书流通渠道，丰富市民业余精神文化生活；组织开展节日主题书香活动，弘扬传统文化，传承华夏文化。

（黄　芳　林　兵）

文博

【文物保护管理】2022年，县文

物局对县级以上文保单位、文保点及国有博物馆存有的安全隐患风险进行综合评估分类，采用红、黄、绿三码分级分类管理，以分类上牌、整治销号、晾晒考核的动态闭环工作举措实施安全整治。全年累计开展文物检查168次，实地检查文物场所333家次，出动检查人员297人次，发现隐患38处，下发整改通知书1份。是年，实施聚泰祥等5处不可移动文物基础性修缮，有效保证文物本体健康和安全。11月，开展“三普”复核工作，再次实地核验全县124处不可移动文物保存现状。严格执行不可移动文物审批程序，全年审批5处不可移动文物实施基础性修缮，反馈投资事项涉及文物安全意见17项，消除建设工程对不可移动文物的损坏，在源头上消除隐患。是年，县文物局下拨全县各乡镇文物补助资金25万元，按不可移动文物及业余文保员数量对全县各乡镇文物实施A、B、C、D四档补助，分别给予2万元、3万元、5万元、6万元的经费补助，用于文物的日常保护与队伍建设。至年底，岱山县共有各级文物保护单位27处，其中全国重点文物保护单位1处、省级文物保护单位3处、市级文物保护单位8处、县级文物保护单位15处。是年，利用聚泰祥文保点打造曲艺书场，全年展演约200场次，吸引各地游客和全县市民近万人次现场观看。

【队伍建设】 2022年6月，岱山县在已建文物点位长制网格化的基础上，按照“东海渔嫂”10+X专业队伍建设要求，组建由36人组成的“东海渔嫂”护宝员队伍，实现全县“文物局督查、业余文保员月查、护宝员周查、文物点位长巡查”的多元化检查模式，形成全民参与、群防群治的氛围。县博物馆选派优秀讲解员参加2022“讲好浙江故事——浙江省博物馆讲解员大赛”，2人获评专业组优秀讲解员，2人获评非专业组优秀讲解员。

【博物馆运营】 2022年，县海洋文化博物馆接待游客24.72万人次，其中未成年游客3.03万人次。全年举办陈列展览26场，接待游客1.88万人次，其中文化交流艺术展1场、本地特色主题展9场、巡展16场。县海洋文化博物馆将“寻味之旅”作为博物馆主打研学品牌，开展系列研学游活动33场，包括“科学探学筑梦成长”“小小拼图拼得好垃圾分类记得牢”“童心向党红歌传唱”“童心向党——纽扣画制作”“我心中的中山舰”“海博小课堂——植物拓染”“环保创意——漂流瓶”“少年成长说共筑中国梦”“十指灵动——渔绳结”等主题研学课堂9场，馆校合作开展“渔家技艺——小蟹笼制作”博物馆课堂进校园1场，参与青少年共计2084人次。

（邬佩志　徐乐艳）

电影

【农村数字电影放映】 2022年，在岱山县数字电影放映工程的基础上，县影视演艺公司充分利用农村文化大礼堂等文化阵地，继

2022年9月12日，县影视演艺公司在县体育馆为台风避灾的鱼山务工人员进行电影放映（县文化和广电旅游体育局　供图）

续使老百姓看上“好电影”，让更多的百姓从视听中接受革命传统教育。全县7支农村数字电影放映队放电影1202场，观众约7.94万人次。

【电影惠民活动】 2022年，县影视演艺公司在百姓文化节开展电影放映活动2场，观影人数约1300人次。在“轩岚诺”南玛台风来临之际，为鱼山务工人员放映电影2场，观影人数约4000人。

【院线运行情况】 2022年，县影视演艺公司继续实施惠民购票政策，2D电影票价为20元，3D电影票价为30元。全年共计放映影片349场次，人数1195人；放映收入40895元，惠民补贴16365元。

（周　斌）

广播电视管理

【广播电视安全播出】 2022年，县文化和广电旅游体育局抓好广播电视安全播出和安全生产工作，做好北京冬奥会、冬残奥会、全国“两会”、省“两会”、省十五次党代会、节假日等重要时期的广电安全播出保障工作。分别于年初、3—4月开展大检查、大排查、大整改工作，对重要部位、重要环节、重要岗位人员等环节进行重点排查，梳理出主要安全隐患5项，并制定整改计划和方案。完善安全播出应急操作流程，并在5月、9月开展较大规模的安全播出应急演练2次。

【广电网络升级改造工程】 2022年，县文化和广电旅游体育局继续围绕文明城市创建，开展线路清理和网络改造，推进有线网络升级改造工程。完成城区高亭育新弄、高亭龙岗路、高亭沿港中路371号、高亭教师新村、高亭园丁路等区域的光纤入户改造，网改用户1000户。对城郊及小集镇重点区域网络进行改造，主要完成高亭镇浪激咀、小蒲门、大蒲门、山外路、南浦村、东海村复兴路、银厦路、枫树村，以及东沙镇泥峙村等区域的飞线整治。

【商住楼预埋工程】 2022年7月前，县文化和广电旅游体育局完成预埋工程5个，其中2022年前在建工程2个工程，包括东海地块住宅小区、山外住宅小区，安装面积计23.37万平方米，接口布点数约2000个。是年，新增暗埋工程3个地块，包括高亭镇御景苑北侧地块项目、舟山四维尔置业有限公司秀山乡石堂弄地块项目、高亭镇板井潭村BJT-03地块项目有线电视基础工程，估算用户布点数820个，安装面积约为8.2万平方米，合同资金约12.30万元。

【广电惠民工程建设】 2022年，县文化和广电旅游体育局广电惠民服务工程扎实推进，全力配合做好政府重点项目及企事业单位配套服务工程建设。继续实施广电低保工程，新增广电低保及低保边缘用户50余户，并实行收视费减免政策，免收全县近1700户低保户有线电视收视费。为全县渔民数字电视整转用户免费配置基本交互机顶盒，受益590余户，减免资金17.70万元。规划实施IP应急广播工程，制定建设方案，切实解决岱山应急广播喇叭缺失严重、传输覆盖成效差、无法实现应急广播功能的问题。

【广电增值业务发展】 2022年，县文化和广电旅游体育局抓好互动、宽带及增值套餐业务，提升广电业务产品竞争力和吸引力，加大市场营销力度。1—10月，推出大众（居民用户）宽带147条，互动点播业务1426个，融合套餐51个（含宽带与互动），付费套餐15个。是年，完成各类大小数字化工程27个，协议金额600万余元，完成监控及门禁、IP广播等系统的安装。拓展专线业务，提升光缆管线资源价值，全年新增监控专线，包括光缆停车场专线、文旅娱乐场所专线、民宗场所专线等。

（郑　波）

群众体育

【群众体育活动】 2022年6月3日，中国体育彩票2022年“纸鸢传情迎端午”全县风筝大放飞活动在县行政中心广场举行。

6月25—26日，中国体育彩票2022年岱山县群众体育大会智力运动会在县体育馆举行，比赛项目设象棋和围棋，分少年组和成人组，有近130名选手参赛。11月26日，中国体育彩票2022年岱山县群众体育大会气排球比赛在县体育馆举行，共有12支队伍、近百人参赛。12月9—10日，2022年岱山县群众体育大会篮球联赛、羽毛球比赛及健身乐跑暨海岬马拉松新路线测试赛同步启动，其中篮球联赛历时6天，共有11支队伍参加，开投集团、DSD联盟和岱山公安代表队分获冠、亚、季军。

【体育下乡】 2022年9月，为服务保障舟山绿色石化基地重点项目，县文化和广电旅游体育局定期赴鱼山开展以举办体育赛事、赠送体育设施器材为内容的“体育三下乡”活动。并联合舟山绿色石化基地管委会举行“鼎盛鱼山杯”职工篮球赛，来自鱼山各项目参建单位的多支代表队、近200名篮球爱好者参加。

【全民健身活动】 岱山县被认定为浙江省运动休闲基地，鹿栏晴沙景区风筝项目被认定为2022年度浙江省运动休闲旅游优秀项目。2022年6月12—13日，2022年岱山县三级社会体育指导员（健身气功）提升培训班在县体育馆举办。7月5日，雏鹰展翅——2022年岱山县全民健身活动暨“奔跑吧·少年”公益体育技能提升班在县体育馆开班，此次公益培训班由县体育总会主办，县体育发展中心、县金健青少年体育俱乐部承办，设羽毛球、乒乓球和象棋3个项目，培训为期10天，近百名青少年参加。8月8日，为庆祝全国第十四个“全民健身日”，由县文化和广电旅游体育局、县体育总会联合主办的全民健身日活动暨优秀传统体育项目展示在县体育馆举行。11月30日，2022年岱山县“浙里健身”体质测试在县体育馆训练馆举行，针对不同年龄段、不同工作人群、不同发展区域人群进行监测，受测人数840人。12月12日，2022年岱山县“健康杯”中老年人爱心健步行暨慈善一日捐活动在县文化广场举行。

【体育教学】 2022年，全县初中、小学大课间活动实施率为100%，确保学生在校每天1小时以上的体育活动时间。全县学校按要求实施开展《国家学生体质健康标准》测试和上报工作，小学、初中、高中合计参加测试人数11102人，优秀率为32.4%，优良率为71.1%，合格率为99.2%，优秀率和优良率略高于2021年的30.6%和70.1%。其中小学段优秀率为44.5%，优良率为80.8%，合格率为99.5%；初中段优秀率为24%，优良率为72.8%，合格率99.8%；高中段优秀率为8%，优良率为41%，合格率为97.5%。全县学生近视率为54.1%。

（刘　艺）

竞技体育

【群众体育竞赛】 2022年7月，岱山县选派健身气功协会6名运动员代表舟山市参加2022年浙江省健身气功站点联赛（东部赛区），岱山代表队以团体总分第二名成绩进入决赛，同时被授予“体育道德风尚奖”；此外，有岱山运动员参加的舟山代表队获得导引养生功十二法集体赛第一名，易筋经集体赛第二名，岱山县运动员宋萍娟、陈素萍、李军明分获大舞、马王堆导引术、五禽戏个人赛第一名。

【课余体育竞赛】 2022年，全县各学校有常年训练课余运动队30支，项目7个，举办田径、篮球、足球、排球、乒乓球等县内单项体育比赛，组织田径、篮球、足球、排球、乒乓球、游泳、网球、棋类共24支队伍参加省、市比赛。高亭小学和敬业小学女子排球队混合组队代表舟山市参加省全运会，获得女子乙组第六名（铜牌），两队在浙江省青少年阳光体育（体育传统项目学校）排球比赛中分获第三名和第四名，在舟山市中小学生女子排球比赛中获冠军、亚军。高亭小学网球队在2022年省青少年阳光体育（传统学校）短式网球比赛中获小学男子乙组团体第二名，在市中小学网球比赛中获多项团体冠军和个人冠军。高亭中心小学田径队在2022年浙江省青少年学生阳光体育（体育传统学校）小学生趣味田径比赛中获小学组第一名，在舟山市中小学生田径运动会中获小学组团体第二名，岱山县蝉联县区生均得分第一名。岱山实验学校小学部男子足球队获舟山市校园足球比赛第二名。岱山实验学校小学部象棋队在市棋类比赛中蝉联象棋团体冠军。岱山县组队参加舟山市首届“市长杯”三大球比赛，获排球冠军、亚军，足球丙组第三名，篮球乙组第五名。

（刘　艺）

文旅体产业

【文旅产业发展】 2022年，县文化和广电旅游体育局根据《浙江省文化和旅游产业稳进提质赛马机制实施办法》中的分析评价体系要求，抓投资、抓消费、抓纾困、优服务。通过促进重大文旅项目投资，发放文旅消费券，文旅企业帮扶纾困、优化提升文旅服务等举措，全力推动稳进提质各项工作在文化和旅游领域落地见效。

【“星辰大海”计划启动】 2022年7月，全县“星辰大海”计划工作推进会召开，正式启动岱山“星辰大海”示范段谋划。县文广旅体局牵头落实专班办公室日常协调统筹工作，梳理打磨重点项目库清单，立足规划对“星辰大海”计划进行策划包装，统领“五条海岛海岸线示范带”规划建设，摸排形成3年行动计划，谋划打造十大地标空间。加强与市里对接，将双峰—竹屿休闲宜居海岸带和南部港湾美丽渔港风情海岸带，串联谋划为岱山美丽渔港示范段，列为舟山市“星辰大海”示范段之一。

【体育设施建设】 2022年，岱山县打造基层“15分钟健身圈”，完成省基层体育场地建设任务，在秀山乡新建体育公园1个，建设完成长涂镇倭井潭社区多功能运动场、岱西镇海丰村百姓健身房与岱东镇沙洋村百姓健身房，在高亭镇塘墩村、岱西镇双合村、秀山乡秀南村、衢山镇万南村等地发放健身路径12套。

【体彩管理】 2022年，岱山县落实基础建设整改工作，淘汰落后实体店，寻找新的增长点，使辖区体彩事业健康发展。至年底，全县共有体彩实体店21家，全年销售体彩4031万元，比上年同期降幅3.2%。其中，乐透型游戏销售1289万元，比上年同期降幅35.9%；竞猜型游戏销售2280万元，比上年同期增长55.8%；即开型游戏销售462万元，比上年同期下降33.1%。

（林　颖）

文化市场

【文化市场经营单位】 2022年，全县有正常营业的文化市场经营单位34家，其中互联网上网服务营业场所（以下简称网吧）7家，歌舞娱乐场所23家，演出场所1家，文艺表演团体3家。是年，网吧注销3家，实际未营业但未办理注销手续4家，新设立1家；歌舞娱乐场所注销1家，暂停营业3家，新设立1家；游艺娱乐场所暂停营业1家。

2022年度岱山县文化市场经营单位统计表

表20　　　　单位：家

地区分布	网吧	歌舞娱乐场所	演出场所	文艺表演团体	合计
合计	7	23	1	3	34
高亭镇	6	15	1		22
东沙镇				3	3
长涂镇		2			2
衢山镇	1	6			7

注：以上数据只统计正常营业的经营单位

【行业发展】 2022年，县文化和广电旅游体育局继续推进“百县千碗•仙岛鲜味”工程，岱山县“谢蟹浓”海鲜餐厅、舟山锦舟宝盛大酒店有限公司获评省级“百县千碗”美食体验（示范）店。是年，引进岱山希尔顿欢朋酒店，开展全县旅行社业务技能比武及酒店业务技能比武。

【“大综合一体化”行政执法改革】 2022年6月，岱山县加快推进“大综合一体化”行政执法改革，整合专业执法队伍，精简整合农业农村、文化市场2支专业执法队伍，形成“1+6+1”执法体系，即1支综合执法队伍，6支专业执法队伍（市场监管、生态环境、交通运输、自然资源、应急管理、卫生健康）和1支海洋综合执法队伍。7月，岱山县文化和广电旅游体育局不再保留岱山县文化市场综合行政执法队牌子，原岱山县文化市场综合行政执法队机构编制事项不再有效。9月，全面上线使用浙江省“大综合一体化”执法监管数字应用工作平台，分为核心业务、集成应用、部门专区、市县专区、执法宝典、改革创新、执法资讯七大板块，其中核心业务板块中集成了协同指挥、行政许可、行政检查、行政处罚、行政监督五大操作系统。

【文旅市场百日攻坚行动】 2022年7月底至11月中旬，全县开展护航党的二十大文化和旅游市场百日攻坚行动，常态化开展“扫黑除恶”，做好文化和旅游领域维稳、反恐、反邪教、禁毒等专项工作，加强对全县互联网上网服务营业场所、娱乐场所、旅游市场、营业性演出活动的执法监管，加强安全生产监督检查，落实疫情常态化防控。其间，共出动检查人员218人次，检查各类文旅经营单位342家次，其中，联合检查15次、错时检查53次、外岛检查8次。

【网吧“创城工作擂台赛”】 2022年5月，全县开展“文明网吧”创建活动暨网吧“创城工作擂台赛”，每月采取线下专题测评和日常线上巡查测评的方式，通过比环境、比秩序、比设施、比服务等“四比”活动，全面提升全县网吧的文明程度。年终，评选出冠、亚、季军网吧6家，冠军为岱山县高亭镇天盛网吧，亚军为岱山县玖逸网吧和岱山县鑫途网络会所，季军为岱山县新视界网吧、岱山县忆家网络会所和岱山县星辉网络会所。

【专项整治行动】 2022年3月中旬起，全县开展中小宾馆主动一次性用品专项整治行动。期间，以2家宾馆主动提供一次性用品为案由，各作出罚款1000元的处罚，为《浙江省生活垃圾分类管理条例》2021年5月实施以来，岱山县首次对宾馆主动提供一次性用品违规行为开出罚单，也是舟山市首例宾馆主动提供一次性用品处罚案件。

（张　陆　张佩迪）

旅游发展

【海岛公园建设】 2022年，县文化和广电旅游体育局制定海岛公园2022年工作要点，高质量打造秀山文化旅游主题岛，滑泥公园先行区、湿地公园一期、全民健身公园完工。加快样板区域建设，打造“上船跳—郊野公园—鹿栏晴沙—海岬公园”一线多业态休闲运动精品线路，优化上船跳业态提升工程和东海郊野公园业态运营，鹿栏晴沙景区引进绳网乐园、慕咖啡等新业态。加快推进磨心谷、双合石壁提升工程、燕窝山客运中心工程等文旅项目建设。是年，全县建设文旅项目25个，完成投资20.66亿元。东沙古渔镇“千岛遗风•海味古韵”海岛古镇非遗匠心之旅获全省非遗主题旅游线路，磨心谷（矿坑公园）入选全省首批文化基因解码成果转化利用示范项目。

【全域旅游提升】 2022年，岱山县全域旅游发展行动工作协调会召开，理清各成员单位工作任务及完成时限，印发《2022年岱山县推动全域旅游发展行动方案》。通过建立县全域旅游推进工作群，按月度报送全域旅游工作推进情况及下一步计划。开展全域旅游复核评估暗访并通报，要求各单位落实整改。

【旅游业“微改造、精提升”行动】2022年，县文化和广电旅游体育局围绕旅游业“微改造、精提升”5年行动要求，加快存量项目改造力度，加大增量项目挖掘力度，聚焦做好旅游“微改造、精提升”的“绣花”功夫，全县旅游业稳步高质量发展，下达《2022年岱山旅游业“微改造、精提升”任务清单》。是年，全县旅游业“微改造、精提升”梳理入库微改造项目共49个，全面覆盖核心吸引物、旅游目的地、旅游接待场所等3大类11个改造场所，解决项目问题数1.8万个，完成投资额2.60亿元。

【全县文旅资源普查】2022年，县文化和广电旅游体育局与浙江大学城乡规划设计研究院有限公司签订政府采购合同，委托该公司开展县文旅资源普查行动。召开岱山县文化和旅游资源普查工作碰头会，研究确定资源单体采集预清单和实地勘探具体安排事宜。完成7个乡镇的文旅资源普查实地勘探，形成四级与五级资源预清单。参加舟山市文化和旅游资源普查工作研讨会，对四级、五级资源预清单进行评审讨论，会后形成四级、五级资源预清单修改稿。

【旅游数据统计与管理】2022年，根据旅游统计调查制度修订精神和省旅游统计改革制度，县文化和广电旅游体育局加强旅游统计业务学习。围绕浙江省旅游统计系统，做好基础数据的填报与审核，提高填报质量。对旅游统计系统中非星级住宿样本单位名录进行更新，建立动态管理机制。坚持分类、分区、分层的抽样原则，做好国内旅游抽样调查，提高统计系统中样本单位的代表性。做好日常统计工作，完成季度旅游经济形势分析报告、节假日旅游数据统计、全域旅游产业测算等工作。全年累计接待游客106.2万人次，比上年下降1.8%；旅游收入16.5亿元，比上年增长12%。

（姚一民）

非物质文化遗产

【非物质文化遗产保护】至2022年底，全县形成四级名录保护体系，有各级非物质文化遗产代表性项目名录116项，其中，国家级非物质文化遗产名录2项、省级12项、市级33项、县级69项。8月，组织开展舟山市“贺郎调”挖掘传承工作，在鱼山新村寻找传承人3人。是年，启动安澜阁非遗馆设计建设工作，由县城投集团、县文广旅体局推进建设任务。“非遗+旅游融合发展案例”获评2021浙江文化和旅游总评榜古镇文旅创新“十佳”实践案例。

【非物质文化遗产传承基地建设】2022年，全县建立各级传承基地、单个非遗项目展示场馆。是年，岱山县高亭小学入选市级非遗传承教学基地，倭井潭硬糕入选省级非遗工坊（创建）名单。推进生产性保护基地建设，岱山县聚泰祥书场入选舟山市非遗曲艺书场试点名单。至年底，全县共有各级非遗传承基地42个，其中，省级传承基地1个、省级传承教学基地1个、非遗旅游景区4个、传统戏剧之乡1个、传统节日保护地1个，重点文化节庆1个；市级传承基地7个、传承教学基地5个，生产性示范基地1个，非遗体验点2个；县级传承基地11个，传承教学基地3个，演示基地1个，非遗体验点3个；单个非遗项目展示场馆6个。是年，东沙古渔镇特色非遗街区实施“微改造、精提升”，投入40余万元，对渔绳结馆、船模馆进行改造提升，发挥各类文化场所在非遗传播中的作用，促进文旅融合。每周二至周日，常态化开放非遗特色店铺、非遗传习所、曲艺书场，开展省内外学生夏令营、研学，旅行社团队定制体验活动。东沙古渔镇“千岛遗风·海味古韵海岛古镇非遗匠心之旅”获浙江省非遗主题旅游线路。挖掘徐福东渡传说项目，11月，磨心谷（矿坑公园）项目入围浙江省首批文化基因解码成果转化利用示范项目。

【非物质文化遗产传承队伍建设】2022年，全县建立各级代表性传承人队伍、各非遗项目的展示队伍。至年底，全县有县级以上代表性传承人 22 人，其中，省级传承人 5 人、市级传承人 9 人、县级传承人 22 人；单个非遗项目展示队伍 30 余支。全年持续开展传统戏剧、曲艺的带薪授艺，开展非遗传习所传统文化公益培训 20 余次，受训 200 余人次。探索非遗传承教学基地建设，推进岱山县“七彩少年”文化工作品牌建设。3 月，组织传承人在高亭中心小学、蓬山小学、上海世外高亭初级中学、敬业小学、长涂小学等进行非遗项目驻教课程，形成人人学非遗，校校有特色的局面。4 月，县文旅部门与县教育部门联手合作举办 2022“七彩少年非遗说”传说故事讲述选拔赛，以优秀民间文学资源创新未成年人思想道德实践。全县有近 70 名学生以线上视频参赛，其中，有 15 名学生入围省赛，20 名学生入围市赛，1 人获二等奖、2 人获优胜奖。

（邬佩志）

文旅体数字化

【省级重大应用贯通】 2022 年，岱山文旅系统共涉及省级重大应用 7 个，其中数字文化系统 6 个，分别为品质文化智达惠享应用、非遗在线应用、浙里文物应用、旅游通应用、文旅防疫在线、数智视听应用；数字社会系统 1 个，为浙里健身应用。品质文化智达惠享应用项下子场景“15 分钟品质文化生活圈”完成县级贯通落地；非遗在线应用浙江省非物质文化遗产保护数据库平台、浙里文物应用省级文物安全智慧监管平台、文旅防疫在线省级文化和旅游疫情防控应用平台贯通并正常使用；旅游通应用完成贯通；浙里健身应用项下场地设施、赛事活动、健身指导、体育组织 4 大子场景应用完成县级贯通落地。

【县图书馆文化客厅项目实施】 2022 年，县图书馆文化客厅项目按“借阅、学习、交流、文创、休闲”等功能要求，对县图书馆进行改造装修。大楼增设电梯及人脸识别认证系统、大数据显示屏、图书盘点机器人等智能化设备设施；搭建网借中心平台，打造在线办证、在线查询、在线下单、快递上门送书便捷服务模式，打通图书借阅“最后一千米”。至年底，网借中心平台上架图书超 11000 册，线上借阅量已超 1500 册，相关场景应用（“岱山县图书馆”）成功上线“浙里办”平台。

【岱山文旅体管理执法数字平台项目建设】 2022 年，岱山文旅体管理执法数字平台完成建设，利用县域内视频监控、数据传输线路等硬件设施，针对网吧、娱乐场所、游泳池、景区景点、文保点等场所点位按需增配安装智能摄像机、POE（以太网供电）交换机、硬盘录像机等硬件设施，进行 AP 广播系统、数据链路、平台可视化应用等配套建设。新建文旅体数字驾驶舱 1 个，新接入视频监控。至年底，网吧场所 7 家、娱乐场所 23 家、景区景点 6 家、健身场所 6 家、酒店宾馆 16 家、文保单位 123 家总体实现线上巡检监督、远程执法督导等数字化、智慧化场景功能。

（史李梦越）

宣传营销

【2022 浙江（四川）旅交会】 2022 年，县文化和广电旅游体育局组织人员参加“游诗画浙江，蜀浙里好玩”浙江（四川）旅游交易会，全面展示仙岛岱山丰富的自然资源、浓郁的海洋文化和全域旅游建设新成果，吸引更多的中西部游客到仙岛岱山休闲度假，加深四川游客对岱山县的了解，推动文旅合作与发展。

【新版文旅宣传片】 2022 年，县文化和广电旅游体育局拍摄岱山文旅宣传片，11 月 25 日上午 10 点，在腾讯视频、“学习强国”学习平台、“诗画浙江文旅资讯”、“浙里好玩”央视频等近 20 个平台同步上线，其中“诗画浙江文旅资讯”平台推荐点赞 1019 次，转发量 2582 次，为该视频号 34 个视频中各项指标最高。

【旅游惠民工程】 2022 年 12 月 1 日起，岱山县响应舟山市“福在舟山”2022 年旅游惠民季活动，至2023年2月底，舟山市民凭身份证可以免费游览岱山景点，在吃、住、行等方面享受优惠。是年，继续加强职工疗休养推介，鼓励旅行社引入团队，出台《岱山县旅行社团队接待绩效奖励政策》，提高旅行社对外营销的积极性。

【"中国旅游日"活动】 2022年，县文化和广电旅游体育局开展"感悟中华文化享受美好旅程"2022年中国旅游日系列活动，通过线上互动游戏、"云游览"等活动形式，激发岱山旅游活力。

（解徐一）

2022年7月29日，全县"喜迎二十大 共富向未来"2022年百姓文化节启动仪式举行（县文化和广电旅游体育局　供图）

节庆活动

【百姓文化节】 2022年7月29日，县文化和广电旅游体育局在体育馆及周边广场举办"喜迎二十大 共富向未来"2022年百姓文化节启动仪式。百姓文化节围绕喜迎二十大、共富共美等主题举办文化活动，开展惠民服务，有群众文化活动、非遗保护传承、文化素质提升三大类别、32项文化活动。

【非物质文化遗产传承活动】 2022年，县文化和广电旅游体育局举办"云上春泥——非遗'岱'你过大年"线上传统文化知识有奖竞猜活动，多彩非遗闹元宵，弘扬传统文化、共迎端午佳节香包制作，中秋特色民俗踩街等节日活动20余场。春节期间，组织传承人在东沙古渔镇开设岱山"三宝"、海产品、蓬莱金桂等地方土特产售卖点10余个，营造疫情防控期间就地过年氛围。6月，举办2022文化和自然遗产日宣传展示活动暨非遗购物集市走进衢山凉峙村、东岙村，让渔村群众惠享非遗保护成果。11月30日，在东沙古渔镇举行千岛遗风——舟山市非遗"三进四季"岱山行活动，全力打造区域性文化活动品牌，推动非遗保护的协同合作与交流发展。是年，组织开展非遗"三进"活动，布袋木偶戏、唱新闻、舟山走书先后赴高亭镇、岱西镇、岱东镇、衢山镇、长涂镇等渔农村文化礼堂和学校展演10余场。

（解徐一　邬佩志）

责任编辑：赵悠燕

综述

【全县医疗基础建设】2022年，县卫生健康局（以下简称县卫健局）大力推进县域医共体建设，全面强化公共卫生安全保障，着力改善计划生育管理服务，顺利完成各项任务。全县有医疗卫生机构112家，其中县级医疗机构3家、县级卫生机构3家、基层医疗卫生机构55家。基层医疗卫生机构中有乡镇卫生院7家、社区卫生服务站4家、村卫生室44家。全县有卫生技术人员1176人，其中执业（助理）医师611人，注册护士582人，每千人执业（助理）医师2.93人，每千人注册护士2.79人。3家县级医院开放床位540张，乡镇卫生院均未设置住院床位，全县每千人床位2.59张。

【全县人口家庭情况】2022年，全县常住人口21.15万人，是年末户籍总人口168043人，已婚育龄妇女21122人；出生人口上报508人，死亡人口上报1686人，全县出生率、人口自然增长率分别为3‰和-6.95‰，一孩率为74.4%、二孩及多孩率为25.6%；全员人口信息覆盖率为99.3%。

疫情防控

【医疗救治防控体系建设】2022年，县卫健局全力做好疫情防控常态化情况下的医疗救治工作，落实全县医疗机构感染预防与控制工作“四项机制”，落实医院“三道门”管理，落实基层医疗机构“十大症状”人员分类管理措施。做好必要医疗物资设备保障工作。强化县一院定点救治医院规范化设置管理，增配64排CT和方舱CT等医用设备，建成400张床位方舱医院（定点医院、亚定点医院），在3家PCR实验室和2台移动方舱实验室的基础上，统筹谋划建设核酸检测基地，全县现有核酸扩增仪51台，日核

2022年4月2日，岱山县卫生健康局采样队驰援嘉兴疫情防控任务后平安凯旋（县卫健局　供图）

酸检测能力为36720单管。

【疫情防控督查指导】 2022年，县卫健局多次组织专业人员对全县医疗机构、国际航行船舶修造企业、公共场所等单位的新冠疫情防控工作进行督查，重点检查企业的防控物资储备、消毒处置等防控措施的落实情况。开展学校托幼机构的公共卫生巡查，督促指导学校托幼机构落实防控措施。在中高考学校中派驻健康指导员，开展健康指导服务。加强大型会议活动的疫情防控指导和医疗卫生保障，共指导和保障活动73起。

【基层疫情防控工作】 2022年，县卫健局扎牢疫情防控基层网底，建立县驻村（社区）疫情防控指导员制度。组建以局党组成员为小组长，各医疗卫生单位为成员的驻村（社区）疫情防控指导团队，实行指导员负责制。共组建驻村（社区）疫情防控指导团队28个、疫情防控指导员71人。开展驻村常态化指导，全年共完成驻村（社区）医疗机构服务885次，指导覆盖率为100%，驻村（社区）服务5913次，联系覆盖率为100%，防控宣传教育6021人次。发挥基层哨点作用，对照《基层医疗卫生机构发热诊室设置运行工作指引》，完善发热诊室内部功能间及设备的设置、配备，7家发热诊室均通过市级验收。

爱国卫生

【爱国卫生工作】 2022年，全县完成安澜城心公园健康主题公园和衢山大道公园健康步道建设项目。5月，顺利通过国家卫生县城暗访；9月，岱东镇通过国家卫生乡镇暗访。大岙一村、南浦村、桥头村、大峧村、司基村、双合村、茶前山村、秀南村、塘岙村、万南村和东岙村被命名为浙江省卫生村；东沙镇、岱西镇被命名为浙江省健康镇，东沙镇桥头村、岱西镇海丰村被命名为浙江省健康村，东沙镇桥头村、岱西镇前岸村被命名为舟山市除四害村。不断完善乡镇基础设施，加强社会卫生管理，提升群众健康水平；加快小城镇环境综合整治，开展爱国卫生月、春季和秋冬季灭鼠、夏季灭蟑灭蚊蝇及灭越冬蚊等活动。

【爱国卫生运动70周年活动】 2022年，全县开展“爱卫礼赞”主题宣传、“清脏治乱”城乡环境专项治理和“六清除害”病媒防治促健康等爱国卫生运动70周年纪念活动。东沙镇成功入选2022年全国爱卫网红打卡点。充分利用公益广告、健康专栏、宣传车、“小喇叭”、电子显示屏、微信等方式广泛宣传爱国卫生知识。

【病媒生物防制】 2022年，岱山县继续引入市场化运作模式开展病媒生物防制工作，采用政府购买服务方式，县、乡镇分别与第三方病媒生物防制公司签订合同，累计投入资金100万元。加强防治结合，开展环境卫生消杀、孳生地清理和灭越冬蚊专项行动，消灭病媒生物孳生地1000处。全年累计投放灭鼠药物近4000千克，其中溴鼠灵颗粒3500千克、蜡块500余千克；投放灭蟑药物800千克，其中灭蟑颗粒剂600千克、药笔200千克。

健康岱山建设

【组织保障建设】 2022年，全县建立健全健康岱山建设成员单位和乡镇分管领导及联络员网络，印发健康岱山建设任务清单和工作要点，组织召开健康岱山建设（行动）工作推进会，建立工作协调、部门联动、督查考核的制度，将健康岱山建设（行动）内容纳入县对部门、乡镇的年度重点工作考核。

【健康素养进渔农村礼堂】 2022年，全县55家渔农村文化礼堂均开展健康素养进渔农村文化礼堂活动计400余次。活动形式包括健康讲座、健康服务、健康活动、急救技能、中医药活动、特色文艺活动，开展健康讲座141场次、健康指导（服务）96场、急救技能培训56次，中医药活动61次，受益总人数17000余人。发挥省、市、县三级健康讲师团的能力，开展包括高血压防治、应急救护、心理健康、食品安全和中医保健等内容的健康讲座。全年岱山县居民健康素养水平为35.2%，比上年增长2.99个百分点。

【“健康细胞”与健康支持性环境建设】 2022年，县卫健局认真落实健康细胞与健康支持性环境创建要求，组织召开全县健康细胞创建工作推进会。是年，新创建健康促进学校铜奖4所、复评健康促进学校银奖1所。截至12月，全县有市级健康单位10家、健康企业1家、健康餐厅5家、健康食堂5家、健康社团1个、健康主题公园1个。全县有市级健康家庭462户，县级健康家庭8141户、健康文明家庭399户。

【控烟禁烟工作】 2022年，全县积极推动公共场所禁烟工作进程，结合全国县级文明城市创建，多形式宣传控烟禁烟工作。根据2022年省级控烟暗访通报结果，公共场所全面禁烟得分94.26，全省排名第六。联合县委宣传部、县市场监管局、县公安局、县综合执法局等部门，对宾馆饭店、商场超市、网吧等公共场所开展控烟禁烟工作监督检查，对落实控烟禁烟工作不力、不到位的公共场所下发整改通知，限期整改落实相关措施。全县各级党政机关均建成无烟机关。

【健康岱山专项行动】 2022年，在健康岱山建设领导小组的基础上，全县建立健康浙江行动工作组，明确各牵头单位工作职责。建立部门联动机制，召开健康岱山工作推进会。是年，向省、市健康处报送绿色环境打造行动（健康城镇建设行动）、道路交通安全综合治理行动、职业健康保护行动、传染病及地方病防控行动、健康保障惠民行动5项示范样板培育计划，完成案例报送与工作督导。职业健康保护行动案例被“健康中国观察网”收录。组织开展首届“健康达人”评选活动，评选出健康达人8人。

【健康促进县建设】 2022年，全县出台《岱山县创建浙江省健康促进县（2022—2023年）实施方案》，成立由县政府主要负责人为组长，各乡镇、相关部门主要负责人为成员的建设工作领导小组，将健康促进县建设写入政府工作报告，纳入政府财政预算。召开健康促进县工作推进会（动员会），理清责任明确任务。出台《岱山县健康影响评估工作实施方案》，成立健康影响评价专家库并印发《岱山县健康影响评价专家库管理办法》，在全县范围内探索开展健康影响评价工作。建立健全健康教育专业网络，重新调整全县健康讲师团成员，讲师团成员增加至70人。

老龄健康

【全县老年人口基本信息与老龄化发展状况】 2022年，受生育率水平下降、家庭少子化、人口外迁等因素影响，全县人口年龄结构更趋老龄化。按户籍人口统计，截至是年末，全县户籍总人口168043人，60周岁以上人口65386人，占人口总数的38.9%，比上年同期增加1766人，增长2.8%。65周岁及以上老年人口48312人，占人口总数的28.8%，比上年同期增加2645人，增长5.8%。统计数据显示，全县老年人口在持续快速增长。老年人口总数由2012年末的42296人增长至2022年末的65386人，老龄化系数由2012年末的22.3%增长至2022年末的38.9%，10年间老年人口净增23090人，年均增长4.5%。

【敬老服务】 2022年，面向全县老龄群众，全县发动各村镇社区，扎实开展敬老系列活动。以留守老人为重点，开展计生特殊家庭互助小组活动、入户服务空巢老人、老年公益健康宣传、端午包粽子、留守老人过集体生日、老年趣味体育等活动。依托老年电视大学，开展“健康有约　乐享银龄”老年健康教育讲座进社区活动、“银龄跨越数字鸿沟”专题培训、养老防诈宣传活动。加强老年友好环境建设，全县有4个社区（村）参与老年友好型社区（村）创建工作，2个社区（村）申报市级示范型老年友好型社区（村），长涂镇倭井潭村荣获全国示范性老年友好型社区称号。

【老年健康服务体系构建】2022年，县卫健局着力构建包括健康教育、预防保健、疾病诊治、康复护理、长期照护、安宁疗护的综合连续的老年健康服务体系。加强老年医学科建设，推动二级以上综合医院规范设置老年医学科。是年，全县2家二级以上综合医院和县中医院设置老年医学科，逐步探索老年医学科的规范化建设，在规范科室名称表述、规范科室设置运行、加强人员配备及培养等方面不断深化。组织开展老年友善医疗卫生机构创建，7家乡镇卫生院均纳入2022年创建范围，组织实地查验、评估、公示和命名，是年，全县有11家医疗机构创建成为老年友善医疗机构。深入推进医养结合服务，基层医疗卫生机构结合历次老年人健康体检，每年对辖区内65岁及以上老年人开展医养结合服务2次，服务内容包括血压测量、末梢血血糖检测、康复指导、护理技能指导，全年全县7家基层医疗卫生机构累计完成服务人数25144人，服务率为63.2%。在岱东镇涂口村建立老年人心理关爱行动试点，开展老年心理健康宣教和心理健康调查与评估工作，全年完成老年心理健康评估402人。

医药卫生体制改革

【人事制度改革】2022年，县卫健局按照院区（县级公立医院）和分院（乡镇卫生院）两种类型，统一设置岗位。其中县级医院设置编制数846人，分院设置编制数372人。相继出台《关于印发岱山县级公立医院报备员额实施方案的通知》《关于同意核定县级公立医院和乡镇卫生院编制数的批复》，实现流转机制与职称评聘的有效结合。是年，从外岛基层医疗卫生机构上调至本岛服务的有4人，从本岛区域调至外岛的有9人，通过医疗集团高级专业技术职务自主评聘共16人。

【薪酬制度改革】2022年，县卫健局制定《集团县级医院（院区）薪酬制度改革实施方案》《集团基层卫生院（分院）薪酬制度改革实施方案》《县级医院奖励性绩效工资分配方法》等薪酬分配制度，县人社和财政部门对整个集团核定薪酬总量。集团内绩效工资和绩效奖金实行总量控制、统筹发放。职工薪酬由集团自行分配，以岗位为基础，以绩效为核心，打破单位、科室、身份限制，收入分配和内部绩效考核、医疗业务发展关联。

医疗事业

【县域医疗卫生能力提升】2022年，全县通过委培与引进，持续补充卫生人才，招录定向委培医学生28人、医务人员22人、基层中医师6人，引进紧缺型人才10人、银龄医师3人、B类和C类卫生领军人才各1人、名医专家工作室3个，分配委培医学类毕业生13人。开展“山海”提升工程，浙医二院12名专家常驻岱山，接诊病人13612人次，开展手术310余台。深化长三角专科联盟，继续加强与上海仁济医院、杭州湾医院的合作。上海金山医院为全县危化中毒病人救治提供绿色通道，上海仁济医院每周有3～5名专家到岱山开展医疗服务。

【优质服务基层行】2022年，全县新增4个村卫生室完成规范化建设，村卫生室规范化率为84%。7家乡镇卫生院均达到国家“优质服务基层行”基本标准能力水平，2家争创国家“优质服务基层行”推荐标准。完善高亭镇大峧山岛、衢山镇马足村等悬水小岛和偏远村庄卫生健康服务机制，建立“4+1”服务模式。做实做深家庭医生签约服务工作。县一院、县中医院每周调派7名专家常驻县第二人民医院（简称县二院）及各乡镇分院，全年累计坐诊指导共748人次。

医教科研

【基层中医师承人员培养】2022年，为充实全县基层卫生人员队伍，改善渔农村地区基层医务人员紧缺和不稳定的现状，全县组织招录基层中医师承培养对象6人。9月初，6名培养对象进入浙江中医药大学参加为期2年的理论学习。

【住院医师规范化培训】2022年，县卫健局推进新模式住院医师规范化培训，加强住院医师规范化培训基地建设。全县25人报名参加新模式住院医师规范化培训并被录取，其中住院医师15人，助理全科医生10人。全年通过住院医师规范化培训结业考核7人，助理全科医生规范化培训结业考核12人。

医政管理

【山海提升工程】2022年，岱山县第一人民医院（以下简称县一院）与浙江大学医学院附属第二医院（以下简称浙大二院）建立“山海”提升医疗合作关系，建成胸痛、卒中、创伤三大医疗救治中心和影像、病理、检验三大医技共享中心，打造四大重点学科（实际为六大，即心内科、骨科、神经内科、甲乳外科、眼科、耳鼻咽喉科），且均已通过2022年省级民生实事项目建设验收标准。在浙大二院专家的帮扶下，县一院引进并开展专科前沿新技术项目3项，推广多学科诊疗MDT16例；医院综合诊疗能力指标病例组合指数（CMI值）达到0.9559。依托浙大二院挂职“副院长”、驻岱专家力量，县一院行政管理和公共卫生能力进一步发展。

【急救体系建设】2022年6月下旬，省市民生实事项目—岱西急救点建成并运行，对接市急救指挥中心，建立舟岱大桥院前医疗急救指挥保障机制，初步建成以县医疗急救站（120调度台）为指挥调度核心，县一院急救点、县二院急救点、岱西急救点为骨干，各医疗单位联动的医疗急救体系，提升急、危、重伤病员的应急救治和突发公共卫生事件的应急医疗救援和水平。至12月底前，完善县急救站管理机制，将120从公安110指挥中心剥离出来，独立运行，推进指挥调度与急救业务规范化。全年120呼入电话11375个，执行院前急救任务3074车次，日均8.4车次。

【实验室生物安全管理】2022年，县卫健局推进“浙医互认”提质扩面，医疗集团各成员单位、岱山县广华骨伤医院均已接入市平台，完成检查检验报告对码上传。全年开展医疗机构检查检验结果互认6888项次，互认调阅132151项次；开展远程医疗会诊524人次；提供“互联网+护理”服务122人次；提供“互联网+共享药房”服务552人次，涉及金额22.80万元。根据“浙里中医”建设要求，启动中医院信息系统接口改造，实现中医处方数据省

2022年10月26日，岱山县中医院与浙江省立同德医院举行协作医院签约揭牌仪式（县卫健局　供图）

平台上传，助力于实现中医“智医”“智药”“智治”“智研”四大功能。

卫生应急

【卫生应急体系预案】2022年，县政府调整突发公共卫生事件领导小组，完善《岱山县突发公共卫生事件应急预案》《岱山县突发急性呼吸道传染病事件应急预案》《岱山县重点传染病疫情应急预案》等应急预案。投入100余万元，购置卫生应急物资，确保应急物资储备充足。

【卫生应急队伍建设】2022年，全县调整县级突发公共卫生事件专家咨询委员会和卫生应急队伍，储备县级卫生应急队伍14队、88人。加强卫生应急人员培训，针对突发公共卫生事件，开展卫生应急处置业务培训6期，参加人员987人次。组织开展突发卫生事件防控应急演练6次，提升卫生应急处置能力。

【疫情监测预警】2022年，全县规范开设发热门诊（诊室）和肠道门诊，健全门诊日志登记，每日开展传染病报告审核，每周进行发热等症状分析，每月组织开展疫情风险评估，实施《舟山市传染病预警建议书制度》，出具预警建议书150余份，指导相关单位落实防控措施，预防和控制突发公共卫生事件发生。是年，全县无重大突发公共卫生事件发生。

卫生监督执法

【双随机监督执法】2022年，县卫健局全面开展辖区内公共场所、生活饮用水、医疗机构、传染病防治等各专业双随机执法工作（双随机指随机抽取检查对象、随机选派执法检查人员）。全年双随机任务数337家，其中国家级任务数127家，监督完成率为100%，监测完成率为100%；省级任务数210家，监督完成率为99.1%，任务总完成率为100%。

【公共场所卫生执法】2022年，县卫健局开展民宿专项执法、旅游旺季及节假日节前保障、游泳场所夏季保健康、沐浴场所整治、住宿场所客房透明保洁等专项行动。是年内，对辖区公共场所实行全覆盖监督检查，全年监督20000余户次，监测150户次。其中，国家“双随机”抽查79家，完成率为100%，合格率为41.8%；省“双随机”抽查56家，完成率为100%，合格率为76.8%。实施行政处罚一般程序案件104件，其中国家“双随机”抽查46件，省“双随机”抽查13件，联合执法4件，投诉举报3件，日常监督1件，共罚款7万余元；简易程序案件4件，其中国家“双随机”抽查2件，日常监督2件。一般程序案件中监测不合格96件，其中无健康证3件、无卫生许可证经营4件。

【生活饮用水执法】2022年，县卫健局开展集中式供水单位每季度监督1次，二次供水单位每半年监督1次。开展集中式供水单位量化分级管理、涉水产品专项行动，做好饮用水卫生水质在线监测、现制现售饮用水单位监督监测、台风前后专项监督监测。全年监督40户次，对集中式供水单位监测采样45份，合格率为100%。其中源水5份，合格率为100%；出厂水10份，合格率为100%；管网水30份，合格为100%。对二次供水监测，采样4份，合格率为100%。对现制现售饮用水监测采样30份，合格率为100%。

【学校卫生执法】2022年，县卫健局对辖区中小学校开展校园卫生健康行动、儿童青少年近视防控、中高考保障行动。春、秋季开学初，对全县17家中小学校开展专项检查，重点检查新冠疫情防控、传染病与常见病防控、饮用水卫生、教室采光照明、一案八制落实情况。中小学校国家“双随机”抽查共5家，合格率为100%，17家学校均已按时完成自查工作。

【医疗、传染病卫生执法】2022年，县卫健局对医疗机构进行全面检查。对医疗卫生方面进行查处，通过医疗美容机构综合监管执法专项行动、口腔诊疗服务多元化监管、大型公立医院依法执业省级飞行检查，立案11起，行政处罚6起（简易2起、一般程序4起），其中较大数额有3起，罚没款为12万元。对传染病防治方面进行查处，通过疫情防控及日常巡查，立案31起，行政处罚28起（简易程序20起、一般程序8起），罚没款为9800元。对消毒产品方面进行监督检测，立案处罚1起。

【职业卫生监督】 2022年，县卫健局加大宣传、普法力度。提高用人单位对职业病防治的认识，深入宣传《中华人民共和国职业病防治法》；组织开展职业卫生宣传周活动，发放职业卫生宣传物品1508份；召开职业卫生工作会议，辖区内105家企业相关负责人和职业卫生管理员参加会议。建立健全政府主导、部门牵头、卫生参与的多部门联合管理和执法模式。加大监管力度，及时发现用人单位职业健康管理工作中存在的问题，严厉打击违法行为，开展双随机执法检查、舟山市新型墙体材料制造行业职业病危害专项整治。对全县158家企业进行职业卫生管理工作监督检查，截至12月底，立案11起，作出行政处罚9起（简易程序6起、一般程序3起），大案要案2起，罚款128000元。

【创城禁烟执法】 2022年，结合全国县级文明城市创建，县卫健局全面推动全县公共场所禁烟工作，向广大人民群众宣传吸烟对人体的各种危害。禁烟执法常态化，开展集中控烟执法25次，与县文广旅体局、县公安局等部门联合执法69次，出动执法人员208人次，对住宿、美容美发、网吧等公共场所及医疗机构，全面开展禁烟工作监督检查。禁烟行政处罚6起，罚款300元。

【规范行政处罚】 2022年，县卫健局开展行政处罚案件立案查处162件，结案案件数162件（一般程序131件、简易程序31件），其中较大数额罚款8件，合计罚没款金额50.90万元，实际履行金额47.90万元。在具体办理处罚案件时，均使用说理式文书，实行行政处罚“一卷一评一登记”制度，有效保证案卷质量，未发生一起被依法撤销、纠正案件，未发生一起行政复议及行政诉讼案件。

【数字化改革进一步推进】 2022年，县卫健局坚持“智治”与“靶向”有机结合，运用数字化改革理念，转型升级传统卫生监督执法模式，探索执法全过程记录，实施启动六大“互联网+监管”工程项目。辖区内7家口腔诊疗机构均接入省“口腔诊疗机构监督在线”，接入率为100%。医疗机构接入省“诊疗行为监督在线”，公立医疗机构接入13家，接入率为81.3%；社会办医疗机构接入13家，接入率为52%；村卫生室接入39家，接入率为53.4%。住宿场所透明保洁智慧监管系统，接入A级宾馆2家，接入率为100%；政府定点接待宾馆7家，接入4家，接入率为57.1%；营业面积大于且包含1万平方米的宾馆6家（岱山日达麦斯汀大酒店、岱山丽都国际大酒店、舟山锦舟宝盛大酒店、岱山开元名庭大酒店、蓝天宾馆、舟山申东大酒店），接入5家，接入率为83.3%。集中消毒餐饮具企业智能监管系统接入1家，接入率为100%。申报职业病危害的用人单位通过省“职业健康在线”自查103家，自查率为92.8%。医疗废物智慧监管系统、医疗废物智能AI预警接入5家。

【规范投诉举报】 2022年，县卫健局共受理投诉举报案件9起，其中医疗机构2起，公共场所7起，查处率为100%，办结率为100%。其中有1件投诉举报案件进行立案处罚，罚款13000元。风险预警20起，处置20起，处置率为100%。确保有诉必理，有理必查，有查必果。

渔农村卫生

【基层医疗卫生服务能力提升】 2022年，全县持续推进村卫生室标准化建设引领提升工程，完成高亭镇大峧村卫生室（5星级）、高亭镇浪激咀社区卫生服务站（4星级）、衢山镇东岙村卫生室（4星级）、衢山镇马足村卫生室（3星级）规范化建设，新建衢山镇高涂村卫生室，规范化率为84.1%。深入开展“优质服务基层行”工作，高亭镇社区卫生服务中心达到推荐标准，岱西镇卫生院达到基本标准，岱东镇、秀山乡2家卫生院通过“回头看”基本标准检查。全面推行“有温度的夜间诊疗服务”，村卫生室开通夜间诊疗服务电话，配备急救共享药箱，缓解基层群众特别是离岛群众在夜间看病难的困难。深入实施“基层卫生人才能力提升项目”，选派2名基层医疗骨干到医共体牵头医院，开展新冠疫情防控的应对能力培训，提高基层卫生人员的诊疗能力及实操能力。

【家庭医生签约服务】 2022年，县卫健局开展老年人、慢病人员等重点人群的精准签约和功能签约服务，扩大家庭医生签约服务覆盖面。至12月底，家庭医生规范签约服务覆盖率为40.9%，十类重点人群签约率为86.4%，其中65岁以上老年人签约服务率为82.8%、高血压签约服务率为87.9%、糖尿病签约服务率为94.5%。符合救助政策的残疾人、低保及低保边缘老年人、计划生育特殊家庭等特殊人群签约服务覆盖率为100%。

【基本公共卫生服务项目】 2022年，县卫健局探索建立对医疗健康集团、集团对各分院的基本公共卫生服务项目绩效考核制度，明确医疗健康集团对分院开展一年4次的项目绩效考核，年度考核涵盖辖区所有分院和所有项目，结果与绩效工资挂钩；县卫健局联合县财政局每年开展2次实地抽查复核。是年，全县累计建立居民电子健康档案163245份，建档率为78.5%，规范化电子档案覆盖率为71.4%，开放率为70.7%，动态使用率为70%。65岁以上老年人规范化健康管理24299人，规范化健康管理率为61%。全县接受管理高血压患者20265人，规范管理数14244人，规范管理率为70.3%，血压控制率为72.7%。接受管理的糖尿病患者6300人，规范管理数4389人，规范管理率为69.7%，血糖控制率为67.6%。

【母婴健康促进工程】 2022年，全县推进3岁以下婴幼儿照护服务。新增托育服务位（以下简称托位）180个，普惠托位140个，每千人托位数为3.5个。成立县级婴幼儿养育照护实训基地，开展县婴幼儿家庭照护小组活动20场。组织开展托育机构卫生保健岗位培训，完成备案机构10家。

疾病预防控制

【传染病疫情管理】 2022年，全县无甲类传染病报告，共报告乙、丙类传染病2087例，报告发病率为1011.89/10万，较上年（310.60/10万）上升225.8%。其中乙类报告418例，发病率为202.67/10万，较上年（128.38/10万）上升57.9%。丙类报告1669例，发病率为809.22/10万，较上年（182.23/10万）上升344.1%。乙类传染病发病前三位依次为病毒性肝炎、梅毒、肺结核。全县传染病诊疗机构12家，诊疗机构网络正常运行率、及时报告率、及时审核率、有效证件号完整率均为100%，综合率为100%。

【疾病监测项目】 2022年，全县纳入省、市疾病监测项目的有13个，其中，国家级疾病监测项目4个，省级疾病监测项目8个，市级疾病监测项目1个。分别是全国死因监测报告、肿瘤随访登记、心脑疾病报告、居民健康素养监测和省级农村生活饮用水水质监测、农村环境卫生监测、疑似食源性异常病例/异常疾病监测、食源性疾病主动监测、布鲁氏病监测、发热伴血小板减少综合征、碘缺乏病监测、疟疾媒介监测、市级细菌性痢疾监测等项目。

【结核病防治】 2022年，全县共登记报告活动性肺结核病人46例，查痰46例，查痰率为100%；检出涂阳病人20例，菌阴26例，结核性胸膜0例。筛查密切接触者65人，均为阴性。46例活动性肺结核病人全部进入系统管理。对非网络直报的疑似病人进行追踪，对确诊的传染性肺结核进行及时收治，登记后的肺结核病人详细录入治疗期间信息，对转归后的病人及时进行结案。

【艾滋病防治】2022年，全县现存活HIV/AIDS患者87例，新报告HIV/AIDS患者13例，较上年同期减少1例，感染途径均为性传播。其中抗病毒治疗85人，治疗率为96.6%，病毒抑制率为91.9%。开展各类检测56524次。开展艾滋病自愿咨询检测工作，全年咨询227人次，接受HIV检测227人次，其中HIV初筛阳性1例，确诊病例1例。加强艾滋病宣传教育和预防干预工作，开展关爱老年人艾滋病宣传活动、"世界艾滋病日"系列宣教活动。

【新型布尼亚病毒感染病例防控】2022年，县卫健局加强联防联控，购置消杀药物78箱分发给乡镇社区，开展消杀培训指导，督促乡镇社区及早落实防控措施。全年报告新布尼亚病毒感染确诊病例6例，发病率为2.88/10万，较上年增加2例，发病呈散发状态，保持在较低水平，防控取得初步成效。

【霍乱防治监测】2022年，全县肠道门诊腹泻病人监测登记1164人次，采样检验1164人份，采样率为100%，全部标本经细菌学培养后，检验结果显示均为阴性；对外环境水源、食物（以海产品为主）、粪便等进行监测，共采集各类样品260份，经霍乱弧菌培养后，检验结果显示均为阴性。全县无霍乱病例报告。

【免疫规划】2022年，全县免疫规划疫苗22剂次单苗接种率均在99%以上。其中，卡介苗累积接种515人，接种率为100%；脊灰疫苗累积接种2556人次，接种率为99.6%；百白破疫苗累积接种2336人，接种率为99.7%；麻疹疫苗累积接种1332人，接种率为99.7%；乙肝疫苗累积接种1683人，接种率为99.8%，乙肝首针及时率为100%；甲肝疫苗接种695人，接种率为100%；乙脑疫苗累积接种1427人，接种率为99.6%；流脑疫苗累积接种3213人，接种率为99.6%；白破疫苗累积接种1083人，接种率为99.8%。

【慢性病死因监测及慢性病管理】2022年，全县报告户籍居民死亡1786例，报告年死亡率为10.54‰。其中，报告新发糖尿病487例，年发病率为287.51/10万；新发冠心病急性事件65例，年发病率为38.37/10万；新发脑卒中480例，年发病率为283.38/10万；新发恶性肿瘤1230例，年发病率为726.16/10万。全县累计发现高血压、糖尿病患者分别为29616人和8266人，发现率分别为14.2%和4%；高血压、糖尿病患者规范管理率分别为70.3%和69.7%；血压、血糖控制率分别为72.7%和67.6%。

【食品安全风险监测】2022年，全年食品安全风险监测共采样240份，达到1.15件/千人口，其中本地样品数188份，占78.3%。在食品中开展化学污染物和有害因素监测150批次，检出率为7.3%。其中，即食海蜇和面制品中的含铝食品添加剂监测20份，检出率为20%；海蟹和大叶菜中的镉监测20份，检出率为15%；豆制品中的苯甲酸和山梨酸监测20份，检出率为15%；海石花中的铬监测10份，本地水果中的硒监测10份，海虾中的二氧化硫监测10份，油炸食品及腌菜等食品中的亚硝酸盐监测30份，结果均合格。食品微生物及其致病因子监测样品90份，检出率为0，其中检测冷冻饮品、调味品、纯净水30份，豆制品和糕点各30份。

【精神卫生和社会心理健康服务】2022年，县卫健局加大严重精神障碍患者的排查力度，及时确诊疑似患者，纳入健康管理，严重精神障碍患者检出率为4.7‰。加强患者医疗救治，实施门诊救助613人次，救助金额88.37万元。规范开展严重精神障碍患者社区随访管理，患者管理率为96.6%，规范管理率为96%，面访率为93.3%，规律服药率为79.2%。县级成立社会心理健康服务指导中心，乡镇、社区成立心理服务站和心理服务室，建立重点人群信息数据库，依托县心理协会，开展心理健康咨询服务，做好重点人群心理疏导、心理干预等工作。

妇幼保健

【母婴健康安全】2022年，全县孕产妇死亡率继续保持为0，全县新生儿死亡率、婴儿死亡率、5岁以下儿童死亡率均为2.2‰，主要生命指标保持较低水平。7岁以下儿童保健覆盖率为99.6%，3岁以下儿童系统管理率为98%，3岁以下儿童发育筛查率为92.2%，孕产妇保健覆盖率为100%，早孕建卡率为96%，孕产妇系统管理率为94.3%，产后访视率为98.5%。加强妊娠风险评估，对首次就诊建档的孕产妇落实妊娠风险筛查与“五色”分级评估，按照风险严重程度明确分级标识，对分级标识为“橙色”及以上的纳入高危孕产妇专案管理，县级高危筛查率为100%。

【预防艾滋病、梅毒、乙肝母婴传播】2022年，县卫健局继续推进艾滋病、梅毒、乙肝母婴传播消除项目。做好艾滋病、梅毒、乙肝阳性母亲所生婴儿的追踪和随访工作，随访率为100%，是年，乙肝母婴阻断率为100%。

【“两癌”筛查项目】2022年，县卫健局做好城乡适龄妇女“两癌”筛查工作，合理安排“两癌”筛查进度。全年完成宫颈癌检查3200人、乳腺癌筛查3226人，检出乳腺癌3例、宫颈癌高级别病变15人。对阳性人群进行跟踪随访，督促病人到相应医疗机构进行进一步的检查治疗。是年，全县有236名农村妇女服用叶酸。

【优生两免项目】2022年，县卫健局积极实施国家免费优生项目，为群众免费提供婚前保健、孕前优生健康检查服务。全县完成男婚检人数238例、女婚检人数228例，婚检率为81.8%。孕前优生健康检查444人，目标人群覆盖率为85.1%。病残儿父母再生育二孩的优生指导和服务率为100%。是年开展的艾滋病检测实验室室间质量评价和梅毒血清学检测室间质量评价获全优。在“国家免费婚前医学检查和免费孕前优生健康检查”项目实验室质量评价中成绩获全优。

【产前筛查和新生儿疾病筛查】2022年，全县共出生活产婴儿350人，采集标本350例，采血率为100%。新生儿听力筛查率为100%，产前筛查率为93.5%。

医保服务

【医疗保险】2022年，全县职工基本医疗保险征缴收入30981万元，待遇支出22900万元；城乡居民基本医疗保险征缴收入18036万元，待遇支出18513万元。全县参加职工基本医疗保险67183人，比上年增加2615人。参加城乡居民基本医疗保险102765人，比上年减少2751人。全县户籍人口基本医保参保率为99.5%。自《浙江省医疗保障条例》实行起，全县全面放开灵活就业人员职工医保参保户籍限制，积极推动新型就业形态从业人员参保缴费。

【生育保险】2022年，全县生育保险参保单位2528家，参保人员31985人，比去年增加1160人。生育保险待遇支出522万元，比上年增长2.2%。7月1日起，灵活就业人员纳入生育保险，至12月底，参保8639人。

【长期护理保险】2022年，县卫健局通过政保合作模式，开展长期护理保险试点工作，参保对象为参加城乡居民基本医疗保险人员。是年，全县长期护理保险参保102765人，筹集长期护理保险基金935.31万元。全年有714人享受长期护理保险待遇，基金支出313.14万元（其中家属亲情护理支出223.61万元，居家上门护理支出82.13万元，机构护理支出7.40万元）。护理区域覆盖全县7个乡镇。1月起，新增1家机构护理单位开展上门项目护理，为重度失能人员提供24小时长期护理保险机构护理服务，实现长期护理保险三项护理方式全覆盖。

【医疗救助】2022年，全县对特困供养人员、低保家庭、低保边缘家庭及患重特大疾病困难人员实施贫困医疗救助7.46万人次，发放救助金855.16万元，其中补助参保（含医疗救助对象、二级及以上残疾人）4234人，发放285.81万元。城乡医保门诊救助64948人次，发放323.24万元；住院救助990人次,发放199万元。职工医保门诊救助8517人次，发放35.56万元；住院救助144人次，发放11.55万元。对精神病人实施免费服药医疗救助4578人次，发放88.37万元。进一步梳理高额医疗费用，化解2021年度3名贫困家庭5万元以上的医疗费用，发放医疗救助资金2.10万元。

【商业补充医疗保险投保】2022年，全县持续推进“舟惠保”商业补充医疗保险参保工作，人均缴费标准为每人每年100元，报销比例不低于50%，连续投保人员最高可获180万元的赔付保障。是年，全县共参保4.62万人，参保率为27.4%，赔付416.67万元，赔付率为90.3%。

【药品和医疗服务价格管理】2022年，县卫健局贯彻落实国家第二至七批次药品集中采购，开展省药品集采工作，各批次药品总量执行率均达到目标要求。严格执行药械采购预付金制度，国家和省药品、耗材集采按时回款率全省领先。探索开展分类管理、动态调整、多方参与的价格形成机制。9月，按照现行省级公立医院价格标准调整2439项，上调价格低于该标准的1080项，下调高于该标准的1359项，部分手术类和复杂的医疗服务项目按三甲的100%、三乙的90%、二级及以下的80%分级收费，与省级公立医院相同价格标准的医疗服务项目保持不变。实施范围为舟山市市级公立医院、各县（市、区）县级公立医院（含部队医院，不含基层医疗卫生机构），民营医院参照相应等级公立医院实施。做好新冠核酸检测项目价格调整工作。

（何存弘　陈姝妍　吴水军　计　瑛　孙珊瑚　鲁鹏程　王德伟　高乐明）

责任编辑：赵悠燕

人力资源和社会保障

Human Resources and Social Safeguand

2022年，岱山县人力资源和社会保障局（简称县人力社保局）紧紧围绕“稳、进、提、质”，努力推进就业创业、社会保障、人事人才、劳动关系、数字化改革等方面工作。

就业创业

【助企纾困政策】 2022年，县人力社保局梳理形成《人社系统稳就业政策汇编》，全面落实社会保险“降、缓、返、补、扩”政策，全年共兑付失业保险稳岗返还补贴1083.91万元、一次性留工培训补助1200.40万元、一次性扩岗位补助60.45万元，缓缴养老、工伤等社会保险费717.37万元。

【重点人群就业帮扶】 2022年，县人力社保局开展“重点群体就业能力提升三年行动计划”，组织富余劳动力专场招聘会3场，开发公益性岗位32个，发放社保补贴679.10万元、岗位补贴811.30万元，兜底保障低收入农户的就业增收。是年，共帮扶失业人员1696人，实现就业1571人，帮扶就业率92.6%。做好毕业生离校前后服务衔接，共对265名离校未就业高校毕业生进行实名制登记帮扶，实现就业243人，帮扶就业率为91.7%。

【公共就业服务】 2022年，县人力社保局通过线下常规招聘和线上直播带岗，实现疫情防控期间“就业服务不打烊、求职招聘不停歇”。全年累计举办各类招聘会18场，发布各类岗位信息4400余个，达成就业意向431人。实施高质量就业订单培训机制，开设“鼎盛石化”订单班，累计开展高质量订单培训561人。

社会保障

【基本养老保险】 2022年，全县户籍人口基本养老保险参保人数14.7万人，参保率为95.5%，社会保障水平持续提升。5月13日，企业职工基本养老保险顺利切换至全国统筹信息系统。维护被征地农民的合法权益，发放被征地农民社保缴费补助262人、130.28万元。

【退休人员待遇调整】 2022年，县人力社保局完成企业退休人员、机关事业退休人员的待遇调整工作，惠及全县4.96万名退休人员，其中企业职工养老保险人均月增资113.42元，比上年增长4.2%；机关事业养老保险人月均增资222.77元，比上年增长3.1%。完成城乡居民基本养老保险基础养老金标准调整工作，由每人每月225元调整至265元，增加40元，比上年增长18%。享受待遇调整人员26146人，共计627.50万元。

【企业职工养老保险】 2022年5月，企业养老保险全国统筹系统上线。全年全县参加企业职工养老保险102081人（其中在职人员55861人、退休人员46220人），比上年增加1693人。是年，企业职工养老保险基金收入239378

万元，基金支出252405万元，累计结余485万元。跨省转出364人，省内转出170人。跨省转入152人，省内转入7人，退役军人转入39人。上调企业退休人员养老金，月人均2804元。

【城乡居民养老保险】 2022年，全县参加城乡居民养老保险40346人（其中缴费人员13941人，享受待遇人员26405人）。是年，城乡居民养老保险基金收入11844万元，基金支出10597万元，累计结余13709万元。从2022年7月1日起，城乡居民基本养老保险基础养老金每人每月265元。

【机关事业单位养老保险】 2022年，全县机关事业单位养老保险参保人员9185人（其中在职人员5957人、退休人员3228人）。是年，机关事业养老保险基金收入31564万元，基金支出28709万元，基金累计结余8698万元。

【工伤保险】 2022年，县人力社保局坚持以风险防范为主，全面推进客观、公正、透明的工伤认定工作。是年，全县工伤保险参保单位3044家，参保人员56715人，比上年增加2653人。全年通过工伤案件认定557件。是年，全县工伤保险基金收入2479万元，基金支出1961万元，基金累计结余1105万元。

人才队伍建设

【人才引进】 2022年，根据石化新材料、海洋装备智造等产业需求，通过"引才云"平台，不定期开展"无接触"校园网络招聘，举行"舟创未来"高校毕业生系列校招活动20场，搭建高校引才工作站2个，提高"留岱回岱"大学生就业补贴（提高补贴发放标准），兑付高校毕业生就业补贴196万元。是年，共引进高校毕业生2559人，其中35周岁以下1863人。党组成员、副局长何燕获评浙江省人力资源和社会保障系统先进工作者。

【人才服务】 2022年，县人力社保局以人才政策文件为引领，为人才在住房保障、医疗保健、休闲生活等领域提供服务。全年受理人才认定244起；购房补贴38起，涉及金额335.75万元；安家奖励7起，涉及金额6.15万元；引才奖励10人，涉及金额7000

2022年8月3日，岱山县召开舟创未来·岱籍学子游岱山人才专项座谈会（县人力社保局　供图）

元；租房补贴8起，涉及金额2.98万元。

【人事档案信息化管理】 2022年，岱山县人才市场管理中心管理高校毕业生档案8800余份。2022年应届高校毕业生到档500人，就业率为95%。办理流动人员人事档案转出92人，流动人员人事档案转入23人，开具各类证明41人，办理就业协议签章189人，为相关单位提供档案查借阅服务17人，开具各类证明39人。

【实施“浙派工匠”项目】 2022年，针对不同群体就业需求和企业用工需求，县人力社保局以精准培训为突破口，分类开展“菜单式”培训80期，“企业定制”的“项目制”培训6期，“校企合作”的“2+1”订单培训4期。举办首届乡村振兴职业技能大赛，选拔出农村实用型技能人才1201人。是年，开展职业技能培训9450人次，培育技能人才2916人，其中高技能人才1260人。

【专业技术资格】 2022年，全县有540人获得相应专业技术资格或执业资格。至12月，累计培养专业技术人才6299人，其中高级697人、中级2559人、初级3043人。其中事业人员3273人、企业人员3026人。

【博士后工作站】 为进一步发挥博士后工作站在高层次人才培养引进和推动创业创新中的重要作用，舟山市恒泰漆业有限责任公司博士后工作站于2021年12月设立，2022年1月完成授牌。至12月底，全县累计新建博士后工作站2家，引进博士后研究人员2名。

【高技能人才评定】 2022年，县人力社保局实施“金蓝领”职业技能提升行动，推进技能人才多元化评价方式改革，全年新增高技能人才1260人。加大高技能人才引育，新培育浙江工匠4人、浙江青年工匠7人。全县累计培育浙江工匠7人、浙江青年工匠16人。

【职业技能大比武】 2022年，县人力社保局实施职业技能竞赛锤炼行动，出台《关于组织开展2022年度岱山县职业技能大比武活动的通知》《关于举办2022年岱山县乡村振兴职业技能大赛的通知》。开展砌筑工、电工、汽车维修工等竞赛项目10个，1000余人参与岗位练兵技能比武，有459人通过竞赛获得技能等级证书。

事业单位人事管理

【事业单位人员管理】 2022年，县人力社保局通过采用同步布置、分批审批的办法，9月，完成首批事业人员职员等级晋升12人。至12月底，完成第二批128名事业人员职员等级晋升对象的测评考察工作。是年，发布事业单位招聘公告17次，推出岗位173个，招录事业编制工作人员106人。

【事业单位招考录用】 2022年，县人力社保局发布事业单位公开招聘公告17次，推出岗位173个，全年录用事业单位工作人员106人。其中公开招聘25人，紧缺人才引进20人，面向大学生退役士兵招聘2人；教育系统招聘教师11人，定向委培20人；卫生系统公开招聘医护人员15人，定向委培13人。

【事业单位调动】 2022年，县人力社保局严格执行人事调配规定，除机构改革人员划转和教育、卫生系统内部调动外，全年办理事业单位工作人员调动33人，其中调往县外17人、县外调入1人、县内调动15人。

【事业单位岗位管理】 2022年，县人力社保局根据中共中央办公厅、国务院办公厅《县以下事业单位建立管理岗位职员等级晋升制度的意见》，拟定全县实施方案和操作口径，首次实施事业单位管理人员职员等级晋升制度。9月、12月，分两批晋升七级职员3人、八级职员121人。

【事业单位数字化改革】 2022年，县人力社保局利用省人事工资管理平台，实现全县事业单位人事和工资业务全程网上办理，并与“一件事”业务联动，全年办理平台人事和工资业务累计3408件。

工资福利

【工资正常晋升】2022年1月起，县人力社保局对全县符合条件的271名公务员晋升工资级别，1457名公务员晋升级别工资档次；事业单位3219名工作人员晋升一级薪级工资。

【奖金和津补贴】从2022年起，全县改革全县公务员绩效奖金，县人力社保局按市核定的年人均绩效奖金90323元，制定基础性绩效奖（占67%）和年度考核奖（占33%）标准，公务员绩效奖金发放更趋规范。继续落实义务教育教师平均工资不低于当地公务员平均工资水平，按人均3500元补发中小学教师绩效奖金。核定法院、检察院员额内法官、检察官及司法辅助人员绩效奖金总额144万元和108.20万元。

【退休和工龄认定】2022年，县人力社保局审批办理全县机关、事业单位干部职工退休81人，其中，机关单位退休33人、事业单位退休48人。认定机关事业单位工作人员连续工龄42人次。

和谐劳动

【劳动保障监察】2022年，劳动保障监察案件结案率为100%，仲裁结案率为98.4%，调解成功率为91%。开展春节欠薪隐患大排查、“冬病夏治”根治欠薪行动、除险保安百日攻坚根治欠薪专项行动等，累计排查各类项目工地、用人单位127家次，发现欠薪隐患15条，全部限期整改完毕。依托“云上仲裁”“两庭一室”，实现调解仲裁全流程在线办，保障疫情防控和纠纷化解两不误，劳动仲裁网络办案率为42.4%。县人力社保局劳动关系科获评浙江省人力资源和社会保障系统先进集体，劳动关系科科长刘杰获评岱山县劳动模范。

【服务鱼山重点项目】2022年6月起，全县在鱼山岛开展社会治理集中整治双月攻坚行动，构建起“1专班、7小组”的工作体系，建立“日碰头、周会商”的工作机制，通过开展工程纠纷排查化解、劳资纠纷整治、信访投诉整治、岛内农民工维权，成功化解信访积案747件，化解率为95%。创新开辟维权诉讼快速执行通道，实现法官和法律援助律师现场办公，简化受理流程，缩短办案周期，快速处理涉薪案件。

【和谐劳动关系创建】2022年，县人力社保局引导用人单位和劳动者依法订立和管理电子劳动合同，实现县属国有企业全覆盖。是年，对全县171家企业开展劳动用工合规体检，新培育劳动关系协调员317人、市级劳动关系和谐企业（园区）2家、市级劳动关系协调组织2家，法治营商环境优化。

（周　立　夏存波　汤铁英　蒋　叶　孙静芳　王诗焙　刘　杰）

责任编辑：赵悠燕

人口家庭

【人口出生监测】 2022年，据全县公安人口年报和计划生育年报显示，全县总户数为75261户，户籍总人口168043人，年增长率为-1.57%。全县计生统计出生上报509人，死亡1686人，人口自然负增长1178人，全县出生率为3‰，死亡率为9.95‰，人口自然增长率为-6.95‰。出生人口中，男孩287人，女孩222人。是年，全县家庭在二孩及多孩生育比例上较低，二孩及多孩率为25.59%，同比上年下降1.18个百分点。

【3岁以下婴幼儿照护服务】 2022年，岱山县常住人口21.15万人，新增托育服务位（以下简称托位）180个，普惠托位140个，每千人口拥有3岁以下婴幼儿托位数3.5个。乡镇托育机构覆盖率为85.7%。3岁以下儿童健康管理率为98.1%，0～3岁儿童发育监测与筛查率为92.2%。3岁以下婴幼儿家长科学育儿知识普及率为99.8%。

【生育支持政策体系】 2022年，县卫健局深入贯彻实施中央《决定》和“一法一条例”，广泛开展三孩生育政策宣传，发放全面三孩政策解读读本350余册，与县融媒体中心签订宣传协作，在收视率较高电视频道滚动播放宣传标语，“看岱山”App、“仙岛岱山”微信公众号开展生育友好型社会建设作品征集和有奖知识竞赛等活动，鼓励家庭按政策生育。制定出台《岱山县支持人口长期均衡发展的实施办法》，涵盖生育假期、优生优育服务、生育基础支持、家庭发展支持等政策措施。对于人口计生方面的相关制约措施，县级清理废止相关行政规定9件，修改1件。依法依规妥善处理历史遗留问题，肃清影响人口长期均衡发展法律体系，全县实现人口与经济社会可持续发展。

【数字化改革】 2022年，县卫健局加快推进全县人口计生领域的“数字化”改革，提升数字赋能，通过“浙里办”App、民政“婚、育、户”联办等渠道开展生育登记。是年，共申请生育登记办理650例，其中通过“浙里办”App线上办理407例，“婚、育、户”联办办理191例，达到生育登记总数的90%。列入国家、省级母婴设施创建监测点的10家母婴室（县妇幼计生服务中心母婴室、县长涂客运中心母婴室、县体育馆母婴室、华润万家母婴室、县一院母婴室、县行政中心母婴室、县中医院母婴室、竹屿码头母婴室、东沙古渔镇母婴室、秀山兰山客运码头母婴室）的设施配置情况、地理信息均可通过App实时查询，依托“浙里办”查询实现实时导航功能，满足城乡居民的使用需求。

【母婴设施建设】 2022年，全县

公共场所母婴室达标率为100%。在建成的22家“三星”标准化母婴室建设的基础上，对硬件配置高、使用频率高、管理运作规范化的县妇幼计生服务中心母婴室、县长涂客运中心母婴室、竹屿码头母婴室、东沙古渔镇母婴室、秀山兰山客运码头母婴室进行升级改造，达到“四星”母婴室标准，并通过市级实地验收，获市级奖励补助资金1.50万元。

【计生家庭奖励扶助制度】2022年，全县对全面两孩生育政策调整前的独生子女家庭和农村计划生育双女家庭，继续实行现行各项奖励扶助制度和优惠政策，并将农村双女户家庭纳入计生奖扶对象。经审核，确认农村双女户对象3237人，应发金额310.75万元；城镇双女户对象100人，应发金额9.60万元，共计320.35万元。纠正原奖扶对象资格确认中部分计生家庭因程序性违法而丧失奖扶资格的55人，应发金额6.14万元。是年，核实确定各类奖扶对象10624人，共发放计生奖特扶资金1518.55元。

【婚姻工作】2022年，县民政局积极探索创新工作，深化婚姻家庭辅导工作，全年辅导403件，其中深入家庭辅导6次，缓解家庭纠纷3起。创新颁证仪式，举行集体颁证仪式，为基层一线抗疫青年夫妻等特殊群体颁证；召开家风分享会。拓展婚姻登记场所建设，完成婚姻登记机关AAA级建设，新增岱西双合石壁户外颁证基地。

社会救助和社会福利

【概况】2022年，全县民政各项事业发展取得较好的成绩。全年累计支出各类民生保障资金6489.21万元，支出民政事业建设各类项目资金3855.10万元。全年，县行政服务中心民政窗口办理结婚登记590对、离婚登记213对，办理涉外无婚姻登记记录证明0份，补发婚姻登记1145对，提供婚姻档案查询服务731件；依法办理婴幼儿收养手续3件；办理老年证4048张；办理编制、变更、撤销、设置路门牌528件；办理社会团体成立、变更、注销36件，提供上门服务11次、服务436名办事人，延时、预约服务5次、咨询服务615人次。

【城乡居民最低生活保障】2022年11月1日起，岱山县城乡居民最低生活保障标准提高至每人每月1035元。至年末，全县在册低保对象1643户、1932人，低边对象143户、252人。全年发放低保救助金2208.62万元，低保边缘救助金92.88万元。

【支出型贫困家庭救助】2022年，岱山县民政局（简称县民政局）、岱山县教育局、岱山县残疾人联合会、岱山县慈善总会联合出台《关于进一步做好支出型贫困家庭救助工作的通知》，实施支出型贫困家庭救助机制。经摸底排查，至年末，对符合条件的81户、115人开展救助。

【困难群众医疗救助和临时救助】2022年，县民政局稳固全县全面小康建设，使贫困群体在乡村振兴过程中走共同富裕之路，对特困供养人员、低保家庭、低保边缘家庭、患重特大疾病困难人员开展救助，慰问敬老助老人员、困难户，涉及家庭3078户，支出资金306.34万元；救助大病和遭灾贫困家庭2624户，支出资金241.11万元。为全县2184名低保低边对象投保医疗补充保险。开展困难群众临时救助，全面实施临时救助分级审批制度，全年共救助12户12人、4.68万元。

【社会救助专项核查】2022年，县民政局利用社会救助联席会议制度，强化动态管理，借力系统平台，建立一户一档，开展低保领域专项整治、低收入家庭核定、收入核对购买服务试点工作。全年累计核对1781户、2178人，核出异常143户。

【特困人员供养与孤儿和困境儿童生活保障】2022年，全县特困人员（农村“五保”对象和城镇“三无”人员）年供养标准为人均16787元。至年末，全县有特困对象115人，其中农村“五保”对象104人，城镇“三无”人员11人，全年发放生活补助金 199.51 万元。落实全县孤儿基本生活保障最低养育标准自然增长机制，全县孤困儿童养育标准提高至社会散居孤儿每人每月 1362 元、低保低边家庭困境儿童每人每月 681 元和 273 元，比上年增长 12%。至年末，全县有困境儿童 133 人，发放孤儿和困境儿童基本生活费 146.57 万元。

【水库移民解困工作】 2022 年，县民政局实施水库移民项目建设机制，加强项目督导，及时跟进项目实施进度，全年有 20 个水库移民项目，投入资金 205 万元。至年末，所有项目全部完成，2 万余名群众受益。

【“邮善邮乐”慈善超市继续推进】 2022 年，县民政局继续联合县邮政开展邮善邮乐慈善超市建设工作，累计服务衢山镇、长涂镇低保户 2 次，享受各级财政补助资金 3.39 万元。

【孤儿和困境儿童生活保障】 2022 年，县民政局落实全县孤儿基本生活保障最低养育标准自然增长机制，全县孤困儿童养育标准提高至社会散居孤儿每人每月 1568 元，低保低边家庭困境儿童每人每月分别为 784 元和 314 元，比上年增长 15%。至年末，全县有困境儿童 129 人，发放孤儿和困境儿童基本生活费 113.51 万元。

【养老服务事业建设】 2022 年，县民政局在桥头海阳养老院智慧平台的基础上，建成全县首家智慧养老院，实现机构内老人全天候 24 小时智慧化监护管理。完成乡镇级居家养老服务中心智能无感终端配备全覆盖。持续推进智能化呼叫终端免费配备。在衢山镇瀛洲颐养苑建设认知症照护专区，建设床位 20 张，超额完成任务。完成 30 户困难老年人家庭适老化改造。新建小区托老所 2 家。完成老年人自理能力初筛 64043 人、专业评估 5756 人，完成率为 100%。增持证养老护理员 83 人，其中高级证书 43 人，每万名老年人拥有持证护理员数 31.06 人，提前 3 年完成“十四五”目标。

【残疾人福利保障】 2022 年，县民政局全面落实残疾人“两项”补贴。全年困难残疾人生活补贴 15382 人次，发放补贴 46.37 万元；重度残疾人护理补贴 50932 人，发放补贴 96.49 元。

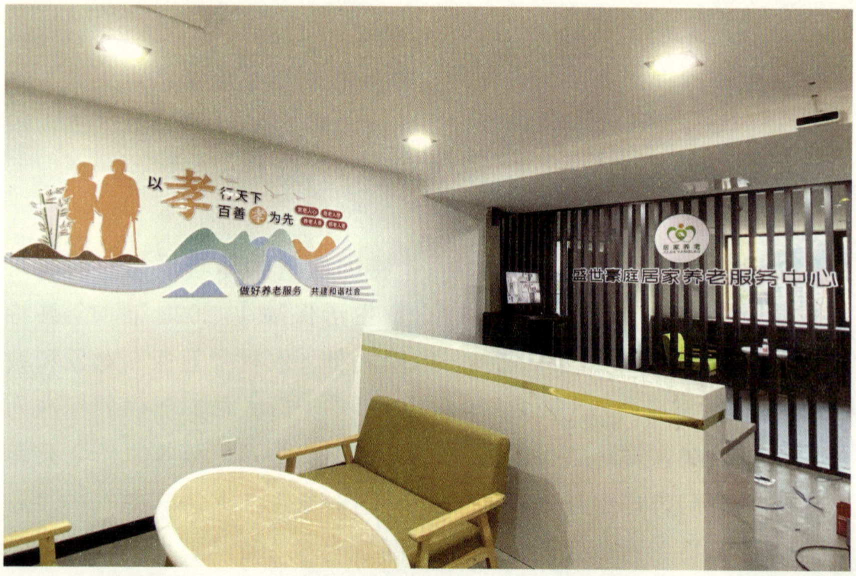

2022 年 11 月 3 日，盛世豪庭小区托老所（县民政局 供图）

社会组织管理

【社会工作者队伍建设】 2022 年，县民政局加强社会工作者职业水平考试宣传力度。通过网上公告、电话交办、微信宣传等方式，发动各乡镇、各社区、县属各部门人员参加全省社会工作者初级和中级资格考试。加强考前培训。组织社区干部参加市里的统一培训，为方便考生学习，发放视频学习资料。是年，通过全省社会工作者考试 78 人，完成新考生的考后审核工作。社区专业社工队伍建设初见成效。

【社会组织品牌建设】 2022 年，县民政局多渠道激发社会组织活力，打造全县公益组织品牌，引导社会组织参与社会治理。举办县第八届“益暖岱山”公益创投大赛，征集公益项目的策划方案 32 个，补助资金 70 万元。有序

2022 年 12 月 3 日，秀山乡社会工作站（县民政局 供图）

推进“订单式”为老服务项目，全年开展为老志愿服务累计 2359 次，服务时长 382 小时，志愿者人数 1405 人次，受益老年人 52000 余人次。积极引导各社会组织积极参与文明创城、抗击台风等，累计参与 9344 人次。

【社会组织登记和年检】 2022 年，县民政局规范社会组织名称核准、登记、变更、注销等环节。登记成立社会团体、民办非企业单位 7 家，办理变更 23 家，注销 6 家。开展社会组织年度检查工作，231 家通过年检，年检率为 100%。理顺备案社区社会组织的管理体制，674 家进行备案登记，其中城镇社区 210 家、农村社区 464 家。

【社会组织执法监督】 2022 年，县民政局强化社会组织信用体系建设，开展社会组织“双随机、一公开”工作，对 20 家社会组织进行现场抽查和社会公示。加强社会组织领域信用建设，根据年检结果，对 10 家社会组织下发限期整改通知书，引导 6 家办理注销登记，净化全县社会组织队伍，提高社会组织总体水平。

【社会组织党建】 2022 年，县民政局扎实推进社会组织党建。对全县的社会组织党员及党组织情况进行全面摸底调查，全县依法登记的社会组织 245 个，设有实体党支部 10 个、功能型党支部 18 个，配备 185 名党建指导员指导 201 家社会组织党的工作，并发文予以确定，实现党建工作 100% 覆盖；有 84 家社会团体和社会服务机构通过修改章程备案，将党建工作写入章程，实现应入尽入，入章率为 100%。全面实施“红色根脉强基工程”，创新服务方式，提高服务能力。组织引导社会组织党员志愿者参与疫情防控、防御台风、文明创城等志愿服务活动。开展“邻里守望”关家行动 232 次，受益人数 22980 人。

【打击整治非法社会组织和整治“僵尸”组织专项行动】 2022 年，县民政局常态化开展打击整治非法社会组织和“僵尸组织”专项行动。在局网站重新公布非法社会组织公开举报电话。联合县市场监督管理局、县发改委、县教育局对行业协会商会和幼儿园进行检查。对 11 家社会团体、19 家民办非企业单位进行现场抽查。在实地检查过程中，发现个别社会组织存在乱记账、不按章程办事等现象。开展社会团体分支（代表）机构整治、全县社会性服务机构非营利监管专项行动。

基层自治组织与社区建设

【创新实验探索】 2022 年，东沙镇桥头村入选全国村级议事协商创新实验试点单位后，按照实验主题、任务和进度开展创新实验，不断探索“五事五议五办”村级议事协商机制，有效提升村民参与公共事务的意识和能力，呈现全过程人民民主的村级实践，初步显现“五联共治”的乡村现代化治理格局。长涂镇被入选为第四批省级城乡社区治理和服务创新试验区，多次开展领军人才一对一现场教学，围绕现代社区建设，促进文旅融合，探索创新加大实验成果转化应用，打造突破性品牌空间。

【“居民会客厅”建设】2022年，县民政局坚持问题导向和目标导向结合，丰富社区服务功能，推动“居民会客厅”建设，全力打造具有辨识度、温度和深度的社区自治共同体。至年末，岱东镇涂口村、衢山镇皇坟村“居民会客厅”竣工验收并投入运营，会客厅建设从原有的行政化办公模式向开放式、便民式转变，服务方式由“面对面”转为“肩对肩”，让居民享受全方位人性化的服务。

【城镇社区专职工作者招录工作】2022年，县民政局制定《岱山县城镇社区专职工作者招录实施细则（试行）》，会同县委组织部、县人力资源和社会保障局、县财政局及有关乡镇，组织开展招聘工作。是年，招录33名城镇社区专职工作者，达到每万名城镇常住人口拥有工作者16人的要求，加强全县城镇社区干部队伍建设，提高城镇社区管理和服务水平。

【基层减负】2022年，县民政局按中央巡视整改要求，做好村（社区）基层减负督查工作，定期报告任务落实情况。严把准入关。落实《中共中央国务院关于加强和完善城乡社区治理的意见》《关于整治形式主义突出问题切实减轻基层负担的若干意见》等文件精神，明确涉村（社区）机构挂牌清单、主要事项清单，原则上没有列入清单的任务一律不准进入村（社区），对未列入事项清单但确需增加的报相关部门审批。严把“督查”关，建立常态化督导制度，抓好日常督导，定期到村（社区）对相关内容进行实地调查，现场解答难点事项。做好日常检查，在全县村（社区）开展基层减负专项检查，有问题即时落实，或定期整改，建立违规通报制度。严把“落实”关，组织各监测点工作人员参加市级培训班，学习基层减负工作业务，促进基层减负增效，服务居民群众，提升治理能力。

2022年12月19日，涂口村居民会客厅建设完成（县民政局 供图）

【村（居）“三务”公开】2022年，县民政局不定期开展“三务”公开制度督导，对部分村（社区）进行检查和督促，严把“三务”公开的各个环节，切实维护群众的知情权、参与权。各乡镇能定期自查和整改，村（社区）“三务”公开制度得到较好落实，均按“党务、村务、财务”分类公开，达到省市“三务”公开的工作要求。

【村（社区）基础信息数据库建设】2022年，县民政局持续助力“智慧村社”建设，完成民政部换届选举相关报表统计和省村（社区）基层组织信息系统的数据核对修正，对网上的村（社区）数据及时予以充实或确认。分批次录入社区工作者、工会、妇联、残联、共青团等群团组织、服务设施、村（居民）公约及自治章程等信息2000余条。

【其他专项工作】2022年，县民政局为深入学习贯彻习近平总书记关于城乡社区工作的重要论述，全面落实省、市、县委关于现代社区建设、共同富裕、清廉社区建设、基层智治系统等重点工作的会议精神及部署要求，扎实抓好各项任务清单的举措梳理和具体指标的推进落实，不断提高城乡社区治理成效，切实提高服务群众的综合水平。完成3个市级最美村(社)、2名最美村(社)工作者及1名省级领军人才推选、联审等工作。

社会事务管理

【地名管理和服务】 2022年，县民政局学习贯彻新修订的《地名管理条例》，规范地名管理。持续开展不规范地名清理整顿，及时向社会公告新的标准地名，公告地名2条（新河路、海韵府）。及早介入建筑物命名审批、竣工验收等流程，坚决杜绝开发楼盘“大洋古怪”地名产生，对山外春澜家园、东海景澜家园、岱山县污水处理厂等出具竣工验收单7份。不断完善更新国家地名信息库和浙江区划地名信息管理系统，修正录入信息1017条；完成国家库数据质量建设专项行动2次、3368条数据；完成省厅数据质量提升行动104532条数据关联。助力文明县城创建，补设更换老旧破损门楼牌505块，制作路牌16块（其中兰秀大道路面升级改造配套路牌7块），制作路牌底膜2块；完成高亭城区内所有路牌的清洗、维修；更换高亭城区路牌广告200张。编纂《中华人民共和国地名词典（第二卷）》岱山部分；编写《浙江省标准地名志（下卷）》，核对岱山部分目录并收集资料；编写《浙江省标准地名录》岱山部分；校对《浙江省标准地名词典（第二卷）》《舟山市标准地名词典》岱山部分，4月底正式出版《舟山市标准地名词典》。完成《岱山村居图集》的出版工作，开展《岱山县政区图》《岱山县城区图》《岱山县乡镇地图》的编制、印刷工作。

【殡葬改革和管理】 2022年，全县有殡仪馆2个，殡仪服务中心1个，骨灰纪念堂5处，公墓区24处，其中县级经营性骨灰堂1处，县级经营性公墓1处，其他均为乡镇级、村（社区）级公益性墓地。深化殡葬数字化改革，做好殡葬管理“一件事”应用省级试点工作，完成殡葬违法事件监管、文明治丧监管、驾驶舱等场景建设工作，对接“浙里逝安”系统、岱山城市大脑、岱山社会治理大联动等平台，全县3家医院太平间、44家宗教活动场所、32家殡葬服务机构、48家殡葬用品经营单位纳入监管，开通27个主要道路视频，对文明出殡进行实时监控，建设成果在舟山数字化《工作动态》上进行刊登。深化惠民殡葬，持续实施殡葬基本服务全流程免费，新增减免费用43.58万元。注重部门联动，开展殡仪服务机构管理服务、医疗机构太平间开展营利性殡仪服务、殡仪馆公益属性作用发挥不充分问题、殡葬服务收费等专项检查整治行动。加快推进殡葬设施建设，实施县殡仪服务中心改扩建工程，完成投资700万元，累计842万元；新建全公益性节地生态草坪葬区，面积0.04公顷；督促指导乡镇加快建设骨灰存放堂、草坪葬等节地生态安葬设施，完成节地生态安葬设施乡镇全覆盖省级考核目标。注重节地生态安葬引领，秀山骨灰存放堂建成使用，并成功创建为省级公益性节地生态安葬第二批示范点。科学规划殡葬设施布局，编制完成《岱山县殡葬设施专项规划2021—2035年》，公墓用地纳入国土空间规划，规划布局骨灰存放、安置公墓、节地安葬等设施6处，规划建设总用地3.89公顷，规划容量2万穴(格)。严抓疫情防控工作，做好春节、清明祭扫工作，公布预约祭扫、网上祭扫、代为祭扫等方式，落实预约、错峰、限流、测温亮码等防控措施，设立现场管理点54处，接待群众近6万人次，免费发放鲜花近3万束。

（竺丛捷　王　盛）

慈善事业建设

【概况】 2022年，岱山县慈善总会（简称县慈善总会）围绕建设共同富裕示范区海岛样板目标，经全体理事和慈善工作者的共同努力，全力践行“慈善为民，依法行善”，全县慈善工作稳步发展。全年实现各类慈善资金收入1014.33万元，慈善救助支出1189.37万元，是年末，慈善基金（母金）1772.97万元。县慈善总会有银台基金会、深圳企业家晴娃娃基金会、宁波岱商基金会3个所属机构；有慈善志愿者分会、知青慈爱分会，公安、教育、交通运输、农商银行、卫生健康5个部门（系统）慈善分会，7个乡镇慈善分会等；全县87个村(社区)、高亭镇山外农经济合作社、长涂镇东海湾渔业专业合作社成立89个慈善工作联络站等。

【善款募集工作】 2022年，县慈善总会拓展善款募集渠道，巩固壮大慈善资金实力。做好机关企事业单位“慈善一日捐”、市民“随心捐”等活动；拓展增资渠道，首次尝试40万元慈善信托增值项目，实现全县慈善信托零的突破；做好企业善款募捐，加强与重点企业联系沟通。是年，有10余家爱心企业主动捐赠善款，其中岱美集团捐赠95万元，全部充实冠名慈善基金。县农商银行、市烟草公司岱山分公司、舟山海山机械密封有限公司等企业慷慨解囊。是年，全县募集善款1014.33万元。

2022年9月3日，“善行岱山 同促共富”迎接第七个“中华慈善日”暨“慈善一日捐”献爱心活动举行。图为县慈善总会各分会举牌认捐现场

（县慈善总会 供图）

【开展慈善宣传】 2022年，县慈善总会与县海岬跑团协会、县晚霞文艺爱好者协会、县博馨志愿服务队等县内12家相关公益社会组织合作，开展全县慈善文化宣传。以文艺团队“节目”宣慈善、跑团“奔跑”宣慈善、志愿团队“服务”宣慈善等形式，充分发挥县总会志愿者分会和各爱心团队的作用，在“学雷锋日”、重阳节、助残日、“中华慈善日”等，开展慈善文化宣传活动。把弘扬传统慈善文化与践行社会主义核心价值观有机结合起来，把普及慈善法律法规与倡导“浙风十礼”结合起来，提升慈善文化传播力和感染力。全年，总会举办慈善文化宣传活动50余次。

2022年8月19日，农商银行慈善一日捐启动仪式（县慈善总会 供图）

【“中华慈善日”活动】 2022年9月3日，由县慈善总会主办，全县各慈善分会和有关爱心团队参与的“善行岱山，同促共富”——迎接第七个“中华慈善日”暨“慈善一日捐”献爱心活动在县文化广场电影院内举行。活动仪式上，来自全县7个乡镇慈善分会与县公安局、教育局、交通局、卫健局、岱山农商银行5个部门慈善分会代表进行“慈善一日捐”认捐，合计认捐152万元。现场，县慈善总会领导向全县12户特别困难的家庭发放慈善慰问金，各爱心团队送上慈善文化宣传节目；场外，县海岬跑团协会开展慈善

宣传环城跑。县内各媒体对此活动进行报道，通过深入的慈善宣传，增强市民“人人可慈善，人人做慈善”的慈善理念。

【慈善救助工作】 2022年，县民政局扎实做好扶贫、恤病、助学等慈善救助项目。继续开展对口支援行动，拨付60万元支援吉林省松原市宁江区抗疫，拨付100万元支援四川省达州市宣汉县的脱贫工作；“中华慈善日”和春节期间，总会开展“慈善情暖千家”慰问活动；持续开展爱心接力圆梦行动，资助76名大学生、22名家庭困难的中小学生，帮助他们顺利完成学业；继续出资为全县低保低边对象购买“疾病医疗商业补充保险”；加大助残项目力度，“全国助残日”，慰问全县困难残疾人，拨付全县困难残疾人危房改善等各类补助资金21.47万元，拨付全县精神病人康复资金10万元；持续实施贫困家庭重特大病救助，发放合计面值千元的慈善助医卡、购药卡244份；继续组织实施市慈善总会“普济生命慈光”大病救助，赈济遭遇事故灾难损害家庭；做好慈善“造血型”基地扶助工作。全年累计救助支出1189.37万元。

【慈善助老行动】 2022年，县总会开展系列敬老活动。积极参与“小岛你好”项目建设，持续支持村社居家养老服务，由市、县慈善总会定向结对边远小岛长涂镇东剑养老院，设立“敬老服务站”，定期为养老院捐赠粮油。安排专款，为东剑敬老院购买一辆面包车，方便老人应急出行。为官山村、东剑村和大岐山村居家养老中心增添电视机和洗衣机，改善生活设施；在春节和重阳节期间，由总会和银台基金出资，爱心人士和志愿者分会联合组队到全县公办敬老院慰问，开展免费赠药、理发等志愿服务，发送红包；继续支持村社居家养老项目，志愿者分会组织慈善志愿者开展“情暖夕阳关爱老人”主题活动，专项为全县敬老院及村社老人志愿服务25次，送上“传爱基地”时令蔬菜、水果等；中秋前夕，将杭州旺旺集团捐赠的价值15.74万元的食品，发放至县内11个敬老院和独居困难老人家中。全年助老资金支出45.51万元（含物资）。

【慈善资金监管】 2022年6月9日，为监督慈善资金使用，保证慈善资金用到实处，县慈善总会召开第四届理事会慈善资金监理小组第二次会议。会上，通报《2021年慈善资金收支执行情况和2022年收支预算安排》、连续执行三年的为低保低家庭购买补充医疗保险的《慈善精准扶贫医疗救助责任保险合作项目》评估报告。小组成员认真审阅报告，肯定县慈善总会2021年的工作，针对资金报告中的助残资金增量较大、定向捐赠资金流向等情况进行具体征询。

【机构自身建设】 2022年，县慈善总会按照《中华人民共和国慈善法》对慈善组织的要求，注重慈善组织网络构建，加强机构自身建设，顺利通过AAAAA级社团复评，有效期为2023年1月至2027年12月；4月底，以通信会议形式召开第四届理事会第三次

2022年10月8日，县慈善总会志愿者到衢山镇马足村进行志愿服务

（县慈善总会　供图）

会议，提请全体理事审阅《2021年慈善资金收支执行情况和2022年收支预算安排》《四届三次理事会工作报告和2022年工作意见》；重视慈善工作者队伍建设，以总会党支部为核心，组织机关全体工作人员强化学习，采取“走出去、请进来”方法，与市慈善总会同心慈善分会、普陀区慈善总会等单位进行交流学习；履行信息公开法律义务，通过岱山慈善网站、6期《岱山慈善》简报、2期《今日岱山》“一日捐”“日常捐”公告，及时向全县公开捐赠及救助情况；自觉接受主管部门、监管机构和社会的监督，主动接受年检与审计，对慈善项目、慈善资金进行严格监督；坚持清廉从善，严把财务关口，实行会（党）务公开，让善举在阳光下运行。

（魏雪波）

城乡居民生活

【城乡居民生活收入】 2022年，岱山全体居民人均可支配收入58326元，比上年增长5.3%，增速全市第一。分城乡看，城镇居民人均可支配收入64421元，比上年增长4.3%，增速全市第二；农村居民人均可支配收入46115元，比上年增长7.1%，增速全市第一。城乡居民收入差距持续缩小。是年，岱山县农村居民人均可支配收入增速快于城镇居民，城乡居民收入比为1.4，比上年缩小0.03，比全市1.57低0.17，比全省1.90低0.5，连续10年呈缩小态势，城乡统筹一体化融合发展持续推进，差距进一步缩小。

【城乡居民收入结构】 2022年，按收入来源，全县四大项收入均实现全面增长，其中人均工资性收入38574元，比上年增长5.3%；人均经营净收入6962元，比上年增长4.9%；人均财产净收入3980元，比上年增长5.2%；人均转移净收入8810元，比上年增长5.8%。

2022年岱山县城乡居民收入情况表

表21

指标名称	全体居民		城镇常住居民		渔农村常住居民	
	绝对值（元）	增幅（%）	绝对值（元）	增幅（%）	绝对值（元）	增幅（%）
人均可支配收入	58326	5.3	64421	4.3	46115	7.1
（一）工资性收入	38574	5.3	45452	4.2	24797	7.2
（二）经营净收入	6962	4.9	5990	4.1	8910	6.9
（三）财产净收入	3980	5.2	3278	4.7	5385	6.7
（四）转移净收入	8810	5.8	9701	4.8	7023	7.6

工资性收入 2022年，全县继续发挥“压舱石”作用。全县就业形势总体稳定，为工资性收入稳定增长奠定较好的基础。积极实施就业优先政策，扩大援企稳岗政策受益面。提高最低工资标准，最低工资标准比上年上调130元/月。是年，全县居民人均工资性收入38574元，比上年增长5.3%，占可支配收入比重的66.1%，在居民收入构成中占主导地位，对居民收入增长的贡献率65.9%。其中，城镇居民人均工资性收入45452元，比上年增长4.2%；农村居民人均工资性收入24797元，比上年增长7.2%。

经营净收入 2022年，经营净收入平稳增长。随着营商环境不断优化，金融稳企纾困、税费“免减退缓”、创业投融资渠道拓宽等政策效应显现，市场主体表现活跃。是年，全县在册市场主体18945户，比上年增长10.7%，其中，在册企业4187户，比上年增长6.11%；在册个体工商户14646户，比上年增长7.3%。受益于主要农副产品生产稳定，部分农产品价格有所回升，有力提升畜牧业、渔业等养殖效益。在商品零售、餐饮、旅游等行业复苏等因素助推下，个体经营户经营情况明显改善。全县居民人均经营净收入6962元，比上年增长4.9%，占可支配收入比重的11.1%。其中，城镇居民人均经营净收入5990元，比上年增长4.1%；农村居民人均经营净收入8910元，比上年增长6.9%。

财产净收入 2022年，财产净收入持续增长。全县城市建设步伐加快，城市流动人口不断增多，承租群体扩大，带动全县房屋租赁市场，促进全县居民房屋收入的增长。新农村建设稳步推进，渔农村居民享受股改分红，带动居民财产净收入的增长。是年，全县居民人均财产净收入3980元，比上年增长5.2%，占可支配收入比重的6.8%。其中，城镇居民人均财产净收入3278元，比上年增长4.7%；农村居民人均财产净收入5385元，比上年增长6.7%。

转移净收入 2022年，转移净收入稳步提高。全县不断完善社会保障制度体系，持续加大困难救助、失业补助、政策性生产补贴等投入，积极推动“舟惠保”参保推广，离退休人员养老金标准和最低生活保障标准持续上调，转移净收入增长得到有力支撑。是年，岱山全体居民人均转移净收入8810元，比上年增长5.8%，占可支配收入比重的15.1%，是仅次于工资性收入的第二大收入来源。分城乡看，城镇居民人均转移净收入9701元，比上年增长4.8%；渔农村居民人均转移净收入7023元，比上年增长7.6%。

【城乡居民消费支出】 2022年，全县居民人均生活消费支出34293元，比上年增长6%，其中，城镇居民人均生活消费支出35387元，比上年增长5.4%；农村居民人均生活消费支出32103元，比上年增长7%。从消费构成来看，八大项消费全面实现正增长。

2022年岱山县城乡居民支出情况表

表22

指标名称	全体居民		城镇常住居民		渔农村常住居民	
	绝对值（元）	增幅（%）	绝对值（元）	增幅（%）	绝对值（元）	增幅（%）
人均生活消费支出	34293	6.0	35387	5.4	32103	7.0
（一）食品烟酒	11230	5.6	11428	5.1	10834	6.6
（二）衣着	3349	5.1	3610	4.8	2826	5.1
（三）居住	4787	6.3	4283	5.7	5798	7.7
（四）生活用品及服务	2275	6.1	2525	5.4	1774	6.8
（五）交通通信	3281	7.0	3603	6.1	2636	8.4
（六）教育文化娱乐	4050	6.4	4237	5.9	3676	7.1
（七）医疗保健	3436	6.2	3560	5.5	3188	7.4
（八）其他用品和服务	1885	6.1	2141	5.3	1371	7.0

传统消费 2022年，传统消费占比超五成，恩格尔系数有所下降。食品、烟酒、衣着、居住等传统消费支出作为居民消费支出的主要组成部分。全县着力改造提升和新建培育多处商业综合体，吸引居民消费；结合元旦、春节、五一、端午、十一等重要节点举办美食节、文化节等，并通过发放线上、线下消费券，带旺商超、百货、餐饮等领域消费。是年，全县居民人均传统型消费支出（食品烟酒、衣着、居住）占比56.4%，比上年下降0.2个百分点；其中，人均食品烟酒消费支出11230元，比上年增长5.6%，恩格尔系数为32.7%，比上年下降0.2个百分点；人均衣着消费支出3349元，比上年增长5.1%；人均居住消费支出4787元，比上年增长6.3%。

发展型消费 2022年，发展型消费占比提高，消费结构有所优化。随着电动自行车新国标的出台，全县大部分居民购买符合新国标的电动自行车，带动交通消费的增长。受国际环境影响，随着健康观念的增强，滋补保健品、保健器具、体检服务等需求增多，口罩、酒精等防疫物资支出带动医疗保健消费上涨。以上诸因素共同拉动交通通信、教育文化娱乐、医疗保健等发展型消费较快增长。是年，全县居民人均发展型消费支出（交通通信、教育文化娱乐、医疗保健）占比31.4%,比上年上升0.2个百分点。

（华芳可）

民族宗教工作

【概况】2022年，岱山县民族宗教事务局（简称县民宗局）按照全省宗教工作“一省四区”建设目标，坚持宗教中国化方向，以数字化改革为引领，提升宗教事务治理现代化水平，切实维护全县民族宗教和谐，奋力开创全县民族宗教工作新局面。全县有苗族、土家族、满族等少数民族44个，少数民族户籍人数392人，流动人口7736人。县内有佛教、天主教、基督教三大宗教；有县佛教协会、县基督教“三自”爱国运动委员会、县基督教协会和县天主教爱国会4个宗教团体；有政府批准的宗教活动场所44处，其中佛教29处、天主教3处、基督教12处；有已登记编号民间信仰活动场所97处。是年，县民宗局依法管理全县民族宗教事务。

【加强党对宗教工作的领导】2022年，县委高度重视宗教工作，县委常委会定期研究部署，县委主要领导每月听取宗教工作汇报，宗教工作纳入县委巡察工作重要内容，“三个纳入”工作要求得到全面落实。将学习贯彻习近平总书记关于宗教问题和宗教工作的系列重要论述纳入县委理论学习中心组年度学习计划，将宗教政策法规纳入青干班培训、村书记培训等全县党政干部教育培训必学内容。4月，召开县委统战工作暨全县宗教工作会议，县委专题研究广济禅寺规范提升事宜。根据排查整顿农村发展党员违规违纪问题工作的要求，累计排查党员1532名。按照《关于建立岱山县村干部常态化联审制度的通知》的要求，累计审核4名村干部、2名市级人大代表、10名市级政协委员、118名县级政协委员。

【推进宗教中国化】2022年4月，在市委党校组织为期3天的岱山县宗教界人士（三教同行）培训班，开设“之江问道·宗教中国化”蓬莱大讲堂2期，指导宗教界深入系统学习习近平新时代中国特色社会主义思想特别是习近平总书记关于宗教工作的重要论述，不断夯实宗教界人士思想政治立场。有针对性地加强“四史”、中华优秀传统文化、共同富裕、“平安宗教活动场所”建设等教育，增进宗教界对伟大祖国、中华民族、中华文化、中国共产党、中国特色社会主义的认同。健全完善领导干部联系走访宗教界代表人士制度，汇聚宗教正能量，引导全县民族、宗教界人士与党委政府思想上同心同德、目标上同心同向、行动上同心同行。

【宗教事务治理现代化水平提升】2022年，县民宗局教育引导广大宗教界人士和信教群众筑牢“国

2022年10月1日，县委统战部在高亭镇先锋联盟组织少数民族开展“大红灯笼庆国庆　同心奋进新征程”庆国庆活动（县民宗局　供图）

2022年11月22日，县民宗局联合消防、文旅部门开展“综合查一次”（县民宗局 供图）

大于教、国法大于教规、教民首先是公民”的认知，把保障宗教信仰自由和依法管理宗教事务统一起来。聚焦宗教领域的难点、痛点、堵点问题，迭代升级“基层宗教智巡”应用场景，该场景入选“全省数字统战好应用”候选名单。是年，“基层宗教智巡”系统累计预警1068次，其中查实非法宗教活动15起，违法建设3起，均在第一时间发现问题，并及时得到处置。持续开展“四治”专项行动，坚决消除宗教领域“热、乱、假、俗”违法现象。加强宗教领域全科网格纳管、平安宗教活动场所创建，深入开展“除险保安”、自建房排查等工作，强化宗教领域风险隐患的监测、预警、处置，确保风险防控无死角无盲区。

【宗教管理法治化水平提升】 2022年，县民宗局继续深入实施以宪法为主题的“十百千万”普法工程，开展《互联网宗教信息服务管理办法》宣传、反极端宗教思想宣传、消防安全法律法规宣传及消防演练等，全面营造学法守法用法的良好氛围。加快推进“大综合一体化”行政执法改革，建立健全情况沟通、信息共享、会商研判、联合执法、风险防控等工作机制。是年，开展“大综合一体化”执法15次，处罚15起。完善“互联网+监管”系统，开展“综合查一次”3次。制定实施《岱山县宗教活动场所及场所负责人年度综合考核办法（试行）》《岱山县宗教场所（后备）负责人选拔管理办法（暂行）》。落实教风建设年度述职、评议、考核、巡查、审计，推行教风问题一票否决制等“六个一”制度，引导宗教界加强自我教育、自我管理、自我约束。宗教场所财务进省平台走在全市前列。

【助力共同富裕建设】 2022年，县民宗局教育引导宗教界人士及广大信教群众积极投身中国特色社会主义共同富裕先行和省域现代化先行的行动纲领，不断集聚正能量。引导宗教界人士学习共同富裕相关内容，积极参与社会救助、社会公益等慈善事业。是年，宗教界助力共捐款60.50万元。

2022年7月5日，县委统战部在县文化广场电影院开展统一战线“同心共富”行动启动仪式（县委统战部 供图）

【铸牢中华民族共同体意识】 2022年，县民宗局加强铸牢中华民族共同体意识示范建设。培育荷芬阿姨工作室，创建为2022年度“浙里同舟石榴红”石榴红工作室；岱山县秀山小学、舟山市岱山金维映史迹陈列室获评“第五批省级民族团结进步创建重点培育单位”；舟山市岱山金维映史迹陈列室获评“2022年度省级民族团结进步教育基地”。拓展民族工作“十进”“四微”覆盖面，加强在岱少数民族服务管理。依托秀南村“我的家”新居民联络点、荷芬工作室、“统战微家”等工作载体，积极回应少数民族群众需求，增进他们对居住地的归属感和满意度。推进民族工作现代化水平促全国文明城市创建工作，开展民族团结进步宣传教育活动26场。

（王小仪）

关心下一代工作

【走访调研工作】 2022年6月30日，岱山县关心下一代工作委员会（简称县关工委）常务副主任冯仁冠、“五老”曹善蝉调研县检察院关爱保护未成年人工作，双方座谈交流工作案例，了解全县普法工作开展情况，为全国青少年普法教育先进工作者林凤凤颁发证书。11月7日，新任关工委常务副主任薛鹏举到国网浙江省电力有限公司岱山县供电公司蔡雄劳模创新工作室实地考察，了解科普教育基地工作的特色做法，针对青少年实践特点提出完善建议。

【组织队伍建设】 2022年，为进一步迭代更新“五老”队伍，县关工委依托离退休干部党组织，动员公检法领域退休人员、学校思政教育退休老师、社区退位老书记进入关工委队伍，以老带新发挥传帮带作用。号召“五老”自主学习中共二十大精神、中央两办《关于加强新时代关心下一代工作委员会工作的意见》和省委办公厅、省政府办公厅《关于加强新时代关心下一代工作委员会工作的实施意见》等，撰写学习感言，提出意见建议为关工委工作出谋划策。实施“银龄跨越数字鸿沟”行动，开展老同志网上预约挂号、金融安全、“浙里办”App等课程培训。动员“五老”做好“浙里老干部”应用注册和“离退休干部”微信公众号关注工作，开展二十大精神知识竞赛、“颂歌献小康，建言现代化”等活动，提升老同志参与社会治理能力。

【帮困助学献爱心活动】 2022年，县关工委办公室与岱中小学10名特困儿童、岱初中学6名特困学生进行结对帮扶，在春节、六一前夕，到校看望学生并送上慰问金。5月24日，关工委老同志邵承德看望岱中小学结对儿童，送上助学金。6月1日下午，县关工委办公室、县老干部活动中心、县气象局联合举行“老少同乐庆六一·齐心喜迎二十大”趣味运动会，参加气象智能化知识培训。

【网吧巡逻安全检查】 2022年，县关工委采取明查、暗访方式，对网吧和学校周边地区加强监督力度。7月20日，五老关爱团网吧监督组与县文化市场行政执法队员，对高亭城区8家网吧进行突击巡查，对网吧的证照、进出

2022年5月24日，县关工委走访慰问结对学生（县关工委　供图）

人员身份登记、是否接纳未成年人上网、消防安全等制度的落实情况进行核查。经检查，未发现网吧存在违规行为，整体环境良好，对现场发现的个别不文明现象进行劝阻纠正，清理占据消防通道的杂物，并劝导室内人员佩戴好口罩，做好个人防疫措施。

2022年5月19日，五老张致真在岱山实验学校开展“我心永向党 教坛传薪火”主题宣讲（县关工委 供图）

【红色宣讲主题教育】 2022年，县关工委五老宣讲团进学校、社区（村）、教育基地，开展“红色报告会”20余场次；组织全县中小学学生在清明、七一、八一、国庆等重大节日开展云上祭扫缅怀英烈、唱红歌、进军营等主题实践活动；深化“红色百年行”红色文化基地体验活动，组织青少年线上线下参与基地研学，寻访红色足迹，开展“请党放心强国有我”“向国旗敬礼”“听老兵讲故事”“传百年薪火，做时代新人”等活动。

【“关爱明天普法先行”法治教育】 2022年，县关工委联合县检察院、法院、司法局、教育局等关工委成员单位，引导青少年“学宪法、讲宪法”，利用班会课、读报课，组织学生观看法治影视节目，开展“模拟法庭”、专题讲座、法律知识竞赛，参观法治教育基地等活动，提高学生法治观念和法律素养。2月24日，岱山法院通过“共享法庭”，为初中、高中学生讲授“法治教育第一课”，全县17所学校近7000名师生参与。5月，全国第二个“民法典宣传月”，邀请县检察官走进高亭中学、岱山初级中学，为学生们作“守护少年的你”专题讲座，在全县各校区举行“保护少年的你”校园法治展板宣传活动。6月，“防治校园欺凌”专题讲座走进岱山中学。

【“传承好家风弘扬好家教”主题活动】 2022年，县关工委落实《中华人民共和国家庭教育促进法》工作职责，组建由曹善蝉、仇海跃等6名五老骨干带领的家庭教育志愿者队伍，挖掘身边好家风好家教资源3例，教育青少年传承文化基因、树立家园情怀。关爱服务农村留守儿童、特殊少年儿童的家庭教育，在春节、六一等节日，组织五老志愿者开展走访慰问4次。

（王海芬）

责任编辑：李慧慧

高亭镇

【概况】 高亭镇位于岱山岛东南部，东与长涂镇相峙，北与东沙镇、岱东镇相接，南与秀山岛隔海相望，西与岱西镇相连，是岱山县政治、经济、文化、教育中心。2022年，镇辖10个城镇社区、21个村。是年末，户籍人口60820人，比上年减少0.9%；总户数27947户，比上年增长0.04%。全镇全年实现财政总收入8.41亿元，完成地方财政收入5.88亿元，其中一般公共预算收入1.88亿元。实现地方固定收入1.83亿元。城镇常住居民人均可支配收入比上年增长17%。是年，获评平安护航党的二十大省级先进集体、浙江省数字生活新服务特色镇。

【工业经济发展】 2022年，高亭镇有企业319家，其中工业企业115家、个体企业204家，全年实现工业总产值2348.40亿元，比上年增长65.7%。规模以上企业累计实现产值2344.26亿元，比上年增长65.9%，其中，剔除浙石化后完成46.50亿元，比上年增长1.02倍。原油加工及石油制品制造实现产值2313.73亿元，比上年增长66.4%。汽配、电机机械企业实现产值11.52亿元，比上年增长5.8%。水产加工业实现产值7.66亿元，比上年增长47.4%。船舶修造业实现产值3.70亿元，比上年增长2.46倍。轻纺鞋业、化纤制造实现产值0.60亿元，比上年增长19.3%。工业产业不断优化。全镇新增规模以上工业企业5家，是年，有规模以上工业企业25家。舟山晨光电器有限公司获评舟山市制造业十佳企业。奥博管业有限公司无人焊接生产线建成投用，获评舟山市制造业高成长型企业。舟富食品有限公司创建省级重点农业企业研究院。是年，全镇传统工业加快转型，完成数字上云4家、工业智能化项目10个、科技项目7个，新增省级专精特新企业1家、省级制造精品产品1个。

2022年4月，晨光电器电子车间投入生产（顾月萍　摄）

中交第三航务工程局有限公司、中集长宏船舶修造有限公司等船舶海工企业开辟风机螺旋管、船舶分段制造等新业务。

【渔业经济提升】 2022年，高亭镇有各类渔业船舶472艘，总吨位90745吨。其中，捕捞渔船367艘（拖网167艘、张网23艘、钓业5艘、蟹笼125艘、其他47艘），养殖渔船5艘，捕捞辅助船、渔业执法船等辅助船舶100艘。水产品养殖面积59公顷，其中海水养殖46公顷、淡水养殖13公顷。至是年底，水产品总产量77527吨，总产出98800万元。其中海洋捕捞74405吨、95700万元；海水养殖2960吨、2533万元；淡水养殖162吨、205万元。海洋捕捞中，鱼类产量31954吨，甲壳类产量41326吨，头足类产量1100吨，海蜇产量25吨。组建岱山县海渔休闲观光有限公司，实行一体化、标准化管理，推动休闲渔业健康发展。持续提升渔船信息化、现代化水平，申报建设科技示范捕捞渔船22艘，加快推进渔船安装卫星电话及卫星宽带终端全覆盖，利用渔船信息化平台，打通渔港、渔船、船员数据壁垒，实现渔船信息全面跟踪查询，进一步织密海上精密智控防线，提升渔业生产效能。

【农林畜牧业发展】 2022年，高亭镇紧抓稳产保供任务，开展杂交水稻新品种推广应用及高效栽培技术等市、县级农业科技项目，超额完成粮食生产和耕地抛荒整治指标，全年种植水稻69.93公顷、小麦41.27公顷，整治抛荒地29.33公顷。推动传统农业向现代农业转型，高亭机场片区农业产业融合示范园通过省级验收，南浦“旱改水”项目竣工验收，引进专业团队开展“旱稻—西兰花”粮经结合、水旱轮作农业生产新模式。持续推进高亭镇生态稻米认养基地建设，加强水稻绿色标准化种植管理，推出东海蓬莱稻米认养活动。是年，东海蓬莱稻米通过绿色认证年检。推进生态文明建设，完成新增国土绿化0.8公顷。实施“一村万树”项目，石马岙村建成浙江省“一村万树”示范村。抓好春节、清明节期间的森林防火工作，落实镇、村两级干部，专职护林员值守、巡查工作机制，发放鲜花3.5万朵。开展秸秆禁焚巡逻，及时制止秸秆焚烧130余次。开展畜禽春秋季免疫工作。全镇家禽存栏数为5961羽，其中鸡1640羽、鸭1488羽、鹅41羽；养殖散户474户，免疫禽畜5796羽，免疫密度为97%。

【商贸服务业发展】 2022年，高亭镇商贸服务业实现高质量发展，创成省数字生活新服务特色镇、市现代商贸特色镇。全年实现限额以上批发5.47亿元，比上年增长3.2%；限额以上零售1.05亿元，比上年增长35.8%；限额以上住宿1.25亿元，比上年增长17.4%；线上餐饮0.87亿元，比上年增长1.7%。新天地二期全面运营，成功处置日达广场资产，顺利拍卖麦斯汀大酒店，瑞幸咖啡等品牌餐饮陆续进驻。锦舟宝盛酒店正式投运，希尔顿欢朋酒店、全季酒店开业运营；杭州银行、温州银行相继入驻，金融服务配套能力进一步提升。海运业实现快速发展，3家海运企业分别启动5万吨级以上船舶新造计划，全

2022年10月1日，希尔顿欢朋大酒店开业运营（顾月萍　摄）

镇海运企业总运力突破约百万吨级。深挖乡村旅游潜力，打造高亭乡村旅游、红色研学精品路线，完善景点设施配套，推出高品质“点单式”服务，全年接待团队约200批次、3500余人次。

【城乡建设】 2022年，高亭镇重大项目建设稳步推进。板井潭安置房建设完成年度投资5000万元；完成老旧小区、美丽渔港滨港路立面改造政策处理170幢、3300余户；推进江南未来渔村项目一期房屋征收工作；保障526国道南峰段按期完成建设并顺利通车；高亭至石化小区至双峰新城公路土地征收政策处理基本完成；山外村、东海村1651户安置房顺利交付。不断提高城乡基础设施水平，加快推进垃圾分类工作，完成28个小区“撤桶并点”；深化道路交通治理，保障推进兰秀大道改建、白峰路扩建、老城区道路“白改黑”等县级重点项目；开展火烧浦池塘综合整治工程，联合推进岱山本岛水系综合整治工程、海塘安澜工程、截洪沟工程等项目建设。坚持综合整治和专项行动相结合，常态化开展综合环境整治，全年开展志愿活动2000余场，参与人数近4万人次，整治乱堆乱放6000余处，清理废弃杂物近3000车；完成冷岙地块、城西地块、小深水、中心菜场周边山体、日达广场等区域的专项整治，城乡环境明显改善。

【文体事业发展】 2022年，高亭镇统筹规划全镇文体事业，推进综合文化站（综合文化服务中心）和新时代文明实践所（站）阵地融合、队伍共管、活动共享。打造高亭镇品质文化生活圈34个和文化驿站1个，实行常态化网上预报制，打通群众参与文化活动15分钟内“最后一千米”。全年开展培训、演出等文化活动1350余场，参与群众和惠民7万余人次，文化设施利用率显著提升。开展“创城亭心文化同行”品牌巡演，累计选送文艺宣讲巡演6场，参演群众180人次。完成南浦村、渔山村文化礼堂的基础设施改善工程，做好闸口二村、东海村、大峧村文化讲堂（舞台）的规范化微调工作。全镇19家文化礼堂全年开展活动超1400场，渔山村文化礼堂获评浙江省特色农村文化礼堂。

【社会民生保障】 2022年，高亭镇推动公共服务优质共享。镇卫生院建成全市首个慢性病一体化门诊。高亭镇中心幼儿园通过省一级幼儿园复评。镇居家养老服务中心增配无感服务智能终端，构建数字化场景，升级“共享食堂”，为150名老人提供配送餐服务。全镇新增持证养老护理员41人，完成近20000名60周岁及以上老年人自理能力筛查。始终关心关爱困难群众，落实困难群众定期探访制度，全年探访关爱率、幸福清单送达率、入户调查率均为100%，为困难群众提供兜底保障。做好332户低收入农户“一户一策一干部”日常走访打卡，将220户低收入农户纳入帮促系统，畅通困难群众诉求渠道。深化军民双拥共建，持续做好全国“示范型”、浙江省新时代“枫桥式”退役军人服务站创建工作。南峰村、石马岙村成功创建全国“示范型”退役军人服务站，闸口社区成功创建浙江省“枫桥式”退役军人服务站。

【数字赋能基层智治】 2022年，高亭镇迭代升级以“七张问题清单”为牵引的党建统领工作机制，推动“1612”体系与“141”体系贯通衔接，通过数字赋能推动基层整体智治，成为全市基层治理四平台试点乡镇。以综合信息指挥室为核心，明确“四个平台”核心需求，打破科室职能边界，形成平台模块与乡镇业务职能有机融合“1+4+N”基层治理运行框架。全年通过四平台受理流转事件29126件，办结率为100%，事件响应时长缩短1/2，成为全市“基层治理四平台”试点乡镇。全科网格破解“治理难”。按照“1+3+N”模式，设立126个全科网格，配置专职网格员126人。划分“微网格”最小单元534个，配备网格工作力量1512人，带动东海渔嫂、老娘舅、“乡贤参事会”等社会组织参与基层治理。网格员累计发现并主动上报各类问题线索28515条，办结率为100%。健全“平战一体快响激活”机制，依托综合信息指挥室“实时巡查+AI智能预警”功能和“大综合一体化”改革成果，实现数据处理全链条畅通，常规调度和应急指挥可视化操作，执法全流程数字化管理。全年发现紧急情况40余起，触发AI预警107次，产生AI事件27732件，检查频次比上年缩减43%，问题整改数比上年增长24%，受惠群众1万余人次。

【除险保安工作】 2022年，高亭镇科学、精准做好疫情防控。完成20000个防疫包发放工作，推动疫情防控向“保健康、防重症”平稳转换。深入开展安全生产大排查大整治，全年开展各类检查1581家次，行政处罚220次，处罚金额43.60万元，全面织密安全生产“防护网”。持续推进减船转产，渔船总数由509艘减至476艘，有效降低潜在风险隐患。成功防御超强台风“轩岚诺”“梅花”，全年未发生较大及以上事故，安全形势总体平稳。围绕党的二十大维稳安保任务，通过“线上监管＋线下巡查”24小时强化值班值守，实行“一案一专班”开展信访积案排查化解，为每个在建重点项目“量身定制”风险隐患评估方案。扎实推进民主法治社区（村）建设，全年信访形势平稳向好，社会大局和谐稳定，高亭镇获评全省二十大维稳安保先进集体。

【海岛特色共富之路】 2022年，高亭镇聚焦民生优享、村级集体经济发展加快补齐短板弱项，切实办好民生实事。梳理未来乡村指标体系，按照“一统三化九场景”要求，在岱南片区实施“南浦归帆·海上粮仓”未来乡村建设，推动自然景观和乡村产业融合发展。重点打造“海上粮仓”农旅综合体未来产业场景，“北纬30°最美何桥线”未来风貌场景，“南浦归帆”乡村文化提升未来文化场景，一统集成、一站便民未来邻里场景。高标准完成规划方案设计，梳理一期建设项目37项，其中11个项目完成初步建设。深挖乡村旅游潜力，打造高亭乡村旅游、红色研学精品路线，完善景点设施配套，推出“点单式”服务，接待团队近200批次、3500余人次。推进闸口二村综合楼建设项目、塘墩村闲置房产盘活改造项目等，黄官泥岙村、东海村、大蒲门村等通过实施老旧闲置仓库维修工程，大岙一村、大峧村、南浦村等建设住宿、仓储用房，发展物业经济，村集体经济造血能力得到提升。

（范凌华）

东沙镇

【概况】 东沙镇位于岱山本岛西北端，北濒岱衢洋，东邻岱东镇，南与高亭、岱西两镇相接，境内有东垦山、大寨子山、小寨子山等岛屿，陆域面积23.46平方千米。全镇辖桥头、泥峙、司基3个渔农村和桥头、东沙2个新型城镇社区。2022年底，全镇户籍人口15208人，总户数7208户，外来人口5734人。实体经济基础扎实，境内建有东沙汽船配产业园和岱北工业基地，拥有各类企业477家，其中规模以上企业8家，工业劳动力占全镇总劳动力的65.1%，主要行业为汽配、船配、玩具和微电机等。渔农业在全镇经济中所占比重较小，有各类渔船25艘，水产品总产量6574吨，总产值13518万元，果园面积86公顷，水果总产量1861吨。全年实现工农业总产值58.35亿元，比上年增长0.3%；实现税收2.25亿元，其中地方财政收入1.26亿元，比上年分别增长21.1%和2.9%。

【工业经济】 2022年，东沙镇实现工业总产值57亿元，略高于上年，其中规模以上企业产值21.69亿元，比上年增长16.7%。岱美公司北区宿舍楼一期投入使用，新建34000平方米厂房，获评舟山市制造业“十佳”企业；海山公司成功创建浙江省“无废工厂”，顺利通过浙江省AAA级“守合同重信用”公示企业复评；捷胜海洋工程装备一期项目建成投产。整治提升低效企业15家。全年引进市外资金3.25亿元，产业项目15个，其中投资亿元以上重大产业项目3个，均实现当年度开工。是年，招商引资工作年度排名居全县乡镇第一。

【创新生态构建】 2022年，岱山县汽船配创新服务综合体投入使

2022 年 11 月 4 日，岱山汽船配内饰密封件产业创新服务综合体启用仪式举行（东沙镇　供图）

用。舟山海山机械密封材料股份有限公司隔热密封件自动化数字车间、舟山市银岱汽车零部件有限公司遮阳板及头枕全自动生产线累计完成投资 2400 万元，新增机器人 21 台、生产设备 130 台（套）。全镇工业技改投资比上年增长 61.4%，实现规模以上企业技改全覆盖。舟山市银岱汽车零部件有限公司联合航天九院十三所、浙江海洋大学成功揭榜省农业厅“梭子蟹笼渔船自动化捕捞装备技术研发与应用”尖兵计划项目；舟山市恒泰漆业有限责任公司与东南大学达成博士后工作站合作协议；汽船配小镇博士后工作站获评中国博士后科学基金资助项目。

【全域旅游】 2022 年，东沙镇围绕古镇景区提质升级，完成夜东沙灯光提升、美食街改造、海金文创园主体工程等项目 11 个，“微改造精提升”非遗传习所、木偶戏馆等非遗店铺 2 家，新增文旅业态 10 余家。全年接待游客 9.2 万人次，比上年增长 170.6%；实现旅游收入 142 万元，比上年增长 140.7%，均创历年新高。数字化成果加快落地。完成古镇景区智慧门禁系统、智能厕所改建等项目，新建“云上”直播平台，东沙古渔镇景区被评为 2022 年浙江省智慧景区。

【城镇品质建设】 2022 年，东沙镇全力配合保障 526 国道岱山段的顺利施工。完成岱北海防执勤道路改造，全年累计大、中修公路 2.8 千米，新建泥峙村孙家等停车场，镇域内新增停车位 76 个。投入 60 余万元，在重点区域和事故高发路段增设一批交通安全设施，重大事故发生率比上年下降 66.7%。新道头、东沙海塘强排泵站建成投用。城乡环境有效治理，累计投入 160 万元，完成 526 国道沿线重要节点房屋外立面改造 5000 余平方米；结合“非农化”“非粮化”整改，完成抛荒地整治 22 公顷。积极推进司基、栲门河道综合整治工程，完成年

2022 年 4 月 28 日，东沙镇开展环境综合整治大行动（东沙镇　供图）

度投资1800万元。全面落实全国县级文明城市创建任务。

【省级美丽乡村示范乡镇】 2022年，东沙镇科学编制《东沙未来乡村规划实施方案》，深化司基“金秋银杏”美丽田园、桥头“石桥春涨”集贸规范、泥峙“绿硖城中”生态经济等建设。完成县2022年百万亩国土绿化东沙片项目、兴东大道1.20千米绿化景观提升工程和戊辰河整治工程，成功创建省级美丽乡村示范乡镇。东沙传统村落民居保护入选《浙江省传承发展浙江优秀传统文化行动计划项目任务》。是年，东沙镇白蚁综合治理获评全国第一批白蚁防治示范项目。

【社会事业发展】 2022年，东沙镇开展全镇城乡低保专项清理整治行动，实现“应保尽保”“应退尽退”。城乡居民最低生活保障增至12420元/年，基础养老金、低保标准分别提升至265元、1035元。打造“原居颐养”和“邻里康养”双模式，完成民办养老院提升改造2家，东沙康养联合体项目主体建设完成。建成东沙爱心桥协会残疾人自强“加油站”。实现村级集体经济收入1144.63万元，比上年增长113.7%，其中经营性收入614.93万元，比上年增长59.9%。东沙中学高三考生上线率为100%，校建工程二期基建完成；蓬山小学获评浙江省健康促进银牌学校。东沙镇幼儿园通过省二级幼儿园复评。东沙镇成校获评浙江省现代化学校，“跨越‘数字河沟’共享智慧生活”课题入选全国首批“智慧助老”教育培训项目，“美美与共，乐在‘棋’中”课题获评全国社区教育“能者为师”典型案例。

【平安法治】 2022年，东沙镇统筹抓好“141”［指“一中心四平台一网格”县域社会治理体系。第一个“1”即县级社会治理中心；“4”即乡镇（街道）基层治理“四个平台”（综治工作、市场监管、综合执法、便民服务）；第二个“1”即村社网格）落地，建成基层治理四平台（便民服务中心、综治工作中心）］；落实“大综合一体化”行政执法改革要求，承接赋权行政执法事项255项。深入实施除险保安百日攻坚行动，圆满完成护航党的二十大安保任务。严格落实安全生产责任制，推进各重点领域专项整治，实施“遏重大”清单化防控，下发“除险保安”生产安全隐患整改单446份，消除安全隐患1622项，停产停业整顿企业1家。

【党建统领】 2022年，东沙镇以学习贯彻党的二十大精神为主线，召开党委理论中心组学习会12次，举办基层宣讲活动21场。落实“七张问题清单”，挖掘镇级问题库113条，推送县级蓄水池20条，全面完成销号整改。实施“清廉村居”“清廉社区”示范创建，建立“四督四点四评四改”质询机制，处理党员干部14人。聚焦两新党建发力“红色领跑”，海山党支部在车间成立东沙首个“共富工坊”。精准排摸人才需求，新引进高校毕业生155人，引进高技能人才74人、高层次人才1人。上市企业宁波杰博人力资源公司在东沙设立子公司，20余家劳务公司引招外来产业工人1800余人。举办强村论坛“五拼五争五抓”现场会，实施“亮诺践诺评诺”村社干部整治立规专项行动。以网格“红色共富单元”为载体，桥头村创新“五事五议五办五联”议事协商机制。是年，司基村被评为“浙江省善治示范村”。

（吴佳杰）

岱西镇

【概况】 岱西镇位于岱山本岛最西部，距县城9.5千米，东与高亭镇、东沙镇相接，西与大鱼山岛相望。西南北三面环海，海岸线总长约20千米，距上海国际航运中心仅11海里。共有陆地面积25.9平方千米，有西垦山岛屿1个，最高山为双合岗南大山，海拔158.6米。全镇下辖火箭、摇星浦等8个村。是年末，户籍人口13807人，常住人口10203人。全年实现工业总产值27.80亿元，其中规模以上工业产值26.10亿元，比上年增长66.2%；财政总收入1.89亿元，其中地方财政收入1.58亿元。

【招商引资】 2022年，岱西镇深化“一把手招商”“乡贤招商”“以商招商”等工作机制，有力实施招商引资激励机制，全年引进项目10个，其中亿元项目1个，重大产业项目1个，引进石化配套企业1家。全年新增企业16家，到位资金2.10亿元。

【项目建设】 2022年，岱西镇树立“大抓项目就是大抓发展”的理念，坚持清单化管理、工程化推进、责任化落实。推进项目建设，全面启动双合入岛门户工程项目21个，双合旅游提升项目、岱西镇未来乡村项目建设扎实推进，前岸智慧村社、智慧停车场、房屋风貌提升、杆线序化等项目提前完成。

【营商环境建设】 2022年，岱西镇落实属地责任，全力以赴服务开发区经济建设，开展“三服务”活动，完善“乡镇长”有约制度，每2个月组织1次企业代表和乡镇长、镇人大代表交流会，帮助企业解决实际问题134个，全年帮助企业融资5400余万元，精准落实税费支持政策107万元。

【乡村振兴工作】 2022年，岱西镇扎实做好乡村振兴工作。深化厕所、污水、垃圾“三大革命”，新建茶前山金家岙厕所，完成后岸文化礼堂厕所改造。全域推进“蓬莱乡韵”共同富裕示范带项目建设，实现一路一韵、一村一景，着力打造新时代乡村振兴标杆乡镇。推进城市精细化管理，提升渔农村人居环境，深化全国县级文明城市创建工作，组建专项工作组11个、渔农村工作组8个，定期开展创城擂台赛。全年发布创城督查通报5期，累计巡查发现并整改突出问题2000余条，发放宣传手册2万余份，清理垃圾约4500吨，在全县渔农村环境全域整治提升检查中，成绩位列全县第一。

2022年7月20日，岱西镇召开自建房安全专项整治“百日攻坚”行动会议
（岱西镇　供图）

【工业经济发展】 2022年，岱西镇全面提升实体经济竞争力，加快培育上海卓然、四川润和、珈和科技等一批新兴产业为代表的重点龙头企业，打通石化中下游产业链。全力稳定船舶海工产业，宁兴船舶积极修造高附加值船舶，和泰船舶优化型1.40万吨江海直达散货船交付运营。新增卓然科技、华丰船舶等4家规模以上企业，重点企业固定资产投资共计7.70亿元。“亩均论英雄”改革持续推进，全面完成辖区内低效企业整治13家。

【特色农业建设】 2022年，岱西镇突破农业产业“多而不优”瓶颈，大力发展特色农业。持续推进双合海蜇生产规范化建设，积极推广岱西葡萄设施及健康栽培试验示范。加大农业基础设施投入，超额完成抛荒地整治34.67公顷。加快打造青黑10.67公顷现代农业蔬菜种植基地，推进后岸高品质绿色科技示范基地项目建设，新增县级示范型家庭农场2户。开展新媒体“助农”直播，拓宽岱西葡萄、橘子等农产品销售渠道。

【三产融合发展】 2022年，岱西镇聚焦乡村旅游新业态新模式，创新农文旅融合发展，完善双合停车场、立面提升等基础“硬”设施，加强对石文化、海蜇加工等“软”资源的挖掘与活化利用，建成海蜇加工、体验、销售一条龙服务的乡村非遗馆。做好“农业+旅游”文章，打造集萌宠乐园、水上乐园和果农服务中心于一体的林家欢乐田园综合体，不断拓展乡村旅游产业链和价值链。

【乡村品质提升】2022年，岱西镇投入250万元，实施乡村蝶变项目8个，改造一批群众最迫切、最期盼的基础设施工程，推动全镇环境从干净整洁向美丽宜居迈进。提档升级新农村建设，火箭村成功创建省美丽乡村特色精品村。扎实推进农房“三权分置”改革，盘活闲置农房205户，实现农户年增收240余万元。

【乡村经济增长】2022年，岱西镇拓展集体经济增收渠道。团结新乡贤力量，实施村企联建，搭建共富工坊，全镇5个村实现村企结对，累计实现企业助农30万元。全镇8个村实现村级集体经济收入1529万元，其中经营性收入683万元，实现经营性收入比上年增长19%。6个村完成经营性收入超50万元，其中摇星浦村、前岸村均突破180万元，海丰村通过组建强村公司实现经营性收入倍速增长，被列入全市集体经济发展红榜。

【信访工作】2022年，岱西镇有力有效做好信访工作，集中化解信访积案2件，实现国家、省、市三级信访积案清零。妥善解决企业劳资纠纷17起，涉及金额1600余万元。加强信访积案倒流等重点领域矛盾风险的分析研判和化解处置，坚持源头治理化解矛盾。

【疫情防控工作】2022年，岱西镇落实疫情防控各项措施，确保社会安全稳定。为60周岁及以上老年人发放“防疫包”5736件，全方位筑牢疫情防控底线。

【民生保障】2022年，岱西镇着眼高质量发展和共同富裕，深入开展救助帮扶工作，累计走访困难对象170户，发放慰问金21万元、低保金及生活补助167万元。全面落实养老保险、医疗保险、社保补贴等各类惠民政策，社会养老保险、医疗保险补助61人次，推进各类保障“应保尽保”。持续深化“扩中提低”工作，全面落实积极就业政策，镇成校顺利挂牌特种设备作业人员考试点，为辖区企业输送专业人才200余人。关心关爱退役军人，完成退役军人优待证申领及发放工作。

【基层治理】2022年，岱西镇通过数字改革激发治理动能，报送“七张问题清单”188条，整改完成率为98%；处理基层智治平台事件3124件，办结率为100%，岱西镇便民服务中心和摇星浦村便民服务站被评为全市2022年度第一批“政务服务标杆示范大厅”。纵深推进“县乡一体、条抓块统”改革，镇综合执法队全年立案26起，承接省级下放执法事权247项，有效推动基层综合行政执法建设。加快“八无四好”善治网格试点创建，以22大项事件分类采集信息，顺利运营基层治理信息平台3.0版，通过网格采集解决问题信息1460余条，“八无四好”善治网格创建经验在全县推广并被中新网报道。

【法治建设】2022年，岱西镇自觉接受人大监督、舆论监督、群众监督，认真办理人大代表议案提案，围绕项目建设、安全生产，开展人大视察评议活动；全面推行政务公开，坚持科学、民主、依法决策，提升行政权力公开透明运行水平。加强习近平法治思想宣传教育，强化全民法治信仰，让法治成为全社会价值追求。是年，岱西镇获评法治舟山（法治政府）建设示范乡镇，双合村获评全国民主法治示范村。

【廉政建设】2022年，岱西镇认真落实党风廉政建设主体责任和“一岗双责”，严格落实中央八项规定及其实施细则精神，持之以恒纠正“四风”，始终把纪律和规矩挺在前面。进一步完善监督制约机制，加强对推行党务政务村务公开制度、规范公共资源交易、村财镇管及“三重一大”等工作的监督检查，全力整治群众身边的腐败问题和作风问题，维护政治生态风清气正。

（俞翼翔）

岱东镇

【概况】 岱东镇位于岱山本岛东北端，东、北濒临竹屿港、岱衢洋，距县行政中心仅2千米。境内有大小岛屿8个，陆地面积22.97平方千米。下辖5个村，共有5223户，13090人。有党总支6个，党员726人。2022年，岱东镇按照县委在高水平建设现代海洋城市中加快海岛共同富裕先行和县域现代化先行的目标，坚定扛起“五大历史使命”，加快建设“四个岱山”，全力以赴推进滨海花园富裕岱东建设，全年地区生产总值13.61亿元，地方财政收入3225.29万元。

【践行“两个先行”新使命】 2022年，岱东镇始终把学懂弄通做实习近平新时代中国特色社会主义思想作为首要政治任务，牢牢把握全镇意识形态主动权。坚持把政治建设摆在首位，全镇党员干部群众学思践悟习近平新时代中国特色社会主义思想，深入学习贯彻党的二十大、省十五次党代会等重要会议精神，坚定拥护“两个确立”、坚决做到“两个维护”、深入践行“两个先行”。建立健全党委“第一议题”制度，全年开展党委理论中心组学习12次，专题研究意识形态工作2次。

【网络安全建设】 2022年，岱东镇持续强化网络安全建设，扎实做好前端预警工作，解决台风期间岱东DSD运动馆安置点漏水等问题，做好磨心水库研判工作，提出处置意见。全力护航重点项目落地，加快推进郊野公园先行区土地租赁、龙宫迁移等政策落地，实施涂口至龙头板黄线南侧田园景观绿化、上船跳至田湾村道拓宽等项目，保障东海郊野公园建成开园。

【现代经济体系培育】 2022年，岱东镇以高质量发展理念构建双循环经济体系，综合实力在转型升级中稳步攀升。是年，实现工业总产值2.66亿元，比上年增长14.1%，其中规模以上企业产值达1.06亿元，比上年增长11.1%。渔农民人均可支配收入5.16万元，比上年增长19.8%。引进岱垣贸易有限公司等企业7家，到位注册资金3.20亿元。实施新一轮工业园区改造提升攻坚行动，完成低效企业整治提升7家，加快神鹰车辆配件制造有限公司、奥盛汽车传动带制造有限公司等一批传统制造企业“数字车间”建设，推动实现镇域企业亩均税收超5万元。打造生态农业种植基地，完成146.67公顷粮功区种粮、8.67公顷抛荒地整治任务，实施16.67公顷生态农业示范带建设，创建省级农村产业融合发展示范园。“岱东鲜蔬”直供平台上线运营，更多农民通过平台增值收益。做优晒生、腌萝卜等“乡愁”产品，“晒生”成为省地地理标志农产品。深入实施科技兴渔战略，研发并推广蟹笼船自动化生产项目，渔业机器换人工作每船减少成本28万元以上。以省级“一事一议”2000万财政奖补为契机，通盘制定5村产业项目“一村一策一特”，其中3个村项目列入全县集体经济“揭榜挂帅”名单。是年，全镇5个村集体经济总收入1327.93万元，其中经营性收入578.43万元，比上年增长55%。全镇5个村的经营性收入均超过50万元，比上年增加2个。其中，涂口村318.56万元，比上年增长71.4%；龙头村73.24万元，比上年增长30%；沙洋村75.89万元，比上年增长41.8%；虎斗村59.71万元，比上年增长48.7%；北峰村51.03万元，比上年增长36.2%。

【共建共享美丽城乡成果】 2022年，岱东镇全力构建面向宜居生活的品质人居环境，加快塑造共同富裕现代化基本单元。把握岱东的历史方位、产业定位、交通区位，编制未来乡村、美丽城镇等行动方案，完善“村庄规划+专项规划+村庄设计+农房设计”联动机制，涂口村成功入选浙江省第二批未来乡村创建名单。加快推进沙洋历史文化村项目规划，重点探索在沙洋冷坑区块打造农耕文明与海洋文明的融合，花生工坊、惠农集市、彩虹路景观打造等子项目设计方案相继落地。加强农民建房风貌管控，编制岱东镇风貌整治行动方案，注重面上整体塑造、线上串链成片、点上深耕细作，严格落实板黄线一带建筑备案，列入2022年全省第一批县域风貌样板区创建名单。打好县级文明城市创建攻坚战，注重以人为核心的精细化服务供给，抓好人居环境、服务设施、公共空间的“微改造”50个。投资1.10亿元新建环北峰山和石鹅山绿道，大力推进526国道岱山段岱东片区建设政策处理，实施全域联村公路提质，全面融入全市交通一体化格局。强化村庄基础设施提升，完成北峰海塘、后沙洋海塘的配套闸站建设，解决台风等恶劣天气农田内涝问题。打造便捷旅居交通系统，新增停车场21个，完成智慧停车场改造5个、骑行驿站提升5个。聚焦村庄精致度提升，全力落实省级“一事一议”建设项目，龙头村建设乡村艺术街区，沙洋村打造风貌样板，涂口村实施上船跳南部道路改造及池塘周边环境提升工程，虎斗村建设“村宴中心”，北峰村建设“北峰农场”。北峰村创成省级美丽宜居示范村，龙头村通过省AAA级景区村庄评定，涂口村完成省级农房设计落地试点验收。落实岱东水系彩色林建设，投资650万元完成洛沙湾2期绿化彩化。

【社会治理】 2022年，岱东镇创新基层治理形态、完善治理模式、提升治理效能，打造乡村社会治理典范。加快构建整体智治体系。全力推动“1612”体系特别是基层治理“141”体系在乡镇贯通衔接，以“基层治理四平台”为中枢，颗粒化贯通30个村级微网格，建成“一屏指挥调度、一网统管全镇”的协调治理有效路径。探索个性化治理场景开发应用，配置AI智能监管6类事项，基本实现民生事件处置闭环管理。推行基层治理“三联四格”工作法，处理民生诉求3024条，“智慧村社”平台应用量在全市领先。全面优化公共服务供给。推进农村养老服务体系建设，整合全镇养老服务资源及配送餐服务，在全县率先打造居家养老配送餐中央厨房，推出智慧点餐平台。落实困难家庭适老化及特困残疾人家庭无障碍设施改造，建成市级四星级残疾人之家。全域建成15分钟品质文化生活圈，DSD运动中心、岛屿书房等成为公共服务主阵地。深挖乡土文化特色，原创歌曲《海上小镇》获市级新民歌大赛优秀歌曲奖。推广“新三书六礼”取得扎实成效，群众办酒席平均节省花费30%以上。持续深化平安岱东建设，紧紧围绕“平安护航党的二十大”主线，锚定“六严防、六确保、六个零发生”目标，深入推进“除险保安”百日攻坚行动。做好信访突出问题化解工作，全年妥善处理信访案4件，其中历史遗留疑难信访案3件，为历年最高。用足用好“一支队伍管执法”力量，实施《岱东镇“除险保安”专项工作行动方案》，开展道路交通、小微企业安全管理、民房火灾事故防范等“平安护航”行动。是年，岱东镇食安办获全县首批“浙江省四星级乡镇（街道）食安办”称号；岱东农贸市场获省级“放心市场新创”奖补。强化渔业安全风险防控，完善乡镇、合作社、渔船三级应急防御组织分工和管理体系，推动建立《舟山市渔船雇工工资指导标准》，有效提高渔民劳资纠纷调解率。

【“党建共富联盟”打造】 2022年，岱东镇全面强化党的质量建设，深化“红旅联盟”党建发展共同体，试点打造以沙洋村、龙头村为核心的“党建共富联盟”，辐射带动镇域范围内的发展。创新渔农民利益联结机制，龙头村近千名农民变身为工人，每人年均增收0.80万元。研究确定红映晴沙“领跑竞跑”项目12个，实施项目进度“一月一报告一督查”。组建先锋议事团联村帮带，全力推进村集体经济发展、创城攻坚等工作。创新实施绿色文明新风尚行动，打造“一建三廉”清廉村居精品项目，涂口村创成市级清廉村居示范点，被市委授予“舟山市先进基层党组织”称号。建好用好“民主协商微景观”，深化“民情恳谈”“民情民意大家说”等多元参与机制，全镇善治村实现全覆盖。构建“项目化+清单化+数字化”政治监督体系，制定监督清单22份，督查并整改创城、疫情防控等领域问题112个。坚持正确选人用人导向，突出政治标准，构建镇党委统一领导下的“赛马式”干部管理使

岱东镇龙头村（岱东镇　供图）

用新常态，以“责任点位+闭环督查”双轮驱动模式落实并整改问题，将5名年轻干部提拔至中层岗位，9名股级干部实现平级交流。中层岗位交流后平均年龄为37.42周岁，下降1.12周岁，大专以上学历为100%。

（刘　娴）

长涂镇

【概况】长涂镇位于岱山本岛的东部，东临公海，南濒黄大洋，与海天佛国普陀山遥遥相对，西毗邻本岛，与县域高亭仅隔一水道，北倚岱衢洋。辖地包括大长涂、小长涂、大圆山、多子山、大西寨、小西寨等90余个岛屿。陆域面积58.5平方千米，主要由大长涂岛、小长涂岛组成，下辖倭井潭村、长西村、港南村、东剑村。至2022年末，全镇总户数5124户，比上年减少1.9%；户籍人口10927人，比上年减少2.8%。是年，实现社会生产总值20.92亿元，比上年增长2.1%；实现工业产值15.15亿元，比上年增长14.2%，其中规模以上工业产值11.65亿元，比上年增长28.6%。实现财政总收入12906万元，比上年增长10.3%；地方财政收入9941万元，比上年增长56.1%。

【招商引资】2022年，长涂镇扩大有效投资，华润双剑涂渔光互补光伏发电项目落户大长涂岛并开工建设，总投资50亿元。全面提升招商选资质效，落地浙江翔海新能源设备有限公司、岱山英华环保科技有限公司等4家企业，引进亿元以上产业项目1个，实际到位外资400万美元，实际利用市外资金7000万元。是年，长涂镇获2022年度全县招商引资工作先进单位二等奖。

【企业营商环境建设】2022年，长涂镇深入开展“三服务”，协调落实企业金融贷款1100万元，破解企业在生产经营中存在的困难和问题23个。全年新增限额以上住宿餐饮业1家，新增限额规模以上其他营利性服务业企业1家，完成1家小微企业升级为规模以上企业，新设小微企业31家，个体工商户转型升级为企业4家。

【产业经济】2022年，长涂镇持续推进金海区块临港制造产业发展，金海区块企业全年实现产值14.89亿元。着力提升服务业发展，制定出台《军港街文旅业态扶持办法》，完成旅游驿站、海防游步道等建设，提升美丽田园综合体，创成省AAA级景区镇。充分发挥海运优势，全年实现海运产值3.37亿元。深化渔业体制机制建设，重点抓好老旧渔船隐患排查整治，压减转产渔船9艘。完善基础设施建设，完成1160家农户耕地地力补贴。

【共富行动工程建设】2022年，长涂镇加速启动小长涂岛全市“小岛你好”共富行动工程建设，立足长涂军港文化、抗倭文化、海洋文化等特色元素，高标准完成方案编制，聚焦“八大工程”，梳理形成三年建设项目清单，全面实施长涂客运码头提升改造工程、长西片林绿化等年度项目12个，完成年度投资3080万元。

【乡村经济发展】2022年，长涂镇多途径拓展集体经济增收渠道。紧扣四村产业定位，盘活闲置土地资产，推动完成长西村租赁房等项目建设，全力打造金银共富工坊。全镇4个村全年实现集体经济总收入1741.67万元，比上年增长10%，其中经营性收入660.68万元，比上年增长11%。

【公共服务建设】2022年，长涂镇稳步提升“一老一小”服务，深化“海岛支老、一起安好”区域合作，高质量运营海岛幸福驿家，不断丰富老年人物质精神生活。是年，倭井潭村获评2022年全国示范性老年友好型社区。持续深化城乡教育共同体建设，未来课堂精准教学试点工作获得央视关注。扎实推进“扩中提低”工作，组织开展“浙派工匠”专项技能培训，是年，累计开设各类素质提升培训班112场，线上线下培训3475人次。全面推进“15分钟品质文化生活圈”建设，全年开展活动近200场。

【文明城市创建】2022年，长涂镇全力开展文明城市创建，建立健全创城长效机制，率先在全县开展“蓝港红帆·洁美长涂”环境整治百人攻坚行动，发挥蓝港、金银渔嫂等志愿队伍，深入开展绿化带保洁、文明停车劝导等志愿服务，全镇325名志愿者共计参与志愿服务5400余人次、9600余小时，整治流动摊位和占道经营895起。

【“和美海岛”建设】2022年，长涂镇紧扣“五美”建设要求，大力推进“和美海岛”建设。持续优化人居环境，完成东小岙边坡地质灾害治理、3条河道修缮整治、2处山塘除险加固、5幢城镇危房解危。强化城镇风貌管控，引入实施农户建房《渔农村住房设计图集》64套。持续开展渔农村环境整治攻坚行动，长西村创成省级美丽宜居示范村。稳步推进未来乡村建设，完成无障碍设施、蓝港绿色交通等项目建设19个，倭井潭村成功入选浙江省第二批未来乡村。

2022年2月16日，长涂镇开展“蓝港红帆 洁美长涂”环境整治百人攻坚行动（长涂镇 供图）

【生态治理】2022年，长涂镇蓝天、碧水、净土“三大保卫战”成效明显，“污水零直排区”标杆样板乡镇创建持续推进。全面实行“田长制”，实施最严格耕地保护制度，完成抛荒地整治5.67公顷，落实23处“非农化”图斑整改2.53公顷。倡导绿色生产生活方式，完成1831辆旧电动自行车纳规淘汰置换工作，“无废渔船”创建成为县级试点，“海好有你”海上垃圾分类获评全市最美志愿服务项目。

【疫情防控工作】2022年，长涂镇严格执行疫情防控政策措施，调整优化防控政策，强化医疗物资筹备，实现疫情防控向“保健康、防重症”平稳转换。

【行政执法】2022年，长涂镇深化“县乡一体、条抓块统”改革，迭代升级“1612”体系架构，基层治理四平台实现高效运转，四平台各级流转上报事件1820件。稳妥推进“大综合一体化”行政执法改革，全面承接赋权乡镇权力事项254项。创新“四个一”工作机制，持续做精做细基层治理，小长涂片区执法实现“一分钟接报、三分钟出警、五分钟处置”，全年开展各类行政执法检查551次，办理执法案件103起。

【平安建设】 2022年，长涂镇围绕“平安护航党的二十大”主线，深入开展“除险保安”工作，稳妥处理信访事件23起，省市信访督办件化解率为100%。持续推进安全生产工作，开展安全隐患大排查大整治等专项行动，全年累计检查103次，立案处罚6起。电信网络诈骗案件防范实现发案数量、损失金额双下降，防范压降效果排名乡镇第一。

（沈泓秀）

秀山乡

【概况】 秀山乡介于舟山本岛和岱山本岛之间，距舟山本岛2.5海里，距普陀山10海里，距岱山本岛3海里，由大牛轭山、大长山、小长山、青山等17个岛屿组成，总面积24.26平方千米，其中秀山岛面积22.88平方千米，在舟山诸岛中位列第九，辖秀北、秀东、秀南3个村（经济合作社）。截至2022年底，全乡户籍人口6644人，外来人口4685人，60周岁以上老年人3556人。是年，全乡实现工业总产值43.54亿元，其中规模以上工业总产值40.51亿元。一般公共预算收入1.41亿元。招商引资1.48亿元。固定资产投入1.10亿元。

【产业发展】 2022年，常石集团成功列入2022年度重点智能化改造项目，全年交付船只17艘，实现产值30.55亿元，比上年增长3%。惠生海工科尼桥吊项目和浮式生产储卸油装置分段预制项目投入生产，项目扩大开放获国务院批复同意，成功入选2022年度市十大海洋科技创新领军团队，技改项目列入2022年度重点智能化改造项目，全年实现产值7.48亿元。原野船厂共修理各类船舶55艘，实现产值6664万元，比上年增长3.7%。世界单机规模最大的LHD第四代1.6兆瓦潮流能机组成功下海且并网发电，LHD海洋潮流能持续不间断发电并网运行时长保持全球第一，入选2022年度市十大海洋科技创新领军团队。稳步推进“双碳”行动，大力发展海上风电、光伏、潮流能等清洁能源产业，常石集团、惠生海工、原野船舶修造有限公司等规模以上工业实现屋顶光伏太阳能项目全覆盖。开展“招商引资一号工程”，推行“秀小二”全程服务，招引上海电气新能源产业园项目启动建设，飞洲电缆项目完成签约，新增东篱不舍民宿、浙江铭慧鲤想旅游开发有限公司等，全年招商引资新增公司7家，增资公司3家。

【美丽城镇建设】 2022年，秀山乡完成全域旅游建设项目融资1.50亿元，滑泥公园先行区投入运营，完成秀山田园综合体一期建设，完成海钓公园、全民健身公园提升改造，三礁游客中心、岛与书房投入使用，完成环岛公路（海岙至九子段）建设。完成秀东排水浦道建设、九子海塘水毁修复、馒头山水库除险加固及排涝水系治理等水利设施工程。优化殡葬服务，骨灰纪念堂投入使用。开展农村生活污水治理，完成秀北村红岩区域农村生活污水治理项目。持续推进海景房产建设开发，望海茗苑建设项目完成投资2610万元。打造独具兰秀古韵的文旅特色型美丽城镇海岛样板，完成年度投资5393万元，秀北村获评全省美丽宜居示范村创建优秀村庄。打造彰显海岛特色的未来乡村，完成年度投资6580万元，成功入围省未来乡村试点。

【创城攻坚行动】 2022年，秀山乡调整文明城市创建工作领导小组，通过乡、村两级干部上门入户宣传，发放各类宣讲资料及“创城宣传四件套”。依托文明创建“红黑榜”4处，组织社区未成年人开展各类志愿服务活动，定期组织村企联合开展“两新”（新经济组织、新社会组织）结对文明宣传系列活动。抓实环境卫生整治常态化机制，由乡联合整治队伍，对集镇卫生、集贸市场、道路交通、商铺店面、毁绿种菜、小区楼道杂物堆积等开展定期攻坚行动，按需增设公共晾晒区及车位。抓实市场企业标准化管理机制，由专项组落实菜场硬件改造，持续推进农贸菜场内外部提升改造。加强农贸市场营业环境整改，联合市场监督所及综合执法队开展日常督查整改。加大劝导、执法力度，开展专项问题集中整改，全年累计开展超摊经营、公共卫生、三无食品、禁烟行动等专项行动30余次，完成60家餐饮经营户排查工作。

【文旅发展】 2022年，秀山乡投资58万元，完成全民健身公园数字化体育健身设施安装。投资9.59万元，完成秀山乡扩音装置提升项目。落实县旅游业“微改造、精提升”行动，三礁游客服务中心举办民宿餐饮专题讲座2期，至年底，全岛有酒店、民宿共25家。积极实施文化惠民工程，做好“品质文化惠享”省级民生实事项目，全乡举办各类活动256场，参与群众14165人。

【民生事业建设】 2022年，秀山乡持续加大财政保障，提升资金使用绩效，完成年度投资1257万元的民生实事项目。化解历史遗留问题，完成首批箬跳新村不动产权证发放。加强困难群体保障，累计发放各类救助、补助资金约249万元。开展各项卫健工作，为60周岁以上老年人提供家庭医生免费签约服务，完成签约1686人次，帮助患者代挂上级医院专科专家号865人次，进行一对一健康问题咨询574人次，提供免费血脂2项及血糖检测3015次。加强“一老一小”服务供给，完成幼儿园、敬老院、卫生院提升改造。示范型居家养老服务中心推出线上、线下点餐服务，对接社工志愿队伍，定期为老年人提供服务。加强成校教学工作，开设小笼包、鱼丸制作培训班和初级西式面点师培训班等。做好老年大学教育工作，完成智能手机技术应用能力培训10期，惠及老年人300余人。做大做强村集体经济，所有村经营性收入达50万元以上。

【村级集体经济发展示范项目】 2022年，秀山乡打造高质量发展建设共同富裕示范区海岛样板，推进村集体经济项目“飞地抱团”。秀北文体综合楼完成大楼主体工程，岱山县首批村级集体经济发展“揭榜挂帅”项目在秀山乡举行集中开工仪式。常石智慧化停车场启动建设被评为2022年舟山市村级集体经济发展示范项目。与浙江国际海运职业技术学院、浙江铭慧鲤想旅游开发有限公司共同搭建“政校企共建共同富裕”人才培养基地，深化协同育人机制。

【安全生产】 2022年，秀山乡推行“1+2+X”（1指应急管理委员会、2指安全生产委员会和防灾减灾救灾委员会、X指安全生产专业委员会、防汛防旱防台指挥部、减灾委员会、森林防灭火指挥部、消防安全委员会）应急管理工作机制，健全和完善8个专委会组织设置，与各村、各企业签订安全生产、消防、三防等责任书20余份，检查企业场所245家次，督促整改问题隐患600余项，下发整改通知书58份，立案处理4起，罚款4.80万元。全力开展出租房消防隐患专项整治行动，累计完成整治570余户。推进基层食安办迭代升级，完成全省五星级食安办创建。

【党建工作】 2022年，秀山乡开展红色根脉强基工程，运用“理论微课堂”、兰秀青年送学等方式，开展党的二十大精神理论宣讲。严格落实理论中心组学习制度，班子成员每月1次集中学习。拓展党员教育阵地，打造红色记忆馆。深化312培育计划，完成62家两新“4类企业”核查，夯实两新党组织建设。对照“五拼五争五抓”要求，从三个意识、三项能力、三个程度，对21名村“两委”干部综合素养进行考评。强化清廉村居建设，召开年度村“一肩挑”人员述责述廉考评会议，提升村干部履职尽责能力。修订和完善《秀山乡公务员平时考核评分细则》《秀山乡编外用工管理办法》，鼓励干部在急难险重中彰显先锋力量，推动干部能上能下。根据县委巡察“回头看”情况反馈意见，制定整改方案，明确责任人、整改措施和整改时限，完成问题整改11个，以监督执纪“第一种形态”处置18人，追回各项资金50万元。持续放大党建统领新优势，以“七张问题清单”机制推动117个难点堵点问题的整改。

【统战工作】 2022年，秀山乡妥善解决长寿禅院监院问题，成功完成长寿禅院监院工作交接。高度重视常态化巡查和消防安全检查工作，依靠“宗教智巡系统”全天候巡查、巡查人员不定时巡查、执法队立案处罚的“一体化”模式，全年共办理涉及宗教领域的相关行政处罚案件3起。积极寻找、吸收新乡贤，是年，共计寻回、吸收新乡贤10余人，新乡贤王东投资800万元，打造秀山首家高端民宿，借力乡贤会组建乡贤智囊团，完成“秀山变迁口述史料”编写55篇。发挥“兰秀助学帮困基金”帮扶作用，全年资助学生11人、3300元；捐助环卫工人51人次、15500元。

【基层治理】 2022年，秀山乡积极推进“八无”善治网格创建工作，配强网格团队，出台考评细则，提升秀山社会治理能力，以最小单元筑牢平安维稳、疫情防控屏障。开展安全隐患大排查，妥善解决企业欠薪等问题。持续推进扫黑除恶、防诈骗、反邪教等工作，确保社会持续和谐稳定。

【人大工作】 2022年，秀山乡强化全过程人民民主基层单元建设，相关工作受到省、市、县领导肯定。组织代表开展专题网格走访，累计收集社情民意100余条并移交政府相关部门。依托“小铺夜话”载体，邀请人大代表、企业安全生产负责人、群众就《浙江省安全生产条例（修订草案）》开展讨论，上报15条立法意见，有效传递基层立法声音。坚持一年两次听取和审议政府关于经济运行情况和财政预算执行情况的报告，针对秀山发展实际提出意见建议23条。舟山电视台、岱山电视台、《今日岱山》等新闻媒体报道秀山乡人大工作、人大制度和代表风采40余次，“浙江人大”“舟山人大”等微信平台及杂志刊物多次推送秀山乡人大履职成效和特色亮点工作，秀山乡“乡长有约”相关报道在新华网、人民网发表。

（尹天园）

衢山镇

【概况】 衢山镇地处岱山县东北部，岛域总面积73.06平方千米，海域面积3000多平方千米，本岛面积61.79平方千米，为舟山第五大岛。衢山下辖30个渔农村和1个城镇社区，常住人口49214人。是年，一般公共预算收入3.98亿元；工业总产值38.45亿元，其中规模以上工业总产值24.35亿元；完成固定资产投资20.13亿元，比上年增长363.3%；全镇海运总运力达93.28万吨，港口货物吞吐量持续保持亿吨以上；接待游客91.16万人次，创旅游收入12.82亿元。城镇和渔农村居民人均可支配收入比上年增长均在10%以上。

【战略项目建设】 2022年，衢山镇完成鼠浪湖征地等政策处理工作，保障国家大宗商品储运基地顺利推进。鼠浪湖矿石中转基地产能稳定释放，港口吞吐量突破7000万吨，混配矿加工量稳居全国第一。黄泽山一期151万立方米项目实现经营性收入2.56亿元，二期104万立方米项目建成投用，黄泽山至鱼山原油管道全线贯通。衢山国际海事服务基地产业园开工建设，桩基工程基本完工。保税船用燃料油加注实现常态化开展。全年累计成功招引海事服务、港航物流、特色餐饮、商贸服务、高端文旅等企业14家，引进市外资金7.82亿元。招商引资项目实缴地方税收约5600万元。

【项目投资建设】 2022年，总投资2.88亿元的衢山岛双龙湾风情渔港一期建设项目5个子项目全面进场施工，完成年度投资1.20亿元，亮化工程及立面改造成效显著。海景花园及万豪商业中心全面进场施工，衢山“迎宾大道”完成年度投资2500万元。衢山文体中心、东门户打造、衢港渔火风情街打造等项目完成方案设计。完成总投资573万元的衢山镇污水处理厂清洁排放工程。完成吉博力厂房、涨网套地块、双龙湾区域部分民房等优质资产收购（收储），为项目引进和产业发展打下基础。

【渔港经济区建设】 2022年，衢山镇总投资2.66亿元的衢山渔港经济区道路管网（二期）工程加快推进，道路、电力、给水等工程进场施工，完成总工程量的52%，完成年度投资1亿元。大衢渔港扩建工程完成交工验收，完成年度投资700万元。渔港经济区G1地块废弃矿山治理及生态修复工程进入景观绿化施工阶段，完成年度投资1200万元。大衢一级渔港升级改造工程完成总工程量的42%，完成年度投资2000万元。

【基础设施建设】2022年，衢山镇加快构建“一环一横一纵”干线路网体系，完成万良客运码头接线公路建设，西长沙至里高涂至外泥螺山公路部分路段建设完成。总投资2700万元的衢山片一期管网升级改造工程全面完成。完成樟套海塘强排泵站建设，投资800万元。完成三弄村、渔耕碗村、田涂村、万北村农污接户约950户，新建污水处理终端4处、污水提升泵站3处，完成总投资约1300万元。

【重要项目推进】2022年，衢山镇成功处置烂尾楼2处，并于是年12月底开工建设。整治无证无牌非法载客营运车辆18辆，消除存在20余年的道路交通安全隐患。开通岛斗通村班车，方便百姓出行。启动南扫基与马足岙口搬迁工作，改善百姓居住环境，完成南扫基民房资产评估、数据复核工作，并公布收储方案。

【民生实事工作】2022年，衢山镇完成地质灾害治理5处、应急排险点位治理13个。争取衢山专项共富资金3000万元，实施惠及全镇31个村社的惠民共富项目138项，累计修缮村级道路33条、总长达10.6千米；完成路灯亮化708盏、水井维护60口、护栏安装8.8千米等。向困难群体发放救助资金55.20万元，受益350人次，为9个偏远岙口2500余名老年村民提供送医、送药、送讲座等暖心服务67次。制定出台优秀教卫人才奖励办法，全年发放奖补资金200万元。全力推进国有企业房屋租金减免工作，惠及20家小微企业和个体工商户。打造“一村一基金一节目一队伍”，组建文艺队伍35支和非遗文化团队2支。在春节前，建成开放衢山电影院，首次引入全国同步院线。开展“喜迎二十大共走富裕路”等为主题的展演活动17场次、各类文体活动2380余场。

2022年，黄泽山一期151万立方米项目实现经营性收入2.56亿元，二期104万立方米项目建成投用（衢山镇　供图）

【城乡环境建设】2022 年，衢山镇顺利通过省级园林城镇、省级美丽城镇基本达标镇创建验收。实施系列美化绿化工程，投入 260 余万元完成长河路景观节点改造、林场片林及岛斗山体景观绿化工程，建成区园林绿地面积 99.33 公顷，全年新增绿化面积 9.52 公顷。完成总投资 180 万元的里太平河道生态景观工程，开展桂太河道清淤整治 1.50 千米。加强渔农村生活污水运维监管，完成污水标准化运维管理 51 处。深化垃圾分类管理，新设 5 处生活垃圾分类收集点，安装分类垃圾箱 130 只。

【数字化改革】2022 年，衢山镇依托衢山综合治理数字平台，通过物联感知设备、“岱山大联动平台”和“基层治理四平台”，实现三维地图实时数据展示。不断深化渔业智治，711 艘、24 米以上渔船精密智控系统及避碰设备完成安装升级，为 480 艘高危渔船安装天通卫星电话。

【“共富工坊”打造】2022 年，衢山镇打造“共富工坊”7 个，解决就业劳动力 700 余人，其中三弄村“五谷丰登”共富工坊获评全市精品示范共富工坊。以双龙湾区域打造为契机，盘活狗头颈、岛则山等区域闲置房屋 32 户，46 名老年人实现“以房养老”。完成总投资 500 万元的四平养老院提升工程，提高养老服务质量。全面完成大衢中学、敬业小学田径场提升工程。

【平安建设】2022 年，衢山镇全力推动疫情防控向“保健康、防重症”平稳转段，防疫政策调整前，衢山未发生一例本土确诊病例。全面启用第二人民医院新办公楼，发热门诊扩容改造至 7 个诊室，为全镇 60 周岁以上老年人累计免费发放防疫包 17426 个。深入开展帆张网高危渔船减船转产行动，全年共减船 94 艘，转产 3 艘。建成小型船厂标准化危险品仓库，完成居民小区内电动车集中充电装置安装 20 余个。注重提升全镇“灭初火”能力，全年消防警情比上年下降 22%。通过“12345”服务热线，回应、办结群众各类诉求 261 件。受理答复重点来信来访 43 件，处理涉渔纠纷 51 起，涉及金额 400 余万元。是年，罗家岙派出所获评全国公安机关爱民模范集体、全省清廉建设成绩突出单位。

【创城攻坚】2022 年，衢山镇研究出台《衢山镇创建全国县级文明城市“以奖代补”办法》，通过“以奖代补”的形式补齐环境卫生、基础设施、市政配套、公共服务、氛围营造等短板弱项，解决各村社创城工作实际需求。加大整治力度，共计投入创城经费约 2700 万元。围绕“干净、整洁、有序、宜居”目标，不定期集结动员各方志愿力量，对辖区主次干道、背街小巷、公共场所等重点区域存在的卫生环境问题开展集中整治，持续开展环境整治 2700 余次，完成问题点位整治 4300 余处，清理成片垃圾 1400 余处。

（刘哲源）

2022 年，衢山镇开展“喜迎二十大　共走富裕路”等为主题的展演活动 17 场次（刘哲源　摄）

责任编辑：赵悠燕

2022 年岱山县国民经济和社会发展统计公报

2022 年，面对内外环境的超预期变化，全县上下在县委县政府的坚强领导下，全面贯彻党的十九大、十九届历次全会和党的二十大精神，认真落实“疫情要防住、经济要稳住、发展要安全”重要指示，坚定信心，应变克难，科学精准地实施宏观政策，全年经济社会呈现高质量发展良好态势，海岛共富先行迈出坚实步伐，海岛现代化建设实现良好开局。

一、综合

2022 年末，全县户籍人口 168043 人，比上年末减少 2680 人，其中男性人口 83009 人，女性人口 85034 人。全年户籍出生人口 447 人，死亡人口 1721 人，人口自然增长率为 -7.5‰。迁入人口 575 人，迁出人口 1977 人，机械增长率为 -8.3‰。年末全县常住人口 21.15 万人，比上年末增加 0.17 万人。城镇化率为 70.5%，比上年提高 1.48 个百分点。

根据全省统一初步核算，全年全县地区生产总值 753.6 亿元，按可比价计算（下同），比上年增长 18%。其中，第一产业增加值 35.5 亿元，下降 4.6%；第二产业增加值 609.8 亿元，增长 22%；第三产业增加值 108.3 亿元，增长 7.5%。三次产业结构比例为 4.7∶80.9∶14.4。按常住人口计算，人均地区生产总值 357159 元，比上年增长 16.8%。

全年居民消费价格（CPI）比上年上涨 1.7%，其中食品烟酒类价格上涨 3.2%，服务项目价格下降 0.3%，消费品价格上涨 3.1%，商品零售价格上涨 3.3%。

全年新增城镇就业 6442 人，城镇失业人员再就业 1300 人，就业困难人员再就业 581 人，城镇登记失业率为 1.42%，比上年降低 0.36 个百分点。

全年新设企业 561 个，比上年增长 11.3%；新设个体工商户 1951 个，下降 0.3%。年末在册市场主体 18945 个，增长 7%，其中企业 4187 个，增长 6.1%。

全年财政总收入 28.18 亿元，扣除留抵退税因素后比上年增长 4%。一般公共预算收入 20.01 亿元，扣除留抵退税因素后增长 9%。一般公共预算支出 59.07 亿元，比上年增长 16.2%，其中，社会保障与就业支出增长 8.1%，公共安全支出增长 2.5%，教育支出增长 3.9%，住房保障支出增长 46.7%，科学技术支出增长 17.5%。

二、渔业

全年渔业总产值 63.55 亿元，按可比价计算，比上年下降

5.1%。水产品总产量30.50万吨，比上年下降6.2%，其中国内捕捞28.59万吨，下降4.5%。

2022年岱山县主要水产品产量表

表23

产品名称	绝对数（吨）	比上年增长（%）
一、水产品产量	304954	-6.2
其中，小黄鱼	30668	-17.9
带　鱼	43010	8.6
鲳　鱼	4335	-15.9
鲐　鱼	14392	69.2
梅　鱼	41010	11.6
海　鳗	6606	40.4
虾　类	45579	13.8
蟹　类	66190	-18.2
头足类	5419	-22.5

是年末，有渔业专业合作社14家。加大减船转产力度，共减船转产103艘，改造科技示范船55艘。积极引导渔民转产转业，渔民双转技能培训100人。年末有无公害农产品产地和产品认证企业7家，水产健康养殖示范场19家。

全年实际水产养殖面积613公顷，产量1.9万吨，分别比上年下降5.5%和25.7%。其中海水养殖面积567公顷，产量1.86万吨，分别下降3.2%和24%。

是年末，有机动渔船1715艘，比上年减少127艘，总吨位32.47万吨，总功率46.21万千瓦，分别比上年下降5.5%和5.7%。其中捕捞渔船1432艘，比上年减少119艘；总吨位27.47万吨，总功率32.29万千瓦，分别比上年下降6.4%和下降8.2%。

三、农林牧业

全年农业总产值2.23亿元，按可比价计算，比上年增长7.2%；林业总产值0.08亿元，下降8%；牧业总产值0.17亿元，增长34.8%。

全年粮食作物播种面积1138.47公顷，增长19.4%；产量0.45万吨，下降4.9%。园林水果播种面积439.33公顷，下降2.8%；产量0.77万吨，增长17%。蔬菜播种面积1442.33公顷，产量2.39万吨，分别增长3%和19.7%。茶叶播种面积65.93公顷，产量9.8吨，分别下降2.9%和5.3%。

全年造林面积33公顷，零星植树1万株，成林抚育面积167公顷。全年生猪饲养量25300头，比上年增长1.88倍。家禽饲养量4.9万只，比上年下降15.4%。肉类产量485吨，比上年增长51.6%，其中羊肉产量29吨，下降6.5%；禽肉产量49吨，下降37.2%；禽蛋产量46吨，比上年增长7%。

是年末，有市级以上农业龙头企业6家，绿色食品14个。2022年，农田有效灌溉面积1493公顷，其中节水灌溉面积380公顷。土地流转面积1400公顷，农地流转率54%。当年机耕面积1857.93公顷，比上年下降17.1%。全年化肥施用量（折纯）1113吨。

四、工业和建筑业

全年全县规模以上工业总

产值2469.90亿元，比上年增长59.6%，规模以上工业增加值比上年增长25.5%。规模以上工业中，高新技术产业增加值增长27.3%，占规模以上工业的95.8%；装备制造业增加值下降4.6%，占规模以上工业的4.6%；战略性新兴产业增加值下降37.3%，占规模以上工业的0.8%。规模以上工业企业六大主导行业实现总产值2434.77亿元，比上年增长61.1%，所占比重为98.6%。其中，石油化工业实现总产值2314.79亿元，所占比重为93.7%。

2022年岱山县规模以上工业六大产业情况表

表24

指　标	绝对数（亿元）	比上年增长（%）
规模以上工业总产值	2434.77	61.1
其中，船舶修造业	70.07	0.1
汽配制造业	24.63	15.9
水产加工业	5.62	73.8
石油化工业	2314.79	66.5
土砂石开采业	13.99	-33.9
水泥及制品业	5.67	9.6

全年规模以上工业企业资产总计3409.63亿元，实现利税总额305.38亿元，其中利润总额58.78亿元。新产品产值2340.63亿元，比上年增长65%；新产品产值率为94.8%，比上年提高2.9个百分点。

全年全县建筑业增加值28.03亿元，与上年持平。年末全县具有资质的总承包和专业承包建筑业企业31家，实现总产值增长14.1%；房屋建筑施工面积143.5万平方米，增长0.3%；房屋竣工面积21.75平方米，增长127.7%。

五、固定资产投资和房地产开发业

全年全县固定资产投资比上年下降9.8%，其中民间项目投资下降15.1%，高新技术产业投资下降11.8%，交通投资增长79.3%，生态环保、城市更新和水利设施投资增长53.9%。

分产业看，第一产业投资下降27.6%，第二产业投资下降17.3%，第三产业投资增长59.7%，其中，交通运输仓储邮政业投资增长74.3%，文教卫体娱乐业增长430.5%。

全年房地产开发投资比上年增长7.8%。全年房地产开发面积70.14万平方米，下降11.2%；商品房销售面积6.77万平方米，下降19.6%；是年末，商品房待售面积28.49万平方米，增长97.5%。

六、国内贸易和对外经济

全年全县实现社会消费品零售总额88.97亿元，比上年增长8%，限额以上社会消费品零售总额3.07亿元，增长16.6%。其中，限额以上城镇消费品零售额2.83亿元，增长16.4%；农村消费品零售额0.24亿元，增长17.7%。按消费类型统计，限额以上商品零售额1.46亿元，增长31.1%；餐饮业收入1.61亿元，增长5.6%。

全年批发和零售业商品销售总额159.46亿元，比上年增长31.6%，其中，限额以上批发和零售业商品销售额82.59亿元，增长122.1%。全年住宿和餐饮业营业额8.67亿元，增长5%，其中，限额以上住宿和餐饮业营业额2.71亿元，增长8.1%。

是年末，全县有商品交易市场13个。全年商品交易市场成交额6.42亿元，比上年增长0.8%。全年成交额超亿元的市场1个，实现成交额3.63亿元。

全年全县外贸进出口总额84.03亿元，比上年下降20.6%。出口额57.18亿元，增长3.2%。其中，船舶出口额42.23亿元，下降4.2%；水产品出口额4.03亿元，增长76.4%；汽配、微电机出口额10.30亿元，增长29.9%。进口额26.84亿元，下降46.7%。年末有自营进出口权的企业224家，其中，自营进出口额超200万美元的企业24家，分别增长6.7%和26.3%。

全年实际引进市外资金77.30亿元，实际利用外资9003万美元。全年自贸区内企业168家，其中外商投资企业17家，油品企业20家。

七、交通、港口和邮电业

全年全县货物运输总量6074万吨，比上年增长4.1%，货物运输周转量779.29亿吨，增长18.3%。全年旅客运输总量787万人，下降44.3%，旅客运输周转量19081万人千米，下降27.1%。是年末，有集装箱运输企业70家，比上年末增加3家；车辆数385辆，总吨位1.26万吨，分别比上年下降11.5%和11.4%。年末全县民用汽车拥有量27293辆，比上年末增长9.2%；其中私人汽车拥有量24158辆，比上年末增长10%。

是年末，有海运企业45家，在册营运货运船舶228艘，比上年末减少3艘；运力230.54万载重吨，比上年末增长5.6%。其中万吨级船舶55艘，比上年末增加5艘；运力189.49万载重吨，比上年末增长4.1%。

2022年岱山县交通客货运输量情况表

表25

指　标	单　位	绝对数	比上年增长（%）
一、货物运输总量	万吨	6074	4.1
陆路	万吨	1088	2.7
水路	万吨	4986	4.4
二、货物运输周转量	亿吨千米	779.29	18.3
陆路	亿吨千米	19.21	5.0
水路	亿吨千米	760.07	18.7
三、旅客运输总量	万人	787	-44.3
陆路	万人	536	-27.9
水路	万人	251	-62.5
四、旅客运输周转量	万人千米	19081	-27.1
陆路	万人千米	15083	-7.3
水路	万人千米	3998	-59.7

全年港口货物吞吐量20404万吨，比上年下降1%，其中市外港口货物吞吐量20300万吨，增长0.2%。其中，金属矿石吞吐量7015万吨，增长0.8%；石油、天然气及制品3653万吨，增长41.7%。年末全县有生产性泊位76个，其中万吨以上深水泊位23个。

全年邮政电信业务收入2.74亿元，比上年增长13.3%。其中邮政业务收入0.36亿元，增长12.1%；电信业务收入2.38亿元，增长13.3%。年末移动电话用户26.38万户，增长1.5%；年末互联网宽带接入用户数10.39万户，下降0.4%；完成代理速递业务量4.74万件，比上年增长1.1倍。

八、金融和保险业

2022年末，全县有各类金融机构27家。其中，银行业机构10家，保险业机构16家，小额贷款公司1家。年末全部金融机构本外币存款余额361.86亿元，比年初新增32.09亿元。其中，非金融企业存款余额47.29亿元，住户存款余款，213.22亿元。本外币贷款余额432.89亿元，比年初增加116.33亿元。其中，短期贷款余额52.42亿元，增加9.10亿元；中长期贷款余额360.35亿元，增加91.01亿元。

全年保险机构实现保费收入3.96亿元，比上年增长7.6%。其中财产险保费收入1.39亿元，增长9.5%；人身险保费收入2.57亿元，增长6.6%。全年赔款支出1.41亿元，增长30.3%；给付支出0.33亿元，增长5%。

九、人民生活和社会保障

根据城乡一体化住户调查，全年全体居民人均可支配收入58326元，比上年增长5.3%。全年城镇居民人均可支配收入64421元，比上年增长4.3%；城镇居民人均生活消费支出35387元，增长5.4%；恩格尔系数为32.3%，比上年下降0.1个百分点。全年农村居民人均可支配收入46115元，比上年增长7.1%；农村居民人均生活消费支出32103元，比上年增长7%；恩格尔系数为33.7%，比上年下降0.2个百分点。城镇、渔农村居民收入比为1.40∶1。年末城镇居民人均住房建筑面积47.2平方米，农村居民人均住房建筑面积57.27平方米。

是年末，全县参加职工基本养老保险单位2557家，比上年下降1.1%，参保人数111191人，增长1.6%；参加城镇职工基本医疗保险单位2528家，参保人数67183人，分别比上年增长6.6%和4%；参加失业保险的单位2451家，参保人数29933人，分别比上年增长2.3%和3%；工伤保险参保人数为56715人，比上年增长4.9%；参加生育保险的人数为40624人，增长31.8%；参加城乡居民养老保险人数40346人，下降3.8%；参加被征地农民基本养老保险391人，下降7.3%；参加城乡居民医疗保险人数10.28万人，参保率为99.5%；人均筹资水平1755.52元，增长6%。

是年末，全县有敬老院19所，社会福利院1所，床位2190张；有各类社会福利企业12家，残疾职工就业人数340人。年末有1931人纳入政府最低生活保障，其中城镇居民最低生活保障家庭户166户、190人；渔农村居民最低生活保障家庭户1475户、1741人；全年共发放纯低保金2051.30万元。城乡低保对象最低生活补助标准每人每月由910元提高到1035元。

十、科技、教育、文化、卫生和体育

2022年，全年组织实施省级项目84项、市级科技计划和科技合作项目2项。是年末，全县有高新技术企业21家、省级科技型企业27家、省级高新技术研发中心1家。全县新培育科技型中小企业27家，累计有科技型中小企业196家。发放创新券309万元。全年共授权专利248件，其中发明专利27件，分别比上年增长34.1%和237.5%。

是年末，有各类注册商标2050件，比上年增长2.3%，地理标志（包括证明、集体）商标2件，浙江制造团体标准7个，比上年增长16.7%。

是年末，有小学10所，小学在校生6184人；初中5所，初中在校生2750人，初中升高中段比例100%；高中2所，高中在校生1564人；职业技校在校生696人，毕业生212人；幼儿园18所，在园幼儿2894人。全县高中段学校高考考生516人，录取人数506人。全县有135人报名参加452课次自学考试，合格率为76.9%。全县义务教育标准化学校通过率100%。年末各学校配置计算机4660台，图书藏量68.21万册。

有3979人外来民工子女在县内就读，其中公办学校3979人，流动儿童少年入学率达100%。

是年末，有群众文化馆1个，文化站7个。全年组织举办展览227次；开展文艺活动969次；举办各类训练班747次，培训13942人次。有公共图书馆1个，藏书量39.98万册，比上年增长6.4%。有县级广播电视台1个，乡镇电视台4个，全年制作广播时间262.5小时，制作电视节目时间903.1小时。全县有有线电视用户数4.32万户。广播和电视人口综合覆盖率分别为100%和99.9%。

是年末，有医疗卫生机构108个，其中，县级医院3家，乡镇卫生院（社区卫生服务中心）7个，诊所医务室14个，村卫生室44个，社区卫生服务站5个。医疗机构开放床位593张。有卫生技术人员1339人，其中，执业（助理）医师591人，注册护士504人。全年总诊疗221.42万人次，其中接待医疗门诊急诊177.23万人次。全年累计报告传染病1991例。全年孕产妇433人，保健覆盖率为100%，孕产妇早孕建卡率94.5%，孕产妇死亡率为零。0～7岁儿童的保健覆盖率为99.6%。免费婚检率为81.8%。完成城乡居民健康体检3.81万人。

是年末，有文化礼堂74家，新建7家。全县共有体育场地585个，总场地面积达67.37万平方米。是年末，共创建省级社区多功能公共运动场17个，市级小城镇文体健身广场5个。全年共举办群众体育活动70次，参加人数14.2万人次，成功举办岱山县群众体育大会、“纸鸢传情迎端午”全县风筝大放飞等活动。全年共销售体育彩票4041万元。

十一、市政建设和新渔农村建设

是年末，建成区面积8.45平方千米，实有城市道路面积179.3万平方米。排水管道长度146.6千米，全年供水总量470.45万吨，天然气供气总量843.13万立方米。城市生活垃圾无害化处理率和资源化利用率均为100%。城市污水处理率为95.1%。年末有建成区园林绿地面积345.74公顷，其中，公园绿地面积128.86公顷；建成区绿化覆盖率44.4%，绿地率40.9%，人均公园绿地面积16.63平方米。

实施重大交通项目9个，完成年度投资10.50亿元，526国道岱山段、岱山交通集散中心、燕窝山客运中心、秀山环岛公路海岙至九子段建成投用，磨心山隧道、衢山环岛西线加快建设，入选全省交通服务共富第一批试点。

健全创城长效机制，全年共开展“烟蒂不落地”“文明出行”等专项行动38次，文明实践活动3.5万场。全年拆除违法建筑0.26万平方米，完成三改22.16万平方米。年末累计保障公共租赁住房家庭2709户，比上年增长15.2%，新增公共租赁住房保障家庭358户，增长11.9%。新建改造城市道路2.11千米，新增公共停车位1008个。

建成高亭镇、岱东镇市级美丽乡镇2个，小长涂入选全市“小岛你好”海岛共富行动首批示范岛，长涂镇倭井潭村、岱东镇涂口村创成省级未来乡村，高亭镇南浦村、秀山乡秀北村和衢山镇凉峙村入围省未来乡村试点。完成岱西镇双合村省历史文化重点村、省级“蓬莱乡韵”共同富裕示范带、“东海瀛洲·风情渔港”风景带打造。全县7个乡镇均创建为省级美丽乡村示范乡镇，岱山县荣获省新时代美丽乡村示范县“千万工程”殊荣。全覆盖实施渔农村垃圾分类，实现生活垃圾集中收集有效处理建制村比例100%。全县渔农村卫生厕所普及率为100%，渔农村累计粪便无害化处理率为99.8%。

十二、能源、环境和安全生产

2022年，全社会用电量119.42亿千瓦时，比上年增长57.9%。其中，工业用电114.33亿千瓦时，增长61.1%；城乡居民生活用电2.21亿千瓦时，增长16.9%。

全年环境空气质量优良率为98.1%。县级以上集中式饮用水源水质达标率为100%，水环境功能区水质达标率为100%。区域环境噪声平均等效声级53.2分贝，环境噪声达标区总面积6.86平方千米。

根据2022年度建设“平安浙江”群众安全感满意率调查结果显示，岱山县群众安全感综合满意率为98.5%。

统计表

2022 年岱山县人口与自然资源统计表

表 26

项目	
一、人口	2022 年，全县户籍人口总数 168043 人，户籍人口密度 515 人 / 平方千米
二、地理位置	北纬 30° 07′ —30° 38′ 东经 121° 31′ —123° 17′
三、区域总面积	东西长 169.6 千米，南北宽 57 千米，区域总面积 5242 平方千米，其中：海域面积 4915.5 平方千米，陆地面积 326.5 平方千米
四、岸线总长度	717 千米，其中水深 10 米以上 35.3 千米，水深 20 米以上 9.94 千米
五、岱山本岛面积	土地总面积 104.97 平方千米，为舟山群岛第二大岛

2017—2022 年岱山县经济社会发展主要指标统计表

表 27

指标	单位	年份						2022 年比上年增长（%）
		2017 年	2018 年	2019 年	2020 年	2021 年	2022 年	
GDP	亿元	185.6	201.5	247.8	424.2	530.8	753.6	18.0
其中，第一产业	亿元	39.5	41.0	39.3	36.0	35.6	35.5	-4.6
第二产业	亿元	71.0	76.3	124.5	294.7	393.3	609.8	22.0
第三产业	亿元	75.1	84.3	83.9	93.6	101.9	108.3	7.5
人均 GDP（按常住人口）	元	88986	94893	117512	203464	253842	357159	16.8
财政总收入	万元	231880	322701	262405	272640	312348	281757	-9.8
其中，一般公共预算收入	万元	155195	241540	176002	181290	203051	200134	-1.4
固定资产投资	亿元	257.1	385.5	432.4	467.2	516.1	465.8	-9.8
规模以上工业增加值增速	%	11.8	9.5	165.0	131.0	28.2	25.5	—
水产品产量	万吨	42.2	41.1	38.2	33.6	32.5	30.5	-6.2
港口货物吞吐量	万吨	9644	13233	14542	18667	20250	20300	0.2
外贸货物进出口总额	万元	965567	715536	963667	920313	1056477	840268	-20.6
其中，进口	万元	178650	209564	262752	206356	503358	268425	-46.7
出口	万元	786917	505971	700915	713957	553119	571843	3.2
社会消费品零售总额增速	%	10.7	8.8	8.7	-2.3	8.3	8.0	—
全社会用电量	万千瓦时	89881	90689	158192	490020	756227	1194217	57.9
其中，工业用电量	万千瓦时	52274	43128	44957	392170	709757	1143281	61.1

续表 27

指标	单位	年份						2022 年比上年增长（%）
		2017 年	2018 年	2019 年	2020 年	2021 年	2022 年	
金融机构存款余额（本外币）	亿元	223.6	244.8	261.4	315.8	329.8	361.9	9.7
金融机构贷款余额（本外币）	亿元	100.9	122.1	178.5	210.0	316.6	432.9	36.7
城镇居民人均可支配收入	元	46553	50192	54562	56646	61759	64421	4.3
农村居民人均可支配收入	元	30851	33860	36903	39238	43048	46115	7.1

2022 年岱山县高质量发展统计表

表 28

指标	单位	2022 年	比上年增长（%）
研究开发经费占 GDP 比重（2021 年）	%	3.5	增加 0.18 个百分点
规模以上工业新产品产值	亿元	2340.6	65.0
规模以上工业新产品产值率	%	94.8	提高 2.9 个百分点
规模以上工业高新技术制产业增加值增速	%	27.3	—
规模以上工业高新技术制产业增加值占规模以上工业增加值比重	%	95.8	增加 3.3 个百分点
规模以上工业战略性新兴产业增加值增速	%	-37.3	—
规模以上工业战略性新兴产业增加值占规模以上工业增加值比重	%	0.8	下降 1.8 个百分点
规模以上数字经济核心产业制造业增加值增速	%	-21.1	—
民间投资占固定资产投资比重	%	85.8	下降 5.3 个百分点
常住人口城镇化率	%	70.5	提高 1.48 个百分点

2022 年岱山县共同富裕统计表

表 29

指标	单位	2022 年	比上年增长（%）
居民人均可支配收入	元	58326	5.3
居民人均消费支出	元	34293	6.0
城乡居民人均可支配收入之比	—	1.40	缩小 0.03 个百分点
恩格尔系数（城镇）	%	32.3	下降 0.1 个百分点
恩格尔系数（农村）	%	33.7	下降 0.2 个百分点
城镇居民最低生活保障人数	人	190	7.3
渔农村居民最低生活保障人数	人	1741	-1.4
城镇居民最低生活保障金	元	1035	13.7
渔农村居民最低生活保障金	元	1035	13.7
城镇特困人数	人	11	57.1
渔农村特困人数	人	104	1.0

2022年岱山县户籍人口统计表

表30

指标	单位	2022年	2021年
总户数	户	75261	75805
总人口	人	168043	170723
按性别分			
其中，男	人	83009	84270
女	人	85034	86453
按年龄分			
其中，18岁以下	人	11248	12243
18～34岁	人	22899	25332
35～59岁	人	68510	69528
60岁以上	人	65386	63620
出生人数	人	447	477
出生率	‰	2.6	2.8
死亡人数	人	1721	1651
死亡率	‰	10.2	9.6
人口自然增长率	‰	-7.5	-6.8

2022年岱山县渔农村经济发展统计表

表31

指标	单位	2022年	比上年增长（%）
一、渔农业总产值	万元	661846	-4.6
其中，渔业	万元	635215	-5.1
农业	万元	22703	7.2
林业	万元	813	-8.0
牧业	万元	1789	34.8
二、水产品总产量	吨	304954	-6.2

2022年岱山县农作物面积和产量统计表

表32

指标	单位	2022年	比上年增长（%）
粮食播种面积	亩	17077	19.4
其中，晚稻	亩	3405	-36.1
经济作物播种面积	亩	31316	-1.5
粮食产量	吨	4523	-4.9
其中，晚稻	吨	1434	-42.4
花生产量	吨	435	-14.3
油菜籽产量	吨	497	12.8
茶叶产量	吨	9.8	-5.3
蔬菜产量	吨	23907	19.7
园林水果产量	吨	7723	17.0

2022年岱山县海洋渔业统计表

表33

指标	单位	2022年	比上年增长（%）
水产品总产量	吨	304954	-6.2
其中，国内捕捞	吨	285933	-4.5
远洋渔业	吨	0	0
海水养殖面积	公顷	567	-3.2
海水养殖产量	吨	18589	-24.0
	艘	1715	-6.9
机动渔船	吨	324674	-5.5
	千瓦	462064	-5.7
	艘	1437	-7.6
其中，生产渔船	吨	274830	-6.4
	千瓦	323258	-8.2
	艘	278	-2.8
辅助渔船	吨	49844	-0.5
	千瓦	138806	0.7

2022年岱山县水产品产量统计表

表34

指标	2022年（吨）	比上年增长（%）
一、水产品产量	304954	-6.2
其中，小黄鱼	30668	-17.9
带鱼	43010	8.6
鲳鱼	4335	-15.9
鲐鱼	14392	69.2
鮸鱼	6652	-10.0
海鳗	6606	40.4
虾类	45579	13.8
蟹类	66190	-18.2
头足类	5419	-22.5
其中，淡水产品产量	432	-62.3

2022年岱山县规模以上工业主要指标统计表

表35

指标	单位	2022年	比上年增长（%）
工业总产值	万元	24699039	59.6
其中，大中型工业	万元	23837277	61.3
私营经济	万元	748089	-5.0
重工业	万元	24613366	59.7
轻工业	万元	85673	28.6
工业销售产值	万元	24584611	76.7

续表 35

指标	单位	2022 年	比上年增长（%）
工业出口交货值	万元	3264120	93.6
工业增加值增速	%	25.5	—
其中，高新技术产业	%	27.3	—
战略性新兴产业	%	-37.3	—
民营企业	%	27.1	—
数字经济核心产业制造业	%	-21.1	—

2022 年岱山县规模以上工业主要产品产量统计表

表 36

产品名称	单位	2022 年	比上年增长（%）
民用钢质船舶	万载重吨	78.5	-23.1
冷冻水产品	万吨	1.1	-17.8
船舶修理	万载重吨	2203.7	-5.0
化学纤维	吨	2292	39.5
商品混凝土	万立方米	156.2	-30.5

2022 年岱山县规模以上主要行业工业总产值统计表

表 37

指标	2022 年（万元）	比上年增长（%）
一、工业总产值	24347732	61.1
其中，船舶工业	700741	0.1
汽配制造	246281	15.9
水产加工	56160	73.8
石化产业	23147908	66.5
土砂石开采	139926	-33.9
水泥制品制造	56717	9.6

2022 年岱山县规模以上工业企业主要经济效益指标统计表

表 38

指标	单位	2022 年	比上年增长（%）
企业单位数	个	71	
其中，亏损企业	个	16	23.1
营业收入	万元	24651370	77.8
营业成本	万元	20787772	126.6
税金及附加	万元	1850675	126.6
销售费用	万元	50768	1.2
管理费用	万元	148050	7.7
研发费用	万元	645400	61.5
财务费用	万元	519399	34.6
利润总额	万元	587808	-79.6

续表 38

指标	单位	2022 年	比上年增长（%）
亏损企业亏损额	万元	154812	23.5
资产总计	万元	34096345	10.0
流动资产合计	万元	10224411	12.7
应收账款	万元	871647	4.7
产成品存货	万元	570315	35.8
本年折旧	万元	1174801	67.2
负债总计	万元	24905610	11.3
应交增值税	万元	615290	19.1 倍
应付职工薪酬	万元	428567	35.2
平均用工人数	人	24465	9.0
工业总产值	万元	24699039	59.6
其中，新产品产值	万元	23406319	65.0

2022 年岱山县港口与海运统计表

表 39

指标	单位	2022 年	比上年增长（%）
生产性泊位	个	76	5.6
其中，万吨以上泊位	个	23	0
港口货物吞吐量	万吨	20404	-1.0
其中，市外货物吐吞量	万吨	20300	0.2
石油	万吨	3653	41.7
金属矿石	万吨	7015	0.8
矿建材料	万吨	7549	-10.0
其中，外贸货物吞吐量	万吨	4192	5.1
海运企业	家	45	9.8
海上货运净载重量	万吨	230.54	5.6

2022 年岱山县全社会客货运输统计表

表 40

指标	单位	2022 年	比上年增长（%）
一、客运量	万人	787	-44.3
其中，水运	万人	251	-62.5
陆运	万人	536	-27.9
二、客运周转量	万人千米	19081	-27.1
其中，水运	万人千米	3998	-59.7
陆运	万人千米	15083	-7.3
三、货运量	万吨	6074	4.1
其中，水运	万吨	4986	4.4
陆运	万吨	1088	2.7

续表 40

指标	单位	2022 年	比上年增长（%）
四、货运周转量	亿吨千米	779.29	18.3
其中，水运	亿吨千米	760.07	18.7
陆运	亿吨千米	19.21	5.0

2022 年岱山县全社会民用车辆拥有量统计表

表 41

指标	2022 年（辆）	比上年增长（%）
全社会民用车辆拥有量	30501	10.2
其中，民用汽车拥有量	27293	9.2
私人汽车拥有量	24158	10.0
一、大中型汽车	1235	-1.4
其中，客车	321	6.6
货车	914	-3.9
二、小微型汽车	25905	9.8
其中，客车	24392	10.5
货车	1513	-0.5
三、其他汽车	153	2.0
四、摩托车	2706	27.3

2022 年岱山县邮政业务统计表

表 42

指标	单位	2022	比上年增长（%）
邮政业务收入	万元	3640.32	12.1
订阅报纸累计数	万份	239.2	-4.7
订阅杂志累计数	万份	21.46	50.7
邮政储蓄平均余额	万元	157132.83	17.7
集邮业务量	万枚	3.3	-12.9
函件	万件	7.19	28.9
包件	万件	10.05	-4.6
汇票	万笔	0.01	-50.0
特快	万件	4.74	112.6
邮政局（所）数	处	10	0
代理速递业务量	万件	4.74	112.6
其中，国际及港澳台特快专递	万件	0.01	0.1

2022年岱山县固定资产投资统计表

表43

指标	比上年增长（%）
一、固定资产投资增速	-9.8
其中，民间项目投资	-15.1
交通投资	79.3
生态环保和公共设施投资	53.9
高新技术产业	-11.8
基础设施投资	56.9
房地产开发投资	7.8
第二产业增速	-17.3
第三产业增速	59.7
其中，交运仓储邮政业	74.3
二、房地产房屋施工面积	-11.2
其中，住宅面积	-23.6
商品房销售面积增速	-19.6

2022年岱山县国内贸易统计表

表44

指标	2022年（万元）	比上年增长（%）
一、社会消费品零售总额	889698	8.0
限额以上社会消费品零售总额	30749	16.6
其中，批发业	1620	23.7
零售业	12963	29.5
住宿业	4445	29.9
餐饮业	11722	0.8
二、批发零售住宿餐饮业		
批发零售业销售额	1594574	31.6
其中，批发业	1331663	35.6
零售业	262910	12.8
住宿餐饮业营业额	86685	5.0
其中，住宿业	34172	10.6
餐饮业	52512	1.7
三、限额以上批发零售住宿餐饮业		
限额以上批发零售业销售额	825853	122.1
其中，批发业	811859	124.9
零售业	13994	28.2
限额以上住宿餐饮业营业额	27059	8.1
其中，住宿业	14913	14.7
餐饮业	12147	0.9

2022 年岱山县对外贸易统计表

表 45

指标	2022 年（万元）	比上年增长（%）
一、外贸进出口总额	840268	-20.6
进口总额	268425	-46.7
出口总额	571843	3.2
其中，船舶	422291	-4.2
水产品	40263	76.4
汽配、微电机	102962	29.9
玩具	5414	-13.8

2022 年岱山县自由贸易统计表

表 46

指标	单位	2022 年	比上年增长（%）
自贸区内企业数	家	168	16.7
实际利用外资	万美元	8703	2.1
港口货物吞吐量	万吨	20130	0.2
固定资产投资	万元	4059059	-14.3
外贸货物进出口总额	万元	21268327	83.8

注：外贸货物进出口总额统计口径为自贸区内经营的所有企业

2022 年岱山县财政金融保险统计表

表 47

指标	2022 年（万元）	比上年增长（%）
一、财政总收入	281757	-9.8
二、公共财政预算收入	200134	-1.4
三、公共财政预算支出	590725	16.2
四、金融机构本外币存款余额	3618563	9.7
其中，本外币住户存款	2132191	20.7
金融机构人民币存款余额	3605858	9.9
其中，人民币住户存款	2127496	20.8
五、金融机构本外币贷款余额	4328865	36.7
金融机构人民币贷款余额	4328854	36.8
其中，工业贷款	2362408	56.2
建筑业贷款	42789	52.3
交通运输、仓储和邮政业贷款	254874	11.4
个人贷款	916575	3.1
六、保费收入	39597	7.6
其中，财产险	13909	9.5
人身险	25688	6.6

2022年岱山县城镇居民生活统计表

表48

指标	单位	2022年	比上年增长（%）
一、城镇居民人均可支配收入	元	64421	4.3
其中，工资性收入	元	45452	4.2
经营净收入	元	5990	4.1
财产净收入	元	3278	4.7
转移净收入	元	9701	4.8
二、城镇居民人均生活消费支出	元	35387	5.4
其中，食品烟酒	元	11428	5.1
衣着	元	3610	4.8
居住	元	4283	5.7
生活用品及服务	元	2525	5.4
交通和通信	元	3603	6.1
教育文化娱乐	元	4237	5.9
医疗保健	元	3560	5.5
其他商品和服务	元	2141	5.3
三、恩格尔系数	%	32.3	下降0.1个百分点
四、年末人均住房建筑面积	平方米	47.20	1.1
五、每百户家庭耐用消费品拥有量			
其中，固定电话	部	10	-16.7
移动电话	部	217	0
家用电脑	台	53	1.9
空调	台	179	0

2022年岱山县渔农村居民生活统计表

表49

指标	单位	2022年	比上年增长（%）
一、农村居民人均可支配收入	元	46115	7.1
其中，工资性收入	元	24797	7.2
经营净收入	元	8910	6.9
财产净收入	元	5385	6.7
转移净收入	元	7023	7.6
二、农村居民人均生活消费支出	元	32103	7.0
其中，食品烟酒	元	10834	6.6
衣着	元	2826	5.1
居住	元	5798	7.7
生活用品及服务	元	1774	6.8
交通和通信	元	2636	8.4
教育文化娱乐	元	3676	7.1
医疗保健	元	3188	7.4
其他商品和服务	元	1371	7.0

续表 49

指标	单位	2022 年	比上年增长（%）
三、恩格尔系数	%	33.7	下降 0.2 个百分点
四、年末人均住房建筑面积	平方米	57.27	0.5
五、每百户家庭耐用消费品拥有			
其中，固定电话	部	6	-25.0
移动电话	部	197	0
家用电脑	台	17	-5.5
空调	台	141	2.2

2022 年岱山县文化、教育、卫生、计划生育统计表

表 50

指标	单位	2022 年
一、学校数	所	19
其中，高中	所	2
初中	所	5
小学	所	10
职业中学	所	1
电大	所	1
二、在校学生数	人	11614
其中，高中	人	1564
初中	人	2750
小学	人	6184
职业中学	人	696
电大	人	420
三、文化馆（站）	个	7
四、卫生机构（含村卫生室）	个	108
五、住院床位数	张	593
六、卫生技术人数（含村卫生室）	人	1339
七、已婚育龄妇女	人	21100

2022 年岱山县就业、社会保障统计表

表 51

指标	单位	2022 年	比上年增长（%）
一、新增城镇就业岗位	个	816	-15.1
城镇登记失业率	%	1.42	下降 0.36 个百分点
二、参加职工基本养老保险人数	人	111191	1.6
参加城镇职工基本医疗保险人数	人	67183	4.0
失业保险参保人数	人	29933	3.0
工伤保险参保人数	人	56715	4.9
生育保险参保人数	人	40624	31.8
参加城乡居民养老保险人数	人	40346	-3.8

续表51

指标	单位	2022年	比上年增长（%）
参加城乡居民医疗保险人数	人	102765	-2.6
户籍人口基本医疗保险参保率	%	99.5	0
四、城镇居民最低生活保障家庭户	户	166	-6.7
人数	人	190	7.3
渔农村居民最低生活保障家庭户	户	1475	-0.8
人数	人	1741	-1.4
渔农村特困人数	人	104	1.0

2022年岱山县能源消费、环境和安全生产统计表

表52

指标	单位	2022年	比上年增长（%）
一、电力消费			
全社会用电量	万千瓦时	1194217	57.9
第一产业	万千瓦时	658	19.0
第二产业	万千瓦时	1145194	60.8
其中，工业	万千瓦时	1143281	61.1
第三产业	万千瓦时	26269	6.1
城乡居民生活用电量	万千瓦时	22095	16.9
二、环境			
其中，城市污水集中处理率	%	95.1	提高2.2个百分点
城市生活垃圾无害化处理率	%	100	0
渔农村卫生厕所普及率	%	100	0
人均公园绿地面积	平方米	16.63	2.4
三、安全生产			
生产安全事故	起	9	-25.0

2022年岱山县研究与试验发展活动统计表

表53

指标	单位	2017年	2018年	2019年	2020年	2021年	2022年
研究与试验发展经费支出	亿元	3.1	1.2	2.3	12.8	18.6	22.8
研究与试验发展经费支出占GDP比重	%	1.53	0.54	0.92	3.32	3.5	3.03
从事科技活动人员	万人年	0.05	0.05	0.07	0.10	0.06	0.05

2022 年岱山县主要指标统计表

表 54

指标	单位	2022 年	比上年增长（%）
GDP	亿元	753.6	18.0
规模以上工业总产值	亿元	2469.9	59.6
规模以上工业增加值	亿元		25.5
固定资产投资	亿元	465.8	-9.8
财政总收入	亿元	28.2	-9.8
一般公共预算收入	亿元	20.0	-1.4
地方税收收入	亿元	13.8	-8.6
社会消费品零售总额	亿元	89.0	8.0
水产品总产量	万吨	30.5	-6.2
港口货物吞吐量	万吨	20300	0.2
实际利用外资	万美元	9003	100.0（完成进度）
实际到位市外资金	亿元	77.3	103.1（完成进度）
城镇居民人均可支配收入	元	64421	4.3
农村居民人均可支配收入	元	46115	7.1
规模以上服务业营业收入	亿元	40.1	-7.6
进出口总额	亿元	84.0	-20.6
出口总额	亿元	57.2	3.2
规上工业研发费用	亿元	64.5	61.5

附 录
Appendix

领导简介

周国岭 男，1969年9月出生，浙江舟山人。1991年8月参加工作，1994年4月加入中国共产党。浙江师范大学体育教育专业毕业，教育学学士学位；浙江师范大学与澳大利亚伊迪斯科文大学教育管理专业毕业，研究生学历，教育学硕士学位。

1987年9月至1991年7月，在浙江师范大学体育教育专业学习，本科毕业，获教育学学士学位。1991年8月至1998年8月，在舟山市普陀区普陀中学任教，曾任政教处主任。1998年8月至2000年12月，任舟山市普陀区普陀中学副校长。2000年12月至2003年4月，任舟山市普陀区教育局副局长、党委委员。2003年4月至2004年7月，任舟山市普陀区教育局副局长、党委副书记、纪委书记。2004年7月至2006年6月，任舟山市普陀区虾峙镇党委副书记、镇长。2006年6月至11月，任舟山市普陀区科技局副局长、党组成员（正科级）。2006年11月至2007年3月，任舟山市普陀区教育局局长。2007年3月至2009年7月，任舟山市普陀区教育局局长、党委书记。2009年7月至10月，任舟山市普陀区教育工委书记、普陀区教育局局长、党组书记。2009年10月至2012年3月，任舟山市普陀区发展和改革局局长、党委书记（其间，2010年5月至2011年12月，浙江师范大学与澳大利亚伊迪斯科文大学教育管理专业学习，获研究生学历、教育学硕士学位）。2012年3月至2013年9月，任舟山市发展和改革委员会副主任、党组成员。2013年9月至2015年7月，任舟山市发展和改革委员会副主任、市发展和改革委员会（统计局）党组成员、市招商中心主任。2015年7月至2016年11月，任中共岱山县委常委、岱山县人民政府副县长、党组副书记，县委政法委员会副书记（兼）、县行政学校校长（兼）。2016年11月至2017年1月，任中共岱山县委副书记、岱山县人民政府副县长、代县长、县政府党组书记，县委政法委员会副书记（兼）、县行政学校校长（兼）。2017年1月至2月，任中共岱山县委副书记、岱山县人民政府副县长、代县长、县政府党组书记。2017年2月至2019年8月，任中共岱山县委副书记、岱山县人民政府县长、党组书记。2019年8月至2022年4月，任中共岱山县委书记。2022年4月至2023年3月，任舟山市人民政府副市长、中共岱山县委书记。2023年3月起，任舟山市人民政府副市长。

郁曙军 男，1970年12月出生，浙江岱山人。1990年8月参加工作。1992 年 5 月加入中国共产党。中央党校函授学院经济管理专业毕业，大学学历。

1988 年 9 月至 1990 年 7 月，在浙江省人民警察学校公安治安专业学习。1990 年 8 月至 1994 年 1 月，在岱山县公安局岱中派出所任民警。1994 年 1 月至 1995 年 10 月，任岱山县公安局岱东派出所副政治指导员。1995 年 10 月至 1997 年 1 月，任岱山县公安局高亭城郊派出所副政治指导员。1997 年 1 月至 1998 年 2 月，任岱山县公安局高亭城郊派出所所长。1998 年 2 月至 1999 年 6 月，在岱山县委组织部工作（1998 年 7 月任副主任科员）。1999 年 6 月至 2001 年 7 月，任岱山县长涂镇党委副书记、纪委书记（其间，1995 年 7 月至 2001 年 6 月，自考中国人民公安大学公安管理专业在职大专学习）。2001 年 7 月至 2002 年 11 月，任岱山县衢山镇党委副书记（2001 年 11 月起，为正局级干部）。2002 年 11 月至 2003 年 1 月，任岱山县衢山镇党委副书记、镇长候选人，衢山经济发展试验区管委会副主任。2003 年 1 月至 2006 年 3 月，任岱山县衢山镇党委副书记、镇长，衢山经济发展试验区管委会副主任。2006 年 3 月至 2007 年 1 月，任岱山县岱东镇党委书记（其间，2004 年 8 月至 2006 年 12 月，中央党校函授学院经济管理专业在职大学学习）。2007 年 1 月至 12 月，任岱山县岱东镇党委书记、人大主席。2007 年 12 月至 2008 年 3 月，任岱山县东沙镇党委书记、人大主席候选人。2008 年 3 月至 2009 年 6 月，任岱山县东沙镇党委书记、人大主席。2009 年 6 月至 2011 年 11 月，任岱山县海洋与渔业局局长、党委书记。2011 年 11 月至 2013 年 10 月，任岱山县委办公室主任。2013 年 10 月至 2015 年 3 月，任岱山县委县政府办公室主任（其间，2014 年 9 月至 12 月，参加舟山市中青年干部培训班学习）。2015 年 3 月至 4 月，任政协岱山县委员会副主席、岱山县委县政府办公室主任。2015 年 4 月至 2016 年 3 月，任政协岱山县委员会副主席、党组成员、岱山县委县政府办公室主任。2016 年 3 月至 11 月，任岱山县政府副县长、党组成员、岱山县委县政府办公室主任。2016 年 11 月至 2020 年 5 月，任岱山县政府副县长、党组成员。2020 年 5 月至 7 月，任中共岱山县委常委、岱山县政府副县长、衢山镇党委书记、衢山经济发展试验区管委会主任。2020 年 7 月至 2021 年 12 月，任中共岱山县委常委、衢山镇党委书记、衢山经济发展试验区管委会主任。2021 年 12 月至 2022 年 2 月，任中共岱山县委常委、县政府党组成员。2022 年 2 月起，任中共岱山县委常委、岱山县人民政府副县长、党组成员。

吴志琴 女，1970 年 11 月出生，浙江岱山人。1992 年 8 月参加工作，1997 年 11 月加入中国共产党。厦门大学生物系细胞生物学专业毕业，大学学历，理学学士学位。

1988 年 9 月至 1992 年 7 月，在厦门大学生物系细胞生物学专业学习，获理学学士学位。1992 年 8 月至 1998 年 4 月，在岱山县计划经济委员会工作。1998 年 4 月至 2000 年 8 月，任岱山县计划经济委员会（统计局、对外贸易经济合作局）外经外资科副科长。2000 年 8 月至 2001 年 8 月，任岱山县计划经济委员会（统计局、对外贸易经济合作局）副主任（副局长）、党委委员。2001 年 8 月至 2003 年 7 月，任岱山县经济贸易局副局长、党委委员（其间，2002 年 8 月至 11 月，参加舟山市中青年干部培训班学习）。2003 年 7 月至 8 月，任岱山县岱东镇党委副书记、镇长候选人。2003 年 8 月至 2006 年 6 月，任岱山县岱东镇党委副书记、镇长。2006 年 6 月至 12 月，任岱山县民政局副局长（正科）、党组副书记。2006 年 12 月至 2016 年 7 月，任岱山县民政局局长、党组书记（其间，2005 年 9 月至 2007 年 9 月，复旦大学旅游学系旅游管理专业研究生课程进修班学习）。2016 年 7 月至 2017 年 2 月，任岱山县交通运输局局长、党委书记，县疏港公路工程建设管理办公室副主任（兼），舟山市港航管理局岱山分局局长（2016 年 8 月任）。2017 年 2 月至 2019 年 3 月，任岱山县政府副县长、党组成员。2019 年 3 月至 2020 年

1月，任岱山县政府党组成员（保留副县级待遇）。2020年1月至2022年2月，任政协第九届岱山县委员会副主席、党组成员。2022年2月起，任岱山县人大常委会副主任、党组成员。

夏　昊　男，1969年4月出生，浙江岱山人。1989年8月参加工作，无党派人士。浙江水产学院海水养殖专业毕业，大学学历，农学学士学位，工程师任职资格。

1985年9月至1989年7月，在浙江水产学院海水养殖专业学习，大学毕业，获农学学士学位。1989年8月至1995年12月，在岱山水产养殖总公司工作。1995年12月至2001年9月，在江、浙、闽一带从事育苗技术服务工作（其间，1995年12月至1998年5月停薪留职；1998年5月至2001年8月下岗）。2001年9月至10月，任岱山县广播电视台招聘记者。2001年10月至2004年3月，在岱山县水产养殖办公室水产养殖研究所工作。2004年3月至2007年10月，在岱山县海洋与渔业局工作(2005年11月，任办公室副主任)。2007年10月至2008年3月，任岱山县岱西镇副镇长候选人。2008年3月至2012年2月，任岱山县岱西镇副镇长。2012年2月至2013年5月，任岱山经济开发区管委会副主任。2013年5月至2014年2月，任岱山县长涂镇镇长候选人（其间，2013年6月至9月，挂职于天津滨海新区天津港保税区、天津空港经济区管委会任发展和改革局局长助理）。2014年2月至2016年8月，任岱山县长涂镇镇长（其间，2014年9月至12月，参加舟山市中青年干部培训班学习）。2016年8月至2017年2月，任岱山县发展和改革局副局长、岱山县统计局局长。2017年2月至5月，任政协岱山县委员会副主席、县发展和改革局副局长、县统计局局长。2017年5月至2022年2月，任政协岱山县委员会副主席。2022年2月起，任岱山县人大常委会副主任。

张正道　男，1967年6月出生，浙江岱山人。1990年8月参加工作，1995年4月加入中国共产党。浙江大学汉语言文学专业毕业，大学学历，文学学士学位。

1986年9月至1990年6月，在浙江大学汉语言文学专业学习。1990年8月至1995年12月，在岱山县人大办公室工作。1995年12月至1996年3月，任秀山乡乡长助理。1996年3月至1999年6月，任秀山乡副乡长。1999年6月至12月，任秀山乡党委委员、副乡长。1999年12月至2001年8月，任岱山县风景旅游管理局（旅游总公司）副局长、副经理、党组成员。2001年8月至2003年4月，任岱山县旅游局副局长、党组成员。2003年4月至2005年4月，任岱山县委办公室副主任、史志办公室主任（兼）。2005年4月至2007年8月，任岱山县委办公室副主任（正科）、史志办主任（兼）。2007年8月至10月，任岱山县审计局局长、党组副书记、史志办主任（兼）。2007年10月至12月，任岱山县审计局局长、党组副书记。2007年12月至2017年2月，任岱山县审计局局长、党组书记。2017年2月至5月，任岱山县财政局局长、党组书记。2017年5月至2018年7月，任岱山县财政局（地税局）局长、县财政局党组书记。2018年7月至2019年1月，任岱山县财政局局长、党组书记。2019年1月至6月，任岱山县财政局局长、党组书记，县政府国有资产监督管理办公室主任。2019年6月至2021年12月，任岱山县财政局局长、党组书记，县政府国有资产监督管理办公室主任、四级调研员。2021年12月至2022年2月，任岱山县财政局局长、县政府国有资产监督管理办公室主任、四级调研员。2022年2月起，任岱山县人大常委会副主任、党组成员。

董海斌　男，1968年1月出生，浙江岱山人。1988年8月参加工作，2000年5月加入中国共产党。浙江教育学院高师汉语言文学专业毕业，大学学历。

1986年9月至1988年7月，在舟山师范专科学校中文专业学习，大专毕业。1988年8月至2001年12月，任岱山县四平中学教师（其间，1997年4月至2000年12月，在浙江教育学院高师汉语言文学专业在职大学学习；1999年7月至2001年7月借调到岱山县四平乡政府工作，2001年7月至12月借调到岱山县衢山镇政府工作）。2001年12月至2009年7月，在岱山县人大办公室工作（其间，2007年8月至2009年1月，下派到岱西镇任镇长助理）。2009年7月至2010年4月，任衢山镇党委委员。2010年4月至2011年1月，任衢山镇副镇长候选人。2011年1月至2012年7月，任衢山镇副镇长。2012年7月至12月，任衢山镇党委委员、副镇长。2012年12月至2015年8月，任衢山镇党委委员、副镇长、衢山经济发展试验区管委会副主任。2015年8月至2019年1月，任岱山经济开发区管委会主任、党组书记。2019年1月至3月，任岱山县政府党组成员、县政府办公室主任。2019年3月至2020年1月，任岱山县政府党组成员、县政府办公室主任、县政府机关党组书记。2020年1月至2022年2月，任岱山县委办公室主任（其间，2020年7月晋升一级主任科员，2021年4月晋升四级调研员）。2022年2月起，任岱山县人大常委会副主任、党组成员。

唐燕妮　女，1972年11月出生，浙江岱山人。1997年8月参加工作，无党派人士。浙江海洋学院汉语言文学专业毕业，大学学历。

1994年9月至1997年7月，在舟山师范专科学校汉语言文学教育专业学习，大专毕业。1997年8月至2007年10月，任岱山县东沙中学教师（2001年9月至2004年11月任教科室主任，2004年11月至2007年10月任教导主任，其间，2001年7月至2004年7月，浙江海洋学院汉语言文学专业在职大学学习）。2007年10月至2011年11月，任岱山县妇女联合会副主席。2011年12月至2016年2月，任岱山县科学技术协会主席（其间，2012年9月至12月，参加舟山市中青年干部培训班学习）。2016年2月至2017年3月，任岱山县科学技术协会主席、县社会主义学校副校长（兼）。2017年3月至11月，任岱山县人大教育科技文化卫生与民族宗教侨务外事工作委员会主任。2017年11月至2019年1月，任岱山县人大教育科技文化卫生与民族宗教侨务外事工作委员会主任，东沙镇副镇长候选人（兼）（2018年1月副镇长〈兼〉）。2019年1月至11月，任岱山县民政局局长、县退役军人事务局局长。2019年11月至2022年2月，任岱山县教育局局长（其间，2020年7月晋升一级主任科员，2021年1月晋升四级调研员）。2022年2月起，任岱山县副县长（其间，2012年1月，当选政协第八届岱山县委员会常务委员；2017年2月至2019年1月当选岱山县第十六届人大常委会委员）。

方　明　男，1974年10月出生，浙江岱山人。1993年8月参加工作，1998年7月加入中国共产党。宁波教育学院教育学（小学教育）专业毕业，大学学历。

1990年9月至1993年7月，在舟山师范学校普师专业学习，中专毕业。1993年8月至2002年7月，任岱山县岱西镇中心小学教师，1999年9月起，任岱西镇前岸小学校长（其间，1997年9月至2001年7月，中央广播电视大学小学教育文史方向专业在职大专学习）。2002年7月至2004年9月，任岱山实验学校教师。2004年9月至2005年9月，任岱山县东沙小学副校长（其间，2002年9月至2005年6月，宁波教育学院教育学小学教育专业在职大学学习）。2005年9月至2008年2月，任岱山县东沙小学校长。2008年2月至2010年12月，任岱山县高亭中心小学校长。2010年12月至2016年3月，任岱山县高亭镇党委委员。2016年3月至2017年8月，任岱山县高亭镇党委副书记。2017年8月至2018年1月，任岱山县高亭镇党委副书记、镇长候选人。2018年1月至2019年1月，任岱山县高亭镇党委副书记、镇长。2019年1月至2020年12月，任岱山县综合行政执法局局长、党组书记，县城市管理局局长。2020年12月至2021年12月，任岱山县发展和改革局局长、党组书记。2021年12月至2022年2月，任岱山县衢山镇党委书记、衢山经济发展试验区管委会主任。2022年2月起，任岱山县政府副县长、党组成员，衢山镇党委书记、衢山经济发展试验区管委会主任。

夏红艳　女，1967年3月出生，浙江岱山人。1987年8月参加工作，无党派人士。浙江丝绸工学院丝绸系丝织专业毕业，大学学历，工学学士学位，工程师任职资格。

1983年9月至1987年7月，在浙江丝绸工学院丝绸系丝织专业学习，大学毕业，获工学学士学位。1987年8月至1996年1月，在岱山县丝织厂工作，先后任技术员、技术科副科长、科长。1996年1月至1997年6月，任岱山县水产供销总公司对港山冷冻厂财务会计。1997年6月至1998年11月，任岱山县乡镇企业局副局长。1998年11月至1999年1月，任岱山县泥峙镇镇长助理。1999年1月至2001年8月，任岱山县泥峙镇副镇长。2001年8月至2002年1月，任岱山县东沙镇政府负责人（副局级，主持工作）。2002年1月至2003年11月，任东沙镇镇长。2003年11月至2005年4月，任岱山县发展计划局副局长（正科）、县物价局局长。2005年4月至2006年12月，任岱山县发展和改革局（统计局）副局长（正科）、物价局局长。2006年12月至2007年2月，任岱山县经济贸易局局长。2007年2月至2009年3月，任政协岱山县委员会副主席、县经济贸易局局长。2009年3月至2017年2月，任政协岱山县委员会副主席。2017年2月至2022年2月，任岱山县人大常委会副主任。2022年2月起，任政协岱山县委员会副主席。

张松军　男，1972年10月出生，浙江舟山人。1992年8月参加工作，民革会员。四川农业大学高新技术与管理专业毕业，大学学历。

1988年9月至1992年7月，在浙江省宁波农业学校农业专业学习，中专毕业。1992年8月至1994年7月，在舟山市定海区农林水利局石礁农技站工作（干部）。1994年7月至1995年9月，在舟山市农林局临城病毒测报站工作（干部）。1995年9月至2001年10月，在舟山市定海区农经技术推广中心站工作（干部）。2001年10月至2005年4月，在舟山市定海区农林局产业信息科工作（干部）（其间，2003年12月起，浙江大学农业推广专业在职自考大专学习）。2005年4月至2008年3月，任舟山市定海区农林局产业信息科副科长（其间，2003年10月至2006年2月，四川农业大学农业高新技术与管理专业在职网络教育大学学习）。2008年3月至2011年7月，任舟山市定海区农林局执法大队大队长、政策法规科科长，2009年12月为审批科科长（其间，2009年6月至8月，挂职浙江省林业厅政策法规处）。2011年7月至2012年4月，任舟山市定海区农林局办公室主任（其间，2011年9月至10月参加定海区年轻干部培训班学习，2011年11月晋升为副主任科员）。2012年4月至2014年9月，任舟山市定海区农业投资开发有限公司副董事长、总经理。2014年9月至2016年3月，任舟山市定海区白泉镇副镇长人选（期间，2015年3月，任副镇长）。2016年3月至2017年9月，任舟山市定海区白泉镇副镇长、总工会主席。2017年9月至2019年3月，任舟山市定海区招商局局长。2019年3月至2022年2月，任舟山市定海区投资促进中心主任。2022年2月起，任政协岱山县委员会副主席。

组织机构及负责人名录

中共岱山县委

书　　记　周国岭（续—　）
副 书 记　卢建波（续—　）
　　　　　徐　新（续—　）
常　　委　周国岭（续—　）
　　　　　卢建波（续—　）
　　　　　徐　新（续—　）
　　　　　陈华清（续—　）
　　　　　方海英（续—　）
　　　　　徐剑锋（续—2022.11）
　　　　　王锡兵（续—　）
　　　　　叶　军（续—　）
　　　　　郁曙军（续—　）
　　　　　张　杰（续—　）
　　　　　张春华（续—　）
　　　　　郑　虎（续—　）

岱山县人大常委会

主　　任　沈兆幸（续—　）
副 主 任　蔡松岳（续—2022.2）
　　　　　夏红艳（女，续—2022.2）
　　　　　王雅珠（女，续—2022.2）
　　　　　童信宇（续—2022.2）
　　　　　孔德科（续—　）
　　　　　吴志琴（女，2022.2—　）
　　　　　夏　昊（2022.2—　）
　　　　　张正道（2022.2—　）
　　　　　董海斌（2022.2—　）

岱山县人民政府

代 县 长　卢建波（续—2022.2）
县　　长　卢建波（2022.2—　）
副 县 长　陈华清（续—　）
　　　　　郁曙军（2022.2—　）
　　　　　赵丁义（续—2022.2）
　　　　　赵红波（续—　）
　　　　　赵　璞（续—　）
　　　　　王海峰（续—　）
　　　　　唐燕妮（女，2022.2—　）
　　　　　方　明（2022.2—　）
　　　　　宫钦飞（挂职，续—2022.12）
　　　　　江建能（挂职，续—　）

政协岱山县委员会

主　　席　陈海平（续—　）
副 主 席　方信伦（续—　）
　　　　　俞赛飞（女，续—　）

吴志琴（女，续—2022.2）
夏红艳（女，2022.2— ）
夏　昊（续—2022.2）
邬建芬（女，续—2022.2）
张松军（2022.2— ）
秘 书 长　杨增富（续— ）

中共岱山县纪委

书　　记　张　杰（续— ）
副 书 记　戴巨斌（续— ）
顾仲立（续— ）
常　　委　张　杰（续— ）
戴巨斌（续— ）
顾仲立（续— ）
金平宽（续— ）
钟时洪（续— ）
孙海滨（续— ）
刘红梅（女，续— ）

岱山县监委

代 主 任　张　杰（续—2022.2）
主　　任　张　杰（2022.2— ）
副 主 任　戴巨斌（续— ）
顾仲立（续— ）
委　　员　金平宽（续—2022.1）
钟时洪（2022.1— ）
王志俊（2022.1— ）
毛文君（2022.1— ）
刘红梅（女，续— ）

县委办公室及相关单位

县委办公室

主　　任　董海斌（续—2022.2）
姚　斌（2022.2— ）
副 主 任　姚　斌（续—2022.2）
戎金军（续—2022.4）
虞全达（续—2022.4）
姚旭东（续— ）
沈海明（兼，续— ）
杨岱斌（续—2022.6）
周代燕（女，续—2022.1）
马仁庭（2022.4— ）
陆　艇（2022.4— ）
鲁科杰（2022.4— ）
张亚娟（女，2022.4— ）
罗思科（2022.6— ）
姚志勇（兼，2022.8— ）

县政策研究中心

主　　任　戎金军（续—2022.4）
马仁庭（2022.4— ）
副 主 任　孙　磊（续— ）
马仁庭（续—2022.4）
张亚娟（女，2022.4— ）

县委县政府信访局

局　　长　姚旭东（续— ）
副 局 长　黄　山（兼，续— ）
郑小芬（女，续— ）
任敏捷（续— ）
丁　海（兼，续— ）
赵行炯（续— ）
何博磊（2022.4— ）

县委台湾工作办公室

主　　任　陈建华（续—2022.1）
　　　　　姚　斌（兼，2022.8—　）
副 主 任　郭备战（续—　）

县档案馆（史志研究室）

党组书记、馆长、主任
　　　　　沈海明（续—　）
副 馆 长　徐嘉和（续—　）
　　　　　徐　晶（续—　）

县人民代表大会

法制与监察司法委员会

主任委员　朱　波（续—2022.2）
　　　　　曹啸海（2022.2—　）

财政经济委员会

主任委员　曹啸海（续—2022.2）
　　　　　殷　杰（2022.2—　）
副主任委员　翁燕敏（女，续—　）

教育科技文化卫生与民族宗教侨务外事委员会

主任委员　李中望（续—2022.2）
　　　　　周四海（2022.2—　）

渔农业与渔农村委员会

主任委员　唐松标（续—　）

城乡建设与环境资源保护委员会

主任委员　祝海浩（续—　）

社会建设委员会

主任委员　余志君（续—2022.2）
　　　　　黄必胜（2022.2—　）

县人大常委会工作部门

县人大常委会机关党组

书　　记　周四海（续—2022.1）
　　　　　余志君（2022.1—　）

县人大办公室

主　　任　周四海（续—2022.2）
　　　　　余志君（2022.2—　）
副 主 任　孔德大（续—　）
　　　　　鲁科杰（续—2022.4）
　　　　　宋永军（续—2022.2）
　　　　　林浩杰（2022.6—　）

研究室

主　　任　金央欢（续—2022.2）
　　　　　赵行一（2022.2—　）
副 主 任　夏侠群（女，续—　）
　　　　　林浩杰（续—2022.6）

代表与选举任免工作委员会

主　　任　黄必胜（续—2022.2）
　　　　　冯秋朗（2022.2—　）
副 主 任　乌林毅（续—　）
　　　　　张建晖（续—　）

法制与监察司法工作委员会

主　　任　朱　波（续—2022.2）
　　　　　曹啸海（2022.2—　）
副 主 任　刘曙毅（续—　）

社会建设工作委员会

主　　任　余志君（续—2022.2）
　　　　　黄必胜（2022.2—　）
副 主 任　邱晓定（续—2022.1）
　　　　　宋永军（2022.2—　）

王国巨（2022.6—　）

教育科技文化卫生与民族宗教侨务外事工作委员会

主　　任　李中望（续—2022.2）
周四海（2022.2—　）
副 主 任　祝劲松（续—　）
张　帆（续—　）

财政经济工作委员会

主　　任　曹啸海（续—2022.2）
殷　杰（2022.2—　）
副 主 任　董明海（续—　）

渔农业与渔农村工作委员会

主　　任　唐松标（续—　）
副 主 任　於旱年（续—　）
黄海平（续—　）

城乡建设与环境资源保护工作委员会

主　　任　祝海浩（续—　）
副 主 任　柳海红（续—　）

县政府办公室及相关单位

县政府机关党组

书　　记　褚波挺（续—　）

县政府办公室

主　　任　褚波挺（续—　）
副 主 任　刘思常（续—2022.1）
罗优海（兼，续—　）
黄　山（续—　）
童永波（兼，续—　）
朱祝军（兼，续—　）
朱　军（续—2022.6）
陈静波（续—　）
张　华（续—　）
李坤波（续—　）
沈飞腾（续—　）
王　华（续—2022.6）
邬明伟（2022.1—　）
高　音（女，2022.6—　）
刘　岑（2022.8—　）

县政府外事办公室

主　　任　褚波挺（兼，2022.8—　）

县大数据管理中心

党组书记、主任
朱祝军（续—　）
副 主 任　吴常波（续—　）
陈　立（续—　）
陈小波（2022.10—　）
巩　昀（挂职，续—　）

县委县政府接待中心

主　　任　陈静波（续—　）

县政府驻定海办事处

主　　任　丁　海（续—　）

政协岱山县委员会工作部门

政协岱山县委员会机关党组

书　　记　杨增富（续—　）
副 书 记　樊忠正（续—　）

县政协办公室

主　　任　樊忠正（续—　）
副 主 任　陶　沙（续—　）
夏　英（女，续—2022.2）
黄建娜（女，续—　）
张　超（2022.11—　）

提案委员会

主　　任　苏益华（续—2022.2）
　　　　　方　莲（女，2022.2—2022.3）
副 主 任　曾国良（2022.2—　）
　　　　　何　雅（女，续—　）

委员工作委员会

主　　任　徐宇伟（续—　）
副 主 任　王　佩（女，续—　）

经济科技委员会

主　　任　殷　杰（续—2022.2）
　　　　　俞海啸（2022.2—　）
副 主 任　黄永敏（续—　）
　　　　　柴志军（续—　）
　　　　　朱华章（续—　）

港澳台侨与社会和法制委员会

主　　任　翁国龙（续—2022.2）
　　　　　刘思常（2022.2—　）
副 主 任　李世波（续—　）
　　　　　姚良军（续—　）

文史资料与教文卫体委员会

主　　任　管晓军（续—2022.2）
　　　　　苏益华（2022.2—　）
副 主 任　殷光涛（2022.11—　）
　　　　　毛文伟（续—　）
　　　　　姜海斌（续—2022.2）

农业与人口资源环境委员会

主　　任　林雪飞（女，续—2022.2）
　　　　　翁国龙（2022.2—　）
副 主 任　柳兆军（续—　）
　　　　　王宽宏（续—　）

县委各部门及有关单位

县委组织部

部　　长　徐剑锋（续—2022.11）
常务副部长　冯秋朗（续—2022.1）
　　　　　王　斐（女，2022.1—　）
副 部 长　冯仁冠（续—2022.1）
　　　　　王　斐（女，续—2022.1）
　　　　　徐武尧（续—2022.4）
　　　　　於国安（2022.4—　）
　　　　　金　磊（续—2022.10）
　　　　　高岱龙（续—2022.6）
　　　　　康晓婕（女，2022.1—　）
　　　　　薛鹏举（2022.8—　）
　　　　　金克难（兼，2022.10—　）

县委机构编制委员会办公室

主　　任　王　斐（女，续—2022.1）
　　　　　康晓婕（女，2022.1—　）
专职副主任　罗思科（续—2022.6）

县委直属机关工作委员会

书　　记　徐剑锋（兼，续—　）
常务副书记　徐武尧（续—2022.4）
　　　　　於国安（2022.4—　）
专职副书记　曾唯君（2022.10—　）
纪检监察工委书记
　　　　　虞金达（2022.4—　）

县委离退休干部工作委员会

书　　记　冯仁冠（续—2022.1）
　　　　　薛鹏举（2022.8—　）

县委老干部局

局　　长　冯仁冠（续—2022.1）
　　　　　薛鹏举（2022.8—　）

县委新经济与新社会组织工作委员会

书　　记　高岱龙（续—2022.6）
　　　　　於国安（2022.8—　）
专职副书记　夏　冰（续—　）
副 书 记　戴树建（兼，2022.8—　）
　　　　　周　骞（兼，2022.8—　）
　　　　　赵加挺（兼，2022.8—　）

县公务员局

局　　长　冯秋朗（续—2022.1）
　　　　　王　斐（女，2022.1—　）

县人才发展服务中心

主　　任　殷光亮（续—2022.4）
　　　　　姚富斌（2022.4—　）

县委宣传部

部　　长　郑　虎（续—　）
常务副部长　陈惠芬（女，续—2022.8）
　　　　　韩毅艇（2022.8—　）
副 部 长　韩毅艇（续—2022.8）
　　　　　姜君轶（续—　）
　　　　　谢卫君（兼，续—　）
　　　　　郑元丹（挂职，续—2022.8）

县精神文明建设指导中心

主　　任　韩毅艇（续—　）
副 主 任　虞平国（续—　）
　　　　　夏斌溶（女，兼，续—　）
　　　　　傅元元（女，2022.4—　）

县新闻出版局

局　　长　姜君轶（续—　）

县委网络安全和信息化委员会办公室

主　　任　姜君轶（2022.8—　）
专职副主任　陈海敏（续—　）

县融媒体中心

党组书记　谢卫君（续—　）
党组副书记　张琼尹（女，2022.8—　）
主　　任　谢卫君（续—　）
副 主 任　任　栋（续—　）
　　　　　陆双燕（女，续—　）
　　　　　夏斌溶（女，续—　）

县广播电视台

台　　长　谢卫君（续—　）

县委统战部

部　　长　方海英（女，续—　）
常务副部长　王建江（续—　）
副 部 长　徐增奎（续—2022.6）
　　　　　俞海啸（续—2022.6）
　　　　　李文国（续—　）
　　　　　朱志迪（2022.6—　）
　　　　　朱　军（2022.6—　）

县民族宗教事务局

局　　长　李文国（续—　）

县委政法委员会

书　　记　徐　新（兼，续—　）
常务副书记　夏　明（续—　）
副 书 记　陈华清（兼，续—　）
　　　　　王海峰（兼，续—　）
　　　　　徐　军（续—　）
　　　　　於　娜（女，2022.4—　）
政治处主任　曾国良（续—2022.1）
　　　　　丁仕辉（2022.1—　）

县委巡察工作领导小组办公室

主　　任　金平宽（续—　）
副 主 任　陆海伟（续—2022.8）
　　　　　林梁宇（2022.8—　）

县委巡察组

组　　　长　厉家海（续—2022.8）
　　　　　　王二波（续—　）
　　　　　　姜兰兰（女，续—2022.6）
　　　　　　徐增奎（2022.6—　）
　　　　　　方　磊（2022.8—　）
副　组　长　徐明杰（续—　）
　　　　　　余成表（续—　）
　　　　　　邹银岱（续—　）

县委党校

校　　　长　徐剑锋（兼，续—　）
党委书记、副校长
　　　　　　於国安（续—2022.4）
常务副校长　戎金军（2022.4—　）
副　校　长　邱林军（续—　）
　　　　　　马虹莹（女，续—　）
教　育　长　姚志勇（续—2022.8）

县行政学校

校　　　长　陈华清（续—　）

县纪委、县监委派驻机构

县纪委、县监委驻县委办公室纪检监察组

组　　　长　於忠波（续—2022.8）
　　　　　　孙常岳（2022.8—　）
副　组　长　吴　刚（续—　）
　　　　　　刘剑刚（续—　）

县纪委、县监委驻县政府办公室纪检监察组

组　　　长　孙常岳（续—2022.6）
　　　　　　於忠波（2022.8—　）
副　组　长　娄安军（续—　）
　　　　　　李世杰（续—　）

县纪委、县监委驻县委组织部纪检监察组

组　　　长　虞全达（2022.4—　）
副　组　长　费常元（续—　）

县纪委、县监委驻县委宣传部纪检监察组

组　　　长　孔宏波（续—　）
副　组　长　张一华（续—　）

县纪委、县监委驻县发展和改革局纪检监察组

组　　　长　方　磊（续—2022.8）
　　　　　　陆海伟（2022.8—　）

县纪委、县监委驻县财政局纪检监察组

组　　　长　潘明明（续—　）
副　组　长　王光明（续—　）

县纪委、县监委驻县教育局纪检监察组

组　　　长　黄锡龙（续—　）

县纪委、县监委驻县公安局纪检监察组

组　　　长　周　磊（续—　）

县纪委、县监委驻县农业农村局纪检监察组

组　　　长　金　能（续—　）

县纪委、县监委驻县卫生健康局纪检监察组

组　　　长　林梁宇（续—2022.8）
　　　　　　陈碧娜（女，2022.8—　）

县纪委、县监委驻县人民法院纪检监察组

组　　　长　黄平军（续—2022.1）
　　　　　　徐　华（2022.4—　）

县纪委、县监委驻县人民检察院纪检监察组

组　　　长　龚祥松（续—　）

法院　检察院

县人民法院

党组书记　曹　敏（女，续—　）
代 院 长　曹　敏（女，续—2022.2）
院　　长　曹　敏（女，2022.2—　）
副 院 长　曹　敏（女，续—2022.2）
费存华（续—2022.2）
齐　路（续—　）
马剑慧（续—　）
政治部主任　蒲华峰（女，续—2022.1）
黄平军（2022.1—　）
执行局局长　赵友剑（续—　）

县人民检察院

党组书记　黄志刚（续—　）
党组副书记　杨　飞（2022.1—　）
代检察长　黄志刚（续—2022.2）
检 察 长　黄志刚（2022.2—　）
副检察长　黄志刚（续—2022.2）
杨　飞（续—　）
王恩军（续—2022.2）
金海波（续—2022.2）
费存华（2022.2—　）
刘永忠（2022.2—　）
姚芳萍（女，挂职，2022.2—　）
政治部主任　林博渊（续—　）

县政府各部门及有关单位

县发展和改革局

党组书记、局长
黄飞跃（续—　）
副 局 长　刘　天（续—2022.1）
刘佩芬（女，续—2022.6）
於　娜（女，续—2022.4）
徐佳杰（2022.1—　）
郑鉴珂（2022.4—　）
裴露霞（女，2022.6—　）
总经济师　郑鉴珂（续—2022.4）
王　瑜（2022.4—　）

县金融发展中心

主　　任　朱一云（续—　）

县委社会建设委员会

主　　任　徐　新（兼，2022.2—　）
第一副主任　陈华清（兼，2022.2—　）
副 主 任　黄飞跃（2022.2—，主持工作）
专职副主任　冯　波（2022.1—　）

县经济和信息化局

党组书记、局长
刘世峰（续—　）
党组副书记　刘　斌（续—　）
朱德耀（续—　）
副 局 长　赵琪海（续—　）
朱德耀（续—　）
金　晖（续—　）
张海红（女，续—2022.4）
郑浩杰（2022.4—　）
孙　斌（挂职，续—　）
周元超（挂职，续—2022.10）
总工程师　张孟杰（续—　）

县科学技术局

局　　长　刘　斌（续—　）
副 局 长　朱德耀（续—　）
康晓婕（女，续—2022.1）
奚宇锋（2022.1—　）

县商务局

局　　长　刘世峰（续—　）

县粮食和物资储备局

局　　　长　刘世峰（续—　）

中国国际贸易促进委员会岱山县委员会

会　　　长　刘世峰（续—　）
副　会　长　张海红（女，续—2022.4）
专职副会长　应　婴（女，2022.1—　）

县科技创新中心

主　　　任　康晓婕（女，续—2022.1）
　　　　　　奚宇锋（2022.1—　）

县委教育工作委员会

书　　　记　徐　新（2022.10—　）
专职副书记　翁行波（2022.10—　）
副　书　记　王　斐（女，兼，2022.10—　）
　　　　　　韩毅艇（兼，2022.10—　）
　　　　　　金　磊（兼，2022.10—　）

县教育局

党 委 书 记　殷光涛（续—2022.10）
　　　　　　金　磊（2022.10—　）
党委副书记　翁行波（续—　）
局　　　长　唐燕妮（女，续—2022.2）
　　　　　　殷光涛（2022.2—2022.11）
　　　　　　金　磊（2022.11—　）
副　局　长　殷光涛（续—2022.2）
　　　　　　王义波（续—　）
　　　　　　陈清清（2022.1—　）
总　督　学　郭央松（续—　）

县公安局

党委书记、局长
　　　　　　王海峰（续—　）
党委副书记、政治委员
　　　　　　缪　琳（续—　）
党委副书记　黄成达（续—2022.8）
　　　　　　高　峰（2022.8—　）
副　局　长　高　峰（续—2022.8）
　　　　　　王贤海（续—　）
　　　　　　王岳伟（续—　）
　　　　　　赖侣丞（续—　）
　　　　　　刘吉仁（续—　）
　　　　　　夏陆军（2022.8—　）
督　察　长　王海峰（续—　）
政治处主任　徐双燕（女，续—　）

县公安局海防缉私大队

大　队　长　孙　权（续—　）
政治教导员　史彦波（续—　）

县民政局

党 组 书 记　毛文仕（续—2022.4）
　　　　　　周荣华（2022.4—　）
党组副书记　周荣华（2022.1—2022.4）
局　　　长　王建挺（续—2022.2）
　　　　　　周荣华（2022.2—　）
副　局　长　毛文仕（续—2022.4）
　　　　　　金永国（续—　）
　　　　　　赵加挺（续—　）
　　　　　　贺治皓（挂职，续—2022.10）

县退役军人事务局

局　　　长　王建挺（续—2022.1）
　　　　　　周荣华（2022.1—　）

县退役军人服务中心

主　　　任　徐德才（续—　）

县司法局

党 组 书 记　徐　新（兼，续—2022.1）
　　　　　　周代燕（女，2022.1—　）
局　　　长　毛　华（续—　）
副　局　长　周代燕（女，2022.1—　）
　　　　　　钟　芳（续—　）

华波湧（续—　）
政治处主任　洪军波（续—　）

县行政复议局

局　　长　毛　华（续—　）

县财政局

党委书记　柴忠堂（2022.4—　）
党委副书记　吴常波（2022.4—　）
党组书记　柴忠堂（续—2022.4）
党组副书记　吴常波（续—2022.4）
局　　长　张正道（续—2022.2）
柴忠堂（2022.2—　）
副 局 长　袁欣芝（女，续—　）
郑　辰（续—　）
王旭丹（女，续—　）
总会计师　马兆儿（续—　）

县政府国有资产监督管理办公室

主　　任　张正道（续—2022.2）
柴忠堂（2022.2—　）

县人力资源和社会保障局

党组书记　金　磊（续—　）
金克难（2022.10—　）
局　　长　金　磊（续—2022.11）
金克难（2022.11—　）
副 局 长　何盛波（续—　）
何　燕（女，续—　）
於国君（续—2022.8）
陆康杰（2022.8—　）

县社会保险事业管理中心

主　　任　何盛波（续—　）

县自然资源和规划局

党委书记、局长
金安业（续—　）
党委副书记、副局长
林安杰（兼，续—　）
纪委书记　郑央桥（续—　）
副 局 长　赵仕龙（续—　）
洪　涛（续—2022.8）
张　涛（续—　）
武　汉（续—　）
总规划师　刘生波（续—　）

县林业局

局　　长　金安业（续—　）

县住房和城乡建设局

党组书记、局长
殷　军（续—　）
党组副书记　金央欢（兼，续—　）
副 局 长　陈信久（续—2022.8）
董惊雷（续—　）
陈玉燕（女，续—　）
顾信苗（2022.1—　）
总工程师　叶海平（续—　）

县人民防空办公室

主　　任　殷　军（续—　）

县民防局

局　　长　殷　军（续—　）

县住房保障和房产管理中心

主　　任　汪武杰（续—　）

县交通运输局

党组书记、局长
王成东（续—　）
党组副书记　戴树建（续—　）
副 局 长　戴树建（续—　）
郑　勇（续—　）
石宏峰（续—　）

总 工 程 师　闻　学（续—　）

县交通运输行政执法队

队　　　长　王成东（续—　）
专职副队长　陈　超（续—　）

县公路与运输管理中心

主　　　任　胡淑君（续—　）

县农业农村局

党组书记、局长
　　　　　　李明波（续—　）
党组副书记、副局长
　　　　　　王一琛（女，续—　）
副 局 长　黄宇平（续—　）
　　　　　　李军涛（续—　）
　　　　　　修海峰（续—　）
　　　　　　戎平波（2022.8—　）
总 工 程 师　许海波（续—　）

县乡村振兴局

局　　　长　李明波（续—　）

县水利局

局　　　长　李明波（续—　）

县农业综合行政执法队

队　　　长　李明波（续—2022.8）
专职副队长　戎平波（续—2022.8）

县文化和广电旅游体育局

党组书记、局长
　　　　　　李仲仪（续—2022.6）
　　　　　　高岱龙（2022.6—　）
副 局 长　王　勇（续—2022.8）
　　　　　　徐飞波（续—　）
　　　　　　赵柯艳（女，续—　）
　　　　　　沈良努（2022.8—　）

县文化市场综合行政执法队

队　　　长　李仲仪（续—2022.6）
专职副队长　沈良努（续—2022.8）

县文物局

局　　　长　李仲仪（2022.2—2022.6）
　　　　　　高岱龙（2022.6—　）

县委卫生健康工作委员会

书　　　记　刘国凯（续—　）
副 书 记　陈玮琪（女，续—2022.2）
　　　　　　倪明君（2022.4—　）
　　　　　　洪传坤（兼，续—　）

县卫生健康局

党组书记、局长
　　　　　　刘国凯（续—　）
党组副书记　陈玮琪（女，续—2022.2）
　　　　　　倪明君（2022.4—　）
副 局 长　桂敏明（续—　）
　　　　　　虞吉寅（续—　）
　　　　　　俞海跃（续—　）

县医疗保障局

局　　　长　刘国凯（续—　）

县医疗保障管理服务中心

主　　　任　王国巨（续—2022.6）
　　　　　　萧　海（2022.6—　）

县应急管理局

党 委 书 记　周荣华（续—2022.1）
　　　　　　张超艳（女，2022.1—　）
局　　　长　周荣华（续—2022.2）
　　　　　　张超艳（女，2022.2—　）
副 局 长　叶鸿宾（续—　）
　　　　　　郑海伦（续—　）

黄富岳（续— ）
史智伟（续— ）
牟 杰（挂职，2022.1— ）
总工程师 崔鹏程（续— ）

县消防救援大队

大 队 长 刘启金（续—2022.4）
杨海潮（2022.4— ）
教 导 员 卢后根（续— ）

县审计局

党组书记、局长
於芬红（女，续— ）
副 局 长 周 凯（续— ）
陆燕华（女，续— ）
总审计师 李芸芸（女，续— ）

县市场监督管理局

党组书记、局长
刘海峰（续— ）
副 局 长 刘剑刚（续— ）
王明沪（续— ）
邬明伟（续—2022.1）
钟海松（续— ）
何羽宇（女，续— ）
朱 韵（女，挂职，2022.1— ）

县市场监管行政执法队

大 队 长 冯秋华（2022.8— ）

县市场监管综合行政执法大队

大 队 长 冯秋华（续—2022.8）

县统计局

党组书记、局长
周 鑫（续— ）
副 局 长 殷志边（续— ）
夏挺雷（续— ）
总统计师 贝 君（女，续— ）

县综合行政执法局

党组书记 沈宏海（续— ）
局 长 王建挺（2022.2— ）
副 局 长 沈宏海（续— ）
彭孝忠（续— ）
查依芬（女，续— ）
郑凡潞（续—2022.1）
沈海江（续— ）

县城市管理局

局 长 王建挺（2022.1— ）

县综合行政执法指导办公室

主 任 王建挺（2022.1— ）

县海洋与渔业局

党组书记、局长
李志勇（续— ）
党组副书记 柳永未（续— ）
副 局 长 柳永未（续— ）
陈 明（续— ）
郑 烨（续— ）
王 君（续— ）
李广志（续— ）

县海洋行政执法局

局 长 李志勇（续— ）

市生态环境局岱山分局

党组书记、局长
赵平海（续— ）
副 局 长 韩永波（续— ）
盛世苏（续— ）
汤剑波（续— ）
总工程师 任剑盛（续— ）

县生态环境保护行政执法队

专职副队长　顾华军（续—　）

县政务服务办公室

党组书记　陈华清（兼，续—　）
党组副书记、主任
　　朱志迪（续—2022.6）
　　刘佩芬（女，2022.6—　）
副主任　童　颖（续—　）
　　吕　辉（续—　）
　　凌王女（女，续—　）
　　金煜哲（2022.1—　）

市公共资源交易中心岱山县分中心

主　　任　童　颖（2022.1—　）

县机关事务管理中心

党组书记　罗优海（2022.8—　）
党组副书记　厉家海（2022.8—　）
主　　任　罗优海（续—　）
副主任　姚明华（续—　）
　　林　峰（续—　）
　　林　坚（续—　）

县供销合作社联合社理事会

党委书记、主任
　　於建光（续—　）
副主任　苏海军（续—　）
监事会主任　戎海波（续—　）

县投资促进中心

党组书记、主任
　　蒋伟若（续—　）
副主任　吴红焱（续—　）
　　裴露霞（女，续—2022.6）
　　金煜哲（续—2022.1）
　　林鉴渊（续—　）
　　金　凤（女，兼，续—　）
　　张　宁（2022.1—　）
　　陆晶晶（女，2022.6—　）

县市场管理服务中心

主　　任　虞宏权（续—　）

衢山经济发展试验区管委会

主　　任　方　明（续—　）
副主任　张群海（兼，续—　）
　　赵行一（续—2022.1）
　　於辉军（续—　）
　　毛其锋（2022.10—　）

岱山经济开发区工作委员会

党工委书记　叶　军（续—　）
党工委副书记
　　徐风华（续—　）
　　刘　天（2022.1—　）
　　於　娜（女，兼，2022.4—　）
纪检监察工委书记
　　颜盛海（续—2022.1）

县纪委、县监委派驻岱山经济开发区纪检监察工委

书　　记　顾盛海（2022.1—　）

岱山经济开发区人大工作委员会

主　　任　叶　军（兼，续—　）
副主任　翁燕敏（兼，女，续—　）
　　徐风华（兼，续—　）

岱山经济开发区管委会

主　　任　刘　天（2022.1—　）
副主任　刘　岑（续—2022.8）
　　邱　芬（女，续—　）
　　陆　艇（续—2022.4）
　　金　凤（女，续—　）

王　芳（女，2022.8—　）

县疏港公路工程建设管理中心

主　　任　夏宏杰（续—　）
副 主 任　赖其波（续—　）
韩　刚（续—　）
徐宝军（续—　）

中国（浙江）自由贸易试验区岱山综合事务服务中心

主　　任　陈　宇（续—　）
副 主 任　戎盛树（续—　）
张亚娟（女，续—2022.4）
朱晶晶（女，续—　）
任重远（2022.6—　）

县城市建设投资集团有限公司

党委书记、董事长、总经理
方　华（续—　）
党委副书记、副总经理
夏武汉（续—　）
副总经理　张　杰（续—　）
王双陆（续—　）
陈　斌（挂职，2022.1—　）
纪委书记　王光明（兼，续—　）

岱山经济开发区环城投资集团有限公司

党委书记、董事长、总经理
夏海滨（续—　）
副总经理　许高波（续—　）
潘仲辉（续—　）
董　杰（2022.4—　）
纪委书记　颜盛海（兼，续—　）

县交通投资集团有限公司

党委书记、董事长、总经理
夏华明（续—　）
党委副书记　李文武（续—　）
副总经理　赵　勇（续—　）
贺波华（续—　）
纪委书记　潘明明（兼，续—　）

岱山衢港建设投资集团有限公司

党委书记、董事长、总经理
卢忠言（续—　）

群众团体

县总工会

党组书记、主席
章海兵（续—　）
副 主 席　刘安业（续—　）
徐　力（续—　）
张海红（女，2022.4—　）
李建强（兼，续—　）
张雪燕（女，兼，续—　）

共青团岱山县委

团委书记　王　华（2022.6—　）
团委副书记　高　音（女，续—2022.8）
邵　赵（2022.4—　）
钱　磊（2022.8—　）
虞娉婷（女，挂职，2022.12—　）
邱巧琳（女，兼，2022.12—　）
王　菁（女，兼，2022.12—　）
王　科（兼，续—2022.12）

县妇女联合会

党组书记、主席
沈　艳（女，续—　）
副 主 席　汪红波（女，续—　）
李　娜（女，续—　）
沈瑞燕（女，兼，续—　）
曹海维（女，兼，续—　）

县科学技术协会

党 组 书 记　王建伟（续—　）
主　　　席　方　莲（女，续—2022.3）
副　主　席　王建伟（续—　）
　　　　　　姚存军（续—　）
　　　　　　金建军（续—　）
　　　　　　李军涛（兼，续—　）
　　　　　　徐国军（兼，续—　）
　　　　　　郭央松（兼，续—　）

县残疾人联合会

党组书记、理事长
　　　　　　王璐晓（女，续—　）
副 理 事 长　吴雪波（续—　）
　　　　　　韩宜波（续—　）
　　　　　　金　杯（挂职，2022.11—　）
　　　　　　黄楚淳（挂职，2022.11—　）

县工商业联合会

党 组 书 记　俞海啸（续—2022.6）
　　　　　　朱志迪（2022.6—　）
主　　　席　吴永宽（兼，续—　）
副　主　席　俞海啸（续—2022.6）
　　　　　　朱志迪（续—2022.6）
　　　　　　周　骞（续—　）
　　　　　　梁旭峰（续—　）

县归国华侨联合会

主　　　席　徐增奎（续—2022.6）
　　　　　　朱　军（2022.7—　）
副　主　席　沈　阳（续—　）
　　　　　　王敏央（2022.7—　）

县计划生育协会

副　会　长　刘国凯（续—　）
专职副会长　刘秀懿（女，续—　）

县红十字会

党 组 书 记　刘国凯（续—　）
会　　　长　俞赛飞（女，续—　）
副　会　长　刘国凯（续—　）
专职副会长　徐国军（续—　）

县文学艺术界联合会

主　　　席　陈惠芬（女，兼，续—2022.8）
　　　　　　韩毅艇（2022.10—　）
专职副主席　徐云明（续—　）

部、省、市属驻岱山机构

国家税务总局岱山县税务局

党委书记、局长
　　　　　　邬方杰（续—　）
副　局　长　王　坚（续—2022.6）
　　　　　　孔卫国（续—　）
　　　　　　张　斌（续—　）
　　　　　　於国伟（续—　）
　　　　　　周小海（2022.9—　）
纪 检 组 长　王庆浩（续—　）

舟山海事局岱山海事处

处　　　长　徐　刚（续—2022.12）
　　　　　　马金勇（2022.12—　）
政　　　委　蒋　轩（续—2022.12）
副　处　长　陈世军（续—　）
　　　　　　刘平平（续—2022.4）
　　　　　　庄肃晓（续—　）
　　　　　　邓小光（2022.8—　）

舟山海关监管五科

科　　　长　龙　彪（续—　）

舟山出入境边防检查站岱山分站

站　　长　杨　军（续—　）
教 导 员　戎铮锋（续—　）

舟山市烟草公司岱山分公司（县烟草专卖局）

党组书记、局长
　　王克俭（2022.6—　）
党组副书记、副局长
　　王克俭（续—2022.6）
经　　理　王克俭（2022.6—　）
副 经 理　赵　冲（续—　）
纪检组长　庄红卫（续—　）

县气象局

党组书记、局长
　　赵虎炯（续—　）
副 局 长　杨　波（续—　）
　　胡巧儿（女，续—　）
纪检组长　杨　波（续—　）

舟山市住房公积金管理中心岱山县分中心

主　　任　沈佳伟（续—　）

国家海洋局岱山海洋环境监测站

站　　长　刘剑波（续—　）

宁波航标处岱山航标站

站　　长　胡　炯（续—　）

舟山市港航事业发展中心岱山分中心

主　　任　王成东（续—　）
副 主 任　沈伟安（续—　）
　　方一园（续—　）

国家电网浙江岱山县供电公司

党委书记　蒲静贤（续—　）
党委副书记　张秀峰（续—　）
纪委书记　胡贤斌（续—　）
经　　理　张秀峰（续—　）
副 经 理　蒲静贤（续—　）
　　翁　琪（续—2022.2）
　　王剑峰（2022.2—　）
　　贝争光（续—　）
　　袁海范（2022.2—　）
工会主席　胡贤斌（续—　）
总会计师　常书榜（续—2022.2）

中国电信岱山分公司

总 经 理　冯国宏（续—　）
副总经理　黄　伟（续—　）
　　朱文杰（续—2022.5）
　　王　启（续—　）
总经理助理　夏　杰（续—　）

中国移动岱山分公司

总 经 理　刘小华（续—　）

中国联通岱山分公司

总 经 理　吕红韦（续—　）

中国邮政岱山分公司

总 经 理　胡飞云（续—2022.8）
　　洪培裕（2022.8—　）

金融 保险

中国人民银行岱山县支行

党组书记、行长
　　李梦珊（女，续—　）
副行长、纪检组长
　　刘雪君（续—　）

中国工商银行岱山支行

行　　长　张　燕（女，续—2022.9）

副　行　长　虞晓辰（2022.9—，主持工作）
谢芸晓（续—2022.10）
乐　毅（2022.9—　）
童芳芳（女，2022.9—　）
行长助理　乐　毅（续—2022.9）
厉思慧（2022.10—　）
童芳芳（女，续—2022.9）

中国农业银行岱山支行

副　行　长　厉　宇（续—2022.5，主持工作）
缪　菲（2022.5—　）
王佳彬（续—　）
王　裘（2022.10—　）
柴燕斌（2022.5—2022.9）
纪委书记　吕召军（续—2022.9）
柴燕斌（2022.10—　）

中国银行岱山支行

行　　长　俞海捷（续—　）
副　行　长　周　杰（2022.4—　）

中国建设银行岱山支行

行　　长　王追锋（续—　）
副　行　长　厉汝凤（女，续—　）
任丹妮（女，续—　）

岱山农商银行

党委书记　张士军（续—　）
副　书　记　夏志军（续—　）
党委委员　陈相钧（续—　）
纪委书记　李军峰（续—　）
董　事　长　张士军（续—　）
行　　长　夏志军（续—　）
副　行　长　夏启昂（续—　）
陈相钧（续—　）
监　事　长　李军峰（续—　）

中国邮政储蓄银行岱山县支行

行　　长　夏　炎（续—　）

浙江岱山稠州村镇银行

行　　长　包晓伟（续—　）

浙江民泰商业银行舟山岱山支行

行　　长　赵　益（续—　）

台州银行舟山岱山支行

行　　长　沈　进（续—　）

中国人民财产保险股份有限公司岱山支公司

经　　理　陈丹霞（女，续—2022.5）
潘　良（2022.5—　）

中国人寿保险股份有限公司岱山县支公司

经　　理　娄璜磊（续—　）

中国人民人寿保险股份有限公司岱山支公司

经　　理　王海俊（续—　）

中国人寿财产保险股份有限公司岱山县支公司

经　　理　赵　博（续—　）

中国太平洋财产保险股份有限公司岱山支公司

经　　理　沈安平（续—　）

中国太平洋人寿保险股份有限公司岱山支公司

经　　理　竺建华（续—　）

天安保险股份有限公司岱山支公司

经　　理　陈建斌（续—　）

学校、医院

岱山中学

校　　长　江爱国（续—2022.1）
　　　　　柴君波（2022.1—　）

县职业技术学校

校　　长　徐静定（续—　）

县医疗健康集团

党委书记　洪传坤（续—　）
院　　长　戴建凯（续—　）

县第一人民医院

院　　长　戴建凯（续—　）

乡　镇

高亭镇

党委书记　傅剑波（续—　）
党委副书记　林海杰（续—　）
　　　　　张琼尹（女，续—2022.8）
　　　　　金央欢（兼，续—　）
　　　　　王明军（续—　）
　　　　　刘可杰（续—2022.8）
党委委员　陆剑东（续—　）
　　　　　赵　兵（续—　）
　　　　　刘可杰（续—　）
　　　　　孔迟迟（女，续—　）
　　　　　夏陆军（续—2022.8）
　　　　　许　峰（女，续—　）
　　　　　姚志刚（续—　）
　　　　　张　雷（2022.8—　）
　　　　　毛军杰（2022.8—　）
纪委书记　刘可杰（续—2022.8）
　　　　　张　雷（2022.8—　）
人大主席　夏开乾（续—　）
人大副主席　邱　剑（续—　）
镇　　长　林海杰（续—　）
副 镇 长　刘靖宇（续—　）
　　　　　赵　兵（续—　）
　　　　　夏璐璐（续—　）
　　　　　高艺嘉（女，续—　）
　　　　　陈　俊（挂职，续—2022.10）
　　　　　张　斌（续—　）

县监委派出高亭镇监察办公室

主　　任　刘可杰（续—2022.8）
　　　　　张　雷（2022.8—　）

东沙镇

党委书记　董静波（续—　）
党委副书记　张　鋆（续—　）
　　　　　江奇艇（续—　）
党委委员　郑　进（续—　）
　　　　　夏和波（续—　）
　　　　　陈碧娜（女，续—2022.8）
　　　　　陈琳斌（续—　）
　　　　　何　飞（续—　）
　　　　　乐　颖（女，续—　）
　　　　　陈彦義（续—　）
　　　　　陈思远（2022.8—　）
纪委书记　陈碧娜（女，续—2022.8）
　　　　　陈思远（2022.8—　）
人大主席　刘建设（续—　）
人大副主席　傅贤灿（续—　）
镇　　长　张　鋆（续—　）
副 镇 长　郑　杰（续—　）
　　　　　齐振涵（续—　）
　　　　　刘　思（续—　）
　　　　　贺新亮（续—　）

县监委派出东沙镇监察办公室

主　　任　陈碧娜（女，续—2022.8）
　　　　　陈思远（2022.8—　）

岱西镇

党委书记　张春华（续—　）
党委副书记　金克难（续—2022.10）
　　　　　庄雁儿（女，续—　）
党委委员　王　益（女，续—　）
　　　　　徐志江（续—　）
　　　　　贺剑波（续—2022.8）
　　　　　褚银杰（续—　）
　　　　　岑志斌（续—　）
　　　　　林　岚（女，续—　）
　　　　　赵　冬（2022.8—　）
纪委书记　王　益（女，续—　）
人大主席　毛海波（续—　）
人大副主席　胡　丕（续—　）
镇　　长　金克难（续—2022.10）
副 镇 长　毛仕军（续—　）
　　　　　金　柯（续—　）
　　　　　邬佩燕（女，续—　）

县监委派出岱西镇监察办公室

主　　任　王　益（女，续—　）

岱东镇

党委书记　陶萌娜（女，续—　）
党委副书记　方　通（续—　）
　　　　　倪明君（续—2022.8）
　　　　　洪　涛（2022.8—　）
党委委员　郑文文（女，续—　）
　　　　　贺列幸（续—2022.8）
　　　　　王永明（续—　）
　　　　　夏菲菲（女，续—　）
　　　　　张　伟（续—　）
　　　　　应　椰（续—　）
　　　　　贺剑波（2022.8—　）
纪委书记　夏菲菲（女，续—　）
人大主席　邹四海（续—　）
人大副主席　毛文杰（续—　）
镇　　长　方　通（续—　）
副 镇 长　韩仕普（续—　）
　　　　　江东成（续—　）
　　　　　方俊杰（续—　）

县监委派出岱东镇监察办公室

主　　任　夏菲菲（女，续—　）

长涂镇

党委书记　薛鹏举（续—2022.6）
　　　　　杨岱斌（2022.6—　）
党委副书记　潘　洁（女，续—　）
　　　　　胡高科（续—　）
党委委员　傅继平（续—　）
　　　　　顾连达（续—　）
　　　　　方安娜（女，续—　）
　　　　　马海军（续—　）
　　　　　钱菁菁（女，续—　）
　　　　　王　伟（续—　）
纪委书记　王　伟（续—　）
人大主席　乐建军（续—　）
人大副主席　虞表松（续—　）
镇　　长　潘　洁（女，续—　）
副 镇 长　张　平（续—　）
　　　　　费普明（续—　）
　　　　　罗静静（女，续—　）

县监委派出长涂镇监察办公室

主　　任　王　伟（续—　）

秀山乡

党委书记　陈能斌（续—2022.6）
　　　　　姜兰兰（女，2022.6—　）
党委副书记　包坚敏（续—　）

王俊杰（续— ）
党委委员 余 军（续— ）
王莹巧（女，续— ）
陈友存（续— ）
罗海艇（续—2022.8）
陈 文（续— ）
徐慧芳（续— ）
孙英芷（女，续— ）
贺列幸（2022.8— ）
纪委书记 陈友存（续— ）
人大主席 张大海（续— ）
乡 长 包坚敏（续— ）
副 乡 长 夏 琦（续— ）
马一博（续— ）
王春雷（续— ）

县监委派出秀山乡监察办公室

主 任 陈友存（续— ）

衢山镇

党委书记 方 明（续— ）
党委副书记 张群海（续— ）
虞丹达（续— ）
方武海（续— ）
党委委员 赵世军（续— ）
王燕平（女，续— ）
胡原伦（续— ）
黄建平（续— ）
颜卓琼（女，续— ）
王岳伟（续—2022.8）
张 博（续— ）
郑凡潞（2022.1— ）
夏陆军（2022.8— ）
纪委书记 黄建平（续— ）
人大主席 林 华（续— ）
人大副主席 徐世军（续— ）
镇 长 张群海（续— ）
副 镇 长 赵宇斌（续— ）
李 力（续— ）
毛其锋（续—2022.10）
潘照昊（续— ）

县监委派出衢山镇监察办公室

主 任 黄建平（续— ）

（唐美红 孔梦迪 余宗轩
徐冬逸 费涵立 张 瑜）

责任编辑：虞迪燕

先进名录

2022 年县级五一劳动奖状、模范集体名录

表 55

获奖单位	荣誉名称	授予时间	颁奖机关
岱山县融媒体中心	2019—2021 年度舟山市五一劳动奖状	2022.3	舟山市总工会
舟山绿色石化基地安全与环境应急保障中心	2019—2021 年度舟山市五一劳动奖状	2022.3	舟山市总工会
舟山市奥博管业有限公司	2019—2021 年度岱山县模范集体	2022.12	岱山县委、岱山县政府
衢山镇瀛洲社区居民委员会	2019—2021 年度岱山县模范集体	2022.12	岱山县委、岱山县政府
岱山医疗健康集团	2019—2021 年度岱山县模范集体	2022.12	岱山县委、岱山县政府
岱山县安澜城市建设投资集团有限公司	2019—2021 年度岱山县模范集体	2022.12	岱山县委、岱山县政府
岱山县公安局鱼山派出所	2019—2021 年度岱山县模范集体	2022.12	岱山县委、岱山县政府

2022 年省部级先进集体名录

表 56

获奖单位	荣誉名称	授予时间	颁奖机关
岱山实验学校	2021 年度全国青少年校园足球特色学校	2022.2	教育部
岱山县	2021 年度平安县，获平安鼎	2022.3	省委、省政府
县应急管理局	2020—2021 年度平安浙江建设先进集体	2022.3	省委、省政府
浙江省岱山蓬莱交通投资集团有限公司	2020—2021 年忠实践行“八八战略”奋力打造“重要窗口”立功竞赛先进集体	2022.4	省政府
岱山县	义务教育优质均衡先行创建县（市、区）	2022.4	教育部
舟山绿色石化基地鱼山联合团委	全国五四红旗团委	2022.4	共青团中央
中国台风博物馆	2021—2025 年第一批全国科普教育基地	2022.4	中国科协
岱山县改革办公室	2021 年度改革创新成绩突出集体	2022.5	浙江省委、省政府
岱山县公安局罗家岙派出所	全国公安机关爱民模范集体	2022.5	人力资源和社会保障部、公安部
岱山县	2021 年度市县党政领导科技进步目标责任制考核优秀单位	2022.6	省委、省政府

续表 56

获奖单位	荣誉名称	授予时间	颁奖机关
岱山县	2021 年度美丽浙江建设（生态文明示范创建行动计划）工作考核优秀县	2022. 7	省委、省政府
岱山县	2019—2021 年全省无偿献血先进县	2022. 10	省政府
岱山县公安局鱼山派出所	全省优秀公安基层单位	2022. 12	省委、省政府
岱山县公安局法制大队	全省优秀公安基层单位	2022. 12	省委、省政府
国家电网浙江省岱山县供电公司	2022 年度全国优秀质量管理小组	2022. 12	中国质量协会、中华全国总工会、中华全国妇联、中国科技协会

2022 年县级五一劳动奖章获得者、劳动模范名录

表 57

姓 名	性别	所在单位	荣誉名称	授予时间	颁奖机关
陈 颂	男	岱山县职工服务中心	2019—2021 年度舟山市五一劳动奖章	2022. 3	舟山市总工会
夏亮亮	男	浙江鼎盛石化工程有限公司	2019—2021 年度舟山市五一劳动奖章	2022. 3	舟山市总工会
叶金哲	男	舟山鼠浪湖码头有限公司	2019—2021 年度舟山市五一劳动奖章	2022. 3	舟山市总工会
王 辉	男	高亭镇山外社区居委会	2019—2021 年度岱山县劳动模范	2022. 12	岱山县委、岱山县政府
王 烈	男	舟山晨光电器有限公司	2019—2021 年度岱山县劳动模范	2022. 12	岱山县委、岱山县政府
祝培燕	女	东沙镇司基村委会	2019—2021 年度岱山县劳动模范	2022. 12	岱山县委、岱山县政府
胡伟军	男	舟山岱美汽车零部件有限公司	2019—2021 年度岱山县劳动模范	2022. 12	岱山县委、岱山县政府
黄小波	男	岱西镇后岸村委会	2019—2021 年度岱山县劳动模范	2022. 12	岱山县委、岱山县政府
华慧伟	男	浙江鼎盛石化工程有限公司	2019—2021 年度岱山县劳动模范	2022. 12	岱山县委、岱山县政府
毛文军	男	浙岱渔“15396”船	2019—2021 年度岱山县劳动模范	2022. 12	岱山县委、岱山县政府
赵加仕	男	常石集团（舟山）造船有限公司	2019—2021 年度岱山县劳动模范	2022. 12	岱山县委、岱山县政府
徐伯奇	男	长涂镇倭井潭村委会	2019—2021 年度岱山县劳动模范	2022. 12	岱山县委、岱山县政府
沈海伦	男	衢山镇皇坟村委会	2019—2021 年度岱山县劳动模范	2022. 12	岱山县委、岱山县政府
沈平年	男	岱山县大衢中学	2019—2021 年度岱山县劳动模范	2022. 12	岱山县委、岱山县政府
戎培军	男	国家税务总局岱山县税务局衢山税务所	2019—2021 年度岱山县劳动模范	2022. 12	岱山县委、岱山县政府
陈 力	男	舟山鼠浪湖码头有限公司	2019—2021 年度岱山县劳动模范	2022. 12	岱山县委、岱山县政府
方雪军	男	浙江省岱山蓬莱交通投资集团有限公司	2019—2021 年度岱山县劳动模范	2022. 12	岱山县委、岱山县政府
刘 杰	男	岱山县人力资源和社会保障局	2019—2021 年度岱山县劳动模范	2022. 12	岱山县委、岱山县政府

2022年省部级先进工作者名录

表58

姓名	性别	所在单位	荣誉名称	授予时间	颁奖机关
刘琦科	男	岱山县人武部	2021年度全省征兵工作成绩突出个人	2022.1	浙江省委、省政府
於国君	男	岱山县人力资源和社会保障局	2020—2021年平安浙江建设先进个人	2022.3	浙江省委、省政府
王贤海	男	岱山县公安局	2020—2021年平安浙江建设先进个人	2022.3	浙江省委、省政府
黄　勇	男	浙江省岱山蓬莱交通投资集团有限公司	2020—2021年忠实践行“八八战略”奋力打造“重要窗口”立功竞赛先进个人	2022.4	浙江省政府
阮嘉磊	男	岱山县三航建设发展有限公司	2020—2021年忠实践行“八八战略”奋力打造“重要窗口”立功竞赛先进个人	2022.4	浙江省政府
郑海平	男	舟山绿色石化基地管委会应急管理局	2020—2021年忠实践行“八八战略”奋力打造“重要窗口”立功竞赛先进个人	2022.4	浙江省政府
林凤凤	女	岱山县人民检察院	全国青少年普法教育先进工作者	2022.5	中央政法委、司法部、团中央、中国关工委、中国法学会
赵虎炯	男	岱山县气象局	全国人民满意的公务员	2022.8	中共中央、国务院
赵明珠	女	岱山县高亭小学	浙江省杰出教师称号（享受省部级表彰奖励获得者待遇）	2022.8	浙江省政府
阮益明	男	岱山县公安局经侦大队	全省优秀人民警察	2022.12	浙江省委、省政府
沈瞻嫡	女	岱山县公安局交警大队	全省优秀警务辅助人员	2022.12	浙江省委、省政府

（唐美红　余宗轩　於　飞）

责任编辑：吴依芳

重要文件选录

2022 年岱山县重要文件选录

表 59

序号	发文日期	文号	文件题名
1	2022 年 1 月 12 日	岱政办发〔2022〕1 号	县政府办公室关于印发《岱山县新一轮制造业“腾笼换鸟·凤凰涅槃”攻坚行动实施方案（2021—2023 年）》的通知
2	2022 年 1 月 12 日	岱政办发〔2022〕3 号	县政府办公室关于印发《加强舟岱跨海大桥（岱山段）安全运营工作方案》的通知
3	2022 年 1 月 25 日	岱政发〔2022〕3 号	县政府关于印发《岱山县全民健身实施计划（2021—2025 年）》的通知
4	2022 年 2 月 21 日	岱政办发〔2022〕5 号	县政府办公室关于印发《岱山县强化危险废物监管和利用处置能力改革行动方案》
5	2022 年 3 月 11 日	岱政发〔2022〕11 号	县政府关于印发岱山县妇女发展“十四五”规划和岱山县儿童发展“十四五”规划的通知
6	2022 年 3 月 24 日	岱政办发〔2022〕27 号	县政府办公室关于惠企助企工业增长的若干意见（试行）
7	2022 年 3 月 24 日	岱政办发〔2022〕29 号	县政府办公室关于进一步做好稳外资稳外贸促消费的若干意见（试行）
8	2022 年 4 月 1 日	岱委办发〔2022〕10 号	县委办公室、县政府办公室关于加快推进“大桥时代”人才强县工作的实施意见（试行）
9	2022 年 4 月 24 日	岱委办发〔2022〕15 号	县委办公室、县政府办公室关于印发《岱山县社区（村）家庭教育指导服务体系标准化建设试点工作实施方案》的通知
10	2022 年 4 月 25 日	岱政办发〔2022〕17 号	县政府办公室关于印发《2022 年岱山县地质灾害防治方案》的通知
11	2022 年 4 月 25 日	岱政办发〔2022〕19 号	县政府办公室关于印发《岱山县全域扬尘数字化智治方案》的通知
12	2022 年 4 月 28 日	岱委发〔2022〕4 号	县委、县政府印发《关于开展“实干争先 跨越式发展”活动的意见》的通知
13	2022 年 4 月 28 日	岱政发〔2022〕13 号	县政府关于印发《岱山县山洪灾害防御预案》的通知
14	2022 年 5 月 6 日	岱委发〔2022〕5 号	县委、县政府关于 2022 年高水平推进海岛乡村全面振兴的实施意见
15	2022 年 5 月 18 日	岱政办发〔2022〕21 号	县政府办公室关于印发《岱山县自建房屋安全专项整治“百日攻坚”行动方案》的通知
16	2022 年 5 月 26 日	岱政办发〔2022〕24 号	县政府办公室关于印发《岱山县 2022 年治水治污大会战实施方案》的通知

续表 59

序号	发文日期	文号	文件题名
17	2022 年 5 月 31 日	岱政办发〔2022〕26 号	县政府办公室关于印发《岱山县关于全面提升物业管理水平的实施意见》的通知
18	2022 年 6 月 2 日	岱政发〔2022〕16 号	县政府关于印发《岱山县 2022 年城乡生活垃圾分类一体化行动计划》的通知
19	2022 年 6 月 6 日	岱政办发〔2022〕25 号	县政府办公室关于进一步扶持个体工商户纾困发展的实施意见
20	2022 年 6 月 10 日	岱政发〔2022〕18 号	县政府关于印发《岱山县贯彻落实浙江省稳进提质八大攻坚行动实施方案》的通知
21	2022 年 6 月 10 日	岱政发〔2022〕19 号	县政府关于印发《岱山县贯彻落实浙江省扎实稳住经济一揽子政策措施实施方案》的通知
22	2022 年 6 月 14 日	岱政办发〔2022〕27 号	县政府办公室印发《关于惠企助企工业稳增长的若干意见（试行）》
23	2022 年 6 月 21 日	岱政办发〔2022〕29 号	县政府办公室印发《关于进一步做好稳外资稳外贸促消费的若干意见（试行）》
24	2022 年 6 月 27 日	岱政办发〔2022〕34 号	县政府办公室关于印发《岱山县重大政策措施公平竞争审查会审制度的通知》
25	2022 年 7 月 13 日	岱政函〔2022〕6 号	县政府同意县民政局关于印发《岱山县殡葬设施布局专项规划（2021—2035 年）》
26	2022 年 7 月 15 日	岱委办发〔2022〕33 号	县委办公室、县政府办公室印发《关于深化“县乡一体、条抓块统”改革推进基层治理系统建设的实施意见》的通知
27	2022 年 7 月 26 日	岱委办发〔2022〕36 号	县委办公室、县政府办公室关于印发《岱山县防范和惩治统计造假、弄虚作假责任制实施办法》的通知
28	2022 年 7 月 28 日	岱委办发〔2022〕37 号	县委办公室、县政府办公室关于深入实施创新驱动发展战略打造海洋经济强县的实施意见（试行）
29	2022 年 7 月 29 日	岱政办发〔2022〕35 号	县政府办公室关于进一步稳外贸稳外资工作若干举措的通知
30	2022 年 7 月 29 如	岱政办发〔2022〕36 号	县政府办公室关于积极发挥暑期效应加快释放消费活力的若干举措的通知
31	2022 年 8 月 22 日	岱政办发〔2022〕39 号	县政府办公室关于印发《岱山县耕地“非农化”整治工作实施方案》的通知
32	2022 年 8 月 23 日	岱委办发〔2022〕43 号	县委办公室、县政府办公室印发《关于推进海岛乡村振兴促进共同富裕的实施意见（试行）》的通知
33	2022 年 8 月 24 日	岱委办发〔2022〕44 号	县委办公室、县政府办公室关于印发《岱山县党政机关办公用房管理实施办法》的通知
34	2022 年 8 月 24 日	岱政办发〔2022〕40 号	县政府办公室关于印发《岱山县重点工业企业培育发展实施办法（试行）》的通知
35	2022 年 8 月 25 日	岱委办发〔2022〕45 号	县委办公室、县政府办公室关于印发《岱山县加快推进“大综合一体化”行政执法改革工作方案》的通知
36	2022 年 9 月 8 日	岱委办发〔2022〕47 号	县委办公室、县政府办公室关于印发《岱山县“八无”善治网络创建指导意见》的通知

续表 59

序号	发文日期	文号	文件题名
37	2022 年 9 月 20 日	岱政办发〔2022〕43 号	县政府办公室关于进一步支持建筑业做优做强若干意见
38	2022 年 10 月 11 日	岱政办发〔2022〕47 号	县政府办公室印发《关于进一步促进工业企业上规升级的实施意见》的通知
39	2022 年 10 月 25 日	岱政函〔2022〕111 号	县政府印发《岱山县创建浙江省健康促进县（2022—2023 年）实施方案》的通知
40	2022 年 11 月 7 日	岱政函〔2022〕113 号	县政府同意县住建局关于印发《岱山县城镇社区建设专项规划》
41	2022 年 11 月 22 日	岱政发〔2022〕27 号	县政府印发《岱山县关于推动体育产业高质量发展的实施意见》的通知
42	2022 年 12 月 2 日	岱委办发〔2022〕56 号	县委办公室印发《关于深化党建联建机制全面助力海岛共同富裕的意见》的通知
43	2022 年 12 月 6 日	岱委发〔2022〕12 号	县委、县政府关于表彰 2019—2021 年度岱山县模范集体和劳动模范的决定
44	2022 年 12 月 21 日	岱委办发〔2022〕60 号	县委办公室、县政府办公室关于印发《岱山县“扩中”“提低”行动方案》的通知
45	2022 年 12 月 28 日	岱政办发〔2022〕56 号	县政府办公室关于印发《岱山县全国学前教育普及普惠县创建工作实施方案》的通知
46	2022 年 12 月 30 日	岱政办发〔2022〕51 号	县政府办公室关于印发《岱山县突发公共事件科学技术应急保障行动方案》的通知
47	2022 年 12 月 30 日	岱政办发〔2022〕52 号	县政府办公室关于印发《岱山县县属国有企业监督管理工作暂行规定》的通知
48	2022 年 12 月 30 日	岱政办发〔2022〕55 号	县政府办公室关于印发《岱山县全民科学素质行动规划纲要实施方案（2021—2025 年）》的通知

（唐美红　余宗轩）

责任编辑：吴依芳

媒体看岱山

元旦假期坚守岗位 加班加点建设交通码头

1月2日下午2时许，在岱山燕窝山陆岛交通码头项目建设现场，工人们正加紧施工，绑扎钢筋、支设模板，一派忙碌景象。

“元旦假期，我们加班加点，主要是进行码头这边一线候船厅的施工，包括横梁脚手架搭建和一些水电工作。”燕窝山陆岛交通码头项目安全环保部部长吴辉介绍，该项目争取在春节前完成一线候船厅主体施工。

去年12月29日，舟岱大桥正式通车，燕窝山陆岛交通码头是承担舟山北向车客水陆运输的关键节点项目，自2019年9月开工以来一直稳步推进，目前，该项目已完成引桥、码头及防波堤等工程。

作为该项目的配套工程，当天，燕窝山客运中心项目也是一派忙碌景象。现场，吊车、混凝土车等车辆正有序作业。“我们抓紧抢工期，地下室正在砌墙，主楼建设也在抢进度。”燕窝山客运中心项目建设现场负责人傅芝云介绍，目前已完成总项目进度的60%。该配套项目计划于今年6月左右完成建设任务。

据了解，燕窝山陆岛交通码头包括2个3000吨级车渡泊位及2个1000吨级客运泊位。岱山县交通局相关负责人表示，该项目建成后将大大缩短至舟山本岛，岱山岛与上海、嵊泗、衢山等北向各重要交通节点的海上通行时间。

（《浙江日报》2022年1月3日）

在舟岱大桥上体验新春出行新变化——

一桥飞架，家乡近了

告别车渡历史，返乡路畅了，到家时间大幅缩短……舟岱大桥开通后的首个春节来了，省交通集团高速公路舟山管理中心舟岱收费中心的首批20名工作人员也在岗位上迎来新春。日前，记者跟着他们感受新春出行新变化。

“过年好，欢迎来岱山！”上午10时许，双合收费站工作人员苏爽正忙着给车辆收卡、放行。“这几天，进岱车辆显著增多，上午10时至下午1时、下午3

时至5时是车流高峰期。”苏爽边操作边告诉记者。

“这么快就到了。”从舟山定海岑港收费站上高速的车主开心地说，现在回老家太方便了。以往她每到过年和节假日，就得提前去定海三江码头排队候船，等上一整天也是常有的情况，“现在过桥不到20分钟，说走就走！”

当班班长孙佳斌开门进来日常巡查。收费运营、防疫防控、环境消杀、车道卫生是他当班在岗12小时期间的工作。作为岱山高亭人，舟岱大桥的开通让他和所有岱山人一样兴奋，而自己又能为家乡发展出力，让他充满自豪感，“这个假期我要值班4天，但家人们都非常支持。”

11时10分许，同事来给苏爽换班，她跑到食堂挖了几口饭，匆匆回到岗位上。苏爽是吉林人，因丈夫在鱼山岛上的浙江石油化工有限公司工作，于去年6月过来和丈夫团聚。恰逢舟岱大桥开通，她应聘收费员成功，培训合格后顺利上岗。“我们已经在岱山买了房子，打算在这里定居。”她充满期待地说，“大桥通了，往返太方便了，打算年后再回老家看看。”

记者从舟岱收费中心了解到，春节假期这几天，日均经舟岱大桥进出岱山的车流量为1.1万辆次，远超以往车渡数量。“春节期间，我们会合理调配上班人员，一旦碰到特殊情况，将启动快速应急预案。”舟岱收费中心副所长汪健生说，同时他们还将加大对过往人员、车辆的排查力度，把好交通防疫工作的源头关。

（《浙江日报》2022年2月4日）

岱山大力发展智慧养老

想吃什么菜，手机上下单

大年初六傍晚，岱山县岱东镇敬老院食堂内，80多岁的徐嘉祥老人正津津有味地吃着晚饭。“每天变着花样给我们做好吃的，我喜欢这里。”老人说。

近年来，岱山县内居家老人呈现高龄化、失能化、空巢化等趋势。该县高度重视养老服务和智慧养老等民生工程建设，切实解决海岛老人养老难题。目前，岱山各渔农村、偏远小岛已实现居家养老服务中心全覆盖，全县15分钟养老服务已基本实现。

“基础设施改善后，养老服务更有质感了。”岱东镇敬老院院长沈海燕从业18年，她说这是自己看到的最大变化。“以往，家里没人照顾，老人才会住敬老院，觉得没面子。”沈海燕说，“现在一床难求，这也对养老机构护理人员的专业性提出了更高要求。”对此，岱山县积极为护理人员提供培训、学习机会，着力培养打造一批综合素质高、业务技能强的养老护理员。“护理员基本都是持证上岗。初级证书要满足老人的日常照料和康复训练，要取得高级证书得具备应急救护、心理护理等能力。”沈海燕说。

眼下，岱山县正大力发展智慧养老，通过数字化改革强化养老服务供给。“岱山安养居家老人养老智慧暖心服务多跨场景”自去年6月19日在“浙里办”应用上线以来，深受老人欢迎。“老人可以在手机上下单点自己喜欢吃的菜品，需要陪伴，也可以点单。”岱山县民政局相关负责人介绍，系统还会对老年人居家异常情况进行预警和提醒。

（《浙江日报》2022年2月7日）

岱山数字化平台建起海上“鹰眼”

日前，在岱山县数字创新大厦三楼的岱山“城市大脑”中，记者看到工作人员正借助“海上一体化”协同应用平台，对海上船舶进行跟踪巡检，系统不断传送回海面上渔船等目标的视频图像、渔民的健康防疫信息等，实现对目标的动态管控。

为解决涉海数据分散、涉海业务协同难、决策难等问题，岱山县投建启用“海上一体化”协同应用平台，该平台融合了多部门数据，打破各部门间资源和业务的壁垒。通过海上数据共建共享共治，提高县域海洋业务协同管理和决策服务能力，实现县内涉海核心部门的资源共享。

海洋移动观测平台是“海上一体化”的重要技术平台，可“网罗”海域治理盲点。岱山县东部偏远海域海面曾是海上管理的“盲区”之一。如今，360度可调节的球机监控头可不断传送回这些海域海面上的视频图像，同时水下监控探头也把海水中拍到的画面实时传回。该县还将安装气象、水文等探测仪，实现对该海域船舶、岛屿的监管，提升全县海域治理能力。

岱山县委改革办相关负责人表示，岱山将加快、加大、加强海洋科技的研发，通过赋能加码智慧海洋应用，着力提升岱山近海感知服务能力。

（《浙江日报》2022年2月15日）

数字化改革赋能高质量发展

岱山搭起通向共富的“船”和“桥”

数字时代变革之中蕴藏无限可能

2021年，岱山上下协同，合力攻坚，12项数字化改革核心指标全面完成，五大综合应用系统和一体化公共数据平台体系化规范化工作持续推进，全县数字化改革体系架构基本形成。

公共服务半径更大了，营商环境更优了，老百姓生活更便利了，海岛治理体系和治理能力现代化水平全面提升了……

通过数字化改革搭建起海岛地区通向现代化和共同富裕的“船”和“桥”，打破了海岛地理阻隔和时空限制，切实解决了海岛地区一直以来想解决而没能解决的难题。

借力“数字改革”　打造最优营商环境

聚焦重大需求、多跨场景、重大改革“三张清单”，岱山以重大任务牵引打造海岛特色应用场景。

近日，我们驱车到岱山县鱼山岛舟山绿色石化基地，车辆经鱼山大桥双合检查站系统识别后进入，车上人员经通道两侧人脸云台识别，实现“刷脸”快速通行。

“这得益于你们上岛前申请的‘鱼山码’，有了这个码，你们的信息就可自动核验。”岱山县公安局鱼山警务站相关负责人说。

笔者在现场看到，上桥通道被分为两个车道，一个是临时车、货车车道；另一个是固定车车道，所有车辆和人员经识别后才可进入，部分未申报登记的车辆被执勤人员及时拦下。

舟山绿色石化基地在施工高峰期，建设施工企业达600余家、流动人口8万余人、车辆6000余辆。“人、车、物、事、场、港”管理存在难点堵点，传统手段难以满足治理需要。针对岛上人员多、流动性大的特点，岱山县自主开发了以“鱼山码”为核心的“智慧鱼山”应用场景，联通公安、卫健、信访、人力社保、应急、市监等部门数据，全面动态掌握新冠疫情防控、社会治安、企业管理等信息，实现“一码管控”，形成鱼山岛大型工地通行便捷、管控精准、服务高效的整体智治模式。去年一年，“鱼山码”智能预警2377次，基地警情下降16.3%，可防性案件下降40%。

“智慧鱼山”应用场景的上线，是岱山县借力“数字化改革”，助推项目建设，打造优质营商环境的一个缩影。

突出“数字赋能”强链，岱山优化企业全生命周期服务。岱山建立了跑改、数改、营商三办联合推进机制，实施“全生命”周期投资新政，建立投资项目全流程管理系统，出台“工程码”制度，实现项目全生命周期的“一个库、一条链、一张图”信息化、精细化、智能化管理。

“我们对企业服务周期和服务内容进一步延伸，从原来的关注窗口审批向企业落户前的招商咨询和落户后的运营发展等多阶段延伸，从关注政务办事内容向企业用工招工、员工子女就学、租房购房等社会公益性服务内容延伸，真正实现企业全生命周期‘一件事’服务全覆盖。”岱山县政务服务办相关负责人说。

“公司目前运行一切顺利，真心要为岱山的营商环境点个赞。”浙江智英新材料有限公司负责人说，“在岱山工作和生活，感觉很舒心。”

浙江智英新材料有限公司是一家以服务浙石化等石化企业为主的企业。去年6月，在相关部门积极对接帮助下，该企业成功落户岱山经济开发区新材料产业园。“在‘一站式’营商服务综合体，我完成了企业开办设立登记，公章刻制，发票领取，社保登记，公积金登记以及医保登记，当天就顺利领取得了营业执照和公章。”公司代办员王宇翔说。

“数字化营商环境正在激发更大的市场潜力。”岱山县委改革办相关负责人说。

聚焦“数字赋能” 基层治理高效精准

全程监督、数据分析、精准研判……当“互联网+”思维融入基层治理，智慧治理、高效治理便应运而生。

针对基层矛盾纠纷化解“透明难、联动难、定责难、化解难”等痛点难点，岱山县大胆革新，充分运用数字化、智慧化手段，化解基层矛盾纠纷，创新“多元共治＋智治”调解机制，让基层治理更精准更高效。

在岱山县高亭镇综合信息指挥室内，市场监督执法人员通过“岱山社会治理大联动平台”注意到，一家早餐店经营者穿戴不规范，当即电话通知其改正，这是该镇“县乡一体化基层治理大平台”建立后所带来的“智治”便利化。

智治“一张网”通管，让单件问题处置时间大大缩短，效率大大提高。在指挥室内，现场值守人员除了市场监管执法人员，还有综合执法、自然资源、应急管理等部门派驻的执法人员，高亭镇12345工作人员、全科网格员等，打破了部门、层级、领域之间的壁垒，实现更高效的基层社会治理。

“以‘一件事’改革为契机，一支队伍管执法为支撑，由单兵作战向团队作战转变，进一步打破部门壁垒，化指为拳，破除以前乡镇看得见、管不着的情况，向看得见、管得着、管得好转变。”指挥室相关负责人说。

同样，在数字岱山创新大厦3楼的城市智慧治理指挥中心，巨大的主屏幕上显示着各类实时监控信息。“通过视频抓拍、上传至平台、形成案卷，我们再通过人工审核，立案派单下去，解决城市管理中的问题。”岱山县智慧城市指挥中心工作人员说。

截至目前，智慧城管板块可使用全县范围内的6921路视频监控，及时、精细的数字化智慧管理，让城区更加畅、美。

岱山县大数据管理中心相关

负责人介绍，目前，技术团队还在不断提升“城市大脑”的人工智能算法等核心基础能力，通过算法资源扩容更新，实现“城市大脑”24小时实时监控、智慧解析、多流向处置等程序性工作，更好地满足全县各职能部门的需求。同时，依托“城市大脑”，岱山探索建立海岛社会治理大联动机制，推进海岛治理的高效协同。

据了解，未来，岱山将建成“城市治理大脑、公共服务大脑、产业发展大脑”，最终实现“全局一屏掌控、政令一键智达、执行一贯到底、服务一网通办、监督一览无余”的数字化协同工作场景，为县域治理现代化助力。

突出“好用实用管用” 群众共享“数字红利”

数字化改革，目的在于解决问题，初心在于惠民利民。“谋划数字化应用场景，关键在于好用实用管用。”岱山县委改革办相关负责人说。

在破解海岛居家养老难题方面，岱山县刀刃向内，找准改革突破点和制度重塑点，开发上线了“居家老人养老智慧暖心服务”应用场景，从“数字护理”“数字精神慰藉”“数字助餐”“数字监护”“数字防诈”等方面精准发力，走出了一条用数字赋能居家养老的新路子。

日前，家住岱山县高亭镇的沈阿姨打开“浙里办”App，搜索输入“岱山安养”后，打开助餐模块，给自己95岁的父亲点了一个午饭套餐。接单后，高亭镇渔岛公益社会工作服务中心工作人员予以登记确认，并按时配送到老人家里。

“数字助餐”服务是“岱山安养居家老人养老智慧暖心服务多跨场景”中的一个场景。笔者从岱山县民政局了解到，该场景自去年6月19日在“浙里办”App应用上线以来，目前已入驻共享食堂8家，累计配送订单6万余单。

岱山县民政局社救福利科相关负责人介绍，这一应用场景主要包括4个大类需求：“助餐”场景有效解决居家老人吃饭难问题；“护理”场景为居家老人实时提供健康生活指导、服务关怀访视、生活陪伴、不良情绪干预等服务；“监护”场景能对老年人居家异常情况进行预警和提醒；“防诈”场景增强老人安全意识。

岱山县是中国十大重点渔业县之一。为解决涉海数据分散、涉海业务协同难、决策难等问题，岱山县投建启用“海上一体化”协同应用平台，建立海上精密智控。台风、恶劣天气是渔民经常遇到的现象，“海上一体化”系统实现了个性化预警通知和避风引导。该平台创新性地将跨部门的渔港避风经验融合，并结合县气象部门20余年的渔港避风经验模型，形成渔港三色图，即将海域避风港口划分“绿黄红”三色。“绿色是安全渔港区，根据船舶抗风等级，筛选黄色港区内需转港避风的船舶，一键发送转港避风预警。”岱山海莱云智科技有限公司数字海洋实验室负责人刘玥说，红色港区不允许停靠任何船舶，系统可对已停靠或即将停靠的船舶进行预警提示，并通知管理部门协同处置。

民以食为天、食以安为先。去年8月，岱山县首批6家食品生产企业“阳光工厂”正式接入“浙食链”系统，实现了食品生产加工过程信息数字化、关键控制环节可视化，确保食品“阳光”生产。当前，无感支付停车等“小切口”应用场景的运行，也全面提升了政府公共服务和社会管理能力。

数字化改革是一场“硬核”改革，岱山将以更有为有力的举措，打造可感可及的海岛个性化“应用场景”，奋力在数字化改革赛道上领跑竞跑。

（《浙江日报》2022年2月17日）

集中签约装备运维项目为舟山石化产业链补上“关键拼图”

日前，总投资超10亿元的6个石化装备运维项目在岱山经济开发区集中签约。此次签约的项目占地106亩，规划建设项目包括设备运维、化学清洗、保温架设保障等。这为舟山绿色石化产业链补上了“关键拼图”。

2021年，作为舟山绿色石化基地重点企业的浙石化加工原油2652万吨、实现产值1390亿元。“随着基地加快建设，石化装置保运及检维修服务工作越来越重要。”岱山经济开发区管委会相关负责人说，岱山周边区域均布局了大中型化工企业，对运维及检维修队伍的需求也日趋旺盛。

岱山经济开发区与舟山绿色石化基地所在的鱼山岛仅一桥之隔。岱山县抓准区位优势，通过技术、财税扶持等措施，引导域外企业围绕绿色石化主业发展服务业，融入龙头企业供应链，提升产业集聚度。

石化行业是生产性服务业集中的领域。“从原油上岸到成品油输出，各个环节的石化装置都需要精心操作。”岱山经济开发区管委会相关负责人说，一旦装备运维出现问题，就会被迫降低产能。

目前，岱山已引进17家小型的先进生产性服务企业，但这些企业都是零星发展，没有形成链条和集群。此次落户的6家大型运维企业，主要涉及工业管道工厂化预制、特殊材料焊接、高压水清洗车辆维护、专用机具清洗等领域，将对此起到强力带动作用。

（《浙江日报》2022年3月20日）

舟山岱山：党旗飘扬13个安置场所建起临时党支部

台风“轩岚诺”逐渐逼近。为做好防汛防台工作，浙江岱山县委组织部于9月3日在舟山绿色石化基地务工人员避险转移安置点建立了临时党支部，号召党员干部亮出身份，主动参与抢险救灾、志愿服务等工作，全力守护群众生命安全。截至9月4日14时，岱山县已相继成立13个安置点临时党支部。

9月4日12时，在岱山县职业技术学校安置点，得知安置点临时党支部正在召集党员，安置人员当中的党员立马亮出身份，加入安置点临时党支部。某建设控股有限公司党员穆田飞说：“我是中共党员，看到成立了临时党支部，立马过来登记，看看有啥需要帮忙的，大家一起抵御台风。”另一家公司党员江潮接话道：“我们那间房有27人，我告诉大家暂住在学校要保持卫生，撤走时也要恢复原样。”

岱山县委组织部组织科科长曾唯君表示，该县积极广泛动员各级党组织和党员干部参与防汛防台工作，并在各个安置点相继成立了临时党支部，凝聚党员力量，随时应对抢险救灾、秩序维护、物资发放等工作，确保防汛防台安全有序。

据悉，13个安置点临时党支部由各安置点党员负责同志担任临时党支部书记，设立党员身份登记台、抗台救灾党员先锋服务站。一名党员就是一面旗帜，避险安置期间，临时党支部将承担起安置点防疫工作、文明管理、应急联动等工作。

（“人民网”2022年9月4日）

岱山罗家岙派出所荣获“全国公安机关爱民模范集体”

——海岛派出所，为啥这么“能”

40年前，一个基层派出所在东海深处的岱山县衢山岛上挂牌成立。辖区内的12个渔农村、1.76万居民，从此成了岱山县公安局罗家岙派出所民警心中最深情的牵挂。

在日前举行的全国公安系统英雄模范立功集体表彰大会上，罗家岙派出所被评为“全国公安机关爱民模范集体”。这个派出所为啥这么“能”？近日，我们坐上渡轮，漂洋过海进行了探访。

“红帆110” 海上警船显威

没来罗家岙前，我们早就听说这里有一艘“红帆110”，堪比陆上110。于是渡轮一靠岸，我们就直奔田涂码头。离码头不远处，紧挨着三艘渔船的便是“红帆110”，船长20米、宽4.5米左右。船体上张贴着各类警务元素的彩绘、标语，船顶有一面党旗，船舱前方，有一个集红帆、小船、鼠浪湖岛等各类元素于一体的罗家岙派出所Logo。

“上去看看？”罗家岙派出所所长张立镇和民警余望提议。顶着6级海风，“红帆110”出海了。不习惯乘船的我们每遇颠簸，都要拼命拉住扶手，双脚叉开努力站直站稳，但还是不由自主随着船只左右晃动，不一会儿，胃里就像翻江倒海一般。而不远处的余望则像没事人一样，麻利地整理着从桌子上滑落的安全宣传资料。

10分钟后，我们的船只缓缓靠近刚从鼠浪湖码头返航的“三星”号轮船。“我们是罗家岙‘红帆110’号船，请靠过来，我们将登船进行安全宣传。”余望手持大喇叭向船员呼喊。“他们每个月会来好几趟，”船长庄依峰说，“一看到闪闪的警徽，我们很安心。”

张立镇告诉我们，罗家岙派出所辖区地处偏远、交通不便，且辖区渔港多、涉渔纠纷相对较多。为便于民警可以第一时间处理，2020年底起，派出所和衢山镇渔办合作，打造了这条“警船”。

“船上升级安装了红外监控、布控球等科技设备，就算在码头靠泊着，本身就是一种震慑。”张立镇说，辖区内海域面积远大于陆域面积，以前每年都会发生偷盗船用物资、贵重仪器等警情。“有了它，民警们能迅速准确地完成宣传、调解、巡逻、安防、救援，对违法行为有了更强的警示作用。”张立镇拍了拍船身说，“靠着这家伙，去年，辖区渔港内首次做到全年侵财案零发，解决了多起百姓‘急难愁盼’的事情。”

装上“智呼通” 随时随地求助

出海巡查回来，已是中午12时。一进派出所大门，我们就被展示厅里满屏的荣誉墙所吸引。“全国先进基层党组织”“执法为民模范边防派出所”、全国首批“枫桥式公安派出所”……各级表彰奖励130余次，其中集体一等功2次、集体二等功2次、集体三等功16次。

宣传厅一段视频中闪烁的一张照片引起了我们的注意：原来这是一个关于黄手帕的故事。

罗家岙派出所辖区是典型的渔区，青壮年出海捕鱼，老人和小孩留守。二十世纪八九十年代通信落后，老人和孩子一旦有个头痛脑热、跌打损伤的，很难被及时发现并救治。这时候，就有了“它”——真情黄手帕。1998年，罗家岙派出所创新推出亲情黄手帕服务，向每户特困群众发放一块色彩醒目的黄手帕。不管哪家哪户需要帮助，只需把黄手帕挂在门口，民警就会第一时间赶到。

随着信息的发达，如今的黄手帕已成为回忆，替代它的是老人衣兜里揣着的神奇小盒。在派出所，我们见到了这个白色小盒，小盒机身上的警徽与“智呼通”三个字格外醒目。这时，辖区孤寡老人毛水和通过“智呼通”求助，自己高血压犯病，导致胸闷喘不上气。值班民警第一时间通过“智呼通”平台指引附近的网格工作人员到现场进行应急处置。我们随所里民警一起将毛水和老人送至医院进行救治。事后脱离了生命危险的老人拉着民警的手感激地说：“它可是我的‘救命恩人’，到哪儿都不敢落下。”

“如今的‘智呼通’被称为‘黄手帕3.0’，是我们针对无智能机的孤寡老人、残障人士等群体专门研发的，这回派上了大用场。”张立镇介绍，机身的按钮“1”“2”“3”分别对应着呼叫亲属、派出所、网格员，可以随时随地一键求助，大大提升了警情事件处置速度和效率。

定制“通衢码” 高效精准管理

罗家岙派出所与鼠浪湖码头隔海相望，周边有知名的铁矿石及混配矿储运中转基地。因此，罗家岙派出所还有一项重要工作就是保障重点项目顺利进行。田涂码头与鼠浪湖岛相距约2海里，每天船班次在6至8班左右。采访当天因时间原因，我们未能赶上去鼠浪湖的船班。

“没事，我带你们去个地方，鼠浪湖的动态可以看得一清二楚。”副所长施英杰说着，带我们走进所里一个数字驾驶舱。在这个名为“融智·家”房间里，集成了七大数字化应用场景。映入眼帘实时跳动更新的各类数据、图表以及重点区域的视频监控，给人满满的科技感。

“根据鼠浪湖国家重点项目的特点，我们定制了以‘通衢码’为核心的人车管控场景。”施英杰点点鼠标，眼前的数字大屏马上跳出鼠浪湖所有上岛人员、车辆通过“岱山公安”公众号申报的“通衢码”，经人脸识别技术与身份信息可信认证，对符合入岛人员，后台审核后将赋码。同时“通衢码”申报系统，与公安系统中的9个重点人员数据库进行比对，及时预警拦截如网上逃犯等各类重点人员，实现重点项目人车通行便捷、管控精准、服务高效。

在现在疫情防控下，这个系统发挥了更重要的作用。借助“通衢码”申报系统，通过贯通“健康码”大数据接口，赋予“通衢码”红黄绿三色预警，实现了通衢码、健康码和行程卡的三码合一。“你们看，屏幕上全国中高风险地区一清二楚，而且实时更新。”施英杰说，“一码通行，对岛上的疫情进行实时管控、即时追溯和精准分析，保障了鼠浪湖工程项目的进度，确保岛上疫情风险‘零输入’。”

数字化保障项目顺利运行。今年1月12日，鼠浪湖某项目部的一艘设备运输船在途中突发故障。接到求助电话后，罗家岙派出所立刻制定援助运输方案，并派民警驻船押运，保障了项目施工如期进行。“运输船故障影响工程进度，当时我们心里真是急得像热锅上的蚂蚁，幸亏罗家岙派出所为我们解了燃眉之急。”项目负责人王森说。

随着海岛旅游经济的兴起，罗家岙派出所不断迭代升级旅游警务，在热门景区、网红沙滩设立“融治理中心”，靠前开展景区治安巡逻、涉游矛盾纠纷化解，做到了“小事不出景区、游客平安迎送”。

（《浙江日报》2022年6月16日）

海莱云智发布首批自主研发的海洋数字化产品

岱山海洋数字产业打开“破局”之路

在岱山县官山大桥护栏上，一双“机器眼”时刻扫视着广阔海面，一旦在6千米外出现超过大桥限高的船只，就会及时发出警报。

这一护桥“神器”是船舶识别智能终端，由浙江海莱云智科技有限公司自主研发。通过影像模块，可远程测算船体高度、宽度等各项数据，以高度为例，一旦航向大桥的船只船身高度超过官山大桥最大限高，终端可自动通过安装在桥身上的定向音柱，向对应船只发出警报。该产品最远测算距离达到6千米以上，为桥梁防撞应急预案的启动争取了应急反应时间。

基于海康威视的全球营销网络，目前海莱云智已建立海莱自主产品的全国营销体系。首批由岱山县数字海洋实验室研发的海洋数字化产品已完成试验工作，正式发布，面向全国进行销售。“这为我县海洋数字化产品跻身全国数字海洋产业第一梯队打下坚实基础。”岱山县数字海洋实验室相关负责人说。

岱山县数字海洋实验室由县人民政府、海康威视和海莱云智联合成立。一年多以来，该实验室以岱山县作为创新产品的孵化地，快速集聚海洋感知技术和人才资源，加强海洋感知设备等海洋信息技术的研发，积极构建“近海感知中心”。

据悉，此次发布的两款海洋感知产品中，除了船舶识别智能终端外，还有海洋智能感知浮标。海洋智能感知浮标相当于集成了航标灯、监控终端、北斗定位等功能的海上监控，可根据场景应用需求，投放到任意海域中，两款产品配合智慧海洋综合管控平台，可应用于智慧渔港、桥梁防撞、海洋执法、航道管控等场景，构建近海资源管理、视频智能应用、警情综合分析等多项海洋服务能力。目前，首批产品正面向山东、江苏、福建、广东等主要的海洋大省进行覆盖推广。

更多的海洋数字化产品正在研发中。浙江海莱云智科技有限公司数字海洋实验室负责人刘玥介绍：“我们也正在进行海洋通信、船员感知等领域的数字化产品开发，致力于构建人、船、机、设、环的海洋五位感知体系。”

“数字海洋实验室依托一体化智能化公共数据平台，构建海陆统筹的海洋空间治理体系，进行岱山海域数据仓的规划建设，已经整合汇聚了60项涉海数据和17项算法模型，其中8项已经编目到了公共数据平台，为岱山县海域治理的许多应用提供了数据和业务支撑。”岱山县大数据管理中心副主任陈立说。

在海洋产业战略规划下，岱山县科技部门也将投入更多资源，支持科技团队进行近海精准感知技术和产品的研发，进一步聚焦海洋智能物联网场景解决方案的孵化与产出，推动全县海洋产业的提质增效。

（《浙江日报》2022年7月28日）

岱山：数字化调度水资源 科学保障海岛供水安全

“原来我们‘翻水、引水、调水、管水’主要凭经验，现在有了这个应用，智能分析水情，给出调度方案，解决了数据多、分析难度大、效率不够高、预警不及时、统筹性差等难题。”近日，岱山县农业农村局水资源管理科科长张沙平指着旱情预警与调度应用系统，告诉记者，依托该应用的调度，今年上半年与去年同时段相比，全县在原水供应保持稳定的情况下，大陆引水量由670.77万立方米减少为330.46万立方米，河道翻水量由303.02万立方米增加为439.52万立方米，更科学有效地利用了本地水资源，半年度节省财政资金500余万元。

张沙平口中的旱情预警与调度应用系统于去年12月份上线，并获评第一批全省水利数字化改革“优秀应用”。该应用系统立足岱山实际，以水资源供需分析、一张图、调度管理、旱情预警、数据管理、系统管理等六大模块功能，使水资源调度工作“可看、可算、可调、可查”，保障海岛供水安全。

舟山地处海岛，山低源短，无过境客水，水资源基本靠降水补给，全市多年平均降水量为1275.2立方米，水资源总量为7.77亿立方米，为全省多年平均的0.79%，空间分布上自西南向东北递减，定海最丰，嵊泗最缺，地区差异明显。全市人均拥有水资源量671立方米，只有全省人均的38.43%，低于人均1000立方米的世界缺水警戒线，为资源型缺水城市。

今年7月以来，全市持续高温，降水较往年明显偏少，水库水位持续下降，供水形势严峻。岱山县农业农村局充分运用旱情预警与调度应用系统，通过系统对水供需情况的分析计算、推荐调度方案，对水源进行科学调度，保障全县人民的生活生产用水。

“下一步，我们将完善智能感知体系，安装实时计量监测和传输水表，将调度数据直接感知上传到应用，省去人工记录步骤。同时，还计划把公共管网年用水量一万方以上用水大户和所有自备取水户的实时取水等信息，接入这个应用平台。”张沙平说。

（“浙江新闻”客户端2022年8月13日）

与台风赛跑，舟山这个岛上逾万名务工人员安全转移

超强台风“轩岚诺”来势汹汹，舟山各地提前转移风险人员。9月4日上午，位于岱山县鱼山岛的舟山绿色石化基地，当地迅速组织12000余名务工人员分批转移，撤离过程忙而不乱，人员避险安置同样井然有序。

今天上午7时50分左右，在舟山绿色石化基地浙石化消防总站，岛上中小型企业的4000余名务工人员，从这里集中出发转移至岱山本岛。一名务工人员告诉记者，“我们老家那边以前从来没有遇到过台风，今天这么多人一起转移，秩序井然，大家没有一丝惊慌。”

同一时间，在小鱼山15号营地中石化第十建设有限公司，

该企业按照网格化管理，自行开展人员离岛转移工作。

记者从岱山县有关部门获悉，根据先前的排摸、统计，舟山绿色石化基地共需转移12000余人。这些人当天被安全转移至岱山县体育馆以及几所学校进行安置。

登记信息、搬运行李、分发物资、整理床铺……上午9时，高亭中心小学安置点现场，由该校教师、工作人员以及志愿者组成后勤保障团队正全力做好转移人员的后勤保障工作。从鱼山转移过来的工人在工作人员的引导下，有序地接受测温、亮码等防疫检查。

“我们还为务工人员安排了校医以及心理老师，如果他们碰到什么困难，可以及时跟我们进行沟通，确保后期保障平稳有序。”高亭中心小学安置点负责人何海明说。

同样，在岱山县体育馆、岱山实验学校安置点，从鱼山岛转移过来的近3000名工人也得到了妥善安置。齐全的生活物资、暖心周到的服务，受到安置人员的好评。一位务工人员告诉记者：“工作人员对我们的服务很到位，发放的物资每人都有，一人不落。”

（《钱江晚报》2022年9月4日）

岱山 安置点里传来生日歌

“祝你生日快乐，祝你生日快乐……”14日中午，岱山实验学校安置点的一间教室内传来温馨的生日歌声。原来，安置点的工作人员和在此安置的30余位“室友”，正在给两位来自鱼山岛的务工人员过生日。

室外风雨交加，安置点里却暖意融融。当天是中石化宁波工程有限公司员工程国平50岁生日，也是公司同事段振祥19岁生日。这是前一晚在安置点做服务工作的党员志愿者於飞和民警夏巧君，查阅人员登记信息过程中发现的。于是，他们连夜订了生日蛋糕，并策划了接下来发生的一幕。

吹蜡烛、许愿、唱生日歌，生日现场仪式感满满。“我还是头一次在外面过生日呢，很意外。”段振祥说，“感谢大家准备的生日会，很暖心。”程国平则显得特别激动，“这个生日让人难忘。”

（《浙江日报》2022年9月14日）

岱山东海郊野公园：家门口的海岛公园 真香

依鹿栏山下，傍东海之滨，承蓬莱之脉，富郊野之趣。刚开园不久的岱山东海郊野公园，是岱山县“海岬公园—鹿栏晴沙滨海运动海岸带”的节点工程，也是该县积极融入“星辰大海”、撬动海岛共富的重要支点。

这个国庆假期，众多游客选择到“家门口”的公园打卡。园区内随处可见喜庆热闹的元素：小树林里挂满了五彩的小球，沙滩上摆放着充气的红色气球，草地上搭建起数个天幕，驻唱乐队的歌声更让整个公园灵动了不少。

牧童部落吸引了不少游客和可爱的动物们互动。“趁着国庆假期，带孩子亲近大自然，认识更多的动物，收获满满。”来自定海的游客赵女士告诉记者，随着舟岱大桥的开通，岱山各类基础设施提档升级，可观可玩的地方越来越多。

最地道的海岛渔村、最休闲的农耕田园、最广袤的沙滩娱乐、最惬意的山地度假……记者了解到，东海郊野公园规划占地面积约7.9平方千米，东临大海。自开园以来，以丰富的旅游资源、优良的生态环境和深厚的人文底蕴，成为人人向往的“诗和远方”。整个公园依托村落、山地、田园、草地、沙滩等自然资源和岱山“蓬莱仙岛”的品牌优势，量身构建“时尚动感”的海岛休闲度假目的地。游客可在农耕田园休闲、赏花、畅玩，让身心在绿意葱茏中得以休憩放松，尽享假日快乐。

据悉，东海郊野公园园区内还引进了一家以海洋文化为主题的“闻风书屋”，将在10月下旬正式开业。

（《浙江日报》2022年10月8日）

岱山县“不动产智治”平台启用 实现全程“线上办”

“不动产智治”是“互联网+不动产登记”的深化，是数字化改革的成果。近期，岱山县不动产登记服务中心“不动产智治”平台上线“二手房转移登记”功能模块，快速提高二手房过户效率。

“不动产智治”是打造全方位全时空不动产登记新模式的重要举措，通过制度重塑、流程再造、数据赋能，让不动产权属查询、商品房新购、二手房转移等高频事项业务实现了全程“线上办”。

“‘不动产智治’进一步拓展了从‘窗口办’到‘云端办’的办理渠道，节省了群众办理业务的时间，让群众能真切感受到便捷。”岱山县自然资源和规划局不动产登记中心主任柴军说。

据悉，该平台已实现与公安、婚姻登记、住建等多部门信息共享，群众不需要提交纸质材料，在网上就能完成产权过户，不再出现漏带材料多跑腿的情况。同时，“不动产智治”平台还谋划了群众在办理二手房转移时的需求场景。

“群众可以在办理过户时一并发起公证、合同备案、税费缴纳、水电气过户、户籍落户、子女入学、公积金提取、抵押贷款等业务的联办。”柴军说，一次申请即可完成原来需跑多个部门的事项，真正做到便民利民。

另外，该平台还支持线上发起交易资金监管，有资金安全需求的交易双方，可通过平台签约的银行监管交易资金。据悉，截至目前，岱山已通过“不动产智治平台”办理了9起二手房转移事项。

（“浙江新闻”客户端2022年10月10日）

云端见面，探讨高水平对外开放

鼠浪湖，扬帆风正劲

在舟山市岱山县衢山岛，有着全国最大的矿石中转码头——鼠浪湖码头。每天，一艘艘超大型的矿砂船在此靠泊，来自全球各地的铁矿石在此汇聚、中转，再深入长江经济带腹地。

10月18日晚，与鼠浪湖岛隔海相望的罗家岙派出所内，浙江自贸试验区舟山片区岱山区块专家、衢山镇干部群众、鼠浪湖矿石中转码头职工等围坐一起，与党的二十大代表、舟山职业技术学校教师张赛芬连线，热议党的二十大报告，共话奋斗传承故事。

小岛华丽变身

“大家好，这种云端见面很别致。”18日晚8时，张赛芬代表通过视频连线，挥手和大家打招呼。

“报告令我备感振奋。”张赛芬代表说，“报告提出，‘稳步扩大规则、规制、管理、标准等制度型开放。加快建设贸易强国’‘确保粮食、能源资源、重要产业链供应链安全’。这是党中央推进高水平对外开放和维护国家安全的重大举措，为舟山发挥区位资源优势、建设大宗商品资源配置新高地、服务保障国家能源资源安全提供了指引、注入了动力。”

“这立马让我想到了舟山衢山岛有一个叫鼠浪湖的地方。十多年间，从一个渔村变为全国最大的矿石中转码头，真了不起！”张赛芬代表难掩内心激动，“在座的都在为建设这个小岛努力奋斗，为你们感到骄傲。”

早在2005年6月13日，习近平同志就曾登上过衢山岛，考察舟山深水岸线资源。

“自2016年开港运行以来，这里不仅是我国最大的海上铁矿石中转基地，也是目前国内最大的单体保税混配矿码头。”浙江自贸试验区岱山综合事务服务中心副主任任重远迫不及待地接上话。

“变身”来之不易。“项目启动之初，工作专班不分白天黑夜推进征地拆迁工作。”视频这头，岱山县衢山经济发展试验区管委会副主任於辉军很有感触，“当时，专班人员在岛上一待就是一两个月，涌现出一批敢为人先的优秀工作者。”

“码头工程刚启动，就遇到了用电难题。”於辉军的话，将任重远拉回记忆里，“受制于岛屿间的跨距，只能通过复杂的海底铺设电缆。仅为确定登陆点，县供电公司等保供单位就攀爬礁石许多天，这才定下坐标。”克服一个又一个难题，2015年8月，码头终于实现供电。

鼠浪湖矿石中转码头自2016年投入运营后，吞吐量屡创新高。今年前三季度，完成铁矿石接卸量2950.28万吨，较去年同期增加13.6%。

是见证者，更是建设者

如今，越来越多的年轻人回到这里参与建设，步履匆匆的他们让鼠浪湖散发着青春的气息。

“报告提出‘加快构建新发展格局，着力推动高质量发展’，我既是发展的见证者，更是建设者。”鼠浪湖矿石中转码头斗装机班90后副班长朱鲁洁接过话茬。

2009年，鼠浪湖岛完成居民整体搬迁，开始港口建设工程。“我想为家乡发展出力。”2014年，朱鲁洁大学毕业就毅然回乡。2016年，码头首次靠泊全球最大的40万吨矿船“远见海”轮时，朱鲁洁就在现场，看着它缓缓靠上码头的那一刻，欣喜万分。

“公司青年职工占比近90%，我们用青春见证和参与了这里的从无到有。”朱鲁洁提高了声调，“从最初的十几人到如今的几百人，靠泊船只从10万吨到40万吨，从第1艘40万吨到第100艘、200艘……”

调度中控班的85后班长林珊是土生土长的鼠浪湖岛人，也是码头唯一的女班长，“难以置信的巨变。”每次走在码头，眼前40万吨巨轮，让这位原住岛民由衷地为自己是这里的建设一员而感到自豪。

鼠浪湖码头作为宁波舟山港下属单位，始终牢记着习近平总书记的殷切嘱托，当前，正积极推进全程智慧化码头建设。

带来真切的幸福感

听了大家的讲述，张赛芬代表深受感动。看到视频前身着公安制服的罗家岙派出所所长张立镇，她问：“你们派出所在护航这个重点项目上一定是费了不少力吧！”

“项目推进到哪里，警务就跟进到哪里，至今鼠浪湖岛仍保持着‘零发案’。”张立镇答道，罗家岙派出所践行“三能”要求，以“三能扬旗、吹哨报到、事不出岛、夜不闭户”品牌经验，护航鼠浪湖国家重点项目，“所里不仅开展平安定制活动，实行民警‘驻岛制’，组建警企巡逻队，还为项目量身定制了集七大应用场景于一体的‘融智·家’智治平台。”

现场，张立镇还分享了所里那艘“红帆110”警船的故事——这是一艘集“宣传、调解、巡逻、救援、安防”等功能于一体的警船。罗家岙万良码头到鼠浪湖约2海里，往来船班甚少，交通十分不便。去年6月，码头员工突发疾病，这艘警船紧急出动，这才第一时间将病人送至医院助其脱险。

护航项目建设，自然少不了党员干部。二十大报告指出，必须坚持在发展中保障和改善民生，鼓励共同奋斗创造美好生活，不断实现人民对美好生活的向往。“这段话对我们衢山干部提出了更高要求。”於辉军说，“随着项目不断深入，市场、人才、资金、技术等关键要素也会加速集聚，我们将进一步完善基础配套设施和生活保障，让群众真切感受到家乡发展带来的获得感和幸福感。”

当晚的连线，让张赛芬代表很有感触：“报告提到‘构建优势互补、高质量发展的区域经济布局和国土空间体系’，这将指引舟山进一步融入长三角世界级港口群建设，加快构建面向长三角、辐射长江中上游的集疏运体系，打造我国‘双循环’海上枢纽。”

链接:《足迹》故事

衢山鼠浪湖岛，这块生机勃勃的热土，当年是弹丸渔村。这是习近平亲自选定的“宝地”。

2005年6月13日，习近平登上岱山衢山岛，再次考察舟山深水岸线资源。他指出，随着大小洋山和宁波港、舟山港建设的加快，六横岛、金塘岛、衢山岛作为尚未开发的宝地，资源优势日益显现，嵊泗、岱山的区位优势也日益凸显，舟山的发展前景不可限量。

目前，该码头成为国内最大的单体保税混配矿码头。

当下，码头正在打造数字化港区，今年上线i-TOS智慧化生产管控系统，实现了从商务管控到智能排产、从生产决策到过程监控、从数字孪生到数据分析的全生产业务流程智慧化管控。

报告说

推进高水平对外开放。稳步扩大规则、规制、管理、标准等制度型开放。加快建设贸易强国。营造市场化、法治化、国际化一流营商环境。推动共建“一带一路”高质量发展。

促进区域协调发展。深入实施区域协调发展战略、区域重大战略、主体功能区战略、新型城镇化战略，优化重大生产力布局，构建优势互补、高质量发展的区域经济布局和国土空间体系。

（《浙江日报》2022年10月21日）

岱山：放眼新时代 抢抓新机遇 坚定不移推动制造业高质量发展

“毫不动摇地鼓励、支持、引导非公有制经济发展”“推动制造业高端化、智能化、绿色化发展”……党的二十大报告提出，建设现代化产业体系，坚持把发展经济的着力点放在实体经济上，推进新型工业化，加快建设制造强国、质量强国、航天强国、交通强国、网络强国、数字中国。党的二十大精神从北京传递到岱山，在全县工业领域引发热烈反响。大家纷纷表示，学习党的二十大精神，高质量发展工业的信心倍增、干劲更足。

以质为纲全面发展　扬鞭奋进迈向新征程

小镇起家，走向国际，舟山岱美汽车零部件有限公司的成长历程是我国制造企业发展的一个缩影。近年来，该公司不断探索传统制造业数字化转型新模式，坚持技术创新，打造具有世界影响力的中国品牌。自1982年建厂，该企业遮阳板销量已多年蝉联世界之最。“在制造中，我们投入了很多的创新，包括引进自动化设备、进行技术革新等，提高产品质量。”舟山岱美汽车零部件有限公司党支部书记质量部经理朱军伟说，要认真学习二十大精神，切实做好生产工作，根据产品特性、技术要求，进一步增加自动化设备，提高产品的竞争力。

制造业是立国之本、兴国之器、强国之基。党的二十大报告将科技创新的战略意义提升到新的高度，并谋划了“新型工业化”的未来发展方向，更坚定了我县工业制造业高端化、智能化、绿色化发展的信心。“学习党的二十大精神后，我们的干劲更足了。”朱军伟表示，要以质为纲，引进人才，促进全面发展。大家将砥砺奋发、笃行不怠，用自己的实际行动，筑牢国家强盛之基，为加快建设制造强国、贸易强国贡献智慧和力量。

创新驱动做大做强　走先进制造业之路

“推进新型工业化”“加快建设制造强国”，同样在舟山晨光电器有限公司干部职工中引起共鸣。11月1日上午，高亭镇组织党的二十大精神进企业活动。在“晨光电器”生产车间，大家聆听了二十大精神宣讲，倍感振奋、深受鼓舞。

在舟山晨光电器有限公司党支部书记沈燕儿看来，要对标国际一流的质量标准，弘扬精益求精的工匠精神，以高质量标准满足市场需求，通过品质引领品牌升级，以品质自信成就品牌自信。

发展绿色低碳产业，倡导绿色消费，推动形成绿色低碳的生产方式和生活方式。近年来，舟山晨光电器有限公司不断提升产业发展的“含绿量”，持续优化绿色循环生产方式。“公司对设备进行自动化、智能化升级改造，集成设备接口，为数字化生产线建设打下基础。”沈燕儿说。“科技是第一生产力”“人才是第一资源”“创新是第一动力”，党的二十大报告为制造业的未来发展指明了方向，大家表示要立足工作实际，创新实干、奋勇前行，按照加快建设制造强国的要求，推出更多“岱山智造”。沈燕儿认为，公司要坚持创新驱动发展，加强科技创新能力建设；提高人才自主培养质量，着力造就拔尖创新人才。同时，面向市场需求，加大研发投入，积极突破重点领域“卡脖子”问题，加快推进重大创新产品和首台套装备研制，确保重大项目取得预期成果。

（“浙江新闻”客户端2022年11月3日）

岱山“二位一体”工业固废集中收运中心投入使用

岱山县“二位一体”工业固废集中收运中心建设项目全面完成，并于日前正式投用，该项目填补了岱山工业固废集中收运、处置的空白。

新建成的工业固废集中收运中心总面积约4000平方米，配建了一条包括粗细破碎及分选的自动流水线、120吨级打包压块机和一个高标准钢棚仓库，实现工业固废前端收运、中端分拣、末端分类处置的工作闭环。

“除了环卫所收的生活垃圾不能收外，其他的一些工业垃圾、建筑垃圾和企业危废都可以收。”舟山市志成环保科技有限公司项目经理乐佳益介绍道。

据悉，岱山一般工业固废和危废主要来自船舶修造、汽配等行业以及未来新材料园区、石化产业园区，每年产生一般工业固废10万吨以上。目前主要包括废木材、废泡沫、废橡胶、废金属边角料、废水产下脚料、船舶混合垃圾等。由于没有完善的收运体系、专业的收运团队，部分企业的固废无法得到及时、规范地收运处置，不但给企业带来困扰，同时更对我县环境带来污染隐患，固废乱倾倒、焚烧现象时有发生。

收运中心建成运营后，每年可涉及收运一般工业固废2.5万吨左右、危险废物5500吨左右，将有效破解海岛地区一般工业固废收运难、生活垃圾混装难分解、收运处置不规范等难题。”市生态环境局岱山分局县生态环境保护行政执法队业务督查科科长刘侠说，“该项目也将进一步推动我县的一般工业固废收运处置的规范化精细化和专业化发展。”

截至目前，该中心已与120家企业签署危废处置协议，与15家企业签署一般固废处置协议，并正逐步拓展收运市场，力争实现应收尽收、应纳尽纳。

（“浙江新闻”客户端2022年11月14日）

岱山5个村入选2023年度省财政“一事一议”奖补支持

日前，浙江省财政厅公布2023年度“一事一议”财政奖补支持打造共富乡村试点项目名单，岱山5个村选入其中，获省财政补助。

据了解，2023年，岱山将以衢山镇三弄村、太平村、枕头山村、沼潭村、皇坟村等区域相邻5个村为共富乡村试点，探索不同类型不同层次的共富村实现路径，促进农民农村“扩中”“提低”，建设一批可推广可复制、具有浙江辨识度的高质量发展共富村样本，并确定24个共富乡村建设试点项目，计划总投资4410万元。

“24个项目共争取了省财政资金2000万元，每个村400万，县级财政对每个项目也有相应的资金支持。通过以强带弱、优势互补、资源共享、抱团取暖等多种形式，着力发展乡村产业，在壮大村集体经济、促进农民增收、提升宜居环境、优化乡村治理等方面持续发力。”县财政局基层财政管理科副科长王虎杰说。

据悉，24个项目涉及皇坟紫菜养殖基地、村容村貌环境提升工程、一老一小基础设施改造、高效益休闲农旅等项目，各村积极谋划、实干争先。目前，皇坟紫菜养殖基地、村容村貌环境提升等部分项目已动工建设，所有项目将于明年年底前完工。

从2009年至今，全县已实施380个“一事一议”财政奖补项目，并连续两年获省试点项目财政补助。截至目前，全县共投资超3.30亿元，实现7个乡镇全覆盖，惠及群众达41万人次。

“我县已实施‘一事一议’项目的渔农村有72个，占全县渔农村的97.3%。”王虎杰说，“所修建的大量农村基础设施，解决了村民群众需求最迫切、反映最强烈、利益最直接的问题，也极大地改善了我县渔农村的村容村貌。”

（“浙江新闻”客户端2022年11月19日）

向阳取电 向海借地 岱山迈入全新绿电时代

作为海岛城市，陆域土地资源相对较少，占地面积要求较高的光伏发电项目似乎与寸土寸金的海岛有些格格不入，而滩涂光伏发电技术将引领海岛岱山迈入全新绿电时代。

随着新能源发电技术的开发利用，光伏发电项目越来越多地出现在企业厂房、居民楼房的屋顶，如今，深耕光伏发电领域的华润电力将目光聚焦我县丰富的滩涂资源。从2021年在第六届浙江欧洲高新技术和数字经济产业对接会上与我县签约滩涂光伏发电项目，到我县发放首份“立体分层设权”海域使用证书，再到长涂镇双剑涂的滩涂打下第一个光伏设备基础，“双剑涂100MW渔光互补发电项目”正式落地我县，海岛广袤的滩涂资源在“渔光互补”模式下将焕发其新的价值。

“舟山区域未开发利用的海域滩涂面积非常广，特别适合开展‘渔光互补’项目，而其和常规光伏项目最大的不同是利用现有海域滩涂，以特有的海域分层确权的方式取得海域使用权，即上面建设光伏发电，下面可开展贝类以及跳跳鱼等海域养殖。”华润电力（浙江）有限公司项目总指挥雷孝毅说。

据估算，双剑涂目前开工建设的首期100兆瓦发电项目不仅每年可平均发电上亿度，还可减排10.6万吨的二氧化碳，后续，华润电力还将在近九千亩的双剑涂上建设多期光伏项目，预计项目总体规划装机容量将达到1000兆瓦。

“项目建成后，利用光伏平均每年发出的1.26亿度电能，完全属于清洁可再生能源绿电，为国家的‘3060’双碳目标及节能减排提供有力的支撑。”雷孝毅说。

（“浙江新闻”客户端2022年12月3日）

责任编辑：虞迪燕

索 引

Index

说 明

一、本类目设主题索引、图照索引和表格索引3个分目。

二、主题索引和图照索引均采用主题分析方法制作，数字开头的标目按数字0—9顺序排列；汉字开头的标目按汉语拼音顺序排列；英文字母开头的标目则按首字母A—Z顺序排列。如第一字相同则按第二字音序排列，依次类推。

三、主题索引标目后的阿拉伯数字表示内容所在页码。数字后的英文字母a、b、c分别表示从左到右第一、二、三栏。标目后有多个页码的，则表示相关信息在这些页码中均出现。

四、图照索引标目后的阿拉伯数字表示内容所在页码，不标注分柱。

五、表格索引按序号排列，仅标注所在页码，不标注分栏。

六、本年鉴的卷首彩页和“特载”“大事记”“附录”（县新任领导简介、组织机构及负责人名录、媒体看岱山）均未做索引。

主题索引

0—9

A

D

F

G

H

J

K

L

R

S

T

Y

Z

图照索引

0—9

B

C

D

表格索引